Ludwig Liegle

Beziehungspädagogik

Erziehung, Lehren und Lernen als Beziehungspraxis

Verlag W. Kohlhammer

Dieses Werk einschließlich aller seiner Teile ist urheberrechtlich geschützt. Jede Verwendung außerhalb der engen Grenzen des Urheberrechts ist ohne Zustimmung des Verlags unzulässig und strafbar. Das gilt insbesondere für Vervielfältigungen, Übersetzungen, Mikroverfilmungen und für die Einspeicherung und Verarbeitung in elektronischen Systemen.

Die Wiedergabe von Warenbezeichnungen, Handelsnamen und sonstigen Kennzeichen in diesem Buch berechtigt nicht zu der Annahme, dass diese von jedermann frei benutzt werden dürfen. Vielmehr kann es sich auch dann um eingetragene Warenzeichen oder sonstige geschützte Kennzeichen handeln, wenn sie nicht eigens als solche gekennzeichnet sind.

Für Linde

1. Auflage 2017

Alle Rechte vorbehalten
© W. Kohlhammer GmbH, Stuttgart
Gesamtherstellung: W. Kohlhammer GmbH, Stuttgart

Print:
ISBN 978-3-17-029382-3

E-Book-Formate:
pdf: ISBN 978-3-17-029383-0
epub: ISBN 978-3-17-029384-7
mobi: ISBN 978-3-17-029385-4

Für den Inhalt abgedruckter oder verlinkter Websites ist ausschließlich der jeweilige Betreiber verantwortlich. Die W. Kohlhammer GmbH hat keinen Einfluss auf die verknüpften Seiten und übernimmt hierfür keinerlei Haftung.

Inhaltsverzeichnis

Einleitung 11

Teil I: **Generationenbeziehungen im Kontext des Verwandtschaftssystems als Erfahrungsraum für Erziehungs- und Lernprozesse**

1 Familiale Generationenbeziehungen – biologische und kulturelle Grundlagen und Aufgaben 25

2 Die Frage nach dem sozialen Wandel von familialen Generationenbeziehungen 28

3 Eltern-Kind-Beziehungen 30
   3.1 »Bindung«: Elementare Formen der Liebe. Sorge (care) als elementare Form von »Erziehung« 32
   3.2 »Deprivation«: Aufwachsen ohne befriedigende Bindungserfahrung als schwerwiegendes Überlebens- und Entwicklungsrisiko 38
   3.3 Zwischenresümee 42
   3.4 »Qualität«: Was macht »gute« Eltern-Kind-Beziehungen und eine »gute« Familienerziehung aus? 44
   3.5 Familienerziehung in Aktion: Aufführungen (*performances*) der Akteure in Szenen, Situationen und Ritualen 47

4 Mehrgenerationenbeziehungen 54

5 Geschwisterbeziehungen und Geschwistererziehung 58
   Zwischenresümee 74

6 Verbindungs- und Konfliktlinien zwischen Eltern-Kind-Beziehungen und Geschwisterbeziehungen 75

Teil II: **Relationalität und Intersubjektivismus: Theoretische Ansätze zur Begründung der Beziehungspädagogik**

1 Erste Annäherung: Von Hegel zu Tomasello 79

2	Herman Nohl (1879–1960) und seine Konzepte »Der pädagogische Bezug« und »Bildungsgemeinschaft«	86
3	Martin Buber (1978–1965) und sein »Dialogisches Prinzip«	89
4	Georg Simmel (1858–1918): Wechselwirkungen, Vergesellschaftung, individuelles Gesetz	91
5	George Herbert Mead (1863–1931): Bedeutungen schaffen – Symbolische Interaktion – Intersubjektivität, Rollenübernahme und Identität	95
6	John Dewey (1859–1952): Intersubjektive Erfahrung – Erziehung als Instrument fortschreitender Erfahrung	98
7	Karl Mannheim (1893–1947): Konjunktives und kommunikatives Denken – Perspektivik – Relationale Wissenssoziologie – Erziehungssoziologie	101
8	Lev Vygotsky (1896–1934): Kulturgeschichtliche und dialogische Voraussetzungen des Denkens – Situiertes Lernen	105
9	Pierre Bourdieu (1930–2002): Relationen – »kulturelles Kapital« – »Habitus«	108
10	Michael Tomasello: Koevolution von Biologie und Kultur – Denken und Lernen als kooperatives Geschehen – »Instructional encounter«	110
11	Wolf Singer: Biologische und kulturelle Evolution – Soziogenese und kulturelle Prägung des (Selbst-)Bewusstseins	112
12	Von interpersonalen zu interprozessualen Beziehungen: »Lehren und Lernen«	114
13	Zwischenresümee: Auf dem Weg zu einem Konzept der Beziehungspädagogik	117

Teil III: Generationenbeziehungen im Kontext des Schulsystems als sozialer Erfahrungsraum für Erziehungs- und Lernprozesse

1	Kann auch das Schulsystem beziehungspädagogisch interpretiert werden? Kurzresümee der relevanten schulpädagogischen Forschung	127
	Zwischenresümee	136

2	Die Lehrer/in-Schüler/in-Beziehung als Erziehungs- und Lernfeld – Lehren und Lernen in Aktion	138
3	Die Schüler/in-Schüler/in-Beziehung als Erziehungs- und Lernfeld	142
	Statt eines Zwischenresümees: Vision einer relationalen Schulpädagogik	144

Teil IV: Kinder unter sich: Spielgruppen, Freundschaften und »Kinderrepubliken« als beispielhafte Erziehungs- und Lernfelder

1	Spielgruppen und Betreuung in Kindergruppen	149
2	Freundschaften und Netzwerke Gleichaltriger	152
3	Kinderrepubliken	157
	3.1 Strukturmerkmale der pädagogischen Beziehungspraxis in Kinderrepubliken	158
	3.2 Die übergreifende normative Orientierung der beziehungspädagogischen Praxis in Kinderrepubliken: Entwicklung als Ziel der Erziehung	162
	3.3 Die pädagogische Perspektive: Entwicklung einer kooperativen Moral	163
	3.4 Anregungspotentiale der pädagogischen Beziehungspraxis in Kinderrepubliken für das allgemeine Schulsystem in Gegenwart und Zukunft	165
	3.5 Zum Schluss: Kinderrepubliken als vorbildliches Beispiel einer beziehungspädagogischen Praxis	167
4	Mediatisierte Welten als soziale Erfahrungsräume	169

Teil V: Weitere Beziehungskonstellationen als Erfahrungsräume für Erziehungs- und Lernprozesse

1	Erfahrungen mit und Beziehungen zu Naturphänomenen	175
2	Mensch und Tier	177
3	Erfahrungen mit und Beziehungen zu Dingen, »Objektbeziehungen«	178
4	Erfahrungen mit und Beziehungen zu kulturellen Artefakten. Beziehungen als Thema von kulturellen Artefakten	181

4.1	Beziehungen zur Kunst und Beziehungsbilder in der Kunst	182
4.2	Beziehungen zur Literatur und Beziehungsgeschichten in der Literatur	183
4.3	Beziehungen zu Musik und Beziehungsklänge in der Musik	184
5	Person und Transzendenz	186
6	Beziehungen zur Lebenswelt des Alltags im privaten und im öffentlichen Raum	193
7	Zwischenresümee: Konfigurationen von Beziehungskonstellationen	197

Teil VI: Die Beziehung des Menschen zu sich selber

1	Vorreflexives Selbstempfinden in den Anfängen des Lebenslaufs	203
2	»Identität« als Prozess des Selbst- und Anderswerdens	204
3	Zur Ontogenese bzw. Soziogenese des (Selbst-)Bewusstseins und der Moralität	206

Teil VII: Umrisse einer beziehungspädagogischen Ethik für Theorie, Forschung und Praxis – am Beispiel der Beziehung zum Fremden

1	Der/das Fremde und der/das Andere sind Kategorien der Beziehungspädagogik	211
	1.1 Anregung und Aneignung eines »Sinnes für das Fremde« – Aufgaben der Erziehung, der Bildung und des Lernens	211
	1.2 Das Verstehen des Fremden als grundlegender Lern- und Bildungsprozess	214
	1.3 Achtung des Fremden als zentrales Erziehungs- und Unterrichtsziel	218
	1.4 Interkulturelle Erziehung und interkulturelles Lernen	224
	1.5 Das Kind als Fremder – die im engeren Sinne beziehungspädagogische Perspektive	226
2	Beziehungspädagogische Theorie	231
	2.1 Elemente einer (sozialen) Logik der pädagogischen Beziehungspraxis	231

	2.2	Eine soziale Theorie der Erziehung/des Lehrens, des Lernens und des Wechselwirkungszusammenhangs zwischen Lehren und Lernen	236
	2.3	Die Konstruktion des Kindes als Ko-Subjekt in der pädagogischen Beziehungspraxis	237
3		Beziehungspädagogische Forschung	239
	3.1	Interesse am Sozialen und an sozialer Wechselwirkung	239
	3.2	Interesse am Performativen	240
	3.3	Die Beziehungen der Forscher/Innen zu Kindern und anderen Akteuren im pädagogischen Feld als Kontext der Datengewinnung	242
4		Beziehungspädagogische Praxis (1): Das Erbe der Schwarzen Pädagogik: Verletzende Beziehungen und gewaltförmige Erziehung.	243
5		Beziehungspädagogische Praxis (2): Ansatzpunkte einer »Fröhlichen Pädagogik«: Normative Kriterien für die Aufgaben der Gestaltung der beziehungspädagogischen Praxis: Von A (Achtung) bis Z (Zwischen)	245

Teil VIII: Ein riskanter Rück- und Ausblick zwischen Spekulation und Evidenz: Beziehungspädagogik und Evolutionsforschung

1	Evolutionsforschung und Pädagogik – Vorbemerkungen	279
2	Spekulative Anfänge des Evolutionsdenkens: Georg Simmel, G. H. Mead und John Dewey	281
3	Die Hypothese vom »sozialen Gehirn«. Das Gehirn als »Beziehungsorgan«	284
4	Kulturelles Lernen und Erlernen von Kultur: Implizite und explizite Lernprozesse und Erziehung als Antriebskräfte der kulturellen Evolution	291
5	Homines rationales et relationales: Der Beitrag der Evolutionsforschung zur Historischen und Pädagogischen Anthropologie	294

Literatur

Gesamtliteraturverzeichnis	301

»Wenn jemand der Vernunft des anderen etwas abfragen will, so kann es nicht anders als dialogisch, d.i. dadurch geschehen: dass Lehrer und Schüler einander wechselseitig fragen und antworten ..., dass der Lehrer nach dem docendo discimus selbst lernt, wie er gut fragen müsse.«
 (Kant, Metaphysik der Sitten, 1797, § 50)

»Es ist ein Gemeinplatz, dass ein waches und ausgreifendes geistiges Leben auf der Ausweitung der Berührungen mit der körperlichen Umwelt beruht. Das Entsprechende gilt noch bestimmter für das Gebiet, wo wir geneigt sind, es zu übersehen: für das Gebiet der sozialen Beziehungen.«
 (Dewey, Demokratie und Erziehung, 1930, S. 137)

Einleitung

Von »Beziehungspädagogik« zu hören oder zu lesen, könnte die Frage provozieren, warum dann nicht gleich von Allerweltspädagogik die Rede ist; oder die ähnliche Frage, die ein griechischer Kollege an seine ebenfalls sehr weit gefasste Auffassung von Erziehung selbstkritisch gestellt hat: ob das nicht ein »Panpädagogismus« sei. Denn was eigentlich ist nicht in der einen oder andern Weise irgendeiner Art von Beziehung zuzurechnen? Zum Beispiel: Das Leben des Menschen und der weiteren Primaten geht aus einer Beziehung, nämlich der Beziehung zwischen Frau und Mann, genauer: aus der Vereinigung von Eizelle und Samenzellen hervor. Oder: Das Überleben und eine »normale« Entwicklung des Menschen und der weiteren Primaten wäre nicht möglich, träte das neu geborene Lebewesen nicht in die Erfahrung einer sehr engen, gleichsam symbiotischen Beziehung zu seiner Mutter und weiteren Bezugslebewesen, das heißt also in die Erfahrung von »Bindung« ein. Oder: Wenn ein(e) Lehrer(in) eine(n) Schüler(in) unterrichtet, so hat dies gleichermaßen zur Voraussetzung und zur Folge, dass zwischen Lehrer(in) und Schüler(in) irgendeine Art von Beziehung zustande kommt, zum Beispiel im Medium der sprachlichen Kommunikation (Frage, Lob und Tadel, Ermahnung und Ermunterung etc.). Beispiele in großer Zahl könnten hinzugefügt werden – und sie alle würden doch vielleicht das Echo auslösen, dass mit dem Unterfangen, an solchen und weiteren Beispielen einen Zusammenhang zwischen Erziehung und Beziehung aufzeigen zu wollen, nicht viel mehr als eine Selbstverständlichkeit oder sogar eine Banalität ausgesprochen würde.

Wenn dann darüber hinaus der Gliederung zu entnehmen ist, dass nicht nur von Eizellen und Samenzellen, nicht nur von Eltern und Kindern und nicht nur von Lehrern und Schülern, sondern außerdem von »Beziehungs*bildern*«, von »Beziehungs*geschichten*« und von »Beziehungs*klängen*« die Rede sein soll, und zwar wiederum so, dass diese offenbar als Quelle von Erziehungs- und Lernerfahrungen vorgeführt werden sollen, so könnte einerseits der schon angesprochene Eindruck eines Panpädagogismus verstärkt werden. Andererseits könnte der Eindruck erweckt werden, dass mit solch ausschweifenden Ausflügen dem, was wir gemeinhin unter »Erziehung« zu verstehen pflegen, der Boden und jedes Profil entzogen werden.

Auch wenn ich an dieser Stelle nicht zu einer Verteidigungsrede ansetzen, sondern die Einschätzung dieses Versuchs meiner »Beziehungspädagogik« den Eindrücken und Urteilen der geneigten Leserschaft nach Abschluss der Lektüre meiner Überlegungen anheimstellen will, haben mich doch während der ganzen Arbeit die Empfindungen eines Wagnisses und eines Risikos sowie die Sorge um die Unabschließbarkeit dieses ausufernden Unterfangens kaum je verlassen. Hinzu kommt, dass die immer wieder durchscheinende Tendenz, das behauptete Beziehungs-, Erziehungs- und Lerngeschehen an eigenen Erfahrungen des Selbstseins und Selbstwerdens festzumachen, leicht autobiographische Züge annimmt. Ja, es ist so: Ich bin überzeugt, dass mein Selbstwerden und Selbstsein eine andere Gestalt gewonnen hätte ohne die Begegnungen mit Meisterwerken der Musik, der Kunst und der Literatur; eine derartige persönliche Färbung wissenschaftlicher Produktion mag zwar einem gealterten Autor nachgesehen werden, dennoch bleibt sie problematisch.

Mein Entwurf einer Beziehungspädagogik basiert auf einer Reihe von mehr oder weniger akzeptierten Aussagen. Deren Überprüfung anhand von Daten, Erklärungsansätzen, Argumenten und Beispielen ist ein zentrales Anliegen dieses Buches.

- Die *erste Aussage* lautet: Die phylogenetische Ausstattung, die Erbanlagen der Vorfahren und individuelle Erfahrungen bestimmen die menschliche Persönlichkeit und ihre über den gesamten Lebenslauf stattfindende Entwicklung.
- Die *zweite Aussage* besagt: Erfahrungen werden gemacht in *Beziehungen mit* Menschen, Natur und Kultur.
- Die *dritte Aussage* lautet: Erfahrungen machen und diesen subjektiv Bedeutung und Sinn zu verleihen heißt *Lernen*.
- Die *vierte Aussage* besagt: Erfahrungen zu ermöglichen und Erfahrungsräume zu schaffen und zu gestalten sind die zentralen Aufgaben von *Erziehung*.
- Die *fünfte Aussage* lautet: Je früher und je dauerhafter eine Erfahrung im *Lebenslauf* angesiedelt ist, desto größer ist ihre Bedeutung für die Persönlichkeitsentwicklung.
- Die *sechste Aussage* besagt: Die *Qualität* der Beziehung hat starke Auswirkungen, deshalb ist eine *Ethik* des Erziehens notwendig.
- Die *siebente Aussage* lautet: Neben den intersubjektiven Beziehungen muss die wichtige Rolle von historisch-gesellschaftlichen und kulturellen *Kontexten* beachtet werden.
- Die *achte Aussage* besagt: Erziehung muss lernmotivierende und gesellschaftsrelevante Erfahrungsräume schaffen.
- Die *neunte und letzte Aussage* lautet: Beim Aufstellen pädagogischer Standards muss berücksichtigt werden, dass Erziehen und Lernen *Beziehungsgeschehen* sind.

Dass Kinder mit einem elementaren Bedürfnis nach verlässlichen Beziehungen, nach Zuwendung und Zugehörigkeit ins Leben treten, ist seit langem bekannt. Insbesondere die Bindungsforschung und die vorausgegangene Deprivations- und Hospitalismusforschung sowie Berichte über »wilde« oder so genannte »Wolfskinder« haben dafür zahlreiche Belege gesammelt und mitgeteilt. Relativ jungen Datums sind demgegenüber Belege dafür, dass Kinder bereits in ihrer vorsprachlichen Entwicklungsphase über ausgeprägte Fähigkeiten zur Wahrnehmung und Gestaltung von Beziehungen verfügen; diese kommen beispielsweise in Formen der

Zusammenarbeit, des Helfens und Teilens sowie in Formen des Mitgefühls und der Fairness zum Ausdruck.

Die erwähnten Forschungsbefunde können als wissenschaftliche Bestätigung für eine Überzeugung gelesen werden, welche die Pädagogik seit ihrer Entstehung im Zeitalter der Aufklärung bis in die Gegenwart begleitet hat: die Überzeugung, dass Erziehungs- und Lernprozesse untrennbar verbunden sind mit der Erfahrung und Gestaltung zwischenmenschlicher Beziehungen.

Im Hinblick auf das Verhältnis zwischen »Beziehung« und »Erziehung« (und »Lernen«) kann man argumentieren: Historisch wie systematisch, begrifflich wie logisch gehen »Beziehungen« der »Erziehung« und dem »Lernen« voraus. Dafür sprechen die folgenden Überlegungen: Schon immer haben Menschen die Erfahrung gemacht und gewusst, dass sie, wie Aristoteles gesagt hat, »soziale Wesen« sind, und das heißt, dass sie aufeinander angewiesen sind, dass sie im Medium von Beziehungen aufeinander einwirken und dass sie sich verständigen und zusammenarbeiten müssen, um überleben und ein »gutes« Leben führen zu können. Die Prozesse, die im Medium von Beziehungen von den Beteiligten gemeinsam hervorgebracht werden, wurden erst dann mit spezifischen Begriffen belegt und als soziale Praxis sorgfältig institutionalisiert, als die kulturelle Evolution zur Entstehung und Institutionalisierung eines funktional ausdifferenzierten sozialen Systems der Erziehung und des Lernens in Gestalt der öffentlichen bzw. staatlichen Schule geführt hatte.

Im Hinblick auf Begriffe muss ich begründen, warum ein Schlüsselbegriff der deutschsprachigen Pädagogik – »Bildung« – bei mir nur ausnahmsweise vorkommt, und ich mich im Allgemeinen auf die Begriffe »Erziehung« bzw. »Erziehen« und »Lernen« beschränke. Eine erste Begründung lautet: Bei der Suche nach Begriffspaaren, die geeignet sind, Beziehungen zwischen der Tätigkeit des Vermittelns und der Tätigkeit des Aneignens sowie zwischen den Personen, welche diese Tätigkeiten ausüben, zu umschreiben, bin ich beim Bildungsbegriff auf Schwierigkeiten gestoßen, insbesondere dann, wenn ich die genannten Tätigkeiten auch sprachlich in der Tätigkeitsform ausdrücken wollte. Die Tätigkeiten des Vermittelns und der Aneignung können entweder zwei und mehr Personen betreffen oder in ein und derselben Person zusammentreffen. Für den letzteren Fall ist die aus der römischen Antike überlieferte Sentenz »docendo discimus« typisch. Damit wird zum Ausdruck gebracht, dass durch die Vermittlungstätigkeit einer Person zugleich deren Aneignungstätigkeit gefördert wird. Die wörtliche Übersetzung lautet »Durch Lehren lernen wir«. Wenn zur Übersetzung dieser Sentenz der Bildungsbegriff herangezogen werden soll, muss zunächst geklärt werden, ob der Begriff transitiv (jemanden bilden) oder intransitiv (sich bilden) verwendet wird. Nur im letzteren Fall ergäbe sich eine sinnvolle Umschreibung der Beziehung zwischen Vermittlungs- und Aneignungstätigkeit, nämlich: Erziehen und Sich-Bilden. Noch umständlicher wird es, wenn versucht werden soll, das »Lernen des Lernens« oder das »Lehren des Lernens« in Begriffen der Bildung zu fassen. Ich habe mich deshalb dafür entschieden, Formen der *Aneignung*stätigkeit (z. B. Nachahmung, Üben) mit dem *Lern*begriff und Formen der *Vermittlung*stätigkeit (z. B. Unterrichten, Zeigen, Ermutigen etc.) mit dem *Erziehung*sbegriff zu umschreiben.

Eine zweite Begründung für die Entscheidung, den Bildungsbegriff weitestgehend durch den Lernbegriff zu ersetzen, besagt: Diejenigen Theorieansätze, die zur Begründung einer »Beziehungspädagogik« für mich die größte Bedeutung erlangt haben, stammen – abgesehen von Herman Nohls Konzepten des »pädagogischen Bezugs« sowie der »Bildungsgemeinschaft« (Nohl 1935) und Martin Bubers »Dialogisches Prinzip« – aus Sprachräumen und Wissenschaftsdisziplinen, in welchen der Bildungsbegriff nicht beheimatet ist: aus dem anglo-amerikanischen (John Dewey, George Herbert Mead, Jerome Bruner und Michael Tomasello), dem französischen (Jean Piaget und Pierre Bourdieu) und dem russischen Sprachraum (Lev Vygotsky), aus der Soziologie (Georg Simmel, Karl Mannheim, George Herbert Mead und Pierre Bourdieu), aus der Psychologie (Jean Piaget, Lev Vygotsky, George Herbert Mead, Jerome Bruner und Michael Tomasello) und aus der Hirnforschung (Wolf Singer). Demgegenüber ist der Lernbegriff in den genannten verschiedenen Sprachräumen und Wissenschaftsdisziplinen allgegenwärtig.

Die zentrale Hypothese der Beziehungspädagogik, wonach Erziehen und Lernen im Medium zwischenmenschlicher und anderweitiger Beziehungen stattfinden und auf solche Beziehungen angewiesen sind, könnte den Eindruck erwecken, damit werde Beziehungen grundsätzlich eine positive Bedeutung für die Prozesse des Erziehens und des Lernens zugeschrieben. Demgegenüber gehe ich davon aus, dass Beziehungen, zumal zwischenmenschliche Beziehungen, vielfältige und immer auch widersprüchliche Potentiale aufweisen; sie können auf gegenseitiger Achtung und Anerkennung, auf Wohlwollen und Zusammenarbeit aufbauen, sie können aber auch auf einseitige, auf die Kinder und Jugendlichen gerichtete Beherrschung und Manipulation, Beschämung und Demütigung sowie auf körperliche und seelische Gewalttätigkeit und, wie gerade in den letzten Jahren zahlreiche Fälle in vielen Erziehungsinstitutionen gezeigt haben, auf Formen einer besitzergreifenden Liebe und des sexuellen Missbrauchs hinauslaufen.

Die Formen und die Qualität der Beziehungen in den sozialen Kontexten des Erziehens und des Lernens (gemeint sind insbesondere Familien und Schulen) werden von zahlreichen Faktoren beeinflusst. An erster Stelle sind hier die beteiligten Personen, deren Überzeugungen und deren Verhalten zu nennen. Darüber hinaus stellen auch die Organisationsformen der Erziehung einen wichtigen Einflussfaktor dar; als extreme Beispiele dafür verweise ich auf die nach Geschlechtszugehörigkeit, nach Religionszugehörigkeit, nach Schicht- bzw. Klassenzugehörigkeit oder nach ethnischer bzw. Rassenzugehörigkeit getrennte Beschulung von Kindern und Jugendlichen, die es im Laufe der Geschichte immer wieder gegeben hat und durch welche das Spektrum der möglichen Beziehungserfahrungen von Kindern und Jugendlichen systematisch gesteuert bzw., in den genannten Fällen, systematisch eingeschränkt worden ist. Die erwähnten Beispiele für den Einfluss von Organisationsformen der Erziehung verweisen auf einen weiteren, übergreifenden Einflussfaktor: die Verfasstheit des politischen Systems, innerhalb dessen Erziehung stattfindet, zumal die Verfasstheit der weithin vom jeweiligen Staat getragenen Schulen. Um noch einmal ein extremes Beispiel zu wählen: Wenn ein diktatorischer oder totalitärer Staat den Versuch unternimmt, das Schulsystem für seine politisch-ideologischen Zwecke zu instrumentalisieren und die Lehrerschaft wie die Schülerschaft dementsprechend zu indoktrinieren und zu kontrollieren, so wird ein solcher Versuch selbst dann, wenn er in seiner Realisierung begrenzt bleibt, dem pädagogischen Beziehungsgeschehen in Schulen seinen Stempel aufdrücken.

Wenn man die konstitutiven Merkmale des übergreifenden Kontextes von Staat und Gesellschaft als wichtige Einflussfaktoren auf die Qualität des Beziehungsgeschehens in Einrichtungen des Erziehens und Lernens betrachtet und einschätzt, wie ich es gerade vorgeführt habe, stellt sich die Frage, in welcher Weise und mit welchem Ergebnis der für unsere eigene Gesellschaft geltende Typus der modernen kapitalistischen Gesellschaft als konstitutive Rahmenbedingung Einfluss auf die Verbreitung und Qualität der zwischenmenschlichen Beziehungen und zumal auf die Qualität des pädagogischen Beziehungsgeschehens nimmt, so kann man in diesem Zusammenhang auf die kritischen Gesellschaftsanalysen zwischen Karl Marx und Richard Sennett verweisen. Vereinfachend könnte man auf diesem Hintergrund einerseits argumentieren, dass die Implikationen einer Beziehungspädagogik darauf hinauslaufen, dass in unseren Erziehungs- und Lernumwelten Formen der *Assoziation* verbreitet und wünschenswert sind; andererseits müsste man diagnostizieren, dass in unserer modernen kapitalistischen Gesellschaft Formen der *Dissoziation* viel weiter und stärker als Formen der Assoziation verbreitet sind, sodass anscheinend ein Widerspruch zwischen dem Sozialcharakter der Gesellschaft und dem Sozialcharakter der institutionalisierten Erziehungs- und Lernumwelten in unserer Gesellschaft entstanden ist. Der dissoziative Charakter der kapitalistischen Gesellschaft ist in vielerlei Begriffen und Bildern beschrieben worden. Ich nenne über Marx und Sennett hinaus einige Beispiele in historischer Reihung: Buber spricht von einer »strukturarmen« Gesellschaft sowie von Prozessen der »Individualisierung« und »Atomisierung«; Jürgen Habermas hat das Phänomen der »Entkopplung von Lebenswelt und System« und der diese begleitenden Tendenz zur »Kolonialisierung« *der Lebenswelt* analysiert (Habermas 1981, Band 2, S. 171 ff.); Lasch (1979) spricht von einer »culture of narcissism« bzw., in der deutschsprachigen Ausgabe (Lasch 1995), vom »Zeitalter des Narzissmus«; der Tübinger Kinder- und Jugendpsychiater Reinhard Lempp spricht von der »autistischen Gesellschaft« (Lempp 1996). Thiersch/Böhnisch (2014) greifen den Begriff der »Kommodifizierung« auf.

Wenn man die genannten Kennzeichnungen der kapitalistischen Gesellschaft für zutreffend hält und wenn man außerdem die schon zu Beginn erwähnte Auffassung des Großteils der Humanwissenschaften und ihrer Fachvertreter/Innen teilt, wonach Kinder nur im Medium verlässlicher zwischenmenschlicher Beziehungen gut aufwachsen und sich zu handlungsfähigen Erben und Fortsetzern bzw. Erneuerern der jeweiligen Kultur und Gesellschaft entwickeln können, dann erhalten Umwelten der Erziehung und des Lernens – gleichgültig, ob es sich dabei um verwandtschaftliche soziale Netzwerke oder um gesellschaftlich organisierte Institutionen handelt – den Charakter von Nischen, von eigens eingerichteten pädagogischen Provinzen, welche funktional auf die Tatsache reagieren, dass Kinder im Hinblick auf den skizzierten Typus der modernen kapitalistischen Gesellschaft zu »Außenseitern der Gesellschaft« geworden sind (Kaufmann 1980) und zwar insofern, als sie »strukturell von allen entscheidenden Lebensbereichen der Moderne ausgeschlossen (sind), mit Ausnahme derjenigen Einrichtungen, die speziell für sie geschaffen werden« (ebd., S. 767).

Wenn eine Gesellschaft nicht bzw. nicht mehr dazu angetan ist, das Handlungsvermögen (*agency*) ihrer Kinder im Rahmen der vorhandenen Handlungsräume herauszufordern, muss sie eigens für Kinder soziale Kontexte, »soziale Orte«, »soziale Felder« bzw. »Räume« oder Arenen einrichten, die geeignet sind, das Handlungsvermögen der Kinder zu unterstützen und anzuregen. Unbeschadet der Tatsache, dass die menschheitsgeschichtlichen Anfänge der Erziehung, wie schon der französische Soziologe Emil Durkheim aufgezeigt hat, in den Initiationsriten in traditionalen Kulturen und Gesellschaften zu finden sind, spricht alles dafür, dass die Geburtsstunde der Pädagogik, wie wir sie heute kennen – der Pädagogik als Instanz der Beobachtung und Reflexion der sozialen Praxis von Erziehung und Lernen – zeitlich zusammenfällt mit den Anfängen der Prozesse der »Modernisierung« und der kapitalistischen Organisation der Arbeitswelt und des Marktes. Es sind diese Umwälzungsprozesse der einsetzenden »Moderne«, die zur »Erfindung« der Kindheit und zur Evolution – oder auch Revolution – der Erziehung, insbesondere in Gestalt der Einführung der (Pflicht-)Schule geführt haben (vgl. Snyders 1971; Kessel/Siegel 1983).

Die damit einsetzende Pädagogisierung der Kindheit hat zweifellos die Position der Kinder als Außenseiter der Gesellschaft wenn nicht überhaupt in Gang gesetzt, so jedenfalls verfestigt. Außerdem aber bietet die *Form* der Pädagogisierung der Kindheit ein anschauliches Beispiel für die inneren Widersprüchlichkeiten des zivilisatorischen Fortschritts (vgl. Edelstein 1983); denn die Schule als neu, eigens für Kinder geschaffene Welt des Kindes ist von Haus aus zunächst einmal durch die gleichen Merkmale zweckrationaler und bürokratischer Organisation gekennzeichnet, die Max Weber als konstitutive Merkmale der kapitalistischen Gesellschaft beschrieben hat. Die angedeuteten inneren Widersprüchlichkeiten des Fortschritts sind bis heute virulent und wirksam und provozieren die Frage, ob und wie im Rahmen der organisierten Erziehung ein Beziehungsgeschehen gestaltet werden kann, welches geeignet sein könnte, eine intrinsische Lernmotivation der Kinder zu ermöglichen und ihr Handlungsvermögen zu unterstützen und herauszufordern (vgl. Edelstein 1983 und 2014). Es wäre denkbar, dass eine solche Möglichkeit nur unter der Bedingung Wirklichkeit werden kann, dass die Institutionen der organisierten Erziehung lebensweltliche Elemente – und von diesen sind die zwischenmenschlichen Beziehungen vermutlich das wichtigste und wirksamste Element – in sich aufnehmen und den Kindern präsentieren.

Eine Pädagogik, welche – im Sinne der bisherigen Ausführungen – in ihrer Theoriebildung und Forschung sowie in ihrer Reflexion und Gestaltung der Praxis Phänomene und das Problem von Beziehungen ins Zentrum ihrer Aufmerksamkeit rückt, nenne ich »Beziehungspädagogik«.

Der Begriff »Beziehungspädagogik« wird meines Wissens in keinem erziehungswissenschaftlichen Handbuch oder Lexikon erläutert. Das könnte dafür sprechen, dass mit diesem Begriff etwas Neues, zumindest etwas bislang Vernachlässigtes beschrieben wird. Das ist jedoch nicht der Fall, im Gegenteil: Das mit dem Begriff »Beziehungspädagogik« Gemeinte – die Überzeugung von der grundlegenden Bedeutung von Beziehungen in der Theorie und Praxis der Erziehung – bildet einen

Kernbestand der Pädagogik seit deren Entstehung im Zeitalter der Aufklärung bis in die Gegenwart (Giesecke 1997). Die Anfänge der Erziehungstheorie bei Schleiermacher werden von der Frage bestimmt: »Was will denn eigentlich die ältere Generation mit der jüngeren?«, und diese Frage bezieht sich auf die Formen institutionalisierter Erziehung und damit – im Unterschied zum Konzept des »pädagogischen Bezugs« – auf das Verhältnis zwischen »kollektiven« Gesellschaftsgenerationen.

In einem enzyklopädischen Grundkurs der Erziehungswissenschaft (Lenzen 1994) heißt es: »Es nimmt daher nicht wunder, dass die Frage nach der pädagogisch richtigen Beziehung eine Zentralfrage der Erziehertheorie ist« (Rittelmeyer 1994, S. 220). Anke König (2010) hat »Interaktion«, verstanden als eine Grundkategorie der Didaktik, als professionelle Beziehungsgestaltung in Tageseinrichtungen für Kinder untersucht (König 2009) und als »didaktisches Prinzip« erörtert (König 2010). Entsprechend hat für den Schulbereich Miller (2009) eine »Beziehungsdidaktik« vorgelegt. Formeln wie »Erziehung ist Beziehung« oder »Erziehungsarbeit ist Beziehungsarbeit« gehören zu den zentralen Überzeugungen in (sozial)pädagogischen Professionen (z. B. Dollase 2007, Künkler 2011, Müller 2006, Wirth 2012).

Hätte ich für den Titel dieses Buches nicht den an die genannten Traditionen erinnernden Begriff der »Beziehungspädagogik« gewählt, sondern neuhochdeutsch von »relationaler Pädagogik« gesprochen, so wäre dies in der Fachöffentlichkeit sogleich verstanden worden als der Vorschlag eines neuen Paradigmas für die pädagogische Theorie, Forschung und Praxis. Tatsächlich ist in vielen humanwissenschaftlichen Diziplinen einschließlich der Pädagogik sowohl im deutschen als auch im anglo-amerikanischen Sprachraum in den letzten zehn bis zwanzig Jahren »Relationalität« als neue und fruchtbare Perspektive für Erkenntnisgewinnung, Theoriebildung, Forschung und professionelles Handeln beschrieben worden (z. B. Donati 2011, De Haan/Stewart 2008, Gergen 2009, Herzog 2001, Köngeter 2009, Reuter 2012, Schaller 2012, Spretnak 2011 und Thayer-Bacon 2003). Der in Cambridge lehrende Zoologe Robert Hinde hat eine Reihe von Beiträgen zu einer disziplinübergreifenden »sience of relationships« vorgelegt (z. B. Hinde 1993 und 1997).

Wie für viele Paradigmata, die mit einem Neuigkeitsanspruch auftreten, gilt auch für den »Relationismus«, dass er nicht wirklich neu ist; vielmehr schließt er an den symbolischen Interaktionismus eines G.H. Mead (Mead 1934/1968), an kommunikationstheoretische Ansätze (z. B. Watzlawick 1976) und verschiedene Ausprägungen des sozialen Konstruktivismus (z. B. Berger/Luckmann 1966) an.

Am Gegenpol zum Neuigkeitsanspruch könnte man die Auffassung ansiedeln, dass eine Beziehungspädagogik allzu viel Vertrautes wiederhole. Tatsächlich bekam ich, wenn ich Bekannten und Freunden – zumal solchen, die mit Pädagogik beruflich nichts zu tun haben – von meinem Vorhaben einer Beziehungspädagogik erzählte, verwunderte Reaktionen: Ist die Bedeutung von Beziehungen für Erziehungs- und Lernprozesse nicht so bekannt, so offensichtlich, dass eine Veröffentlichung zu diesem Thema kaum Neues bringen kann?

Nach diesen Vorbemerkungen bleibt zu fragen, was »trotz allem« dafür spricht, eine »Beziehungspädagogik« vorzulegen.

Da die Behauptung und Begründung eines neuen Paradigmas, wie gesagt, nicht beabsichtigt ist, sollen zwei Aufgaben im Zentrum stehen: Zum einen will ich die in der Pädagogik tradierten Beziehungskonzepte historisch und systematisch verorten und prüfen, ob und inwieweit sie gegenwärtig in einem neuen Sinne relevant sein können. Dazu – z. B. zum Nohlschen Konzept des »pädagogischen Bezugs« – liegen bereits anregende Studien vor (Müller 2002, Niemeyer 2011).

Zum anderen will ich die überlieferten pädagogischen Beziehungskonzepte systematisch erweitern. Partiell kann ich dabei an Studien anknüpfen, die sich als differenzierte Beiträge zur Begründung oder auch empirischen Überprüfung des Konzepts der »Relationalität« verstanden haben.

Die *erste Erweiterung* betrifft die *Konstellationen von Personen*, die beziehungspädagogische Ansätze in den Blick nehmen. Schon im Begriff »Pädagogik« kommt die Überzeugung zum Ausdruck, dass Erziehung die Führung und Anleitung von Kindern, d. h. von noch nicht erwachsenen Personen beinhaltet. Dem entsprechend sind in der Pädagogik ganz überwiegend diejenigen Beziehungen als relevant für die Prozesse der Erziehung betrachtet worden, die sich zwischen erwachsenen und noch nicht erwachsenen Personen oder, mit anderen Worten, zwischen Mitgliedern der älteren und Mitgliedern der jüngeren Generation entwickeln. Dies gilt seit den Anfängen der Pädagogik – zunächst in der jüdischen und griechischen Antike (z. B. Plato und Sokrates, vgl. Nelson1931/2002) – und dann im Zeitalter der Aufklärung in Europa (vgl. Giesecke 1997), bis hinein ins 20. Jahrhundert. Erst mit den Untersuchungen des Psychologen und Pädagogen *Jean Piaget* über die Entwicklung der Regelpraxis und des Regelbewusstseins von Vorschul- und Schulkindern in ausgewählten Spielgruppen von Großstadtkindern in der Schweiz (Piaget 1932/1973) sind in der Pädagogik neben den *inter*generationalen auch die *intra*generationalen Beziehungen als soziale Orte der (wechselseitigen) Erziehung und (ko-konstruktiven) Bildung anerkannt worden. Seitdem haben sie in der Forschung viel Aufmerksamkeit gefunden (z. B. Krappmann 1991, Youniss 1994, Krappmann/Ostwald 1994, Corsaro 1997, Honig/Joos/Schreiber 2004).

Die skizzierten Entwicklungen greife ich in der Weise auf, dass ich die Beziehungspädagogik in zwei Perspektiven erläutere: Die erste behandelt die *inter*generationalen, die zweite die *intra*generationalen Beziehungen, und zwar jeweils mit Blick auf deren Bedeutung für die den Lebenslauf von Individuen begleitenden Prozesse der Erziehung und des Lernens.

Die *zweite Erweiterung* der tradierten Beziehungsansätze betrifft die *Typen von interpersonellen Beziehungen*, die als soziale Kontexte der (lebenslangen) Erziehungs- und Bildungsprozesse identifiziert und erforscht werden. In der Tradition von Schleiermacher (1826/2000) und Nohl (Nohl 1918 und 1933) werden beziehungstheoretische Ansätze ganz überwiegend auf die professionelle Tätigkeit von Fachkräften in öffentlichen Einrichtungen der Erziehung und Bildung bezogen (beispielsweise hat Schleiermacher sogar die Hauslehrertätigkeit für nicht theoriefähig gehalten); das gilt auch für viele deutsch- und englischsprachige Beiträge zu einer »relationalen Pädagogik« (z. B. Köngeter 2009, Bingham/Sidorkin 2010) wie auch für das wunderbare Buch von Annedore Prengel (2013). Daneben hat sich ein eigener Strang erziehungs- und verhaltenswissenschaftlicher Studien über die Beziehungsdynamik und Erziehungsprozesse in Familien entwickelt (z. B. Kreppner/Lerner 1989, Mollenhauer/Brumlik/Wudtke 1975, Schneewind 2005), die ihrerseits ganz überwiegend interaktionistischen Ansätzen verpflichtet sind. Die damit angezeigte Trennung zwischen öffentlicher und privater, professioneller und von Laien wahrgenommener Erziehung als Themen der Forschung ist mittlerweile aus guten Gründen weitgehend überwunden worden. Denn die heutigen Kinder und Jugendlichen verbringen ihren Alltag in einer ständigen, wenn auch sich verändernden Verbindung von privater und öffentlicher Erziehung – und diese beiden Welten der Erziehung und des Lernens beeinflussen sich wechselseitig. In dieser Perspektive behandelt die vorgelegte »Beziehungspädagogik« sowohl die öffentliche/berufliche Erziehung als auch die Familienerziehung. Die Unterscheidung zwischen zwei Perspektiven – *inter*generationale und *intra*generationale Beziehungen – wird daher ergänzt durch die differenzierte Erörterung von privater (familialen) und öffentlicher (institutioneller) Erziehung. Konkret: Einerseits werden unter dem Dach der *inter*generationalen Beziehungen sowohl die Beziehungen zwischen Kindern und ihren Eltern bzw. Großeltern als auch die Beziehungen zwischen Erzieherinnen/Erziehern und Kindern bzw. Lehrerinnen/ Lehrern und Schülerinnen/Schüler analysiert. Andererseits werden unter dem Dach der *intra*generationalen Beziehungen neben den Beziehungen zwischen Geschwistern auch die Beziehungen zwischen etwa gleichaltrigen Kindern im Rahmen informeller Gruppen sowie in Schulen erörtert.

Mit der *dritten Erweiterung* der in der Pädagogik tradierten Beziehungskonzepte will ich der Tatsache Rechnung tragen, dass Menschen Beziehungen eingehen nicht nur mit ihren Mitmenschen (»interpersonelle Beziehungen«), sondern auch mit Tieren (insbesondere mit Pferden und Hunden als den traditionsreichsten Haustieren), mit Phänomenen der Natur (z. B. Elemente, Gestirne, Gezeiten etc.) sowie mit Artefakten der Kultur (z. B. Musik, Kunst, Literatur etc.). Auf diese Tatsache hat am eindringlichsten Martin Buber hingewiesen, indem er in seinem »Dialogischen Prinzip« die »Grundworte« ICH – DU und ICH – ES unterschieden hat, sodann auch die Vertreter einer »phänomenologischen« Pädagogik (z. B. Lippitz/Meyer-Drawe 1984). Die Überzeugung, dass als Faktoren der Erziehung nicht nur Menschen, sondern die »Natur« und die »Dinge« wirksam seien, geht auf Rousseau zurück: in seinem Erziehungsroman »Emile« benennt er die Mitmenschen erst als dritten Erziehungsfaktor nach der Natur und den Dingen. Die phänomenologische Pädagogik hat seit Martinus Langeveld vom »Aufforderungscharakter der Dinge« gesprochen (Langeveld 1964). Maria Montessori hat diese Vorstellung mit ihrem Konzept der (durch Lernmaterialien) »vorbereiteten Umgebung« zum Angelpunkt ihrer Kinderhauspädagogik gemacht.

In der *vierten Erweiterung* der tradierten Beziehungskonzepte gerät die *Beziehung des Menschen zu sich selber* in den Blick (z. B. Herzog 2001). Die zentrale Bedeutung der Selbstbezüglichkeit der Person des erziehenden Erwachsenen hat Siegfried Bernfeld mit dem Satz umschrieben: »So steht der Erzieher vor zwei Kindern: dem zu erziehenden vor ihm und dem verdrängten in ihm« (Bernfeld 1925, S. 147). In diesem Satz kommt die in der Freudschen Psychoanalyse entwickelte Überzeugung zum Ausdruck, dass es der ausdrücklichen Reflexion der am eigenen Leib erfahrenen Erziehung bedarf, um den erziehenden Erwachsenen davor zu bewahren, blindlings dem Wiederholungszwang der erfahrenen Beziehungs- und Erziehungsmuster zu unterliegen (vgl. z. B. Martin/ Olsen 1996).

Die *fünfte Erweiterung* des tradierten Beziehungsdenkens begründet den Anspruch, mit dem vorgestellten beziehungspädagogischen Rahmenkonzept einen konstruktiven *Beitrag zur systematischen Pädagogik* leisten zu wollen und zu können. Es ist fruchtbar – so lautet der Anspruch –, die Grundbegriffe der Pädagogik beziehungstheoretisch zu fassen, sie also in der Perspektive eines facettenreichen, im Kontext kulturspezifischer Verhältnisse verlaufenden Beziehungsgeschehens zu bestimmen, welches den gesamten Lebenslauf des Individuums begleitet. Einen ersten Versuch dieser Art habe ich in meiner »Frühpädagogik« vorgelegt (Liegle 2013).

Durch eine *sechste Erweiterung* des tradierten Beziehungsdenkens kann der Anspruch, einen konstruktiven Beitrag zur systematischen Pädagogik zu leisten, in Richtung auf eine beziehungstheoretisch begründete *Erkenntnistheorie* ergänzt werden. Bereits Wilhelm von Humboldt hat in seinen dialogisch orientierten bildungstheoretischen Schriften argumentiert, man könne Wahrheit als einen Prozess begreifen, der sich zwischen menschlichen Subjekten ereignet (Burkhardt 1987). Auf der Grundlage seiner Kommunikationstheorie geht Watzlawick der These nach, »dass die sogenannte Wirklichkeit das Ergebnis von Kommunikation« sei (Watzlawick 1976, S. 7). Das Konzept der »Relationalität« (s. oben) ist schon mehrfach zum Ausgangspunkt einer »neuen« erkenntnistheoretischen Position gewählt worden (z. B. Thayer-Bacon 2003): Mit Blick auf die Persönlichkeitsentwicklung im Lebenslauf und Gesetzmäßigkeiten des lebenslangen Lernens ergibt sich aus relationalen Positionen der Erkenntnistheorie die Einsicht, dass der Erwerb bzw. die Aneignung von Erkenntnis als ein kooperatives Geschehen (*collaborative process*) verstanden werden kann (vgl. Rogoff 1998).

Die genannten Aspekte einer Beziehungspädagogik halte ich insbesondere deshalb für fruchtbar, weil sie dazu beitragen können, die Grundzüge einer Logik und einer Ethik des Erziehens – in allen seinen Gestalten zwischen systematischem Unterricht und Formen der indirekten »Aufforderung zur Bildung« (Liegle 2013) – zu bestimmen. Dabei meint »Logik« die Gesetzmäßigkeiten in jenem Beziehungsgeschehen, welches mit dem Begriff der »Erziehung« beschrieben wird. Unter »Ethik« verstehe ich diejenigen Regeln, die mit Blick auf die Achtung der Persönlichkeitsrechte der Erzogenen und die Anerkennung ihrer Person im Erziehungsalltag eingehalten werden sollten.

Dieses Buch hat nur auf der sicheren Basis der andauernden Unterstützung, anteilnehmenden Begleitung und Ermutigung zustande kommen können, die mir meine Frau, Linde Liegle, geschenkt hat. Ihr danke ich an erster Stelle und widme ihr dieses Buch. Für klärende Gespräche und hilfreiche Anregungen danke ich außerdem Renate und Hans Thiersch, Hans-Ulrich Schnitzler und Richard Michaelis, Kurt Lüscher und Lothar Krappmann, Anton Stingl jun. und Benedikt Brändle, Sibylle Höger-Schmid und Ulrich Herrmann.

Teil I: Generationenbeziehungen im Kontext des Verwandtschaftssystems als Erfahrungsraum für Erziehungs- und Lernprozesse

Wie in der Einleitung angekündigt, spreche ich über Beziehungen zwischen Generationen in zwei Perspektiven: Zum einen geht es um die Beziehungen zwischen Familienmitgliedern; Beziehungen dieser Art – »familiale Generationenbeziehungen« – hat jede(r) von uns erlebt, zumindest in der Rolle des Kindes von Eltern, häufig auch in der Rolle eines Geschwisters oder auch in der Rolle eines Enkelkindes, im weiteren Lebenslauf auch in der Rolle von Eltern und Großeltern. Zum anderen geht es um die Beziehungen zwischen Lehrenden und Lernenden in den gesellschaftlich organisierten Bildungsinstitutionen (von Tageseinrichtungen für Kinder über Schulen bis hin zu Hochschulen); auch dieser Typus von Beziehungen – man könnte von »gesellschaftlichen Generationenbeziehungen« sprechen – hat, jedenfalls in unserem Kulturraum, jede(r) erlebt, zumindest als Schüler(in) im Rahmen der Pflichtschule. Für beide Typen von Generationenbeziehungen ist es kennzeichnend, dass sie für das Verhältnis zwischen Alt und Jung stehen. Dies gilt zwar nicht ausschließlich; denn die Generationenbeziehungen sowohl in Familien als auch in gesellschaftlichen Bildungsinstitutionen erstrecken sich nicht allein auf die Beziehungen zwischen Alt und Jung, sie betreffen auch die (intragenerationalen) Beziehungen zwischen Jung und Jung (Geschwister, Mitschüler/Innen, Mitstudierende). Dennoch liegen in der prinzipiellen Unterscheidung zwischen Alt und Jung sowie in der Ko-Existenz von Alt und Jung in den Kontexten sowohl der Familie als auch der gesellschaftlichen Bildungsinstitutionen die wichtigsten Begründungen dafür, Generationenbeziehungen als Ausgangspunkt und Schwerpunkt für die Erziehungstheorie im Allgemeinen sowie für meinen Entwurf einer Beziehungspädagogik im Besonderen zu wählen.

Die Aufforderung, die Goethe dem Faust in seinem gleichnamigen Schauspiel in den Mund legt: »Was du ererbt von deinen Vätern hast, erwirb es, um es zu besitzen«, formuliert in aller Kürze und Prägnanz, worum es in der Pädagogik geht und warum Pädagogik, verstanden als (Reflexion der) soziale(n) und kulturelle(n) Praxis des Erziehens und Lernens, ein grundlegendes Element der menschlichen Gesamtpraxis bildet: Die Jahrtausende lange Kulturentwicklung, auf die wir Menschen zurückblicken können, ist nur dadurch möglich gewesen, dass in der Generationenfolge nicht nur die physischen, »natürlichen« Überlebens- und Lebensfähigkeiten vererbt worden sind; auch die Kulturfähigkeit und die in Jahrtausenden angesammelten Hervorbringungen und Gehalte der Kultur sind von Generation zu Generation »vererbt« worden. In Fausts Aufforderung ist allerdings nicht vom »*Ver*erben« die Rede, sondern vom »*Er*erben«, und zwar deshalb, weil sich Fausts Aufforderung nicht an die ältere Generation richtet, die manches zu *ver*erben hat, sondern an die junge Generation, die manches zu (*er*)erben hat; Fausts Aufforderung an die junge Generation beinhaltet, sich das Ererbte zu eigen zu machen, und zwar dadurch, dass sie das Ererbte nicht einfach passiv übernimmt, sondern dadurch, dass sie sich das Ererbte »erwirbt«; was hier mit »Erwerben« gemeint ist, können wir getrost mit »Aneignung« übersetzen und als »Lernen« verstehen. »Ererbt« wird – um nochmals Faust heranzuziehen – »von den Vätern«, ein Plural, der wohl auf die lange Generationenkette gemünzt ist, aus welcher die Mitglieder der jungen Generation hervorgegangen sind und an welche sie anschließen. Dieser Anschluss, durch welchen die Kulturentwicklung fortgesetzt und außerdem einem Wandel zugeführt werden kann, ist indes nicht gleichsam als ein »Selbstläufer« zu verstehen; vielmehr bedarf dieser Anschluss der Eigeninitiative und der Selbsttätigkeit der jeweils jungen Generation in Gestalt ihrer aktiven, konstruktiven Lernprozesse. Erst diese Lernprozesse setzen die junge Generation instand, das, was sie von ihren Vätern ererbt haben, zu »besitzen«, fortzusetzen und zu erneuern. Diese Lernprozesse, die ich früher, zusammen mit Kurt Lüscher, in der Perspektive des Modells des »generativen Lernens« analysiert habe (Liegle/Lüscher 2004), sind in zwei sozialen Kontexten situiert, von welchen im Sinne der Unterscheidung von familialen und Gesellschaftsgenerationen bereits die Rede gewesen ist: im Familien- bzw. Verwandtschatssystem und im öffentlichen Bildungs- bzw. Schulsystem. Wenn Faust (im obigen Zitat) von »Vätern« spricht, richtet sich das Augenmerk in erster Linie auf den sozialen Kontext Familie. Man könnte allerdings auch argumentieren, dass die ursprünglich ausschließlich im Familien- und Verwandtschaftssystem situierten Erziehungs- und Lernprozesse im Laufe der kulturellen Evolution immer mehr ergänzt und partiell auch ersetzt worden sind durch die Inthronisation »funktionaler Väter« in Gestalt von professionellen Erzieher/Innen und Lehrer/Innen, welche den Jungen als Vertreter/Innen der älteren (Gesellschafts-)Generation entgegentreten.

Wenn also gelten soll, dass der Anfangs- und Schwerpunkt der sozialen und kulturellen Praxis des Erziehens und Lernens in den Kontexten von familialen und Gesellschaftsgenerationen zu verorten ist, bleibt zu entscheiden, mit welchem Typus von Generationenbeziehungen die Analyse einsetzen soll. Ich habe mich für den Einstieg mit den familialen Generationenbeziehungen entschieden, und zwar insbesondere aus zwei Gründen:

Erstens prägen familiale Generationenbeziehungen nicht nur die Anfänge, sondern zudem so gut wie die gesamte Dauer des Lebenslaufs aller Individuen in (soweit wir wissen) allen Geschichtsepochen und in allen Kulturen, während die im öffentlichen Bildungssystem repräsentierten Beziehungen zwischen Gesellschaftsgenerationen nur einen bestimmten Ausschnitt des Lebenslaufs eines (wenn auch inzwischen sehr großen) Teils der Individuen in allen Teilen der Welt prägen.

Zweitens erweisen sich, wie zahlreiche Studien ergeben haben, die Erziehungs- und Lernprozesse im Kontext familialer Generationenbeziehungen als wirksamer im Vergleich zu den Erziehungs- und Lernprozessen im Kontext des Bildungssystems bzw. im Kontext der Beziehungen zwischen Gesellschaftsgenerationen, wirksamer zum Beispiel im Sinne der Übertragbarkeit des Gelernten auf andere als die ursprünglichen Lernkontexte sowie im Sinne der Nachhaltigkeit der Wirkungen des Gelernten im Rahmen der individuellen Lebensspanne. Diese Forschungsbefunde kann man versuchsweise dahingehend interpretieren, dass die Beziehungspraxis und die von dieser geprägten Erziehungs- und Lernprozesse eine Alltagsnähe und eine emotionale Tiefenstruktur (durchaus ambivalenter Natur) aufweisen, die in der Beziehungspraxis im öffentlichen Bildungssystem nicht im selben Ausmaß anzutreffen sind.

1 Familiale Generationenbeziehungen – biologische und kulturelle Grundlagen und Aufgaben

Von familialen Generationenbeziehungen kann man, wie bereits angedeutet, sagen, dass sie in so gut wie allen Geschichtsepochen und Kulturen verbreitet (gewesen) sind und die Lebensläufe aller Individuen geprägt haben bzw. prägen. Diese, wie man sagen könnte, universale Verbreitung, die sich im Übrigen auch auf die nichtmenschlichen Primaten erstreckt, kann man auch dahingehend interpretieren, dass die familialen Generationenbeziehungen nicht nur kulturelle, sondern auch biologische Grundlagen haben und biologische Aufgaben erfüllen. Daraus ließe sich ableiten, dass beides zusammengehören und zusammenwirken kann: biologische und kulturelle Grundlagen, biologische und kulturelle Aufgaben, universale Verbreitung und kulturspezifische Prägung. Am Beispiel von familialen Generationenbeziehungen lässt sich zeigen: Die These von der universalen Verbreitung eines sozialen Phänomens können wir nur dadurch empirisch prüfen, dass wir die Existenz dieses Phänomens in einer möglichst großen Zahl und Vielfalt von kulturellen Räumen und geschichtlichen Epochen nachweisen können. Andererseits führt, wenn man das Beispiel der Generationenbeziehungen heranzieht, die Empirie des interkulturellen und historischen Vergleichs zu der Erkenntnis, dass die untersuchten kultur*übergreifenden* sozialen Phänomene von kultur*spezifischen* Vorstellungen und Institutionalisierungsformen modifiziert werden. Um diese Zusammenhänge systematisch zu untersuchen, sind in letzter Zeit einige Konzepte entwickelt und erprobt worden. Zwei dieser Konzepte werde ich im Folgenden vorstellen und in der Perspektive der Generationenbeziehungen kurz erläutern. Im Anschluss daran werde ich auf die Frage des sozialen Wandels familialer Generationenbeziehungen eingehen.

Zwei Konzepte zur Aufklärung über den wechselseitigen Zusammenhang von biologischen und sozio-kulturellen Wurzeln der menschlichen Existenz und Entwicklung

Mithilfe des Konzepts der »*kulturellen Natur der menschlichen Entwicklung*« beschreibt Rogoff (2003) menschliche Entwicklung als einen kulturabhängigen Prozess. In dieser Perspektive entwickeln sich Individuen als an ihren kulturellen Gemeinschaften Beteiligte, indem sie sich zusammen mit anderen in gemeinsamen Vorhaben engagieren und dabei auf den kulturellen Praktiken früherer Generationen aufbauen. Im Rahmen der empirischen Prüfung ihres Konzepts kann Rogoff (2003) beispielsweise zeigen, dass der zentrale Stellenwert der frühen Mutter-Kind-Beziehung einerseits universal verbreitet zu sein scheint, andererseits aber in verschiedenen kulturellen Gemeinschaften und in verschiedenen geschichtlichen Perioden sich eine große Vielfalt in den Formen der Mutter-Kind-Beziehung und in der Gestaltung dieser Beziehung beobachten lässt. Dies gilt, um nur einige Belege anzuführen, für die Dauer des Stillens sowie Formen der Entwöhnung oder für Formen der Ergänzung der biologischen Mutter (z. B. indem sich mehrere Frauen oder der Vater oder ältere Geschwister oder sogar die gesamte Dorfgemeinschaft an den Betreuungsaufgaben beteiligen) oder deren Substituierung (z. B. durch eine Amme).

Mithilfe des Konzepts der »*Koevolution von menschlicher Biologie und Kultur*« beschreibt Tomasello (2010), dass und wie menschliche Existenz und Entwicklung in phylogenetischer ebenso wie in ontogenetischer Hinsicht gleichermaßen biologisch und sozial/kulturell begründet sind. In der Perspektive dieses Konzeptes sind die Menschen biologisch daran angepasst, in einem kulturellen Kontext aufzuwachsen und zu leben; außerdem schaffen sie sich eigene kulturelle Welten und passen sich diesen permanent an.

Wenn wir diese Konzepte auf die Untersuchung von Generationenbeziehungen anwenden, so können wir zunächst feststellen, dass es fruchtbar ist, Generationenbeziehungen als ein Produkt der Koevolution von menschlicher Biologie und Kultur zu betrachten. Diese Feststellung gewinnt an Überzeugungskraft, wenn wir uns klar machen, dass der Begriff »Generationenbeziehungen« sowohl auf biologische als auch auf soziale/kulturelle Phänomene und Aufgaben verweist: Dem griechischen Wort »genos« liegt das Verb »genesthai« zugrunde – es meint »ins Dasein gelangen« und umschreibt somit das Überschreiten der Schwelle zum Leben. Durch die Geburt eines Kindes wird eine neue Generation gebildet, die sich von jener der Eltern unterscheidet (vgl. Lüscher/Liegle 2003, S. 36). Während im allgemeinen wissenschaftlichen Diskurs Generationenbeziehungen ganz überwiegend als soziale Phänomene angesprochen werden, scheint deren biologische Bedeutung beispielsweise dann auf, wenn von »generativem Verhalten« oder »generativem Geschehen« die Rede ist.

Dass es fruchtbar ist, Generationenbeziehungen in der Perspektive des Konzepts der Koevolution von menschlicher Biologie und Kultur zu betrachten, ergibt sich des Weiteren aus folgenden Überlegungen: (Familiale) Generationenbeziehungen können als Ausdrucksformen der Institutionalisierung von Aufgaben begriffen werden, welche der Optimierung der Anpassung der Menschen an ihre je spezifische – partiell von ihnen selbst geschaffene – Umwelt dienen. Dabei lassen sich insbesondere drei Aufgaben benennen:

- die Aufgabe, eine neue Generation von Kindern ins Leben zu bringen – durch Zeugung und Empfängnis, Schwangerschaft und Geburt;
- die Aufgabe, dafür zu sorgen, dass der Nachwuchs überlebt – durch angemessene Ernährung, Pflege und Betreuung;
- die Aufgabe, dafür zu sorgen, dass der Nachwuchs zur Enkulturation gelangen kann – durch die Teilnahme der Kinder am Alltagsleben der kulturellen Gemeinschaft, das Erlernen der gemeinsamen Sprache und das Hineinwachsen in die Traditionen und Werte, Gewohnheiten und Regeln der Gemeinschaft.

Es läge nahe, mit Blick auf die genannten Aufgaben zu unterscheiden zwischen solchen, die biologisch geprägt sind, und anderen, die eher sozial/kulturell geprägt sind. Indes hat bereits die Erläuterung des Konzepts der »kulturellen Natur« deutlich gemacht, dass beim Menschen auch alle biologischen Phänomene und Prozesse kulturell geprägt werden. Insofern erläutern und bestätigen sich die beiden ausgewählten Konzepte wechselseitig

2 Die Frage nach dem sozialen Wandel von familialen Generationenbeziehungen

In den öffentlichen Debatten stößt man immer wieder auf eine Katastrophenrhetorik, in der mit Blick auf moderne Industriegesellschaften z. B. vom »Krieg der Generationen« die Rede ist (z. B. Schirrmacher 2005). Diese Rhetorik bezieht sich ganz überwiegend auf die Gesellschaftsgenerationen, insbesondere auf die Zukunftsprobleme des sog. Generationenvertrags in der Rentenversicherung. Schon in dieser Hinsicht ist sie unberechtigt; denn viele Experten legen dar, dass die gar nicht zu leugnenden Probleme im Rahmen des bestehenden Systems lösbar sind, wenn man die demographischen Entwicklungen und Parameter in die Konstruktion der Rentenformel einbezieht.

Die Katastrophenrhetorik wird vollends absurd, wenn man sie auf die gelebten Generationenbeziehungen in den Familien überträgt: Alles verfügbare wissenschaftliche Wissen belegt eher das Gegenteil: Zwar gibt es in den wechselseitigen Beziehungen zwischen Eltern und Kindern bzw. Jugendlichen eine zunehmende Vielfalt von Formen und Qualitäten. Innerhalb dieser Vielfalt kann jedoch keine Rede sein von Krieg. Im Zeitvergleich sind im Gegenteil in den heutigen familialen Generationenbeziehungen mehr Frieden, weniger dramatische Konflikte, mehr Freundlichkeit, mehr wechselseitige Anerkennung und Unterstützung als in der näheren oder gar ferneren Vergangenheit zu beobachten.

Ein sprechendes Beispiel für den zeitgeschichtlichen Wandel der (familialen) Generationenbeziehungen in der bereits angedeuteten Richtung bietet die aktuelle »*Vermächtnisstudie*«, die gemeinsam von der Wochenzeitung DIE ZEIT, INFAS und dem Wissenschaftszentrum Berlin für Sozialforschung (WZB) durchgeführt worden ist (Allmendinger/Lorenzo/Smid 2016). Die Befunde zum Thementeil »*Generationenbeziehungen*« sind so unerwartet ausgefallen, dass sie unter dem provokativen Titel »*Generation Gibtsnicht*« veröffentlicht worden sind (Novotny u. a. 2016): Die Frage, ob *gemeinsame Mahlzeiten* wichtig seien, haben zwischen 80 Prozent (14–17-Jährige) und 89 Prozent (66 Jahre und älter) zustimmend beantwortet. Vollständig unabhängig von der Generationenzugehörigkeit finden demnach gemäß dem Ergebnis dieser Anfang 2016 publizierten Studie das zentrale Ritual der alltäglichen Beziehungspraxis von Familien, die gemeinsamen Familienmahlzeiten, wichtig.

Die Frage, wie diese gewissermaßen fortschrittliche Entwicklung erklärt werden kann, ist nicht leicht zu beantworten. Ich skizziere zwei Erklärungsversuche. Der eine besagt: Die Tatsache, dass in unserer Gesellschaft und in der Welt im Ganzen Komplexität, Undurchsichtigkeit und Orientierungslosigkeit zunehmen, lässt das intime Beziehungssystem der Familie in verstärktem Maße zum Ankerplatz der Lebensführung und Lebensgestaltung der Menschen werden und fördert den

Zusammenhang und Zusammenhalt zwischen den Familiengenerationen. Ein zweiter Erklärungsversuch besagt: Der zeitgeschichtliche Wandel der Eltern-Kind-Beziehungen – der Wandel zum Beispiel vom »Befehlshaushalt« zum »Verhandlungshaushalt« (vgl. Ecarius 2002) – entschärft den Kampf der jüngeren Generation um Anerkennung, entschärft die Konflikte um Autonomie und Individualität, begünstigt das Selbständigwerden und die allmähliche Ablösung von den Eltern. Es wird gelegentlich gesagt, diese Formen der Liberalisierung seien gleichbedeutend mit einem Verzicht der Eltern auf Erziehung, mit Verwöhnung oder auch Vernachlässigung der Kinder. Die vorliegenden Forschungsbefunde bestätigen dies nicht, jedenfalls nicht als Massenphänomen. Es trifft zwar zu, dass das Gefühl der Unsicherheit in Erziehungsfragen stark verbreitet ist und, ebenso wie die Suche nach Rat und Hilfe, zugenommen hat. Das braucht man aber nicht nur als einen Verlust, man kann es auch als einen Gewinn verbuchen, und zwar in dem Sinne, dass das erzieherische Handeln in verstärktem Maße selbstreflexiv geworden ist. Man kann in diesem Sinne auch die Tendenz erkennen, dass Erziehung heute anders verstanden wird als in früheren Zeiten, nämlich nicht mehr so sehr als Einwirkung, sondern vielmehr – wie es gewissermaßen zum Typ »Verhandlungshaushalt« passt – als Anregung und Herausforderung zur Selbsterziehung (z. B. Winterhager-Schmid 2001) oder, wie ich vorausgreifend sagen könnte: »beziehungspädagogisch« im Sinne einer reziproken sozialen Beziehungspraxis.

Solche Wandlungen in den gelebten Generationenbeziehungen sowie im Erziehungsverständnis sind im Übrigen auch in der Sphäre des Rechts entweder vorbereitet oder bekräftigt worden, dadurch zum Beispiel, dass im Familienrecht nicht mehr von »elterlicher Gewalt«, sondern stattdessen von »elterlicher Sorge« die Rede ist, und dadurch, dass Gewalt in der Erziehung sanktioniert wird.

Über das Gesagte hinaus gibt es in den Beziehungen zwischen Familiengenerationen ein Phänomen, das in der Öffentlichkeit und in den Medien viel zu wenig berücksichtigt oder aber einseitig negativ bewertet wird: Es ist viel die Rede von der alternden Gesellschaft, und dies wird mit Nachteilen für die junge Generation in Verbindung gebracht. Demgegenüber wird häufig übersehen, dass in der gestiegenen Lebenserwartung – und damit in der längeren gemeinsamen Lebenszeit der Familiengenerationen – auch eine Chance der Bereicherung des Aufwachsens von Kindern liegt. Es hat noch keine Kindergeneration gegeben, die so gut wie alle ihre *Großeltern* (und darüber hinaus auch nicht selten Urgroßeltern) im Rahmen einer so langen gemeinsamen Lebenszeit erlebt haben wie die heutige Kindergeneration – und bei diesem Erleben handelt es sich nicht nur um eine Möglichkeit, sondern um gelebte und erlebte soziale Wirklichkeit: 80 Prozent der Kinder haben regelmäßig Verbindung mit ihren Großeltern, diese wohnen im gleichen Haus, in unmittelbarer Nachbarschaft, am gleichen Ort oder an einem nahegelegenen Ort (vgl. Lauterbach 1998). Bis zum Schuleintritt sind Großeltern nach den Müttern und vor den Erzieherinnen und lange vor den Vätern die wichtigsten Betreuungs- und Bezugspersonen der Kinder.

Mit diesen Hinweisen will ich den Mehrgenerationenverbund nicht verklären. Er ist jedoch eine soziale Tatsache, die – ebenso wie der skizzierte soziale Wandel der Eltern-Kind-Beziehung – das Gerede vom Verfall der Familie, von der Erziehungskatastrophe, vom Erziehungsnotstand oder vom Krieg der Generationen Lügen straft.

3 Eltern-Kind-Beziehungen

Einer der Schlüsselsätze zur Begründung einer »Beziehungspädagogik« lautet nach meiner Auffassung: »Die Familie ist, trotz ihres problematischen Status, der soziale Ort, an dem sich im Regelfall die ersten Schritte der Menschwerdung vollziehen« (Mollenhauer 1983, S. 416). Familie, gekennzeichnet als Lebensgemeinschaft und personorientierte Kommunikationsgemeinschaft, als ein sozialer Ort, der gerade *nicht* auf Erziehung spezialisiert ist, stellt offenbar eine für die primäre Sozialisation, für die »ersten Schritte der Menschwerdung« (Mollenhauer), für »Soziabilisierung« (Claessens 1962) notwendige soziale Umwelt des Kindes dar. Die Ausbildung der Grundlagen von Handlungsfähigkeit scheint auf das gemeinsame Leben in einer sozialen Figuration vom Typus der Familie angewiesen zu sein. An einige relevante Theoriepositionen, die in der Erziehungswissenschaft rezipiert worden sind, ist in diesem Zusammenhang zu erinnern:

- zum Beispiel die *psychoanalytische* Entwicklungstheorie: Libidinöse Bindung und Identifikation im Rahmen einer dyadischen Objektbeziehung bilden nach Freud (1953) die Grundlage der Ausbildung des Über-Ichs und der Entwicklung des Ichs; die Bildung von Identität im Lebenszyklus, so Erikson (1966), nimmt ihren Anfang in der Bildung von Urvertrauen im Rahmen einer dyadischen Beziehung und setzt sich fort in einem stetig sich in Gestalt konzentrischer Kreise erweiternden sozialen Raum; Symbiose, so Margaret Mahler (1979), geht der Individuation voraus;
- zum Beispiel die *kognitionspsychologische* Entwicklungstheorie: Piaget spricht von einer »vollständige(n) Kontinuität« zwischen dem Leben der Eltern und der persönlichen Aktivität des Kindes: »Wie wir im Zusammenhang mit der Magie gesehen haben, muss das Kind, dessen ganze Aktivität von der Wiege an mit einer komplementären Aktivität seiner Eltern verbunden ist, in seinen ersten Lebensjahren mit dem Eindruck leben, es sei fortwährend von wohlwollenden Gedanken und Aktionen umgeben. Es muss ihm so vorkommen, als wäre jede seiner Intentionen seinen Angehörigen bekannt und als würde sie von diesen geteilt« (Piaget 1978, S. 130 und 200);
- zum Beispiel die *struktur-funktionalistische* Sozialisationstheorie: das Lernen der grundlegenden Rollen von Alter und Geschlecht geschieht nach Parsons zunächst partikularistisch, d. h. durch Identifikation mit der bestimmten Mutter und mit dem bestimmten Vater (Parsons/Bales 1955);
- zum Beispiel Vygotski (2003), der im Rahmen seines *kulturhistorischen* Ansatzes der Entwicklungspsychologie vom »Ur-Wirgefühl« spricht (zit. in Keiler 2002, S. 277 f.);

- zum Beispiel die *evolutionäre Psychologie*: im Rahmen seiner »Naturgeschichte des menschlichen Denkens« spricht Tomasello unter dem Aspekt der Ontogenese davon, dass »young children begin collaborating and communicating cooperatively with others with a second-personal orientation – through direct participation with specific other individuals« (Tomasello 2014, S. 144);
- zum Beispiel, schließlich, die *systemtheoretische* Position Luhmanns: Der familialen Sozialisation kommt eine besondere Bedeutung zu, »weil sie von einem System ausgelöst wird, das darauf eingestellt ist, die gesellschaftliche Inklusion ganzer Personen zu ermöglichen ... So wächst man zunächst in eine Welt hinein, in der die Person zählt« (Luhmann 1988, S. 86).

Die Institutionalisierung der Eltern-Kind-Beziehung in Gestalt verschiedener Ausprägungen von »Familie« kann als ein Paradebeispiel für die Koevolution von Biologie und Kultur gelten. Unter Aspekten der biologischen Evolution rückt die Tatsache ins Blickfeld, dass die grundlegende Bedeutung der Mutter- bzw. Eltern-Kind-Beziehung auch für die uns Menschen am nächsten stehenden Primaten gilt, wie Harry und Margaret Harlow am Beispiel von Rhesusaffen nachgewiesen haben (Harlow 1961 und 1972; Harlow/Harlow 1977). Aus diesen und weiteren Forschungsbefunden lässt sich schließen, dass sich die Institutionalisierung der Eltern-Kind-Beziehung als vorteilhaft für das Überleben der Primaten und für ihre Anpassungsfähigkeit an unterschiedliche Umweltbedingungen erwiesen hat (vgl. z. B. Dunbar 2014). Ohne ein seinerzeit noch nicht verfügbares einschlägiges wissenschaftliches Wissen, eher spekulativ hat Georg Simmel in dieser Perspektive argumentiert, es erscheine ihm »unzweifelhaft, dass der feste Kern, um den die Familie herumgewachsen ist, nicht das Verhältnis zwischen Mann und Weib, sondern zwischen Mutter und Kind ist; dies ist der ruhende Pol in der Flucht der Erscheinungen des Ehelebens, die im wesentlichen überall gleiche Beziehung, während die zwischen den Gatten unendlicher Wandlung fähig ist« (Simmel 1895/1985, S. 126). Auf den damit angedeuteten *Zusammenhang zwischen (beziehungs-)pädagogischen und evolutionstheoretischen Denkformen* werde ich in Kapitel II/12 kurz und im abschließenden Teil VIII in differenzierter Form zu sprechen kommen.

Unter Aspekten der *kulturellen Evolution* rücken die Tatsachen ins Blickfeld, dass die sozialen und affektiven Formen der Eltern-Kind-Beziehung eine kulturabhängige große Vielfalt aufweisen (vgl. Keller 2011, Lamm/Keller 2010, Otto/Keller 2012; Rogoff 2003) und dass es jenseits der Eltern-Kind-Beziehung weitere im Verwandtschaftssystem oder auch innerhalb einer Dorfgemeinschaft angesiedelte soziale Beziehungskontexte gibt, wie beispielsweise Kinderspielgruppen, die auch Betreuungs- und Erziehungsaufgaben übernehmen.

Die Überzeugung, dass Familienbeziehungen und Familienerziehung, wie Mollenhauer formuliert hat, die »ersten Schritte der Menschwerdung prägen«, ist insbesondere durch Befunde der »*Bindungsforschung*« vielfach bestätigt worden (z. B. Ahnert 2014; Grossmann/Grossmann 2003 und 2001).

3.1 »Bindung«: Elementare Formen der Liebe. Sorge (care) als elementare Form von »Erziehung«

Das Konzept »Bindung« beschreibt eine elementare Form der *Liebe*, die zwischen bzw. jenseits der von Prange (2013) unterschiedenen Formen der *»Liebe als Passion«* und *»Liebe als Aufgabe«* anzusiedeln ist: »Bindung« meint eine intime wechselseitige Beziehung, die man insbesondere dann als eine gewissermaßen symbiotische Beziehung kennzeichnen kann, wenn die Rede vom Bindungsgeschehen die Zwei-Einheit von Mutter und Kind während der Schwangerschaft einschließt. Entsprechendes gilt aber auch im Hinblick auf das intime Beziehungsgeschehen des Stillens. Im Konzept der *Bindung* sind insofern Berührungspunkte zu Pranges Begriff der »Liebe als *Aufgabe*« anzunehmen, als im Bindungsverhalten der Mutter und anderer bedeutsamer Bezugspersonen des neugeborenen Kindes die Wahrnehmung einer grundlegenden Aufgabe zum Ausdruck kommt; einer *Aufgabe*, welche bei den nicht-menschlichen Primaten als *»Brutpflege«* beschrieben wird; eine *Verantwortung*, welche die umfassende, lebenserhaltende Sorge für das von der Unterstützung durch Erwachsene noch für längere Zeit abhängige neugeborene Kind beinhaltet. Insofern kann man das Bindungsverhalten der Eltern bzw. die »Sorge« um das Kind von seiten der Eltern und weiterer bedeutsamer Bezugspersonen des Kindes als die elementarste Form der *Erziehung* verstehen; begrifflich wird diese Sorge für Kinder gelegentlich unter dem Begriff der »Betreuung« subsumiert, häufiger jedoch findet in den letzten Jahrzehnten der Begriff »Sorge« (vgl. z. B. Hering/Schröer 2008) sowie der aus dem angelsächsischen Sprachbereich übernommene Begriff *»caring«* bzw. »*care*« Verwendung (vgl. z. B. Wolf/Dietrich-Daum 2013). Die Begriffe der Sorge bzw. des caring oder care umschreiben, wie bereits bei der Erläuterung des Bindungskonzepts angedeutet, die umfassende Verantwortung für den von Unterstützung und Hilfe abhängigen Nachwuchs. Diese Form der Verantwortung lässt sich umschreiben als *ein auf Angewiesenheit antwortendes Handeln* (z. B. Liegle/Liegle 2008, S.109); dies trifft insbesondere für die elterliche Sorge für Kinder in den Anfängen des Lebenslaufs zu. Die Wahrnehmung der elterlichen Ver*antwort*ung ist nach Hans Jonas (1979, S. 85) »die einzige von der Natur gelieferte Klasse völlig selbstlosen Verhaltens, und in der Tat ist dieses ... Verhältnis zum unselbständigen Nachwuchs der Ursprung der Idee der Verantwortung überhaupt, und seine ständig fordernde Handlungssphäre ist der ursprünglichste Ort ihrer Betätigung«. Da die nachgeburtliche Sorge für Kinder nicht zuletzt körperliche bzw. leibliche Komponenten aufweist (beispielsweise, abgesehen vom Stillen und anderen Formen der Ernährung, Zuwendung und Zärtlichkeit), kann es nicht überraschen, dass »Mütter« und »Mütterlichkeit« zu weit verbreiteten Metaphern für die Wahrnehmung von Verantwortung, für das *Da-Sein für Andere*, für »weibliche Moral« (z. B. Noddings 1984) und auch für menschliche Moral im Ganzen (z. B. Hrdy 2010) geworden sind. Mein Vorschlag, in diesem Zusammenhang von einem »auf Angewiesenheit antwortenden Handeln« zu sprechen (vgl. Liegle/Liegle 2008, S.109), war ausdrücklich auf das Säuglingsalter bezogen. In einer erweiterten, den gesamten Lebenslauf betreffenden

Perspektive lässt sich diese Rede vom »antwortenden« Verhalten und Handeln ganz allgemein zu dem Konzept »*Erziehung als Antwort*« ausbauen (vgl. insbesondere Masschelein 1996 und Ricken 1999, S. 314 ff); dieses Konzept bildet ein fruchtbares Element innerhalb meines Konzepts der *Beziehungspädagogik*; es geht nämlich davon aus, dass es im Hinblick auf die Theorie, die Erforschung und die Praxis des Erziehens und Lernens fruchtbar ist, alle Formen der Erziehung als *Antworten* nicht nur auf explizite Fragen, sondern auf Signale und Bedürfnisse, Ansprüche und Rechte der jeweiligen Adressaten, unabhängig von ihrem Lebensalter, zu verstehen.

Die Theoriebildung und Forschung, die sich am Konzept der »Bindung« orientiert, ist insbesondere in ihren Anfängen sehr stark von psychoanalytischem Gedankengut bestimmt worden (vgl. z.B. Ahnert 2014; Grossmann/Grossmann 2003); daraus erklärt sich die Konzentration auf die emotionale (nicht selten unbewusste) Seite des Beziehungsgeschehens zwischen dem neugeborenen Kind und seinen engsten Bezugspersonen (»Objektbeziehungen«). An diese Wurzeln und Akzentsetzungen gilt es anzuschließen, wenn man sich mit Bindungstheorie und Bindungsforschung befasst. Ergänzend will ich jedoch eine Sichtweise ansprechen, welche das *Bindungsgeschehen* als einen komplexen und dialogisch angelegten *Lernprozess* interpretiert und diesen Lernprozess als genuine Aufgabe der familialen Generationenbeziehungen begreift. Das in dieser Perspektive entwickelte Konzept des »Generationenlernens« (Liegle/Lüscher 2004) beinhaltet die Annahme, dass die Erfahrung und Gestaltung familialen Generationenbeziehungen spezifische Lernerfahrungen ermöglicht und erfordert. Ende des 19. und Anfang des 20. Jahrhunderts ist mit der *Psychoanalyse* ein Theoriegebäude begründet worden, das den frühen nachgeburtlichen Prägungen große Aufmerksamkeit schenkt; hier liegt die Wurzel der so genannten *Bindungstheorie*. Man kann sie – vereinfachend – auch als eine allgemeine Lerntheorie lesen. Allerdings geht es hier primär um die (»vertikalen«) intimen Beziehungen zwischen Kind und Eltern sowie deren Institutionalisierung in Formen der Familie.

Kennzeichnend für die psychoanalytisch orientierten Ansätze ist deren Affinität zu kausalen Denkfiguren; es wird angenommen, dass frühe Prägungen sich als »Grund« für Verhaltensweisen auch in späteren Lebensphasen erweisen, und dass – umgekehrt – diese mit sukzessiver Offenlegung früherer Lernerfahrungen und deren Sedimentierung erklärt oder jedenfalls gedeutet werden können. Das Bindungsgeschehen ist für das »Generationenlernen« zunächst deshalb relevant, weil es seinen Ausgangspunkt in der Beziehung zwischen Mutter und Kind, also einem Generationenverhältnis, hat; einer der ersten und wichtigsten Forscher zu Fragen der Bindung und der Deprivation hat dieses Beziehungsverhältnis als »Dialog« beschrieben (Spitz 1982).

Die Bindungstheorie und die an diese anschließende Forschung hat überzeugende Belege für die Auffassung erbracht, dass Eltern-Kind-Beziehungen spezifische Merkmale aufweisen können: *Verlässlichkeit, Dauerhaftigkeit und Reziprozität*, und dass der Erfahrung von Beziehungen, die durch diese Qualitätsmerkmale geprägt sind, eine besondere Bedeutung für die Persönlichkeitsentwicklung zukommt, und zwar auch in späteren Lebensphasen (siehe dazu Berman/Sperling 1994 sowie Grossmann/Grossmann 2001). »Verlässlichkeit« meint in diesem

Zusammenhang, dass sich das Kind der fürsorglichen Nähe der Eltern sicher sein kann und die Chance hat, Vertrauen in die Welt sowie in die eigene Person (Selbstwertgefühl) zu entwickeln. »Dauerhaftigkeit« beschreibt die Gewissheit, dass die Erfahrung von Verbundenheit zeitliche Kontinuität aufweist und auch im Durchgang durch Krisen fortbesteht. »Reziprozität« ist kennzeichnend für einen Typ von Beziehungen, der auf wechselseitiger Verbundenheit beruht und auf wechselseitiges Geben und Nehmen hin angelegt ist; auf Seiten der Eltern impliziert dies – in Verbindung mit dem Merkmal der Dauerhaftigkeit – die Überzeugung, dass nicht nur in der Gegenwart, sondern auch in der Zukunft – wenn die Eltern selber in höherem Alter der Fürsorge bedürfen – ihre Liebe und Fürsorglichkeit beantwortet wird.

Die hier vorgenommene Beschreibung von spezifischen Merkmalen der Eltern-Kind-Beziehungen verstehe ich *idealtypisch*: Ich kennzeichne Verlässlichkeit, Dauerhaftigkeit und Reziprozität als Prinzipien der Gestaltung und Erfahrung von familialen Generationenbeziehungen, unterstelle jedoch nicht, dass alle Eltern-Kind-Beziehungen diese Prinzipien erfüllen. Andererseits sind diese Prinzipien nicht lediglich als Ausdruck subjektiver Empfindungen und Gewissheiten zu betrachten; sie werden im Rahmen der kulturellen Evolution als Anpassungsvorteil bestätigt (vgl. z. B. Gamble/Gowlett/Dunbar 2016; Hrdy 2010; vgl. auch Teil VIII), und sie erfahren durch Formen der rechtlichen Regulierung (elterliche Sorge, wechselseitige Unterstützung) eine institutionelle Unterstützung, die auch ihren Aufgabencharakter bestimmt.

Beim heutigen Stand der Forschung wird außerdem deutlich, dass eine soziokulturelle Vielfalt in der konkreten Ausgestaltung der genannten Prinzipien besteht und dass frühe Erfahrungen zwar nachhaltige Konsequenzen zeigen, dass diese aber auch modifiziert oder, bei frühzeitiger Intervention, auch aufgehoben werden können. Knapp zusammengefasst kann man die Prämissen der Bindungstheorie wie folgt umschreiben:

- Beziehungserfahrungen zwischen dem Säugling und seiner Mutter (bzw. anderen festen Bezugspersonen) prägen die Bereitschaft und Fähigkeit des Kindes zur »Exploration« seiner Umwelt (z. B. Grossmann/Grossmann 2006).
- Beziehungserfahrungen zwischen dem Säugling und seinen Bezugspersonen prägen die weitere Persönlichkeitsentwicklung.
- Es lassen sich verschiedene Typen der Beziehungsgestaltung (»sicher«, »unsicher-vermeidend«, »unsicher-ambivalent«, »desorganisiert«) unterscheiden, deren unterschiedliche Qualitäten die spätere Beziehungsfähigkeit beeinflussen.
- Die verschiedenen Bindungsstile, die sich gemäß dieser Theorie in »inneren Repräsentationen« (»Arbeitsmodellen«) niederschlagen, bleiben über die gesamte Lebensspanne relativ konstant.
- Ein bestimmter Bindungsstil kann von einer Generation zur anderen weitergegeben werden.

Unter dem Gesichtspunkt des *Generationenlernens* ist der zuletzt genannte Gesichtspunkt besonders bemerkenswert. So haben einige Studien gezeigt, dass erwachsene Kinder mit einem sicheren Bindungsstil eine drei- bis viermal so hohe

Wahrscheinlichkeit haben, ihren Kindern ebenfalls einen sicheren Bindungsstil zu vermitteln (Fonagy 1996, S. 138), oder dass ein Zusammenhang von 82 % zwischen dem Bindungsstil der Mutter und dem des Kindes und von 65 % zwischen dem der Großmutter, der Mutter und dem Kind besteht (Benoit/Parker 1994, S. 1454).

Eine interessante und anregende Konkretisierung der Vorstellung, das Bindungsgeschehen in frühester und früher Kindheit könne als ein Lerngeschehen begriffen werden, findet sich in den Überlegungen des bekannten Hirnforschers Wolf Singer (▶ Kap. II/10) zu der Frage, wie sich die den Menschen auszeichnende Fähigkeit zu einem Selbstbewusstein – Singer schließt darin das Bewusstsein davon ein, ein frei entscheidungs- und handlungsfähiges Subjekt zu sein – erklären lässt. Nachdem Singer deutlich gemacht hat, dass er eine solche Erklärung auf der Grundlage der bislang vorliegenden Befunde der Hirnforschung nicht für möglich hält und daher davon ausgeht, dass es sich beim Selbstbewusstsein um ein soziales bzw. kulturelles Konstrukt handeln müsse, argumentiert er wie folgt:

> »Der Dialog, der den Individuationsprozess erst möglich macht, vollzieht sich bereits in der frühen Kindheit und erlaubt erste Ich-Identifikationen schon nach den ersten paar Lebensjahren. Dieser frühe Dialog zwischen Bezugsperson und Kind vermittelt diesem in sehr prägnanter und asymmetrischer Weise die Erfahrung, offenbar ein autonomes, frei agierendes, verantwortliches Selbst zu sein, hört es doch ohne Unterlass: ›tu nicht dies, sondern tu das, lass das, sonst‹ – oder ›mach das, andernfalls!‹ ... Diese Hinweise sind in idealer Weise dazu angetan, dem Kind klarzumachen, dass es offensichtlich frei ist, zu entscheiden, was zu tun ist, und dass es für seine Entscheidung zur Verantwortung gezogen, belohnt oder bestraft werden kann« (Singer 2006, S. 51 f.).

Das Konzept der *Bindungsrepräsentation* wird in erster Linie herangezogen, um zu erklären, wie die Motivation zur Pflege eines Partners oder eines Elternteils zustande kommt. So berichten ältere Menschen, deren Kindern eine sichere Bindungsrepräsentation attestiert wurde, von mehr Unterstützung als solche, deren erwachsene Kinder als unsicher gebunden klassifiziert wurden (Wensauer/Grossmann 1998, S. 367). Auch in dieser Hinsicht könnte man demnach von einem auf Bindungserfahrung aufbauenden und Bindungspraxis ausübenden langfristigen Lernprozess sprechen. Allerdings zeigt sich, dass diese Modelle im Hinblick auf die Rolle von Reziprozität weiter differenziert werden müssen (vgl. z. B. Lüscher/Liegle 2003).

Die Ansätze der Bindungsforschung zeichnen sich dadurch aus, dass ihre Analysen und Interpretationen in den meisten Fällen *normativ* geprägt sind. Das zeigt sich daran, dass ein bestimmter Bindungstyp (»sichere« Bindung) als das Richtige dargestellt und die anderen Bindungstypen gemessen daran als defizitär bewertet werden. Dies gilt nicht nur – was unmittelbar einleuchtet – für die »unsichere«, sondern auch für die »ambivalente« Bindung. Ein Grund dafür könnte die Herkunft aus der Psychoanalyse sein, bei der bekanntlich die Beobachtung und dann auch die Behandlung von Persönlichkeits- und Verhaltensproblemen im Vordergrund stehen. Andererseits steht die ausschließlich negative Bewertung des *ambivalenten* Bindungstyps im Widerspruch zu der Tatsache, dass das Konzept der Ambivalenz seine Wurzel zwar in der Psychoanalyse hat, hier jedoch der Beschreibung einer in sich widersprüchlichen emotionalen Erfahrung dient, von der angenommen wird, dass sie im Rahmen intimer Beziehungen *unvermeidlich* ist (vgl. Lüscher 2011).

Unbeschadet der genannten problematischen Aspekte sind die Erkenntnisse der Bindungsforschung über den engen Zusammenhang zwischen emotionalen Erfahrungen und (lebenslangen) Lernprozessen nach meiner Auffassung von großem Belang für die Generationentheorie, für Erziehungs- und Lerntheorien sowie für das Konzept der Beziehungspädagogik. Sie liefern nämlich Argumente und Belege für die Vermutung, dass die grundlegende Bedeutung, die den Lernprozessen im Kontext von Generationenbeziehungen für die Konstitution der Person zuzukommen scheint, damit zu tun hat, dass Generationenbeziehungen – und damit sind in diesem Zusammenhang die familialen Generationenbeziehungen, insbesondere die Beziehungen zwischen Eltern und Kindern gemeint – den Prototyp für Beziehungen und Prozesse darstellen, welche durch die Prinzipien der Verlässlichkeit, Dauerhaftigkeit und Reziprozität ausgezeichnet sind. Die Erfahrung von Beziehungen und Prozessen dieser Qualität stellt aber – darüber besteht in den Humanwissenschaften weitgehend Einigkeit – die wichtigste Voraussetzung für die gelingende Ausbildung von autonomer Handlungsfähigkeit und von Gemeinschaftsfähigkeit der Person dar (vgl. z. B. Wissenschaftlicher Beirat 1998, S. 109 ff.). Und es gilt auch der Umkehrschluss: Wenn die Erfahrung solcher Beziehungen fehlt oder aber negativ (im Sinne von unsicherer Bindung oder pathogenen Eltern-Kind-Beziehungen) besetzt ist, wirkt sich dies als ein gewichtiger Risikofaktor für die Persönlichkeitsentwicklung aus (siehe das folgende Teilkapitel; vgl. z. B. Grossmann/Grossmann 2001). Diese Interpretation der Bedingungen für die (Selbst-)Konstitution der Person – die Beschreibung einer befriedigenden Bindungserfahrung als Voraussetzung für die Entwicklung autonomer Handlungsfähigkeit – geht, jedenfalls in unserem Kulturraum, von einem unvermeidlichen *Spannungsverhältnis zwischen Verbundenheit und Autonomie* aus (z. B. Rothbaum/Trommsdorff 2007). Die konstruktive Verarbeitung dieses Spannungsverhältnisses wird begünstigt, wenn auf Seiten der erwachsenen Bezugspersonen Bindung mit Freigabe und Loslassen und auf Seiten der Kinder die Erfahrung der Verbundenheit mit der Erfahrung von Selbstwirksamkeit und Autonomie einhergeht. In dieser Perspektive stellt nicht nur ein Mangel an Bindung, sondern auch ein Übermaß an Bindung (»overprotection«) ein Entwicklungsrisiko dar.

Im Anschluss an Rene König hat Claessens (1962) die aus Bindungserfahrungen hervorgehende Konstitution der Person mit dem Konzept der »zweiten, soziokulturellen Geburt« analysiert. Die enge, gleichsam symbiotische Mutter-Kind-Beziehung wird dabei als eine Art sozialer Schoß aufgefasst, der dem neu geborenen Kind einen geschützten sozialen Raum bietet. In diesem nachgeburtlichen Schutzraum kann der Säugling zu einem Gefühl der Geborgenheit in der Welt gelangen, welches ihn instand setzt, aktiv auf die Welt zuzugehen. Dieses Gefühl der Geborgenheit ist auf der Grundlage verschiedener Konzepte beschrieben worden: So spricht der amerikanische Psychologe Erikson (1966) vom »Urvertrauen«, der russische Psychologe Vygotskij vom »Ur-Wirgefühl« (Keiler 2002, S. 277 ff.). Gemeinsam ist diesen Konzepten die Auffassung, dass die Personwerdung die Erfahrung enger *inter*personeller Beziehungen zur Voraussetzung hat. Zugespitzt besagt diese Auffassung: Ein Ich-Gefühl entsteht erst aus der Erfahrung eines

Wirgefühls; ein Gefühl der Autonomie hat zur lebensgeschichtlichen Voraussetzung die Erfahrung von Verbundenheit: Diese Auffassung wird auch zum Ausdruck gebracht, wenn die Psychologin Margaret Mahler in ihrer Studie zur »psychischen Geburt des Menschen« dem *Zusammenhang zwischen »Symbiose« und »Individuation«* nachgeht (Mahler u. a. 1980).

Die Überzeugung, den Lernprozessen im sozialen Kontext der Beziehungen zwischen Generationen komme eine hervorgehobene Bedeutung für die Vergesellschaftung sowie für das Selbstwerden des Individuums zu, lässt sich empirisch belegen, wenn nachgewiesen werden kann, dass in allen untersuchten Kulturen und Gesellschaften familiale Generationenbeziehungen den bevorzugten sozialen Ort für die Gewährleistung dieser für die Konstitution der Person grundlegenden Erfahrungen darstellt. Am Beispiel der Beziehung zwischen Mutter und neugeborenem Kind sowie an den in diese Beziehung eingelagerten Lernprozessen ist dieser Nachweis (wie erwähnt, auch im Hinblick auf nicht-menschliche Primaten) weitgehend erbracht worden.

Dieses Beispiel ist aber auch geeignet, die Vorstellung von der *universalen Verbreitung* des Generationenlernens mit der Vorstellung von dessen *historischer, kultureller und gesellschaftlicher Variabilität* zu verknüpfen. Denn im Verlaufe der Geschichte sowie in den verschiedenen Kulturen und Gesellschaften hat es eine *Vielfalt von Formen der Mutter-Kind-Beziehung* und der Gestaltung der Lernprozesse innerhalb dieser Beziehung gegeben. Dies zeigt sich, um nur einige Beispiele zu nennen, an den Formen der Ernährung (Brust oder Flasche), an den Formen des Körperkontakts (z. B. Tragen des Kindes am Körper) oder den unterschiedlichen Lernanforderungen sowie an Formen der Ergänzung der Mutter, beispielsweise indem sich mehrere Frauen, der Vater, die Kinderspielgruppe oder auch die ganze Dorfgemeinschaft um das Kind kümmern (vgl. Rogoff 2003; Lamm/Keller 2010) oder auch ihrer Substituierung (z. B. durch eine Amme). Als einen Forschungsbeleg für die kulturelle Variabilität des Generationenlernens in Eltern-Kind-Beziehungen sei hier auch auf die klassische Untersuchung von Erik Erikson (1950) über Kindheit und Gesellschaft verwiesen. Damit wird auch nochmals eine Brücke zur oben erwähnten Tatsache der überwiegend psychoanalytischen Ausrichtung der Bindungstheorie und -forschung geschlagen. Erikson (1950) hat die Sozialisationspraktiken in zwei amerikanischen Indianerstämmen untersucht und herausgefunden: Die Formen der Bindung und Entwöhnung sowie die Art der Verhaltensanforderungen an die Säuglinge und Kinder weisen starke Unterschiede auf; diese hängen mit unterschiedlichen Formen der Daseinsfürsorge und Lebensführung in diesen Stammesgesellschaften zusammen. Auf der Grundlage seiner Orientierung an der psychoanalytischen Entwicklungstheorie hat Erikson angenommen, dass die kulturspezifischen Verhaltens- und Lernanforderungen an Kinder die Voraussetzung für die Ausbildung der jeweils erwünschten bzw. angemessenen »Über-Ich«-Strukturen bilden. Diese Anforderungen gewinnen nach Erikson ihre Plausibilität demnach aus der Einsicht in ihre gesellschaftliche Bedeutung. Dementsprechend ist Erikson im Hinblick auf die Entstehung seelischer Krankheiten (hier: Neurosen) zu der Auffassung gelangt, dass Kinder »letzten Endes nicht durch Versagungen neurotisch [werden], sondern durch den Mangel oder Verlust der soziätären Bedeutung von Versagungen« (a.a.O., S. 243). Konkret besagt diese Auffassung:

Ein frühes Abstillen von Säuglingen oder andere Formen der Einschränkung spontaner kindlicher Bedürfnisse (abgesehen von grundlegenden Bedürfnissen wie demjenigen nach Zuwendung und Sicherheit) stellen in der Regel keinen Risikofaktor für die Persönlichkeitsentwicklung dar, wenn und solange die Eltern und weiteren Bezugspersonen – in Übereinstimmung mit gesellschaftlichen Normen – von der Richtigkeit bzw. Notwendigkeit dieser Maßnahmen überzeugt sind und diese Überzeugung den Kindern vermitteln können.

Nicht zuletzt mit Hinweis auf kulturvergleichende Untersuchungen, auf welche ich am Beispiel von Erikson (1950) eingegangen bin (vgl. außerdem z. B. Keller 2002 und 2011; Lamm/Keller 2010; Rogoff 2003; Rothbaum/Trommsdorff 2007), kann man argumentieren, dass im Bindungsgeschehen ein auf Kultur bezogenes und von Kultur abhängiges, kurz, ein »kulturelles Lernen« (Tomasello 2002) angelegt ist; und auch, dass im Kontext des Bindungsgeschehens Prozesse der *wechselseitigen Sozialisierung* bzw. der Vergesellschaftung ablaufen. Das zeigt sich beispielsweise daran, dass nicht nur die Mütter in ihren Kindern die Rolle des Kindes, sondern umgekehrt auch die Kinder in ihren Müttern die Rolle der Mutter erschaffen bzw. aktivieren (vgl. z. B. Rheingold 1969); und diese wechselseitige Konstituierung der Rollen innerhalb der pädagogischen Beziehungspraxis wird, jedenfalls was die – durch Partizipation am Alltagsleben der jeweiligen kulturellen Gemeinschaft gelernten – Erwartungen der Mütter an ihre eigene Rolle sowie an die Rolle der Kinder betrifft, von der jeweiligen Kultur geprägt. Das Hineinwachsen in *spezifische*, häufig komplementäre *Rollen* wie beispielsweise Mann und Frau, Mutter und Vater, Kind und Bruder bzw. Schwester usw., aber auch das Hineinwachsen in die *generelle* Rolle des Individuums in seiner »Rolle als Mitmensch« (z. B. Löwith 1928; Plessner 1960/1974) gehören zu den grundlegenden Prozessen des kulturellen Lernens bzw. der Sozialisation oder Vergesellschaftung, welchen im Rahmen des von mir vorgeschlagenen Konzepts der Beziehungspädagogik zentrale Bedeutung zukommt.

3.2 »Deprivation«: Aufwachsen ohne befriedigende Bindungserfahrung als schwerwiegendes Überlebens- und Entwicklungsrisiko

Im Vorfeld sowie parallel zur Bindungsforschung hat sich ein Forschungszweig entwickelt, der für die empirische Prüfung der erwähnten Überzeugung von der fundamentalen Rolle der Lernprozesse in den Beziehungen zwischen Generationen für die (frühe) Entwicklung von Primatennachwuchs zumindest das gleiche Gewicht aufweist wie diese: die »*Hospitalismus*« bzw. *Deprivation*sforschung (z. B. Spitz 1945, 1967 und 1973; Lebovici 1977; Langmeier/Matejcek 1977). Die zahlreichen Studien belegen, dass fehlende oder traumatisierende Eltern-Kind-Beziehungen ein außerordentlich schwerwiegendes Risiko für die Entwicklung der betroffenen Kinder darstellen; ein Befund, der wiederum auch für andere Primaten, z. B. für Rhesusaffen, gilt (vgl. Harlow/Harlow 1977, S. 195–202). Eine umfangreiche und kritische Zusammenfassung dieses Forschungszweiges hat kürzlich unter dem Titel »Die Wissenschaft von der Vernachlässigung« das Zentrum für Kindesentwicklung an der Harvard University vorgelegt (National scientific council 2012).

Die für die Frage der Deprivation relevanten Daten über nicht-menschliche Primaten sind *experimentell* gewonnen worden: Die Harlows haben ihre Versuchstiere für sechs oder mehr Monate in einem mehr oder weniger hohen Grad der Isolation aufwachsen lassen; je länger die Zeitdauer und je höher der Isolationsgrad, desto stärker waren die mit verschiedenen Tests gemessenen negativen Auswirkungen auf die Entwicklung der Affenkinder. Diese negativen Auswirkungen betrafen in erster Linie die – mehr oder weniger eingeschränkten – sozialen Fähigkeiten (insbesondere im Spiel mit Gleichaltrigen), weniger hingegen die intellektuellen Fähigkeiten (Harlow/Harlow 1977).

Wenn schon Versuche mit Tieren, wie die eben skizzierten, kritisch betrachtet und bewertet werden können, so ist es jedenfalls aus ethischen Gründen ganz ausgeschlossen, entsprechende Versuche mit bzw. an Menschen durchzuführen.

Es sind daher nur ganz wenige Fälle von *Menschenversuchen* vorgekommen und bekannt geworden, die mit Tierversuchen vergleichbar wären. Dazu zählt insbesondere der Versuch des Stauferkaisers Friedrich II. (vgl. Horst 1975): Der Kaiser wollte die ursprüngliche Sprache der Menschheit herausfinden. Deshalb ließ er einige neugeborene Kinder ihren Müttern wegnehmen und an Pflegerinnen und Ammen übergeben. Diese sollten den Kindern Milch geben, sie baden und waschen, aber keinesfalls mit ihnen kosen und zu ihnen sprechen. Er wollte nämlich untersuchen, ob sie die aramäische Sprache, die vermutlich älteste, oder die griechische oder die lateinische oder die arabische oder aber die Sprache ihrer Eltern, die sie gezeugt und geboren hatten, sprechen würden. Aber der Versuch scheiterte, weil alle Versuchskinder nicht nur überhaupt nicht sprachen, sondern starben.

Als ein Grenzfall kann der Versuch des US-amerikanischen Psychologen W.N. Kellog und seiner Frau L.A. Kellog in den 1930er Jahren gelten (Kellog 1931 und 1967; Kellog/Kellog 1933): Das Experiment wurde im Jahre 1931 gestartet. Die Kellogs zogen ihren – zu Beginn des Experiments zehn Monate alten – Sohn Donald zusammen mit der – zu diesem Zeitpunkt sieben Monate alten – Schimpansin Gua auf. Die Kellogs wollten herausfinden, inwiefern die Unterschiede zwischen Mensch und Affe durch die Natur und inwiefern sie durch die Kultur bedingt seien; wie schon der Untertitel der Publikation von 1967 – »A study of environmental influence upon early behavior« – zeigt, tendierten sie stark zur These der Kultur- bzw. Umweltdetermination der Entwicklungsprozesse bei Primaten.

Donald und Gua wurden exakt gleich behandelt. Beide wurden gleich gekleidet, beiden wurde beigebracht, aufs Töpfchen zu gehen und mit einem Löffel zu essen. Gua zeigte erstaunliche Anpassungen an ihre menschliche Umwelt. Sie entwickelte sich anfangs schneller als Donald, gehorchte ihren »Eltern« besser als dieser und war Donald bei Tests der kognitiven Fähigkeiten überlegen (beispielsweise erkannte sie schneller als dieser, dass sie einen Stuhl brauchte, um an eine von der Decke baumelnde Banane zu kommen). In einem jedoch übertraf Donald Gua:

Er war der bessere Imitator. Gua war die Anführerin, entdeckte Spielzeug und Spiele; Donald ahmte sie nach. Dies galt auch im Bereich der Sprache: Donald lernte, Guas Futterruf nachzumachen. Im Alter von 19 Monaten beherrschte Donald nur drei menschliche Worte, während ein Kind dieses Alters normalerweise bereits Sätze bilden kann. Zu diesem Zeitpunkt wurde das Experiment abgebrochen und Gua zurück in den Zoo geschickt. Donald begann ein normales menschliches Verhalten anzunehmen und wurde ein »normaler« Mann (vgl. Kellog 1967).

Um die negativen Folgen von frühkindlicher Mutterentbehrung oder mangelhafter Bemutterung auf die Kindesentwicklung einschätzen zu können, liegt es über das bereits Berichtete hinaus nahe, auf eine Reihe von gewissermaßen »natürlichen« Experimenten (angesprochen wird mit diesem Begriff nicht die erste, physische Natur, sondern vielmehr die zweite, »kulturelle Natur« des Menschen) hinzuweisen. Dazu rechne ich zum einen die durch die Jahrhunderte vielfach dokumentierten Fälle der Aussetzung von Kindern, die dann außerhalb einer menschlichen Gemeinschaft, zumeist mit Tieren, aufgewachsen sind. Um diese so genannten »wilden« oder »Wolfskinder« ranken sich viele Geschichten und Gerüchte, es fehlt jedoch weitgehend an wissenschaftlichen Studien; die bekanntesten Fälle sind Kaspar Hauser (Mistler 1971, Blumenthal 2005) und Victor von Aveyron (Malson/Itard/Mannoni 1972), über die es auch Spielfilme gibt. Wissenschaftliche Studien hat es immer dann gegeben, wenn – wenig erfolgreiche – Versuche der Rehabilitation von ausgesetzten Kindern unternommen worden sind, wie dies – wenig erfolgreich – beispielsweise für Victor von Aveyron (Itard 1972, Mannoni 1972) und ein tschechisches Zwillingspaar (Koluchova 1972) zutrifft.

Zum anderen meine ich mit »natürlichen« Experimenten zur Mutterentbehrung jene Gesellschaften, die Kinder aus schwierigen Familien in großem Maßstab in institutioneller Betreuung untergebracht haben, und zwar in einer Betreuung von geringer Qualität; Untersuchungen zu den schwerwiegenden negativen Folgen der Mutterentbehrung sowie einer qualitativ mangelhaften institutionellen Betreuung haben sich auf den Iran in den 1970er Jahren (Dennis 1972), insbesondere aber auf Rumänien in der Ära Ceaucescu bezogen (Nelson 2007, Nelson/Fox/Zeanah 2014). Diesen Typus von »Experimenten« könnte man mit Berufung auf Anna Freud und ihren Bericht über sechs Kinder aus dem KZ Theresienstadt (s. unten) auch als »vom Schicksal bewirkte ›Experimente‹« bezeichnen (Freud/Dann 1951, S. 1223).

Das rumänische Beispiel ist vor allem deshalb interessant, weil hier seitens einer Forschergruppe aus den USA der Versuch unternommen worden ist, einen Teil der betroffenen Kinder von den negativen Folgen ihrer traumatisierenden institutionellen Betreuung zu befreien: 136 Waisen im Alter zwischen 6 und 31 Monaten wurden zufällig zwei Gruppen zugeteilt, die Hälfte kam in Pflegefamilien; 72 Kinder aus der Gegend wurden für die Kontrollgruppe ausgewählt. Die Forscher hatten 56 Pflegefamilien rekrutiert, die für die Kinderbetreuung angemessen belohnt wurden. Die Familien wurden vor allem in der Anfangsphase intensiv betreut und beobachtet, für die langfristige Unterstützung halfen die Forscher bei der Gründung von Selbsthilfegruppen, in denen sich die Pflegeeltern austauschen und Hilfe erfahren konnten. In regelmäßigen Abständen protokollierten die

Forscher die Entwicklung der Kinder. Bald werden die ältesten von ihnen ihren 15. Geburtstag feiern. Wieder werden Nelson und seine Kollegen dann ihre Fragen stellen: Wie haben sich die Kinder körperlich entwickelt? Wie gut können sie sprechen? Wie hat sich ihr Intelligenztestwert entwickelt?

Schon vor Beginn des Projekts hatten Untersuchungen ergeben, dass die institutionalisierten Waisenkinder ernsthafte Entwicklungsstörungen wie einen sehr niedrigen IQ und deutlich sichtbare Bindungsschwächen aufwiesen. Auch hatten Kernspinuntersuchungen eine schwächere Hirntätigkeit offenbart; Nelson und seine Kollegen konnten bald nachweisen, dass das keine zufälligen Beobachtungen waren. Erschreckender noch war das Muster, das die Forscher beobachteten: Kinder, die vor ihrem zweiten Lebensjahr in eine Pflegefamilie kamen, konnten oft einige ihrer gewissermaßen verschütteten Fähigkeiten zurückgewinnen. Kleinkindern, die nach ihrem zweiten Geburtstag in Pflegefamilien kamen, gelang dies wesentlich weniger und seltener. Im Ganzen jedoch konnte in diesem Interventionsprojekt nachgewiesen werden, dass durch die Unterbringung der hospitalisierten Kinder in Pflegefamilien – eine Form der Kinder- und Jugendhilfe, die in Rumänien keine Tradition hatte – die Entwicklungsverzögerungen und -störungen großenteils ausgeglichen werden konnten (vgl. Nelson/Fox/Zeanah 2014).

Wie Bronfenbrenner (1981, S. 142) berichtet, hat es schon in den 1930er Jahren vergleichbare und erfolgreiche Versuche von, wie August Aichhorn sagen würde, »Nacherziehung« gegeben (vgl. Aichhorn 1925): Als eine Gruppe von kurz nach der Geburt institutionalisierter, geistig zurückgebliebener Kindern etwa zwei Jahre alt waren, wurden dreizehn von ihnen den Insassinnen eines staatlichen Heims für geistig Zurückgebliebene zur Betreuung übergeben; eine Kontrollgruppe verblieb in ihrer ursprünglichen Heimumgebung, einem Waisenhaus; während der eigentlichen Versuchsdauer von durchschnittlich eineinhalb Jahren zeigte die Versuchsgruppe einen durchschnittlichen IQ-Anstieg um 28 Punkte von 64 auf 92, während die Kontrollgruppe um 26 Punkte abfiel; nach Beendigung des Versuchs konnten elf der Versuchskinder bei Adoptiveltern untergebracht werden; nach weiteren zweieinhalb Jahren war der IQ dieser Gruppe im Durchschnitt um weitere neun Punkte auf 101 gestiegen. Nach Ansicht des Forschers, Horton M. Skeels, über dessen Versuch Bronfenbrenner hier berichtet, lag der Schlüssel zum Erfolg der experimentellen Intervention in der *Beziehung*, die sich in der Anstaltsstation zwischen Kindern und Erwachsenen entwickelt hatte (vgl. Skeels 1966).

Zu der zuletzt erwähnten experimentellen Intervention sowie zu weiteren Erfahrungen mit den Folgen frühkindlicher Vernachlässigung auf die Entwicklung der betroffenen Kinder hat Bronfenbrenner zusammenfassend die folgenden Hypothesen formuliert, von welchen er sich vorstellte, dass sie im Rahmen weiterer Feldexperimente neuerdings überprüft werden sollten:

> »Eine Heimumgebung wird sich mit größter Wahrscheinlichkeit dann schädigend auf die Entwicklung eines Kindes auswirken, wenn die folgenden Umstände zusammentreffen: Die Umwelt bietet wenig Möglichkeiten der Interaktion von Kind und Betreuer in vielfältigen Tätigkeiten, und der materielle Lebensbereich schränkt die Bewegungsmöglichkeiten ein und enthält nur wenige Objekte, die das Kind in spontaner Aktivität nutzen kann« (Bronfenbrenner 1981, S. 143).

»Der unmittelbare schädigende Einfluss einer reizverarmten Heimumgebung ist im allgemeinen für die Kinder am größten, die durch den Eintritt in die Anstalt von der Mutter oder einer anderen Elternfigur im zweiten Lebenshalbjahr getrennt werden, in dem die Bindung zu dieser Person und die Abhängigkeit von ihr typischerweise ihre größte Intensität erreicht. Vor oder nach dieser Periode sind die unmittelbaren Reaktionen auf die Heimunterbringung im allgemeinen weniger intensiv« (ebd., S. 144).

»Um die entwicklungsverzögernden Effekte der Heimunterbringung abzuwenden oder aufzuheben, muss man das Kind in eine Umwelt versetzen, die Gelegenheit zur Lokomotion bietet und Gegenstände enthält, an denen es sich spontan betätigen kann, und in der das Kind Betreuer zur Interaktion in vielfältigen Aktivitäten sowie eine Elternfigur hat, zu der es eine enge emotionale Bindung entwickeln kann« (ebd.).

3.3 Zwischenresümee

Die in diesem Kapitel besprochenen Erfahrungen und Untersuchungsbefunde sind geeignet, eine »beziehungspädagogische« *Umformulierung des Kantschen Schlüsselsatzes über die Bedeutung von Erziehung* zu wagen. In Kants Vorlesung über Pädagogik steht der Satz: »Der Mensch kann nur Mensch werden durch Erziehung ..., er ist nichts, als was die Erziehung aus ihm macht« (Kant 1803/1922, S. 195). Die mit Blick auf die in diesem Kapitel erörterten Befunde und Argumente lautet die vorgeschlagene Umformulierung des Satzes von Kant: *Der Mensch kann nur Mensch werden durch die Partizipation an und die aktive (Mit)Gestaltung von verlässlichen mitmenschlichen Beziehungen.* Gerade die zuletzt besprochene Intervention, deren Erfolg der Erfahrung von Beziehungen zu verdanken war, welche die Kinder mit den Insassinnen eines Heims für geistig zurückgebliebene Frauen eingingen, bietet eine günstige Gelegenheit, den Entwicklungspsychologen Otto Ewert mit der folgenden Warnung zu Wort kommen zu lassen:

> »Die große Bedeutung mitmenschlicher Beziehungen darf ... nicht vorschnell so interpretiert werden, als müsse jede Trennung von Mutter und Kind, die etwa im Krankheitsfall unvermeidlich ist, zu einer seelischen Katastrophe führen, noch lässt sich daraus ableiten, dass bestimmte, historisch gewordene Formen des familiären Zusammenlebens von der ›Natur‹ gefordert würden und bei Strafe schwerer Schäden für die Gesundheit des Kindes beibehalten werden müssten – das gelungene Experiment der Kibbuzerziehung, bei der auf Vorsorge gegen Hospitalismuserscheinungen großes Gewicht gelegt wird, ist ein Gegenbeispiel, dem Kulturhistoriker und Ethnologen weitere zur Seite stellen können« (Ewert 1972, S. 122 f.).

Das von Ewert herangezogene Beispiel der Kibbutzerziehung ist auch insofern aufschlussreich, als es sich hierbei um ein »natürliches« Experiment zur überwiegend institutionellen Betreuung von Klein- und Vorschulkindern im oben genannten Sinn handelt. In der Frühzeit dieser Kollektivsiedlungen verbrachten viele Kibbutzkinder fast den ganzen Tag und auch die Nacht im so genannten Kinderhaus, wo sich dann auch die Mütter einfanden, um ihre Kinder zu stillen. Es hat einige Zeit gebraucht, bis die amerikanische und europäische Medienberichterstattung und Forschung ihre ursprünglich Beurteilung der Kibbutzerziehung als

Form der Kindesvernachlässigung aufgegeben und durch eine differenzierte Beurteilung ersetzt hat (vgl. Liegle 1977a). Ausschlaggebend dafür war die Erkenntnis, dass auch eine Familie, die keinen Haushalt und keine ökonomische Einheit und Interessengemeinschaft bildet und für die Eltern-Kind-Interaktion vergleichsweise wenig Zeit lässt (einige Stunden pro Tag), für Kinder der wichtigste soziale Ort der emotionalen Verbundenheit bleiben kann, und die Einsicht, dass die Wirkungen institutioneller Kinderbetreuung entscheidend von deren pädagogischer Qualität abhängt, die in den Kibbutzim vergleichsweise sehr hoch war.

Eine partiell mit der Rezeption der Kibbutz-Erziehung vergleichbare Situation hat es bei der westdeutschen Rezeption der auch im internationalen Maßstab außerordentlich stark ausgebauten öffentlichen Kleinkind- und Vorschulerziehung in der DDR gegeben (vgl. Liegle 1987). Die in der DDR von den dortigen Wissenschaftler(innen) vorgelegte Forschung hat gezeigt, dass nur die Vollzeitheime, nicht aber die »normalen«, wenn auch ganztägig geöffneten Einrichtungen der Kleinkind- und Vorschulerziehung die psychische Entwicklung der Kinder beeinträchtigt haben; die innerhalb der DDR bedeutendste Forscherin auf diesem Gebiet hat ihre Untersuchungsergebnisse wie folgt zusammengefasst und kommentiert:

»Unsere Untersuchungen über die Entwicklung des Verhaltens von Säugling und Kleinkind zeigten in vielfältigster Weise den großen Einfluss der unterschiedlichen Lebensbedingungen, wie sie in den Kindereinrichtungen für 0–3-jährige Kinder, also in den Tages- und Wochenkrippen sowie den Säuglings- und Kleinkinderheimen, bestehen. Für eine adäquate geistige und soziale Entwicklung des Kleinkindes sind einerseits der innige kontinuierliche Kontakt zwischen Kind und Erwachsenen, andererseits die Eingliederung des Kindes in den gesellschaftlichen, d. h. zunächst den häuslichen Alltag die wichtigsten Bedingungen. Unzureichende zwischenmenschliche Bindung und Isolierung vom Alltag rufen Milieuschäden im Sinne des Hospitalismus hervor ..... .

Die vorliegenden signifikanten Unterschiede in den Durchschnittsleistungen der Kinder gleichen Alters aus verschiedenen Milieus unterstreichen die Bedeutung des Umweltfaktors für die Entwicklung der höheren Nerventätigkeit. Die zur Zeit noch anzutreffende größere Abgeschlossenheit und eingeschränktere Spiel- und Bewegungstätigkeit der Kinder in Wochen- und Dauerheimen verzögert oder begrenzt das adäquate Training der Nervenprozesse und damit eine durchschnittliche Entwicklung der Stärke, des Gleichgewichts und insbesondere der Beweglichkeit der Nervenprozesse, wie sie bei den Kindern aus Tageseinrichtungen vorzufinden ist« (Schmidt-Kolmer 1972, S. 143 und 145).

Gleichsam als kritischen Kommentar zu den weiter oben zusammengetragenen Berichten über »Wolfskinder« zitiere ich aus den zusammenfassenden Überlegungen, die Bettelheim (1993) zu den, wie er sich ausdrückt, »Mythen« des Aufwachsens von Kindern unter Tieren angestellt hat; sie beruhen vor allem auf den klinischen Erfahrungen mit schwer gestörten autistischen Kindern. Bei diesen hat Bettelheim ähnliche Symptome gefunden wie diejenigen, die immer wieder von »Wolfskindern« berichtet worden sind:

»Zusammenfassend lassen die Untersuchung des Verhaltens der sogenannten Wildkinder und der Vergleich mit dem von bekannten und aufmerksam beobachteten autistischen Kindern darauf schließen, dass ihr Zustand zum großen Teil, wenn nicht gar ganz, auf extreme emotionale Isolierung, verbunden mit Erfahrungen, die von ihnen als absolut vernichtend empfunden wurden, zurückzuführen ist. Eine solche Psychose scheint also die Folge der Unmenschlichkeit einiger Menschen, in der Regel ihrer Eltern zu sein, und ist nicht der vermeintlichen Menschlichkeit von Tieren, wie etwa Wölfen, zuzuschreiben. Anders gesagt: Zu Wildkindern scheint es nicht dadurch zu kommen, dass sich Wölfe wie

Eltern verhalten, sondern dadurch, dass Eltern aus diesem oder jenem Grund eines ihrer Kinder so ablehnen, dass es in frühem Alter den Glauben gewinnt, es werde gar nicht als Mensch akzeptiert. Dass sich das Kind vor Menschen zurückzieht, sich gegen sie versperrt, ist seine Reaktion auf das, was ihm seine innere Erfahrung sagt: Du bist nicht nur unerwünscht, sondern solltest am besten gar nicht leben« (Bettelheim 1993, S. 229).

Als ein letztes Beispiel für die Folgen fehlender Bemutterung für die frühkindliche Entwicklung sowie für deren mögliche Kompensation sei auf die Untersuchung von Anna Freud und Sophie Dann hingewiesen. Sie betraf eine Gruppe von Kindern, die als Waisen im KZ Theresienstadt aufwuchsen und dort von wechselnden Häftlingen betreut wurden; diese Kinder entwickelten einen außerordentlich starken Gruppenzusammenhalt, während sie sich Erwachsenen gegenüber misstrauisch bis aggressiv verhielten. Es hat also den Anschein, als hätten diese Kinder in der Notsituation des Konzentrationslagers ihre Kindergemeinschaft als sozialen Ort und Erfahrungsraum für die Befriedigung ihres Grundbedürfnisses nach einer verlässlichen Beziehung zu (mindestens) einer nahe stehenden Person gewählt (Freud/Dann 1951). Auf der Grundlage dieser – zweifellos einmaligen und außergewöhnlichen – Erfahrung erhebt sich die Frage, ob sich das Phänomen der »Bindung«, das ich im Zusammenhang mit der Beschreibung der Eltern-Kind-Beziehungen erörtert habe, auch in Beziehungen zwischen Kindern identifizieren und beobachten lässt (vgl. Krappmann 2013). Im Übrigen will ich anmerken, dass die meisten Kinder aus der beschriebenen Gruppe später von verschiedenen Familien adoptiert worden sind und sich mehr oder weniger »normal« entwickelt haben; einige von ihnen haben sich im Erwachsenenalter für lebensgeschichtliche Interviews zur Verfügung gestellt (vgl. Moskowitz 1987).

3.4 »Qualität«: Was macht »gute« Eltern-Kind-Beziehungen und eine »gute« Familienerziehung aus?

Wie ich im vorigen Kapitel aufgezeigt habe, kommt den Generationenbeziehungen insbesondere in den Anfängen des Lebenslaufs eine gewissermaßen schicksalhafte Bedeutung für die Entwicklung eines Kindes zu. Die Beantwortung der Frage nach der Qualität dieser Beziehung hat dementsprechend viel Aufmerksamkeit gefunden. Die wohl bekannteste und zugleich verblüffendste Antwort ist die Rede von der »hinreichend guten« (»good enough«) Mutter. Mit diesem Begriff wollte der psychoanalytisch orientierte Entwicklungspsychologe D. W. Winnicott eine Beziehungskonstellation kennzeichnen, in welcher die Mutter (oder eine äquivalente Bezugsperson) sich dem Kind und seinen Bedürfnissen weitgehend anpasst, um dem Kind eine »Halt gebende Umwelt« (»holding environment«) zu gewährleisten, ihm das Gefühl von Kontrolle, von Allmacht (»omnipotence«) und von Verbundenheit zu vermitteln und auf diesen Wegen das Kind instand zu setzen, in seinem eigenen Rhythmus den Übergang von der Zweieinheit mit und Abhängigkeit von der Mutter zu allmählich wachsender Autonomie zu bewältigen (vgl. Winnicott 1953 und 2006). Mit seiner Rede von der »hinreichend guten« Mutter wollte Winnicott – in kritischer Abgrenzung von der »klassischen« Psychoanalyse – auch zum Ausdruck bringen, dass es einerseits angeraten sei, auf die Idealvorstellung einer perfekten Mutter zu verzichten, dass andererseits jedoch die Vorstellung, dass es prinzipiell alle Mütter schaffen könnten, ihrem Kind eine hinreichend gute Mutter zu sein, durchaus vertretbar und realistisch sei. Man könnte diese Vorstellung – ein wenig über das hinausgehend, was Winnicott vermutlich gemeint hat – weitertreiben, indem man sagt: Die Chance, dass prinzipiell jede Mutter eine »hinreichend gute« Mutter sein kann, liegt partiell auch darin begründet, dass es eine gattungsgeschichtlich verankerte und unbewusst erworbene grundlegende Fähigkeit zum Bindungsverhalten, zum Bemuttern, zum Halten des Säuglings, zum Lächeln und zur Intonation der so genannten Babysprache gibt (vgl. zum Beispiel Grossmann/Grossmann 1986). Diese – wie man mit Papousek/Papousek (1995) sagen könnte – »intuitive Elternschaft« kann freilich, wie insbesondere die Kinderärzte und die Kinder- und Jugendpsychiater immer wieder berichten, verkümmern, durch traumatische Erfahrungen verschüttet oder auch pervertiert werden.

Wenn man nach einer empirisch abgesicherten Bestimmung von guter Qualität sucht, stößt man auf viele Schwierigkeiten: Zum einen gibt es für das, was »gut« ist, keinen absoluten und allgemeinen, sondern nur einen relativen und spezifischen Maßstab. Wie der bekannte Beziehungsforscher Robert Hinde feststellt, hat »jede Kultur ihr eigenes volkstümliches Wissen darüber, welche Art von Beziehungen wünschenswert sind und wie man Beziehungen gestalten sollte« (Hinde 1993, S. 7). Außerdem können Beziehungen nicht als statisches, sie müssen vielmehr als dynamisches Phänomen, gewissermaßen als Prozess erfasst werden; beispielsweise entwickeln sich Familienbeziehungen im Zusammenhang mit der Entwicklung der Familienmitglieder (z. B. Einschulung des ältesten Kindes) und dem Wandel der Größe und Zusammensetzung der Familie, z. B. durch die Geburt eines zweiten Kindes (vgl. Kreppner 1993). Im Hinblick auf die Einschätzung der Qualität von Familienbeziehungen hängt viel davon ab, bei welcher Person Aussagen über die Qualität von Beziehungen erhoben werden; denn die Wirklichkeit und Wirksamkeit von Beziehungen lassen sich nur unter der Voraussetzung angemessen beschreiben, dass untersucht wird, wie diese Beziehungen wahrgenommen und subjektiv, z. B. von einzelnen Kindern in einer Familie, empfunden werden (z. B. Kreppner 1996).

Trotz der genannten Schwierigkeiten kann die psychologische Forschung über Eltern-Kind-Beziehungen wie folgt resümiert werden:

> »Betrachtet man das empirisch dokumentierte Wissen zu Eltern-Kind-Beziehungen, so hat dies zu einer in der Psychologie selten anzutreffenden Situation geführt. Unabhängig von den theoretischen Positionen (z. B. psychoanalytische Objektbeziehungstheorie, Bindungstheorie, soziale Lerntheorie) und auch unabhängig von den gewählten Methoden (z. B. Laborexperiment, Feldstudien, Beobachtungs-, Interview- und Fragebogenverfahren) ergibt sich – zumindest für den westlichen Kulturkreis – eine Konvergenz der Forschungsbefunde, die sich folgendermaßen zusammenfassen lässt: *Eltern, die ihre Kinder mit Zuneigung und emotionaler Wärme, mit klaren und erklärbaren Regeln, mit entwicklungsangemessenen Anregungen und mit sich erweiternden Handlungsspielräumen erziehen, können damit rechnen, dass sich ihre Kinder zu emotional stabilen, sozial*

kompetenten, selbstverantwortlichen und leistungsfähigen Personen entwickeln (kursiv LL) (Wissenschaftlicher Beirat für Familienfragen 1998, S. 109 f.).

Ein gutes Beispiel für psychologische Untersuchungen, welche die zitierten Befunde hervorgebracht haben, können die Studien von Diana Baumrind gelten (z. B. Baumrind 1971). Denjenigen Typ von Eltern-Kind-Beziehungen, bei welchem emotionale Wärme und klare Regeln zusammenkommen, nennt Baumrind »autoritativ«.

Die Beschreibung unterschiedlicher Typen und Qualitäten von Eltern-Kind-Beziehungen und Maßen der kindlichen Entwicklung sollte nicht dazu verführen, die skizzierten Zusammenhänge als einen deterministischen Ursache-Wirkungszusammenhang zu interpretieren. Es handelt sich hierbei vielmehr um ein außerordentlich komplexes Beziehungsgeschehen, welches von vielen Faktoren sowohl innerhalb eines Familiensystems als auch in der Umwelt des Familiensystems geprägt wird. Einige der Faktoren werden im Folgenden vorgestellt:

- »Temperamentsmerkmale des Kindes: ein schwieriges Temperament erschwert den Eltern ihre Pflege- und Erziehungsaufgaben, während ›pflegeleichte‹ Kinder den Erziehungsalltag ihrer Kinder erleichtern«;
- »Elterliche Persönlichkeitsmerkmale: Eltern mit geringer Ich-Stärke, mangelndem Selbstvertrauen, geringem erziehungsrelevanten Wissen und niedriger Einschätzung ihrer erzieherischen Kompetenzen gehen weniger einfühlsam und entwicklungsfördernd mit ihren Kindern um als selbstbewusste, empathiefähige und warmherzige Eltern. Diese verfügen über ein differenziertes Erziehungs- und Entwicklungswissen und führen Entwicklungsfortschritte ihrer Kinder auf ihre eigenen Bemühungen zurück, flexibel und angemessen mit den sich ändernden Entwicklungsbedürfnissen ihrer Kinder umzugehen«;
- »Beziehungserfahrungen in der Herkunftsfamilie: Negative Erfahrungen mit den eigenen Eltern, sei es im direkten Umgang mit ihnen oder durch die Beobachtung einer konflikthaften elterlichen Beziehung, schwächen die elterliche Erziehungskompetenz bei der nachwachsenden Generation, wohingegen positive Erfahrungen und Vorbilder in der Ursprungsfamilie zu einem kompetenten Umgang mit den eigenen Kindern beitragen«;
- »Ehebeziehung und Elternallianz: Eine belastete Paarbeziehung und mangelnde Übereinstimmung der Eltern in der Erziehung erhöhen die Wahrscheinlichkeit für eine Beeinträchtigung des Erziehungsverhaltens. Demgegenüber tragen Zufriedenheit in der Paarbeziehung und eine Erziehungspraxis, in der sich die Eltern als gut aufeinander abgestimmtes Team verstehen, zu einer positiven Gestaltung der Eltrern-Kind-Beziehung bei«;
- »Arbeitsplatzerfahrungen: Belastende, unbefriedigende und energieabsorbierende Arbeitsbedingungen reduzieren die Fähigkeit von Eltern, sich mit ungeteilter Aufmerksamkeit auf die Belange ihrer Kinder einlassen zu können, während Eltern für ihre Kinder psychisch leichter erreichbar sind, wenn sie von belastenden Erfahrungen am Arbeitsplatz frei sind«;
- »Soziale Unterstützung: Eltern, die in ihrem sozialen Umfeld wenig auf formelle und informelle Unterstützung zurückgreifen können, bzw. in Quartieren mit geringer Kindorientierung leben, neigen dazu, im Kontakt mit ihren Kindern weniger sensibel und geduldig und auch weniger überzeugt von ihren Einwirkungsmöglichkeiten auf deren Entwicklungsgang zu sein. Umgekehrt finden sich bei Eltern, die über ein engmaschiges Netzwerk der Unterstützung verfügen und vielfältige Kontakte zu Familien in vergleichbarer Familiensituation pflegen, häufiger ein gelassenerer und sichererer Umgang mit ihren Kindern«;
- »Ökonomische Lage: Armut, Einkommensverluste und Arbeitslosigkeit – bisweilen aber auch materieller Überfluss – wirken sich abträglich auf ein unterstützendes,

einfühlsames und entwicklungsförderliches Elternverhalten aus. Hingegen stellt eine gesicherte ökonomische Situation, in der die Kinder die Erfahrung machen können, dass in der Familie – auch hinsichtlich der Erfüllung eigener Wünsche – behutsam mit den vorhandenen Ressourcen umgegangen wird, die Basis für eine gedeihliche Eltern-Kind-Beziehung dar« (Wissenschaftlicher Beirat für Familienfragen 1998, S. 112 f.).

Die zitierte Zusammenfassung der auf Familienerziehung bezogenen Qualitätsforschung macht auf differenzierte und anschauliche Weise klar, wie fruchtbar es sein kann, Erziehung und Lernen als ein Beziehungsgeschehen oder besser als eine *Beziehungspraxis* zu begreifen, an welchem alle Mitglieder des jeweiligen sozialen Systems (hier: die jeweilige Familie) teilhaben und das sie aktiv hervorbringen und mitgestalten und in ihrer je individuellen Perspektive wahrnehmen, erleben und in ihre lebenslange Persönlichkeitsentwicklung integrieren. Ebenso zeigt dieses Forschungsresümee, wie wichtig es ist, das jeweilige Beziehungsgeschehen einerseits in seiner inneren Komplexität und Dynamik, andererseits in seinem Eingebettetsein in historisch-gesellschaftliche, kulturelle und subkulturelle sowie sozial-ökonomische Kontexte zu betrachten.

Wenn man die Komplexität und innere Dynamik von Familienbeziehungen hervorhebt, rückt auch ins Blickfeld, dass diese Beziehungen in ihrer emotionalen Qualität von verschiedenen Familienmitgliedern unterschiedlich wahrgenommen und erlebt werden und dass die jeweilige Wahrnehmung und das jeweilige Erleben nicht durch Eindeutigkeit, sondern durch *Mehrdeutigkeit* gekennzeichnet sind. Beispielsweise begleitet das Spannungsverhältnis zwischen Bindungsbedürfnis und Selbständigkeitsstreben gegenüber den Eltern den gesamten Entwicklungsprozess eines Kindes mindestens bis hin zum Auszug aus dem Elternhaus. In früheren Publikationen habe ich solche Phänomene der Mehrdeutigkeit mithilfe des aus der frühen Psychoanalyse (Breuer) stammenden Konzepts der »Ambivalenz« analysiert (vgl. Liegle 2013, S. 77 ff. und Lüscher/Liegle 2003, S. 285–311; vgl. auch Lüscher 2011). Von Ambivalenzen kann gesprochen werden, »wenn gleichzeitige Gegensätze des Fühlens, Denkens, Wollens, Handelns und der Beziehungsgestaltung, die für die Konstitution ›und Rekonstitution‹ relevant sind, zeitweise oder dauernd als unlösbar interpretiert werden. Diese Interpretation kann durch die Beteiligten oder durch Dritte (z. B. Therapeuten, Wissenschaftler) erfolgen« (Lüscher/Liegle 2003, S. 288).

3.5 Familienerziehung in Aktion: Aufführungen (*performances*) der Akteure in Szenen, Situationen und Ritualen

Wenn man sich im Horizont einer Beziehungspädagogik und in der Perspektive einer pädagogischen Beziehungspraxis mit Familienbeziehungen und Familienerziehung befasst, rückt eine Frage ins Zentrum, die zwar schon so lange gestellt und bedacht und erörtert worden ist, wie es die Pädagogik als eine aus Theologie und

Philosophie hervorgegangene Reflexionsinstanz gibt, also seit den – abgesehen von dem großartigen Vordenker Jan Amos Comrenius überwiegend deutschsprachigen – »Klassikern« der Pädagogik wie Pestalozzi, Schleiermacher oder Herbart. Bis weit ins 20. Jahrhundert hinein blieb sie indes im Stadium der Spekulation stecken und wird erst seit der zweiten Hälfte des 20. Jahrhunderts zum Gegenstand empirischer Forschung gemacht – die Frage nämlich, wie das zustande kommt, hervorgebracht und erlebt und interpretiert wird, was mit den abstrakten Begriffen der Erziehung und des Lernens umschrieben wird, und zwar hier im Hinblick auf die pädagogische Beziehungspraxis in Familien. Um das breite Spektrum der möglichen bzw. der tatsächlich erprobten Zugänge zu dieser Frage einigermaßen abzubilden, beginne ich mit den diesbezüglichen spekulativen Überlegungen von Schleiermacher sowie einer theoretischen Skizze, um mich dann auf einige Studien zu konzentrieren, die zwischen 1979 und 2015 veröffentlicht worden sind.

In seiner Vorlesung über Pädagogik von 1826 teilt Schleiermacher die Erziehung in *zwei Perioden* ein: die erste beginnt mit der Geburt (auch vorgeburtliche Erfahrungen des Kindes bzw. des Fötus werden angesprochen) und reicht bis zur Einschulung, die zweite beginnt mit dem Eintritt des Kindes in die öffentliche Schule und reicht bis zur (rechtlichen) Mündigkeit. Den sozialen Ort der Erziehung in der ersten Periode sieht Schleiermacher in der *Familie*. In seinen Überlegungen zu den Regeln und Ausdrucksformen der sozialen Praxis von Erziehung legt Schleiermacher ein Panorama der Familienerziehung dar, welches das Erziehen in Familien als *soziale Beziehungspraxis* erscheinen lässt, die man in der modernen Pädagogik mit Begriffen wie »funktionale Erziehung«, »strukturelle Erziehung« oder »Sozialisation« beschreibt: In der ersten Periode der Erziehung ist nach Schleiermacher »alles aus dem Hauptgesichtspunkt zu betrachten, dass das Zusammenleben mit den Kindern gleichsam ein Lebenhelfen sein soll, *ein unterstützendes entwickelndes Zusammenleben*, aus dem sich erst die Prämissen einer bestimmten Organisation absichtlicher Tätigkeit in der zweiten Periode entwickeln müssen« (Schleiermacher 1826/2000, S. 184; Hervorh. LL). Dass das Zusammenleben von Eltern und Kindern erzieherisches Potential aufweist, führt Schleiermacher darauf zurück bzw. macht er davon abhängig, dass dieses Zusammenleben durch eine »Ordnung« – gelegentlich konkretisiert als »Zeitordnung« oder »feste Hausordnung« – geprägt ist. Diese von Personen in ihren wechselseitigen Beziehungen gelebte und erlebte Ordnung betrachtet Schleiermacher als »Wechselwirkung des Lebens«; »nur in dieser Wechselwirkung des Lebens ist die erste Entwicklung der Liebe und das Fundament aller sittlichen und der ersten geistigen Entwicklung« (Schleiermacher 1826/2000, S. 194). Im Rahmen der alltäglichen Lebensordnung der Familie und ihrer sozialen Praxis siedelt Schleiermacher *strukturelle* Erziehungsprozesse an, die er versuchsweise auch in der Perspektive einer Art »Lehrplan« der Familienerziehung beschreibt; dieser weist »Fächer« wie »Bewegung und körperliche Entwicklung«, »Selbstbedienung« (z. B. selbständiges An- und Ausziehen), »Fertigkeiten und Wissen«, »Sprache und Sprechen«, Regulierung des Willens, religiöse Erziehung etc. auf (Schleiermacher 1826/2000, S. 183–249).

Bei der Formulierung der Überschrift für dieses Kapitel habe ich mich anregen lassen von den Überlegungen zu einer *Theorie der Familienerziehung*, die Theodor Schulze unter dem Titel »*Häusliche Szenen und seelische Entwicklung*« angestellt hat (Schulze 1968). Dieser kleine Geniestreich atmet den Geist der klassischen Psychoanalyse. Die phänomenologisch orientierte *Rekonstruktion des Zustandekommens und der Prozessdynamik von »Erziehung«* im Rahmen häuslicher Szenen kann als markanter und origineller Vorläufer der heutzutage weit verbreiteten Versuche einer empirisch-ethnographischen Rekonstruktion der genannten Phänomene in der Perspektive von »Performativität« gelten (z. B. Wulf/Zirfas 2006; Bollig u. a. 2015). Das Verhalten und Handeln der erziehenden Akteure wird interpretiert als Reaktionen auf das Verhalten und Handeln der zu erziehenden Akteure. Letztere fordern die Eltern zum Reagieren heraus durch verschiedene Formen der Triebabfuhr, die Schulze nicht nur in psychoanalytischen Publikationen, sondern auch in literarischen Texten wie dem Hoffmannschen »Struwwelpeter« beschrieben findet, verkörpert im Zappelphilipp (heute würde man von ADHS sprechen), im Suppenkasper und im Daumenlutscher. Mit Blick auf diese »Unarten«, die (auf der »inneren Bühne«) das Triebleben der Kinder spiegeln und in den Eltern (auch hier auf der »inneren Bühne«) unbewusst die (verdrängten) Kindheitserfahrungen mobilisieren, spricht Schulze in einer ironischen Parallelsetzung der familialen und der schulischen Erziehung von »Fächern« der Familienerziehung: Sauberkeit und Ordnung, Essen und Geschlecht, Wahrhaftigkeit und Eigentum, Trotz, Aggression und Freiheitsdrang, Leichtsinn; Unachtsamkeit, Unruhe und die verschiedenen Formen der Spannungsabfuhr (Schulze 1968, S. 194). Die Art und Weise, wie mit Bezug auf diese »Fächer« auf beiden Seiten, von Kindern und Eltern, agiert wird, bestimmt gleichsam die »Aufführung« des Erziehungs- (und Lern-)geschehens in der Familie; wenn ich hier unkonventionell von »Aufführungen« spreche, bewege ich mich in einem Feld von Metaphern, dessen seriöse Bearbeitung ich erst im Nachhinein bei Zirfas (2004, S. 109 ff.) entdeckt habe. Das »Drehbuch« für die Muster und Abläufe der an den genannten »Fächern« orientierten Szenen stammt, so könnten wir sagen, aus den in den Eltern verankerten kulturellen Traditionen, in den »vergessenen Zusammenhängen«, als welche Mollenhauer (1983) die Beziehungen zwischen Kultur und Erziehung beschrieben hat. Die »Regie« für die Abläufe und Interaktionsmuster der Szenen liegt bei den Eltern als den erziehenden Akteuren; allerdings nicht schlichtweg bei den Eltern als Individuen, sondern zugleich bei den Eltern als Abgesandten der jeweiligen Kultur und Gesellschaft; ihr Agieren im Rahmen der häuslichen Szenen ist geprägt einerseits, wie bereits erwähnt, von den eigenen Kindheitserfahrungen und den (verdrängten) Versagungen, andererseits von den Erwartungen, die kulturell und gesellschaftlich an ihre Rolle als Eltern gestellt werden.

Wenn die resümierten Überlegungen von Schulze (1968) als hermeneutisch orientierte Vorstufe der aktuellen Forschungsbeiträge zur »Performativität« von Erziehungs- und Lernprozessen bzw. von pädagogischer Beziehungspraxis gekennzeichnet werden können, so ist außerdem auf eine im engeren Sinne als Vorläuferstudie zu wertende Untersuchung hinzuweisen, die erstmals in der deutschsprachigen Erziehungswissenschaft Prozesse des Erziehens und Lernens mit einem ethnomethodologischen Blick betrachtet und beschrieben hat. Klaus Mollenhauer hat in seiner Einführung zu dieser Untersuchung von Parmentier (1979) festgestellt: Erziehungsfelder lesen sich in dieser Sichtweise wie Land-Karten lesen, in denen das Netzwerk der für den Bildungsvorgang relevanten Bedeutungen eingetragen ist

(Mollenhauer 1979, S. 9 f.). Am Beispiel eines kindlichen Spiels, der »Förderbandszene«, analysiert Parmentier das in einer Videoaufnahme dokumentierte Geschehen; er wird dabei von zwei komplementären Eekenntnisinteressen geleitet:

> »Das eine Interesse gilt der Aufdeckung der Bedingungen, die den Bildungsprozess der Heranwachsenden erschweren oder gar verhindern. Gegenstand einer von diesem Interesse geleiteten erziehungswissenschaftlichen Forschung sind die pädagogischen oder pädagogisch relevanten Arrangements und Behandlungsformen, die von den Erwachsenen im Umgang mit der jungen Generation befolgten Parzellierungs- und Sequenzierungsregeln sowie die institutionellen Zuschreibungstechniken und Erwartungen. Insbesondere in der phänomenologisch-interaktionistisch orientierten Forschung sind solche Gegenstände bisher zum Thema gemacht worden. Das andere Erkenntnisinteresse gilt der *Aufdeckung der kindlichen Situationsdefinition*. Eine erziehungswissenschaftliche Forschung, die sich von diesem Interesse leiten lässt, hat es zu tun mit den Bedeutungen, die die Kinder in ihrer Auseinandersetzung mit der vorgefundenen Wirklichkeit produzieren, mit ihren Vorstellungswelten und Interaktionshandlungen, ihren Motiven und Erinnerungen« (Parmentier 1979, S. 132; Hervorh. LL).

Im Lichte dieser Erkenntnisinteressen analysiert Parmentier am Beispiel eines videographierten Spiels von Kindern in ihrer Familie, der Förderbandszene, Lernen als Situationsdefinition, die Konstitution von Intersubjektivität in Prozessen wechselseitiger Anerkennung, die Symbole und Werkzeuge, welche die Auseinandersetzung mit der von den Eltern repräsentierten Tradition ermöglichen und es erlauben, Aneignung als Variation des Tradierten zu vollziehen, und schließlich die allgemeinen Strukturvariablen des pädagogischen Feldes (auferlegter Raum, auferlegte Zeit). Diese Analysen sind dazu angetan, eine interaktionistisch orientierte oder – wie Mollenhauer in seiner Einführung zu Parmentiers Studie sagt – eine »pädagogisch-strukturale« Erziehungs- und Lerntheorie zu begründen; deren vorläufige Maximen deutet Mollenhauer wie folgt an:

- Der Vorgang der Bildung des einzelnen, einschließlich des darin enthaltenen Lernens, soll begriffen werden als die Aneignung bedeutungsvoller Strukturen des Wissens und Handelns.
- Solche Strukturen sollen in ihren elementaren Mustern beschrieben werden, und zwar so, dass die kulturspezifisch fundamentalen semantischen Konventionen zur Sprache kommen.
- Diese semantischen Konventionen sollen ermittelt werden einerseits als die bildungsrelevanten Elementaria, die die jeweils individuelle Bildungsgestalt zu beschreiben erlauben; andererseits aber auch als Elementaria der Sozietät, innerhalb derer das Individuum seine Bildung erlangt.
- Bildungstheorie wäre damit immer auch Reflexion auf das, was das Wesentliche unserer Lebensform ausmacht, und auf deren innere Differenzierung; eine solche Sichtweise könnte eine Kontinuität des praktischen Interesses entdecken bei sonst so verschiedenartigen Arbeiten wie denen von W. Flitner zur Rekonstruktion »abendländischer Gesittung«, von N. Elias zum »Prozess der Zivilisation«, von Ph. Aries zur »Kindheit« als sozialer Erfindung und von M. Foucault zur »Archäologie« unseres Wissens oder auch bei den Versuchen Adornos, in den kunstvollsten ästhetischen Produktionen noch die »*semantischen Grundstrukturen einer Lebensform und deren Umgestaltung in der Aneignung* aufzudecken« (Mollenhauer

1979, S. 11; Hervorh. LL). Auf diesem Wege könnte, wie Mollenhauer anmerkt, der alte Streit, ob das »Erklären« oder das »Verstehen« vordringliche Aufgabe der wissenschaftlichen Tätigkeit sei, »gegenstandslos werden« (ebd.).

Als Beispiele für Studien aus den 80er und 90er Jahren des letzten Jahrhunderts, die sich in der Perspektive von Performativität und häufig auch orientiert an ethnographischen Forschungsstrategien mit der Erforschung des pädagogischen Beziehungsgeschehens in Familien befasst haben, verweise ich pauschal auf Kreppner (1981) und Pasquale/Behnken/Zinnecker (1995).

In ihrer von Hans Oswald betreute Dissertation hat Beate Schuster eine Untersuchung mit Müttern und ihren sieben- bis zwölfjährigen Kindern beschrieben; darin waren die Mütter und Kinder aufgefordert, im Kontext von *Spielszenen* ihre wechselseitigen, sich oftmals widersprechenden Anliegen zu verstehen und zu koordinieren. Der Interpretation der videographierten Spielszenen liegt die am Symbolischen Interaktionismus orientierte Auffassung zugrunde, dass die *Verständigungsprozesse* zwischen Eltern und Kindern davon geprägt werden, ob und wie und in welchem Ausmaß die von beiden Seiten vorgenommene »*Definition der Situation*« auf einander Bezug nimmt. In welchen Formen diese Prozesse ablaufen, wie sie gelingen oder auch misslingen und zu welchen Lösungen sie führen können, wird durch die Untersuchung dokumentiert. Die Befunde verdeutlichen die Möglichkeiten und Grenzen einer mehr oder weniger gemeinsamen *Konstruktion sozialer Wirklichkeit* im Kontext der von *Autorität* bestimmten Beziehungen zwischen Eltern und Kindern. Das empirische Material hat es nahegelegt, bei der Charakterisierung von Verhaltensmustern vier *Typen der Reziprozität* zu unterscheiden, und zwar: »Offene Konfrontation«, »Distanz halten«, »Konsens-orientiert«, »Konfusion erzeugen« (Schuster 1998, S. 149 ff.).

Die aktuellen, im Jahre 2015 publizierten Studien, die ich abschließend ansprechen will, weisen durchaus einige Parallelen zu den erwähnten früheren Studien auf: Sie dokumentieren und interpretieren, wie die Studie von Parmentier (1979) und die Skizze von Schulze (1968), Facetten der »Aufführungspraxis« im Beziehungs-, Erziehungs- und Lerngeschehen in Familien; sie betrachten, wie Parmentier, das jeweilige Feld mit ethnomethodologischem Blick und suchen nach Mustern der Situationsdefinition und der Konstruktion sozialer Wirklichkeit auf Seiten der Akteure; sie rekonstruieren die Interaktions-, Kommunikations- und Verständigungsprozesse zwischen den beteiligten Personen durch Bezugnahme auf räumlich und zeitlich eingegrenzte, durch Videoaufnahmen festgehaltene und dokumentierte soziale Situationen; diese beschreiben sie statt mit dem Konzept der (häuslichen) »Szene(n)«, welches Parmentier und Schulze verwenden, mithilfe des Konzeptes der »Rituale«; eines Konzeptes, das in der Ethnologie eine lange Tradition hat (ich werde hierdurch daran erinnert, dass der französische Gründungsvater der Soziologie, Emile Durkheim, die Praxis von Ritualen in traditionalen Gesellschaften als die historisch frühesten Ausdrucksformen intentionaler Erziehung interpretiert hat). Daraus wie auch aus den resümierten Studien lässt sich schlussfolgern, dass *Rituale* zu den verbreitetsten Formen der Inszenierung von Erziehungs- und Lernprozessen gehören, aus welchen das je Performative erschlossen werden kann; das illustrieren auch die jüngsten Studien, die ich in den folgenden Abschnitten vorstelle, sowie die auf schulische pädagogische Beziehungspraktiken gerichteten Studien zur Performativität, auf welche ich in den Kapiteln III/3 und III/4zu sprechen komme.

Dominik Krinninger hat schon vor einigen Jahren eine ethnographische, auf die Rekonstruktion performativer Prozesse zielende Studie am Beispiel von *Freundschaftsbeziehungen* vorgelegt (Krinninger 2009). Seine jüngste Publikation skizziert ein Nachfolgeprojekt zur genannten Freundschaftsstudie und hat die Strukturmuster der Beziehungs- und Erziehungsprozesse in *Familien* zum Gegenstand (Krinninger 2015). Obgleich sich der Autor nicht auf Sachleiermacher beruft, ist es interessant zu bemerken, dass der Titel dieser Projektskizze – »*Family Life as Education*« – unmittelbar an Schleiermachers Rede von dem »entwickelnden Zusammenleben« erinnert, welches »Erziehung« in der ersten, in der Familie verorteten Erziehung ausmacht. Seine feldtheoretische Orientierung vertieft und ergänzt Krinninger durch Bezugnahme auf Norbert Elias' Konzept der »Figuration« und spricht, daran anschließend, von »erzieherischer Konfiguration«, um auf diese Weise das Zusammenwirken inner- und außer-familialer Figurationen in den Blick zu nehmen. Illustriert und konkretisiert wird der ethnographische Zugang am Beispiel eines Familienrituals (aufgezeigt an einem Fallbeispiel): der Sitzordnung und den Interaktions- bzw. Kommunikationsmustern während der gemeinsamen Mahlzeiten.

Die Studie von Xyländer (2015) weist einige Parallelen zur Projektskizze von Krinninger (2015) auf. Das beginnt mit dem Titel insofern, als auch bei Xyländer im Titel des Buches ein Begriff steht, der eine lange Tradition hat (ohne dass diese Tradition – auch dies eine Parallele zu Krinninger – offengelegt oder reflektiert wird). In diesem Fall handelt es sich um den Begriff der »Bildungsgemeinschaft«; er geht auf Nohl (1933) zurück und wird im anglo-amerikanischen Sprachraum als »*community of learners*« weitergeführt (z. B. Rogoff/Matusov/White 1998). Was bei Krinninger (2015) an Beispielen für Rituale bei den Familienmahlzeiten erkundet wird, untersucht Xyländer (2015) an Beispielen für Abendrituale und deren Regeln und Interaktions- bzw. Kommunikationsmustern. Aus ihrem videografierten und interpretierten Untersuchungsmaterial leitet Xyländer Schlussfolgerungen für die theoretisch-begriffliche Fassbarkeit der Multidimensionalität der Bildungsprozesse in Familien sowie für die Identifizierung der »zentralen Logiken« des familialen Bildungsgeschehens. Es liegt auf der Hand, dass es sich bei dem, was hier als »Logiken« gefasst wird, um soziale Logiken, nämlich »Formen der Gemeinschaftsbildung«, die als »Rahmung des familialen Bildungsgeschehens im Untersuchungsmoment des Rituals« rekonstruiert werden konnten (Xyländer 2015, S. 284). Im Blick auf diese Formen gelangt Xylander auf der Grundlage ihres Datenmaterials zu einer Typenbildung; diese unterscheidet – mit gewissen Überschneidungen in einem Teil der Untersuchungsgruppe – vier Typen: den (modernen) Typ »pragmatisch-komplexitätsbewältigend«, den (stärker traditionell verankerten) Typ »ambivalent-instrumentalisierend«, den (durch feste Strukturen gekennzeichneten) Typ »strategisch-routiniert« und den Typ »rigide-reglementierend« (ebd.).

Ein guter Eindruck von den Erkenntnisinteressen sowie von dem theoretischen und empirischen Forschungsprofil der beiden zuletzt besprochenen Untersuchungen lässt sich aus dem kurzen Resümee der Projektskizze von Krinninger gewinnen; es lautet wie folgt:

> »The modelling of the family as an educational configuration and of familial education as practical reflexivity are part of a research strategy that does not take an educational relevancy of family as given per se with the fact that in families children and their parents are living together. In fact this relevancy emerges from the specific pracices of the family in specific forms – and it also emerges from the specific way research highlights these practices. Therefore special attention has to be given to theoretical framework and formation of categories. These are not just obligatory steps in the research process but essential and decisive elements of the entire ethnographic analysis. How we think of education in families is part of how we see education in families. This also has to be taken into account with respect to methodological challenges in exploring the complexity of social phenomena. Whether one ›follows‹ the actors and artefacts, or whether one strategically positions oneself according to their dynamic, as with this project – it is necessary throughout to account for the respective constructiveness of the research perspective. Complex figurations like family, in particular, are always more than just pedagogical. Usimg an educational spotlight only serves to highlight particular aspects. The approaches showcases in this article present one possibility to uncover empirically and theoretically the educational constitution of familial practices. In order to do so, such is the core argument of this paper, the question in what way the family can be considered as pedagogical needs to be posed twofold: in what specific way does research *uncover how educational constitution is constructed in the ›field‹*« (Krinninger 2015, S. 312).

Dieses Resümee kann stellvertretend für eine Reihe von Forschungsprojekten herangezogen warden, die sich der (ethnographischen) Erkundung verschiedener Formen eines Beziehungs-und Erziehungsgeschehens in der Perspektive des Performativen widmen. Mir ist dieses Resümee und das in diesem resümierte Forschungsvorhaben deshalb besonders wichtig, weil es anschaulich und überzeugend vorführt, wie eine beziehungspädagogisch orientierte Forschung vorgehen kann. Auf diesem Wege kann die Rahmenvorstellung, dass »Erziehung« und Lernen sich als soziale und kulturelle Beziehungspraxis beschreiben lassen, forschungsstrategisch in fruchtbarer Weise eingelöst werden, und zwar auch in dem Sinne, dass die ethnographische Feldforschung eine Weiterentwicklung theoretischer Konstrukte anregen kann.

Insbesondere die beiden aktuellen Studien, über die ich kurz berichtet habe, stehen für eine Forschungsrichtung, die sich in den letzten zehn bis zwanzig Jahren etabliert hat und dabei den Anspruch des Innovativen geltend macht; es geht dabei um die kreative Verbindung von Methoden der Feldforschung (*Ethnographie*) mit dem Erkenntnisinteresse, dem *Performativen* auf die Spur zu kommen (vgl. z. B. Bollig u. a. 2015; Wulf/Zirfas 2013). Das Innovative an diesem Forschungstrend will ich nicht bestreiten; allerdings errschiene es mir fruchtbar, diesen Forschungsansatz an entsprechende Vorläufer anzuschließen; dies gilt nicht primär für Begriffe, was ich an den Beispielen des »Familienlebens« bei Krinninger (2015) und der »Bildungsgemeinschaft« bei Xyländer (2015) angesprochen habe; gewichtiger als die Frage der Begriffe und ihrer Tradition ist die Methodenfrage. Hier könnte es sich als fruchtbar erweisen, von dem erwähnten aktuellen Forschungstrend aus Brücken zu schlagen zu den Traditionen einer erziehungswissenschaftlichen Hermeneutik, die auch in ihren aktuellen Weiterentewicklungen durchaus lebendig bleiben kann, wie beispielsweise das Resümee von Mollenhauer (1969) zur oben besprochenen Studie von Parmentier (1969) zeigt, wo er davon spricht, dass es bei der Rekonstruktion der Vorgänge der Bildung darum gehe, den jeweiligen »semantischen Konventionen« auf die Spur zu kommen (Mollenhauer 1979, S. 11).

4 Mehrgenerationenbeziehungen

Die Verlängerung der durchschnittlichen Lebenserwartung und die räumliche Nähe zwischen den Zweigenerationenhaushalten und den Haushalten der Großeltern bieten Gelegenheiten für die Erfahrung und Gestaltung von Mehrgenerationenbeziehungen (siehe Lüscher/Liegle 2003). Diese stehen in einem inneren Zusammenhang. Das bedeutet zum Beispiel: Das Verhältnis von Großeltern und Enkelkindern wird von jenem der Großeltern zu den Eltern beeinflusst. Dabei ist zu berücksichtigen, dass dies auch »Schwieger«-Beziehungen einschließt, unter Umständen solche nach einer Trennung und Scheidung der Eltern oder der Großeltern. Diese Beziehungspotenziale bieten in unterschiedlichem Umfang und in unterschiedlicher Weise Gelegenheiten für wechselseitige Lernprozesse, in denen sich Familienkulturen und Gesellschaftskulturen durchdringen.

Besonders markante Verflechtungen bestehen im Bereich des Wirtschaftens. Das zeigt die – häufig ökonomisch motivierte – Erwerbstätigkeit beider Eltern von minderjährigen Kindern, die hinsichtlich ihres Ausmaßes bei den Müttern historisch neue Dimensionen erreicht hat (sieht man von den Kriegszeiten ab). Das Angebot an Tagespflege hat mit dieser Entwicklung bis jetzt nicht Schritt gehalten.

Durchaus zutreffend versehen die schweizerische Forschergruppe BASS einen Bericht über die Leistungen und Leistungspotenziale von Großeltern mit dem Untertitel »Ohne Krippe Grosi stünde vieles still« (Bauer/Strub 2002). In Deutschland sind Großeltern nach den Müttern die wichtigsten Betreuungspersonen der Kinder in den Lebensjahren bis zum Schuleintritt (siehe Tietze/Rossbach 1991); auch in den Neuen Bundesländern betreuen viele Großeltern ihre Enkel, obwohl es dort ein weitaus größeres Angebot an Krippenplätzen und ganztägigen Kindergartenplätzen gibt als in den Alten Bundesländern (siehe Keiser 1992). Gemäß dem Österreichischen Mikrozensus erhielten Ende der 1990er Jahre von den Frauen mit Kindern unter 15 Jahren ein Viertel nahezu täglich oder mindestens einmal wöchentlich Hilfe von den Großeltern (BMUJF 1999a, S. 258). Ein noch höheres Ausmaß der Betreuung gibt es in Italien. Gemäß Romano/Cappadozzi (2002, S. 201) werden von den bis 13-jährigen Kindern in Italien 25 % von den Großeltern täglich, 43 % ein Mal und mehrere Male pro Woche sowie 32 % seltener betreut.

Diese Daten sind primär unter dem Gesichtspunkt der Kinderbetreuung erhoben worden. Doch sie verweisen auf erhebliche Potenziale der Erfahrung von Mehrgenerationenbeziehungen, die den jeweiligen Lebensaltern entsprechend unterschiedliche Formen der Dienstleistung und Unterstützung umfassen und Anlässe für Prozesse des Lernens schaffen, für welche die Generationenzugehörigkeit von Belang ist.

Im Hinblick auf die *junge Generation* belegt die neuere Forschung: Die Erfahrung von Mehrgenerationenbeziehungen spielt in ihrem Leben eine wichtige Rolle. Die von Enkeln und Großeltern gemeinsam verbrachte Zeit bietet den Großeltern die Chance, ihren Enkeln spezifische Lernerfahrungen zu vermitteln, was seitens der Eltern (die darauf u. U. in den Medien, die über Erziehung informieren, aufmerksam gemacht werden) durchaus als wünschenswert betrachtet wird. Dabei geht es nicht nur darum, dass Großeltern aus »früheren Zeiten« berichten können und so eine gewisse Kontinuität repräsentieren. Ebenso wichtig dürfte ein Sachverhalt sein, den Krappmann (1997b) anschaulich schildert: Das Kleinkind, das von der Großmutter (oder dem Großvater) liebevoll herumgetragen wird, kann schon früh die Erfahrung machen, dass es nebst der Mutter und dem Vater Menschen gibt, die ihm ihre volle Zuneigung zeigen und dennoch etwas anders mit ihm umgehen, als die Eltern dies tun. Allgemeiner gesprochen: Großeltern können Enkelkindern vor dem Hintergrund einer grundsätzlich voraussetzbaren persönlichen Zuwendung und Wertschätzung wichtige Erfahrungen von »Differenz« vermitteln. Das trifft auch in späteren Lebensphasen zu.

Die Beziehungen zwischen Großeltern und Enkeln weisen eine große Vielfalt auf. So haben Neugarten/Weinstein (1964), Robertson (1977) und Cherlin/Furstenberg (1986) in den USA sowie Herlyn/Lehmann (1998) in Deutschland und Attias-Donfut/Segalen (1998) in Frankreich verschiedene Beziehungstypen gefunden, die von einem distanzierten Verhältnis über ein nahes, aber in Fragen der Erziehung zurückhaltendes Verhältnis bis zu einem der elterlichen Nähe und Verantwortung ähnlichen Verhältnis reichen. Unabhängig von diesen Typen lässt sich eine allgemeine Tendenz zur Informalisierung und Emotionalisierung der Beziehungen feststellen: Großeltern werden nicht als Autoritätspersonen und Repräsentanten einer verpflichtenden Tradition von Wissen und Werten wahrgenommen, vielmehr gelten sie als vertraute Gesprächspartner, mit welchen Erfahrungen und Vorstellungen ausgetauscht und gemeinsame Erwartungen entwickelt werden (siehe Hagestad 1984). Im Ganzen ist davon auszugehen, dass Großeltern einen indirekten, auf Zuwendung und Bestätigung aufbauenden Einfluss ausüben, der aber gerade darin seine Bedeutung als »Brücke« gewinnen kann, dass er sich von den Beziehungen zu den Eltern qualitativ unterscheidet und den Kindern eine anders geartete Erfahrungswelt erschließt (siehe Krappmann 1997a).

Ecarius (2002) hat bei ostdeutschen Familien die Erfahrungstatsache betätigt gefunden, dass die Interaktionen zwischen Großmutter und Mutter sowie zwischen Mutter und Tochter in vielen Fällen konfliktreicher sind als jene zwischen Großmutter und Enkelin. Dasselbe Muster gilt auch in männlichen Generationenlinien. Die Konflikthaftigkeit ergibt sich aus der Nähe zwischen Eltern und ihren Kindern. Das Verhältnis der direkt aufeinander folgenden Generationen sei durch die Erziehungsabsichten der Eltern und die Bestrebungen der Kinder, selbständig zu werden, belastet, so die Autorin. Dadurch kommt es oft zu Auseinandersetzungen, die nicht nur geprägt sind von Ablösekonflikten, sondern von gegenseitigen Missbilligungen und Konkurrenzen. Großmütter sowie Großväter versuchen oft – so eine weitere Interpretation der Befunde – das, was sie bei ihren Kindern verpasst haben oder nicht zulassen konnten, bei den Kindeskindern stellvertretend gutzumachen. Da Kinder ihren Großeltern gegenüber weniger als gegenüber ihren Eltern die Erfahrungen von intensiver Bindung und existentieller Abhängigkeit machen, scheinen die Großeltern-Enkel-Beziehungen in geringem Ausmaß durch ambivalente Gefühle bestimmt zu sein (siehe Wilk 1993).

Ecarius (2002) kann überdies beobachten, dass die Wandlungsprozesse von einer asymmetrischen hin zu einer symmetrischen Machtverteilung zwischen Jung und Alt vor allem im Kontext von Erziehung und Lernen gefördert werden. Der bisher beobachtete Wandel in den Erziehungskonzepten und der tatsächlichen Erziehungspraxis – vom autoritären Befehlshaushalt zum Verhandlungshaushalt – wirkt sich ihrer Ansicht nach auf das traditionelle Machtverhältnis zwischen den Generationen aus (vgl. hierzu auch Schneewind/Ruppert 1995). Besondere Beachtung verdient unter dem Gesichtspunkt der historischen Generationendynamik, dass in diesen Jahren die Angehörigen der 68er-Generation in die Phase der Großelternschaft eintreten.

Die *mittlere Generation* (»Scharniergeneration«) nimmt nicht nur eine doppelte Verantwortung wahr, sie erfährt auch von den Angehörigen sowohl der Kinder- als auch der Großelterngeneration Zuwendung, Anregung und Unterstützung. Dabei handelt es sich nicht allein um materielle oder instrumentelle Austauschprozesse, sondern eben gerade um solche des Generationenlernens. So zeigt die neuere Netzwerkforschung: Kinder werden – nach dem Ehepartner (bzw. der Ehepartnerin) – als die wichtigsten Partner für persönliche Gespräche genannt; besonders häufig ist dies nach einer Ehescheidung der Fall. Entsprechend gilt auch für die Beziehungen zur älteren Generation, dass die mittlere Generation nicht nur Aufgaben wahrnimmt und Leistungen erbringt, sondern auch Unterstützung erfährt. Dies betrifft neben materiellen Zuwendungen die Betreuungsleistungen der Großeltern für Enkel, aber auch Zuwendung, Rat und Hilfe in Krisensituationen.

Auch im Leben der *älteren Generation* spielen Mehrgenerationenbeziehungen eine wichtige Rolle, und zwar ebenso wie bei der mittleren Generation in der zweifachen Perspektive des Gebens und Nehmens. Wenn man einmal davon absieht, dass immer mehr Großeltern selbst pflegerische Aufgaben bei ihren eigenen Eltern übernehmen, unterhalten viele Großeltern enge Beziehungen zu ihren Kindern und Enkeln, unterstützen ihre Kinder (insbesondere in Krisensituationen) und beteiligen sich an der Betreuung und Erziehung ihrer Enkel. Umgekehrt erfahren Großeltern nicht nur Unterstützung, Hilfe und Pflege von Seiten ihrer erwachsenen Kinder, sondern finden in ihnen Ansprechpartner bei der Lösung ihrer altersspezifischen Entwicklungsaufgaben, zum Beispiel bei der Bewältigung der nachberuflichen Lebensphase (siehe Lang/Baltes 1997). Kinder und Enkel tragen im Medium der gelebten Mehrgenerationenbeziehungen dazu bei, dass alte Menschen das Gefühl bewahren können, gebraucht zu werden und in ihrem letzten Lebensabschnitt Sinn zu finden (siehe Wilk 1993). Dies kann für sie ein Anstoß sein, sich um aktuelle Informationen zu bemühen, neue Kenntnisse zu erwerben und so auch im Alter weiterzulernen. Derartige Erfahrungen werden in der neueren Gerontologie als überaus wichtig für die Persönlichkeitsentwicklung im Alter dargestellt (vgl. z. B. Attias-Donfut/Segalen 1998).

Allerdings ist mit Filipp/Mayer (1999) einschränkend festzustellen, dass die Formen der Kommunikation in Mehrgenerationenbeziehungen bislang wenig untersucht worden sind. Überwiegend in der Kommunikation zwischen öffentlichen Generationen sind Altersstereotypen vermehrt – insbesondere im Sinne der Zuschreibung von verminderten (Sprach-)Kompetenzen – nachgewiesen worden, die sich auch in entsprechenden Selbstzuschreibungen alter Menschen niederschlagen. Interventionsstudien haben Belege dafür erbracht, dass Vorschul- und Schulkinder, die in Lerneinheiten – unter Einschluss von Begegnungen der Kinder mit alten Menschen – mit den Erfahrungen, Sichtweisen und Kompetenzen alter Menschen bekannt gemacht worden waren, wesentlich weniger Altersstereotypen als üblich zeigen. Dies ist eine Bestätigung der sogenannten »Kontakthypothese«. Diese besagt, dass durch den Kontakt zwischen Mitgliedern verschiedener sozialer Gruppen (hier: verschiedener Generationen) eine Differenzierung des Bildes der jeweils anderen Gruppe erreicht wird und deren Angehörige weniger als Mitglieder einer sozialen Kategorie gesehen werden (eine Sichtweise, die Stereotype begünstigt) denn als Individuen (aaO. 256f). Hier zeigen sich theoretisch und praktisch noch zu explorierende Potenziale des Generationenlernens.

Zusammenfassend lässt sich auf der Grundlage der neueren Forschung – und im Gegensatz zu einem überwiegenden Trend der öffentlichen Meinung – feststellen: Mehrgenerationenbeziehungen kommt für die Angehörigen aller Generationen eine große und im Vergleich zu den Beziehungen außerhalb des Verwandtschaftssystems überragende Bedeutung für die lebensbegleitenden und lebenslang andauernden Prozesse der Erziehung, des Lernens und der Identitätsbildung der Person zu. Dabei muss es sich freilich nicht immer um eine positiv empfundene oder zu bewertende Bedeutung handeln.

5 Geschwisterbeziehungen und Geschwistererziehung

Neben der Zahl der Generationen hat sich auch die Zahl der Kinder verringert, die gegenwärtig in Familienhaushalten zusammenleben. Allerdings lässt sich die öffentliche Dramatisierung des typischen Einzelkindes nicht bestätigen, wenn man die statistischen Daten in der Perspektive der Kinder aufbereitet: Von den Kindern in den alten und neuen Bundesländern waren »nur« 18 Prozent Einzelkinder (im Blick auf die 1970 in den alten Bundesländern lebenden Frauen der Geburtsjahrgänge 1901–1905 waren 12 Prozent der Kinder Einzelkinder), 48 bzw. 60 Prozent wuchsen mit einem und 34 bzw. 22 Prozent mit zwei und mehr Geschwistern auf; die im Durchschnitt geringere Kinderzahl hat daher kaum mit einer Zunahme der Einzelkinder, wohl aber mit der Verbreitung von Kinderlosigkeit sowie mit der Abnahme von Familien mit drei und mehr Kindern zu tun (vgl. Schwarz 1995). Im Übrigen wächst eine zunehmende Zahl von Kindern dadurch mit mehreren Geschwistern auf, dass der neue Partner/die neue Partnerin eines geschiedenen und wieder verheirateten Elternteils Kinder in die neukonstituierte Familie mitbringt. Jedenfalls stellen auch in den meisten heutigen Familien Geschwisterbeziehungen einen wichtigen Einflussfaktor für die Entwicklung und Erziehung der Kinder dar (vgl. Schütze 1989), einen Einflussfaktor freilich, dem in der wissenschaftlichen Pädagogik bislang wenig theoretische und empirische Beachtung geschenkt worden ist.

Das Thema »Geschwisterbeziehungen« in der Pädagogik

Bei den »Klassikern« der Pädagogik (Pestalozzi, Herbart, Schleiermacher u. a.) sucht man vergeblich nach dem Thema Geschwister als Erzieher. Bei den »modernen« Klassikern (Bernfeld, Nohl, Spranger, W. Flitner u. a.) finden sich gelegentlich Hinweise auf die erzieherische Bedeutung von Geschwistern, aber zu einem zentralen Thema wird die Erziehung von Kindern durch Kinder lediglich am Beispiel von Kindergemeinschaften, also in einem von beruflichen Erziehern arrangierten und kontrollierten Kontext, nicht im Rahmen der Familie. Die Vernachlässigung der Geschwister-Erziehung hat also zwei Gründe: Erziehung wird angesiedelt im Generationenverhältnis als Einwirkung der älteren auf die jüngere Generation. Außerdem ist Erziehung im Wesentlichen gefasst als beruflich wahrgenommene Erziehung: erziehender Unterricht, Schule, Waisenhaus, Kinderheim, seit Fröbel auch Kindergarten. Pädagogik hat sich deshalb in erster Linie entwickelt als Berufswissenschaft für Lehrer und Erzieherinnen, ähnlich wie die Medizin sich als Berufswissenschaft für Ärzte entwickelt hat, nicht aber – was ja gar nicht so abwegig wäre – als Kunstlehre für gesundheitsbezogenes Handeln in gegenseitiger Hilfe und in Selbsthilfe.

An der Familie, die ja den sozialen Ort der Geschwister-»Erziehung« darstellt, zeigt sich die innere Widersprüchlichkeit dieser Auffassung von Erziehung: Die Familie – eine Versammlung von Laien in Sachen Erziehung also – gilt zwar seit je und auch in der Pädagogik als die erste und wichtigste Instanz der Erziehung. Dennoch ist die Erziehung in der Familie ein marginales Thema der wissenschaftlichen Reflexion und Forschung in der Pädagogik geblieben. Dies gilt für die Klassiker; Ausnahmen sind hier Pestalozzi mit seiner Wohnstuben-Pädagogik, die dann auch eine wohnstubenähnliche Sozialpädagogik meint, und Schleiermacher, der die Familienerziehung beschreibt als »Zusammenleben mit den Kindern«, gleichsam ein »Lebenhelfen«, aus dem sich dann auch eine absichtliche Erziehungstätigkeit entwickelt; im Blick auf diese intentionale Erziehung gelangt Schleiermacher als erster Pädagoge zu einer Art Curriculum der Familienerziehung: Entwicklung des Ordnungssinns; Entwicklung des Wissens; körperliche Entwicklung; Entwicklung des Willens; religiöse Entwicklung (vgl. Schleiermacher 1826/1957, S. 166 ff.).

Die Marginalität des Themas Familienerziehung gilt auch für die modernen Klassiker; Ausnahme ist hier z. B. Siegfried Bernfeld (1925/1967), der die Paarbeziehung Mutter-Kind/Vater-Kind als Konstante, freilich als eine verhängnisvolle Konstante der Erziehung analysiert, da sie die Dynamik einer besitzergreifenden Liebe in der kapitalistischen Gesellschaft perpetuiere.

Die Vernachlässigung des Themas Familienerziehung findet bis in die gegenwärtige Erziehungswissenschaft ihre Fortsetzung. In den letzten 25 Jahren sind nur drei gewichtige Bücher zum Thema Erziehung in der Familie erschienen: 1975 »Die Familienerziehung« von Klaus Mollenhauer und anderen, 1989 die »Einführung in die Familienpädagogik« von Paetzold und Fried und 1997 die »Brennpunkte der Familienerziehung« von Macha und Mauermann. Und nur in dem erstgenannten Buch wird der »Erziehung« von Geschwistern durch Geschwister Aufmerksamkeit geschenkt: Mollenhauer u. a. beschreiben die Geschwistergruppe als »Subsystem« des intimen Beziehungssystems Familie, als Eigenwelt der Phantasie und des Spiels der Kinder, als Gegenwelt und Gegenmacht zur Welt und Macht der Eltern.

Wer sich als Erziehungswissenschaftler mit der Frage befasst, ob und wie Geschwister von Geschwistern erzogen werden, muss sich also verabschieden von der dominanten Tradition seines Fachs sowie von dem Begriff der Erziehung, der für die wissenschaftliche Pädagogik bestimmend ist. Auch Vera Bollmann kennzeichnet in ihrer Studie über Interaktion und Ambivalenz in lebenslangen Beziehungen am Beispiel von Schwestern den erziehungswissenschaftlichen Forschungsstand über Geschwister als marginal (Bollmann 2011a).

Entwicklungs-, Sozialisations- und Familientheorien

Dem Mangel an empirischen Untersuchungen über Geschwisterbeziehungen in der Erziehungswissenschaft steht eine Fülle von Beiträgen zur Geschwisterforschung im Überschneidungsbereich von Psychologie, Psychiatrie und Soziologie gegenüber (vgl. z. B. Bank/Kahn 1991, Brody 1996, Dunn/Psomin 1996, Kasten 1993,

Klagsbrun 1997, Lamb/Sutton-Smith 1982, Ley 1995, Petri 1994, Sohni 1999, Sulloway 1997, Sutton-Smith/Rosenberg 1970, Toman 1991). Auf der Ebene theoretischer Ansätze und Konzepte allerdings nimmt die Pädagogik keine Sonderstellung ein. So hat Lamb (1982, 4) zu Recht darauf hingewiesen, dass keine der klassischen Theorien der Persönlichkeit oder der psychologischen Entwicklung Geschwister als bedeutsame Einflussfaktoren beschrieben hat. Dieser Mangel trifft sogar für die Entwicklungstheorie von Jean Piaget zu, obgleich hier in der Erfahrung von Gegenseitigkeit in Beziehungen zwischen prinzipiell Gleichen ein wichtiges entwicklungsförderndes Gegengewicht zur Erfahrung der einseitigen Abhängigkeit von Erwachsenen angenommen wird; dies wird aber nur am Beispiel von Beziehungen zwischen Kindern außerhalb der Familie aufgezeigt. Entsprechend gilt für die gängigen Sozialisationstheorien (vgl. z. B. Hurrelmann 1986, Hurrelmann/Ulich 1991, Tillmann 1989) – mit einigen Ausnahmen wie etwa Parsons/Bales (1955) – sowie für die wichtigsten Theorien der Familie (vgl. Klein/White 1996, Sussman/Steinmetz 1987) – mit einigen Ausnahmen wie etwa Leichter (1974) –, dass den Geschwisterbeziehungen keine oder nur wenig Beachtung geschenkt worden ist.

Dieses kritische Resümee der Forschungslage auf der Ebene der Theoriebildung wird relativiert durch zwei neuere Entwicklungstendenzen:

Die »systemische« bzw. systemtheoretische Betrachtungsweise hat die Aufmerksamkeit auf die Wechselwirkungszusammenhänge innerhalb und zwischen »Subsystemen« der Familie gelenkt, und zu diesen Subsystemen ist notwendigerweise das Subsystem der Geschwisterbeziehungen zu rechnen (vgl. dazu Carter/McGoldrick 1988 und ansatzweise Klein/White 1996).

Die Ansätze zur theoretischen und empirischen Erfassung von Persönlichkeits- und (Familien-)Systementwicklung in der Perspektive des Lebenslaufs, der »Lebensspanne« bzw. lebenslanger »Karrieren« (vgl. auch hierzu Carter/McGoldrick 1988, Aldous 1996); die Geschwisterbeziehung gewinnt hier schon deshalb Aufmerksamkeit, weil sie in der Regel »die längste Beziehung unseres Lebens« darstellt (Petri 1994).

Wenn Geschwister Bedeutung für einander haben, dann kommt darin auch das Erzieherische zum Tragen

Eine erste Antwort auf die Frage nach der erzieherischen Bedeutung von Geschwistern kann von der Überlegung ausgehen, dass sich das Erzieherische immer dann zeigt und wirksam wird, wenn Menschen für einander Bedeutung haben. Es wird dabei ausdrücklich vom Erzieherischen und nicht von Erziehung gesprochen, um eine bestimmte Auffassung, die z. B. von Martin Buber (1925/1953) entwickelt worden ist, stark zu machen: Erziehung nicht als Einwirkung der einen (Älteren) auf die anderen (Jüngeren), sondern als ein Geschehen *zwischen* Menschen, das nicht ohne weiteres abzulösen ist von der Vielfalt der Lebensvollzüge und zwischenmenschlichen Beziehungen. Dass das Erzieherische sich immer dann zeigt und wirksam wird, wenn Menschen für einander Bedeutung haben, damit ist gemeint: Wenn ein Mensch für mich Bedeutung hat, dann beeinflusst er, ob er und ob ich es will oder nicht, ob er und ob ich es weiß oder nicht, die Entwicklung meiner Person, die Bildung meines Charakters, er »erzieht« mich.

Von hier aus ergibt sich die erste Überlegung: Wenn sich zeigen lässt, dass Geschwister für Geschwister Bedeutung haben, dann muss auch gelten: Zwischen Geschwistern ist das Erzieherische am Werk. Es bedarf aber keiner besonderen wissenschaftlichen Bemühung, um die große Bedeutung von Geschwistern für Geschwister zu belegen. Man muss nur in den Familien- und Kinderalltag schauen oder – was ich diesmal vorziehe – in die Literatur, in welcher der Familien- und Kinderalltag gespiegelt wird.

Da ist zum Beispiel Antigone, die ihren geliebten Bruder Polyneikes gegen das vom Vater vertretene Gesetz heimlich beerdigt. Die Geschwisterliebe kann also in Konflikt geraten mit der Liebe zu den Eltern, und sie kann im Konfliktfall Vorrang gewinnen.

Da sind aber auch Eifersucht und Hass zwischen Geschwistern, wie sie etwa in den Geschichten des Alten Testaments erzählt werden, am schärfsten in der Geschichte von Kain und Abel. Geschwister können in bedrohlicher Konkurrenz stehen im Erlangen der Zuneigung oder des Erbes des Vaters.

Da ist die erotisch gefärbte Beziehung von Ulrich, dem »Mann ohne Eigenschaften« (Musil 1952), und seiner Schwester Agathe. Geschwister können sich so nahekommen, dass sie als Erwachsene eine Lebensgemeinschaft eingehen.

Da ist die Prägung der Ich-Erzählerin Brigitte Reimann (1974) durch die Bindung an ihren Bruder Uli, die auf eine Zerreißprobe gestellt wird durch die Spaltung Deutschlands, durch die Republikflucht des Bruders. Die Geschichte von Geschwisterbeziehungen, wie sie in dem Roman »Die Geschwister« beschrieben werden, steht für die zerstörerischen Einflüsse, die politische Verhältnisse auf die wichtigsten menschlichen Bindungen ausüben können. Der Roman beschreibt aber auch eindringlich Aspekte des Erzieherischen: Der geliebte Bruder vergällt seiner Schwester jeden Freund, aus der Überzeugung, dass keiner es verdient, seiner tollen Schwester nahe zu kommen; und sie geht und tanzt am Ende immer mit ihrem Bruder, weil keiner der jungen Männer ihrem gescheiten und starken Bruder gleichkommt. Geschwister können Ansprüche an Partnerschaft prägen.

Als letztes Beispiel wähle ich die Brüder Grimm. In der Rede auf seinen Bruder sagt Jakob Grimm (1860/1956, S. 42):

> »So nahm uns denn in den langsam schleichenden Schuljahren *ein* Bett auf und *ein* Stübchen, da saßen wir an einem und demselben Tisch arbeitend, hernach in der Studentenzeit standen zwei Betten und zwei Tische in derselben Stube, im späteren Leben noch immer zwei Arbeitstische in dem nämlichen Zimmer nebeneinander, immer unter einem Dach in gänzlicher unangefochtenen und ungestört beibehaltener Gemeinschaft unsrer Habe und Bücher, mit Ausnahme weniger, die jedem gleich zur Hand liegen mußten und darum doppelt gekauft wurden. Auch unsere letzten Betten, hat es allen Anschein, werden wieder dicht nebeneinander gemacht sein; erwäge man, ob wir zusammengehören und ob von ihm redend ich es vermeiden kann meiner dabei zu erwähnen.«

Erwäge man, ob ich von ihm, dem Bruder, reden kann, ohne dabei mich zu erwähnen. Der Satz lässt sich wohl auch umkehren: Erwäge man, ob ich von mir sprechen kann, ohne ihn, den Bruder, zu erwähnen. Das heißt also – zunächst einmal für die Brüder Grimm: Das Ich ist nicht aussprechbar ohne Bezugnahme auf das Geschwister-Du; die Ich-Entwicklung ist nicht denkbar ohne die Einflüsse, die mit dem Zusammengehören der Brüder zu tun haben. So jedenfalls erscheint es in der Selbstwahrnehmung des verschwisterten Jakob Grimm.

Über dieses Beispiel hinaus lässt sich wohl sagen: Für Kinder, die mit Geschwistern aufwachsen, können diese eine wichtige Bedeutung erlangen für die Ich-Entwicklung; diese Aussage ist als eine Variation der Feststellung zu sehen, zwischen Geschwistern sei das Erzieherische am Werk. Dabei finden wir natürlich nicht immer eine so enge Ko-Evolution wie im Falle der Brüder Grimm, nicht immer werden die Beziehungen so harmonisch sein bzw. als so harmonisch stilisiert erscheinen; nur selten werden die Betten so nahe beieinander bleiben vom Kinderzimmer bis zum Friedhof wie bei den Brüdern Grimm.

Ich schließe einige Fragen an, die Beachtung verdienen, nur Fragen, ohne hier eine Antwort zu versuchen:

- Die Bedeutung von Geschwistern für Geschwister wird gesteigert bei Zwillingen, insbesondere bei eineiigen Zwillingen; folgt daraus, dass in dieser Konstellation das Erzieherische besonders stark wirksam wird?
- Oder ist es gerade der Altersunterschied, der dem Erzieherischen in Geschwisterbeziehungen Profil und Gewicht gibt?
- Und wenn wir den Altersunterschied nehmen: zeigt sich das Erzieherische im Handeln und Verhalten der älteren gegenüber den jüngeren oder auch umgekehrt im Handeln und Verhalten der jüngeren gegenüber den älteren Geschwistern? Oder sollten wir sagen: Das Handeln und Verhalten in einer durch Altersunterschiede geprägten Geschwistergruppe wird in sich selber als Erzieherisches wirksam für die jeweils Beteiligten?
- Wenn ein behindertes Kind in der Familie lebt, was ergibt sich daraus für die Bedeutung von Geschwistern für Geschwister, für das Erzieherische in Geschwisterbeziehungen?
- Wenn wir sagen: Geschwister haben Bedeutung, auch erzieherische Bedeutung für Geschwister, schließt das ein, dass Geschwister eine krankmachende Bedeutung füreinander haben können? Oder anders gefragt: Inwieweit ist Geschwistererziehung ein Thema der Kinder- und Jugendpsychiatrie?
- Einzelkinder wachsen ohne Geschwisterbeziehungen und Geschwistererziehung auf. Was entgeht ihnen, und was bleibt ihnen erspart? Kann das, was sie mit Geschwistern nicht erfahren können, ersetzt werden durch die Erfahrungen in der altersgemischten Gruppe im Kindergarten bzw. durch jahrgangsübergreifenden Unterricht? Oder gibt es wiederum spezifische Unterschiede zwischen der altersgemischten Geschwistergruppe und der altersgemischten Kindergruppe außerhalb der Familie? Wie lassen sich diese Unterschiede beschreiben?

Die Argumentation in dieser ersten Annäherung ist von einem sehr weit gefassten Verständnis von Erziehung ausgegangen: »Erziehung« als eine – durchaus auch unbewusste und unbeabsichtigte – Anregung von lebensgeschichtlichen Lernprozessen bzw. des lebenslangen Prozesses des Selbstwerdens. Ein weit gefasstes Erziehungsverständnis dieser Art lässt sich freilich auch in der Erziehungswissenschaft finden (vgl. z. B. Loch 1979), allerdings wird dabei »Lernhilfe« in den Beziehungen zwischen Erwachsenen (Eltern) und Kindern, nicht jedoch in den Beziehungen zwischen Kindern (Geschwistern) angesiedelt. In Anlehnung an dieses Erziehungsverständnis wird in den folgenden Abschnitten die Frage nach Formen, Inhalten und Wirkungen der »Geschwistererziehung« erörtert.

In vormodernen Gesellschaften waren (und sind) Geschwister wichtige Erziehungsinstanzen

In der Autobiographie eines Indianerhäuptlings wird die folgende Szene beschrieben:

> »Nach diesem ungewöhnlich frühen Erwachen meines Bewußtseins fiel ich wieder in den dunklen Schlaf des Säuglingsalters; bis zu meinem vierten Jahre erinnere ich mich an nichts mehr. Da erwachte ich eines Tages mitten in der Luft. Ich fiel nämlich gerade von einem Pferde herab. Daß ich auf dem Rücken des Pferdes gesessen hatte, davon weiß ich nichts; aber ich erinnere mich, durch die Luft zu stürzen, auf der Erde aufzuschlagen und dort auf dem Rücken zu liegen, voll Verwunderung nach dem scheckigen Bauche des schwarz und weißen Pferdes hinaufschauend, das über mir stand. Dann griffen mich die starken Arme meines Bruders und hoben mich wieder auf das Pferd; dabei sagte er zu mir mit strenger Stimme: ›So! Nun bleibst du aber da! Du bist vier Jahre alt; wenn du jetzt noch nicht auf einem Pferde reiten kannst, ziehen wir dir Mädchenkleider an und lassen dich eine Frau werden.‹ Seit diesem Tag erinnere ich mich deutlich an alles« (zit. in Mollenhauer 1983, S. 36).

Dieses Beispiel zeigt, dass ältere Geschwister zentrale Bedeutung für die Vermittlung kulturspezifischer Erwartungen an jüngere Geschwister haben können. Zahlreiche kulturvergleichende Untersuchungen bestätigen, dass in vormodernen Gesellschaften ältere Geschwister neben den Eltern die wichtigsten Erziehungsinstanzen für Kinder darstellen (zum Überblick vgl. Kasten 1993, Band II, S. 9–52; Weisner 1982, Nsamenang 1992, Zukow-Goldring 1995, Keller 2011). Die Erziehungsfunktionen älterer Geschwister lassen sich danach unter den folgenden Aspekten näher kennzeichnen:

- Ältere Geschwister wirken erzieherisch, indem sie die jüngeren in ihrer Entwicklung unterstützen und fördern; ebenso wie Erwachsene sind sie in der Lage, den Umgang so zu gestalten, dass dieser für die jüngeren Geschwister zur Zone proximaler Entwicklung im Sinne von Wygotski wird; sie stellen sich auf das Entwicklungsniveau der jüngeren ein und geben ihnen Hinweise an die Hand, die sie benötigen, um auf dem nächsthöheren Niveau (zum Beispiel der Sprachfähigkeit) zu operieren (vgl. Kasten 1993, Band II, S. 47).
- Ältere Geschwister wirken erzieherisch als Vorbilder und Vermittler gesellschaftlicher Inhalte und kultureller Werte. Dies betrifft, wie unter dem ersten Aspekt erwähnt, die Vermittlung des Symbolsystems der Sprache, aber auch die Einübung von Gemeinschaftswerten wie Teilen, Sich-Einordnen und Abgeben in Rollen- und Phantasiespielen (vgl. Kasten 1993, Band II, S. 51) sowie das Vorleben und die Kontrolle von geschlechtsrollen-spezifischen Verhaltensweisen (vgl. dazu das Fallbeispiel am Anfang dieses Abschnitts).

- Ältere Geschwister wirken erzieherisch als Versorger und Betreuer ihrer jüngeren Geschwister. Sie nehmen den Eltern, die sich der Nahrungsbeschaffung und anderen Aufgaben widmen, einen Teil der Haushaltspflichten ab, beaufsichtigen die jüngeren und spielen mit ihnen.

Die offensichtlich große Bedeutung der Geschwisterbeziehung in vormodernen Gesellschaften scheint sich in modernen Gesellschaften nicht erhalten zu haben. Es ist indes anzunehmen, dass ältere Geschwister auch in modernen Gesellschaften erzieherisch wirken, insbesondere unter den beiden zuerst genannten Aspekten, dass diese Wirkung aber weniger sichtbar und anerkannt ist. In diesem Sinne hat Zukow-Goldring (1995, S. 178) den Standpunkt vertreten, dass »most adults in Western technological cultures do not acknowledge the important function of sibling caregiving ... existing biases ... may prevent members of technological societies from appreciating the value of sibling caregiving«.

Geschwister und andere Erziehungsinstanzen in modernen Gesellschaften

Der Vergleich zwischen vormodernen und modernen Gesellschaften legt die Vermutung nahe, dass die erzieherische Bedeutung von Geschwistern im Prozess der Geschichte abgenommen hat. Wie wir gesehen haben, hat es in vormodernen Gesellschaften ausgeprägte Erwartungen an ältere Geschwister (insbesondere Schwestern) gegeben, Pflege- und Erziehungsaufgaben gegenüber jüngeren Geschwistern zu übernehmen; insofern kann man hier davon sprechen, dass ältere Geschwistern eine erzieherische Rolle zugeschrieben und Erziehung auch in Gestalt von Geschwistererziehung institutionalisiert worden ist. Demgegenüber haben in modernen Gesellschaften die Prozesse der Pädagogisierung der Kindheit – einerseits die »Familiarisierung«, andererseits die »Scolarisation« (vgl. Aries 1975) – dazu beigetragen, dass die erzieherische Rolle der Eltern verstärkt worden ist, dass für immer längere Phasen im Lebenslauf professionelle Erzieher(innen) hinzugetreten sind und dass die gleichaltrigen Kinder außerhalb des Familien- bzw. Verwandtschaftssystems immer mehr Bedeutung erlangt haben. Das Gewicht der Gleichaltrigen hat im Übrigen nicht nur durch die Verbreitung der nach Altersgruppen gegliederten öffentlichen Erziehungsinstitutionen zugenommen, sondern auch im Zusammenhang mit der Abnahme der Anzahl der Geschwister sowie aufgrund der expandierenden Freizeitangebote und -aktivitäten außerhalb der Familie, die Geschwister in verschiedene institutionelle Kontexte und soziale Netzwerke integrieren.

Es ist daher davon auszugehen, dass die traditionelle Geschwister»erziehung« zunehmend einerseits durch die im (familialen und professionellen) Generationenverhältnis angesiedelten Formen der Erziehung, andererseits durch die Gleichaltrigen»erziehung« außerhalb der Familie abgelöst worden ist. Der relative Stellenwert der Geschwister im Ensemble der Erziehungsfaktoren scheint daher im Prozess der Modernisierung gesunken zu sein. Diese Wahrnehmung der sozialen Wirklichkeit von Kindern spiegelt sich auch in empirischen Untersuchungen und ihrer Gewichtung der einzelnen Erziehungsfaktoren. So werden zum Beispiel in der österreichischen Kinderstudie (Wilk/Bacher 1994) den Geschwisterbeziehungen und deren ambivalenter Prägung im Blick auf Machtbestimmtheit und emotionale Verbundenheit einige Abschnitte gewidmet; die eindeutigen Schwerpunkte liegen indes auf den Eltern-Kind-Beziehungen innerhalb sowie auf den entweder durch Schule oder durch Freizeit bestimmten Gleichaltrigenbeziehungen außerhalb der Familie.

Obwohl vieles für die Annahme einer generellen Abschwächung des relativen Gewichtes von Geschwisterbeziehungen und Geschwister»erziehung« spricht, ist nicht zu übersehen, dass sich in den letzten Jahrzehnten auch gegenläufige Tendenzen bemerkbar machen:

- Die Zunahme des Ausmaßes und des Umfangs der außerhäuslichen Erwerbstätigkeit von Müttern lässt ältere Geschwister zu wichtigen Betreuungspersonen für jüngere Geschwister werden (vgl. z. B. Tietze/Rossbach 1991).
- Die allgemeine Emotionalisierung der Familienbeziehungen trifft auch für die Geschwisterbeziehungen zu; insbesondere bei kritischen Lebensereignissen wie beispielsweise Trennung, Scheidung oder Tod der Eltern gewinnen Geschwister eine emotionale Stützfunktion für einander (vgl. z. B. Beelmann/Schmidt-Denter 1991).
- Für die Geschwisterbeziehungen gilt mehr als für alle anderen Beziehungen, dass sie nicht nur die Erziehungsphase im engeren Sinne, sondern den Lebenslauf im Ganzen begleiten (s. unten den vorletzten Abschnitt »Lebenslange Beziehungen«).

Neuere Studien nach dem »Netzwerk«-Ansatz belegen, dass Kinder in einem komplexen Beziehungsgefüge aufwachsen, dessen Elemente in wechselseitigen Zusammenhängen stehen, und dass innerhalb dieses Gefüges die Geschwisterbeziehungen eine wichtige Rolle spielen. So konnten z. B. Aken u. a. (1996) in einer Befragung von 186 zwölfjährigen Kindern und ihren Eltern zeigen, dass bei der täglich gemeinsam verbrachten Zeit den Müttern in einem (bei Mädchen in weniger ausgeprägten) weiten Abstand die Geschwister und nach diesen die Väter sowie – wiederum in weitem Abstand – die Gleichaltrigen folgen. Im Hinblick auf die wahrgenommene soziale »Unterstützung« nahmen im Durchschnitt sowohl Geschwister wie Gleichaltrige eine niedrigere Rangfolge als Mütter und – in sehr geringem Abstand – Väter ein, während im Hinblick auf wahrgenommene »Konflikte« den Geschwistern als einzige höhere »Werte« beigemessen wurden. Die Überprüfung der Kovariationen innerhalb des sozialen Netzwerks ergab, dass positive Zusammenhänge insbesondere zwischen der Unterstützung durch bzw. den Konflikten mit der Mutter und der entsprechenden Einschätzung der Geschwisterbeziehungen (und auch der Gleichaltrigenbeziehungen) bestanden. Eine auch theoretisch interessante Folgerung aus diesen Befunden besagt, dass die »Qualität« der sozialen Unterstützungsnetzwerke von Kindern (einschließlich der Geschwisterbeziehungen) eher von den subjektiven Wahrnehmungen der einzelnen Kinder als von beobachtbaren Gegebenheiten abzuhängen scheint (s. unten den letzten Abschnitt »Beziehungen erziehen«).

Ein bisschen Über-Ich oder: Geschwister als Fortsetzer und Stellvertreter elterlicher Erziehungstätigkeit

Geschwistern (in der Regel den älteren) werden häufig erzieherische Rollen gegenüber Geschwistern (in der Regel den jüngeren) zugeschrieben, und Geschwister nehmen solche Rollen häufig wahr, übrigens unabhängig davon, ob es diese Zuschreibung wirklich gibt und ob sie den Eltern und den Kindern bewusst ist.

Ich beginne mit Beispielen der bewussten Zuschreibung und Wahrnehmung:

»Ja, ich habe immer ein Kind hüten müssen, schon wo ich sechs Jahre alt gewesen bin. Da habe ich immer hinstehen müssen und einen Brei kochen. ... Das ist noch ein kleines Kind gewesen und hat so einen großen Wagen gehabt, dass ich nicht einmal hineingesehen hab', dann hab' ich nicht einmal gewusst, wann ich ihn einmal umschmeiße. Und wenn danach das Wetter war, hat sie einfach mit aufs Feld müssen. Und dann habe ich immer dem Kind einen Brei machen müssen.«

»Im Sommer, da hat man ranmüssen. Da sind die Eltern gegangen. Wir haben sogar mal eine Wiege gehabt für die Kleinen. Und da wollte man doch auch zu den Kameraden hinaus und die Mädchen zu ihren ›Gespielen‹, so hat man damals gesagt. Da hatte man so ein Band, und das hat man an die Wiege hingebunden, die hat so Gitterle gehabt, daß er nicht rausfallen konnte. Da hat man es hingebunden und durchs Fenster rausgezogen, und dann hat man nur als (gelegentlich) immer wieder von der Gasse aus gezogen. Damit man auch bei den anderen war.«

Diese Beispiele stammen aus Lebenserinnerungen an ländliche Kindheit zu Beginn des 20. Jahrhunderts (vgl. Mutschler 1985, S. 46). Unschwer ließen sich Äquivalente und Variationen solcher Formen der Geschwistererziehung in heutigen Familien finden, insbesondere in Familien, wo Eltern längerfristig oder chronisch krank oder für eine tages- oder lebenszeitlich längere Frist abwesend sind, oder in Familien, in welchen es ein behindertes oder chronisch krankes Kind gibt. Aus Untersuchungen über den Betreuungsalltag von Vorschulkindern wissen wir, dass ältere Geschwister wichtige Betreuungspersonen sind (vgl. Tietze/Roßbach 1991). Kennzeichnend für die beschriebenen Formen der Geschwistererziehung ist, dass älteren Kindern eine spezifische, im engeren Sinne erzieherische Bedeutung und Rolle gegenüber jüngeren Kindern zugeschrieben wird: Sie werden zu Fortsetzern und Stellvertretern der elterlichen Erziehungstätigkeit; sie, das heißt im Allgemeinen: ältere Schwestern. In abgeschwächter und zugleich eher generalisierbarer Form kommt diese Konstellation in der folgenden Szene aus dem Alltag des eigenen Verwandtschaftssystems zum Ausdruck:

Eine ältere Frau, Mutter von fünf Kindern, hört sich die Klagen einer Enkeltochter über die Erziehungsprobleme mit ihren zwei Kindern an. Und sie sagt: »Ihr solltet eben mehr Kinder haben. Dann ist alles leichter.«

Geschwister können offensichtlich für Geschwister eine im engeren Sinne erzieherische Bedeutung haben, die etwas anderes ist als die allgemeine Bedeutung für einander, von der oben die Rede war.

Im Blick auf Geschwistererziehung im engeren Sinne ist die Frage von Interesse, welche Folgen sie für die Dynamik der Geschwisterbeziehungen hat: Ist es so, dass durch das die Elternerziehung fortsetzende und stellvertretende Handeln einer Schwester oder eines Bruders der Geschwisterbeziehung etwas verloren geht, was die Besonderheit von Beziehungen zwischen Gleich- oder Ähnlichaltrigen ausmacht: der gemeinsame Aufbau einer eigenen Kinderwelt, die sich auch als Gegenwelt zur Welt der Erwachsenen begreift? Ist es so, dass sich Kinder an ihren erziehenden Geschwistern in ähnlicher Weise abarbeiten müssen wie an ihren Eltern? Ist es so, dass Geschwister-Erzieher Probleme damit haben, dass sie gegenüber (jüngeren) Geschwistern ein bisschen Über-Ich repräsentieren dürfen oder müssen? Auch hierzu, insbesondere zur letzten Frage, will ich ein lebensgeschichtliches Zeugnis zitieren, um zu zeigen: Ja, das kann sein, es kann, es muss nicht:

> »Wenn ich vor der Frage ›Kinder oder keine Kinder‹ stehe, muß ich wohl bei meiner eigenen Kindheit anfangen.
> Ich bin das älteste von neun Kindern. Achtzehn Jahre lang bekam meine Mutter regelmäßig alle zwei Jahre ein Kind, das sie dann ein, zwei Jahre bei sich behielt, um es anschließend, bis es erwachsen war, ihrer eigenen Mutter zu überlassen. Wir waren das Musterbeispiel einer schwarzen Großfamilie.
> Ich erinnere mich, daß ich mich oft darüber geärgert habe, daß wir so viele waren.
> Als Älteste mußte ich bei der Betreuung meiner Geschwister helfen. Etwa von meinem zwölften Lebensjahr an war ich dafür verantwortlich, daß sie gekämmt waren, ihre Betten gemacht und ihre häuslichen Pflichten erledigt hatten. Manchmal mußte ich durchgreifen. Meine Aufgabe war deshalb sehr schwierig, weil ich, die ich ja selbst nicht viel älter war als die meisten von ihnen, zwischen der Rolle einer Mutterfigur und der der großen Schwester, die ihnen doch schließlich nichts zu befehlen hatte, hin- und hergerissen war.
> Als ich auf die Zwanzig zuging, hatte ich die Mutterrolle satt. Ich machte meiner Mutter Vorwürfe deswegen. Ich nahm es ihr übel, daß sie keinen besseren Weg gefunden hatte, als uns alle in die Welt zu setzen und sich nicht richtig um uns zu kümmern.
> So wurde sie, in diesem und in manchen anderen Punkten, für mich zum abschreckenden Beispiel. Ich war fest entschlossen, es besser zu machen. Ich wollte nicht, daß durch Kinder wieder eine Situation entstehen würde, wie wir sie erlebt hatten« (vgl. Hanika u. a. 1989, S. 57).

Hier spricht eine Geschwister-Erzieherin, eine Älteste, eine Eltern-Stellvertreterin in Sachen Erziehung im engeren Sinne. Ihr lebensgeschichtliches Zeugnis zeigt: Erziehungstätigkeit stellt für zwischenmenschliche Beziehungen einen gewichtigen Risikofaktor dar.

Weitere Formen und Inhalte der Erziehung durch ältere Geschwister

Gegenüber der These, dass das Erzieherische darin liegt, dass Menschen für einander Bedeutung haben (s. oben), wird damit eine zweite Extremposition vertreten: Geschwistererziehung zeigt Strukturähnlichkeit mit der elterlichen Erziehung. Im Überschneidungsbereich dieser Extreme ist zu fragen, worin denn das Besondere des Erzieherischen zwischen Geschwistern liegen könnte. Die beiden extremen Sichtweisen taugen dafür nicht. Denn einerseits haben Geschwister für einander nicht eine beliebige Bedeutung, vielmehr wachsen sie in wechselseitige Beziehungen hinein, die – im Unterschied zu den Beziehungen mit anderen Kindern – nicht frei gewählt und nicht aufkündbar sind und die außerdem von dem ebenfalls auf Dauer gestellten gesamten Beziehungssystem einer Familie geprägt werden. Andererseits aber sind Geschwister niemals nur Eltern-vertretende oder -ersetzende Erzieher, sondern Kinder unter Kindern.

In der schon einmal zitierten Rede von Jakob Grimm wird der Strukturunterschied zwischen Geschwisterbeziehungen und Eltern-Kind-Beziehungen treffend charakterisiert:

> »Eltern und Kindern leben nur ein halbes Leben miteinander, Geschwister ein ganzes. Der Sohn hat seines Vaters Kindheit und Jugend nie gesehen, der Vater nicht mehr seinen Sohn als reifer Mann und Greis erlebt. Eltern und Kinder sind sich also nicht volle Zeitgenossen, das Leben der Eltern sinkt vornen in die Vergangenheit und das der Kinder steht hinten in die Zukunft; aber Geschwister, wenn ihr Lebensfaden nicht zu früh abgeschnitten wurde, haben zusammen als Kinder gespielt, gehandelt als Männer und nebeneinander gesessen bis ins Alter. Niemand weiß folglich besser Bescheid zu geben als vom Bruder der Bruder, und diesem natürlichen Verhalt hinzu tritt noch ein sittlicher. Der Vater vom Sohne redend wird sich seiner Gewalt über ihn stets bewusst bleiben, der Sohn Zeugnis vom Vater ablegend der gewohnten Ehrfurcht nie vergessen. Geschwister aber stehen untereinander, ihrer wechselseitigen Liebe zum Trotz, frei und unabhängig, so daß ihr Urteil kein Blatt vor den Mund nimmt« (Grimm 1860/1956, S. 39 f.).

Es sind zwei Argumente, die hier für die besonderen Merkmale der Geschwisterbeziehung vorgebracht werden: die Dauer der gemeinsam verbrachten Lebenszeit und der soziale Charakter der Beziehung. Im Hinblick auf beide Argumente lässt sich sagen, dass sie zwar zeitlos Gültiges benennen, dass sie aber infolge von Prozessen des sozialen Wandels relativiert worden sind. Zwar ist es in aller Regel der Fall, dass Eltern vor den Geschwistern sterben; die erhebliche Verlängerung der durchschnittlichen Lebenserwartung aller Gesellschaftsmitglieder, die seit 1860 (dem Zeitpunkt der Rede von Jacob Grimm) eingetreten ist, hat indes zu einer starken Verschiebung der Anteile der mit Eltern bzw. Geschwistern verbrachten Lebenszeit geführt: Eltern und Kinder erleben sich mittlerweile nicht mehr nur »ein halbes Leben« lang, sondern, je nach dem Heiratsalter der Eltern, zwischen drei Vierteln und vier Fünfteln der Lebenszeit. Die Kennzeichnung der Geschwisterbeziehung – dies betrifft das zweite Argument von Jacob Grimm – als überwiegend symmetrisch im Unterschied zu der überwiegend asymmetrisch bestimmten Eltern-Kind-Beziehung trifft prinzipiell zeit- und kulturübergreifend zu. Andererseits haben die Erörterungen zur Geschwistererziehung gezeigt, dass auch Geschwisterbeziehungen Elemente der Asymmetrie enthalten können. Noch wichtiger erscheint indes der geschichtliche Wandel des sozialen Charakters der Eltern-Kind-Beziehungen: Sie hat immer mehr symmetrische Strukturmerkmale angenommen; aus der elterlichen »Gewalt« ist, in der Sprache des Rechts formuliert, die elterliche »Sorge« geworden, aus dem »Befehlshaushalt« ist, in den Termini einer der vielen in die gleiche Richtung weisenden sozialwissenschaftlichen Untersuchungen, immer mehr ein »Verhandlungshaushalt« geworden (vgl. Du Bois-Reymond u. a. 1994).

Dieses Beispiel steht auch für das Spannungsverhältnis zwischen Kontinuität und Wandel des Kindseins; es zeigt, dass wir ein Nebeneinander – sowohl im Sinne von sozialer Ko-Existenz als auch im Sinne von zeitgeschichtlicher Gleichzeitigkeit – von Kontinuität und Wandel sozialer Strukturen und Beziehungen annehmen müssen, wenn wir die Bedingungen des Aufwachsens von Kindern in heutigen Gesellschaften angemessen verstehen wollen.

Trotz der notwendigen Relativierung der Grimm'schen Überlegungen bleibt aber doch richtig, dass in Geschwisterbeziehungen eine prinzipiell andersartige

Machtbalance vorherrscht als in Eltern-Kind-Beziehungen, und dass Geschwisterbeziehungen eine eigene Dynamik und eigentümliche Formen der sozialen Interaktion aufweisen, die in *intra*generationalen Beziehungen eher nahelegt werden als in *inter*generationalen Beziehungen:

- Geschwister erzählen sich Wahrheiten, Wünsche, Phantasien und Verrücktheiten, die sie ihren Eltern nicht erzählen;
- sie geben und nehmen Kritik, wie sie nur zwischen Menschen mit gleichem und ähnlichem Status möglich ist;
- sie streiten sich und versöhnen sich wieder in einer Weise, die in Kind-Eltern-Beziehungen nicht so leicht ist;
- sie entwickeln und verändern Regeln und Rituale des Umgangs, die nur für sie gelten;
- sie spielen miteinander und entwickeln auch dafür Regeln;
- sie erfinden und benutzen eine private, geheime Sprache, die nur sie verstehen, und verulken die Erwachsenensprache oder auch die Sprache der religiösen Feste (»Macht hoch die Tür / die Tor macht auf / es kommt der Herr / im Dauerlauf«);
- sie haben und hüten gemeinsame Geheimnisse.

In der empirischen Geschwisterforschung lassen sich zu diesen Vermutungen bislang keine hinreichenden Anhaltspunkte der Bestätigung oder Widerlegung finden. Es gibt allerdings Hinweise darauf, dass insbesondere in Familien, in welchen die Eltern-Kind-Bindung eher schwach ausgeprägt ist, der Umgang zwischen Geschwistern durch Solidarität und Loyalität bestimmt sein kann, z. B.: aktives Suchen nach Zusammensein; Kooperation, Sympathie und Hilfsbereitschaft; eine spezielle Sprache, zu der andere nicht sofort Zugang finden; gegenseitige Verteidigung gegen Außenstehende; häufige niederlagelose Konfliktlösung und Rituale des Verzeihens (vgl. Schmidt-Denter 1993, S. 344). Zu einem ähnlich positiven Resumee gelangt Zukow-Goldring (1995, S. 189) in ihrem Forschungsüberblick zur Geschwisterbetreuung, wenn sie feststellt:

> »Competent sibling caregivers understand the emotional states of younger sisters and brothers, know how to comfort a child in distress, can see more than one way to resolve a problem, and can put anothers's needs before their own.«

Positive Geschwisterbeziehungen und eine kompetente Geschwistererziehung können wichtige Lernprozesse befördern. Zu diesen Lernprozessen gehören:

- Streiten, Konflikte austragen, Regeln und Normen aushandeln, und zwar unter einer Rahmenbedingung, die sich von anderen Gleichaltrigenbeziehungen unterscheidet: die Unkündbarkeit der Beziehung; ich bleibe Bruder und Schwester mein Leben lang. Das heißt aber auch, dass gelernt werden kann, dass Streit und Konflikte eine dauerhafte Bindung nicht aufs Spiel setzen müssen (vgl. z. B. Gritzner-Altgayer 1997).
- Zusammenhalten, Solidarität und Gegenmacht entwickeln; Geschwister können sich zusammentun und gegen bestimmtes elterliches Verhalten rebellieren; sie können verabreden, wie auf die nächste Erziehungsmaßnahme der Eltern zu

reagieren ist. Es kann hier, wie in der Kindergruppe außerhalb der Familie, gelernt werden, wie man Widerstand organisiert.
- Vertrauen, Verlässlichkeit, Bewahrung von Geheimnissen; Geschwister können zu den ersten und besten (auch lebenslangen) Freunden und Freundinnen werden (vgl. ebd.). In der Geschwistergruppe kann für einander das Risiko abgebaut werden, dass durch die Erziehungstätigkeit der Eltern das Selbstwertgefühl eines Kindes verletzt wird.
- Einführung in eine geistige Welt; Geschwister können mit ihren ausgebildeten Interessen Geschwister anstecken.
- Erfahrung der Dynamik des Geschlechterverhältnisses; Geschwister können zum Vorbild, freilich auch zum Schreckbild des künftigen Partners bzw. der Partnerin werden.
- Die Bewältigung neuer Lebenssituationen, etwa die Bewährung in der fremden Welt der Schule oder, nach einer Migration, in der Welt einer fremden Kultur. Geschwister können zu Lotsen werden in schwierigem Gewässer.

Die erwähnten Vermutungen und Befunde sollen nicht einer Idealisierung der Geschwisterbeziehungen und der Geschwistererziehung das Wort reden. Es ist zu bedenken, dass Geschwister nicht nur durch Liebe, sondern auch durch Rivalität aneinandergebunden sind (s. den übernächsten Abschnitt »Ambivalenzen«), und dass die Qualität der geschwisterlichen Erziehung von zahlreichen Faktoren wie Alter, Geschlecht, individuellen Persönlichkeitsmerkmalen, Familienklima und Lebensumständen bestimmt wird. Außerdem gibt es empirische Hinweise darauf, dass in den Fällen, wo Geschwister elterliche Erziehungsaufgaben übernehmen (s. oben), die Erziehungsmethoden denjenigen von Eltern ähnlich sind, und dass Geschwister zum Mittel der körperlichen Bestrafung sogar häufiger greifen als Eltern (vgl. Bryant 1982, S. 110 f.).

Zur »Erziehung« des älteren Geschwisters durch das jüngere

Wenn man »Erziehung« in einem weiten Sinn als kommunikatives Handeln und Geschehen zwischen Personen begreift, das Gelegenheiten und Herausforderungen zu Lernprozessen schafft, ist von einer wechselseitigen Einwirkung im Familiensystem auszugehen. In dieser Perspektive sind in den letzten Jahrzehnten eine Reihe von Untersuchungen (freilich nicht in der Erziehungswissenschaft, sondern in der Psychologie und Familientherapie) zu den Einwirkungen von Kindern auf ihre Eltern sowie von jüngeren auf ältere Geschwister durchgeführt worden. Eine Zuspitzung dieser Perspektive ergibt sich dann, wenn als jüngeres Geschwister das (erwartete bzw.) neugeborene zweite Kind gewählt und der Frage nachgegangen wird, wie dieses neue Familienmitglied mit seinen Lebensäußerungen und seinem Verhalten auf das erstgeborene Kind einwirkt.

Die diesbezüglichen Studien (z. B. Nadelmann/Begun 1982) zeigen, dass Erstgeborene durch die Geburt eines Geschwisters in eine Stresssituation geraten; es gibt aber auch Hinweise darauf, dass für Kinder, die sich selber geliebt fühlen, die Geburt eines Geschwisters »keine Katastrophe, sondern ein mit Spannung erwartetes und lang ersehntes Ereignis (darstellt)« (Petri 1996). Jedenfalls müssen die Erstgeborenen lernen, mit der Tatsache zurechtkommen, dass dem neuen Familienmitglied ein großer Teil der bislang ungeteilten Aufmerksamkeit und Zuwendung der Mutter gewidmet und ihnen entzogen wird. Bei den meisten Erstgeborenen werden dadurch zunächst ambivalente Reaktionen ausgelöst; deren »negative« Seiten kommen zum Beispiel in Rückschritten der Entwicklung zum Ausdruck (etwa Bettnässen), während sich die »positiven« Seiten zum Beispiel in dem Gefühl zeigen, »schon größer« zu sein. Im Hinblick auf die weitere Entwicklung der Erstgeborenen im zweiten und dritten Lebensjahr kommen die Studien zu dem Schluss, dass das neugeborene Geschwister sowohl Entwicklungskrisen als auch Entwicklungsfortschritte auslösen kann.

Wenn man diese aus Mütterbefragungen gewonnenen Befunde in einem größeren Zusammenhang betrachtet, kann man argumentieren, dass Erstgeborene durch ein Geschwister dazu herausgefordert werden, ihre Gefühle (z. B. Rivalität, Bindung, Akzeptanz) zu den Mitgliedern des erweiterten Familiensystems sowie ihre Position im veränderten Beziehungsgeflecht neu zu definieren. Der dadurch ausgelöste Lernprozess lässt sie auf einem im Entwicklungsprozess fortschreitenden Grad der Bewusstheit zum Mitglied der Familie werden (vgl. Dunn/Munn 1985). Diese Mitgliedschaft umfasst auch die »Rolle« des älteren Geschwisters, die durch Erwartungen an angemessenes Verhalten nicht nur von Seiten der Erwachsenen, sondern auch von Seiten des jüngeren Geschwisters bestimmt wird. Durch die Entstehung einer neuen Beziehungsstruktur zwischen den Geschwistern lernt das erstgeborene Kind, auf das Verhalten des jüngeren Geschwisters zu reagieren und es auch als Ausdruck subjektiver Prozesse in demselben zu interpretieren; damit werden wichtige Schritte zur Konstituierung von Intersubjektivität und Subjektivität, von sozialer Wahrnehmung und Rollenhandeln eingeleitet (vgl. Hinde 1979), die als wesentliche Entwicklungsaufgaben gelten können (vgl. dazu auch Kreppner/Paulsen/Schütze 1982; Goetting 1986). Zu diesen Entwicklungsaufgaben könnte man auch das Erlernen von Strategien im Umgang mit (Geschwister-)Rivalität und Ambivalenz zählen.

Ambivalenzen in Geschwisterbeziehungen und in der Geschwistererziehung

Es gibt fast keine Abhandlung über Geschwisterbeziehungen, in der nicht das Neben-, Mit- und Gegeneinander widersprüchlicher Gefühle – Liebe und Rivalität, Bindung und Fremdheit – hervorgehoben wird. Ambivalente Gefühle scheinen in Geschwisterbeziehungen so sehr »eingebaut« zu sein, dass sie als diejenigen sozialen Beziehungen gelten können, an welchen das Phänomen der Ambivalenz von Gefühlen am ehesten wissenschaftlich erforscht und lebensgeschichtlich erfahren werden kann. In dem zuletzt genannten Sinn hat der Psychoanalytiker Jürg Acklin davon gesprochen, die Geschwisterposition sei »eine gute Chance, die Ambivalenz kennenzulernen« (Acklin 1996, S. 26).

Die Rede von der »Chance« weist darauf hin, daß die Mehrdeutigkeit von Gefühlen nicht negativ bewertet werden muss, dass vielmehr angenommen werden kann, dass sie ein konstitutives Merkmal zwischenmenschlicher Beziehungen bildet und in der Persönlichkeitsentwicklung eine konstruktive Rolle spielt. Insofern kann die Rivalität von Geschwistern im Kampf um die Beachtung und Aufmerksamkeit der Eltern auch als eine »Überlebensstrategie« und als ein »kreatives Phänomen« bezeichnet werden (vgl. Cierpka 1999, S. 16). »Ambivalenz« meint daher nicht nur das unauflösbare Spannungsverhältnis zwischen widersprüchlichen Gefühlslagen wie Liebe und Hass, Liebe und Rivalität etc., sondern auch die Mehrdeutigkeit jedes dieser Gefühle in sich: Rivalität bedeutet gleichzeitig Abgrenzung und Verbundenheit im Kampf um die Anerkennung der Eltern sowie im Kampf um die wechselseitige Anerkennung der Geschwister.

Der »Kampf um Anerkennung« und die in ihm angelegten Ambivalenzen können auch als ein konstitutives Element von »Erziehung« aufgefasst werden (vgl. z. B. Müller 1996 im Anschluss an Honneth 1992). In erster Linie gilt dies für die im Generationenverhältnis angesiedelte Erziehung:

> »Die Antinomie zwischen dem berechtigten Willen des Kindes und dem berechtigten Willen des Lehrers löst keine Pädagogik auf, vielmehr besteht sie in dieser Antinomie« (Bernfeld 1921, zit. nach Müller 1996, S. 321).

Der Kampf um – wechselseitige – Anerkennung bestimmt aber auch die – wechselseitige – Geschwister»erziehung« (z. B. Bollmann 2011). Es ist freilich davon auszugehen, dass der Kampf um Anerkennung in der *intra*generationalen Erziehung eine andere Gestalt annimmt als in der *inter*generationalen Erziehung, da letztere prinzipiell von asymmetrischen und vertikalen, erstere hingegen prinzipiell von symmetrischen und horizontalen Beziehungsstrukturen bestimmt wird. Dementsprechend weisen die Ambivalenzen in der Geschwistererziehung andersartige Tönungen auf als die Ambivalenzen in der elterlichen Erziehung:

> »Als Kind kann man nie so gut sein wie die Eltern, das Gefälle ist zu riesig. Bei den Geschwistern besteht aber immer die Möglichkeit aufzuholen. Der ältere Bruder ist ein wenig stärker, die größere Schwester ein bisschen schneller. Mit der Möglichkeit des Aufholenkönnens kommt ein Grundmuster der Rivalität zum Tragen« (Acklin 1996, S. 25).

Lebenslange Beziehungen und lebenslange Erziehung

Für Familienbeziehungen ist es kennzeichnend, dass sie nicht nur eine begrenzte Lebensphase, z. B. die Phase der Erziehung im engeren Sinne bis zum Erwachsensein, bestimmen, sondern ein Leben lang andauern. Es ist daher kein Zufall, dass diejenige Forschung, welche die gesamte »Lebensspanne« in den Blick nimmt, in den Familienbeziehungen ihren wichtigsten Gegenstand findet. In hervorgehobenem Maße trifft dies für Geschwisterbeziehungen zu (vgl. z. B. Cicerelli 1982, Kasten 1993, Norris/Tindale 1994, Petri 1994), da sie die im Lebenslauf des Einzelnen am längsten andauernden Beziehungen darstellen.

Die Verbreitung und die im Allgemeinen große und positive subjektive Bedeutung einer lebenslangen Beziehung zwischen Geschwistern sind in der Forschung gut dokumentiert; sie kommen zum Ausdruck

- in der Kontakthäufigkeit während aller Lebensphasen,
- in emotionaler »Nähe« (unabhängig von der Kontakthäufigkeit) insbesondere zwischen Schwestern während aller Lebensphasen,
- in der andauernden, im Erwachsenenalter zwar abgeschwächten, aber mit der Kontakthäufigkeit wieder gesteigerten Rivalität zwischen Geschwistern während aller Lebensphasen sowie
- in Aktivitäten der gegenseitigen Hilfe und Unterstützung insbesondere bei kritischen Lebensereignissen (z. B. Krankheit, Umzug) und in stresshaltigen Lebensphasen (z. B. Betreuung und Pflege der Eltern) (vgl. z. B. Kasten 1993, Band I, S. 165–174).

Die Frage, ob und inwieweit die lebenslangen Geschwisterbeziehungen eine lebenslange Geschwister»erziehung« einschließen, lässt sich nicht eindeutig beantworten. Den plausiblen Befunden, wonach die »direkten sozialisatorischen Einflüsse« im Erwachsenenalter abnehmen, stehen Hinweise darauf gegenüber, dass in Abhängigkeit vom Ausmaß der Kontakthäufigkeit und der emotionalen Nähe sowie im Zusammenhang mit kritischen Lebensereignissen auch die in der Kindheit angelegten Formen der wechselseitigen Einwirkung eine Fortsetzung finden (vgl. Kasten, a.a.O.). Unter dem hier zugrundegelegten weitgefassten Begriff von »Erziehung« kann das folgende Resumee als eine Bestätigung dieser Hinweise gelesen werden:

> »In fact, siblings do contact each other, and sisters do so more frequently than any other dyad, because they want to see a confidant, share personal histories, check on their sibling's well-being, and contribute to their own« (Norris/Tindale 1994, S. 99).

Es ist zu vermuten, dass in den letzten Jahrzehnten die Bedeutung der Geschwisterbeziehungen in der Kindheits- und Jugendphase eher abgenommen, im hohen Alter hingegen eher zugenommen hat. Für Letzteres spricht die Verlängerung der Lebenserwartung, die dazu führt, dass immer mehr Menschen immer mehr Zeit in einer Lebensphase verbringen, in welcher die Eltern bereits gestorben und die berufsbedingten Beziehungen abgeschwächt sind. Neben eigenen Kindern können in dieser Situation Geschwister zu den wichtigsten Vertrauten werden.

Nicht zuletzt der bereits erwähnte Einfluss der Geschwisterposition auf die Gestaltung und Wahrnehmung der geschwisterlichen Beziehungen und Erziehung zeigt, dass es verfehlt wäre, von »den« Geschwisterbeziehungen und ihrer erzieherischen Bedeutung zu sprechen. Diese Feststellung gilt nicht allein für den Faktor der Geschwisterposition, sondern für eine Vielzahl von Faktoren. Mit Recht hat daher Schütze (1989, S. 320) darauf hingewiesen, dass die »Unterschiede zwischen den Geschwisterbeziehungen und die dementsprechenden Erklärungsansätze ... ebenso vielfältig (sind) wie die interindividuellen Unterschiede zwischen den Kindern und die Konzepte, diese zu erklären«.

Einen anregenden Vorschlag zur Erfassung der Vielfalt von Geschwisterbeziehungen bietet die Typologie von Hetherington (1988). Der Autor unterscheidet vier Typen:

- »Verstrickte« Beziehungen, die durch symbiotische Nähe, hohe Kommunikationsdichte und sehr niedrige Rivalität und Aggression gekennzeichnet sind;

- »Freundschaftlich-fürsorgliche« Beziehungen, die durch große Nähe und Empathie, offene Kommunikation und ein geringes Ausmaß an Rivalität und Aggression gekennzeichnet sind;
- »Ambivalente« Beziehungen, die durch hohe Rivalität und Aggression, zugleich aber durch Nähe und Loyalität (insbesondere im Blick auf gegenseitigen Schutz gegenüber Dritten) gekennzeichnet sind;
- »Feindselig-entfremdete« Beziehungen, die durch geringe Nähe, Empathie und Kommunikation sowie durch ein hohes Ausmaß von Zwang und Aggression gekennzeichnet sind.

Diese Typologie – in der Untersuchungsgruppe wurden die vier Typen von 10, 22, 35 und 22 Prozent der Kinder repräsentiert – beschreibt unterschiedliche »Qualitäten« von Geschwisterbeziehungen bzw. Geschwisterbindung (vgl. dazu auch Bank/Kahn 1991). Es liegt auf der Hand, dass diese qualitativen Unterschiede in den Beziehungen auch qualitative Unterschiede in den Formen und Effekten der Erziehungs- und Lernprozesse im Medium der Geschwisterbeziehungen hervorbringen; deren Erforschung steht freilich noch aus.

Zwischenresümee

Die erzieherische Bedeutung von Geschwistern erschließt sich nur, wenn »Erziehung« bzw. »das Erzieherische« als ein Geschehen *zwischen* Personen aufgefasst wird. Diese Auffassung besagt, dass Interaktion und Kommunikation im Kontext von Person-Person-Beziehungen die Bedingung der Möglichkeit von Erziehung darstellt; sie unterstellt auch, dass die Konstituierung und Entwicklung des Subjekts in hohem Maße durch die Erfahrung von Intersubjektivität in den Beziehungen mit den bedeutsamen Personen bestimmt werden, mit welchen das aufwachsende Individuum Beziehungen eingegangen ist; die theoretischen Grundlagen dieser Auffassung werden in Teil II ausführlich erörtert. Die *Wirkungen* der im Medium von Beziehungen stattfindenden Erziehung lässt sich dann an der Art und Weise festmachen, in der die einzelne Person die gelebten Beziehungen als innere Repräsentationen aufbaut. In dieser beziehungs- oder auch bindungstheoretischen Sicht wird »das individuelle Verhalten ... durch mentale Modelle sozialer Beziehungen bestimmt, die vom Individuum konstruiert werden« (Cierpka 1999, S. 19).

6 Verbindungs- und Konfliktlinien zwischen Eltern-Kind-Beziehungen und Geschwisterbeziehungen

Wie in anderen sozialen Systemen, so gehen auch im intimen Beziehungssystem der Familie nicht nur die einzelnen Mitglieder Beziehungen mit anderen einzelnen Mitgliedern ein. Vielmehr gibt es Subsysteme des sozialen Systems, deren Mitglieder in je spezifischer Art und Weise miteinander verbunden sind und die ihrerseits mit den anderen Subsystemen wechselseitige Beziehungen pflegen. Als Subsysteme des Familiensystems lassen sich identifizieren: das Ehe- bzw. Lebenspartnersystem, das Eltern-Kind- (sowie gegebenenfalls das Großeltern-Enkel-System) und das Kindersystem (vgl. Mollenhauer/Brumlik/Wudtke 1975, S. 37–87). Es ist häufig darauf hingewiesen worden, dass die Qualität der Geschwisterbeziehungen (z. B. die Formen der Rivalität) nicht zuletzt von der Qualität der Ehebeziehungen und der Eltern-Kind-Beziehungen bestimmt wird (vgl. z. B. Aken u. a. 1996, Cierpka 1999, Petri 1994). Die Überprüfung der Kovariationen innerhalb des sozialen Unterstützungsnetzwerkes, in welchem sich Kinder bewegen und über das sie berichten, hat ergeben, dass positive Zusammenhänge insbesondere zwischen der wahrgenommenen Unterstützung durch bzw. den wahrgenommenen Konflikten mit der Mutter und der entsprechenden Einschätzung der Geschwisterbeziehungen bestanden haben (Aken u. a. 1996). Empirische Hinweise gibt es auch darauf, dass insbesondere in Familien, in welchen die Eltern-Kind-Bindung eher schwach ausgeprägt ist, der Umgang zwischen Geschwistern – gewissermaßen im Sinne einer Kompensation – durch Solidarität und Loyalität bestimmt sein kann, zum Beispiel: aktives Suchen nach Zusammensein; Kooperation; Sympathie und Hilfsbereitschaft; eine spezielle Sprache, zu der andere nicht sofort Zugang finden; gegenseitige Verteidigung gegen Außenstehende; häufige niederlagelose Konfliktlösung und Rituale des Verzeihens (Schmidt-Denter 1993, S. 344). Kompensationsprozesse im genannten Sinne sind gelegentlich auch in Konflikt- und Scheidungsfamilien sowie bei Verlust eines Elternteiles oder sogar beider Eltern (Kinder als Halb- oder Vollwaisen) festgestellt worden (vgl. Bank/Kahn 1997; Walper/Thönnissen/Wendt 2009). Andererseits verweist die Alltagserfahrung insofern auf Ambivalenzen in Geschwisterbeziehungen, als es nach dem Tod der Eltern unter Geschwistern nicht selten zu massiven Streitigkeiten über die Aufteilung des elterlichen Erbes kommt. Dabei ist zu berücksichtigen, dass die Auswirkung von kritischen Lebensereignissen auf die Beziehungen zwischen Geschwistern in starkem Maße davon abhängt, wie die Qualität der Geschwisterbeziehungen *vor* dem kritischen Lebensereignis beschaffen war (vgl. Walper/&Thönnissen/Wendt 2009).

Wie stark sich die Eltern-Kind-Beziehung auf die Geschwisterbeziehungen auswirken können, zeigt sich besonders deutlich an Familien mit (eineiigen) Zwillingen. Ob diese von den Eltern eher als eine Einheit behandelt werden (zum Beispiel gleiche Kleidung, gleiche Kitagruppe und Schulklasse etc.) oder aber eher je als Individuum, stellt für die Kinder einen gewichtigen Faktor ihrer Persönlichkeitsentwicklung sowie der Entwicklung der Geschwisterbeziehung dar; dazu liegen allerdings meines Wissens mehr Erfahrungsberichte und Ratgeber als Forschungsbefunde vor. Allerdings zeigen einige Studien, dass Faktoren der innerfamilialen Umwelt die Verhaltensentwicklung von Zwillingen beeinflussen (z. B. Rowe/ Plomin 1979).

Als ein letztes Beispiel für Zusammenhänge zwischen Kindersystem und Eltern-Kind-System weise ich auf die Beobachtung hin, dass Geschwister eine Art »Gegenwelt« zur Welt der Erwachsenen (Eltern) ausdenken und praktizieren können, dadurch beispielsweise, dass sie eine Geheimsprache entwickeln und auch sonst Geheimnisse pflegen, oder auch in dem Sinne, dass sie den Eltern gegenüber ihre Belange und Interessen artikulieren und damit die Belange und Interessen von Kindern gemeinsam gegenüber ihren Eltern durchzusetzen versuchen (vgl. Mollenhauer/Brumlik/Wudtke 1975, S. 82–87).

Die in diesem Kapitel skizzierten Aspekte einer systemischen Betrachtung von Familienbeziehungen und Familienerziehung haben Mollenhauer/Brumlik/Wudtke (1975) – ganz im Sinne der von mir vorgestellten »Beziehungspädagogik«– wie folgt zusammengefasst:

> »Alle Probleme innerhalb der Familie stellen sich für die Kinder als Probleme der Interaktion dar, und zwar in drei sich überschneidenden Teil-Systemen: die Interaktion zwischen den Eltern, die die Kinder täglich erfahren; die Interaktion zwischen den Eltern und Kindern, die prinzipiell durch Abhängigkeit gekennzeichnet ist; die Interaktion zwischen den Kindern, die durch die Gehalte einer kindlichen ›Gegenwelt‹, durch die im Spiel wenigstens streckenweise realisierten Basisregeln von Interaktion eine relative Eigenständigkeit hat« (Ebd., S. 86 f.).

> »In diesen Familien-Interaktionen werden Schemata der Erfahrung präsentiert, an denen das Kind lernt und die es in seine Vorstellungen (Begriffe) und seine Handlungen übernimmt« (Ebd., S. 87).

Die von Anbeginn meiner Überlegungen betonte Auffassung, dass jedes soziale System auch im Hinblick auf die dieses System umfassenden und beeinflussenden Umweltkontexte betrachtet werden sollte, kommt in dem letzten Zitat aus dem Buch von Mollenhauer und anderen zum Ausdruck:

> »Durch tägliches Verflochtensein in Produktion und Konsum haben die Muster und Schemata mindestens in einigen – vermutlich den dominanten – Komponenten ihre ›Basis‹ außerhalb der Familie. Die gesellschaftlich bestimmenden Verkehrsformen bestimmen so auch die Interaktionen in der Familie, werden zu pädagogisch bestimmenden Verkehrsformen« (Mollenhauer/Brumlik/Wudtke 1975, S. 87).

Teil II: Relationalität und Intersubjektivismus: Theoretische Ansätze zur Begründung der Beziehungspädagogik

Im ersten Teil ist mit Blick auf das Verwandtschaftssystem bzw. das durch Assoziation von Kernfamilien erweiterte, nicht-verwandtschaftliche Familiensystem schon viel von Beziehungen und zwar von inter- und intragenerationalen Beziehungen die Rede gewesen. Dabei habe ich ganz überwiegend auf Phänomene hingewiesen und – abgesehen beispielsweise von den Bemerkungen zur Bindungstheorie – noch keine theoretischen Grundlagen und Bezüge bedacht, die zum Verständnis der beschriebenen Phänomene beitragen können. Es ist daher an der Zeit, dass ich diejenigen theoretischen Ansätze benenne und erläutere, die für mich die größte Bedeutung für die Begründung meines Konzepts der Beziehungspädagogik gewonnen haben. Der folgende Teil II bildet damit das verbindende Gelenkstück zwischen der beziehungspädagogischen Analyse der Familienerziehung und der beziehungspädagogischen Analyse der schulischen Lehr- und Lernprozesse

1 Erste Annäherung: Von Hegel zu Tomasello

Wie ich bereits in der Einleitung ausgeführt habe, hätte ich statt von »Beziehungspädagogik« eher von »relationaler Pädagogik« sprechen sollen, um den aktuellen wissenschaftlichen Diskurs, innerhalb dessen ich mich mit meinem Vorschlag einer Beziehungspädagogik bewege, angemessen abbilden zu können Denn das »neue« Paradigma des Relationalismus ist zunächst – wie es im internationalen Wissenschaftssystem häufig der Fall gewesen ist – in den USA, in einem Vorlauf gegenüber der europäischen bzw. deutschsprachigen Wissenschaftsszene, präsentiert worden (vgl. z. B. Thayer-Bacon 2003; Gergen 2009). Ich habe mich dafür entschieden, einerseits in altmodischem Deutsch von »Beziehungspädagogik« und nicht von »relationaler Pädagogik«, wie beispielsweise Bingham/Sidorkin (2010) im anglo-amerikanischen Sprachraum, zu sprechen. Andererseits nenne ich mit einer gewissen Großzügigkeit »Intersubjektivität« und »Relationismus« in einem Atemzug und wähle beide Begriffe, sozusagen austauschbar, zur Kennzeichnung eines Paradigmas, welches dadurch gekennzeichnet ist, dass es alle Facetten der menschlichen Erfahrung und des Handelns einschließlich der Geistestätigkeit in der Perspektive eines Beziehungsgeschehens betrachtet und analysiert. Zu den relevanten Facetten der Geistestätigkeit zähle ich, wie vor mir schon eine Reihe von Forschern, auch die Lehr- und Lernprozesse im Kontext des Schulsystems. Das genannte alt-neue Paradigma bildet damit die wichtigste theoretische Grundlage für meinen Ansatz einer Beziehungspädagogik. Geschichtlich hat dieses Paradigma seinen Ursprung in Hegels »Phänomenologie des Geistes«. In seinen Jenaer Systementwürfen hat Hegel die überkommene Vorstellung, den Begriff des Geistes am Denkvermögen des einzelnen Subjekts festzumachen, in Frage gestellt und stattdessen den intersubjektiven Charakter des Geistes betont. Danach besteht die entscheidende Voraussetzung für die Bildung des subjektiven Geistes darin, dass die Subjekte auf die Manifestationen des in der Generationenfolge sich entwickelnden »objektiven« Geistes (z. B. die Sprache) Bezug nehmen können.

Hegel spricht vom Geist als

> »absolute(r) Substanz, welche in der vollkommenen Freiheit und Selbständigkeit ihres Gegensatzes, nämlich verschiedener für sich seiender Selbstbewusstsein(e), die Einheit derselben ist: *Ich*, das *Wir* ist, und *Wir*, das *Ich* ist. Das Bewusstsein hat erst in dem Selbstbewusstsein, als dem Begriffe des Geistes, seinen Wendungspunkt, auf dem es aus dem farbigen Scheine des sinnlichen Diesseits und aus der leeren Nacht des übersinnlichen Jenseits in den geistigen Tag der Gegenwart einschreitet« (Hegel 1807/1964, S. 140).

Jürgen Habermas hat anlässlich der Verleihung des Hegelpreises 2009 der Stadt Stuttgart an Michael Tomasello in seiner Laudatio auf den Preisträger Hegels Philosophie des Geistes wie folgt zusammengefasst:

»In den Jenaer Systementwürfen zur Philosophie des Geistes hatte Hegel mit der mentalistischen Vorstellung einer selbstreferentiell geschlossenen, gegen die Umwelt sich abgrenzenden Subjektivität abgerechnet ... Hegel entwirft stattdessen das sozial-pragmatische Bild von einem subjektiven Geist, der sich auf den vorgebahnten Wegen zur Realität bereits vorfindet. Er bewegt sich schon immer in Funktionszusammenhängen, die in Werkzeugen objektive Gestalt angenommen haben, immer schon im Horizont eines sprachlich artikulierten Hintergrundwissens und im eingewöhnten sozialen Netzwerk gemeinsamer Praktiken. Vorgeprägt durch diesen objektiven Geist eines kulturellen Milieus, befindet sich der erkennende subjektive Geist *von vornherein* bei seinem Anderen. Dieses ›Sein beim Anderen‹ meint den kognitiven Vorschuss symbolisch verkörperter Sinnzusammenhänge, von denen die *jeweils aktuellen* Wahrnehmungen, Urteile, Äußerungen und Handlungen zehren« (Habermas 2013b, S. 170 f.).

In einem anderen Zusammenhang hat Habermas die Position von Hegel, ohne diesen ausdrücklich zu nennen, in aller Kürze so gekennzeichnet:

»Ein angemessenes naturalistisches Verständnis der kulturellen Evolution muss ... sowohl der *intersubjektiven Verfassung des Geistes* wie dem normativen Charakter seiner regelgeleiteten Operationen Rechnung tragen« (Habermas 2009, S. 7; Hervorh. LL).

Um nochmals auf den Hegelpreisträger Tomasello zurückzukommen: Zu seiner Untersuchung über die Ursprünge der menschlichen Kommunikation (Tomasello 2009) hat Habermas in seiner bereits zitierten Laudatio für Tomasello gesagt:

»Tomasello versucht hier die evolutionäre Erklärungslücke zu schließen, die zwischen der ersten gemeinsamen Intention und der entwickelten Welt des objektiven Geistes noch bestand. Die erste gestenvermittelte gemeinsame Wahrnehmung, in der Kognition und öffentliche Kommunikation zusammenschießen, bildet den einen Pol; eine ausgebildete/soziokulturelle Lebensform, in der sich die vergesellschafteten Subjekte immer schon vorfinden, den anderen (S. 5–6). Zwischen beiden Polen liegt die lange Strecke der Evolution einer Sprache, deren hohe grammatische Komplexität nicht vom Himmel gefallen sein kann. Schon das vorsprachliche Kind geht eine triadische Beziehung ein, wenn es in der Kommunikation mit einem Anderen lernt, dasselbe Objekt aus einer Wir-Perspektive wahrzunehmen. Diese Triade ist ein Fingerzeig darauf, dass sich die Intentionalität des menschlichen Bewusstseins gleichzeitig auf der sozialen Achse einer reziproken Beziehung zueinander und im gemeinsamen Bezug zu etwas in einer unabhängig existierenden Welt ausdifferenziert« (Habermas 2013b, S. 171 f.).

Das Paradigma der Intersubjektivität, hier konkretisiert an der Vorstellung von der intersubjektiven Verfassung des Geistes, hat, wie gesagt, seinen geschichtlichen Ursprung in Hegels philosophischen Schriften. Von Hegel reicht es über viele Stationen bis hin zu den Beiträgen zu einer evolutionären Psychologie in den Untersuchungen des Hegelpreisträgers Tomasello (zuletzt Tomasello 2014a) und seiner Koautoren. Auf diejenigen Ansätze zwischen Hegel und Tomasello, welche für mich zur Begründung meiner Beziehungspädagogik die größte Bedeutung gewonnen haben, werde ich in den folgenden Kapiteln näher eingehen. Wie stark die zuletzt erwähnte evolutionspsychologische Weiterentwicklung und Empirie des Hegelschen Paradigmas beziehungspädagogische Perspektiven aufreißt, geht aus dem Kapitel »Menschliches Denken als Kooperation« in Tomasellos jüngstem

Buch (Tomasello 2014a, S. 185–217) sowie aus der im letzten Absatz zitierten Laudatio von Habermas hervor, wo er von der »*triadischen Beziehung*« (Hervorh. LL) spricht, die auf der horizontalen Achse zwischen lehrenden und lernenden Personen und auf der vertikalen Achse zwischen den lehrenden/lernenden Personen und einem Gegenstand/Thema in der Welt besteht.

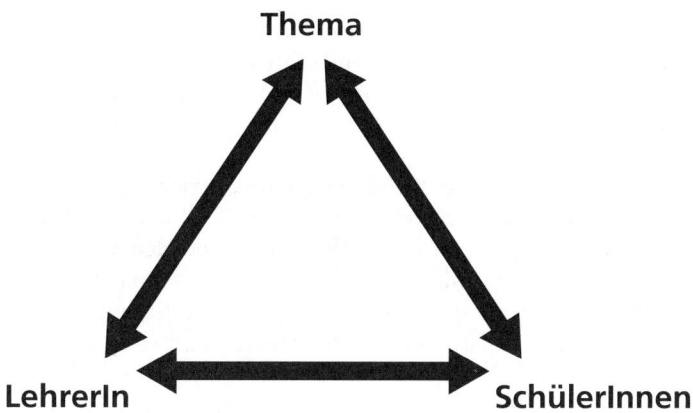

Abb. 1: Das »didaktische Dreieck«

Habermas kommt hier mit seiner Rede von der »triadischen Beziehung« einer Metapher nahe, welche in der Pädagogik, genauer: in der Didaktik eine lange Tradition hat, die Metapher des »didaktischen Dreiecks« (▶ Abb. 1). Diese Tradition greifen Prange und Strobel-Eisele auf, gehen dann aber einen Schritt weiter und kennzeichnen »jede pädagogische Beziehung als eine solche Dreiecksbeziehung« (Prange/Strobel-Eisele 2015, S. 17). Daran anknüpfend lässt sich argumentieren, dass Beziehungen nicht nur zwischen erziehenden und lernenden Personen sowie zwischen diesen Personen und einem Thema bzw. Gegenstand, auf welchen beide Personen sich beziehen, beobachtet werden können, sondern auch zwischen den Tätigkeiten des Erziehens und des Lernens, welche diese Personen ausüben. Alle drei Beziehungsarten – diejenige zwischen Personen, diejenige zwischen Tätigkeiten und diejenigen zwischen Personen bzw. Tätigkeiten und einem Thema bzw. Gegenstand – verstehe ich als Facetten des Konzepts der von mir vorgeschlagenen Beziehungspädagogik.

Selbst dann, wenn man die Vorstellung einer triadischen Beziehung oder die Metapher des didaktischen Dreiecks zugrunde legt, gibt es noch viele Möglichkeiten, wie die Beziehungen zwischen Lehrenden und Lernenden interpretiert werden können. Da ist zum Beispiel die kritische Beurteilung des Schulunterrichts in modernen Gesellschaften durch George Herbert Mead, die ich zu Beginn des letzten Kapitels zitiert habe, wo er sagt: »the business of storing the mind with ideas, both materials and methods, has been designed to schools« (Mead 1910/1968, S. 36); Unterricht wird hier kritisch im Sinne einer »Trichterpädagogik« (vgl. Oevermann 1996a) oder, wie Paolo Freire sagen würde, eines »Bankierskonzepts« der

Erziehung charakterisiert. Mead selber hat eine ganz andersartige Konzeption von Schulunterricht vorgeschlagen, die sich in wesentlichen Punkten an die Erziehungsphilosophie seines Kollegen und Freundes John Dewey anschloss: die Situation, um die es im Unterricht sowie in der Psychologie dieses Unterrichts gehe, sei allemal und vor allem eine *soziale Situation*; es sei unmöglich, den Prozess des Unterrichtens vollständig zu interpretieren oder auch zu kontrollieren, »without recognizing the child as a self and viewing his conscious processes from the point of view of their relation in his *consciousness to his self among other selves*« (kursiv v. LL) (Mead 1910/1968, S. 37). Resümierend schreibt Mead: »In the first place, back of all instruction lies the relation of the child to the teacher and about it lie the relations of the child to the other children in the school room and on the playground« (ebd.).

In der Perspektive dieser von Mead vertretenen beziehungstheoretischen Auffassung von Unterricht habe ich bereits in meiner Frühpädagogik (Liegle 2013, S. 58 ff.) die Beziehung zwischen Lehrenden und Lernenden sowie zwischen den Tätigkeiten des Vermittelns und der Aneignung als komplementäre Beziehung charakterisiert; und zwar auf dem Hintergrund der Überlegung, dass die Vermittlungstätigkeit der Lehrenden ins Leere laufen müsste, wenn sie nicht auf die Aneignungstätigkeit von Lernenden stieße, und dass umgekehrt die Aneignungstätigkeit der Lernenden darauf angewiesen sei, dass Andere etwas verkörpern oder vermitteln, was den Lernenden zunächst fremd gewesen ist. Beides, Vermittlungs- und Aneignungstätigkeit, werden in dieser Perspektive als Aktivitäten, als Ausdruck des Handelns von Akteuren aufgefasst; diese Auffassung steht damit im klaren Gegensatz zur oben erwähnten, von Mead kritisch bedachten Position bzw. Praxis einer »Trichterpädagogik«, in welcher die Lernenden mehr oder weniger zur Passivität verurteilt sind (vgl. Oevermann 1996a). Dass Mead im Rahmen seiner interaktionistischen Auffassung sowohl den Lehrenden als auch den Lernenden Aktivität zugeschrieben hat, geht auch aus seinen Überlegungen zu der Frage hervor, inwiefern sich das kulturelle Erbe angesichts der »Notwendigkeit der Übermittlung«, d. h. durch die Erfordernisse der Sprache und durch die Methode der Darstellung dieses Erbes verändert, inwieweit also »das Gedankengut, das im Gruppenbewusstsein vorhanden ist«, durch den Umstand beeinflusst wird, dass es »von einer reifen an eine heranwachsende Generation derart vermittelt wurde, dass letztere es assimilieren konnte« (Mead 1910/2008, S. 35). Die interaktionistische Theorieposition von G. H. Mead ist für die Begründung einer Beziehungspädagogik außerordentlich fruchtbar. Denn Beziehungen kommen zustande und entwickeln und verändern sich im Medium wiederholter und dauerhafter Interaktionen, beispielsweise im Kontext des Familiensystems oder im Kontext des Schulsystems. Aus der teilnehmenden Perspektive – so resümiert Brumlik das Konzept der Interaktion – »erscheinen Interaktionen als wechselseitige Teilnahme von Personen an der Erlebens- und Erfahrungssphäre anderer bzw. als stets deutungsbedürftige Handlungen« (Brumlik 2014, S. 217). Mit Bezug auf das Unterrichtsgeschehen kann, wie bereits angedeutet, die »wechselseitige Teilnahme« als komplementär auf einander bezogene Vermittlungs- und Aneignungstätigkeit aufgefasst werden. Man kann aber von hier aus auch noch einen Schritt weitergehen und die »wechselseitige Teilnahme« im Rahmen des Unterrichtsgeschehens als Akte der »Kooperation«

interpretieren. Mit diesem Schritt wäre dann das in diesem Kapitel thematisierte Paradigma der Intersubjektivität bzw. des Relationismus vollends in beziehungspädagogischer Perspektive angesprochen. So beschreibt Tomasello (2014, S. 185 ff.) »menschliches Denken als Kooperation« und kennzeichnet Unterricht bzw. Lehren wie folgt:

> »Die moderne menschliche Kultur ist ... grundlegend kooperativ, indem Erwachsene auf altruistische Weise Kinder aktiv unterrichten und die Kinder sich aktiv den Erwachsenen anpassen, was ein Mittel darstellt, um sich kooperativ in die Kulturgruppe einzufügen« (Tomasello 2014, S. 126).

Das Lehren entlehne seine Grundstruktur »aus der kooperativen Kommunikation, bei der wir andere über bestimmte Dinge auf nützliche Weise informieren« (ebd.). Im gleichen Sinne sprechen Rogoff und Koautoren von »participation in a community of learners« (Rogoff et al. 1998).

Der obige Hinweis darauf, dass Kinder bereits in der vorsprachlichen Phase eine triadische Beziehung eingehen und im Medium dieser Beziehung Lern- und Entwicklungsprozesse durchlaufen (vgl. Tomasello 2014, S. 212–218 sowie Vaish/Tomasello 2014), hat mir klar gemacht, dass es kein Zufall gewesen ist, dass mein Weg zum Konzept der Beziehungspädagogik über die Frühpädagogik geführt hat (vgl. Liegle 2013, Kapitel 5). Denn der lebensgeschichtliche Ort der Ontogenese der Geistestätigkeit liegt in der frühen bzw. in der – beim Menschen im Vergleich zu allen anderen Primaten stark verlängerten – gesamten Kindheit. Der Tatsache, dass in den Anfängen dieser Ontogenese die Existenz und Erfahrung einer »reziproken Beziehung zu einander« (Habermas 2013b, S. 171) entscheidend ist, habe ich im Teil I dieses Buches dadurch versucht gerecht zu werden, dass ich die *Generationenbeziehungen* in den Vordergrund gerückt habe (▶ Kap. I/3). Wenn es zutrifft, dass ein Kind bereits in der vorsprachlichen Phase eine »triadische Beziehung« eingeht, liegt es nahe, in der frühen Kindheit auch die ersten Anzeichen der so genannten »*theory of mind*« zu entdecken, der Fähigkeit also, dem jeweils Anderen geistige Vorgänge bzw. Absichtlichkeit zuzuschreiben. In diesem Sinne spricht Tomasello auf der Grundlage seiner experimentellen Untersuchungsbefunde von »gemeinsamer Aufmerksamkeit« und auch von »geteilter Intentionalität«, welche bereits in den ersten Lebensjahren im Kontext einer Zweipersonen-Beziehung auftreten (Tomasello 2014b, S. 212 ff.). Andere Forscher/innen formulieren in dieser Hinsicht zurückhaltender und sprechen, wie etwa Bischof-Köhler, von »affektiver Perspektivenübernahme« (Bischof-Köhler 2011h, S. 341 ff) und vom »Erkennen von Absichtlichkeit« (Bischof-Köhler 2011h, S. 350 ff.), ohne dabei das von Piaget und anderen beschriebene Phänomen des kindlichen »Animismus« (ebd., S. 348 f.) in Frage zu stellen, die bei Kindern im Vorschulalter zu beobachtende Tendenz also, Naturkräfte zu personalisieren und ihnen Absichtlichkeit zuzuschreiben.

Im Zusammenhang mit den Überlegungen zum didaktischen Dreieck bzw. zu den triadischen Beziehungen Person/Person Sache liegt es nahe, auf den systematischen Ort der Inhalte von Erziehungs- bzw. Unterrichts- und Lernprozessen innerhalb des Konzepts der Beziehungspädagogik hinzuweisen: Die in Teil IV erörterten »weiteren Beziehungskonstellationen« verweisen einerseits auf Inhalte schulischen Lehrens und Lernens, die in Gestalt von Lehrplänen zusammengefasst, geordnet und erläutert werden. Das historisch erste Beispiel eines Lehrplans, in welchem die Inhalte von Elementen des Kosmos und der Erde bis hin zu Phänomen der Alltagsarbeit und des Alltagslebens reicht, stammt von dem böhmischen Philosophen, Theologen und Pädagogen Jan Amos Comenius; es handelt sich um den erstmals 1658 in lateinischer und deutscher Sprache in Nürnberg gedruckten »Orbis sensualium pictus«, der wegen seiner anschaulichen Verbindung von Text und Bild auch als erstes Kinder- und Jugendbuch gilt (vgl. Comenius 1838). Den genannten und weiteren Elementen und Phänomenen widmet sich jedoch nicht allein das schulische Lehren und Lernen, vielmehr begegnen diese Elemente und Phänomene allen Menschen alltäglich und gehen mit ihnen – gemäß individuell unterschiedlichen Präferenzen – mehr oder weniger enge und dauerhafte Beziehungen ein; diese bilden ebenso wie zwischenmenschliche Beziehungen bedeutsame Erfahrungsräume der Persönlichkeitsentwicklung im Hinblick sowohl auf kulturelle/gesellschaftlich als auch auf individuelle Identitätsbildung (vgl. Teil VI).

Eine große Nähe zum Paradigma der Intersubjektivität zeigt sich, wie gesagt, im »Relationismus«. Das diesbezügliche Werk von Gergen (2009) und die Dissertation von Künkler (2011) habe ich bereits erwähnt; zu ergänzen sind an dieser Stelle das Werk des US-amerikanischen Erziehungswissenschaftlers Hargreaves (1972), das praxisorientierte Buch der US-amerikanischen Journalistin und Politikerin Charlene Spretnak (Spretnak 2011) sowie die systematisch angelegten und empirisch belegten Forschungbeiträge der US- amerikanischen Psychologin Barbara Rogoff und ihrer Koautoren. In ihren theoriegeschichtlichen Überlegungen (z. B. Rogoff 1998) beruft sich Rogoff weniger auf Hegel als vielmehr auf Lev Vygotskij, was möglicherweise damit zusammenhängt, dass der Kulturvergleich, der bei Hegel keine, bei Vygotskij hingegen eine große Rolle spielt, eine wichtige Grundlage ihrer Argumentation bildet (Rogoff 2003; vgl. Liegle 2013, S. 85 ff.). Rogoff hat sich schwerpunktmäßig auch mit Fragen des Denkens sowie des Lehrens und Lernens beschäftigt und in diesem Zusammenhang Konzepte wie »apprenticeship in thinking« (Rogoff 1990), »cognition as a collaborative process« (Rogoff 1998) und »participation in a community of learners« (Rogoff u. a. 1996) entwickelt und empirisch überprüft).

In seiner Studie über Freundschaft hat Krinninger (2009) diese Beziehungskonstellation in der Perspektive von Intersubjektivität analysiert – diese Perspektive liegt angesichts der prinzipiell symmetrischen Beziehung zwischen Freunden eigentlich näher als bei den Beziehungen zwischen Lehrenden und Lernenden –, um auf dieser Grundlage eine »soziale Theorie der Bildung« zu entwerfen (Krinninger 2009b).

Eine fruchtbare Variante bzw. Weiterentwicklung des Paradigmas der intersubjektiven Verfassung des Geistes hat Wolfgang Prinz ins Spiel gebracht. In seinem Buch analysiert er die »soziale Konstruktion von Subjektivität« und führt zu diesem Zweck die Metaphern des Spiegel – in der deutschen Übersetzung lautet der Haupttitel des Buches »Selbst im Spiegel« (Prinz 2013) – und des »offenen Geistes – im englischsprachigen Original lautet der Haupttitel des Buches »Open minds« (Prinz 2012) – ein. Das »klassische Paradigma«, so Prinz (2012, S. 30), »views minds as closed systems that develop autochthonously in individuals, forming part of their natural endowment«. Demgegenüber betrachtet Prinz den Geist als offenes System. Dieses »neue« Paradigma – geschichtlich geht es allerdings, wie erwähnt, auf die Hegelsche Philosophie des Geistes zurück – »views minds as open systems whose basic makeup is determined through social interaction and communication« (Prinz 2012, S. 33). Verkürzt könnte man diese Variante des Paradigmas der Intersubjektivität bzw. des Relationalismus so zusammenfassen, dass man sagt: Im Spiegel der Anderen, mit welchen ein Individuum Beziehungen eingeht, gelangt der individuelle Geist zu sich selber.

Eine Nähe zum Paradigma des Intersubjektivismus bzw. der Relationalität lässt sich auch im Entwurf einer »systemisch-konstruktivistischen« Pädagogik bzw. Didaktik (Reich 2010) feststellen.

Insoweit die erwähnten, am Paradigma des Intersubjektivität bzw. des Relationalismus orientierten Veröffentlichungen eigenständige Forschungsbefunde hervorgebracht haben und vorstellen, welche die im Resümee zur schulpädagogischen Forschung in Kapitel VIII ergänzen oder widerlegen können, werde ich darüber im Teil II (▶ Kap. II/9 und II/10) berichten.

2 Herman Nohl (1879–1960) und seine Konzepte »Der pädagogische Bezug« und »Bildungsgemeinschaft«

Die von Herman Nohl 1933 verfasste Abhandlung »Der pädagogische Bezug und die Bildungsgemeinschaft« ist als eigenständiges Kapitel in die umfassendere Abhandlung zum Thema »Die Theorie der Bildung« (Nohl 1933) eingegangen. Die Geschichte der Rezeption dieser innerhalb der deutschsprachigen Pädagogik ersten beziehungspädagogischen Konzeption dauert, wie schon angedeutet, bis heute an (vgl. z. B. Klafki 1974; Bollnow 1981; Maier 1992; Klika 2000 und 2013; Miller 2002; Niemeyer 2011). Sowohl Bollnow (1981) als auch Niemeyer (2011) haben daran erinnert, dass Nohl nicht zuletzt durch seine Beschäftigung mit verwahrlosten Jugendlichen und die durch Sigmund Freuds Psychoanalyse angeregte Interpretation sowie daraus abgeleitete Therapie- und Erziehungsansätze, wie zum Beispiel August Aichhorns Verwahrlostenpädagogik, die grundlegende Bedeutung positiver Bindungserfahrungen für die menschliche Entwicklung und Erziehung klargeworden ist. Niemeyer (2011) macht außerdem darauf aufmerksam, dass Nohl mit seinem Konzept des pädagogischen Bezugs einen neuen, die von Wichern begründete Tradition ablösenden Ansatz der Sozialpädagogik im Ganzen und der Verwahrlostenpädagogik im Besonderen begründet hat, einen Ansatz nämlich, der fordert, das pädagogische Handeln habe von der Einsicht auszugehen, welche Probleme Kinder und Jugendliche gehabt haben und aktuell *haben*, nicht jedoch (wie in der Wichernschen Tradition) davon, welche Probleme Kinder und Jugendliche den Erwachsenen *machen* (vgl. Thiersch 1992, S. 24). Ebenso wie seinem Zeitgenossen Martin Buber war es für Hermann Nohl eine wichtige Forderung an den Erzieher, die ihm anvertrauten Kinder und Jugendlichen mit Achtung zu betrachten und zu behandeln. Diese Einstellung, die bei Nohl auch durch die Erfahrung und Bejahung der Jugendbewegung geprägt worden ist, hat er in einem sozialpädagogischen Vortrag dahingehend zugespitzt, dass er sagte, Voraussetzung für das »eigentümliche Verhältnis« zwischen Erzieher und Zögling sei »das unbedingte Vertrauen des Zöglings dem Erzieher gegenüber, dass er von ihm in der Tiefe seiner Person *absolut bejaht* wird« (Nohl 1927, S. 74; Hervorh. im Original). Den geschichtlichen und, gesteigert, den zeitgeschichtlichen Wandel im damit angesprochenen Generationenverhältnis hat Nohl in einem gesonderten Beitrag beschrieben: Die »ursprüngliche Pädagogik« sei »Eltern- und Lehrerpädagogik«, »d. h. dass die Ziele zunächst von den Lehrern und den Zwecken, die sie vertreten, gesetzt werden und die Mittel zur Durchsetzung dieser Ziele *Zwangsmittel* sind, vor allem Gesetz und Strafe«; demgegenüber liege »aller Fortschritt in der Pädagogik dann in der Erkenntnis, dass der Zögling sein *Eigenrecht* hat und das pädagogische Wirken von der Berücksichtigung dieses Rechts bedingt ist«. So entstehe

Schritt für Schritt eine »neue Pädagogik, die sich vom *Gesichtspunkt der Jugend* aus aufbaut« (Nohl 1929a, S. 113 f.; Hervorh. LL). In dieser neuen Pädagogik trete an die Stelle des Zieles »unbedingten Gehorsams und Brechung des Eigenwillens« Selbständigkeit und Aktivität, »die in der sittlichen Autonomie gipfelt« (ebd., S. 114). Dass sich diese Konstruktion einer kontinuierlichen Fortschrittsgeschichte des erzieherischen Denkens und Handelns als illusorisch erweisen konnte, hat insbesondere damit zu tun, dass Nohl in seiner Konstruktion die Faktoren der Gesellschaft, des Staates, der Politik ausgeblendet hat. Dieser blinde Fleck in Nohls pädagogischem Denken ist bereits von seinen zeitgenössischen Berufskollegen, insbesondere von Theodor Litt, aufgegriffen und kritisiert worden. Litt hat seinen eigenen Standpunkt wie folgt formuliert:

> »Erzieher und Zögling stehen einander niemals im luftleeren Raum gegenüber. Jede, auch die geringfügigste erzieherische Handlung ist durchwirkt von Beziehungen, die über die Grenzen dieses interpersonalen Verhältnisses hinausführen« (Litt 1995, S. 79).

Während die Ausblendung von Politik das Nohlsche Konzept des pädagogischen Bezugs als trendenziell überholt erscheinen lässt, gibt es andere Aspekte, die es nahelegen, diesem Konzept bis heute aktuelle Bedeutung zuzuschreiben. In diesem Sinne würdigt Klika (2013) das Nohlsche Konzept insbesondere im Hinblick auf die antinomische Struktur, in welcher Nohl das pädagogische Verhältnis, also die Beziehung zwischen Lehrenden und Lernenden fasst: Beim Lernenden geht es dabei um die Antinomie von Hingabe und Widerstand, beim Lehrenden um die Autonomie von Zurückhaltung und Veränderungswillen Es wäre diesbezüglich interessant zu prüfen, ob man statt von »Antinomien« noch fruchtbarer von »Ambivalenzen« sprechen könnte oder sollte; dies würde bedeuten, die genannten Pole nicht als sich ausschließende Gegensätze, sondern als Pole innerhalb eines jeweils unauflösbaren dynamischen Spannungsfeldes zu begreifen, innerhalb dessen und zwischen denen sich die Beteiligten bewegen (zum Konzept der Ambivalenz vgl. Lüscher 2011).

Ein weiterer Aspekt der aktuellen Bedeutung von Nohls Konzepten des pädagogischen Bezugs und der Bildungsgemeinschaft liegt darin, dass Nohl das pädagogische Geschehen gewissermaßen »interaktionistisch« beschrieben hat, ohne den sozialwissenschaftlichen Ansatz des (Symbolischen) Interaktionismus gekannt zu haben. Man könnte daher sagen, dass Nohl einem Interaktionismus avant la lettre argumentiert hat. Das zeigt sich zunächst daran, dass er die durch die pädagogischen Grundbegriffe der Bildung und der Erziehung umschriebenen Tätigkeiten in ihrer prozessualen Wechselseitigkeit als zwei komplementäre Perspektiven desselben Prozesses betrachtet. Es zeigt sich sodann auch daran, dass beide Prozesse: der Prozess der Bildung – »Bildung« verstanden als (Aneignungs-)Tätigkeit des Zöglings, als »spontane Entwicklung von innen her zu eigener Form« (Nohl 1933, S. 174) – und der Prozess der Erziehung – »Erziehung verstanden als die (Vermittlungs-) Tätigkeit des Erziehers – jeweils als Phänomene eines Beziehungsgeschehens interpretiert werden. Die auf Nohls quasi-interaktionistische Position gerichtete Frage, warum überhaupt pädagogische Beziehungen bestehen und nicht abgebrochen werden, zielt auf die von Nohl reflektierte Bedingung der Möglichkeit der Interaktion selbst: Ohne Vertrauen und kooperative Offenheit des Kindes oder

Jugendlichen für das »Wollen des Erziehers« ist pädagogisches Handeln insofern zum Scheitern verurteilt, als dessen Intentionen ins Leere laufen (Klika 2013, S. 47). Fehlt das Vertrauen des Zöglings, ist der Erzieher nicht aus der Verantwortung entlassen; er trägt die Verantwortung für die Herstellung der Voraussetzungen pädagogischer Arbeit. Nicht das Kind, sondern der Erzieher muss sich vor aller inhaltlicher Arbeit darum bemühen, das Vertrauen des Kindes/Jugendlichen zu gewinnen, das Nohl als notwendige Voraussetzung für den Lern- bzw. Bildungswillen des Kindes/Jugendlichen betrachtet hat.

Fasst man Nohls Aussagen über den »pädagogischen Bezug« zusammen, lassen sich nach Klika (2013, S. 48) folgende Bestimmungen treffen:

1. Das pädagogische Generationenverhältnis wird anthropologisch begründet. Die jüngere Generation hat prinzipiell die Möglichkeit zu Widerstand bzw. Selbstbewahrung.
2. Da Bildung sich nicht ausschließlich autopoetisch, d. h. selbstorganisiert, ereignet, ist die jüngere Generation auf die ältere Generation angewiesen (Erziehungstheorie). Der in der klassischen Erziehungstheorie geforderte Gehorsam erscheint als freiwilliger Gehorsam, d. h. Autorität wird der älteren Generation von der jüngeren Generation zugesprochen.
3. Pädagogische Beziehungen sind prinzipiell fragil und, wie die obigen Bemerkungen gezeigt haben, in sich widersprüchlich bzw. ambivalent. Gegenseitiges Vertrauen ist die Basis aller pädagogischen Arbeit.
4. Für die Herstellung dieses Vertrauens ist die erwachsene Generation verantwortlich.

Mit seinem Konzept der »*Bildungsgemeinschaft*« hat Nohl eine pädagogische Beziehungskonstellation beschrieben, die in der gegenwärtigen anglo-amerikanischen Forschungsliteratur die Bezeichnung »*community of learners*« trägt (z. B. Rogoff u. a. 1998). Die Überzeugung, welche in diesen Konzepten zum Ausdruck kommt, besagt: Lehren und Lernen, »Erziehung« und »Bildung« (jeweils im Nohlschen Verständnis) können erfolgreich nur unter der Bedingung stattfinden, dass sie auf Kooperation (und Vertrauen) aufbauen; nicht nur Schüler sind Lernende bzw. Sich-Bildende, sondern auch Lehrer sind Lernende bzw. Sich-Bildende (und sei es auch nur im Sinne der römischen Spruchweisheit »*docendo discimus*« (»Durch Lehren lernen wir«). In der Perspektive der Konzepte der »Bildungsgemeinschaft« bzw. der »community of learners« gewinnt die Idee der »*Wechselwirkung*«, die wir bei Georg Simmel (▶ Kap. II/4), George Herbert Mead (▶ Kap. II/5) und John Dewey (▶ Kap. II/6) kennenlernen, eine neue Bedeutung, die unter anderen Vorzeichen auch im Ansatz der evolutionären Anthropologie von Tomasello (▶ Kap. II/9) zum Tragen kommt. Wechselwirkung wird hier als gemeinsames, von einer »geteilten Intentionalität« bestimmtes Handeln, als *Kooperation* beschrieben. Gemeinsames Handeln bzw. Kooperation darf man sich allerdings nicht als ein durchgängig harmonisches Beziehungsgeschehen vorstellen; dazu gehören unauflösbare Spannungsfelder und Ambivalenzen, die von dem konfliktträchtigen und komplexen Verhältnis zwischen Lehren und Lernen geprägt werden.

3 Martin Buber (1978–1965) und sein »Dialogisches Prinzip«

Martin Buber ist 1878 in Wien geboren. Von 1916 bis 1933 lebte er in Heppenheim an der Bergstraße; in dieser Zeit verfasste er sein Hauptwerk »Ich und Du« (Buber 1923) und hielt die für die Übertragung des dialogischen Prinzips auf das pädagogische Verhältnis maßgebliche Rede »Über das Erzieherische« (Buber 1926/ 1962). Unmittelbar nach der Machtergreifung Hitlers trat er von seinem Lehrauftrag und seiner Honorarprofessur für jüdische Religionslehre und Ethik an der Universität Frankfurt am Main zurück. 1938 ließ er sich in Jerusalem nieder; an der dortigen Hebräischen Universität lehrte er bis 1951 Anthropologie und Soziologie. 1953 hat Buber den »Friedenspreis des Deutschen Buchhandels« erhalten und angenommen

In Bubers Dialogphilosophie ist die Vorstellung einer auf Gegenseitigkeit und Zweckfreiheit beruhenden Begegnung zwischen Ich und Du grundlegend. Entscheidend ist dabei die Kategorie des »Zwischen«; zum Beispiel haftet nach Buber Liebe nicht einem Individuum an, sodass sie das Du nur zum ›Inhalt‹ oder Gegenstand hätte, sie ereignet sich vielmehr *zwischen* Ich und Du. Dies beinhaltet auch die Vorstellung einer gemeinsamen Bezogenheit auf ein »Drittes«. Für den Religionsphilosophen Buber wird dieses Dritte durch das »absolute Du« des biblischen Gottes repräsentiert; ansonsten kann dieses Dritte oder »Zwischen« vielfältige Gestalt annehmen, beginnend mit der gemeinsamen, Verständigung ermöglichenden Sprache bis hin zu den verschiedensten Aspekten und Inhalten menschlicher Kultur. Im Rahmen von Institutionen der Erziehung steht beispielsweise der Lehrplan für jenes Dritte, auf welches die kommunikativen Prozesse des Lehrens und Lernens bezogen sind.

Martin Buber begreift, wie Habermas (2013a) bemerkt hat, den Menschen

> »nicht primär als Erkenntnissubjekt, sondern als ein praktisches Wesen, das sich in interpersonale Beziehungen verstrickt, um die Herausforderungen des kontingenten Geschehens in der Welt kooperativ zu bewältigen«; »auch aus seiner, d. h. Bubers, Sicht zeichnet sich der Mensch durch die Fähigkeit zur Distanzierung aus, aber nicht in der Art einer Selbstobjektivierung. .... Das Selbstbewusstsein ist ein aus dem Dialog abgeleitetes Phänomen. ... Das in Dialoge verwickelte Subjekt wird sich in der Übernahme der auf es gerichteten Perspektive eines Anderen zunächst performativ seiner selbst gewahr, bevor es sich ausdrücklich zum Objekt der Selbstreflexion macht« (Habermas 2013a, S. 38).

Die »Blickrichtung des Performativen« hebt Habermas (2013a, S. 33) als ein zentrales Merkmal von Bubers Denken hervor. Damit verweist Habermas nicht so sehr auf spezifische soziale oder kulturelle Praktiken, wie sie in der Perspektive des Performativen in der ethnologischen bzw. ethnographischen Forschung beobachtet werden, als vielmehr auf die existentialistische, existenzphilosophische Position, die Buber mit einigen Zeitgenossen (z. B. Sartre) geteilt hat:

> »Weil die Beteiligten sich nicht gegenseitig wie Objekte belauern oder belauschen, sondern füreinander öffnen, begegnen sie sich auf demselben dialogisch erschlossenen Forum und verstricken sich als Zeitgenossen narrativ in ihre Geschichten. Beide können denselben Ort im sozialen Raum und der historischen Zeit nur gemeinsam besetzen, wenn sie sich in dieser performativen Einstellung als zweite Personen begegnen. Eine solche Begegnung vollzieht sich in der Art der aktuellen Vergegenwärtigung des Anderen in seiner Ganzheit. Die personale Vergegenwärtigung bildet also einen Horizont, innerhalb dessen die Wahrnehmung des Anderen sich erst auf die für die Person selbst wesentlichen Züge fokussiert ...« (Habermas 2013a, S. 33 f.)

Die Übertragung der Vorstellung von einem allgemeinen dialogischen Beziehungsgeschehen auf die Sphäre der Erziehung ist keineswegs eine Selbstverständlichkeit, schon deshalb nicht, weil beispielsweise im Rahmen der Pflichtschule die Beziehungen zwischen Lehrenden und Lernenden nicht auf Gegenseitigkeit beruhen, die Lernenden vielmehr unter Lernzwang und mit Blick auf die Ziele, Inhalte und Methoden des Lehrens und Lernens in einer einseitigen Abhängigkeit von den Lehrenden stehen.

Die prinzipiell asymmetrische Struktur der Beziehung zwischen Lehrer und Schüler, Lehrenden und Lernenden hat Buber durchaus gesehen und in seiner Rede über das Erzieherische (Buber 1926/1962 bzw. 1953a) zum Thema gemacht. Dennoch beschreibt Buber das erzieherische Verhältnis als »rein dialogisches« und als »Begegnung«:

»Pädagogisch fruchtbar ist nicht die pädagogische Absicht, sondern die pädagogische Begegnung« (Buber 1962, S. 820). Ein Aspekt im Phänomen der Begegnung wird von Buber besonders stark hervorgehoben, und zwar vor allem dann, wenn Begegnung das erzieherische Verhältnis charakterisieren soll: das Phänomen der »Umfassung«; damit ist gemeint, dass die erziehenden Erwachsenen dazu fähig und bereit sind, ihr Verhalten und Handeln von der Gegenseite her, also vom Kind her, zu erfahren. Mithilfe des Umfassungsbegriffs kann Buber auch darlegen, dass und warum es sich beim erzieherischen Dialog um einen eingeschränkten, in seiner Gegenseitigkeit begrenzten Dialog handelt; das Kind nämlich ist nach Bubers Auffassung zur Umfassung (noch) nicht fähig; deshalb beschreibt Buber die Umfassung im Rahmen des erzieherischen Dialogs als eine »konkrete einseitige Umfassung« (Maier 1992, S. 149); wenn beide, erziehender Erwachsener und erzogenes Kind, zur wechselseitigen Umfassung fähig und bereit sind, hat das Erziehungsverhältnis sein Ende erreicht und kann zur Freundschaft werden. Im Übrigen beinhaltet die (einseitige) Fähigkeit und Bereitschaft des Erwachsenen zur »Umfassung« des Kindes die Aufforderung zur »Anerkennung der Anderheit« des Kindes und zum bewussten Verzicht des Erwachsenen, das Kind zu manipulieren oder es für eigene Zwecke (z. B. erotische Bedürfnisse) zu benutzen bzw. zu missbrauchen (vgl. Buber 1926/1962; Maier 1992, S. 152 ff.).

4 Georg Simmel (1858–1918): Wechselwirkungen, Vergesellschaftung, individuelles Gesetz

Georg Simmel gilt als »Klassiker« der Soziologie sowie, auch über den deutschsprachigen Raum hinaus, als einer der Gründungsväter der Soziologie als eigenständiger Wissenschaftsdisziplin (z. B. Dahme/Rammstedt 1984; Ballermeyer 1992). Wie beispielsweise die 1900/1901 publizierte Besprechung von Simmels »Philosophie des Geldes« durch George Herbert Mead belegt (Mead 1987a), ist Simmel schon früh in der US-amerikanischen Sozialforschung rezipiert worden. Der Titel des rezensierten Buches verweist im Übrigen darauf, dass Georg Simmel als Gelehrter über ein außerordentlich breites Profil von wissenschaftlichen Interessen verfügte, welches neben Philosophie und Soziologie viele kulturwissenschaftliche Themen wie zum Beispiel Bildende Kunst (etwa ein Buch über Rembrandt), Literatur (etwa ein Buch über Goethe) oder Religion umfasste. Sein im engeren Sinne pädagogisches Oeuvre beschränkt sich auf die aus Mitschriften rekonstruierte Vorlesung über Schulpädagogik, die er im Winter 1915/1916 an der Universität Straßburg gehalten hat (Simmel 1921/2004). Es gibt jedoch vor allem in Simmels frühem Hauptwerk, der »Soziologie« (Simmel 1908), sowie in dem kleinen Lehrbuch »Grundfragen der Soziologie« (Simmel 1917/1984) zahlreiche Textpassagen, die für erziehungswissenschaftliche Theoriebildung im Allgemeinen und für die Begründung meines Konzeptes einer Beziehungspädagogik im Besonderen sehr viel fruchtbarer sind als es die bisher geringfügige Simmel-Rezeption in der Erziehungswissenschaft erwarten lässt.

Als Schlüsselbegriff der Simmelschen Soziologie kann der Begriff »Vergesellschaftung« gelten; »Formen der Vergesellschaftung« heißt der Untertitel von Simmels Hauptwerk »Soziologie« (Simmel 1908). »Vergesellschaftung« stellt die von Simmel bevorzugte, funktionale Umschreibung von »Gesellschaft« dar:

> »Alle jene großen Systeme und überindividuellen Organisationen, an die man bei dem Begriff von Gesellschaften zu denken pflegt, sind nichts anderes als die Verfestigungen – zu dauernden Rahmen und selbständigen Gebilden – von unmittelbaren, zwischen Individuum und Individuum stündlich und lebenslang hin und her gehenden Wechselwirkungen. Sie gewinnen damit freilich Eigenbestand und Eigengesetzlichkeit, mit denen sie sich gegenseitig sich bestimmenden Lebendigkeiten auch gegenüber- und entgegenstellen können. Aber Gesellschaft in ihrem fortwährend sich realisierenden Leben bedeutet immer, dass die Einzelnen vermöge gegenseitig ausgeübter Beeinflussung und Bestimmung verknüpft sind. Sie ist also eigentlich etwas Funktionelles, etwas das die Individuen tun und leiden, und ihrem Grundcharakter nach sollte man nicht von Gesellschaft, sondern von *Vergesellschaftung* sprechen (Simmel 1983, S. 38 f.).

Dass Simmel Vergesellschaftung als ein *Beziehungsgeschehen* begreift, ergibt sich aus der Rede von der »gegenseitig ausgeübten Beeinflussung und Bestimmung« in der gerade zitierten Textpassage, insbesondere aber aus dem Begriff der »*Wech-*

selwirkung«, der ebenso wie »Vergesellschaftung« als ein Schlüsselbegriff der Simmelschen Soziologie gelten kann (z. B. Abels/König 2010a, Nedelmann 1984). Parallel und gleichbedeutend zum Vergesellschaftungsbegriff benützt Simmel, wenn auch selten und ohne vertiefende systematische Überlegungen, die ansonsten in seinem gesamten Werk einen herausragenden Stellenwert einnehmen, den Begriff der »Socialisierung«. Es wäre sicher lohnenswert, Simmels Beitrag zu einer soziologischen Sozialisationstheorie detailliert zu rekonstruieren; Ansätze dazu finden sich bei Abels und König (2010) sowie bei Junge (2000). Umgekehrt hielte ich es für fruchtbar, Begriffe und Konzepte der »Vergesellschaftung«, wie sie Simmel und auch weitere deutschsprachige Soziologen ihrem Denken zugrundegelegt haben, in den sozialisationstheoretischen Diskurs einzubringen und zu prüfen, ob sich Sozialisationstheorien mit Gewinn auch als Vergesellschaftungstheorien begreifen und formulieren lassen, ohne dabei in die häufig pseudomarxistischen Reduktionen von Vergesellschaftungskonzepten in den 1960er und 1970er Jahren zurückzufallen. Bevor ich auf die Frage eingehe, ob und inwiefern nicht nur Sozialisation (bzw. »Socialisierung«), sondern auch Erziehung in der Simmelschen Vorstellung von Vergesellschaftung auf fruchtbare Weise reflektiert werden kann, will ich kurz auf Simmels Analyse des Verhältnisses von Gesellschaft und Individuum eingehen, die er ins Zentrum seines kleinen Lehrbuchs »Grundfragen der Soziologie« (Simmel 1917/1984) gerückt hat.

Für Simmels Vorstellung von Vergesellschaftung ist es kennzeichnend, dass er Vergesellschaftung in einem unauflösbaren Spannungsverhältnis zur Ausbildung von Individualität betrachtet. Die beiden Pole – Vergesellschaftung auf der einen Seite und »individuelles Gesetz« (z. B. Simmel 1987) – bedingen einander wechselseitig und gehören insofern zusammen, auch wenn sich in den Prozessen der Vergesellschaftung zwischen Individuen und überindividuellen Organisationen (die aufgrund von Vergesellschaftungsprozessen eine gewisse Verselbständigung und Verfestigung erfahren haben) immer wieder Konflikte auftun; aber auch Konflikte betrachtet Simmel als Formen des Zusammenwirkens, sie bilden für ihn eine der vielen Formen, die Vergesellschaftung nicht nur annehmen kann, sondern tatsächlich in aller Regel annimmt. Auch über diesen Aspekt hinaus wird das Denken Georg Simmels in vielerlei Hinsicht und in starkem Maße durch die Thematisierung von Spannungsfeldern, Polaritäten und Ambivalenzen bestimmt (z. B. Junge 2000, S. 37 ff.). Dies gilt auch für die Reflexion des Verhältnisses zwischen Gesellschaft und Individuum bzw. Vergesellschaftung und Individualisierung (im Sinne von Ausbildung von Individualität). Die konfliktorientierte Interpretation dieses Verhältnisses gilt im Übrigen nicht nur den (individuellen bzw. überindividuellen/ kollektiven) Akteuren, sie richtet sich vielmehr auch auf dynamische Prozesse im Erleben der Individuen: »Unser sittliches Wesen«, schreibt Simmel 1895 in einem Aufsatz über die Psychologie der Mode, »findet in der socialisierenden Verschmelzung mit unserer Gruppe und der individuellen Heraushebung aus derselben seine Pole« (zit. in Abels/König 2010, S. 36).

Zu Fragen der *Erziehung* hat sich Georg Simmel, abgesehen von der bereits erwähnten Vorlesung über Schulpädagogik, insbesondere in seinen Überlegungen zur Philosophie der Geschichte geäußert. Ausgangspunkt ist dabei der Gedanke, die Tradition sei »die merkwürdige und eigentlich die ganze Kultur und Geistigkeit des Menschengeschlechts schaffende Tatsache, dass sich ein Inhalt des Denkens, des Tuns, des Schaffens, auch des Fühlens, seinem ursprünglichen Träger gegenüber verselbständigt hat und von ihm weitergegeben werden kann, sozusagen wie ein körperlicher Gegenstand« (Simmel 1987 b, S. 37). Die Möglichkeit »einer Summierung der Erwerbungen der Menschheit bewirkt, wie man es ausgedrückt hat, dass der Mensch nicht nur Nachkomme, sondern auch Erbe ist« (ebd.).

Die Vererbung sei – so setzt Simmel diesen Gedanken fort – »die physiologische bzw. wirtschaftliche Form dessen, was man im Geistigen als Tradition bezeichnet« (Simmel 1987b, S. 38). Die Vererbung und die Tradition schaffen, wie Simmel argumentiert, »aus den nacheinander auftretenden Generationen eine Gruppe und ein Menschengeschlecht, gerade wie die gesellschaftliche Wechselwirkung zwischen den nebeneinander lebenden Individuen das Band spinnt, durch welche sie zur Gesellschaft werden« (ebd.). Vererbung und Tradition bewirken die »Vereinheitlichung nach der Längendimension, die Wechselwirkung bewirkt sie nach der Breitendimension« (ebd.). An dieser Stelle seiner Überlegungen bringt nun Georg Simmel die Rolle der Erziehung in den Prozessen der Vergesellschaftung ins Spiel. Dabei spielt er mit verschiedenen Möglichkeiten, eine Beziehung zwischen Erziehung und Gesellschaft (bzw. Vergesellschaftung) herzustellen. Zunächst konstatiert er einen Gegensatz zwischen Wechselwirkung, die, wie wir gesehen haben, Vergesellschaftung bewirkt, und Erziehung: Erziehung, betrachtet im Hinblick auf ihre Funktion der Überlieferung, der Tradition, der geistig-kulturellen Vererbung, »erscheint als Gegenstück der eigentlich sozialen Wechselwirkung« (ebd., S. 36); denn für sie ist es kennzeichnend, »dass derjenige, auf den die Wirkung erfolgt, nicht wieder auf den zurückwirkt, von dem sie ausgeht. Die Überlieferung geht nach einer Richtung fort, während die Wechselwirkung hin und hergeht« (S. 36). Die Vererbung und die Tradition erschaffen nach dieser Auffassung aus den nacheinander auftretenden Generationen eine Gruppe und ein Menschengeschlecht, während die gesellschaftliche Wechselwirkung zwischen den nebeneinander lebenden Individuen das Band spinnt, durch welche sie zur Gesellschaft werden; Vererbung und Tradition bewirken die Vereinheitlichung nach der Längendimension, die Wechselwirkung bewirkt sie nach der Breitendimension (Simmel 1987b, S. 39). Der zweite Gedankenschritt bringt eine überraschende Wende mit der Aussage, die Erziehung stelle »eine eigentümliche Art dieser Synthese« dar (ebd.), sei also sowohl auf der »Längendimension« als auch auf der »Breitendimension« angesiedelt und wirksam. Der scheinbare Widerspruch zwischen dieser Aussage und der im ersten Gedankenschritt getroffenen Feststellung, Erziehung stehe nicht für Wechselwirkung, sondern für Überlieferung, wird von Simmel in seinem dritten Gedankenschritt mithilfe einer kulturgeschichtlichen Reflexion aufgeklärt: In der Tat sei Erziehung »im wesentlichen Tradition« (ebd), denn sie bedeute, »dass Resultate (…) dem nächsten Geschlecht übergeben werden« (ebd.). Es sei jedoch nicht zu leugnen, dass die Erziehung doch »auch auf die Erzieher zurückwirkt« (ebd). Die Art, wie der tradierte Erziehungsstoff von der jüngeren Generation aufgenommen werde, modifiziere das Verhalten der älteren Generation. Die damit angedeutete und aufscheinende Möglichkeit von »Wechselwirkung« im Feld der Erziehung interpretiert Simmel auf dem Hintergrund einer weiter ausgreifenden kulturgeschichtlichen Reflexion: Man kann, so gibt er zu bedenken, »wahrscheinlich den ganzen Fortschritt in der Geschichte der Erziehung danach bemessen, wie stark die Rückwirkung ist, welche seitens der Erzogenen auf den Erzieher stattfindet. Je schematischer, je konservativer, je eingeschränkter die Erziehung ist, desto mehr wird in ihr das bloß nach vorwärts gehende Element, die bloße Tradition wirksam werden, das bloße Formen des Späteren durch den Früheren. Mit der steigenden Verfeinerung, Individualisierung und Kultivierung wird der Erziehende selbst wieder erzogen; d. h. er wehrt sich nicht gegen die Einfügung in den Prozess der *Wechselwirkung* (Hervorh. LL) mit dem Schüler, er passt sich der jeweiligen Aufgabe an, wie sie durch die typische und die individuelle Art des Schülers gestellt ist – was früher vollkommen gegen die Autorität gewesen wäre, die sozusagen die Substanz der Erziehung war, jetzt aber nur noch ihre Technik sein sollte« (S. 38 f.).

Diese kulturgeschichtliche Reflexion, die aus einem kulturellen Wandel die Möglichkeit einer gegenüber früheren Zeiten neuartige, nämlich auf Wechselwirkung zielende Beziehungskultur bzw. Beziehungsstruktur im Verhältnis zwischen Lehrenden und Lernenden im Raum der Schule herleitet, hat Georg Simmel noch einmal in seiner »Schulpädagogik« aufgegriffen und gleichsam lerntheoretisch akzentuiert. Sein Ausgangspunkt ist hier die Gegenüberstellung von »Passivismus« und »Aktivität des Schülers«, zwei Pole der Erziehungsphilosophie bzw. der Schulwirklichkeit, die Simmel als Symptome der »alten«, »früheren« und der »modernen« Pädagogik interpretiert:

> »Das Motiv der *Aktivität des Schülers* hätte durch die Erkenntnis vorbereitet werden können, dass auch Lernen und Behalten eine Tätigkeit ist. Soviel ich weiß, ist dies bewussterweise nicht geschehen. Aber die allgemeine Kulturströmung, die in den Kant-Fichteschen Tätigkeitsphilosophemen gipfelt, hat sicher auch diese Wendung getragen. Mit der Anerkennung, dass es nicht nur ein Subjekt des Lehrens, sondern auch eines des *Lernens* gibt, dass alle Pädagogik nur die *Tätigkeit des Schülers* erregen und lenken könne – waren sofort die Folgen gegeben: 1. Anerkennung der Individualität des Schülers als bestimmenden Faktor ...; 2. Verzicht des Lehrers auf absolute Autorität .... Die Tendenz der *modernen Pädagogik* geht durchaus auf Belebung der *Selbsttätigkeit des Schülers* (Hervorh. LL) nicht wie früher darauf, dass er nur reproduziere ...« (Simmel 1921/2004, S. 332).

5 George Herbert Mead (1863–1931): Bedeutungen schaffen – Symbolische Interaktion – Intersubjektivität, Rollenübernahme und Identität

George Herbert Mead gilt als einer der bedeutendsten amerikanischen Sozialpsychologen. In Deutschland ist er vor allem als Mitbegründer der Theorieschule des »Symbolischen Interaktionismus« (Blumer 2003) wahrgenommen worden. Mead selber hat sich als Vertreter eines »sozialen Behaviorismus« verstanden; dieser geht davon aus, dass Menschen vor allem auf Reize in Form von Verhalten (*behavior*) reagieren und somit wechselseitig aufeinander einwirken. Ähnlich wie Georg Simmel, auf dessen »Soziologie« Mead im Nachgang zu seinem Studienaufenthalt in Deutschland möglicherweise in diesem Zusammenhang zurückgreift (vgl. Abels/König 2010a, S. 74), rückt er den Gedanken der Wechselwirkung ins Zentrum seiner Gesellschaftstheorie. Im Unterschied zu Simmel akzentuiert Mead Wechselwirkung als Prozess der *Kommunikation*; damit ist Verständigung auf der Grundlage gemeinsamer, historisch-kulturell hervorgebrachter Symbole im Sinne von Gesten, Zeichen und Sprache gemeint. »Gesellschaft« entsteht und entwickelt und verändert sich, wenn und weil sich die Menschen auf gemeinsame Symbole verständigen. Symbole, welchen Menschen den gleichen Sinn, die gleiche Bedeutung (*meaning*) zuschreiben, bezeichnet Mead als »signifikante« Symbole (vgl. Abels/König 2010, S. 74 f.).

Nach dieser Auffassung sind Symbole in unserem Kopf als kollektive Vorstellung präsent und werden in der gemeinsamen Sprache zum Ausdruck gebracht. Die *Sprache* gilt demnach als Träger intersubjektiv geteilten Wissens und versorgt uns mit den Erklärungen für Situationen, wie wir sie normalerweise erleben (Abels/König 2010, S. 76 f.). Die Sprache wird als Speicher der kollektiven Erfahrungen einer Gesellschaft betrachtet.

Das Konzept der *Erfahrung* nimmt im Werk Meads – ebenso wie im gesamten Denken in der Perspektive des »Pragmatismus«, dem Mead nicht zuletzt durch seine Verbundenheit mit John Dewey (s. das folgende Kapitel) nahestand – einen zentralen Stellenwert ein: Aus kollektiven Erfahrungen gehen nach Mead kollektive Erwartungen an das Verhalten bzw. Handeln der Mitglieder einer bestimmten Gesellschaft hervor. Diese kollektiven Vorstellungen, die über die Erwartungen konkreter Anderer hinausgehen, bezeichnet Mead als »der generalisierte Andere« (*the generalized other*) (z. B. Mead 1934/1968, S. 196).

Die bereits charakterisierte Auffassung von Mead, dass *Kommunikation* das »*Grundprinzip der gesellschaftlichen Organisation des Menschen*« ist (Mead 1934/1968, S. 299; Hervorh. LL), gilt auch für die Ausbildung der »*Identität*« der Person (vgl. Abels/König, S. 86 f.): Unser Bewusstsein von uns selbst entsteht aus der permanenten Kommunikation zwischen uns und den anderen. Indem wir uns in die Rolle des anderen hineinversetzen und uns vorstellen, wie er auf uns reagieren wird, betrachten wir uns auch selbst, wie wir reagieren. Wir sehen uns mit den Augen des Anderen, und erst auf diesem Umweg über den anderen werden wir uns unserer selbst bewusst. Diese Vorstellung vom »sozialen Selbst« (*social self*) hat Mead bereits in einem frühen Aufsatz skizziert (s. Mead 1913). In seinem Hauptwerk »Geist, Identität und Gesellschaft« (Mead 1934/1968) hat er sie weiterentwickelt und ausdifferenziert, nicht zuletzt dadurch, dass er die Kategorien »Ich« (I) und »Mich« (*Me*) als Ausdrucksformen für die zusammenwirkenden Pole der Identität(sbildung) eingeführt hat; damit wird Identität als – durchaus auch spannungsreiche – Einheit von (individueller) Ich-Identität und sozialer Identität bestimmt.

Ähnlich wie bei Simmel beschränkt sich das pädagogische Oeuvre von Mead auf eine einzige, aus Mitschriften rekonstruierte Vorlesung. Diese Vorlesung zum Thema »Philosophie der Erziehung«, die Mead im Studienjahr 1905/1906 an der Chicago University gehalten hat, ist erst seit kurzem in deutscher Sprache zugänglich (Mead 2008). Diese Vorlesung ist mit dem folgenden Text angekündigt worden:

> »Both formal and informal education will be considered, especially in heir relation to each other. On the one side the development of the child will be considered as the justification for a psychological theory of education, while on the other side the demands of society in which the child is entering, will suggest the sociological theory. The inadequacies of each will be indicated, and the necessity of replacing them by *a social concept of education* which can recognize both the child and society at once« (Mead 2008, S. 11).

Daneben gibt es eine Reihe von Vorträgen und Aufsätzen, wie insbesondere den Beitrag zu den sozialpsychologischen Implikationen des Unterrichts (Mead 1987a), die Fragen der Erziehung(stheorie) gewidmet sind.

Mead geht davon aus, dass die *Sorge für Kinder* den wichtigsten, das heißt ursprünglichen Grund für die Notwendigkeit von Sozialisation und Erziehung beim Menschen darstellen:

> »Wir wissen, dass der vagabundierende Mensch durch die Notwendigkeiten des Familienlebens gebunden und sesshaft geworden ist. Im Mittelpunkt dieser *(Familien-)Beziehung* steht nicht die sexuelle Bindung, sondern vielmehr das Kind, die Notwendigkeit von Dauerhaftigkeit, Schutz, Fürsorge, Zusammenarbeit – und aus diesen Notwendigkeiten heraus ist die Gesellschaft entstanden« (ebd., S. 20 f.).

In seiner Vorlesung zielt Mead auf die Rekonstruktion dieses Vorgangs als einer Reihe von *Erziehungsinteraktionen*, die zur Formung eines Gruppenbewusstseins führen (ebd.).

Auf dem Hintergrund der bereits skizzierten Auffassung von Mead, wonach Kommunikation das Grundprinzip der gesellschaftlichen Organisation sowie der Ausbildung von Identität darstellt, wird verständlich, dass in Meads Erziehungstheorie Kommunikation auch als Grundprinzip der Erziehung bestimmt wird. Meads zentrale These besagt, dass alle Erziehung aus sozialer Interaktion besteht und dass »jeder Verkehr mit Kindern (PE14, 84) Kommunikation beinhaltet« (Mead 2008, S.11). Der Fokus liegt auf dem sozialen bzw. kommunikativen Charakter der Erziehung: »Die Rolle der Kommunikation in der Erziehung und die Rolle der Erziehung in der Kommunikation ist der zentrale Punkt der Philosophie der Erziehung« (ebd.). Der zentrale Begriff in Meads Erziehungskonzeption ist

Bedeutung. In der Vorlesung erklärt Mead, er wolle Erziehung unter der Perspektive des »Vermitteln(s) von Bedeutungen« betrachten (ebd.). Die Frage, die Meads pädagogische Überlegungen umtreibt, ist somit, wie Bedeutung kommuniziert werden kann – sowohl von Person zu Person als auch von einer Generation zur nächsten. Mead vertritt die Ansicht, dass wir durch unsere Handlungen und Interaktionen »durchgängig mit der *Erschaffung von Bedeutung* beschäftigt sind« (ebd.; Hervorh. LL.).

Die bereits genannte Frage, wie Bedeutung kommuniziert werden kann, beantwortet Mead – ähnlich wie Simmel die Frage nach dem Wechselwirkungscharakter der Erziehung – im Geist der »modernen« Erziehung, wie sie in den USA insbesondere von John Dewey konzipiert worden ist: Bedeutung kann nicht, jedenfalls nicht im wörtlichen Sinn des Begriffs »vermittelt« werden; vielmehr geht Mead, ähnlich wie Simmel, von der Vorstellung der Aktivität des Lernenden und des Lernvorgangs aus. Damit ist in diesem Zusammenhang gemeint, dass Bedeutungen in der Erziehung nur durch die *Reaktion der Lernenden* entstehen (Mead 2008, S. 12; Hervorh. LL); die Bedeutung eines Objekts zu ›ermitteln‹, gilt also nicht als ein Entdeckungs- oder gar Übernahmevorgang, sondern als ein Erschaffungsvorgang. Nach dieser Auffassung sind es die Lernenden, die im Erziehungsprozess Bedeutung herstellen, also für sich selber Bedeutung erwerben müssen; und dies tun sie nach Mead durch ihren Einsatz in und ihrer Teilhabe an sozialen Situationen; die Reaktion der Lernenden, von welcher oben als einer Voraussetzung für die Kommunikation von Bedeutung die Rede war, wird daher vor allem als eine Reaktion auf die soziale Situation gekennzeichnet (ebd., S. 10). In der Erziehung – verstanden als gesellschaftliche Organisation von Erziehungs- und Lernprozessen – geht es demnach um die »Herstellung besonderer sozialer Situationen«, welche die Kommunikation von Bedeutung und das Entstehen von Reflexion ermöglichen (ebd.).

Um die Kennzeichnung von Meads Erziehungstheorie kurz zusammenzufassen: Mead beschreibt Erziehung als einen zutiefst sozialen Prozess, in welchem mittels der Reaktionen der Lernenden Bedeutungen geschaffen, kommuniziert und umgewandelt werden (vgl. Biesta 2005, S. 39 ff.). Bedeutungen existieren nach Meads Überzeugung nicht objektiv, sondern entstehen »aus dem sozialen Verkehr heraus und existieren nur *in* sozialem Verkehr« (Mead 2008, S. 12).

6 John Dewey (1859–1952): Intersubjektive Erfahrung – Erziehung als Instrument fortschreitender Erfahrung

John Dewey gehört, wie vor ihm bereits Pestalozzi, Fröbel, Herbart und Maria Montessori, zu den wenigen Pädagogen, die weltweit rezipiert worden sind; bei Dewey trifft dies beispielsweise auch für das kommunistische Russland nach der Oktoberrevolution 1917 und bis zum Beginn der Stalinära (1927) zu (vgl. Mchitarjan 2000). Wie bei den anderen »Weltpädagogen«, so hat auch bei Dewey die internationale Rezeption seiner Pädagogik immer wieder einen selektiven, dem jeweiligen Rezeptionskontext geschuldeten Charakter aufgewiesen; so ist Deweys Pädagogik häufig als eine Variante der reformpädagogischen »Erziehung vom Kinde aus« (miss-)verstanden worden, während seine Absage an ein normatives Rahmenkonzept der Pädagogik bzw. der Erziehung tendenziell ausgeblendet worden ist (vgl. Oelkers 1993).

Im Gegensatz zur Tradition des im Zeitalter der Aufklärung in Zentraleuropa einsetzenden pädagogischen Denkens, mit welcher er sich gründlich auseinandergesetzt hat, baut Dewey seine Pädagogik auf drei Säulen auf: der *Evolutionstheorie*, dem Konzept der *»Erfahrung«* und der Vorstellung von der *»Kontingenz«* des Erziehungsgeschehens.

Von Rousseau über Pestalozzi und Fröbel bis Montessori gehe die Erziehungstheorie, so argumentiert Dewey in seinem Hauptwerk »Demokratie und Erziehung«, von der »Fiktion der natürlichen Entwicklung« aus – »unlearned capacities and an order of development« (Dewey 1993, S. 297). Was aber die Kindheit tatsächlich auszeichne, schreibt Dewey in einem seiner Beiträge für Monroes »Cyclopedia of Education«, sei der Anfang eines nicht von der Natur vorgegebenen Prozesses. Entwicklung sei nicht gleichbedeutend mit Reifung, also phasen- oder stufenförmigem Wachstum, das seinen Bauplan *in sich* habe und lediglich Anlagen mit dementsprechenden Endzuständen verbinden könne. Dewey argumentiert im Kern darwinistisch (S. 297), wenngleich erweitert zu einer allgemeinen Theorie des Lebens:

> »The theory of education ... reveals *immaturity* as the essence of life itself, the power of continuing development, of renewal, of readaptation to the changing. It represents, so to speak, the evolutionary impetus itself, as against the fixations of capacity for adaption indicated by matured organs« (ebd.).

Viele Jahrzehnte später hat Jerome Bruner diesen Gedanken in seinem Aufsatz über »Nature and uses of immaturity« (Bruner 1972) aufgegriffen und weitergeführt.

Der Adressat der Theorie ist bei Dewey demnach nicht mehr die sich selbst entwickelnde Natur, sondern das sich je neuen Situationen anpassende Leben, das nicht mehr *einem* anthropologischen Maßstab folgt, wie dies alle eminenten Theoretiker zwischen Rousseau und Montessori angenommen hatten (Oelkers 2000, S. 298 f.). Das Leben aber ist für Dewey – wiederum evolutionstheoretisch gedacht – *Variation*: »Individual variations are of the very heart of individuality itself« (ebd.) Die »je neuen Situationen« versteht Dewey als Gelegenheiten dafür, Erfahrungen zu machen und diese in einen sinnvollen Zusammenhang mit früheren Erfahrungen zu bringen. Die nicht abreißende Kette von Erfahrungen steht in Deweys Erziehungsphilosophie für »Erziehung«:

> »Es gibt überhaupt kein definitives Ergebnis, das sich weiterer Erfahrung verschließen, also keine Stufe der Perfektion, die sich nicht noch verbessern könnte. Erfahrung ist experimentelle Selektion, die sich immer nur auf sich selbst beziehen kann und so keinen höheren Standpunkt erlaubt« (zit. in Oelkers 2000, S. 302).

Dewey analysiert demnach das Erziehungsgeschehen in der Perspektive der biologischen Evolution; dies zeigt sich, wie die zitierten Textpassagen belegen, an den von Darwin eingeführten Schlüsselbegriffen »*Variation*« und »*Selektion*« sowie am Begriff der »*Anpassung*«; Dewey spricht von »*Anpassung* an je wechselnde Umwelten« (a. a. O., S. 313; Hervorh. LL).

Die Umschreibung des Erziehungsgeschehens als einen sich selbst stetig reorganisierenden und rekonstruierenden Erfahrungsprozess bringt ebenso wie das evolutionstheoretische Rahmenkonzept zum Ausdruck, dass Dewey in der Konstruktion seiner Erziehungstheorie auf eine Zielbestimmung oder normative Begründung verzichtet und stattdessen auf *Kontingenz* setzt. Diese Kontingenztheorie der Erfahrung (und Erziehung) beschreibt das individuelle Verhältnis von Lernen und Handeln, das Dewey mit einer Evolutionstheorie der Gesellschaft einzugrenzen versucht hat (vgl. Oelkers 1993, S. 501). Für sich genommen ist das pragmatistische »learning by doing« ein offenes Erkenntnisprinzip, das sich wohl methodisch, aber nicht normativ beschränken lässt. Die normative Problematik »soll nun wiederum empirisch bearbeitet werden, mit einer Theorie der Gesellschaft, die zwei Spitzen hat: die zunehmende *Differenzierung* einerseits und der daraus resultierende Zwang zur *Kooperation* andererseits ... ›Gesellschaft‹ wird nicht wie ein organischer Körper gedacht, aber auch nicht wie ein ständiger Antagonismus, sondern als Wechselwirkung und Zusammenarbeit verschiedener Gruppen, deren Interessen öffentlich ausgetragen und demokratisch ausgeglichen werden müssen. Daher ist Demokratie nicht nur eine Regierungsform, sie ist in erster Linie ›eine Form des Zusammenlebens, der gemeinsamen und miteinander geteilten Erfahrung‹« (Dewey 1993, S. 121, zit. nach Oelkers 1993, S. 501).

Während Dewey einerseits eine Auffassung von Gesellschaft artikuliert, die eine gewisse Ähnlichkeit mit den Auffassungen von Simmel und Mead aufweist – Gesellschaft, verstanden als ein dynamisches Gewebe von Wechselwirkungen zwischen Individuen und Gruppen –, unterscheidet er sich andererseits von den Genannten in wenigstens zwei Punkten: zum einen durch die Einführung des Konzepts der »*Erfahrung*«, zum anderen durch die Einführung eines Gesellschaftsideals: des Ideals der »*Demokratie*«.

Das Konzept der Erziehung zur Demokratie, welches Dewey in seinem Hauptwerk »Democracy and education« breit und differenziert entfaltet hat, wird mithin, wie Oelkers (1993, S. 502) zu Recht festgestellt hat, »anders gedacht, als es die pragmatistische Methode des Erfahrungslernens eigentlich vorschreiben würde, nicht als Bewährung einer Hypothese, sondern als moralische Kodierung, die zwischen der richtigen und der falschen Gesellschaft strikt zu unterscheiden versteht«; mit anderen Worten: das normative Konzept der demokratischen Gesellschaft wird »entgegen der eigenen Theorie wie eine Restteleologie behandelt« (ebd.).

Dewey nimmt also mit Blick auf die kulturelle Evolution gewisse Einschränkungen der Vorstellung Darwins von der (biologischen) Evolution als einem Zufallsgeschehen vor:

Schulen entstehen nach Auffassung von Dewey dann, »wenn die sozialen Überlieferungen so verwickelt geworden sind, dass ein beträchtlicher Teil davon niedergeschrieben und durch schriftliche Symbole weitergegeben werden muss .... Deshalb wird die Schule als eine *besondere Form sozialen Wechselverkehrs*, eingerichtet, um sich dieser Dinge anzunehmen« (Dewey 1930, S. 40 f.; Hervorh. LL). Das *Schulleben*, so führt Dewey in seinem Hauptwerk aus, »muss selbst ein *Gemeinschaftsleben* im vollen Sinn dieses Wortes sein. Soziale Auffassungen und Interessen können nur in einer echt sozialen Umwelt entwickelt werden. In einer Umwelt, wo eine gemeinsame Erfahrung im wechselseitigen Geben und Nehmen aufgebaut wird .... Ein *Wissen* über die Dinge kann jeder für sich erwerben, wenn er vorher genug Verkehr mit anderen gehabt hat, um die Sprache zu erlernen. Um die Erkenntnis des *Sinnes* der sprachlichen Zeichen aber steht es ganz anders. Sie setzt Arbeit und Spiel in Gemeinschaft mit anderen voraus« (Dewey 1930, S. 536; Hervorh. LL).

Die zentralen Aussagen in Deweys Theorie der Erziehung lauten: »All education proceeds by the participation of the individual in the social consciousness of the race« (Dewey 1897, S. 77); »der Vorgang der Erziehung (hat) kein Ziel außerhalb seiner selbst, er ist sein eigenes Ziel« sowie »(Der Erziehungsvorgang bedeutet) beständige Neugestaltung, dauernder Neuaufbau, unaufhörliche Reorganisation« (Dewey 1993, S. 75, zit. in Oelkers 1993, S. 500 f.) und schließlich: »Die in diesen Kapiteln vertretene Idee der Erziehung lässt sich zusammenfassend bezeichnen als ›beständige Erneuerung der Erfahrung‹, eine Idee, die von denen einer ›Vorbereitung auf eine ferne Zukunft‹ der ›Entfaltung‹ und der ›Wiederholung der Vergangenheit‹ klar geschieden ist« (Dewey 1930, S. 129; Hervorh. LL). Die Konstruktion des Erziehungsvorgangs als *Beziehungsgeschehen* kommt in der folgenden Textpassage gut zum Ausdruck:

> »Wir erziehen niemals unmittelbar, sondern mittelbar, und zwar durch das Mittel der *Umgebung* (...) Worauf es ankommt, ist, ob wir einer *zufälligen* Umgebung das Werk überlassen oder eine *besondere* Umgebung für diesen *Zweck* schaffen. (...)
> Die Haltungen und Dispositionen, die für das ununterbrochene und fortschreitende Leben einer Gesellschaft notwendig sind, können in der Jugend nicht durch direkte Übertragung von Glaubenssätzen, Gefühlen und Erkenntnissen entwickelt werden. Diese Entwicklung vollzieht sich vielmehr durch das *Medium der Umwelt*« (S. 45).

Die Umwelt besteht in der Gesamtsumme aller Bedingungen, die in der Ausübung der für ein lebendes Wesen kennzeichnenden Betätigungen eine Rolle spielen. »Die *soziale Umwelt* besteht aus allen denjenigen Betätigungen der Mitmenschen, die in den Ablauf der Betätigungen irgendeines ihrer Mitglieder verwickelt sind. Sie übt echte Erziehungswirkungen aus in dem Grade, in dem ein Individuum Anteil hat an einer gemeinsamen Betätigung. Indem es in dieser *gemeinschaftlichen Betätigung* seinen Anteil ausführt, macht es die Zwecke dieser *sozialen Umwelt* zu den seinigen« (Dewey 1930, S.39-45; Hervorh. LL).

7 Karl Mannheim (1893–1947): Konjunktives und kommunikatives Denken – Perspektivik – Relationale Wissenssoziologie – Erziehungssoziologie

Karl Mannheims Ansatz einer Analyse von Beziehungen legt es nahe, kurz auf die unterschiedlichen Akzentsetzungen der beiden Paradigmata der Intersubjektivität und der Relationalität einzugehen, die ich bislang vernachlässigt habe. Die bereits skizzierten Ansätze von Simmel, Mead und Dewey können insofern dem Paradigma der Intersubjektiviät zugerechnet werden, als sie ihr Augenmerk hauptsächlich auf die Analyse der Wechselwirkung, der Interaktion und der Kommunikation im Rahmen von Beziehungen zwischen Individuen und Gruppen richten. Diese Ausrichtung der Beziehungsanalyse kann man zwar auch bei Mannheim finden; zum Beispiel dann, wenn er im Hinblick auf Konflikte zwischen den Generationen argumentiert, es wäre lohnend zu fragen, »ob es sich hier nicht nur um ›Reibungen‹, ›Einflüsse‹ und ›Beziehungen‹ handle, vielleicht strahlt auch aus diesen Faktoren schöpferische Kraft, bildende Gewalt, soziale Entelechie? Vielleicht vermitteln gerade diese, aus dem sozialen Mit- und Gegeneinander strömenden Energien zwischen den sonst nur zufällig aneinander geratenden und sich kreuzenden übrigen Entelechien der Künste, Stile, Generationen usw.?« (Mannheim 1928/1964, S. 520).

Indem Mannheim in dieser Textpassage Beziehungen, Konflikte und Reibungen sowie das soziale Mit- und Gegeneinander anspricht, steht seine Beziehungsanalyse beispielsweise derjenigen von Georg Simmel und dessen Überlegungen zu den Prozessen der Wechselwirkung durchaus nahe. Insbesondere gilt dies für Mannheims Konstruktion eines »*konjunktiven Erfahrungsraums*«, wobei Mannheim den von dem Sinnesphysiologen Viktor von Weizsäcker übernommenen Begriff der »*Kontagion*« (»Berührung«) weiterentwickelt hat; die damit angesprochene Erfahrungsgemeinschaft entstand in Mannheims Überlegungen, »indem wir zunächst ein einziges Individuum setzten, das wir in eine existentielle Beziehung zu einem Gegenüber brachten, um seine Konjunktion mit diesem Gegenüber (das zunächst ein Ding war) in einem momentanen Abschnitt seines Daseins zu schildern. Dann setzten wir an Stelle des leblosen Gegenübers ein ›antwortendes‹ Objekt, das zugleich auch Subjekt war, und ließen dann in dieser Konstellation einen konjunktiven Erfahrungsraum entstehen« (Mannheim 1922/1980, S. 227). Ein solcher konjunktiver Erfahrungsraum bedingt nach Mannheim ein »konjunktives« Sehen und Denken, welches von einer gemeinsamen, geteilten »*Perspektive*« getragen und bestimmt wird. Diese zunächst duale oder dialogische Konstellation kann nach Mannheim unter bestimmten Bedingungen auch auf eine größere Anzahl von Personen ausgedehnt werden; zu diesen Bedingungen rechnet Mannheim die Bezugnahme auf gemeinsame sprachliche Inhalte und abstrahierende Begriffe; in diesem Sinne hat er in seinem häufig zitierten und rezipierten Aufsatz »Das Problem der Generationen« (Mannheim 1928/1964; vgl. Lüscher/Liegle 2003, S. 242–250) die geteilten Vorstellungen von Menschen, deren Aufwachsen von einem bestimmten geschichtlichen Zeitraum und dessen hervorstechenden Merkmalen geprägt worden sind, als »*Generationenzusammenhang*« gekennzeichnet; damit ist eine »durch Partizipation an den gemeinsamen Schicksalen« zustande kommende Verbundenheit gemeint (Mannheim 1928/1964, S. 542).

Andererseits jedoch verweist die im oben zitierten Textauszug zu findende Rede von »Entelechien« auf Mannheims besonderes Interesse an der Beschreibung und Erklärung von Phänomenen und Faktoren des gesamtgesellschaftlichen Umbruchs und Wandels. Damit rücken Kräfte ins Blickfeld, die tendenziell über die Beziehungen zwischen Individuen und Gruppen hinausweisen und gewissermaßen die Gesellschaft als Ganzes betreffen; es geht dabei, im Unterschied zum Paradigma der Intersubjektivität und, statt dessen, im Sinne des Paradigmas der Relationalität, um Schnittpunkte zwischen vertikalen Koordinaten, d. h. aufeinander folgende historische Zeitperioden, und horizontalen Koordinaten, d. h. gleichzeitig nebeneinander existierenden Gesellschaftsformationen. In dieser Perspektive hat Mannheim gesellschaftliche Phänomene, wie zum Beispiel die Gliederung einer Gesellschaft nach Alterskriterien (»Generationen«) in ihrer historisch-gesellschaftlichen Situiertheit bzw. Kontextabhängigkeit analysiert (Mannheim 1928/1964). Und eben diese Betrachtungsweise hat Mannheim auch auf Formen und Inhalte des Wissens angewandt (vgl. Mannheim 1931/1982); dies hat ihn zu einem der Begründer der Wissenssoziologie werden lassen, und zwar eines Ansatzes der Wissenssoziologie, den man, wie zum Beispiel im Wikipedia-Artikel über Mannheim, als »*epistemischen Relationismus*« bezeichnet hat; damit ist gemeint, dass bei diesem Konzept Erkenntnisse als kontextgebunden betrachtet und in ihrer Kontextgebundenheit untersucht werden. Die wissenssoziologische Analyse hat nach Mannheim drei Aufgaben: »erstens bewusste *Distanzierung* von überlieferten und verinnerlichten Weltanschauungen und Denkstilen, zweitens konsequente *Relationierung* aller Aussagen und Denkstile im Hinblick auf die sozialen Zusammenhänge, in denen sie entwickelt werden, drittens *Partikularisierung*, d. h. die inhaltliche und strukturelle Einkreisung des Bereichs, über den Aussagen gemacht werden, um die ›Fassungskraft der verschiedenen Standorte‹ deutlich zu machen« (Mannheim 1931, S. 241 ff., zit. in Maasen 2009, S. 25).

Während seiner Zeit in England (1933–1947) – Mannheim war wegen seiner jüdischen Herkunft aus dem Universitätsdienst (Uni Frankfurt am Main) entlassen worden – war Mannheim zunächst als Dozent (*lecturer*), in den Nachkriegsjahren als Professor am Institute of Education der University of London sowie an der London School of Economics and Political Science tätig und konzentrierte sich in seiner Lehre auf Fragen der *Erziehungssoziologie*. Aus diesbezüglichen Publikationen, Manuskripten und Mitschriften hat Mannheims Kollege W. A. C. Stewart eine »Einführung in die Soziologie der Erziehung« zusammengestellt, die 1973 in deutscher Sprache veröffentlicht worden ist (Mannheim/Stewart 1973). Ein erziehungssoziologisch orientiertes Kapitel über den »*Prozess der sozialen Integration zwischen individueller Anpassung und kollektiven Forderungen*« aus Mannheims 1943 in London veröffentlichtem Buch »Diagnosis of our time« hat Plake (1987) in sein Handbuch »Klassiker der Erziehungssoziologie« aufgenommen

(Mannheim 1943/1987). Dieser Text ist nicht als besonders originell oder ergiebig einzustufen, weist aber zwei bemerkenswerte Merkmale auf: Zum einen verwendet Mannheim den Begriff der »*Anpassung*«, der in diesem Text eine zentrale Rolle spielt, in einem Verständnis, welches sich beispielsweise auch bei Simmel und Mead, insbesondere aber bei Vygotsky und Piaget (bei letzterem betrifft die den Begriff »*adaptation*«) finden lässt, nämlich in einem evolutionstheoretischen (und zugleich kulturtheoretischen) Verständnis. Mannheim argumentiert wie folgt:

> »Jedes lebendige Wesen befindet sich in einem ständigen Zustand der Anpassung. Nichtsdestoweniger sind wir geneigt, die Tatsache, dass wir unsere Einstellungen ständig mit der uns umgebenden Welt in Einklang bringen, zu übersehen, da wir unter normalen und stetigen Bedingungen im allgemeinen traditionelle Verhaltensweisen benützen«. Trotz gravierender Unterschiede »ähneln sich der Mensch und die niederen Tiere, insofern für beide das Leben eine Kette von Anpassungen an ihre sich verändernde Umwelt darstellt und jeder von ihnen Verhaltensmuster zur Verfügung hat; beim Menschen sind sie jedoch so flexibel, dass ihm ein breiter Variationsbereich für Erfahrung und Lernen offensteht. In jeder Gesellschaft findet er während der Zeit seines Heranwachsens *Institutionen*, die für die Ausbildung seiner Reaktionen von großer Bedeutung sind. Traditionelle Verhaltensweisen aber, wie Sitte und Konvention, sind an sich nichts anderes als das Ergebnis früherer, von unseren Vorvätern geübter Anpassung« (ebd., S. 218).

Bemerkenswert ist ferner, dass Mannheim dafür, dass unser Leben nicht immer, wie es in der eben zitierten Textpassage heißt, »unter normalen und stetigen Bedingungen« verläuft, ein Beispiel wählt und erörtert, welches für seinen eigenen Lebenslauf bedeutungsvoll gewesen ist: den *Kulturwechsel* durch Auswanderung aus einem und Einwanderung in ein anderes Land, einen Prozess, bei welchem man »gewisse typische Prozesse am Werk sehen« kann (ebd.).

Von Mannheims Analysen von Problemen der Theorie und Praxis des Erziehens und des Lernens werde ich im Folgenden nur einige Beispiele anführen, die ich für die theoretische Begründung meines Ansatzes einer Beziehungspädagogik als relevant erachte.

Da ist zunächst das Schüler-Lehrer-Verhältnis; dessen Analyse fällt durchaus widersprüchlich aus oder erörtert, besser gesagt, die diesem Verhältnis innewohnende strukturelle Widersprüchlichkeit: Auf der einen Seite stellt Mannheim fest: »Zwischen den fünfunddreißig Zwölfjährigen in ihren Bänken und dem einen Lehrer, der ihnen gegenübersteht, findet eine allgemeine *Wechselwirkung* statt« (Mannheim/Stewart 1973, S. 163; Hervorh. LL). Das Unterrichten setze »ein Interesse an dem Lernprozess der Schüler und der Wechselwirkung zwischen dem Lehrer und dem Belehrten« voraus. Man dürfe erwarten, »dass das Schwergewicht bei diesem *gegenseitigen Austausch* bald beim Lehrer liegt, nämlich darin, was er zu sagen hat und wie er es sagt, bald beim Lernenden, bei seinem wachsenden Verstehen und seiner geistigen *Initiative* beim Aufnehmen und beim Umwandeln dessen, was ihm vorgetragen wird« (ebd., S. 31; Hervorh. LL). In Mannheims Bemerkungen zur sozusagen konstruktiven Seite des Lehrer-Schüler-Verhältnisses kommen ähnliche Vorstellungen zum Tragen, wie wir sie bereits bei Simmel, Mead und Dewey kennengelernt haben: die Vorstellung von der Wechselwirkung zwischen Lehrenden und Lernenden und die Vorstellung, dass nicht nur das Lehren, sondern auch das Lernen eine Aktivität beinhaltet – Mannheim spricht im obigen Zitat vom »Verstehen«, von der »Initiative der Lernenden beim Aufnehmen« sowie – ähnlich wie Mead – vom »Umwandeln dessen, was ihm (dem Lernenden) vorgetragen wird«. Es ist im Übrigen bemerkenswert, dass Mannheim – auch hierbei zeigen sich Parallelen zu Simmel und Mead – seine Charakterisierung des Lernens (als aktiven Prozess) gleichsam wissenssoziologisch abhebt gegenüber früheren Auffassungen vom Lernen: »Herkömmlicherweise verstand man das Lernen einfach als Aneignung und Anhäufung von Wissen, als Auswendiglernen und Kenntnis von Fakten« (ebd., S. 85).

Den anderen Pol in der widersprüchlichen Grundstruktur des pädagogischen Verhältnisses (Lehrer-Schüler) bringt Mannheim in Verbindung mit den Tatsachen des *Schulzwangs* auf seiten der Lernenden und der institutionellen bzw. *Amtsautorität* auf seiten der Lehrenden:

> »Wenn unsere fünfunddreißig Zwölfjährigen ihrem neuen Lehrer begegnen, so ist die erste Forderung, die dieser Beziehung innewohnen muss, die nach *Dominanz und Unterwerfung*; wir sahen, wie die rein örtliche Stellung des Lehrers darauf abzielt. Waller beschreibt in seinem sehr wertvollen Buch ›The Sociology of teaching‹: Der Lehrer kann nicht lockerlassen, bis die von ihm erbrachte Definition der Situation akzeptiert wird …« (Mannheim/Stewart 1973, S. 164, Hervorh. LL; vgl. Waller 1932/2014).

Mannheim geht auch kurz auf die Frage ein, wie man in der Praxis mit der *widersprüchlichen Grundstruktur des pädagogischen Verhältnisses* im Rahmen der Pflichtschule umgehen könne und solle und gelangt dabei zu einem Vorschlag, den man heutzutage als »Förderung der agency« oder als »Bemächtigung« (*empowerment*) der Kinder und Jugendlichen im Raum der Schule bezeichnen würde. In diesem Sinne zitiert er zustimmend einen Satz aus dem schon einmal von ihm herangezogenen Buch von Waller (1932):

> »In den wirklich glücklich geführten Institutionen haben alle Lehrer und einige der einflussreichen Lernenden das Gefühl, dass sie *ein wirkliches Mitspracherecht* in der Führung der schulischen Angelegenheiten haben« (ebd., S. 166; Hervorh. LL).

Mit dem zweiten Beispiel knüpfe ich an die wissenssoziologische Argumentation im ersten Beispiel an. Dieses Mal reflektiert Mannheim im Sinne seines Relationalismus die historisch-gesellschaftliche Kontextgebundenheit der Vorstellungen über Kinder:

> »Für uns bedeuten das Kind und die kindliche Welt eine besonders getönte geistige Realität, die auch nicht für alle Gesellschaften die gleiche gewesen ist. In der Historie gibt es die verschiedensten Typen des Erlebens der kindlichen Welt und des Kindes von der Welt der Erwachsenen aus … Bald sah die Gesellschaft im Kinde ein Heiligtum, bald einen kleinen Menschen, bald sah sie es als grotesk, bald als lieblich und sentimental; sie sah es in verschiedenen Sinngebungen, von denen das Kind nichts weiß … (Mannheim 1922a/ 1980a, S. 288).

8 Lev Vygotsky (1896–1934): Kulturgeschichtliche und dialogische Voraussetzungen des Denkens – Situiertes Lernen

Lev Vygotsky ist in Russland in einer Zeit aufgewachsen, in welcher die russische Gesellschaft die tiefgreifendste und folgenreichste Umwälzung ihrer Geschichte erfahren hat. Die von Lenin und den Bolschewiki organisierte Oktoberrevolution 1917 hat die vom Staat und der kommunistischen Einheitspartei initiierte und kontrollierte Umgestaltung aller Lebensbereiche nach Maßgabe des Marxismus-Leninismus eingeleitet. Diese philosophische bzw. politisch-ideologische Orientierung hat Vygotskys schulische und universitäre Lern- und Ausbildungsprozesse geprägt. Wie seine Schriften belegen, hat sich Vygotsky allerdings nicht nur mit dem Marxismus-Leninismus beschäftigt, sondern sich mit allen zeitgenössischen wissenschaftlichen Theorien und Forschungsrichtungen, z. B. mit Sigmund Freuds Psychoanalyse und Jean Piagets Kognitionspsychologie auseinandergesetzt und diese selektiv in seine eigenen Analysen und experimentellen Untersuchungen integriert. Diese Integrationsleistung bildet die Grundlage dafür, dass Vygotsky bis heute und weltweit, insbesondere in den USA, als Begründer der »kulturhistorischen Schule« in der Psychologie hochgeschätzt und vielfältig rezipiert wird. In Deutschland hat sich die wissenschaftliche und praktische Beschäftigung lange Zeit auf die DDR beschränkt. In der Bundesrepublik ist, wenn man von Vygotskys bekanntestem Werk »Sprache und Denken« (Wygotski 1982) absieht, wegen seiner marxistischen Orientierung und der durch diese begünstigten Verbreitung im zweiten deutschen Staat nur marginal zur Kenntnis genommen worden; erst 2003 ist eine deutschsprachige, von einem in der DDR etablierten Psychologen herausgegebene Auswahl seiner Schriften in zwei Bänden erschienen (Wygotski 2003).

In den Schriften Vygotskys lässt sich eine interessante Weiterentwicklung der mitteleuropäischen Tradition des dialogischen Denkens in Richtung auf eine kulturhistorische bzw. sozio-kulturelle Theorie des Dialogs entdecken. Einige Grundgedanken lassen sich wie folgt zusammenfassen (vgl. Wygotski 2003; Keiler 2002)

> »Wenn wir die Entwicklungsgeschichte der höheren psychischen Funktionen, des Hauptkerns der Persönlichkeitsstruktur, betrachten, stellen wir fest, dass die Beziehungen zwischen den höheren psychischen Funktionen einmal reale Beziehungen *zwischen* Menschen waren. Die kollektiven, sozialen Verhaltensweisen werden im Entwicklungsprozess zu Verfahren für die individuelle Anpassung, zu Verhaltens- und Denkformen der Persönlichkeit. Jede komplizierte höhere Verhaltensweise durchläuft diesen Entwicklungsweg. Was nunmehr in einem Menschen vereint ist und eine einheitliche, ganzheitliche Struktur komplizierter innerer psychischer Funktionen darstellt, hat sich einstmals, in der Entwicklungsgeschichte aus einzelnen Prozessen zusammengefügt, die *zwischen* mehreren Menschen aufgeteilt waren« (Ebd., S. 199 f.).

> »In der kulturellen Entwicklung des Kindes erscheint jede Funktion zweimal, auf zwei Ebenen – zuerst auf der sozialen, dann auf der psychologischen Ebene, zuerst als Form der

zwischenmenschlichen Zusammenarbeit, als kollektive, *inter*psychische Kategorie, dann als Mittel des individuellen Verhaltens, als *intra*psychische Kategorie, sodass die Strukturen der höheren psychischen Funktionen gewissermaßen ein *Abguss der kollektiven, der sozialen, zwischenmenschlichen Beziehungen* sind..., nichts anderes als eine in die Persönlichkeit übertragene innere Sozialbeziehung, die ihrerseits die Grundlage für die soziale Struktur der Persönlichkeit bildet. *DiePersönlichkeit ist ein soziales Wesen«* (Ebd., S. 200, Hervorh. LL).

»So bilden sich die Funktionen von Gedächtnis und Aufmerksamkeit zunächst als äußere Operationen und unter dem Einsatz äußerer Zeichen aus, weil sie ursprünglich eine Form kollektiven Verhaltens, eine Form sozialer Beziehung waren, und zwar eine Form, die sich nicht ohne Zeichen, nicht als unvermittelte Kommunikation realisieren ließ. Also ist das vom sozialen Mittel zum Mittel der Einwirkung auf sich selbst gewordene Zeichen immer zunächst Mittel zur Einwirkung auf andere, und erst dann wird es zum Mittel der Einwirkung auf sich selbst. *Über andere werden wir wir selbst ...«* (Keiler 2002, S. 201, Hervorh. LL).

»Im Entwicklungsprozess wird jede äußere Funktion *interiorisiert*, sie wird zur inneren Funktion. Im Prozess einer langwierigen Entwicklung verliert sie die Merkmale einer äußeren Organisation und verwandelt sich in eine innere« (Ebda, Hervorh. LL).

Vygotsky wählte zum Ausgangspunkt seiner psychologischen Forschung die These, dass zwischen dem *inter*personellen Geschehen, das sich gleichsam auf der äußeren Bühne einer gemeinsamen Lebensführung und Tätigkeit von Personen abspielt, und dem *intra*personellen Entwicklungsgeschehen, welches sich gleichsam auf der inneren Bühne der individuellen Person abspielt, ein enger Zusammenhang besteht. Der Zusammenhang zwischen Beziehungs- und Entwicklungsgeschehen wird demnach von Vygotsky so interpretiert, dass das *inter*personelle Beziehungsgeschehen die Voraussetzung und Grundlage des intrapersonalen Entwicklungsgeschehens bildet. Den Prozess, der das Beziehungsgeschehen zum Entwicklungsprozess werden lässt, nennt Vygotsky »*Verinnerlichung«* (»Interiorisation«). In diesem Interiorisationsprozess bildet sich nach Vygotsky das menschliche Bewusstsein. Die Strukturen der höheren psychischen Funktionen sind nach Vygotsky »gewissermaßen ein Abguss der kollektiven, der sozialen zwischenmenschlichen Beziehungen« (Keiler 2002, S. 200). Mit seinen Thesen zur *inter*psychischen Hervorbringung *intra*psychischer Strukturen und Funktionen liefert Vygotskij gleichsam eine psychologische Version des berühmten Satzes von Marx »Das gesellschaftliche Sein bestimmt das Bewusstsein« sowie der Maxime von Marx in den Thesen über Feuerbach, das menschliche Wesen sei in seiner Wirklichkeit das »Ensemble der gesellschaftlichen Verhältnisse«.

Vygotsky hat Entwicklung nicht, wie Piaget und Kohlberg, normativ als Ziel, wohl aber beschreibend als Ergebnis von Erziehung charakterisiert, Wie bereits erwähnt, ist Vygotsky davon ausgegangen, dass Erziehung in gesellschaftlich bestimmten Beziehungen stattfindet und dass zwischen dem interpersonellen Erziehungsgeschehen und dem intrapersonalen Entwicklungsgeschehen ein enger Zusammenhang besteht. Dieser Zusammenhang zwischen Erziehung und Entwicklung kommt nach Vygotsky freilich nicht automatisch zustande, er setzt vielmehr auf der Seite des heranwachsenden Kindes einen aktiven Lernprozess voraus, den Vygotsky »Interiosation« genannt hat. Neben dieser das Verhältnis zwischen Erziehung *beschreibenden* Dimension gibt es bei Vygotsky auch eine *normative* Dimension, und zwar insofern, als er die Idee entwickelt und experimentell getestet hat, Kinder dadurch in ihrer Entwicklung vorankommen zu lassen, dass sich die Erziehung bzw. das interpersonelle Beziehungsgeschehen an der »*Zone der nächsten Entwicklung*« orientiert (z. B. Keiler 2002, S. 191 ff). Man könnte diese Idee versuchsweise wie folgt umschreiben: In jeder Entwicklungsphase »schlummert« in jedem Kind ein Potential beispielsweise des Sprechens und Denkens, welches durch gezielte Anregungen im Rahmen von gemeinsamen Tätigkeiten (einschließlich beispielsweise im Rahmen des Spielens jüngerer Kinder mit älteren) geweckt und aktiviert werden kann, welches ohne solche Anregung jedoch noch eine Zeit lang »weiter schlummern« würde. Die Idee der Orientierung an der Zone der nächsten Entwicklung – die englische Übersetzung lautet »zone of proximal development«, abgekürzt ZPD – ist weltweit rezipiert worden und hat weltweit, insbesondere in den USA, Eingang in die professionelle (früh-)pädagogische Praxis gefunden (z. B. Bodrova/Leong 1996; Daniels 2007).

Da Vygotsky auf der Grundlage seines kulturhistorischen Ansatzes immer wieder Beispiele für gesellschaftlich organisierte und strukturierte Praktiken des Erziehens und des Lernens beschrieben und analysiert und damit die historisch-gesellschaftliche »Situiertheit« des beobachteten Erziehungs- und Lerngeschehens aufgezeigt hat, wird er häufig auch als Begründer bzw. Vorläufer des Konzepts des »situierten Lernens« wahrgenommen und herangezogen. Dieses Konzept (vgl. Lave/Wenger 1999; Weinert 1998; Gerstenmaier/Mandl 2001) geht davon aus, dass für die Konstruktion des Wissens die Lernumgebung bzw. das Lernarrangement einen entscheidenden Faktor darstellt. Von Lernpsychologen konnte nachgewiesen werden, dass Kompetenzen insbesondere dann erfolgreich erworben werden, wenn das Lernen kontextgebunden geschieht; »zudem sind weite Bereiche des Wissens und Handelns wiederum an Kontexte also spezifische Situationen, Problemlagen, Handlungsfelder gebunden« (Edelstein/de Haan 2004a, S. 145).

9 Pierre Bourdieu (1930–2002): Relationen – »kulturelles Kapital« – »Habitus«

Im Unterschied zu den bislang behandelten »Klassikern« der Soziologie beobachtet und beschreibt Bourdieu Phänomene des Sozialen einschließlich »Gesellschaft« nicht in der Perspektive von interpersonellen Beziehungen und Interaktionen, sondern in der Perspektive von »objektiven«, gesellschaftlich definierten Beziehungsstrukturen in einem sozialen »Feld«, die er, um den Unterschied deutlich zu machen, nicht mit dem Begriff »Beziehungen«, sondern mit dem Begriff »Relationen« umschreibt. Relationen bestehen – so die Definition, welche Bourdieu mit Verweis auf Marx vorschlägt – »unabhängig vom Bewusstsein und Willen der Individuen« (zit. in Abels/König 2010, S. 204). Was im sozialen Geschehen zählt, sind nicht die Personen, sondern die Positionen im Feld, die den Personen zugewiesen sind. Der Sinn ihres Handelns ist nach Bourdieus Auffassung weder in ihren individuellen Intentionen noch außerhalb des Feldes begründet, sondern existiert als Praxis, welche die Akteure unter den Bedingungen der objektiven Struktur vollziehen.

Mit dieser Position hat Bourdieu noch konsequenter und radikaler als Vygotsky an die Marxsche Anthropologie und Gesellschaftsanalyse (der Mensch als »Ensemble der gesellschaftlichen Verhältnisse«) angeknüpft und in dieser Perspektive die zeitgenössische kapitalistische Gesellschaft kritisch analysiert. Die einzige Parallele, die in dieser Hinsicht zu nennen wäre, liegt bei den Autoren der sogenannten »Kritischen Theorie«, beginnend mit Horkheimer, Adorno und Fromm und bis hin zu Habermas. Eine weitere, inhaltlich naheliegende Parallele lässt sich zwischen Bourdieu und seinem Landsmann Emile Durkheim ziehen, der als einer der Gründungsväter der Soziologie als Wissenschaft gilt: Durkheim und Bourdieu sind innerhalb der Sozialisationstheorie die einzigen, die den Fragen von *Macht, Herrschaft und Zwang* einen systematischen Stellenwert einräumen; bei Durkheim geschieht dies allerdings in positivistisch-funktionaler Manier, während Bourdieu, wie angedeutet, seinen Analysen und Untersuchungen eine kritische, marxistisch orientierte Gesellschaftstheorie zugrundelegt.

Neben der Machtstruktur betont Bourdieu die Ungleichheitsstruktur der (kapitalistischen) Gesellschaft. Zu deren Kennzeichnung unterscheidet Bourdieu drei Kapitalsorten: das ökonomische, kulturelle und soziale Kapital. Die spezifische Konstellation dieser Kapitalsorten prägt eine je bestimmte Art zu denken und zu handeln, und dadurch identifizieren sich die Individuen als Angehörige ihrer Klasse und setzen sich von den anderen Klassen ab. Über das »kulturelle Kapital«, dessen »amtlich beglaubigte Form« Bourdieu »Bildungskapital« nennt, wird eine für jede Klasse typische Art zu denken und zu handeln geformt, für deren Kennzeichnung Bourdieu den Begriff *»Habitus«* eingeführt hat (a.a.O., S. 206). Für das Konzept des Habitus gilt entsprechend, was eingangs zum Konzept der Beziehungsstrukturen (»Relationen«) gesagt wurde: es wird von Bourdieu nicht mit dem Bewusstsein und Willen der Individuen in Verbindung gebracht, sondern gewissermaßen als Schicksal betrachtet, dem die Individuen mehr oder weniger ausgeliefert sind; im Falle des »Habitus« bedeutet dies, dass dieser »inkorporiert«, einverleibt wird. Es gibt daher in Bourdieus Theorie nicht die Vorstellung eines Gegenübers von Individuum und Gesellschaft, wie wir sie bei den »Klassikern« der Soziologie entdeckt haben; vielmehr ist den Individuen die Gesellschaft in den Kopf und den Körper eingeschrieben und gewissermaßen in Fleisch und Blut eingegangen (vgl. ebd.). Es gehört zur Relevanz von Bourdieus Ansatz für die Theorie und Praxis der Pädagogik, dass seine Analysen zu dem Schluss kommen, dass das (höhere) Schulwesen wesentlich zur Reproduktion der Klassen- bzw. Ungleichheitsstruktur der Gesellschaft beiträgt (Bourdieu/Passeron 1971). Diese gleichsam konservative Wirkung des Schulsystems hat im Sinne von Bourdieus Ansatz damit zu tun, dass der Lehrplan, das Leistungsprinzip und die Kultur der (höheren) Schulen stark assoziiert sind mit den Habitusformen der kulturellen (und sozio-ökonomischen) Mittel- und Oberschichten (z. B. Liebau 2014, S. 161 ff.).

10 Michael Tomasello: Koevolution von Biologie und Kultur – Denken und Lernen als kooperatives Geschehen – »Instructional encounter«

Michael Tomasello, geboren 1950 in Bartow, Florida (USA), ist seit 1998 Co-Direktor am Max-Planck-Institut für evolutionäre Anthropologie in Leipzig. Die experimentellen Untersuchungen, die er und seine Mitarbeiter/Innen im letzten Jahrzehnt durchgeführt und publiziert haben, habe ich bereits in Kapitel II/1 kurz resümiert; die große Relevanz dieser Forschungsfragen und Untersuchungsbefunde für die Pädagogik hat Michael Winkler in einer ausführlichen Rezension gewürdigt (Winkler 2011). Für die Begründung eines Konzepts der Beziehungspädagogik sind insbesondere diejenigen Befunde der vergleichenden Untersuchungen über Entwicklungsverläufe bei menschlichen und nichtmenschlichen Primaten aufschlussreich, die zeigen, dass die Menschenkinder bereits in ihrer vorsprachlichen Entwicklungsphase ein ausgeprägtes *Sozialverhalten* an den Tag legen, das unter anderem auf Anfänge bzw. Ansätze eines Gerechtigkeitssinnes schließen lässt (Tomasello 2014b; Vaish/Tomasello 2014; Riedl/Jensen/Call/Tomasello 2015). Dieser Befund, der nicht auf alle, sondern nur auf die menschlichen Primaten zutrifft, deutet nämlich darauf hin, dass Formen eines helfenden, auf die Pflege zwischenmenschlicher Beziehungen gerichteten Verhaltens und Handelns in unserer Phylogenese angelegt sein könnte oder, wie es Tomasello an anderer Stelle ausgedrückt hat, dass wir Menschen »zum Helfen geboren (und erzogen)« werden (Tomasello 2010, S. 19). Nicht nur die ontogenetisch früh ausgeprägte »gemeinsame Intentionalität« hat Tomasello in der Perspektive von Kooperation beschrieben; auch die schulischen Lehr- und Lernprozesse hat er in dieser Perspektive rekonstruiert, zum Beispiel in dem Sinne, dass man beim heutigen Wissensstand die Vorstellung vom aktiven Lernprozess der Kinder, die bereits Jean Piaget untersucht und analysiert hat, erweitern müsse, und zwar »in tandem with a model of the instructor's theory of children and their minds and learning skills, and how this affects their choice of pedagocical method« (Kruger/Tomasello 1998, S. 384). Die Autoren sprechen in diesem Zusammenhang von »*instructional encounter*« (ebd.), ein Begriff, der als *Begegnung* in der deutschsprachigen Pädagogik eine lange Tradition hat (vgl. Loch 1969). Insbesondere dann, wenn es im Unterricht nicht allein um Wissensvermittlung gehen soll, sondern darum, Kinder und Jugendliche zum selbständigen Denken anzuregen, »teachers must craft *interpersonal interactions* such as discussions with the learner which will prompt the learner to consider and critisize alternatives« (ebd.).

Über schulische Lehr- und Lernprozesse hinaus hat Tomasello die Entstehung und Entwicklung der menschlichen Kultur in der Perspektive eines lernintensiven Kooperationsgeschehens beschrieben:

»Die moderne menschliche Kultur ist ... grundlegend kooperativ, indem Erwachsene auf altruistische Weise Kinder aktiv unterrichten und die Kinder sich aktiv den Erwachsenen anpassen, was ein Mittel darstellt, um sich kooperativ in die Kulturgruppe einzufügen ...

Das Lehren entlehnt seine Grundstruktur aus der kooperativen Kommunikation, bei der wir andere über bestimmte Dinge auf nützliche Weise informieren. Moderne Menschen fingen nicht ganz von vorne an, sondern bauten auf der Kooperation der Frühmenschen auf. Die menschliche Kultur ist frühmenschliche Kooperation im großen Stil« (Tomasello 2014a, S. 126).

Die von Tomasello vorgenommene (Re-)Konstruktion von Lehr- und Lernprozessen als Beziehungsgeschehen im Sinne eines Prozesses der Kooperation legt die Frage nahe, ob und unter welchen Bedingungen und mit welchen Resultaten Lehr- und Lernprozesse auch in der pädagogischen Praxis als Beziehungs- bzw. Kooperationsgeschehen »konstruiert« werden können.

11 Wolf Singer: Biologische und kulturelle Evolution – Soziogenese und kulturelle Prägung des (Selbst-)Bewusstseins

Wolf Singer ist seit 1981 Direktor am Max-Planck-Institut für Hirnforschung in Frankfurt am Main. Singer war immer aufgeschlossen für fächerübergreifende Fragen. Insbesondere die Frage nach der Bedeutung und angemessenen Gestaltung von Lernprozessen hat ihn veranlasst, Zusammenhänge zwischen biologischer Evolution und kultureller Evolution zu reflektieren: Die kulturelle Evolution beruht, wie Singer (2003, S. 18) in einem Gespräch angemerkt hat, »wesentlich darauf, dass Menschen zu Lebzeiten erworbenes Wissen an die Nachfahren weitergeben können und dabei nicht nur Techniken, sondern auch Sinnzuschreibungen vermitteln – das hat es in der biologischen Evolution nicht gegeben. Warum soll sich ein Evolutionsbiologe nicht mit solchen kulturellen Lernprozessen beschäftigen und deren soziale und neuronale Mechanismen erforschen? Ich sehe da keine kategorialen Fachgrenzen« (Singer 2003, S. 18). Das Zusammenwirken von genetischen Faktoren und Inhalten der Erziehung hat Singer in einem Gespräch wie folgt umschrieben:

> »Man kann zeigen, dass Verbindungen (i. S. v. Synapsen im Gehirn), die nach der Geburt angelegt werden, zunächst im Überschuss angelegt sind und dann unter dem Einfluss von Erfahrung die passenden nach funktionellen Kriterien herausgesucht werden. Diese bleiben erhalten, während die, die wir nicht benötigen, wieder eingeschmolzen werden. Auf diese Weise kommt zum Schluss, also wenn das Gehirn ausgereift ist, also zum Zeitpunkt der Pubertät, eine Architektur heraus, die sowohl genetische Determinanten hat als auch stark mitbestimmt und mitgestaltet wurde durch die Inhalte der Erziehung« (ebd., S. 97 f.).

Eine weitere fächerübergreifende Frage, die Singer immer wieder beschäftigt hat, ist die Frage nach der Entstehung und Eigenart des menschlichen (Selbst-)Bewusstseins. Dieser, wie er meint, schwierigsten der Fragen, die gegenwärtig im Grenzgebiet zwischen Neurobiologie und Philosophie verhandelt werden, ist Singer unter anderem in seinem Essay »Vom Gehirn zum Bewusstsein« nachgegangen. Die Frage, »ob wir innerhalb neurobiologischer Beschreibungssysteme angeben können, wie unsere Selbstkonzepte entstehen, unser Ichbewusstsein und unsere Erfahrung, ein autonomes Agens zu sein, das frei ist zu entscheiden« (Singer 2002a, S. 73), verneint Singer, und zwar mit dem Argument, dass sich die neurobiologischen Beschreibungssysteme bislang ausschließlich an der naturwissenschaftlichen Analyse einzelner Gehirne orientiert haben; eine derartige Analyse genüge jedoch nicht, wenn es um die Erklärung von Ich-Erfahrung und Ichbewusstsein gehe. Diese müssten vielmehr als »*soziale Zuschreibungen*« bzw. »soziale Realitäten« verstanden werden, die aus dem »*Dialog von Gehirnen*« (ebd.) hervorgehen und sich insoweit auch der »kulturellen Evolution« verdanken; es ist demnach in Singers

Sicht »der *Dialog*, der den *Individuationsprozess* erst möglich macht« (ebd. S. 74, Hervorh. LL).

Dieser Dialog vollzieht sich nach Singer in der frühesten und frühen Kindheit im Medium der intensiven Beziehungen zwischen dem Kind und seinen erwachsenen Bezugspersonen. Der frühe Dialog zwischen Bezugsperson und Kind, so Singer, »vermittelt diesem in sehr prägnanter und asymmetrischer Weise die Erfahrung, offenbar ein autonomes frei agierendes, verantwortliches Selbst zu sein, hört es doch ohne Unterlass ›tu nicht dies, sondern tu das, lass das, sonst ...‹ oder ›mach das, andernfalls ... !‹ Diese Hinweise sind in idealer Weise dazu angetan, dem Kind klarzumachen, dass es offensichtlich frei ist zu entscheiden, was zu tun ist, und dass es für seine Entscheidung zur Verantwortung gezogen, belohnt oder bestraft werden kann« (Singer 2006, S. 51 f.). Für die Dialogfähigkeit und die in Dialogen aktivierte Lernfähigkeit des heranwachsenden menschlichen Individuums gibt es nach Singer allerdings nicht nur soziale bzw. kulturelle, sondern auch neurobiologische Voraussetzungen:

> »Aus neurobiologischer Sicht liegt ... der Schluss nahe, dass auch die höheren Konnotationen von Bewusstsein, die wir mit unseren Konzepten von Freiheit, Identität und Verantwortlichkeit verbinden, Produkte eines evolutionären Prozesses sind, der zunächst Gehirne hervorgebracht hat, welche die Fähigkeit entwickelt haben, Protokoll zu führen über hirninterne Prozesse, diese in Metarepräsentationen zu fassen und deren Inhalt über Gestik, Mimik und Sprache anderen Gehirnen mitzuteilen; und zweitens, die Fähigkeit, mentale Modelle von den Zuständen der je anderen Gehirne zu erstellen, eine *theory of mind* aufzubauen, wie die Angelsachsen sagen« (Singer 2002, S. 73).

Die zitierten Analysen und Überlegungen von Wolf Singer zeigen, dass die heutige Hirnforschung hinsichtlich der (Sozio-)Genese des menschlichen (Selbst-)Bewusstseins zu ähnlichen Einsichten gelangt, wie sie bereits von den oben referierten früheren Vertretern der Psychologie und Sozialpsychologie, insbesondere von Mead und Vygotsky, gewonnen und vorgetragen worden sind. Die Beschreibung der Soziogenese des Bewusstseins als ein dialogisches Beziehungsgeschehen sowie die Beschreibung unseres Gehirns als »Produkt der Erziehung« (Singer 2003a) lassen Singers Ansatz der Hirnforschung zu einem fruchtbaren Ansatz zur Begründung des von mir vorgeschlagenen Konzeptes einer Beziehungspädagogik werden.

12 Von interpersonalen zu interprozessualen Beziehungen: »Lehren und Lernen«

In den voraufgegangenen Kapiteln habe ich theoretische Positionen zusammengetragen und erläutert, die ich für fruchtbar dafür halte, Erziehungs- und Lernprozesse als ein Beziehungsgeschehen zu begreifen und zu beschreiben, und zwar ein Beziehungsgeschehen, welches durch die Interaktion zwischen Personen, die erzieherisch tätig sind, und Personen, die lernen, zustande kommt und gestaltet wird. Dass Erziehung und Lernen im Kontext interpersonaler Beziehungen organisiert, gestaltet, erfahren und interpretiert werden, bildet den nächstliegenden Ausgangspunkt einer Beziehungspädagogik, und zwar schon deshalb, weil die Phänomene der Erziehung und des Lernens schon immer von den Beziehungen zwischen den Generationen und von der Generationenfolge ausgegangen sind und im Medium von Generationenbeziehungen stattgefunden haben; dabei handelt es sich zum einen um familiale Generationenbeziehungen (s. oben Teil I), zum anderen um gesellschaftliche, im Rahmen des Schulsystems institutionalisierte Generationenbeziehungen (s. den folgenden Teil III).

Im begonnenen Kapitel richtet sich der Blick nicht mehr auf die Personen, die entweder lehren oder lernen, sondern auf die Prozesse des Lehrens und des Lernens. Die Frage lautet daher nicht mehr, in welcher Art von Beziehung Lehrende und Lernende, beispielsweise im Pflichtschulsystem eines bestimmten Landes, stehen; jetzt lautet die Frage, in welcher Art von Beziehung die Prozesse der Erziehung bzw. der Lehre/des Unterrichts und Prozesse des Lernens stehen. Die sprachliche Verbindung »Lehren und Lernen« suggeriert auf den ersten Blick eine selbstverständliche Zusammengehörigkeit der beiden Prozesse, zum Beispiel in dem Sinne, dass die Beziehung zwischen Lehren und Lernen als Kausalbeziehung – Lehren ist die Ursache von und bewirkt Lernen – betrachtet wird. Dass diese Betrachtung in die Irre führt, kann man sich an der Tatsache klarmachen, dass der vermutlich größte Teil des Lernens unabhängig von erzieherischem Handeln erfolgreich zustande kommt, wie beispielsweise der frühe Erwerb der Muttersprache oder auch die zahllosen Lernprozesse belegen, die durch Beobachtung und Nachahmung, durch Lektüre, durch Medienkonsum etc. angeregt werden (mediales Lernen). Dass das Verhältnis zwischen Lehren und Lernen nicht als Kausalbeziehung aufgefasst werden kann, ergibt sich auch aus der alten, durch die heutige Hirnforschung bestätigten Einsicht, dass Lernprozesse nicht »von außen« gesteuert oder gar hergestellt werden können, dass sie nicht verfügbar sind, sondern selbsttätig hervorgebracht werden müssen. Treml (2000, S. 131) erinnert daran, dass diese Einsicht zuerst von den Kirchenvätern Augustinus und Thomas von Aquin formuliert worden ist; beide haben die Unmöglichkeit des Lehrens und Beibringens (z. B. bei Augustinus mit Blick auf den Erwerb der Muttersprache) sowie die Unverfügbarkeit des Lernens auf den letztlich göttlichen, d. h. durch die Gottesebenbildlichkeit des Menschen ermöglichten Charakter des Lernens zurückgeführt; in säkularisierter Form begleitet diese Vorstellung die Geschichte des pädagogischen Denkens seit Rousseau. Wie wenig die Beziehung zwischen Lehren und Lernen theoretisch bearbeitet worden und geklärt ist, zeigt sich nach Treml (2000) auch daran, dass traditionell unterschiedliche Wissenschaftsdisziplinen mit der Untersuchung des Lehrens (Gegenstand der Didaktik innerhalb der Pädagogik, beginnend mit Comenius *Didactica magna* von 1657) bzw. mit der Untersuchung des Lernens (Gegenstand der Lernpsychologie) befasst sind.

Zur besseren theoretischen Klärung der Beziehungen oder, wie der Autor formuliert, der »Grundspannung« zwischen Lehren und Lernen führt Treml (2000) in seiner Allgemeinen Pädagogik einen Ansatz vor, den er als systemtheoretische Variante der Allgemeinen Evolutionstheorie bezeichnet. Treml argumentiert folgendermaßen:

> »Aus dieser theoretischen Sicht lässt sich die Unterscheidung von Lehren und Lernen auf jene von *Variation* und *Selektion* und von *Handeln* und *Erleben* zurückführen und in einen gegenseitig erläuternden Zusammenhang bringen. Wer lehrt, verändert handelnd die Umwelt für lernende Systeme und variiert damit deren erlebte Umwelt. ›Handeln‹ ist dabei eine Zustandsänderung, die ein Beobachter dem System (also sich selbst) zurechnet; von ›Erleben‹ sprechen wir dann, wenn wir eine solche seiner Umwelt (also dem Lehrer) zuschreiben. Der Lehrer handelt, und das heißt, dass er sein Verhalten primär sich selbst zurechnet. Der Schüler erlebt dieses Lehrerhandeln, insofern er dieses Verhalten seiner Umwelt, also dem/Lehrer zurechnet« (Treml 2000, S. 132 f.).

> »Das was der Schüler durch das Handeln des Lehrers erlebt, verändert seinen Erlebnishorizont und wird zwangsläufig selektiv weiterbehandelt: positiv, indem er lernt, negativ, indem er nicht lernt. Lehren ist also Variation und Lernen Selektion, und wir trennen deshalb auch sprachlich, weil die Verbindung – die Einheit dieser Differenz – zufällig ist. Der Begriff des Zufalls in diesem Zusammenhang erinnert nur daran, dass Variations- und Selektionsprozesse in sich geschlossen operieren und keinen direkten Zugang zueinander haben« (ebd., S. 133. Hervorh. im Original).

Dieser Ansatz erscheint mir sehr fruchtbar; Treml verzichtet damit, ähnlich wie Dewey, der übrigens, wie angedeutet, ebenfalls evolutionstheoretisch argumentiert, prinzipiell auf normative Begründungsmuster für Erziehung und Lernen. Ergänzungsbedürftig erscheint mir allerdings die Bestimmung des Lernens – in Bezug zu der das Lernen intendierenden Lehre – als »eine zufällige Aktivierung von Hirnströmen« (s. obiges Zitat); ergänzungsbedürftig in Richtung auf jene in den vorausgehenden Kapiteln besprochenen Auffassungen des Lernens als eigenständige Tätigkeit bzw. Aktivität (so etwa bei Simmel, Mead, Dewey, Vygotsky und Nohl). Als Beispiel für selbsttätiges (und übrigens auch anders als bei Treml behauptet, sichtbares bzw. beobachtbares) Lernen verweise ich auf die Praxis des Übens, die etwa beim Erlernen einer Fremdsprache oder beim Erlernen eines Musikinstruments oder eines Handwerks zum Zuge kommt; zum Üben kann Lehre/Unterricht – synchron oder diachron – dazugehören oder auch nicht.

Tremls Analyse des spannungsreichen Zusammenhangs zwischen Lehren und Lernen habe ich auch deshalb relativ viel Platz eingeräumt, weil ich aus dieser Analyse die Aufforderung herauslese, Unterrichtstheorie und Lerntheorie, Lehrforschung und Lernforschung stärker miteinander zu verbinden als dies traditionellerweise geschieht. Ich will außerdem darauf hinweisen, dass das, was Treml an den Begriffen des Lehrens und Lernens vorgeführt hat, ebenso an den Begriffen »Erziehung« und »Bildung« sowie an der an diesen Begriffen orientierten Theoriebildung und Forschung durchdekliniert werden kann, insbesondere dann, wenn man die Art der Verwendung dieser Begriffe bei Hermann Nohl (▶ Kap. II/2) berücksichtigt. Ohne mir seinerzeit der Nohlschen Begriffsverwendung bewusst zu sein, habe ich in meiner »Frühpädagogik« (Liegle 2013) die Beziehung zwischen Erziehungsprozessen und Bildungs- bzw. Lernprozessen entsprechend beschrieben, indem ich »Erziehung« als »Aufforderung zur Bildung/zum Lernen« definiert habe (ebd., S. 58).

Neben dem referierten Ansatz von Treml ist auf Beiträge aus der Pädagogischen Psychologie hinzuweisen; allerdings geht es dabei um Beiträge, die vom mainstream insofern abweichen, als sie die übliche Trennung zwischen Lehrforschung und Lernforschung hinter sich lassen und von einem relationalen Verhältnis von Lehr- und Lernprozessen ausgehen. Eine derartige relationale Perspektive findet sich in besonders ausgeprägter Art und Weise in den Publikationen von Franz E. Weinert; eine Tatsache, die möglicherweise damit zusammenhängt, dass Weinert zu den wenigen Autoren der Pädagogischen Psychologie gehört hat, die auf eine eigene schulpädagogische Praxis zurückblicken konnten. Die relationale Orientierung der Weinertschen Publikationen kommt besonders deutlich in seinem repräsentativen Beitrag »Lerntheorien und Instruktionsmodelle« in der Enzyklopädie der Psychologie zum Ausdruck (Weinert 1996); sie zeigt sich auch in dem bereits 1982 veröffentlichten Aufsatz zum Thema »Selbstgesteuertes Lernen«, in welchem er diese Form des Lernens in drei Perspektiven ins Verhältnis zur Unterrichtspraxis setzt: selbstgesteuertes Lernen »als Voraussetzung, Methode und Ziel des Unterrichts« (Weinert 1982). Entsprechendes gilt für den zusammen mit amerikanischen Kollegen verfassten Epilog (Graf u. a. 1996) zu dem Sammelwerk »Interactive minds« (Baltes/Saudinger 1996).

13 Zwischenresümee: Auf dem Weg zu einem Konzept der Beziehungspädagogik

In diesem Teil habe ich einige Theorie-Ansätze zusammengetragen und erläutert, die ich zur Begründung meines Entwurfs einer Beziehungspädagogik für fruchtbar halte; deren Summe könnte das Grundgerüst einer Theorie der pädagogischen Beziehungspraxis abgeben. Schon die Auswahl der Ansätze, die sich ohne weiteres ergänzen und ausweiten ließe, macht deutlich, dass es – ebenso wie im Hinblick auf jede andere systematisch profilierte Pädagogik, z. B. Anthropologische Pädagogik – nicht *die* Beziehungspädagogik, nicht *eine* bestimmte Gestalt von Beziehungspädagogik geben kann, dass es vielmehr eine Vielfalt von Gestalten einer Beziehungspädagogik gibt oder geben kann; die Vielfalt bzw. die je bestimmte Gestalt hängen vom »Zeitgeist« und dessen Wandel sowie von der zur Begründung ausgewählten Theorie ab. Obwohl es einerseits zutrifft, dass ich bestrebt war, disziplinär und methodologisch unterschiedliche Ansätze auszuwählen und vorzustellen, ist mir andererseits beim Niederschreiben der voraufgehenden zwölf Kapitel immer deutlicher geworden, dass meine Auswahl von einem allgemeinen Vorverständnis von »Erziehung und »Beziehung« bestimmt worden ist, einem Vorverständnis, das seinerseits zeitgeistabhängig zu sein scheint. Um dies an einem Beispiel zu illustrieren: Ich habe keine einzige Position ausgewählt, in welcher versucht wird, eine Art von Beziehungspädagogik zu begründen, in welcher Erziehung einseitig von der Lehre her oder auch als Zwang zur Konformität aufgefasst wird (wie dies ansatzweise z. B. in Èmile Durkheims Konzept der »methodischen Sozialisierung« der Fall ist; vgl. Abels/König 2010, S. 53 ff.). Die Ausblendung derartiger Ansätze erscheint uns heute naheliegend; sie ist jedoch keineswegs selbstverständlich. Denn, wie Treml (2000, S. 131) zu Recht bemerkt, zeigt ein Blick in die Geschichte der Pädagogik, dass Pädagogen viele Jahrhunderte, ja Jahrtausende lang primär und einseitig als Lehrende verstanden worden sind und auch sich selbst entsprechend verstanden haben; dass erst mit Sokrates (in den Dialogen Platos) der Akzent beim Lernenden gesetzt worden ist (indem Plato die dialogisch gestaltete Lehre als »Hebammenkunst« bezeichnet hat); und dass erst seit Rousseau, spätestens jedoch seit der »Reformpädagogik« im ersten Drittel des 20. Jahrhunderts eine »Pädagogik vom Kinde aus« konstruiert worden ist. Der damit angedeutete langfristige Wandel des pädagogischen Denkens von einer einseitigen Lehrerzentriertheit zur Reflexion (und Praxis) eines bi- und intersubjektiven pädagogischen Geschehens, an welchem sowohl die Lehrenden wie die Lernenden aktiv teilhaben, spiegelt sich – das ist mir, wie gesagt, immer deutlicher geworden –, in der Auswahl der theoretischen Positionen zur Begründung meines Entwurfs einer Beziehungspädagogik. Dieser sich verstärkende Eindruck ist auch dadurch nahegelegt worden, dass einige der ausgewählten und referierten Autoren die Zeitgebundenheit ihrer eigenen Argumente, aber auch des pädagogischen Argumentierens im Allgemeinen ausdrücklich einräumen bzw. hervorheben; das beginnt schon bei Georg Simmel, der sein Konzept der »*Wechselwirkung*« mit dem Hinweis erläutert, dass dieses Konzept erst für die bzw. innerhalb der »modernen« Pädagogik Relevanz gewinnt. Im Interaktionismus Meads und in der wissenssoziologischen Argumentation von Karl Mannheim setzt es sich fort; und schließlich kommt es bei Hermann Nohl zum Ausdruck, wenn er die Antinomie bzw. Ambivalenz im Hinblick auf »Hingabe« bzw. »Widerstand« im Lernverhalten erläutert oder auf die (historische) Zeitgebundenheit hinsichtlich der Bevorzugung entweder des Erziehungsbegriffs (mit besonderer Betonung der Lehrtätigkeit) oder des Bildungsbegriffs (mit besonderer Betonung der selbsttätigen Bildung des »Zöglings«) hinweist (vgl. Klika 2013, S. 46 f.).

Die von mir ausgewählten und skizzierten Theoriepositionen legen ein Zwischenresümee nahe, welches dem Versuch, Pädagogik als Beziehungspädagogik zu rekonstruieren, Fruchtbarkeit bescheinigt. Etwas vereinfacht und zugespitzt könnte man sagen: Phänomene der Erziehung/des Unterrichts und des Lernens/der Bildung lassen sich in komplexer Weise erschließen, wenn man sie in der Perspektive bzw. am *Modell einer »Beziehungspraxis«* beobachtet, beschreibt und interpretiert; und sie lassen sich in komplexer Weise erklären, wenn man sie beziehungstheoretisch deutet. Das Modell der »Beziehungspraxis« ist jüngst von Matthias Grundmann am Beispiel des Sozialisationskonzepts und im Hinblick auf Sozialisationsprozesse erprobt worden (Grundmann 2015).

Wenn man das Modell der »*Beziehungspraxis*« auf Phänomene und Prozesse der Erziehung bzw. des Lehrens und des Lernens (im Rahmen der ›Pflicht‹-Schule) überträgt, fallen zunächst zwei allgemeine Strukturmerkmale ins Auge, die gerade (und vielleicht ausschließlich, wenn man das Zusammentreffen beider Merkmale berücksichtigt) für die *pädagogische* Beziehungspraxis konstitutiv sind: ihre *triadische* Struktur und ihre *asymmetrische* Struktur. Die *triadische Struktur der pädagogischen Beziehungspraxis* habe ich bereits in der ersten Annäherung an theoretische Begründungsmuster einer Beziehungspädagogik (▶ Kap. II/3) am »*didaktischen Dreieck*« illustriert und durch das Zitat eines Kommentars von Habermas zu den experimentellen Untersuchungen von Tomasello erläutert; eine andere Deutung der triadischen Struktur, bezogen auf die interprozessuale Beziehung zwischen Lehren und Lernen, hat Treml (2000) vorgelegt. Immer geht es dabei um das Zusammentreffen von »horizontalen« Beziehungen zwischen (lehrenden und lernenden) Personen und (je individuellen, aber auch gemeinsamen/ geteilten) »vertikalen« Beziehungen zwischen Person(en) und »Welt(en)« bzw. Gegenstand/Gegenständen bzw. Thema/Themen. Die *asymmetrische* Struktur der pädagogischen Beziehungspraxis (die sich beispielsweise auch in medizinischen und therapeutischen Berufsfeldern nachweisen lässt) ist in den voraufgehenden Kapiteln immer wieder angesprochen worden; insbesondere gilt dies für Mannheim, der die Beziehung zwischen Lehrer und Schüler in das polare Spannungsverhältnis zwischen »Amtsautorität« und »Lernzwang« bzw. zwischen »*Dominanz*« und »*Unterwerfung*« hineinstellt; Mannheim zitiert in diesem Zusammenhang aus einer »Soziologie des Lehrens«, die sich als so interessant und ertragreich erwiesen hat, dass sie in jüngster Zeit nachgedruckt worden ist. In seinem Werk analysiert Waller (1932/2014) in einem umfangreichen Kapitel das Problem der »*Definition der Situation*«; hier wird die asymmetrische Struktur der pädagogischen Beziehungspraxis daran aufgezeigt, dass die Definitionsperspektiven von Lehrern und Schülern nicht nur unterschiedlich sind, sondern *dass den Definitionsperspektiven der Schüler angesichts der klar hervortretenden, auch gesetzlich geregelten Definitionsmacht der Lehrer nur ein geringes Gewicht zukommt.*

Auf die triadische Struktur der pädagogischen Beziehungspraxis werde ich in Teil IV in differenzierter Form zurückkommen, wenn es um »weitere Beziehungskonstellationen« nach und neben den interpersonellen Beziehungen geht. Denn diese weiteren Beziehungskonstellationen verweisen einerseits auf Inhalte des schulischen Lehrens und Lernens, Inhalte, die in Gestalt von Lehrplänen zusammengefasst, geordnet und erläutert und die auch zu Gegenständen von Prüfungen, Zensuren und Zeugnissen gemacht werden. Als historisch erstes Beispiel eines Lehrplans kann Comenius' »Orbis pictus« gelten; dessen Inhalte, in Form von Bildern und Texten dargeboten, reichten von Elementen des Kosmos und der Erde bis hin zu Phänomenen der Alltagsarbeit und des Alltagslebens der Menschen; der Verfasser dieses »Orbis sensualium pictus« (Comenius 1657/1910), der böhmische Theologe, Philosoph und Pädagoge Jan Amos Comenius, hat, gleichsam als den Lehrplan ergänzendes Lehrbuch für die Lehrenden, eine »Große Didaktik« vorgelegt, in welcher er es sich zur Aufgabe gemacht hat, »die vollständige Kunst, alle Menschen alles zu lehren« (so lautet der Untertitel des Buches) darzulegen (Comenius 1658/2008). Den genannten Elementen und Phänomenen widmet sich jedoch nicht allein das schulische Lehren und Lernen (oder auch die akademische Forschung und Lehre); vielmehr machen alle Menschen alltäglich mit diesen und weiteren Elementen, Artefakten und Phänomenen *Erfahrungen* und gehen mit ihnen – gemäß unterschiedlichen Präferenzen – mehr oder weniger enge und dauerhafte Beziehungen ein; und diese bilden ebenso wie zwischenmenschliche Beziehungen bedeutsame *Erfahrungsräume* für die lebenslange Entwicklung und Identitätsbildung sowie für die kulturelle und gesellschaftliche Integration der Person. Dass die triadische Struktur der pädagogischen Beziehungspraxis nicht nur für den Erfahrungsraum Schule kennzeichnend ist, sondern die Grundlage allen menschlichen Lernens bildet, zeigt sich an einem Phänomen, welches bereits in Kapitel II/1 im Zusammenhang mit der Würdigung von Tomasellos experimentellen Untersuchungen durch Jürgen Habermas angesprochen worden ist: Die triadische Struktur der (Lehr-) Lernprozesse lässt sich bereits in der frühesten, vorsprachlichen Kindheit beobachten; um dies an einem Beispiel zu illustrieren: Ein Vater (oder eine Mutter) singt dem Säugling ein Lied vor; aus diesem Lied muss nicht, aber kann ein zugleich individueller und gemeinsamer (Vater/Mutter und Kind verbindender) »Besitz« werden, auf dessen – möglich unveränderte – Wiederholung und Bewahrung das Kind möglicherweise Wert legt; dieses Lied wird »mein« Lied, »unser« Lied im Sinne der Eltern-Kind-Beziehung und möglicherweise auch »unser« Lied im Sinne von kollektiver (kultureller, religiöser etc.) Identität. Innerhalb der von mir ausgewählten und skizzierten Theoriepositionen ist es vor allem die Position von Martin Buber, in welcher den Beziehungen zwischen Person und Dingen, Kultur- und Naturphänomenen etc. neben den interpersonellen Beziehungen zentrale

Bedeutung zugesprochen wird und zwar, das Begriffspaar ICH-DU ergänzend, durch das Begriffspaar ICH-ES (vgl. Buber 1979; Maier 1992). Wie stark wir auch zu Artefakten bedeutsame Beziehungen aufbauen können und was dieses In-Beziehung-Treten ausmacht, werde ich in Teil V an einigen Beispielen illustrieren. Schon hier jedoch, wo ich ein Zwischenresümee der ausgewählten Theoriepositionen versuche, fällt mir ein schönes Beispiel aus den Schriften Georg Simmels ein: An einer Stelle, wo er auf sein Werk über Kant zu sprechen kommt, bemerkt Simmel in der für ihn typischen Form der (Selbst-) Ironie, das sei ja recht besehen nicht nur ein Buch von Simmel über Kant, sondern auch eines von Kant über Simmel. In die gleiche Richtung weist die Veröffentlichung des holländischen Schriftstellers und Musikliebhabers Marten t'Hart unter dem Titel »Bach und ich« (t'Hart/Csollany 2002).

Auch auf die Frage der grundlegend *asymmetrischen Struktur* der pädagogischen Beziehungspraxis werde ich noch einmal differenzierter eingehen, und zwar in der Perspektive einer Ethik des Erziehens. Wie in anderen helfenden und heilenden Berufen scheinen mir auch in den pädagogischen Berufen ethische Normen nicht nur ein Erfordernis der Praxis, sondern auch ein wichtiges Thema theoretischer Reflexion und empirischer Forschung zu sein, und zwar gerade deshalb, weil es sich in der pädagogischen Beziehungspraxis um hierarchisch geordnete, asymmetrische Beziehungen handelt, in welchen neben der Aufforderung zu zugewandter Sorge (*caring*) immer auch das Risiko bzw. die Gefahr des Missbrauchs der Macht der Erziehenden und der Ohnmacht der Lernenden angelegt ist. Beides, die *sozial-kulturelle Erfindung der Kindheit* und die sozial-kulturelle Erfindung der *Schule* – und beide Erfindungen bedingen sich gegenseitig – lassen die Kinder in den modernen Gesellschaften in eine Position geraten, die dadurch gekennzeichnet ist, dass die Kinder in ihrer Unterschiedenheit von Erwachsenen definiert und behandelt werden (vgl. Kessel/Siegel 1983; Bruner 1966); dies zeigt sich an der Tatsache, dass Kindheit in allen modernen oder sich modernisierenden Gesellschaften zwar auch als Familienkindheit – und im Übrigen weist auch der kindliche Erfahrungsraum Familie eine grundlegend asymmetrische Beziehungsstruktur aus –, vor allem aber als *Schulkindheit* institutionalisiert ist. Ganz zu Recht ist Moran-Ellis (2014) für ihre Untersuchungen über das Handlungsvermögen (»agency«) von (Vorschul-)Kindern von der folgenden Hypothese ausgegangen:

> »Kleine Kinder könnten infolge von drei Mechanismen viel größeren Begrenzungen unterliegen als viele andere gesellschaftlichen Gruppen: das eine ist die *Institutionalisierung* ihres Lebens; das zweite ist die *intergenerationell vermittelte Dominanz* in ihren Beziehungen, innerhalb derer ihnen die Position sich entwickelnder Akteure zugewiesen wird, so dass alle ihre Handlungen als Material für Lernen und Korrekturen reinterpretiert werden; das dritte ist ihr *begrenzter Zugang zu Ressourcen*, die sie zur Unterstützung ihrer eigenen Absichten einsetzen (können)« (Moran-Ellis 2014, S. 179 f. Hervorh. LL).

Durch ihre eigenen Untersuchungen sowie durch die Auswertung weiterer Untersuchungen konnte Moran-Ellis nachweisen, *dass Kinder die Fähigkeit entwickeln und zeigen können,* »sozial kompetent in höchst komplexen und sozial geordneten Weisen zu handeln« (ebd.; Hervorh. LL), aber eben nur unter der Bedingung, dass sie in sozialen Feldern/Räumen/Settings handeln, in welchen ihr *Handlungsver-*

mögen (agency) unterstützt und gefördert und nicht, wie in den zuvor untersuchten Settings, begrenzt wird: Damit hat diese Forscherin ähnlich argumentiert wie bereits Dewey, und sie hat über Dewey hinaus empirisch belegt, dass diese Argumentation einer empirischen Prüfung standhält: Zur Erinnerung: Dewey hatte argumentiert, man dürfe, wenn man die selbsttätigen Erfahrungen der Kinder und deren Reflexion seitens der Kinder für wichtig hält, die Gestaltung des (schulischen) Erfahrungsraums nicht dem Zufall überlassen, sondern diese an der Förderung der Erfahrungsmöglichkeiten der Kinder ausrichten.

Innerhalb der von mir ausgewählten Positionen ist lediglich von Mannheim die asymmetrische Struktur der pädagogischen Beziehungspraxis mit scharfen Worten wie »Dominanz« und »Unterwerfung« kommentiert worden; und interessanterweise ist diese Kommentierung sachlich-beschreibend, nicht jedoch kritisch-analytisch gehalten. Die in den übrigen Positionen verwendeten Begriffe und Konzepte – »Wechselwirkung« bei Simmel, »Wechselwirkung«, »Kommunikation« und »Interaktion« bei Mead, »Bezug« und »Gemeinschaft« bei Nohl, »Dialog« bei Buber und Singer sowie »Kooperation« bei Tomasello – haben einen freundlichen Klang und assoziieren sogar tendenziell symmetrische Beziehungen. Bei näherem Zusehen wird freilich an keiner Stelle das zwischen Lehrenden und Lernenden etablierte und wirksame Gefälle von Kompetenzen und Ressourcen in Zweifel gezogen oder auch nur kritisch hinterfragt, es sei denn, wie beispielsweise bei Simmel, Mead und Dewey, im Rückblick auf die vormoderne pädagogische Beziehungspraxis. Selbst in Bubers *dialogischem Prinzip* kommt die Hinnahme von Asymmetrie zum Tragen, dadurch nämlich, dass »*Umfassung*« nur einseitig, d. h. auf der Seite der erziehenden Erwachsenen, den pädagogischen Dialog kennzeichnet. Die einzige ausgesprochen kritische Analyse, die in meiner Auswahl von Theoriepositionen vorkommt, ist diejenige von Pierre Bourdieu. Obwohl Bourdieus kritische, auf einem humanen Marxismus gegründete Analyse sich nicht auf die asymmetrische Struktur der pädagogischen Beziehungspraxis, sondern vor allem auf Ursachen und Folgen der sozialen Ungleichheit richtet, ist sie mir wichtig; und zwar deshalb, weil Bourdieu das Verhältnis zwischen pädagogischer (Beziehungs-)Praxis und allgemeiner, vom Kapitalismus geprägter gesellschaftlicher Praxis zu seinem Thema gemacht hat.

Dass *Erziehung* wesentlich zur *Vergesellschaftung* des Menschen beiträgt und sogar selber als ein Prozess der »Sozialisierung« bzw. »Vergesellschaftung« (beide Begriffe treten bei Simmel auf) aufgefasst werden kann – und zwar in einer spannungsreichen Einheit mit Prozessen der Ausbildung von individueller bzw. Ich-Identität –, haben zwar bereits Simmel, Mead und Dewey reflektiert; wenn Simmel vom »Einwohnen der Gesellschaft im Individuum« spricht, bekommt man eine Ahnung von dieser spannungsreichen Einheit; aber von hier zu den brillianten Analysen von Bourdieu zum »verkörperten« Habitus sowie zur Reproduktion der Ungleichheitsstruktur der kapitalistischen Gesellschaft durch das Schulsystem ist es ein weiter Schritt. Die »Illusion der Chancengleichheit« haben Bourdieu/Passeron (1971) am Beispiel des französischen Schulsystems aufgezeigt; es wäre sicher lohnenswert, diese Studie unter Aspekten einerseits der gesellschaftlichen, andererseits der pädagogischen Beziehungspraxis neu auszuwerten. Und jedenfalls macht diese Studie noch einmal klar, wie wichtig es ist, die *pädagogische*

Beziehungspraxis in ihrer historisch-gesellschaftlichen Situiertheit und Kontextgebundenheit zu beobachten und zu analysieren, ein Forschungsinteresse, dessen Vernachlässigung ich oben unter Bezugnahme auf Theodor Litt als eine Schwachstelle in den Konzepten des »pädagogischen Bezugs« und der »Bildungsgemeinschaft« bei Hermann Nohl kritisch bewertet habe.

Nach der Erörterung der *triadischen* Struktur und der *asymmetrischen* Struktur als konstitutive Merkmale der pädagogischen Beziehungspraxis und nach dem an Bourdieu anschließenden Hinweis auf die große Bedeutung der Faktoren der historisch-gesellschaftlichen Situiertheit und Kontextgebundenheit im Sinne einer – systemtheoretisch gesprochen – System-Umwelt-Relation will ich abschließend zwei weitere Strukturmerkmale der pädagogischen Beziehungspraxis benennen und kurz kommentieren (weitere Ausführungen zur »sozialen Logik« der pädagogischen Beziehungspraxis folgen in Kapitel VII/3):

- die in der pädagogischen Beziehungspraxis angelegten, unauflösbaren Grundspannungen, Widersprüche bzw. Ambivalenzen; deren Thematisierung findet sich bereits bei Simmel und bei Mannheim, insbesondere aber bei Nohl; sie verweisen darauf, dass die Erfahrungen, welche die Akteure im Kontext der pädagogischen Beziehungspraxis machen, nicht von Eindeutigkeit, sondern von Mehrdeutigkeit geprägt sind;
- die in der pädagogischen Beziehungspraxis angesichts der Unentscheidbarkeit der Wirkungen von absichtsvollem Erziehen bzw. Lehren angelegte Kontingenz, ein Konzept, das insbesondere bei Dewey sowie in systemtheoretischen und evolutionstheoretischen Ansätzen eine zentrale Rolle spielt; mit diesem Konzept wird der Tatsache Rechnung getragen, dass absichtsvolles und gezieltes erzieherisches Handeln in seiner Wirkung nicht vorhersehbar ist, dass seine Wirkung so, aber auch anders ausfallen kann; der wichtigste Grund dafür liegt in der Erfahrungstatsache, dass das Verhalten im Allgemeinen und das Lernen einer Person im Besonderen nicht von außen determiniert werden können, sondern letzten Endes von der Zustimmung der Person zu dem jeweiligen Ziel des erzieherischen Handelns und von der Selbsttätigkeit (Lernen als konstruktive Aktivität) abhängig sind. Ricken hat auf dem Hintergrund dieser hier nur angedeuteten Argumente für ein verändertes Selbstverständnis der Pädagogik in der Gestalt einer »Kontingenzpädagogik« plädiert (Ricken 1999, S. 401 ff.).

Die Anerkennung der »Kontingenz« von Erziehung bedeutet auf Seiten der Erziehungs- bzw. Lehrpersonen sowie in der Perspektive der Erziehungstheorie die Anerkennung einer Reihe weiterer Einschränkungen der rationalen Planbarkeit der Wirkung von Aktivitäten und Maßnahmen von Erziehung und Unterricht auf die Kinder und Jugendlichen und deren Lernprozesse: Im Zeichen von Kontingenz erscheint erzieherisches Handeln als »Risiko« (vgl. z. B. Biesta 2013), dies ergibt sich auch aus dem für die »soziale Logik« der pädagogischen Beziehungspraxis grundlegenden Spannungsverhältnis zwischen der Intentionalität des erzieherischen Handelns und der Unbestimmtheit bzw. Unbestimmbarkeit der Folgen, Wirkungen und Ergebnisse dieses Handelns; im Sinne von Luhmann kann man in diesem Zusammenhang auch vom »Technologiedefizit« der Pädagogik sprechen;

13 Zwischenresümee: Auf dem Weg zu einem Konzept der Beziehungspädagogik

im Sinne der Begrifflichkeit von Aristoteles kann erzieherisches Handeln nicht auf »Poiesis« (Herstellung) reduziert, es muss vielmehr als »Praxis« (an Verständigung orientiertes Handeln), als »Phronesis«(Reflexion) oder auch als Anregung zu »Autopoiesis« (Selbsterzeugung) verstanden werden (vgl. Biesta 2013, S. 140); die Erfahrung, belehrt zu werden, »cannot be produced by the teacher so that, in this sense, teaching ist the giving of a gift the teacher doesn't possess« (ebd.; Hervorh. LL). Indem die Konstruktion von Erziehung auf Kontingenz und Risiko abhebt, wird mit der damit markierten Unverfügbarkeit der Kinder und ihrer Lernprozesse ein zentrales Kennzeichen der von mir vorgeschlagenen Konzeption einer Beziehungspädagogik hervorgehoben.

Teil III: Generationenbeziehungen im Kontext des Schulsystems als sozialer Erfahrungsraum für Erziehungs- und Lernprozesse

1 Kann auch das Schulsystem beziehungspädagogisch interpretiert werden? Kurzresümee der relevanten schulpädagogischen Forschung

Ein beziehungspädagogischer Ansatz kann seine Fruchtbarkeit nur dann unter Beweis stellen, wenn er eine angemessene Beschreibung und Analyse nicht nur der Familienerziehung (▶ Teil I), sondern auch des gesellschaftlich institutionalisierten Erziehungssystems zu leisten vermag.

Nach meiner Kenntnis ist die Frage nach der Fruchtbarkeit einer beziehungspädagogischen Interpretation der Lehr- und Lernprozesse im Schulsystem schwer zu beantworten, da es noch nicht sehr viele diesbezügliche Versuche gegeben hat. Bei einem Blick auf die Geschichte der Schule könnte man den Eindruck gewinnen, dass sich die Schule, was das Verhältnis zwischen Interaktion und Organisation betrifft (vgl. Mollenhauer 1977), so stark in Richtung auf ihren Organisationsgehalt entwickelt hat, dass Aspekte der Interaktion in den Hintergrund getreten sind, sei es im Selbstverständnis der Schule oder sei es in deren gesellschaftlicher Wahrnehmung. In diesem Sinne ist jedenfalls die moderne Schule immer wieder zum Gegenstand kritischer Stellungnahmen geworden. So hat der mit John Dewey kooperierende Sozialpsychologe George Herbert Mead die Überlegung angestellt, dass es in den modernen zivilisierten Gesellschaften – im Unterschied zu den Verhältnissen in vormodernen Gemeinschaften – zu einer Art Arbeitsteilung zwischen Schule und außerschulischen Erziehungswelten gekommen sei:

> »The business of *storing the mind* with ideas, both materials and methods, has been assigned to the *school*. The task of organizing and *socializing the self* to which these materials and methods belong is left to *the home* and the *industry* or *profession*, to the *playground*, the street and society in general. A great deal of modern educational literature turns upon the *fallacy of this division of labor*« (Mead 1910/1968, S. 36; Hervorh. LL).

Im Anschluss an diese kritischen Bemerkungen schlägt Mead einen beziehungspädagogischen Perspektivenwechsel für die Beschreibung und Analyse von Schulen vor:

> » ... the situation implied in instruction and in the psychology of that instruction is a *social situation* (kursiv vom Verf.), ... it is impossible to fully interpret or control the process of instruction without recognizing the child as a self and viewing his conscious processes from the point of view of their relation in his *consciousness to his self among other selves*«) (Mead 1910/1968, S. 37, Hervorh. LL).

Ganz entsprechend hat eine Gruppe amerikanischer Psychologen, zu welcher sich der deutsche Psychologe Franz E. Weinert gesellt hat, einen resümierenden und Perspektiven eröffnenden Epilog zu dem Sammelwerk von Baltes/Staudinger (1996) über »*Interactive minds*« verfasst und dabei festgestellt:

> »In traditional schools (and critical observers believe most schools around the world to be of this kind) and in school-related psychological research, the learner has been concep-

tualized as an *absorber* and *consumer* of *decontextualized knowledge*; learning is viewed as the transmission of information. In other words, in educational practice and in psychological research 'individuals leave their social status, history, beliefs, and values behind as they enter the laboratory (school) ... By stripping behaviour of its social context, psychologists rule out the study of socio-cultural and historical factors, and implicitly attribute causes to factors inside the individual« (Graf u. a. 1996).

Um sich vor vorschnellen Verallgemeinerungen zu schützen, fügen die Autoren hinzu:

»Educational research inspired by social psychological concerns existed independently of the mainstream. To name a few examples: Lewin's work on the significance of the social climate for the behaviour of individuals and groups (Lewin/Lippitt/White 1939), Barker and Gump's (1964) research about ›behaviour settings‹ in large and small schools, Jackson's *Life in Classroom* (Jackson 1968) and studies on cooperative learning (Kagan 1985). In comparison with these important but relatively marginal social psychological contributions to educational psychology, many models of permanent school reform proved to be a substantially richer source for new socially oriented educational ideas« (ebd., S. 426).

Im Folgenden werde ich zunächst diejenigen Untersuchungen zusammentragen und resümieren, welche Erziehungswelten unter Interaktions- und Beziehungsaspekten in den Blick genommen haben. Dabei werde ich mich auf die pädagogischen Praxen in Schulen konzentrieren.

Die Auseinandersetzung mit beziehungstheoretischen Positionen und Befunden der Beziehungsforschung setzt in den deutschsprachigen Sozial- und Verhaltenswissenschaften meines Wissens mit den Sammelbänden »*Wechselwirkungen*« (Lantermann 1982) und »*Zwischenmenschliche Beziehungen*« (Auhagen/von Salisch 1993) ein und hat mit dem Sammelwerk »Entwicklung in sozialen Beziehungen« (Schuster/Kuhn/Uhlendorff 2005) einen ersten Höhepunkt erreicht. Der Band von Auhagen/von Salisch (1993) wird eingeleitet durch einen systematischen Überblicksbeitrag über das, was der Autor »*eine Wissenschaft zwischenmenschlicher Beziehungen*« nennt (Hinde 1993) und worüber er bereits in früherer Zeit eine Reihe von Publikationen vorgelegt hat (z. B. Hinde 1979). Der Überblicksbeitrag erörtert thematische Facetten von Beziehungen, beispielsweise Macht, Intimität, Interpersonale Wahrnehmung und Engagement (»commitment«); insoweit Hinde feldbezogene Forschungsbefunde diskutiert, bezieht er sich weniger auf das öffentliche Erziehungssystem als auf Familienbeziehungen. Diese Feststellung gilt auch für die übrigen Beiträge des besprochenen Sammelbandes; andererseits bilden einige Beiträge über Kind-Kind-Beziehungen – Geschwister (▶ Kap. I/5) und Gleichaltrige (▶ Kap. IV/3) – einen besonderen thematischen Schwerpunkt.

Als erstes Beispiel für eine beziehungspädagogisch orientierte Schuluntersuchung verweise ich auf die so genannte Rutter-Studie, eine der ersten Langzeitstudien über Schulen (hier: Sekundarschulen) und die Faktoren ihrer Wirkung auf die Kinder (Rutter u. a. 1979).

Einige Befunde der Rutter-Studie will ich stichwortartig aufzuzählen; sie alle kreisen um das grundlegende Untersuchungsergebnis, das Wichtigste an einer guten Schule sei eine *gute Atmosphäre*, ein gutes *Klima*, ein gemeinsam getragenes »*Ethos*«:

- *Kooperation*: Die ›Atmosphäre‹ einer Schule hängt zum großen Teil davon ab, inwieweit diese Schule ein zusammenhängendes Ganzes darstellt, inwieweit im Hinblick auf Ziele und Methoden ein Konsens besteht, der vom ganzen Kollegium getragen wird.
- *Der Lehrer als Vorbild*: Die Lehrperson wirkt mit ihrem Verhalten als ein Modell, das die Schüler/Innen mehr oder weniger – in positiver oder in negativer Richtung – beeinflusst. ›Modelle‹ sind Lehrpersonen nicht nur in ihrer Art, mit Schülern umzugehen, sondern auch in ihrem internen Interaktionsstil und in ihrer Einstellung gegenüber der Schule.
- *Lob und Tadel, Anerkennung*: Wo die Lehrkraft oft disziplinierend in den Unterricht eingriff, zeigten die Schüler häufiger störende Verhaltensweisen. Umgekehrt ließ das Schülerverhalten weitaus weniger zu wünschen übrig, wenn die Lehrkraft bei möglichst vielen Gelegenheiten Lob und Anerkennung aussprach, was nicht bedeutete, dass Fehlverhalten in jedem Fall ›großzügig übersehen‹ wurde. Schlichtes Ignorieren kann im Gegenteil zu chaotischen Zuständen führen, wenn auch in der Folge nichts unternommen wird.
- *Mitverantwortung*: Die Vergabe verantwortungsvoller Aufgaben und Positionen (z. B. die Ernennung von Klassensprechern) hat einen positiven Einfluss auf das Schülerverhalten. Wenn Schülern das Gefühl vermittelt wird, dass man ihnen vertraut, dass sich die Schule auf ihr Verantwortungsbewusstsein verlässt, dann sind sie in der Regel auch bemüht, diese Erwartungen nicht zu enttäuschen.
- **Vertrauen** und Verantwortung, Freundlichkeit und Pünktlichkeit, Rücksichtnahme und Zusammemarbeit – das sind Begriffe, die immer wieder auftauchen und die das, was »Ethos« des sozialen Sytems Schule meint, inhaltlich füllen.

Wie wenig diese Untersuchung den mainstream der damaligen schulpädagogischen Forschung repräsentierte, geht nicht zuletzt aus der Einführung von Hartmut von Hentig zur deutschen Ausgabe dieser Studie (Rutter 1980) hervor, in der es unter anderem heißt:

> »Die implizite Schultheorie der Rutter-Studie kann die Aufmerksamkeit von den technokratisch-spezialistischen Präokkupationen fortholen (Wie organisiert man den Unterricht am wirksamsten? Mit welchen Mitteln erreiche ich welche Leistungssteigerung? Mit welchen die gerechteste Beurteilung?). Über der Programmierten Instruktion, der Mediendidaktik, den offenen Curricula, der Gruppenbildung, der Projektmethode, der Integration und Differenzierung, den Lernziel-Taxonomien, den Punktbewertungssystemen und Tests scheint man zu vergessen, dass Schule auch aus *Personen*, aus deren unetchnischen, unverwaltbaren, nicht lernzielbezogenen *Beziehungen*, aus ihren Überzeugungen, Werten und Stilen, aus Vorbild und Nachahmung, aus *Gemeinschaft* – deren *Erfahrung* und Symbolisierung – besteht. Unsere Schultheorie hat sich abwechselnd zu wenig und zuviel mit der Einordnung der Schule in das *gesellschaftliche System* mit ihrer Struktur, ihren Techniken, ihrer Ökologie beschäftigt – aber fast immer zu wenig mit ihrer Stimmigkeit in sich« (Hentig 1980, S. 11).

Es ist mein Eindruck, dass Hartmut von Hentigs Katalog von Schwerpunkten der herkömmlichen Schulpädagogik, von welchen sich die Schwerpunkte der Rutter-Studie durch ihre beziehungspädagogische Akzentuierung stark unterscheiden, bis heute nicht nur den auf Schule bezogenen öffentlichen Diskurs, sondern auch Schultheorie und Schulforschung weithin beherrschen.

Jenseits dieser, sowohl seinerzeit bei Hentig als auch jetzt bei mir, subjektiv gefärbten Situationsbeschreibung suche ich nach weiteren Beispielen einer beziehungspädagogisch akzentuierten Schulforschung, die seit der Rutter-Studie in Deutschland durchgeführt und veröffentlicht worden sind.

In zeitlicher Nähe zu den bislang angeführten Untersuchungen sind Abhandlungen und Studien aus dem Umkreis der Tiefenpsychologie bzw. Psychoanalyse sowie aus dem Feld einer psychoanalytisch orientierten Pädagogik zu erwähnen; in dieser Tradition haben zwischenmenschliche, insbesondere emotionale Beziehungen schon immer eine große Rolle gespielt. Als ein Beispiel aus den 1970er Jahren verweise ich auf die Studie von Singer (1977), in welcher der Autor unbewusste Übertragungsprozesse als potentiellen Belastungsfaktor für die Lehrer-Schüler-Beziehung analysiert. Auf die ebenfalls psychoanalytisch orientierte Studie von Wellendorf (1979) werde ich im folgenden Kapitel III/3 zu sprechen kommen.

Im Jahre 1997 hat Reinhold Miller seine »*Beziehungsdidaktik*« (Miller 1997) vorgelegt, ein Buch, das keine eigenständigen Forschungsergebnisse präsentiert, sondern sich eher als theoretisch reflektierte Praxishilfe, insbesondere im Rahmen der Lehrerfortbildung, versteht. Dass es in der professionellen Praxis ein großes Interesse an beziehungspädagogischer Orientierung und diesbezüglichen Anregungen gibt, lässt sich an der Tatsache ablesen, dass Millers Buch fünf Auflagen erlebt hat. Eine durch eigene Forschung – eine Videostudie über die Interaktionsprozesse zwischen ErzieherInnen und Kindern im *Kindergartenalltag* (König 2009) – fundierte beziehungspädagogische Didaktik hat für den *Vorschulbereich* Anke König vorgelegt (König 2010); Entsprechendes gilt für das Buch von Weltzien (2014).

Eine interessante beziehungspädagogisch orientierte Studie haben Bastian/Combe/Langer (2003) durchgeführt. Die zentrale Frage ihres Forschungsprojektes lautete: »*Wie können Schüler/Innen und Lehrer/Innen in einem dialogischen Prozess wechselseitiger Rückmeldungen über Unterrichtsgeschehen und Lernprozesse den Unterricht so gestalten, dass er im Sinne beider Seiten besser – unterstützender, angenehmer und effektiver – wird?*« (vgl. Koller 2014, S. 241). Die Praxis wechselseitiger Rückmeldungen hat sich auch in weiteren empirischen Untersuchungen als wichtiges Merkmal eines »guten« Unterrichts erwiesen (s. die im Folgenden resümmierte Hattie-Studie).

Im Jahre 2006, in 2. Auflage im Jahre 2008, hat Helmut Fend eine Neubearbeitung seiner zu Beginn der 1980er Jahre publizierten *Theorie der Schule* vorgelegt (Fend 2006). Eine Kontinuität der ungleichzeitig veröffentlichten Texte liegt darin, dass Fend Ansätze einer Makro-Analyse (Bildungssystem und Gesellschaft) mit Ansätzen einer Mikro-Analyse (innere Dynamik des Bildungssystems und seiner Subsysteme) verbindet; für beide Ebenen sowie für wechselseitige Zusammenhänge zwischen beiden Ebenen – beispielhaft steht dafür das Konzept des »*akteurzentrierten Institutionalismus*« (Fend 2006, S. 157 ff.) – führt Fend relevante Forschungsbefunde an. Das erwähnte Konzept des »akteurszentrierten Institutionalismus« verweist zugleich auf das »Neue« in Fends »neue(r) Theorie« der Schule: Stärker als in der früheren Schultheorie wird die Perspektive der Akteure und damit deren Handlungsperspektiven und -möglichkeiten in der Gestaltung der Beziehungen zwischen den Akteuren sowie in der Gestaltung des Unterrichtsgeschehens und des Schullebens herausgearbeitet und betont. Kennzeichnend dafür sind die beiden »beziehungspädagogischen« Kapitel über *Schüler-Lehrer-Beziehungen* (Fend 2006a) – hier werden insbesondere die Grundlagen der *Autorität* angesprochen – und über *Schüler-Schüler-Beziehungen* (Fend 2006b) – hier geht es um das »*Eigenleben*« der Schülerschaft, aber auch um »*Widerstand gegen die Schule*«, der von Gruppen innerhalb der Schülerschaft ausgehen kann. Die beiden von mir als »beziehungspädagogisch« bezeichneten Kapitel stehen – typisch wiederum für Fends Ansatz der Verbindung von Makro- und Mikroanalyse – innerhalb eines Kapitels, welches dem Bildungssystem als »*Entwicklungskontext der Humangenese*« in der Perspektive einer »*Soziologie des schulischen Binnenraums*« gewidmet ist.

Insofern man das Unterrichts- und Lerngeschehen im Schulsystem als Thema der Sozialisationsforschung begreift und damit Strukturen und Prozesse nicht der intentionalen Erziehung, sondern der funktionalen bzw. strukturellen bzw. »indirekten« Erziehung (vgl. Liegle 2013, S. 141–154) in den Blick nimmt, aber ausgeführt habe ich sie lediglich mit Bezug auf Generationenbeziehungen im Kontext des Verwandtschaftssystems –, kann man im Anschluss an Horstkemper/Tillmann (2008) in der deutschsprachigen Forschung der letzten Jahrzehnte vor allem drei Schwerpunkte identifizieren: die Analyse von *Sozialisationseffekten* der Schule, die Analyse der *Schule als Lebenswelt* und die Analyse von *biographischen Erfahrungen* (Horstkemper/Tillmann 2008, S. 291). Für alle drei Schwerpunkte der schulbezogenen Sozialisationsforschung trifft zu, dass die Forschungsbefunde eine »beziehungspädagogische« Interpretation nahelegen:

> »Als zentrales Medium der schulischen Sozialisation sind ... die *Interaktionsprozesse* zwischen Schülern und Lehrern, aber auch die innerhalb der Schülergruppe anzusprechen« (Horstkemper/Tillmann 2008, S. 292).

Im Hinblick auf die innere Dynamik dieser Beziehungen hat die schulbezogene Sozialisationsforschung eine Kombination von institutionellen und personbezogenen Einflussfaktoren festgestellt, die bereits in früher besprochenen Untersuchungsbeispielen in meinem Forschungsresümee anzutreffen war:

> »Während die Grundrichtungen dieser *Kommunikation* institutionell vorgegeben sind (z. B. Leistungs- und Gehorsamserwartung), kann die konkrete Ausprägung von Schule zu Schule, von Klasase zu Klasse sehr unterschiedlich sein: Während Lehrer/innen an der einen Schule mit viel Druck und mit häufigen Strafandrohungen arbeiten, erfahren die Kinder an einer anderen Schule weit mehr Verständnis und Unterstützung. Diese Ebene des schulischen *Alltag*s wird als »Schulklima« bezeichnet und in Dimensionen wie Anonymität, Disziplindruck, Leistungsdruck, Hilfe und Unterstützung, Mitbestimmung ... untersucht. ...« (Horstkemper/Tillmann 2008, S. 292).

Beiträge zu einer beziehungspädagogischen Analyse der Unterrichts- und Lernprozesse im Rahmen der Pflichtschule sind immer wieder aus der *Hirnforschung* sowie aus der praxisorientierten Forschung an Pädagogischen Hochschulen gekommen. Als Beispiele nenne ich den Kurzbeitrag von Raufelder (2010) und die sowohl theoretisch fundierte (in diesem Fall mit Bezug auf die subjektwissenschaftliche Position) als auch für eine Autonomie fördernde Praxis engagierte Abhandlung von Häcker/Rihm (2007). Mit einer im Vergleich zum mainstream der Hirnforschung (z. B. Singer 2002) überaus starken Betonung der Wirksamkeit der so genannten Spiegelneuronen auf das zwischenmenschliche Beziehungserleben hat sich mehrfach Joachim Bauer zu Wort gemeldet (z. B. Bauer 2012).

Im Jahre 2011 hat Tobias Künkler seine umfangreiche Dissertation über »Lernen in Beziehung« als Buch veröffentlicht (Künkler 2011). Darin analysiert er in einem ersten Durchgang den herrschenden Lerndiskurs – hier nimmt er Bezug auf die behavioristische Auffassung vom Lernen als Konditionierung, auf die neurowissenschaftliche Auffassung vom Lernen als neuronalen Prozess sowie auf die subjektwissenschaftliche Lerntheorie von Holzkamp – und zeigt an diesen Positionen auf, dass »*die Rolle der Anderen für das Lernen*« bislang nicht genügend berücksichtigt worden ist. Im zweiten Durchgang erörtert Künkler Theoriepositionen, in welchen der *intersubjektive* Ursprung und Charakter der Genese von Subjektivität postuliert wird, und überträgt diese Auffassung, soweit dies nicht bereits im Rahmen der erörterten Positionen geschieht, auf Phänomene und Prozesse des Lernens, um auf diese Weise »Schritte zu einer *relationalen Theorie des Lernens*« zu kennzeichnen (Künkler 2011, Studie II, S. 291–572; vgl. auch Künkler 2014). In der *Perspektive einer relationalen Theorie des Lernens* soll nach Künkler weniger von Wissenserwerb die Rede sein – damit wäre nämlich nur die eine, nämlich Aneignungstätigkeit beinhaltende Seite des Beziehungsgeschehens angesprochen – als vielmehr von »*Partizipation*«; damit wird eine Auffassung formuliert, wie sie auch von Vertretern des Relationismus im anglo-amerikanischen Sprachraum formuliert worden ist (vgl. z. B. Rogoff et al. 1998).

Gruschka (2013) hat die Befunde einer Reihe von qualitativ orientierten Untersuchungen im Rahmen eines Projektes unter der Bezeichnung PAERDU (Pädagogische Rekonstruktion des Unterrichtens) in einem Buch zusammengefasst, in welchem er eine pädagogische Theorie des Unterrichtens entwirft. Das empirische Material besteht aus über 300 videographierten Unterrichtsstunden an Schulen der Sekundarstufe I. Die Analyse der Fallbeispiele soll Hinweise geben auf die »Konstitution des pädagogischen Geschehens und seiner *Verfahrenslogik*« (Gruschka 2013, S. 267; Hervorh. LL). Es geht darum, »die Eigenstruktur des Pädagogischen Interakt für Interakt durch eine erschließungskräftige Lesart deutlich zu machen« (Gruschka 2013, S. 268). In diesem Sinne muss es »unsere Aufgabe als Unterrichtsforscher vor allem sein, die Kommunikation und Interaktion im Unterricht in dessen pädagogischen Ausdrucksgestalten zu entschlüsseln« (ebenda). Pädagogische *Kasuistik* soll demnach dazu beitragen, den »*Modus operandi*« des Unterrichts, die »Eigenstruktur des Pädagogischen als das für Unterrichten Strukturbildende« zu erkunden und zu entschlüsseln (Gruschka 2013, S. 276). Es ist mein Eindruck, dass Gruschka angesichts seiner Methodenwahl und seiner theoretischen Orientierung sowohl dem Paradigma des *Intersubjektivismus* als auch dem Forschungsinteresse am *Performativen* sehr nahesteht, auch wenn er das erwähnte Paradigma und den Vorrang des Performativen nicht ausdrücklich benennt. Die Nähe zum Intersubjektivismus hat sich bereits in den zitierten Sätzen gezeigt. Dazu scheint zunächst im Widerspruch zu stehen, dass sich die Untersuchungen lediglich auf die Akteursseite der Lehrenden bezieht, obgleich sich diese, wie Gruschka selber feststellt, »erst im Umgang mit den Schülern realisiert« (Gruschka 2013, S. 10). Dieser (vermeintliche) Widerspruch lässt sich, wie mir scheint, mit dem Hinweis darauf auflösen, dass das Interesse am

Performativen nur eingelöst werden kann, indem in einer interaktiven Situation jeweils *ein* Akteur beobachtet wird. In diesem Sinne ist es konsequent, dass Gruschka eine Kooperationspartnerin gesucht hat, die bereit war, die Akteursseite der Lernenden zu untersuchen (vgl. Pollmanns 2010). Auch diese Autorin spricht in ihrer Fallstudie nicht vom »Performativen«, wohl aber bezeichnet sie »*Ethnographie*« als ihre Methode die, wie mir scheint, vom erkenntnistheoretischen und methodischen Anspruch her nicht weit vom Konzept des *Performativen* entfernt ist.

Annedore Prengel (2013) hat ihre Analyse pädagogischer Beziehungen im Rahmen des öffentlichen Schulwesens auf Phänomene der *Anerkennung* sowie auf das Fehlen von Anerkennung in Gestalt von Verletzung und Ambivalenz konzentriert. In ihrer Analyse stützt sich die Autorin auch auf eine empirische Beobachtungsstudie, an welcher bundesweit 120 Schulen und 350 Lehrer teilnahmen. Diese Studie wurde von einem interdisziplinären Forschungsnetzwerk (INTAKT) durchgeführt. Die kürzeste Fassung der gemeinsamen Fragestellung lautete: »*Wie und wie oft werden Kinder in pädagogischen Interaktionen anerkannt oder verletzt?*« (Prengel 2013, S. 94). Die im Folgenden ausgewählten Untersuchungsergebnisse belegen, dass ein *beziehungspädagogischer* empirischer Zugang zur Schulwirklichkeit fruchtbar ist und sowohl für die Schultheorie als auch für die schulpädagogische Praxis wertvolle Befunde hervorbringen kann:

> »Die Vermutung verfestigt sich, dass durchschnittlich ein Viertel der pädagogischen Interaktionen mit verletzenden Adressierungen einhergeht.«
> »Bei Schülerinnen und Schülern lassen sich intensive Resonanzen auf die Art der Ansprache beobachten. Anerkennungen ermöglichen tendenziell Lernen. Verletzungen blockieren tendenziell Lernen. Reaktionen auf Verletzungen sind ebenso wie Reaktionen auf Anerkennungen an der Körpersprache der Kinder ablesbar.«
> »Pädagogische Interaktionen wirken sich auf der Ebene der Peergruppe aus. Die Gleichaltrigen lassen sich tendenziell hinsichtlich Freundlichkeit und Feindseligkeit vom Stil der Lehrperson anstecken. (Beispiele: Die Lehrperson erreicht durch Ermutigung einen lange erhofften Leistungsfortschritt eines Schülers – die anderen Kinder klatschen Beifall. Die Lehrperson kritisiert herablassend ein dickes Mädchen im Sportunterricht – die Jugendlichen lachen das Mädchen aus). In der Gewaltforschung gilt auch die miterlebte Gewalt gegen andere als selbst erlittene Gewalterfahrung, sodass vor allem die schweren Verletzungen, die ungefähr 6 % aller pädagogischen Interaktionen kennzeichnen, als verbale Gewalt, von der alle Kinder und Jugendliche getroffen werden, einzustufen sind.«
> »In den Feldvignetten wurden wiederkehrende *Muster der Anerkennung* gefunden. Dazu gehören: zu Leistung ermutigen, engagiert erklären, Leistung loben, bei Kummer trösten ..., Humor und Lachen ermöglichen, den Schülerinnen und Schülern zuhören, bei Fehlverhalten Grenzen setzen.«
> »In den Feldvignetten wurden wiederkehrende *Muster der Verletzung* gefunden. Dazu gehören: Fehler oder Fehlverhalten diskriminierend kritisieren, Kinder anbrüllen, sarkastisch ansprechen, lächerlich machen, beschämen, ignorieren, unterbrechen, ..., Hilfe durch Peers verbieten, Kummer und körperliche Schmerzen ignorieren, bei Fehlverhalten keine Grenzen setzen, bei Verletzungen durch Peers nicht intervenieren und so Hilfe unterlassen« (Prengel 2013, S. 114 f.).

Hinsichtlich der Frage, welche Faktoren für das unterschiedliche Vorkommen von anerkennenden bzw. verletzenden pädagogischen Interaktionen innerhalb der untersuchten Schulen verantwortlich zu machen sind, ist es aufschlussreich festzustellen, dass die Studie von Prengel zu ähnlichen Erkenntnissen gelangt ist wie die weiter oben resümierte Rutter-Studie, und zwar insofern, als sich gezeigt hat, »dass unter den gleichen institutionellen Bedingungen in den gleichen Schulen einzelne Lehrpersonen sehr unterschiedlich handeln und dass sie ihre Handlungsweisen offen vor externen Zeugen zeigen« (Prengel 2013, S. 116), ein Untersuchungsergebnis, welches die Überzeugung nahelegt, »dass institutionelle Strukturen allein nicht die dominante Einflussgröße pädagogischen Handelns bilden, sondern dass das *Zusammenspiel von allgemeinen institutionellen und individuellen biographischen Hintergründen auf der Beziehungsebene* manifest werden« (Prengel 2013, S. 116 f.; Hervorh. LL).

Als jüngstes und letztes Beispiel empirischer Schulforschung mit beziehungspädagogischer Orientierung verweise ich auf die Studie von John Hattie, in welcher der Autor eine Synthese von über 800 Meta-Analysen vorlegt, die nach den wichtigsten Faktoren für Lernleistungen und Lernerfolg fragen (Hattie 2014).

Nach der Lektüre des ersten Kapitels (»Die Herausforderung«) habe ich mich gefragt, ob es zutreffend ist, von einer »beziehungspädagogischen Orientierung« der Hattie-Studie zu sprechen; vielleicht trifft es eher zu, dass der Autor im Verlaufe seiner Recherchen immer wieder auf Faktoren des Lernerfolgs gestoßen ist, die das Unterrichten und das Lernen als Beziehungsgeschehen erscheinen lassen. Hattie hat es als ein Ziel seines Buches bezeichnet,

> »eine Theorie bezüglich der Schlüsseleinflüsse auf das Lernverhalten der Lernenden zu entwickeln – es soll sicher nicht dazu dienen, lediglich ein weiteres ›Was-funktioniert‹-Rezept zu schaffen. Der größte Teil dieser Theorie bezieht sich auf die Wirkung des gerichteten Lehrens (›directed teaching‹) auf die Verbesserung dessen, was als nächstes passiert (über Feedback und Monitoring). Es geht folglich darum, eine Lehrperson über Erfolg oder Misserfolg ihres Lehrens zu informieren und eine Methode anzubieten, um die relative Effizienz verschiedener Einflüsse zu bewerten, die von der Lehrperson initiiert werden« (Hattie 2014, S. 7).

Indem dieses Zitat auf die Bedeutung von Feedback und Monitoring hinweist, erweckt es den Eindruck, dass Beziehungsaspekte auch auf der Ebene der Theoriebildung thematisiert werden. Anlässlich der differenzierten Erörterung des Feedbacks stellt der Autor fest, dass ihm nach der ersten Synthese von 134 Meta-Analysen aller möglichen Einflüsse schnell klar wurde, »*dass Feedback zu den stärksten Einflüssen auf die Leistung zählt*« (Hattie 2014, S. 206; Hervorh. LL). Die ursprüngliche Vorstellung, Feedback sei etwas, was die Lehrperson den Lernenden geben, musste der Autor im Verlaufe seiner Recherchen dahingehend korrigieren,

> »dass Feedback besonders wirksam ist, wenn es der Lehrperson von den Lernenden gegeben wird. Aus dieser Erkenntnis ergibt sich die Folgerung: Wenn Lehrpersonen Feedback von den Lernenden einfordern – oder zumindest offen sind gegenüber dem, was Lernende wissen, was sie verstehen, wo sie Fehler machen, wo sie falsche Vorstellungen haben, wo es ihnen an Engagement mangelt – dann können *Lehren und Lernen miteinander synchronisiert* (Hervorh. vom Verf.) werden und wirksam werden. *Feedback an die Lehrperson hilft, das Lernen sichtbar zu machen*« (Hattie 2014, S, 206; Hervorh. LL).

Ähnlich wie bereits die Rutter-Studie, so hat auch die Hattie-Studie viele Belege dafür erbracht, dass die stärksten Effekte der Schule von Merkmalen *innerhalb* der Schule – Klassenklima, Einflüsse von Peers und die Reduzierung von Unterrichtsstörungen zum Beispiel – ausgehen (Hattie 2014, S. 128).

1 Kann auch das Schulsystem beziehungspädagogisch interpretiert werden?

Im Hinblick auf die Lehrperson gelangt die Hattie-Studie zu dem Befund, dass die Qualität der Lehrperson und die Art der Lehrer-Schüler-Beziehung die wichtigsten Aspekte ihrer Wirksamkeit darstellen (ebd., S. 151). Was wirksame Qualität ausmacht, bemisst sich an zahlreichen Indikatoren; zu diesen zählen das Nichtetikettieren von Lernenden (ebd., S. 149 f.) und »Klarheit« (z. B. die Unterrichtsziele und die Kriterien für Lernerfolg kommunizieren, Erläuterungen und Beispiele geben, Klarheit der Sprache) (ebd., S. 150 f.).

Wie einflussreich auch die MitschülerInnen Peers für den Lernerfolg von SchülerInnen sein können, zeigt der Befund, dass kooperatives und kompetitives Lernen effektiver sein können als individuelle Unterrichtsmethoden (ebd., S. 251).

In beziehungspädagogischer Perspektive ist es interessant, dass Hattie aufgrund seiner Recherchen eine wirkungsvolle professionelle Haltung formuliert, die bei Martin Buber »Umfassung« heißt (vgl. Buber 1997) und die im Kontext von Schule bedeutet, »dass Lehrpersonen das Lernen durch die Brille der Schülerinnen und Schüler sehen, um Überzeugungen und Wissen zum Ziel der Lehrsequenz aufzubauen« (Hattie 2014, S. 280). Dieser *Blick der Lehrperson durch die Brille der SchülerInnen* kann als eine wichtige Ergänzung des weiter oben erwähnten Feedbacks von seiten der Lernenden angesehen werden.

Die folgenden Schlussfolgerungen fassen noch einmal zusammen, was die Hattie-Studie unter beziehungspädagogischen Aspekten erbracht hat, und sie machen in sich deutlich, dass der Autor aufgrund seiner Befunde gewissermaßen nicht anders konnte, als seine Schlussfolgerungen beziehungspädagogisch zu formulieren:

»Lehrpersonen gehören zu den wirkungsvollsten Einflüssen beim Lernen.«
»Lehrpersonen müssen *direktiv, einflussreich, fürsorglich und aktiv* in der Leidenschaft des Lehrens und Lernens engagiert sein.«
»Lehrpersonen müssen *wahrnehmen, was Lernende denken und wissen*, um Bedeutung und sinnstiftende Erfahrungen im Lichte dieses Wissens zu konstruieren. Zudem müssen sie ein kompetentes Wissen und Verständnis vom Stoff ihres Fachs besitzen, um sinnvolles und angemessenes Feedback geben zu können. Nur so können die Lernenden über die Stufen des Curriculums voranschreiten.«
»Lehrpersonen müssen die Lernintentionen und Erfolgskriterien ihrer Lehrsequenzen kennen und wissen, wie gut sie diese Kriterienpunkte für alle Lernenden erreichen. Sie müssen die nächsten Schritte identifizieren – im Lichte der Lücke zwischen dem aktuellen Wissen und den Erkenntnissen der Lernenden sowie im Lichte der Erfolgskriterien des ›Wohin gehst du?‹, ›Wie kommst du voran?‹ und ›Wohin geht es danach?‹«.
»Schulleitende und Lehrpersonen müssen Schulen, Lehrerzimmer und Klassenzimmer schaffen, in denen *Fehler als Lerngelegenheiten* willkommen sind, in denen das Verwerfen von fehlerhaftem Wissen und Erkenntnissen begrüßt wird und in denen sich die Teilnehmenden sicher fühlen können, um zu lernen, neu zu lernen und Wissen und Erkenntnisse zu erkunden« (Hattie 2014, S. 280 f.).

Die erste im engeren Sinne *beziehungspädagogische Schulforschung* entdecke ich in der Publikation von Leonhard/Schlickum (2014). Diese Einordnung ergibt sich auch aus dem Titel, der den Umgang von Lehrer/Innen und Schüler/Innen im Unterricht ins Zentrum rückt. Der Untertitel – »Wiederentdeckungen jenseits von Bildungsstandards und Kompetenzorientierung« – macht außerdem deutlich, dass sich das Forschungsteam in seinem Selbstverständnis kritisch gegenüber der gegenwärtig in Hochkonjunktur stehenden »empirischen Bildungsforschung«

abgrenzt. Indem im ersten Teil des Buches, der die Beziehungsgestaltung auf Seiten der Lehrer/Innen thematisiert, von Mustern der »*Herstellung von Beziehung durch Lehrer/Innen*« die Rede ist, signalisieren die Forscher/Innen ihr Interesse und ihre methodologische Orientierung am *Performativen* (▶ Kap. VII/2).

Die Publikation von Leonhard/Schlickum (2014) gehört systematisch nicht in das vorliegende, sondern in das folgende Kapitel. Dies gilt auch für die theoretisch und methodisch ähnlich orientierte Studie von Wulf et al. (2012), in welcher der Umgang zwischen Lehrer/innen und Schüler/innen im Unterricht auf zwei qualitativ bestimmte Umgangsmodi – *Anerkennung* und *Wertschätzung* – fokussiert wird. Einige Befunde dieser Beispiele einer beziehungspädagogischen Unterrichtsforschung werde ich in den Kapiteln III/2 und III/3 in den je besonderen Perspektiven von Lehrer/Innen bzw. von Schüler/Innen aufgreifen.

Zwischenresümee

Der Überblick über empirische schulpädagogische Untersuchungen zwischen der Rutter-Studie 1979 und der Hattie-Studie 2014 hat gezeigt, dass Unterrichts- und Lernprozesse in Schulen – ebenso wie Erziehungs- und Lernprozesse in Familien (▶ Teil I – als ein Beziehungsgeschehen im Kontext von *inter*generationalen (Lehrpersonen – Lernende) und *intra*generationalen Beziehungen (Peers) beschrieben und analysiert werden können. Dies gilt auch dann, wenn die Forscher nicht von vornherein mit einem beziehungspädagogischen bzw. -theoretischen Blick an ihre Untersuchung herangegangen sind. Das *Beziehungsgeschehen in Schulen* bzw. Schulklassen unterscheidet sich allerdings vom Beziehungsgeschehen in *Familien* in mancherlei Hinsichten, insbesondere durch ein andersartiges Verhältnis zwischen Nähe und Distanz zugunsten einer größeren (professionellen) Distanz. Dieser Unterschied ist noch größer als beim Vergleich des Beziehungsgeschehens in Familien mit dem Beziehungsgeschehen in Tageseinrichtungen für Kinder im Vorschulalter, da bei den Kindern dieses Alters Bildungsprozesse und emotionales Bindungsbedürfnis enger ineinander greifen als im Schulalter (vgl. Liegle 2013, S. 110–127). Andererseits sind Formen des lobenden oder ermutigenden Feedbacks (s. oben) sowie Formen der Anerkennung (vgl. Prengel 2013) dazu angetan, bei den Lernenden *Gefühle des Wohlbefindens* entstehen zu lassen, die ihrerseits (vermehrte) *Lernmotivation* auslösen können (vgl. Bastian/Combe/Langer 2003; Prengel 2013).

Neben der empirischen schulpädagogischen Forschung, die ich bei weitem nicht vollständig überblicke und hier nur partiell sowie unter beziehungspädagogischen Blickwinkel referiert habe, hat sich in den letzten etwa zehn Jahren eine Forschungsrichtung entwickelt bzw. aufs neue etabliert, deren primären Ausgangspunkt und deren hauptsächliches Interesse Habermas in dem folgenden Satz auf den Punkt gebracht hat: »Ein angemessenes naturalistisches Verständnis der kulturellen Evolution muss ... sowohl der *intersubjektiven Verfassung des Geistes* (kursiv v. Verf.) wie dem normativen Charakter seiner regelgeleiteten Operationen Rechnung tragen.« Es geht in dieser Forschungsrichtung darum, die Frage nach Beziehungen – ihrer Bedeutung, inneren Dynamik und Wirkung – nicht nur, wie in der im letzten Kapitel resümierten schulpädagogischen Forschung, als eine von vielen Fragen zu betrachten und zu behandeln, sondern als den Ausgangs- und Angelpunkt der Theoriebildung und Forschung. Außerdem geht es dieser Forschungsrichtung um den Anspruch, beziehungstheoretisches Denken auf das Denken selber auszurichten, letztlich also um Grundfragen der *Erkenntnistheorie*. Einige wichtige Theoriepositionen, die als Wurzeln dieses Paradigmas der Intersubjektivität bzw. des Relationismus gelten können, habe ich in Teil II skizziert und zusammengefasst.

2 Die Lehrer/in-Schüler/in-Beziehung als Erziehungs- und Lernfeld – Lehren und Lernen in Aktion

In einem der letzten Sätze seines im vorhergehenden Kapitel besprochenen Buches hat Gruschka seine Vorstellung vom Unterrichten mit folgenden Worten zusammengefasst: »Unterrichten heißt erziehend Verstehen lehren« (Gruschka 2013, S. 278). Diese Bestimmung des Sinns des Unterrichtens impliziert einen normativen Anspruch, eine Aufgabe. Und sie verweist auf eine Beziehung: Die Aufgabe besteht darin, die Lernenden zum Verstehen zu befähigen. Die Erfüllung dieser Aufgabe geschieht im Kontext einer »triadischen Beziehung« (s. das obige Habermas-Zitat), im Rahmen des »didaktischen Dreiecks« (s. die obige Abbildung). Die Beziehung zwischen Lehrendem und Lernenden steht im Zeichen eines gemeinsam verfolgten Zwecks. Verallgemeinernd könnte man diese Erläuterung des zitierten Satzes von Gruschka in Verbindung bringen mit meinen Überlegungen zum »Generationenlernen« in Kapitel I/3, wo es im Anschluss an den Satz in Goethes Faust »Was du ererbt von deinen Vätern hast, erwirb es, um es zu besitzen«, darum geht, Erziehung und Lernen in der Perspektive der Weitergabe und Aneignung des (geistigen) Erbes der Menschheit zu betrachten. Eben diese Aufgabe, die im Kontext einer wechselseitigen Beziehung zwischen lehrenden und lernenden, vermittelnden und aneignenden Personen – beide werden dabei als Akteure begriffen – wahrgenommen wird, lässt Erziehung (und Unterricht als eine der wichtigsten und am stärksten verbreiteten Formen der Erziehung) ebenso wie Lernen zu einer für den Menschen und das Menschsein wesentlichen sozialen Praxis innerhalb der menschlichen Gesamtpraxis werden. Dass es fruchtbar ist, Erziehung/Unterricht und Lernen, Weitergabe und Aneignung des (geistigen) Erbes als ein Beziehungsgeschehen zu interpretieren, habe ich in den vorangehenden Kapiteln zu zeigen versucht. In ähnlicher Absicht habe ich bereits in meiner »Frühpädagogik« (Liegle 2013) die Grundbegriffe der Erziehung relational bestimmt und beispielsweise das Verhältnis zwischen »Erziehung« und »Bildung« (die je für sich auch als Beziehungsgeschehen aufgefasst werden) so interpretiert, dass Erziehung als »Aufforderung zur Bildung/ zum Lernen« verstanden werden kann (Liegle 2013, S. 58 ff.).

Auf dem Hintergrund dieser Überlegungen liegt es nahe, davon zu sprechen, Erziehen (bzw. Unterrichten) impliziere eine »*kooperative Beziehung*« (Häcker/ Rihm 2007), sei als »*kollaborativer Prozess*« (Rogoff 1998), als »*Partizipation in einer Gemeinschaft von Lernenden*« (Rogoff u. a. 1998) zu begreifen. Allerdings bieten sich derartige Assoziationen am ehesten dann an, wenn wir an die kleinstmögliche *community of learners* denken: die Zweierbeziehung von Lehrer und Schüler, wie beispielsweise im Falle des privaten Musikunterrichts: Mein Cellolehrer und ich gehören in gewisser Weise zusammen, wir haben beide Freude an der Musik und daran, wie die Beherrschung des Instrumentes allmählich voranschreitet. Aber kann diese gemeinsame Begegnung mit Musik und die gemeinsame Freude an dem zunehmend kompetenten Umgang mit kulturellen Artefakten in diesem Medium übertragen werden auf die Beziehung zwischen Lehrer/in und einer Vielzahl von Schülern im Unterrichts- und Lerngeschehen in Schulen? Rogoff u. a. (1998) jedenfalls wollten erkunden, ob und mit welchen Folgen es möglich wäre, die Förderung schulischen Lernens als einen Prozess zu begreifen, der nicht allein von den Erwachsenen und nicht allein von den Kindern bzw. Jugendlichen, sondern durch das »*Zusammenwirken in einer Gemeinschaft von Lernenden mit wechselnden Verantwortlichkeiten*« kontrolliert wird (Rogoff u. a. 1998a, S. 389). Dem zuletzt genannten Modell liegt nicht die Vorstellung eines Kompromisses oder einer Balance zwischen den jeweils einseitigen Modellen der Kontrolle durch Erwachsene oder durch Kinder zugrunde. Die zugrundeliegende theoretische Auffassung besagt vielmehr, »that learning is a process of transformation of participation in which both adults and children contribute support and direction in shared endeavors« (ebenda). Mit einigen Abstrichen kann dieser Betrachtungsweise auch der Beitrag von Kästli (2014) zugeordnet werden; die Autorin fragt am Beispiel von Respekt nach der Dynamik von »reziproken Erwartungsstrukturen«.

Die Überschrift dieses Kapitels habe ich so gewählt, dass sie spiegelbildlich der Überschrift von Kapitel I/3 entspricht, in welchem im Hinblick auf die Beziehungen zwischen Erziehenden und Lernenden im Kontext des *Familiensystem*s nach dem Zustandekommen von Erziehungs- und Lernprozessen sowie nach den diesbezüglichen Kommunikations- und Verfahrensregeln gefragt worden ist. Diese Erkenntnisinteressen, die die Frage nach dem *Performativen* einschließen, werden im vorliegenden Kapitel hinsichtlich der Beziehungen zwischen Lehrenden und Lernenden im Kontext des *Schulsystem*s weiter verfolgt. Hierzu gibt es – ebenso, wie wir dies in beispielsweise an der Studie von Parmentier (1979) beobachten konnten – Vorläuferstudien zu den im engeren Sinne rekonstruktiven, ethnographischen Studien; zu diesen ist in diesem Falle die psychoanalytisch orientierte Studie von Wellendorf (1979) zu rechnen; sie trägt den Titel »*Schulische Sozialisation und Identität*« und gemahnt mit ihrem Untertitel »*Zur Sozialpsychologie der Schule als Institution*« an die weithin in Vergessenheit geratene, von Honig (2003 und 2015) aktualisierte »*Instituetik*« von Bernfeld (1925/1967). Diese Studie rekonstruiert – in ähnlicher Weise, wie wir dies in Kapitel I/3 in Studien zum Familienkontext feststellen konnten – schulische Situationen, Szenen und Rituale in ihren Ausdrucksformen und Ausdrucksfunktionen, in ihren Kommunikationsregeln im Hinblick auf bestimmte Aufgaben wie beispielsweise die Bewältigung des schulischen Alltags, die Bewältigung von Krisen, die konkrete Umsetzung von Ansprüchen des »self-government«. Die erwähnte psychoanalytische Orientierung des Autors, die ja bekanntlich auch für Siegfried Bernfeld gilt, kommt beispielsweise in der Analyse der (unbewussten) »*Wiederkehr der abgewehrten Triebregungen und Affekte im szenischen Arrangement der Schule*« zum Ausdruck (Wellendorf 1979, S. 219 ff.).

Im voraufgehenden Kapitel habe ich eine Reihe von empirischen Untersuchungen genannt und kurz resümiert, in welchen den wechselseitigen Beziehungen zwischen Lehrenden und Lernenden Aufmerksamkeit geschenkt worden ist, ohne dass man schon von rekonstruktiven Analysen in der Perspektive von Performativität sprechen könnte; dazu zählen neben der empirisch fundierten Schultheorie von Fend (2006) die Studie von Bastian/Combe/Langer (2003), die Studie von Prengel (2013) und die systematische Sekundäranalyse von Hattie (2014). Als Beispiele für den aktuellen Forschungsstand resümiere ich zum Abschluss dieses Kapitels einige weitere Studien.

Wulf u. a. (2012) beschreiben in ihrem Forschungsbericht ein ethnographisches Projekt, welches im Rahmen der umfangreichen, seit 12 Jahren laufenden *Berlin Ritual Study* an der Freien Universität Berlin angesiedelt ist. Im Vergleich zum mainstream liegt eine Besonderheit dieser Studie darin, dass sie nicht das »normale« Lehr- und Lerngeschehen an einer durchschnittlichen Schule zu rekonstruieren sucht, sondern die alltägliche Umsetzung eines ausgeprägten pädagogischen Profils an einer UNESCO-Schule. Die grundlegende Bedeutung des »Ethos« einer Schule für die Lernprozesse und den Lernerfolg der Schüler(innen) war in Kapitel III/2 im Hinblick auf die so genannte Rutter-Studie Gegenstand des Forschungsresümees. Im Falle der Studie von Wulf u. a. (2012) beinhaltet das besondere pädagogische Profil bzw. Ethos der untersuchten Schule die Orientierung des Lehrens und Lernens an der wechselseitigen »*Anerkennung*« und »*Wertschätzung*« der Lehrer und Schüler; die empirische Untersuchung konzentriert sich auf die Erfassung und Aufschlüsselung der sozialen (kommunikativen) Praktiken, welche dazu angetan sind, die regelgeleitete »Ordnung« einer »Kultur« der Anerkennung und Wertschätzung zu begründen.

Bohnsack (2013) hat eine Studie vorgelegt, die sich als systematische Zusammenfassung und Sekundäranalyse vorliegender empirischer Untersuchungen versteht. Der Autor setzt einen starken Akzent auf die Erfassung der Perspektive derjenigen Schüler(innen), die in der bzw. mit der Schule Schwierigkeiten haben; gegenüber dieser Minderheit in der Schülerschaft gewinnen die im Untertitel des Buches genannten Beziehungsmuster der »Anerkennung« (dazu schlägt der Autor Ausweitungen des Begriffs und der Theorie der Anerkennung von Axel Honneth vor), der »Bestätigung« und vor allem der »Akzeptanz von Schwäche« eine besondere Bedeutung. In der abschließenden Zusammenfassung seiner Analysen fragt Bohnsack unter anderem nach Aspekten der »Passung« der Schule als Lebensraum der Kinder und Jugendlichen und des Ausgehens vom Lernenden als Prinzip des Unterrichts; rückblickend fasst er diejenigen Faktoren der Schulkultur (z. B. Ausmaß und Qualität von Partizipation und Schülermitbestimmung) zusammen, die dazu angetan sind, die Kinder und Jugendlichen die Schule als »ihre Schule« erleben zu lassen.

Leonhard/Schlickum (2014) formulieren ihr Interesse an der Rekonstruktion der pädagogischen Beziehungspraxis im Haupttitel ihres Buches, der vom *Miteinander-Umgehen* von Lehrer/Innen und Schüler/Innen spricht; im Untertitel – »Wiederentdeckungen jenseits von Bildungsstandards und Kompetenzorientierung« – signalisieren sie ihre Distanz gegenüber dem mainstream der Schulforschung. Für ihre Perspektive auf den Unterricht betonen die Autoren – ganz im Sinne meines Konzepts der Beziehungspädagogik – die Auffassung, »dass das Geschehen im Unterricht als *Interaktion* und *Ko-Konstruktion* betrachtet wird sowie dass Lehrpersonen und Schüler/Innen den Unterricht und die in ihm realisierten

Beziehungen gleichermaßen *aushandeln* wie *ausgestalten*« (ebd., S. 13); diese Interpretation kommt meinen Überlegungen zur Begründung eines Konzepts der »Beziehungspädagogik« sehr nahe; ebenso besteht Übereinstimmung in der Betrachtung des Unterrichts als »Sozialsystem, das sich durch *konstitutive Ungewissheit* auszeichnet und damit einer Steuerbarkeit im technischen Sinne entzieht« (ebd., S. 14), ein Strukturelement der pädagogischen Beziehungspraxis, das ich in den Kapiteln III/1 VII/2 mit dem Begriff »*Kontingenz*« umschreibe.

3 Die Schüler/in-Schüler/in-Beziehung als Erziehungs- und Lernfeld

Gegenüber den Beziehungen zwischen Lehrer/Innen und Schüler/Innen weisen die Peer-Beziehungen innerhalb der Schülerschaft in der schulpädagogischen Forschung einen geringen Stellenwert auf; das liegt angesichts der Professionalisierung der Unterrichtstätigkeit und der Funktionsbestimmung der Schule nahe; außerdem könnte man argumentieren, dass die Probleme, an deren Aufklärung einer praxisorientierten Forschung gelegen ist, in erster Linie in der Gestaltung derjenigen Beziehungen liegen, zu deren Strukturmerkmalen die Asymmetrie sowie das Gefälle im Hinblick auf Macht und die Verfügung über Ressourcen gehören. Demgegenüber sind die Beziehungen innerhalb der Schülerschaft prinzipiell durch das Strukturmerkmal der Symmetrie gekennzeichnet; entsprechend den Generationenbeziehungen im Kontext des Verwandtschaftssystems (▶ Teil I) handelt es sich bei den Beziehungen zwischen Lehrer/Innen und Schüler/Innen um *inter*generationale Beziehungen; und entsprechend der besonderen Stellung und eigenständigen *intra*generationalen Beziehungspraxis der Geschwister im Kontext des Verwandtschaftssystems (▶ Kap. I/5) nehmen die Schüler(innen) im Kontext des Schulsystems eine Sonderstellung ein und konstituieren und gestalten ihre eigenständige *intra*generationale Beziehungspraxis. In seiner empirisch fundierten Schultheorie hat Fend (2006) diese Beziehungspraxis im Spannungsfeld zwischen »Eigenwelt« und »Widerstand gegen die Schule« beschrieben. Ein weiter differenziertes Bild ergibt sich aus den Erhebungen von Krappmann und Oswald (1995) an Berliner Grundschulen; unter anderem tritt das Spannungsverhältnis zwischen Konkurrenzverhalten auf der einen Seite und Zusammenarbeit sowie gegenseitige Hilfe auf der anderen Seite hervor. Bei Bohnsack (2013), der sich auf zahlreiche Studien bezieht, darunter auch diejenige von Krappmamn/Oswald (1995), erscheint dieses Spannungsverhältnis insofern verschärft, als der Widerstreit zwischen verschiedenen Referenzsystemen der Anerkennung (Lehrperson versus Peers) betont wird; außerdem greift Bohnsack Befunde über »Gewalt und Mobbing unter Schülern« auf (Bohnsack 2013, S. 154 ff.). Dass Merkmale der *inter*- und der *intra*generationalen Beziehungspraxis in Zusammenhang stehen, ist immer wieder festgestellt worden, beispielsweise in der Hattie-Studie; dass ein solcher Zusammenhang auch hinsichtlich einer gewaltförmigen Beziehungspraxis auf der intergenerationalen wie auf der intragenerationalen nachgewiesen werden kann, gehört sicher nicht zum allgemeinen Erfahrungswissen, ist jedoch durch eine Untersuchung von Schubarth (2014) belegt.

Zur Aneignungstätigkeit der Schülerer/Innen bleibt anzumerken, dass diese nicht ausschließlich von den Lehrpersonen beeinflusst wird, dass es vielmehr auch wechselseitige Anregung und Unterstützung von Lernprozessen im Kontext der

Beziehungspraxis der Schülerschaft gibt. Wenn man schon, wie dies bei Tomasello (2014) der Fall ist, die Auffassung vertritt, dass sich das reziproke Verhältnis von Lehren und Lernen mit dem Konzept »Kooperation« beschreiben lässt, so gilt dies vollends für die »Lehr«- und Lernprozesse der Gleichaltrigen untereinander; diese Lernprozesse werden denn auch ganz allgemein mit Begriffen wie »kooperatives Lernen«, »Partnerarbeit« etc. beschrieben (z. B. Johnson/Johnson 1999; Huber 2004; Wild/Möller 2015, S. 85 ff.). In einigen Untersuchungen, die ich im vorausgehenden Kapitel resümiert habe, hat sich gezeigt, dass es zwischen der Lernkultur in den Gleichaltrigengruppen und der Lernkultur im Kontext der pädagogischen Beziehungspraxis der Lehrkräfte Korrelationen gibt und dass sich das kooperative Lernen im Vegleich zum Lernen im regulären Unterricht häufig als effektiver erweisen kann.

Schulpädagogische Untersuchungen, welche die Peerbeziehungen und die Peerkultur im Kontext der Schule – entsprechend den im voraufgehenden Kapitel resümierten Untersuchungen über die Beziehungen zwischen Lehrpersonen und SchülerInnen – in der *Perspektive von Performativität* zu entschlüsseln suchen, habe ich nicht entdeckt; das muss selbstverständlich nicht heißen, dass es solche Studien nicht gibt. Auf meinem derzeitigen Wissensstand verweise ich statt dessen auf die Untersuchungen über Freundsschaften und Netzwerke Gleichaltriger, die ich in Kapitel IV/2 erörtert habe, insbesondere auf die Studie von Corsaro (2003); sie erfasst zwar die Beziehungspraxis in *vorschulischen* Erziehungseinrichtungen, diese dürfte jedoch, was die innere Dynamik der vor allem sprachlich vermittelten Konstituierung und Ausgestaltung einer Peerkultur betrifft, mit gewissen, zum Beispiel alters- bzw. entwicklungsbedingten Modifikationen, annäherungsweise auch für schulische Kontexte zutreffen. Außerdem verweise ich auf eine amerikanische Vorläuferstudie zu den rekonstruktiven Analysen der letzten Jahrzehnte: die Untersuchung von James Coleman unter dem Titel »The adolescent society« (Coleman 1961); diese Untersuchung hat die seinerzeit viel beachtete Theorie des Unterrichtens von Waller (1932) rezipiert, die beispielsweise auch von Karl Mannheim in seinen erziehungssoziologischen Publikationen aufgegriffen worden ist und im Jahre 2014 einen Nachdruck erfahren hat.

Coleman hat sich in seiner Untersuchung auf einen Fragebogen (das sample umfasste 10 highschools mit etwa 4.000 Schülern und 4.000 Schülerinnen) und auf Interviews mit einem Teil der Schulpopulation gestützt; in einem kurzen Resümee schreibt er:

> »Our adolescents today are cut off, probably more than ever before, from the adult society. They are still ottiented toward fulfilling their parents' desires, but they look very much to their peers for approval as well. Consequently, our society has within its midst a set of small teen-age societies, which focus teenage interests and attitudes on things far removed from adult responsibilities, and which may develop standards that lead away from those goals established by the larger society« (Coleman 1961).

Statt eines Zwischenresümees: Vision einer relationalen Schulpädagogik

Zum Abschluss dieses Teiles skizziere ich eine neuere amerikanische Publikation: Gergen (2009), von Haus aus Psychologe, entwirft in seinem Buch »*Relational Being*« eine umfassende Theorie des Relationalen (▶ Kap. II/2), die beispielsweise auch anthropologische und erkenntnistheoretische Perspektiven verfolgt; was Gergens Buch für mein Anliegen der Begründung einer »Beziehungspädagogik« besonders interessant macht, ist der dritte Teil seiner Darstellung, welcher dem Relationismus in der »*professionellen Praxis*« gewidmet ist und in diesem Zusammenhang auch Fragen einer »*relationalen Pädagogik*«, also der Erziehung bzw. des Unterrichts in relationaler Perspektive behandelt. Angemessener wäre es, von mehreren relationalen Perspektiven zu sprechen; denn Gergen reflektiert drei Perspektiven, die bei ihm »*circles of participation*« heißen; diese betreffen erstens das Verhältnis Lehrer-Schüler, zweitens die Beziehungen innerhalb der Schülerschaft und drittens das Verhältnis »classroom and community« (Gergen 2009, S. 247 ff.). Der beziehungspädagogische Ansatz wird bereits in den einleitenden Überlegungen deutlich: Im Anschluss an John Dewey, der in seinem pädagogischen Credo davon spricht, dass »all education proceeds by the participation of the individual in the social conscioiusness« (Dewey 1897, S. 77), schlägt Gergen vor, »that *the primary aim of education is to enhance the potentials for participating in relational processes – from the local to the global*« (Gergen 2009, S. 243; Hervorh. i.O.). Entscheidend ist für Gergen die Verabschiedung der traditionsreichen Auffassung, der Wissensstand des Schülers sei als ein Effekt zu betrachten, dessen Ursache der Unterricht sei. Diese Auffassung, nach welcher »das System *lehrt* und der Schüler *lernt*« (ebd., S. 245), vergleicht Gergen mit der Fabrik, die ihr Produkt ausspuckt, und stellt die Gegenfrage:

> »But what if we view the student and the teacher as participants in a relationship? ..., in a relationship in which they are mutually creating meaning, reason, and value. With mutual engagement the *student and the teacher actively participate in a mutual process of teaching/ learning*« (ebd.; Hervorh. LL).

Hiermit wird eine beziehungspädagogische Vision entworfen, die wir in ihren Grundzügen bei Mead und Dewey vorgefunden haben, die bei Nohl bereits in seinem Konzept der »Bildungsgemeinschaft« angelegt ist und die ich mit meinem Vorschlag, außer inter*personalen* auch »inter*prozessuale* Beziehungen« (Lehren-Lernen) zu konstruieren, vorgestellt habe (▶ Kap. II/12). Von diesen Prämissen ausgehend entwickelt Gergen eine Reihe von Vorschlägen für die praktische Umsetzung einer auf Wechselseitigkeit aufbauenden pädagogischen Beziehungspraxis; sie betreffen beispielsweise das »dialogische Klassenzimmer« (*the dialogic classroom*), *cognitive apprenticeship, liberation/empowerment* und *facilitation/coaching* (ebd., S. 249 ff.). Gergen verzichtet darauf, eine bestimmte beste Praxis zu kennzeichnen. Ähnlich wie in den Reflexionen von Rogoff u. a. (1998) zeichnet er ein Bild der Vielfalt von Interaktionsmustern, immer jedoch in der Perspektive unterschiedlicher Formen und Grade der *Partizipation in einer reziproken Beziehungspraxis*.

Zu dieser Vision hat Gergen keine eigene empirische Forschung vorgelegt. Der *normative Anspruch* dieser Vision ließe sich vielleicht dahingehend bestimmen, dass sie eine fruchtbare und herausfordernde Folie für die Konstruktion pädagogischer Theorien, pädagogischer Forschung und pädagogischer Praxis darstellen kann. Dieser Anspruch gilt auch für die theoretischen Ansätze zur Begründung des Konzepts der Beziehungspädagogik, die ich in Teil II vorgestellt habe. Es wäre zu prüfen, ob ein ähnlicher normativer Anspruch nicht auch den heutigen rekonstruktiven und ethnographischen Studien zugrunde liegt, zumindest in dem Sinne, dass diese Studien die Ermächtigung (*empowerment*) des Kindes als »Ko-Subjekt« im Feld einer sozial und kulturell verorteten, reziproken pädagogischen Beziehungspraxis intendieren (z. B. Honig u. a. 2004; Bollig u. a. 2015). Jedenfalls werde ich im abschließenden Teil dieses Buches auf diesen normativen Anspruch in der Perspektive einer pädagogischen Ethik zurückkommen.

Teil IV: Kinder unter sich: Spielgruppen, Freundschaften und »Kinderrepubliken« als beispielhafte Erziehungs- und Lernfelder

Wenn im Folgenden von Kindern »unter sich« die Rede ist, meint dies nicht ausschließlich zwischen Kindern gelebte und erlebte Beziehungen. Vielmehr gehe ich davon aus, dass in den meisten Fällen die zu besprechenden Beziehungen zwischen Kindern eingebettet sind in eine Gemeinschaft, in welcher es nicht nur Kinder, sondern auch Erwachsene als Mitglieder dieser Gemeinschaft gibt. Die damit umschriebene Konstellation, wonach die Beziehungen zwischen Kindern ein soziales Subsystem innerhalb eines umfassenderen sozialen Systems bilden, gilt auch für die im Folgenden beschriebenen Beziehungskonstellationen.

1 Spielgruppen und Betreuung in Kindergruppen

Dass Kinder zu zweit oder in kleinen Gruppen miteinander spielen, ist insbesondere im so genannten »Spielalter« der Kinder vor ihrem Eintritt in die Schule ein weltweit und in allen Geschichtsepochen verbreitetes und beobachtetes Phänomen; ein Phänomen, das übrigens nicht nur für die Menschenkinder, sondern auch für den Nachwuchs der übrigen Primaten charakteristisch ist; die evolutionäre Funktion des kindlichen Spielens scheint vor allem im Einüben von Überlebenstechniken zu liegen, die im späteren Leben gebraucht werden (z. B. Groos 1896 und 1899; Treml 2004b). Sehr viel seltener als das gemeinsame Spiel von kleinen Kindern findet man die Wahrnehmung von Betreuungsaufgaben innerhalb von Kindergruppen; dies gilt jedenfalls dann, wenn man von der geschwisterlichen Beziehungs- und Betreuungspraxis in Familien (▶ Kap. I/5) absieht. Eine starke Verbreitung von Kindergruppen, in welchen Betreuungsaufgaben wahrgenommen werden, findet man allerdings regelmäßig in traditionalen Gesellschaften (z. B. Nsamenang 1992; Michl 1982 und 1986; Rogoff 1998, S. 711 ff; Lamm/Keller 2010). Eine mögliche Erklärung für die ungleiche Verbreitung einer Betreuungspraxis innerhalb von Kindergruppen im Weltmaßstab liegt darin, dass in modernen Gesellschaften die Betreuungspraxis für kleine Kinder in anderer Art und Weise institutionalisiert wird als dies in traditionalen Gesellschaften der Fall gewesen ist. In den modernen Gesellschaften sind – in der Folge der »kulturellen Erfindung der Kindheit« (Kessel/Siegel 1983) – Betreuung und Erziehung während der primären Sozialisation in der Herkunftsfamilie sowie in Kindertagesstätten, während der sekundären Sozialisation in der Schule institutionalisiert; Aries (1975) spricht in diesem Sinne von dem zweifachen Prozess der »Familialisierung« (man könnte auch »Verhäuslichung« sagen) und der »Scolarisation« (Verschulung), welcher der »Entdeckung« der Kindheit ihren Stempel aufdrückt. Die zentrale Stellung von Familie und Schule als soziale Orte der Kindheit hängt auch damit zusammen, dass die jenseits dieser beiden sozialen Orte existierende Umwelt (beispielsweise der Außenbereich des Hauses oder Hofes, insbesondere aber – im Hinblick auf die sich stürmisch verbreitenden, immer größer und verkehrsreicher werdenden Städte – die Straße immer weniger für Kinder und ihre Spiele geeignet waren; es bedarf heutzutage aufwändiger und häufig umstrittener Maßnahmen, um in unseren Städten, zumal den Großstädten, Spielzonen für Kinder zu gewährleisten (z. B. Reutlinger 2015). Demgegenüber sind traditionale Gesellschaften dadurch gekennzeichnet, dass die genannten Prozesse der kulturellen Erfindung und der Institutionalisierung der Kindheit nicht stattgefunden haben. Oder, um die voreingenommene Perspektive der so genannten Moderne zu vermeiden: Es gab (und – soweit sie noch existieren – es gibt) in den traditionalen Kulturen andere, uns nicht vertraute Muster der Institutionalisierung der Kindheit: Dazu gehört die *Kinderspielgruppe* (einschließlich ihrer Betreuungsfunktion), und dazu gehören die aus der ethnologischen und kulturanthropologischen Forschung bekannten Initiationsrituale, in welchen der Übergang vom Kinder- zum Erwachsenenstatus jedes Mitglieds der Gemeinschaft nach je bestimmten Traditionen und Regeln inszeniert wird. Außerdem weisen die traditionalen Kulturen mit Blick auf ihre soziale Ökologie einen ländlich-dörflichen Charakter auf, mit der Folge, dass sich Kinder gefahrlos im gesamten Areal ihrer Dorfgemeinschaft bewegen können, und zwar häufig (je nach Klima) im Freien. An diesem Beispiel lässt sich gut illustrieren, dass und wie stark die Institutionalisierung und Gestaltung der pädagogischen Beziehungspraxis vom kulturellen Kontext (z. B. Lamm/Keller 2010), aber auch von den sozialräumlichen Bedingungen der Gesellschaft bzw. Gemeinschaft geprägt werden, in welcher Kinder aufwachsen (vgl. z. B. Braches-Chyrek/Röhner 2015; Reutlinger 2015). Um unter diesem Aspekt noch einmal auf das allmähliche Verschwinden der Straße als Spielort für Kinder zurückzukommen: Diese spätestens um die Wende vom 19. zum 20. Jahrhundert einsetzende Entwicklung spiegelt sich auch in der geringen Zahl von wissenschaftlichen Untersuchungen über das Kinderspiel in städtischen bzw. großstädtischen Milieus; zu den wenigen Beispielen gehört die immer noch faszinierende Untersuchung von Martha und Heinrich Muchow aus dem Jahre 1935, die 1980 nachgedruckt worden ist und in welcher sehr anschaulich aufgezeigt wird, wie Hamburger Kinder bestimmte Nischen der Großstadt als Spielorte nutzen oder, um es in der überzeugend vorgenommenen Differenzierung der zugrundegelegten Untersuchungsperspektiven zu sagen: wie die Kinder den »*Raum, in dem das Kind lebt*«, wahrnehmen und definieren; wie sich der Lebensraum als »*Raum, den das Kind erlebt*«, darstellt; und wie sich dieser Lebensraum als »*Raum, den das Kind lebt*«, beschreiben lässt (Muchow/Muchow 1935/1980, S. 6). Außerdem gehört zu den wenigen Untersuchungen über das Kinderspiel im großstädischen Milieu die Studie von Jean Piaget über das Murmelspiel von Kindern in Bern, eine Studie, die Piaget als empirische Grundlage für seinen Entwurf einer Theorie des moralischen Bewusstseins und der Regelpraxis bei Kindern im vorschulischen und im Grundschulalter verwendet hat (Piaget 1932/1973). Um von hier aus wieder auf die traditionalen Gesellschaften sprechen zu kommen: Das in vielen traditionalen Gesellschaften institutionalisierte Modell der Kinderspielgruppe hat Werner Michl in seiner Dissertation beschrieben und unter sozialisationstheoretischen Aspekten analysiert (Michl 1986; vgl. auch die Kurzfassung Michl 2002); in dieser Untersuchung wird deutlich, dass es innerhalb der afrikanischen Stammesgesellschaften starke Unterschiede in der Größe und (alters- und geschlechtsbezogen) Zusammensetzung der Kinderspielgruppen, der Art ihrer Verbindung zur ganzen Dorfgemeinschaft (z. B. Beteiligung an der subsistenzwirtschaftlichen Arbeit) sowie der Formen und Themen ihrer Spiele (ebd.) gibt. Einen expliziten Kulturvergleich der Sozialisationsprozesse von Kindern in deutschen Mittelschichtfamilien und Kindern des Nso-Stammes im Nordwesten Kameruns hat Bettina Lamm in ihrer Dissertation durchgeführt. In einem zusammen mit ihrer Doktormutter verfassten Bericht kennzeichnet sie das Sozialisationsmodell in deutschen Mittelschichtfamilien als »*Modell der Autonomie*«, das Sozialisationsmodell in subsistenzwirtschaftlich orientierten traditionalen

Bauernfamilien hingegen als »*Modell der Relationalität*«. Das zuletzt genannte Sozialisationsmodell wird wie folgt erläutert:

> »In vielen afrikanischen und ozeanischen Gemeinschaften werden Babys und Kleinkinder in altersgemischten Kindergruppen betreut ...Vom ersten Tag an werden Kinder in die Versorgung der Babys einbezogen, dürfen sie tragen oder auf dem Schoß halten und lernen durch Beobachtung und Imitation der Eltern allmählich die Fürsorgeaktivitäten, die sie nach und nach selbst übernehmen. Bereits nach wenigen Monaten übernehmen die kleinen Babysitter – meist sind ein oder zwei ältere Mädchen zwischen acht und zehn Jahren hauptverantwortlich für die Kleinsten – die komplette Versorgung bis auf das Stillen. Die betreuenden Kinder zeigen dabei enorme Kompetenzen im Umgang mit den Babys ... Diese Betreuungsform stellt eine unentbehrliche Entlastung für die Mütter, die in diesen meist subsistenzwirtschaftlich lebenden Gemeinschaften extreme Arbeitslasten zu tragen haben, dar; aber dennoch ist sie keine Notlösung. Die älteren Kinder sind keineswegs reine Überwacher der grundlegenden physiologischen Bedürfnisse der Kleineren, sondern agieren als wahre »Erzieher ... Sie vermitteln den Jüngeren die Werte und Praktiken der Gemeinschaft, in die sie auch selbst noch hineinwachsen. Die Lehrstrategien folgen dabei einem Entwicklungstrend: Die drei- bis fünfjährigen Maya-Kinder verfügen noch über sehr begrenzte Lehrfähigkeit, aber bereits die Acht- bis Elfjährigen waren sehr gute Lehrer, die die kulturtypischen Lehrstretagien beherrschten« (Lamm/Keller 2010, S. 30).

Da ich mir vorgenommen habe, in diesem Buch den Entwurf einer Beziehungspädagogik vorzulegen, ist für mich das von Lamm/Keller (2010) beschriebene (Sozialisations-)»Modell der Relationalität« von besonderem Interesse; denn die Existenz oder sogar weite Verbreitung dieses Modells zeigt, dass Erziehung (und Sozialisation) nicht nur wissenschaftlich (wie in meinem Fall), sondern auch kulturell als »*Beziehungsgeschehen*«, als kulturell geprägte *Beziehungspraxis* definiert werden kann, und zwar – und darin liegt eine weitere Herausforderung – nicht als *inter*generationale, sondern als *intra*generationale pädagogische Beziehungspraxis. Die von Lamm und Keller (2010) in ihrem Kulturvergleich vorgenommene Unterscheidung des »*Autonomie-*« und des »*Relations*«-Modells erscheint in vielen Beiträgen zur kulturvergleichenden Forschung als Gegenüberstellung von »*individualistischen*« und »*kollektivistischen*« Kulturen (z. B. Triandis 1988 und 1995). Beide Unterscheidungsversuche verweisen darauf, dass wir im Kontext unserer westlichen Industriegesellschaften prinzipiell weniger in der Perspektive von Beziehungen als in der Perspektive des Individuums bzw. der Individuen denken (und handeln). Dies könnte dafür sprechen, dass meine Vorstellung, Pädagogik könne als Beziehungspädagogik gedacht (und inszeniert) werden, nicht banal, nicht selbstverständlich ist, dass sie vielmehr ein grundlegend kontrafaktisches, unseren kulturellen Selbstverständlichkeiten entgegenstehendes Element enthält. Andererseits könnte man freilich auch argumentieren, dass die Allgegenwart des Beziehungsbegriffs in der Pädagogik eher als das Produkt einer idealistischen oder ideologischen als einer realistischen, auf Tatsachengesinnung begründeten Gedankenwelt zu gelten hat.

2 Freundschaften und Netzwerke Gleichaltriger

Im Unterschied zu den im voraufgehenden Kapitel beschriebenen Kinderspielgruppen stellen Freundschaft und die Netzwerke Gleichaltriger seit Jahrzehnten ein zentrales Thema sozial- und verhaltenswissenschaftlicher und erziehungswissenschaftlicher Forschung dar (vgl. z. B. Lewis/Rosenblum 1975). Die Beziehungen zwischen Peers und Freunden sind – mehr noch als die in Kapitel I/5 beschriebenen Beziehungen zwischen Geschwistern – das Paradebeispiel für *intra*generationale Beziehungen; diese haben insbesondere in der Erziehungswissenschaft im Schatten der *inter*generationalen Beziehungen gestanden; denn der »pädagogische Bezug« (Nohl 1933) ist prinzipiell als Generationenverhältnis zwischen Alt und Jung aufgefasst worden. Bereits in der Studie von Coleman (1971), verstärkt in den letzten Jahrzehnten, hat das Freundschaftsthema große Aufmerksamkeit gefunden; aktuell illustrieren dies die große Ausstellung im Deutschen Hygiene-Museum Dresden (Tyradellis 2015) und das Themenheft »Freunde. Warum sie wichtiger sind denn je« der Zeitschrift GEO (Langer/Weiss 2015). Die theoretische und empirische Befassung mit der Struktur und der Bedeutung von intragenerationalen Beziehungen hat historisch ihren Ausgangspunkt in der von Piaget begründeten und heute allgemein anerkannten Auffassung von Entwicklung und Lernen als konstruktive Leistungen des heranwachsaenden Menschen im Sinne des aktiven Aufbaus seines Weltbezugs bzw. eines »Weltbildes«. In dieser sozial-konstruktivistischen Sichtweise ist es für Lernprozesse kennzeichnend, dass sie nicht von außen (d. h. von Erwachsenen) erzeugt werden können und dass sie demzufolge in ihrem Ergebnis offen sind; diese Auffassung schließt die Einsicht ein, dass Kinder, in Abhängigkeit vom Entwicklungsstand ihrer kognitiven Strukturen, auch solche »Weltbilder« (z. B. »magische« oder »animistische«) aufbauen, die nicht mit dem Weltbild der Erwachsenen oder der empirischen Wissenschaften übereinstimmen. In seinen frühen Untersuchungen hat sich Piaget insbesondere für die spezifischen Entwicklungs- und Lernpotentiale interessiert, die in den gemeinsamen Tätigkeiten der Kinder (z. B. Murmelspiel) im Rahmen von Gleichaltrigengruppen angelegt sind. Er hat diese Potentiale in den Prinzipien der Gleichrangigkeit und Gegenseitigkeit (die in den Beziehungen zwischen Erwachsenen und Kindern nicht gelten) und in den Chancen des gemeinsamen Aufbaus von diesen Prinzipien entsprechenden Strukturen des Denkens und Handelns entdeckt, z. B. in der Entwicklung einer »kooperativen«, auf Gegenseitigkeit beruhenden Moral (Piaget 1932/1973). Die Orientierung an den Prinzipien der Gleichrangigkeit und Gegenseitigkeit sowie an den Chancen der Entstehung von Neuem in den *intragenerationalen Lernprozessen innerhalb der selbstorganisierten Sozialwelt der Kinder* (sie wird durch die eigenständige und kreative Aneignung und Interpretation der ererbten Kultur durch die neue Generation möglich) bildet auch den Ausgangspunkt für das Konzept der »*Ko-Konstruktion*«, das Youniss (1994) in ausdrücklichem Anschluss an Piaget formuliert und zur Grundlage seiner insbesondere auf Kinderfreundschaften bezogenen Untersuchungen gemacht hat. Entsprechendes gilt beispielsweise für die am sozialen Konstruktivismus von Piaget und Youniss orientierten empirischen Studien von Corsaro über Ausdrucksformen der »*Kinderkultur*« in informellen Kindergruppen (Corsaro 2003) sowie in Kindergruppen innerhalb von Tageseinrichtungen für Kinder (Corsaro 1997). Zur Analyse seiner Befunde hat Corsaro das Konzept der »*interpretativen Reproduktion*« eingeführt. Damit ist gemeint, dass Kinder ihresgleichen brauchen, um in Prozessen gemeinsamen Handelns und Denkens sowie in Akten der Sinngebung/Interpretation eine Kultur zu schaffen, die rückbezogen ist auf die »ererbte« Kultur der Erwachsenengesellschaft und gleichzeitig eine eigene, eigenständige Kultur repräsentiert. In diesem Sinne meint »*Reproduktion*« nicht einfach Übernahme im Sinne von Nachahmung und Wiederholung, sondern produktive Aneignung und Neu-Erschaffung.

Die besonderen Strukturmerkmale von intragenerationalen Beziehungen (im Unterschied zu intergenerationalen Beziehungen) liegen, wie schon Piaget festgestellt hat, in deren Gleichrangigkeit (»*Symmetrie*«) und Gegenseitigkeit; allerdings trifft dies nur idealtypisch zu, denn in der konkreten Beziehungspraxis gibt es auch in den Beziehungen zwischen Peers und Freunden – ebenso wie in den Beziehungen zwischen Geschwistern – Phänomene der Asymmetrie (vgl. z. B. Salisch 1993). Auch die Vorstellung von einer vorherrschenden Harmonie in Peerbeziehungen und Freundschaften täuscht über die Vielfalt der konkreten Beziehungsstrukturen hinweg; diese sind durch emotionale Nähe, Intimität und gemeinsame Sprache und Geheimnisse gekennzeichnet, schließen aber auch Streit und Konflikte ein (z. B. Salisch 1991; Krappmann 1991; Youniss 1994; Krappmann/Oswald 1995; Oswald 2008).

Zu den weiteren Strukturmerkmalen von Freundschaftsbeziehungen gehört, dass Freunde, im Unterschied zu Geschwistern, frei gewählt werden und Freundschaften jederzeit aufkündbar sind; dies schließt natürlich nicht aus, dass Freunde vor Beginn der Freundschaft zu einer Peergruppe gehören bzw. gehört haben (z. B. zu einer Kitagruppe oder Schulklasse), in welcher die Kinder nicht aufgrund freier Wahl Mitglieder sind bzw. gewesen sind. Freundschaften können sich auf die Zeitphase des gemeinsamen Besuchs einer Bildungseinrichtung, der gemeinsamen Teilnahme an den Angeboten und Aktivitäten von Sportvereinen, Musikgruppen etc. beschränken, sie können aber auch ein Leben lang andauern.

Im Hinblick auf den Lebenslauf wird in den einschlägigen Studien immer wieder festgestellt, dass insbesondere in der Adoleszenz, die auch als Lebensphase der allmählichen emotionalen Ablösung vom Elternhaus gilt, den Peer- und Freundschaftsbeziehungen eine hervorgehobene Bedeutung für die Entwicklung der individuellen und sozialen Identität der Person zukommt (z. B. Reinders 2015); dementsprechend beschreiben Studien beispielsweise die sozialen Integrationsprobleme bei Jugendlichen, die in Beziehungen mit antisozialen Freunden engagiert sind (z. B. Brendgen/Vitaro/Lamarche 2005), oder gehen umgekehrt der Frage nach, ob enge Freundschaften im frühen Jugendalter die Auswirkungen problematischer Eltern-Kind-Beziehungen auf abweichendes Verhalten auffangen können (Uhlendorff 2005). Gerade während der Adoleszenz stehen, wie mehrere Studien zeigen, die Eltern-Kind-Beziehungen und die Freundschaftsbeziehungen häufig in einem engen, teils sich ergänzenden und teils konkurrierenden, kompensatorischen oder konfliktreichen Zusammenhang (z. B. Reinders/Youniss 2005; Uhlendorff 2005).

Wenn von Freundschaft die Rede ist, denkt man in erster Linie an enge gleichgeschlechtliche Zweierbeziehungen; dies gilt auch für die Freundschaftsforschung, die mit – psychoanalytisch orientierten – Untersuchungen über Freundespaare begonnen hat (vgl. Blos 1967; Bukowski/Brendgen/Vitaro 2007) und dabei insbesondere die Bedeutung der Freundschaftsbeziehung für den Prozess der emotionalen Ablösung von den Eltern thematisiert hat. Über dyadische Beziehungen hinaus gibt es bei Freunden, ebenso wie bei Peers, Beziehungen zwischen mehreren Personen, die sich zu sozialen Netzwerken und auch zu Cliquen oder zu Banden entwickeln können. Die heutzutage auffälligste und verbreitetste Form von Netzwerken Gleichaltriger sind die Foren der virtuellen Begegnung und Beziehung in der mediatisierten Welt des Internets, wie zum Beispiel Facebook.

Zu den interessantesten und zugleich schwierigsten Forschungsfragen im Hinblick auf Peer- und Freundschaftsbeziehungen gehören die Fragen nach der inneren Dynamik in diesen Beziehungskontexten, nach Phänomen und Regelhaftigkeiten der Beziehungspraxis sowie nach *performativen Prozessen*, aus welchen sich erschließen lässt, auf welchen Wegen und in welcher Weise bestimmte Beziehungen eröffnet, inszeniert, erhalten, entwickelt und verändert werden. Die bislang vorliegenden Untersuchungen deuten darauf hin, dass dabei die Produktion einer gemeinsamen Sprache und *sprachliche Kommunikation* eine zentrale Rolle spielen. In diesem Sinne bilden beispielsweise in den Studien von Margarita Azmitia »Verhandlungen« (*negotiations*) einen wichtigen Schwerpunkt der Untersuchung von Formen der intellektuellen Verständigung und Zusammenarbeit von Peers (z. B. Azmitia 1996). Dementsprechend hat Corsaro (2003) in seiner materialreichen Studie über das Innenleben von Kinderkulturen eine Fülle von Dialogen und Gruppengesprächen von Kindern aufgenommen, transkribiert und analysiert; sie geben einen sehr differenzierten, konkreten und lebendigen Eindruck von verschiedenen Facetten der inneren Dynamik von Kindergruppen im Vorschul- und Grundschulalter: darüber zum Beispiel, wie Kinder Dinge und Ressourcen teilen und sich an der Gestaltung des Einrichtungsalltags aktiv beteiligen; darüber, wie Freundschaft geschlossen und Freundsein ausgehandelt wird; darüber, wie Phantasie- und Rollenspiele geplant, gestaltet und ausgewertet werden; und darüber, wie Kinder sich im Sinne eines »*secondary adjustment*« auf die Regeln einstellen, die von den Erwachsenen aufgestellt werden (Corsaro 2003). Die Elemente des Aushandelns und der Inszenierung von Beziehungen finden sich spätestens seit den 90er Jahren des letzten Jahrhunderts in vielen empirischen Untersuchungen, insbesondere in solchen, die sich an Methoden der Konversationsanalyse und der Ethnographie orientieren. Solche mikrosoziologischen Beobachtungen und Berichte (z. B. Danby/Baker 1998) sind geeignet, Kinder als Akteure eigenen Rechts zu begreifen; sie können dazu beitragen, »to substantiate broader claims in the sociology of childhood about children's social agency« (Oswell 2013, S. 129). Das ernst genommene Handlungsvermögen der Kinder ist allerdings, wie ich bereits an anderer Stelle im Anschluss an Moran-Ellis (2014) betont habe, immer »situiert« und an jene Ressourcen gebunden, die den Kindern in einem spezifischen sozialen System (z. B. einer Kindertagesstättengruppe wie in den Untersuchungen von Corsaro, 1997, Danby/Baker, 1998, oder Moran-Ellis, 2014) zur Verfügung stehen.

In der Untersuchung von Krinninger (2009) werden die genannten Aspekte und Facetten der Peer- und Freundschaftsforschung auf originelle Weise miteinander verbunden und durch den Versuch einer sozialen Theorie der Bildung kreativ weitergeführt und ergänzt: Der Autor begründet seinen hermeneutischen Ansatz mit einem profilierten Verständnis von Sprache als Praxis und von Freundschaft als Praxis und gelangt im Durchgang durch die gleichsam ethnographische Erfassung und Analyse von Gesprächen dreier Freundespaare, die in der Perspektive der Performativität ihrer Beziehung ausgewertet werden, zu seinem Entwurf einer Theorie der Bildung als soziale Praxis. Damit steht Krinningers Untersuchung exemplarisch für eine geglückte und, wie ich finde, fruchtbare Anwendung eines beziehungspädagogischen Ansatzes im Sinne meines eigenen Vorschlags einer Beziehungspädagogik, welche Erziehung und Lernen in der Perspektive einer sozialen Beziehungspraxis begreift. Es ist daher auch kein Zufall, dass Krinninger zur theoretischen Begründung seines Entwurfs einer sozialen Theorie der Bildung zwei Autoren, Dewey und Bourdieu, heranzieht, die auch bei mir für die Begründung meines Entwurfs einer Beziehungspädagogik eine wichtige Rolle spielen (▶ Kap. II/6 und II/8).

Die performativen Aspekte der Freundschaftsbeziehung, die Art und Weise also, wie das Freundschaftliche in einer Beziehung hervorgebracht und inszeniert wird (insbesondere im Medium von Sprache), untersucht Krinninger, wie gesagt, an drei Freundespaaren. Diese Fallstudien bilden eine gute Grundlage, um verallgemeinernd die Dynamik von Lernprozessen (Krinninger verwendet den Bildungsbegriff) in Freundschaftsbeziehungen zu reflektieren.

Zusammenfassend ergibt sich: Es ist fruchtbar, die innere Dynamik intragenerationaler Beziehungen in der Perspektive einer sozialen Praxis zu rekonstruieren. Dafür, in diesem Zusammenhang auch von Erziehung zu sprechen und demzufolge die beobachteten Phänomene und Prozesse mit Grundbegriffen der Pädagogik (»Bildung« bzw. »Lernen«, »Erziehung« und »Sozialisation«) zu beschreiben, lassen sich jene Theoriepositionen ins Feld führen, die ich in Teil II resümiert habe (und die zum Teil auch von Krinninger zur Begründung seines Konzepts einer sozialen Theorie der Bildung angeführt werden); dazu gehören etwa das Konzept der »Wechselwirkung« bei Simmel, das Konzept der »Interaktion« und »(symbolischen/sprachlichen) Kommunikation« bei Mead, das Konzept der »Erfahrung« bei Dewey und das Konzept des »konjunktiven Erfahrumngsraums« bei Mannheim. Man kann aber auch, innerhalb der Pädagogik, auf einen weiten Begriff von »Erziehung« Bezug nehmen, der sich systematisch dem Begriff der »Sozialisation« annähert. Dafür würde sich insbesondere das von Treml (1982) eingeführte Konzept der »strukturellen Erziehung« eignen, welches der Autor als Grundlage einer pädagogischen Sozialisationstheorie verstanden wissen will; die mit diesem Konzept transportierte Idee besagt, dass in »Strukturen« – gemeint sind soziale Räume (wie beispielsweise Spielplätze), soziale Systeme (das kleinstmögliche soziale System wäre eine Zweierbeziehung, ein weiteres Beispiel wäre eine

Schulklasse) und soziale Institutionen (beispielsweise eine Schule) – Erziehung angelegt ist, und zwar Erziehung im Sinne der Anregung von Lernprozessen; Dewey hat diese Idee mit seinem Konzept des Erfahrungsraums umschrieben. Wenn man in dieser Perspektive von einer pädagogischen Beziehungspraxis spricht, ist zu bedenken, dass mit Blick auf Peer- und Freundschaftsbeziehungen einige Strukturmerkmale, die ich der intergenerationalen pädagogischen Beziehungspraxis zugeschrieben habe, keine oder jedenfalls eine eingeschränkte Geltung haben; insbesondere betrifft dies das Strukturmerkmal der Asymmetrie.

3 Kinderrepubliken

Die sozialen Orte, welche ich im Folgenden unter dem Begriff »Kinderrepubliken« beschreiben werde, stellen interessante und innerhalb der Pädagogik wenig bekannte Beispiele für Erziehungs- und Lernmodelle dar, welche das Handlungsvermögen (agency), die Eigeninitiative und die kollektive Selbstbestimmung von Kindern nicht nur zulassen, sondern ausdrücklich unterstützen, fördern und herausfordern. Kinderrepubliken können daher in spezifischer Weise als beziehungspädagogisch relevante und aufschlussreiche Erziehungs- und Lernfelder betrachtet werden; spezifisch insofern, als hier die Gemeinschaft der Kinder als Zentrum und Basis der pädagogischen Beziehungspraxis theoretisch konstruiert und praktisch gestaltet wird. Diese Modelle einer kinderzentrierten pädagogischen Beziehungspraxis sind historisch ganz überwiegend im ersten Drittel des 20. Jahrhunderts gegründet worden, im Rahmen einer Zeitspanne, die häufig mit den Bestrebungen und Schulversuchen der internationalen »Reformpädagogik« in Verbindung gebracht worden ist. Der internationale Charakter dieser pädagogischen Bewegung lässt sich an der gleichzeitigen Verbreitung von »Kinderrepubliken« in einer Vielzahl von Nationalstaaten sowie an der Jahrzente langen Wirksamkeit einer internationalen Organisation, des »Weltbundes zur Erneuerung der Erziehung« bzw. »World Education Fellowship« aufzeigen, die 1921 in Calais gegründet worden ist. Während im deutschen Sprachraum von »Reformpädagogik« die Rede ist, spricht man im angelsächsischen Sprachraum von »progressive education«, im Französischen von »education nouvelle«, in der russischen, polnischen und neuhebräischen Sprache von »neuer Erziehung« (vgl. z. B. Röhrs 2001, Skiera 2003 sowie Liegle/Konrad 1989).

Die Beschreibung und Analysen in diesem Kapitel dienen der Vergegenwärtigung eines historischen Phänomens. Sie wollen aber auch Grundlagen für die Beantwortung der Frage schaffen, inwieweit und unter welchen Bedingungen Formen der Bemächtigung der Kinder als Akteure im Kontext von sozialen Feldern der pädagogischen Beziehungspraxis auch heute und künftig anvisiert werden und Gestalt annehmen können.

Im folgenden Abschnitt werde ich übergreifende Merkmale der pädagogischen Beziehungspraxis von »Kinderrepubliken« vorstellen. Dabei wird sich auch herausstellen, dass bei den Kinderrepubliken ebenso wenig wie bei den bislang beschriebenen Beziehungskonstellationen davon die Rede sein kann, dass die Kinder und Jugendlichen im strengen Sinne »unter sich« waren; vielmehr waren diese Kindergemeinschaften Subsysteme innerhalb größerer sozialer Systeme, nämlich im Kontext von Erziehungsinstitutionen, welche unter der Leitung von Erwachsenen standen.

Wie bereits angedeutet, ist es insbesondere im ersten Drittel des 20. Jahrhunderts in vielen Ländern zur Gründung von »Kinderrepubliken« gekommen. Im Folgenden werden die bekanntesten dieser Gründungen in ihrer historischen Abfolge aufgelistet:

- Deutschland: Freie Schulgemeinde Wickersdorf, Gustav Wyneken, 1906; Kinderrepublik der »Falken« in Seekamp bei Kiel, 1927.
- Österreich: Kinderheim Baumgarten in Wien, Siegfried Bernfeld,1919; Kinderfreunde-Staat Gmünd, Otto Kanitz, 1919.
- England: Summerhill, Alexander Neill, 1924.
- Litauen: Jüdisches Kinderhaus in Kowno, Siegfried Lehmann, 1918.
- Polen: Jüdisches Waisenhaus in Warschau, Janusz Korczak,, 1919.
- Palästina: Kinder-und Jugendgemeinschaften in den Internatsschulen der Kibbutz-Siedlungen im jüdischen Gemeinwesen Palästinas, seit 1909; Kinderdörfer, seit 1926, wie z. B. Ben Schemen, Siegfried Lehmann.
- USA: »George Junior Republic« in New York, W.R. George, 1895; Ford Republic bei Detroit, Homer Lane, 1907; Boys Town in Omaha, Father Flanagan, 1917.
- Sowjetunion: Gorki-Kolonie, Anton Makarenko, 1920.

3.1 Strukturmerkmale der pädagogischen Beziehungspraxis in Kinderrepubliken

Im Folgenden werden anhand von beispielhaften Selbstzeugnissen und daran anschließenden Kommentaren übergreifende Organisationsformen und pädagogische Handlungsmuster dargestellt, welche die konkrete Ausgestaltung der pädagogischen Beziehungspraxis im Sinne einer »Kinderrepublik« kennzeichnen und dokumentieren. Diese Organisationsformen und pädagogischen Handlungsmuster können als gemeinsame Strukturelemente einer republikanischen Gemeinschaftserziehung betrachtet werden, allerdings mit der Einschränkung, dass nicht jede Kinderrepublik alle Strukturelemente aufgewiesen hat und die einzelnen Strukturelemente je unterschiedlich ausgestaltet worden sind.

Kinderparlament

»In Warschau entscheidet der Sejm (das Parlament) darüber, wie man in ganz Polen Ordnung schafft, dafür gibt es 200 Abgeordnete. In ›Nash Dom‹ wird es zwölf Abgeordnete geben. In Warschau werden sechs und acht Stunden täglich beraten. Und uns genügt eine Stunde, weil wir nicht viel zu beraten haben, denn ›Nash Dorn‹ ist klein. Aber unser Sejm wird wie der Warschauer Sejm verschiedene Gesetze verabschieden. Ich glaube, so wird es gut sein ... Aber was soll man tun, wenn sich jemand nicht unseren Gesetzen unterordnet? ... Bei uns wird eine Zeitung herausgegeben. Die Zeitung versucht zu erklären, bittet oder wird böse. Und das hilft ...« (Korczak 1979, S. 80 f.).

Das Kinderparlament, hier beschrieben von Janusz Korczak, ist eines der für Kinderrepubliken konstitutiven Elemente, ein Versuch, aus einer Kindergemeinschaft ein selbstverantwortliches Gemeinwesen entstehen zu lassen, das zur Einsicht in und Übereinstimmung über die Regeln und Gesetze gelangt, die in ihm gelten sollen, und das diese Regeln und Gesetze, wie es dem Organ der Legislative in einem Staat zukommt, verabschiedet; ein Stück Politik und eine Öffentlichkeit (z. B. die von Korczak erwähnte Zeitung); wesentlich mehr und anderes also als jene So-tun-als-ob-Demokratie in unseren Schülerparlamenten. Mehr auch als jene Gemeinschaftserziehung und staatsbürgerliche Erziehung, die allenthalben in reformpädagogischen Einrichtungen erprobt worden ist. Das republikanische Kinderparlament steht für den Ernst, mit dem die Geltung einer Lebensordnung immer wieder neu ausgehandelt werden muss von denen, die in ihr leben. Und dabei stößt die Kinderrepublik, wie die politische Republik, immer wieder an ihre Grenzen; es geht zum Beispiel nicht ab ohne Sanktionen, es braucht eine Gerichtsbarkeit.

Kindergericht

> »Bei den Erwachsenen werden die Parlamentsbeschlüsse durch ein Gericht überwacht. Auch wir sollten versuchen, in unseren Angelegenheiten zu entscheiden. Die Kinder selbst geben Gesetze heraus, sie selbst werden sie durch ein eigenes Gericht hüten. Jeder kann Richter sein. Einmal in der Woche werden fünf Richter ausgewählt, und sie haben über die wichtigsten Angelegenheiten zu entscheiden. Wenn jemand sehr quält, die Ordnung missachtet, stört, schlägt, stiehlt und nicht das tun will, was das Parlament verordnet hat, so wird diese Angelegenheit vor das Gericht gebracht, und wiederum die Kinder entscheiden, wer recht hat. Die Richter werden den Freispruch erwirken oder eine Strafe verhängen ... Die Strafen unseres Kameradschaftsgerichts, die Paragraphen unseres Strafgesetzbuches sehen keine Prügelstrafe vor, sie schließen niemanden in dunkle Kammern ein, sie verweigern niemandem weder Essen noch Spiel. Die Paragraphen unseres Strafgesetzes sind nur Verwarnungen und Mahnungen. Sie sagen uns: Du hat unrecht getan, schlecht, sehr schlecht. Bemühe dich, gib acht!« (Korczak 1979, S. 81 ff.).

Auch das Kindergericht, wiederum beschrieben von Janusz Korczak, ist ein für Kinderrepubliken konstitutives Element, ein Versuch, die Strafinstanz von den erwachsenen Erziehern auf ein gewähltes Organ der Kinder-Bürger zu übertragen, ein Versuch, Strafen zu einem Instrument kollektiver Selbstkontrolle und gegenseitiger Hilfe zur Aufrechterhaltung einer gemeinsamen, von einem Wir-Gefühl getragenen Lebensordnung zu machen; ein Versuch, der ebenso wie das Parlament immer wieder an Grenzen stößt und zu Krisen führt, dadurch zum Beispiel, dass eine Strafe, die das Kindergericht verhängt, so hart ist, dass sich der pädagogische Leiter der Kinderrepublik für ihre Abmilderung einsetzt.

Durch die Institutionalisierung von demokratischen Organen wie dem Kinderparlament und dem Kindergericht wird die hierarchische und asymmetrische Ordnung, welche in Einrichtungen der Erziehung traditionell die Beziehungen zwischen Erwachsenen und Kindern im Sinne einer eindeutigen Ungleichheit hinsichtlich der sozialen Rollen und des sozialen Status bestimmen, außer Kraft gesetzt; an ihre Stelle tritt eine Ordnung, welche durch Kooperation und Gegenseitigkeit gekennzeichnet ist; eine soziale Ordnung, die am Ort der pädagogischen Beziehungspraxis die Voraussetzungen dafür schafft, dass sich bei den einzelnen Kindern sowie in der Gemeinschaft der Kinder eine kooperative Moral im Sinne von Piaget (1932/1973) entwickeln kann.

Arbeit

> »Aber wir knüpften noch andere Erwartungen an die Übernahme der Regierung durch die Jugendlichen und wurden in unseren Erwartungen nicht getäuscht. Das Selbstbewusstsein der Kinder begann mit aller Stärke zu erwachen, man begann zu empfinden, dass man geschenktes Brot und geschenkte Kleider zu verwalten hatte, dass man von Almosen der Reichen lebte und nicht durch eigene Arbeit; und dieser Zustand wurde für die Jugendlichen von Tag zu Tag unerträglicher« (Lehmann 1926, S. 25 f.).

Arbeit in der Kinderrepublik – hier in der Schilderung des Leiters des »Jüdischen Kinderhauses« in Kowno/Litauen, Siegfried Lehmann, der mit seinen Kindern 1926 in das Kinderdorf Ben Schemen im jüdischen Gemeinwesen in Palästina auswanderte – bedeutet anderes und mehr als zum Beispiel die Herstellung des Starenkastens bei Georg Kerschensteiner oder die Einführung handwerklicher Tätigkeiten als Merkmal einer »Arbeitsschule«. In der Kinderrepublik ist Arbeit eine der wesentlichen Grundlagen des Gemeinschaftslebens, ein Feld kollektiver Planung, Organisation und Rechenschaftslegung, sei es in der eigenen kleinen Landwirtschaft, wie z. B. in den von Siegfried Lehmann geleiteten Einrichtungen in Kowno und Ben Schemen, sei es in den eigenen Werkstätten, die es in fast allen Kinderrepubliken gegeben hat, sei es sogar in der eigenen industriellen Produktion wie bei Makarenko in seinen Kolonien für verwahrloste Jugendliche in der Ukraine. Die Kinderrepublik wird damit zu einer Arbeitsgesellschaft im Kleinen, deren »Bürger« durch Arbeit ein Stück Unabhängigkeit gewinnen. Es handelt sich indes bei der Arbeit in den Kinderrepubliken nicht allein um die Herstellung von Gütern; Arbeit meint auch Selbstversorgung und Selbstbedienung im Rahmen einer kollektiven Hauswirtschaft, Arbeiten in Küche und Speisesaal zum Beispiel, die sich, wie Siegfried Lehmann zu berichten weiß, bei den Kindern keiner großen Beliebtheit erfreuen; unter diesem Aspekt wird die Kinderrepublik zu einem Familienhaushalt im Großen.

Lebensordnung und Disziplin

»Für das Gelingen des Gemeinschaftslebens ist es von entscheidender Bedeutung, ob es gelingt, in den Gemeinschaftshäusern eine Hauskultur zu schaffen«, so Siegfried Lehmann in seinem Bericht »Eine jüdische Kinderrepublik in Palästina« (Lehmann 1930).

Mit dem Begriff der »Hauskultur« umschreibt Lehmann jene Werte, Rechte und Pflichten einer Lebensordnung, die einen gemeinsam verantworteten Alltag bestimmen. Es geht dabei auch um Ordnung und Selbstdisziplin in den kleinen Dingen des Alltags, um die Tischordnung zum Beispiel – ein Hinweis darauf, dass Kinderrepubliken nichts zu tun haben mit laissez-faire oder so genannter antiautoritärer Erziehung.

Lebensordnung in einer Kinderrepublik – das meint auch den Ausdruck eines Wir-Bewusstseins, das sich in bestimmten Einstellungen und Haltungen sowie in deren symbolischen Formen zeigt:

> »Unsere heutige Versammlung hat uns noch etwas gezeigt: Die Schule für das Leben ist für die Kinder bereits zum Symbol ihrer gemeinsamen Ehre geworden, und auch zu etwas, das vor den Attacken der Außenwelt zu verteidigen ist, was keinen Makel haben darf. Sie versammeln sich unter der Schulflagge, um zu kämpfen. Sie sagen: unsere Schule. Dies ist ein erstrangiger Erfolg« (Korczak 1979, S. 76).

Lebensordnung und Disziplin – diese Elemente der Kinderrepublik verweisen auf die Art und Weise, wie hier Erziehung aufgefasst wird: als ein Prozess nämlich, der aus einem von den Erwachsenen vorgelebten und mit den Kindern geteilten Alltag hervorgeht. »Wie die Eltern sind, das entscheidet«, hat Theodor Fontane in seinen Kindheitserinnerungen das beschrieben, was er in seiner Familie als – glücklicherweise – »Nicht-Erziehung« erfahren hat. Ganz ähnlich beschreibt Siegfried Lehmann die Erziehung in seiner Kinderrepublik, dem Kinderdorf Ben Schemen im jüdischen Gemeinwesen in Palästina, als »Nicht-Erziehung«.

> »Wir lehnen ... die Art der Selbstverwaltung ab, wo mit viel Pädagogik und Taktik getan wird, als ob die Jungen selbständig handeln, wo sie aber hinter den Kulissen wie Marionetten von oben bewegt werden. Wir lehnen diese Art ab, weil sie nicht ehrlich ist und deswegen auch nicht gut sein kann. Weiterhin kommen wir immer mehr zu der Überzeugung, daß Pädagogik dort einsetzt, wo das Menschliche nicht mehr zureichend ist. ›Pädagogik‹ ist eine gute Sache dort, wo der Lehrer einige Stunden am Tage die Kinder belehrt ... Aber in einer Gemeinschaft, wo Erzieher und Kinder tagaus-tagein, jahraus-jahrein zusammen leben, wo so viele Gelegenheiten sind, einander nackt zu sehen, wirkt das ganze Sein der Menschen, sein Wesen, viel weniger die pädagogische Bemühung und Taktik (Lehmann 1930, S. 82; Hervorh. LL.).

Die pädagogische Beziehungspraxis in Kinderrepubliken kann daher als ein – wohl nur mit Familie vergleichbares – Beispiel für Erziehung durch Teilnahme an einem gemeinsamen Alltag, Teilnahme auch an der Körperlichkeit der anderen Mitglieder der Gemeinschaft, aufgefasst werden

Lernen als Erfahrung

In der Verbindung von Lebensordnung und Lernort liegt eine der besonderen Strukturmerkmale von Kinderrepubliken als Erziehungsumwelten. Wenn Siegfried Lehmann (1930, S. 77) für seine Kinderrepublik in Palästina die – in der Reformpädagogik allgemein vertretene – Maxime aufstellt, der Unterricht müsse einem »vorhandenen Interesse im Kinde« entgegenkommen und deshalb vom »lebendigen Erleben« des Kindes ausgehen, so wird die Einlösung dieser Forderung dadurch erleichtert, dass für die Kinder und Jugendlichen Kultur, Politik und Arbeit im kleinen Maßstab der Kinderrepublik erfahrbar werden. Umgekehrt kann die Praxis der Selbstregierung, die das zentrale Element einer republikanischen Lebensordnung sowie einer republikanischen pädagogischen Beziehungspraxis darstellt, selber als eine Lerngelegenheit besonderer Art aufgefasst werden; sie verlangt nämlich von Kindern und Jugendlichen die Erörterung, Beurteilung und Lösung von Problemen und Konflikten des Gemeinschaftslebens.

3.2 Die übergreifende normative Orientierung der beziehungspädagogischen Praxis in Kinderrepubliken: Entwicklung als Ziel der Erziehung

Beispielhaft für das Erziehungsideal, wonach die Entwicklung jedes Kindes das wichtigste Ziel der Erziehung bildet, sind die folgenden programmatischen Sätze, die Janucz Korczak mit Blick auf das von ihm gegründete und geleitete Waisenhaus »Nash dom« (»Unser Haus«) in Warschau formuliert hat:

> »Wir haben die Schule als erzieherische Institution ins Leben gerufen, die die normale Entwicklung der Zöglinge fördern soll. ... Die Schule für das Leben hat sich auf Grund ihrer Voraussetzungen dazu verpflichtet, das gesamte geistige Reservoir ungeachtet seiner Quantitäten und Qualitäten zu nutzen. Für uns gibt es kein brachliegendes Land. Wir haben jedoch nichts in der Richtung unternommen, um zu erkennen, inwieweit dieses Material den Normen entspricht. Wir halten es nicht für nützlich, für einen solchen Fall eine Untersuchung, Diagnose und Heilung vorzusehen« (Korczak 1979, S. 75f).

Entwicklung als Ziel der Erziehung – in diesem Programm der Kinderrepubliken kommen alle Vorstellungen der reformpädagogischen Bewegung im ersten Drittel des 20. Jahrhunderts wie in einem Brennglas zusammen: die Erziehung vom Kinde aus – Pädagogik beginnt mit dem Studium des Kindes; aktives Lernen – nur Selbsttätigkeit bildet; »negative« Erziehung a la Rousseau: nicht positive Menschenformung, sondern Wegräumen von Hindernissen; die Hindernisse aber liegen nach dieser Auffassung nicht im Kind, sie liegen in der Gesellschaft, wie sie ist, in der Schule, wie sie ist, und in der Familie, wie sie ist. Beseitigung von Hindernissen wird auf diesem Hintergrund gleichbedeutend mit dem Arrangement und der Inszenierung eines sozialen Erfahrungsraums, der durch seine konstitutiven Elemente wie Selbstregierung, gemeinsame Verantwortung, Arbeit, Lebensordnung aus sich selbst heraus »entwicklungsfördernd«, also erzieherisch wirken soll. Das in Kinderrepubliken vertretene und praktizierte Erziehungskonzept erinnert damit an die entwicklungstheoretisch begründete Auffassung von John Dewey, aber auch von Jean Piaget und Lawrence Kohlberg, dass Selbstregierung und gemeinsame Verantwortung wesentliche Voraussetzungen für die kindliche Entwicklung, insbesondere für die Entwicklung des kindlichen Denkens darstellen. Es gilt aber auch umgekehrt, dass erst ein »entwickeltes« Denken die kontinuierliche Praxis von Selbstregierung und gemeinsamer Verantwortung gewährleisten kann.

Die Rede von »Entwicklung als Ziel der Erziehung« geht zurück auf Lawrence Kohlberg und seine kognitionspsychologisch begründete Theorie und Empirie der Moralentwicklung bei Kindern und Jugendlichen (vgl. z. B. Kohlberg/Mayer 1972). In seinem Konzept der Moral schließt Kohlberg an Kants Ethik an; er begreift moralische Entwicklung als einen Weg, welcher von anfänglicher Heteronomie, die von Zwang und Konventionen bestimmt wird, zur Autonomie führt, die durch freie Entscheidung und durch Orientierung an übergreifenden, tendenziell universalistischen Prinzipien (z. B. das Prinzip der Gegen- bzw. Wechselseitigkeit) ermöglicht wird.

Indem die Leiter von Kinderrepubliken die Hindernisse für eine normale Entwicklung der Kinder in der »alten« Gesellschaftsordnung und dem von ihr geprägten »alten« Menschen gesehen haben, ist aus dem zunächst – i. S. v. Rousseau – »negativen« Programm doch nicht selten – am wenigsten wohl bei Korczak – eine positive, konkrete Utopie, die Vision einer »neuen« Gesellschaft geworden: das sozialistische Palästina bei Lehmann und Bernfeld, die genossenschaftliche Arbeiterrepublik bei den Kinderfreunden; und die Vision eines »neuen« Menschen: der Pionier in Palästina, der kämpferische Proletarier der frühen Sowjetunion. Und so meint denn Entwicklung als Ziel der Erziehung häufig doch mehr als »vom Kinde aus«, ein Mehr, das aus der zugleich persönlichen und politischen, jedenfalls normativen Antwort auf die Frage »Entwicklung wohin?« hervorgeht.

Die in den vorausgegangenen Abschnitten illustrierten Merkmale einer republikanischen Gemeinschaftserziehung kennzeichnen gemeinsame Elemente im pädagogischen Selbstverständnis einiger Gründer von Kinderrepubliken in der Zeitperiode der internationalen reformpädagogischen Bewegung im ersten Drittel dieses Jahrhunderts sowie gemeinsame Elemente der aus diesem pädagogischen Selbstverständnis abgeleiteten Organisation von sozialen Feldern einer pädagogischen Beziehungspraxis, in welcher Lernen und Freizeit, körperliche Arbeit und Konsum miteinander verbunden werden. Es hat sich dabei gezeigt, dass der »republikanische« Charakter dieser Erziehungseinrichtungen insbesondere darin zum Ausdruck kommt, dass hier demokratische Formen der Selbstverwaltung/Selbstregierung etabliert werden, und die Wahrnehmung von gemeinsamer, mit den Erwachsenen geteilter Verantwortung der Kinder und Jugendlichen für alle Belange ihres Lebens gefördert wird.

3.3 Die pädagogische Perspektive: Entwicklung einer kooperativen Moral

In den vorherigen Abschnitten sind Kinderrepubliken beschrieben worden als soziale Erfahrungs- und Erziehungsumwelten, die einige besondere Merkmale aufweisen: Organe der Selbstverwaltung bzw. Selbstregierung, die mit den Erwachsenen geteilte Verantwortung für einen komplexen Alltag und die Verbindung von Elementen eines auf kognitive Repräsentation angelegten Lernortes mit Elementen einer am Modell des Familienhaushaltes orientierten Lebensordnung.

Vor diesem Hintergrund können Kinderrepubliken in der Perspektive von Jean Piagets sozial-konstruktivistischer Entwicklungs- und Erziehungstheorie (Piaget 1932/1973 und Piaget 1972) gekennzeichnet werden als organisierte Gelegenheiten zum Abbau des Zwangs der Erwachsenen zugunsten der Zusammenarbeit zwischen Gleichaltrigen bzw. zum Abbau der einseitigen Achtung vor den Erwachsenen zugunsten von Gegenseitigkeit sowie zur Entwicklung einer kooperativen Moral anstelle einer Moral des Gehorsams (Piaget 1932/1973; vgl. auch Tomasello 2016). Diese Kennzeichnung bedient sich deshalb der Sprache Piagets, weil Piaget die Vision und die vorbildliche Praxis der Reformpädagogik auf entwicklungspsychologische Begriffe gebracht hat und seine Entwicklungstheorie geeignet ist, die pädagogische Perspektive von Kinderrepubliken — »Entwicklung als Ziel der Erziehung« – systematisch zu beschreiben Außerdem ist der Ansatz von Piaget, ebenso wie derjenige von Kohlberg, geeignet, die Potentiale einer pädagogischen Beziehungspraxis, die durch Formen der Selbstregierung und einer kooperativen Moral geprägt werden, nicht nur mit dem historischen Blick auf die konkreten Kinderrepubliken im ersten Drittel des 20. Jahrhunderts, sondern auch in einem verallgemeinerten Sinn und bezogen auf die Gegenwart und die Zukunft der Gestaltung der pädagogischen Beziehungspraxis aufzuzeigen

In diesem Zusammenhang lassen sich Kinderrepubliken als Paradebeispiel für organisierte Erziehung überhaupt interpretieren. Denn alle organisierte Erziehung hat es, abgesehen von der Beziehung zwischen der älteren und der jüngeren Generation, immer auch mit den Beziehungen innerhalb der Gleichaltrigengruppen im Kontext der Einrichtungen der organisierten Erziehung zu tun und kann deren Potential zur Entwicklung einer kooperativen Moral nutzen (oder aber brachliegen lassen). In seinen pädagogischen Schriften (Piaget 1972) sowie in seinem frühen Werk über »Das moralische Urteil beim Kinde« (Piaget 1932/1973) hat Piaget auf die große Bedeutung des »self-government« der Schülergemeinschaft für den Aufbau einer »modernen« Schule und deren Beitrag zur Entwicklung des Denkens und des moralischen Urteils hingewiesen. Selbstregierung und geteilte Verantwortung stellen aber, wie wir gesehen haben, die wichtigsten gemeinsamen Elemente der pädagogischen Beziehungspraxis in Kinderrepubliken dar. Versuche zur Etablierung einer auf Selbstregierung und geteilte Verantwortung bauenden Erziehungsumwelt gehen von einem bestimmten Bild des Kindes sowie von einer bestimmten Auffassung des Generationenverhältnisses aus, die für das reformpädagogische Erziehungsdenken und Erziehungshandeln im ersten Drittel dieses Jahrhunderts – auch jenseits der Kinderrepubliken – kennzeichnend gewesen sind; mit den Worten von Jean Piaget:

> »Das Kind möchte das Erwachsensein nicht erreichen, indem es die Vernunft und die Regeln des Benehmens fertig übernimmt, sondern indem es sie durch seine Bemühungen und seine persönliche Erfahrung erwirbt; umgekehrt erwartet die Gesellschaft von den neuen Generationen Besseres als eine Nachahmung: eine Bereicherung ihres Daseins« (Piaget 1972, S. 141).

Die Frage, ob eine an zentralen Merkmalen der Kinderrepubliken orientierte pädagogische Beziehungspraxis tatsächlich eine für die Entwicklung des moralischen Urteils und einer kooperativen Moral besonders geeignete Erziehungsumwelt darstellen, ist empirisch bislang meines Wissens nur am Beispiel der Kinder- und Jugendgemeinschaften in den israelischen Kibbutzim untersucht worden. Im Rahmen einer kulturvergleichenden Längsschnittstudie sind Snarey, Reimer und Kohlberg (1985) bei den Kibbutz-Jugendlichen auf »vergleichsweise eindrucksvolle Muster der Entwicklung des moralischen Urteils im Alter zwischen 12 und 26 Jahren« (Snarey/Reimer/Kohlberg 1985, S. 169) gestoßen; diese kommen unter anderem darin zum Ausdruck, dass das Denken in niedrigeren Stufen in vergleichsweise beschleunigten Schritten außer Kraft gesetzt wird. Die Autoren führen ihren Befund auf die »reichen Gelegenheiten zur Rollenübernahme« sowie auf die

»moralische Qualität« der Kinder- bzw. Jugendgemeinschaft im Kibbuz zurück, die sie in den Merkmalen »communal social equality« und »direct participatory democracy« begründet sehen. Insbesondere weisen sie auf die Tatsache hin, dass Entscheidungen, welche das Alltagsleben der Schulgemeinschaft betreffen, durch demokratische Gruppentreffen herbeigeführt werden, die von den Individuen verlangen, »die anstehenden Probleme in Betracht zu ziehen und einen persönlichen Standpunkt einzunehmen« (ebd.).

Dieses am Beispiel der Kibbutz-Erziehung gewonnene Untersuchungsergebnis und seine Interpretation durch die Autoren können als eine Bestätigung des Selbstanspruchs von Kinderrepubliken sowie der in diesem Kapitel vertretenen Auffassung verstanden werden, dass eine auf Selbstregierung (self government) und geteilte Verantwortung bauende Erziehung ein besonders reiches Potential aufweist, die moralische Entwicklung, Kooperationsfähigkeit und Verantwortlichkeit von Kindern und Jugendlichen zu fördern. Andererseits kommt hier mit Blick auf die Sonderstellung der Kibbuz-Erziehung als Substruktur einer kooperativen und basisdemokratischen Großkommune die Frage auf, ob Kinderrepubliken und andere Formen einer demokratischen Gemeinschaftserziehung ihre hockgesteckten Ziele am ehesten oder vielleicht sogar nur dann erreichen können, wenn es zwischen der pädagogischen »Insel« und der umgebenden Erwachsenengesellschaft ein hohes Maß von Strukturähnlichkeit und Übereinstimmung in den grundlegenden Werten gibt.

3.4 Anregungspotentiale der pädagogischen Beziehungspraxis in Kinderrepubliken für das allgemeine Schulsystem in Gegenwart und Zukunft

Die folgenden Bemerkungen sind der Frage gewidmet, ob und unter welchen Voraussetzungen das geschichtliche Erbe der Kinderrepubliken als Anregungspotential für gegenwärtige und zukünftige Erziehungsreformen und Erziehungsversuche dienen kann. Zur Beantwortung dieser Frage ist es angebracht, einige besondere Merkmale der geschichtlichen Entstehung und Entwicklung von Kinderrepubliken in Erinnerung zu rufen:

- Kinderrepubliken haben in aller Regel eine familienersetzende Erziehungsfunktion wahrgenommen, eine Tatsache, die nicht zuletzt darin begründet war, dass sie auf Krisensituationen und Notlagen reagiert haben;
- Kinderrepubliken haben sich als in hohem Maße abhängig von den herausragenden Persönlichkeiten ihrer Gründer und Leiter erwiesen, Persönlichkeiten wie Janusz Korczak und Siegfried Bernfeld, Alexander Neill und Siegfried Lehmann.

- Kinderrepubliken haben keine lange, in vielen Fällen sogar eine sehr kurze Lebensdauer gehabt, eine Tatsache, die unter anderem mit ihrem Sonderstatus und der damit zusammenhängenden Schwierigkeit, öffentliche Anerkennung und Förderung zu gewinnen, sowie mit der bereits erwähnten Abhängigkeit von herausragenden Persönlichkeiten zu tun hat; außerdem hat es, wie bereits früher erwähnt, zeitlich, z. B. auf die Schulferien begrenzte Formen der Kinderrepublik gegeben.

Das Erbe der Kinderrepubliken kann als Anregungspotential für gegenwärtige und zukünftige Erziehungsreformen nur unter der Voraussetzung genutzt werden, dass die erwähnten besonderen Merkmale ihrer Geschichte nicht als notwendige Bedingungen der Möglichkeit republikanischer Gemeinschaftserziehung gelten müssen. Dies würde bedeuten,

- daß es nicht allein um familienersetzende Erziehungsumwelten geht – in der Heimerziehung, in Kinderdörfern und in den Internaten bleibt diese Perspektive nach wie vor bestehen –, sondern auch um Erziehungsumwelten, die in eine Zusammenarbeit mit den Herkunftsfamilien der Kinder und Jugendlichen eintreten;
- dass es nicht allein auf herausragende Erzieherpersönlichkeiten ankommt, sondern auf die zentralen Strukturmerkmale von Kinderrepubliken, vor allem Selbstregierung und geteilte Verantwortung;
- daß nicht die Einrichtung von Kinderrepubliken als Erziehungsumwelten eigener Art ansteht, sondern die Entwicklung der regulären, bereits bestehenden Institutionen der Bildung und Erziehung in Richtung auf eine republikanische Gemeinschaftserziehung.

Das beste Beispiel für eine in diesen Perspektiven verwirklichte republikanische Erziehung stellt sicher die Kibbutz-Erziehung dar; deren Übertragung auf unsere Verhältnisse ist freilich ausgeschlossen, da die Kinder- und Jugendgemeinschaften im Kibbutz in eine Erwachsenengesellschaft integriert sind, die selber von Prinzipien der sozialen Gleichheit und der Basisdemokratie bestimmt wird (vgl. Liegle 1977). Es gibt aber daneben bescheidenere Versuche einer republikanischen Gemeinschaftserziehung, die sich unter bestimmten Bedingungen der Bildungsorganisation als verallgemeinerungsfähig erweisen könnten: die Versuche von Lawrence Kohlberg zum Beispiel, im Rahmen von Bildungsinstitutionen und anderen öffentlichen Einrichtungen eine »gerechte Gemeinschaft« (»just community«) zu etablieren (vgl. Kohlberg 1980 und Lind/Raschert 1987). In der Perspektive einer solchen Verallgemeinerung von Elementen einer »republikanischen Gemeinschaftserziehung« verschwimmen die Konturen jener spezifischen pädagogischen Erziehungspraxis, die in diesem Kapitel versuchsweise unter dem Sammelbegriff »Kinderrepublik« beschrieben und analysiert worden ist. Auf der anderen Seite erlaubt es gerade diese Perspektive der Verallgemeinerung noch einmal, den exemplarischen Charakter der »Kinderrepublik« als einer kinderzentrierten pädagogischen Beziehungspraxis hervortreten zu lassen: Bereits die Analyse des historischen Ortes sowie der gesellschaftlichen und pädagogischen Funktionen der

»Kinderrepubliken« hat immer wieder darauf abgehoben, dass in diesen spezifischen Erziehungsumwelten allgemeine Merkmale der Erziehung in der Moderne wie in einem Brennglas aufscheinen: die Etablierung von Erziehungs- und Lernumwelten als Reaktion auf die »Außenseiter«-Situation der Kinder in der modernen Gesellschaftzum Beispiel oder die Auffassung von Erziehung als Beitrag zur Entwicklung einer kooperativen Moral. Kinderrepubliken stellen in dieser Perspektive besonders konsequente Versuche dar, den allgemeinen Anforderungen an die Erziehung in der modernen Gesellschaft gerecht zu werden, d. h. Kindern die Gelegenheit zu geben, die Lebensgrundlagen der Gesellschaft – Arbeit, Kultur und Politik – durch vielfältige Formen der Selbsttätigkeit praktisch einzuüben und kognitiv zu repräsentieren. Im Blick auf eine republikanisch-demokratisch verfasste Gesellschaft schließt dies die praktischen und kognitiven Aspekte von Formen der »Selbstregierung« (vgl. Piaget 1932/1973) mit ein.

Die Gründung von Kinderrepubliken steht, wie gezeigt wurde, im Zusammenhang mit gesellschaftlichen Umbrüchen, mit der Not von Kindern, mit der Vision einer neuen Gesellschaft. Vielleicht gilt auch für Versuche der Verallgemeinerung von Formen einer republikanischen Gemeinschaftserziehung, für Bestrebungen, aus den Institutionen der Erziehung und Bildung Arbeitsgemeinschaften, Orte kultureller Kreativität, Orte der Selbstregierung und des moralischen Diskurses zu machen, dass diese nur an Boden gewinnen im Zusammenhang mit tiefgreifenden gesellschaftlichen Umbrüchen. Unter diesem Aspekt müssen die in routinierten Demokratien angesiedelten Versuche im Sinne von Kohlberg wohl eher als marginal gelten.

3.5 Zum Schluss: Kinderrepubliken als vorbildliches Beispiel einer beziehungspädagogischen Praxis

Wenn man nach Realisierungsformen des in diesem Buch beschriebenen Konzepts der Beziehungspädagogik sucht, so repräsentieren Kinderrepubliken dafür ein vorbildliches Beispiel. Das gilt insbesondere mit Blick auf die umfassende »Kultur« des Gemeinschaftslebens der Kinder. Es gilt aber auch hinsichtlich der Gestaltung der Beziehungen zwischen den Erwachsenen und den Kindern: Ein wenig zugespitzt könnte man sagen, dass die Kinder in den Kinderrepubliken nicht so sehr als Adressaten von Erziehung, sondern vielmehr als Ko-Subjekte im Kontext kooperativer Erziehungs- und Lernprozesse sowie als Subjekte der (individuellen und kollektiven) Selbsterziehung aufgefasst und praktisch behandelt werden. Am deutlichsten sind diese Auffassung und beziehungspädagogische Praxis bei Janusz Korczak und in den von ihm gegründeten und geleiteten Kinderrepubliken ausgeprägt; Korczak (1979) hat diese Auffassung und Praxis insbesondere mithilfe des Konzepts der »Achtung« beschrieben.

Eine über die zwischenmenschlichen Beziehungen hinausgehende Beziehungspädagogik, wie sie in diesem Buch skizziert wird, lässt sich an vielen Beispielen aus den beschriebenen Kinderrepubliken, insbesondere aber auch an der fiktiven

Kinderrepublik identifizieren, die Goethe in der »Pädagogischen Provinz« in seinem Roman »Wilhelm Meisters Wanderjahre« beschrieben hat. Vor allem zeigt sich dies an dem hohen Stellenwert der Musik, insbesondere des Gesangs als Medium für den Ausdruck und die Anregung des Zusammengehörigkeitsgefühls aller Mitglieder der Gemeinschaft sowie am Prinzip der drei Formen von Ehrfurcht: Die erste Ehrfurcht beinhaltet die Ehrfurcht »vor dem, was über uns ist«, das heißt gegenüber Gott, der transzendenten Welt, dem Himmel. Die zweite Ehrfurcht beinhaltet die Ehrfurcht »vor dem, was unter uns ist«, das heißt gegenüber der Erde und ihrem Reichtum an Kreaturen, Naturschätzen und Gütern, aber auch mit ihrer Bedrohtheit durch Not, Hunger und Elend, Krankheiten, Beschwernissen und Tod. Die dritte Ehrfurcht beinhaltet die Ehrfurcht der Kinder untereinander im Rahmen der Kindergemeinschaft; damit werden die wechselseitigen Erziehungs- und Lernprozesse der Kinder in ihrer Bedeutung für die Entwicklung der Kinder beschrieben; dazu heißt es in den »Wanderjahren«: »Nun steht er strack und kühn, nicht etwa selbstisch vereinzelt; nur in Verbindung mit seines Gleichen macht er Fronte gegen die Welt« (Goethe 1829/1950, S. 155; Hervorh. LL).

4 Mediatisierte Welten als soziale Erfahrungsräume

Nicht nur familiale und schulbezogen öffentliche Generationenbeziehungen, sondern so gut wie alle Beziehungskonstellationen, auf welche ich in diesem Buch eingehe, gehören zu den Erfahrungen, die meinen eigenen Lebenslauf begleitet haben, wenn auch mit unterschiedlichem Gewicht in verschiedenen Lebensphasen. Wenn ich über diese Beziehungskonstellationen lese, nachdenke und schreibe, so schwingt dabei immer eine emotionale Betroffenheit mit; und jedes Mal bin ich mit der Frage konfrontiert: Wäre ich ein anderer geworden und wer wäre ich geworden, wenn ich nicht dieser Mutter, wenn ich einem anderen Vater, wenn ich nicht diesen Lehrern und diesen Geschwistern und diesen Freunden, wenn ich nicht der Religion, der Musik, der Kunst und Literatur begegnet wäre? Aber all dies gilt nicht für das Thema, auf das ich in diesem Kapitel zu sprechen komme; und zwar einfach deshalb nicht, weil ich zu früh im 20. Jahrhundert geboren wurde; weil ich einer Generation angehöre – Mannheim würde von »Generationenlagerung« sprechen –, die noch nicht in die virtuelle Welt der interaktiven Medien hineingewachsen ist; die sich erst etwa in der Lebensmitte mühsam in die Nutzung eines Computers und insbesondere des Internets einarbeiten musste (nicht selten mit Anleitung und Unterstützung durch einen jugendlichen Computerfreak aus dem viele Generationen und viele Personen umfassenden Kreis der Verwandtschaft oder durch eine akademische Hilfskraft). Dieser Erfahrungsmangel hat zur Folge, dass sich gegenüber dem Medienthema bei mir Empfindungen bemerkbar machen, die häufig gegenüber Fremdem aufkommen: eine Mischung aus Faszination, Angst und Ablehnung. Über die Aspekte der persönlichen Erfahrung bzw. Distanz hinaus verweist das Thema der mediatisierten Welten auf die soziale Tatsache, dass es so etwas wie »Technikgenerationen« gibt (vgl. z. B. Lüscher/Liegle 2003), die ihrerseits dazu angetan sind, den Alltag und die Lebensführung der Menschen tiefgreifend zu verändern, und zwar zunächst und vor allem den Alltag und die Lebensführung der jungen Generation, die im Zeithorizont des betreffenden technologischen Wandels aufwächst. Mit den mediatisierten Welten des Internets entsteht *ein virtueller Erfahrungsraum*, in welchem sich Personen begegnen und der damit zur sozialen Arena einer – überwiegend *intra*generationalen – Beziehungspraxis und auch – in der Perspektive des schon kurz erläuterten Konzepts der »strukturellen Erziehung« – zu einer Arena einer *pädagogischen* Beziehungspraxis geworden ist bzw. wird; für diese gilt das für Peer- und Freundschaftsbeziehungen Gesagte (▶ Kap. II/12) entsprechend. Die digitale Medialität führt allerdings zu einer anderen als der gewöhnlichen Ordnung von Raum und Zeit und damit zu anderen Formen der Erfahrung bzw. des Erlebens von Raum und Zeit; sie bricht mit der Geschlossenheit von Räumen und dem mechanischen Zeitregime; Vielräumlichkeit (»Multilokalität«) und Vielzeitlichkeit (»Polychronie«) werden möglich und erfahrbar (z. B. Jörissen 2014). Alle diese Faktoren tragen auch zu einer neuen pädagogischen Beziehungspraxis mit Blick auf Erziehungs- und Lernprozesse sowie zu veränderten (z. B. universalen bzw. globalen) Perspektiven und Horizonten in der Identitätsbildung junger Menschen bei. Wie in anderen sozialen Feldern, zum Beispiel in den »analogen« alltäglichen Netzwerken von Gleichaltrigen (▶ Kap. IV/2), so ist es auch im Hinblick auf die virtuellen Medien von besonderem Interesse, die *innere Dynamik dieser Felder* kennenzulernen und zu verstehen. In dieser Perspektive haben Hepp, Berg und Roitsch (2014) die kommunikative Vernetzung und das *Gemeinschaftsleben* junger Menschen untersucht. Um bestimmte Regelhaftigkeiten in den Prozessen dessen, was sie »mediatisierte Vergemeinschaftung« nennen, rekonstruieren zu können, haben die Autoren im Rahmen eines DFG-Projektes kommunikative Strategien und Praktiken erfasst, und zwar auf der empirischen Grundlage von »medienethnographischen Miniaturen« (ebd., S. 261 ff); die Auswertung deutet auf eine Vielfalt der Medienwelten, der Mediennutzung und der Medienaneignung hin, eine empirische Vielfalt, welche die Autoren unter anderem zum Anlass für die Ausdifferenzierung von vier Typen von Vergemeinschaftaftungshorizonten junger Menschen nehmen: Lokalisten, Zentristen, Multilokalisten und Pluralisten. Wie Bollig u. a. (2015) in ihrer Dokumentation einer Tagung zu Fragen der pädagogischen Ethnographie aufzeigen, hat sich die Anzahl, die relative Bedeutung und die Konfiguration von Akteuren im Feld der Erziehung in starkem Maße gewandelt; in dieser Perspektive müssen auch die mediatisierten virtuellen Welten zu den wichtigen erzieherischen Akteuren (und sei es nur in der Perspektive des bereits erörterten Konzeptes der strukturellen Erziehung) bzw. den wichtigen Sozialisationsagenturen gerechnet werden. Ähnlich wie die Autoren im erwähnten DFG-Projekt (Hepp/Berg/Roitsch 2014) betonen auch Bollig u. a. (2015) die mit den Prozessen der Mediatisierung einhergehenden Veränderungen der traditionellen Ordnungen und Vorstellungen von Raum, Zeit, Gemeinschaft und Lernarrangements und sprechen von der *Multimedialität*, *Pluralität* und *Translokalität* der Erziehungs (und Lern-)wirklichkeiten; eine weitere Ähnlichkeit betrifft die Orientierung an einer ethnographischen Forschungsstrategie.

Die digitale Technologie bedeutet, wie Jörissen (2014, S. 511) hervorhebt, nicht nur einen weiteren Medienwechsel; »sie greift tief in die medialen Gefüge ein, indem sie erstens Medialität selbst de- und rekonstruiert, zweitens sich als fluides Software-Netzwerk universal und global ausbreitet«. Die Restrukturierungen von Raum, Zeit, Gemeinschaftsform und Identität durch digital vernetzte Medialität »verweisen exemplarisch auf grundlegende Veränderungen im pädagogischen Feld, die sowohl in bildungstheoretischer Perspektive im engeren Sinne wie auch in lern- und vermittlungstheoretischen Perspektiven Wirkungen zeitigen. Die Transformation von Öffentlichkeit hin zu offenen, vernetzten (damit aber auch stärker fragmentierten) Räumen und Sichtbarkeiten hat, wie Jörissen fortfährt, »vielfältige neue Artikulationsformen und -möglichkeiten geschaffen, die ihrerseits Wissensgefüge und -verhältnisse verändern und sowohl individualistische Schließungen als auch gemeinschafts- oder sogar differenzorientierte Anschlüsse ermöglichen« (ebd.).

Als ein wichtiges Motiv für die Nutzung der sozialen Medien und als eine ihrer von den Nutzern immer wieder erwähnten Funktionen erweist sich die Suche nach befriedigenden Formen der *Selbstdarstellung* und Selbst*bestätigung*, beispielsweise vermittels einer möglichst großen Zahl positiver Rückmeldungen (vgl. z. B. Schmidt 2013, S. 23 ff.).

Neue Technikgenerationen haben immer wieder, beispielsweise bei der Erfindung, Entwicklung und massenweisen Verbreitung des Automobils oder des Fernsehens, zu hitzigen und kontroversen Debatten über den Nutzen, insbesondere aber den möglichen (aber nicht genau kalkulierbaren) Schaden der neuen Technologien geführt; eine der Grundsatzfragen war dabei, ob wir die Technologie beherrschen oder die Technologie uns beherrscht. An solchen Debatten haben sich gelegentlich auch Vertreter/Innen der Wissenschaft beteiligt (nicht selten in populärwissenschaftlicher bzw. journalistischer Manier). Beispielsweise sind im Hinblick auf das Fernsehen ziemlich einseitige bis polemische Schriften zu Bestsellern geworden, in welchen vom »Verschwinden der Kindheit« – mit dem Argument, dass Kinder auf die Nutzung des Fernsehens nicht ebenso, wie dies im Hinblick auf die Nutzung von Printmedien der Fall ist, durch eine bestimmte, gezielte Form der »Alphabetisierung« vorbereitet werden – die Rede gewesen ist.

Im Hinblick auf die digitalen Medien nenne ich als ein Beispiel für eine ganz grundsätzliche, von einem Wissenschaftler vorgetragene Skepsis den Beitrag des Ulmer Psychiaters Manfred Spitzer, der in erweiterter Form auch als Buchveröffentlichung angekündigt ist; in diesem Beitrag geht Spitzer zunächst von allgemein anerkannten, jedenfalls nachvollziehbaren Feststellungen über die grundlegende Bedeutung des Lernens für die Entwicklung und das Verhalten des Menschen aus: das Gehirn bilde sich »in Auseinandersetzung mit der Welt – der wirklichen Welt« (Spitzer 2015, S. 21); das Resultat dieses in den ersten beiden Lebensjahrzehnten stattfindenden Prozesses »nennen wir Bildung« (ebd.). Im Anschluss verweist Spitzer auf ein Beispiel eines einschlägigen Forschungsbefundes: »Wer zweisprachig aufgewachsen ist und zeitlebens die zweite Sprache spricht, bekommt die Symptome einer Alzheimer-Demenz mit einer Verspätung von 5,1 Jahren« (ebd.). Der Kommentar zu diesem Beispiel lautet:

> »Dabei ist es nicht so, dass die krankheitsbedingten Veränderungen später auftreten; vielmehr verfügt ein gut gebildetes Gehirn über mehr Reserven, also mehr vorhandene Verbindungen, die es nutzen kann, wenn die Hardware langsam kaputt geht. Diese Studie zeigt die Auswirkungen geistiger Tätigkeit auf einen späteren geistigen Abstieg, das heißt eine sich entwickelnde Demenz sehr klar. Es gibt übrigens kein Medikament, mit dem sich das Auftreten einer Demenz auch nur annähernd so gut verzögern ließe, wie dies für Zweisprachigkeit nachgewiesen ist« (ebd., S. 21 f.). Und dann kommt die verallgemeinernde Schlussfolgerung:
> »Halten wir fest: Was wir früher einfach mit dem Kopf gemacht haben, wird heute von Computern, Smartphones, Organizern und Navis erledigt. Dies birgt immense Gefahren, insbesondere für die sich noch entwickelnden Gehirne von Kindern. Die hierzu bereits vorliegenden Forschungsergebnisse sind alarmierend: Wenn wir unsere Hirnarbeit auslagern, lässt das Gedächtnis nach. Nervenzellen sterben ab. Bei Kindern und Jugendlichen wird durch Bildschirmmedien die Lernfähigeit drastisch vermindert. Zu den Folgen gehören auch Ängste und Abstumpfung, Schlafstörungen und Depressionen, Übergewicht und Gewaltbereitschaft. Diese Entwicklung ist bedenklich und erfordert vor allem bei Kindern Konsumbeschränkungen, um den Risiken und Nebenwirkungen digitaler Informationstechnik entgegenzuwirken« (ebd., S. 22).

Debatten der genannten Art gibt es auch zum Nutzen sowie insbesondere zu den Nachteilen der fortschreitenden digitalen Mediatisierung. Dass die mit diesen neuen Technologien verbundenen Probleme ein Thema nicht nur der praktischen, sondern auch der empirischen und theoretischen Pädagogik sein und vermehrt werden müssen, steht angesichts der großen und wachsenden Bedeutung der Nutzung dieser neuen Technologien von Seiten insbesondere der Kinder, der Jugendlichen und der jungen Erwachsenen (vgl. z. B. Schmid/Antes/Schiffers 2015a) außer Frage. Mittlerweile wird diese Debatte innerhalb der Erziehungswissenschaft auf hohem theoretischen (z. B. Jörissen 2014 und Bollig u. a. 2015) sowie, was am Beispiel der Untersuchungen von Hepp u. a. (2014) und Bollig u. a. (2015) aufgezeigt wurde, auf hohem empirisch-wissenschaftlichen Niveau. Ein weiteres gutes Beispiel für theoretische Analysen bietet der Sammelband von Gruschka/Lastoria (2015), der neben Beiträgen aus Deutschland auch Beiträge aus einem der größten »Schwellenländer«, Brasilien, enthält; alle Beiträge verbindet das Selbstverständnis als »Kritische Erziehungswissenschaft« (im Sinne einer Verbindung von Pädagogik und Kritischer Theorie; z. B. Dammer 2015). Zu den analysierten Aspekten der digitalen Mediatisierung gehört beispielsweise die Frage, wie das Bildungssystem und die pädagogischen Professionen mit dem Wandel der Schule »von der alphabetisierenden Schule zur diffusen Audio-Visualität« (Cabot 2015) umgeht bzw. umgehen könnte, oder die Frage, in welcher Weise die neuen Medien zu Veränderungen in den Beziehungen zwischen Lehrern und Schülern beitragen (Zuin 2015); hier geht es unter anderem um ein Beispiel für verletzende Formen der interaktiven medialen Kommunikation, über die häufig unter dem Etikett des »mobbing« berichtet wird und die in diesem Fallbeispiel die folgenreiche (d. h. Entlassung aus dem Dienst) massive Kritik eines Lehrers betraf (zunächst von seiten einer einzelnen Schülerin, die jedoch über das Netz Hunderte von Mitschülern mobilisieren konnte). So einseitig oder extrem dieses Beispiel sein mag, es illustriert doch eindringlich, dass die Verbreitung der digital mediatisierten Welten nicht folgenlos bleiben kann für die innere Dynamik der pädagogischen Beziehungspraxis in Schulklassen und im Schulsystem im Ganzen.

Teil V: Weitere Beziehungskonstellationen als Erfahrungsräume für Erziehungs- und Lernprozesse

Bei den Phänomenen, welche in diesem Teil in den Blick geraten, handelt es sich um Elemente der »Welt« im umfassenden Sinn, der natürlichen sowie der kulturellen Welt also, die schon dadurch zu Gegenständen bzw. Themen einer »Beziehungspädagogik« werden, dass sie im Rahmen der triadischen Struktur des pädagogischen Beziehungsgeschehens jenes »Dritte« oder »Zwischen« verkörpern, welches zum einen die lehrenden mit den lernenden Personen, zum anderen die Vermittlungstätigkeit (Erziehen bzw. Unterrichten/Lehren) mit der Aneignungstätigkeit (Lernen bzw. Bildung) verbindet; gleichermaßen kann man sagen, dass die in diesem Teil erörterten Phänomene bzw. die durch sie gebildeten Beziehungskonstellationen Kernbereiche des schulischen Lehrplans bzw. Curriculums im transnationalen Maßstab repräsentieren. Von Beziehungskonstellationen spreche ich allerdings nicht allein im Hinblick auf Lehren und Lernen am sozialen Ort Schule; vielmehr liegt mir daran aufzuzeigen, dass Erfahrungen mit einer je unterschiedlichen Auswahl von Phänomen der natürlichen und kulturellen Welt im Alltag und im gesamten Lebenslauf jedes Menschen stattfinden, und zwar nicht nur in Abhängigkeit davon, was ein Mensch im Rahmen formaler Erziehungs- und Lernprozesse kennengelernt hat, sondern auch unabhängig von jeder pädagogischen Bemühung, das heißt also im Modus informeller oder »struktureller« Erziehung bzw. im Modus informellen oder »strukturellen« Lernens durch Partizipation am Leben einer Familie, einer Gleichaltrigengruppe, eines Gemeinwesens, einer Gesellschaft oder einer Kultur; einige Aspekte dieser Erziehungs- und Lernerfahrungen habe ich in den entsprechenden Kapiteln dieses Buches (z. B. in den Kapiteln I/4, I/5 und II/12) erörtert.

Als Einstieg in dieses komplexe Themenfeld wähle ich ein Phänomen der Natur, das zwar in keinem Lehrplan vorkommt, das aber in der Erfahrung und im Erleben eines jeden Menschen einen wichtigen, nicht zuletzt emotional geprägten Platz einnimmt; es handelt sich um ein Stück Natur; ein Stück Natur jedoch, welches üblicherweise nicht als Gegenstand naturbezogenen bzw. naturwissenschaftlichen Lehrens und Lernens in Erscheinung tritt: die *Landschaft*.

1 Erfahrungen mit und Beziehungen zu Naturphänomenen

Naturphänomene umgeben uns in so unendlicher Zahl und Vielfalt, dass die Beschreibung der Begegnung von Menschen mit Naturphänomenen für sich ein ganzes Buch ausfüllen könnte; hier kann ich nur wenige Beispiele und Aspekte anführen und beginne dabei mit dem Beispiel der Landschaft: Für viele Menschen ist die Landschaft, in der sie aufgewachsen sind, ein wesentlicher Aspekt ihrer Vorstellung und ihres Gefühls von »Heimat«; das führt dazu, dass man in diese Landschaft immer wieder mit positiven Gefühlen zurückkehrt und bei der Wahl von Ferienorten gerne Landschaften wählt, die Ähnlichkeiten mit der heimatlichen Landschaft aufweisen; wiederum kann die Freude an einer Ferienlandschaft der Anlass sein, des öfteren an diesen Ferienort zurückzukehren.

Naturphänomene (nicht nur Landschaften) sind in vielen Kulturen zu Gegenständen der ästhetischen Darstellung (insbesondere in der Malerei und Literatur, ansatzweise auch in der Musik) gemacht worden; das führt dazu, dass wir vielen Naturphänomenen nicht nur unmittelbar, sondern auch vermittelt in ästhetischen Medien begegnen; diese beiden Arten der Begegnung können unabhängig von einander geschehen, sie können sich aber auch gegenseitig befruchten; es kann beispielsweise vorkommen, dass wir Wolken oder Blumen oder Bäume oder Felder oder Wälder oder fallende Herbstblätter gelegentlich mit den Augen eines von uns hochgeschätzen Malers oder Dichters sehen, und dass dadurch unser Blick und unser Erleben in bestimmter Weise bereichert werden.

Die Natur begegnet uns einerseits als etwas Großartiges, das uns Staunen und Bewunderung und Ehrfurcht einflößt, andererseits als etwas Unheimliches, das uns Angst machen kann. Alles wird dadurch noch verwickelter, dass wir uns selbst als ein Stück, als – so formuliert es Pestalozzi in seiner Anthropologie – als »Werk« der Natur (und außerdem als Werk der Gesellschaft und als Werk unserer selbst) betrachten müssen. Die Spannbreite unserer Naturerfahrung hat Goethe in die Worte gefasst:

> »Natur! Wir sind von ihr umgeben und umschlungen – unvermögend aus ihr herauszutreten, und unvermögend tiefer in sie hineinzukommen. Ungebeten und ungewarnt nimmt sie uns in den Kreislauf ihres Tanzes auf und treibt sich mit uns fort, bis wir ermüdet sind und ihrem Arme entfallen. ... Sie schafft ewig neue Gestalten; was da ist war noch nie, was war kommt nicht wieder – Alles ist neu und doch immer das Alte. Wir leben mitten in ihr und sind doch Fremde. Sie spricht unaufhörlich mit uns und verrät uns ihr Geheimnis nicht. Wir wirken beständig auf sie und haben doch keine Gewalt über sie« (Goethe, Werke XIII, S. 45).

Es gibt eine Reihe von Naturphänomenen, die auf so gut wie alle Menschen eine Faszination ausüben; dazu gehören der Aufgang und der Untergang der Sonne (insbesondere am Meeresstrand oder im Gebirge), der nächtliche Sternenhimmel (insbesondere in lichtarmer Umgebung, wie dies in extremer Weise für die Wüste oder auch das Gebirge zutrifft), Sonnen- und Mondfinsternis, Regenbogen und vieles mehr. Andererseits entwickeln einzelne Menschen, häufig bereits in der Kindheit oder Jugendzeit, angeregt durch persönliche Erfahrungen oder das Vorbild eines Elternteils oder Lehrers oder Gleichaltriger oder durch Lektüre ausgeprägte Spezialinteressen an bestimmten Aspekten der Natur oder auch der Naturwissenschaft wie zum Beispiel der Astronomie, der Geologie, der Zoologie oder der Evolution.

Die selber gemachten sowie die durch verschiedene Medien und Kanäle vermittelten Erfahrungen mit der Natur bzw. bestimmten Naturphänomenen bilden eine den gesamten Lebenslauf begleitende Facette unserer Person; es fällt daher nicht schwer, den Gedanken Rousseaus (in seinem Erziehungsroman »Emile«) nachzuvollziehen, dass die Natur den ersten und wichtigsten Faktor der Erziehung darstelle.

2 Mensch und Tier

Die Nähe zwischen Mensch und Tier ist in allen uns bekannten Kulturen bezeugt; dabei bedeutet Nähe keinesfalls nur eine positive bzw. emotional bedeutsame Beziehung, vielmehr sind Tiere für den Menschen in erster Linie als Nutztiere und Nahrungsquelle wertvoll; aber auch im Hinblick auf diese zuletzt genannten Rollen gilt, dass die Menschen mit den betreffenden Tieren einen gemeinsamen Lebensraum teilen, eine Tatsache, die sich dann auch beispielsweise in den frühen Fels- und Höhlenmalereien spiegelt.

Eine Intensivierung der Nähe zwischen Mensch und Tier hat sich aus der Domestizierung bestimmter Tiere ergeben; in erster Linie gilt das für Hunde und Katzen, in gewissaer Weise auch für Pferde. Haustiere sind für viele Menschen zu Kameraden geworden, die mit ihnen den Alltag teilen und diesen strukturieren und bereichern; für viele Kinder und Jugendliche werden Hunde oder – dies gilt insbesondere für Mädchen – Pferde zu echten Freunden (sie müssten insofern auch in Kapitel IV/2 bedacht werden). Die engen Beziehungen zwischen Menschen und Tieren spiegeln sich wiederum (wie im Falle der Naturphänomene) in den ästhetischen Medien der Literatur und der Malerei; man denke nur an die Kinder- und Jugendliteratur zum Thema Freundschaft mit Pferden, an Thomas Manns Erzählung »Herr und Hund« oder die zahlreichen Porträts vornehmer Personen auf oder mit ihrem Lieblingspferd oder mit ihrem Hund; vielleicht gibt es auch hier, wie bei Naturphänomenen, eine Wechselwirkung zwischen unmittelbarer und ästhetisch vermittelter Erfahrung, so zum Beispiel, dass Kinder und Jugendliche durch entsprechende Lektüre oder Filme dazu angeregt werden, Freundschaft mit einem Tier zu suchen und zu schließen.

Die spontane bzw. durch verschiedene Faktoren beeinflusste, von Kindern und Jugendlichen positiv erlebte Beziehungspraxis mit Tieren bzw. mit einem Tier hat dazu beigetragen, dass die Arbeit mit Tieren in den letzten Jahrzehnten zunehmend Eingang gefunden hat in die professionelle Pädagogik (insbesondere *Sonderpädagogik*) und *Therapie* (z. B. Bohl/Dauber 2003; Feltmann 2003; Olbrich/Otterstedt 2003; Greiffenhagen u. a. 2007; Struntz 2012).

3 Erfahrungen mit und Beziehungen zu Dingen, »Objektbeziehungen«

Für die Dinge gilt Ähnliches wie für die Natur: Es gibt eine so große Anzahl und Vielfalt von Dingen, denen wir im Laufe unseres Lebens begegnen, dass die Erörterung dieser Begegnungen und Beziehungen ganze Bücher füllen könnte (siehe zum Beispiel Stieve 2008), während ich mich hier auf wenige Bemerkungen beschränken muss.

Die große Anzahl und Vielfalt von »Dingen« kommt auch dadurch zustande, dass es *natur*gegebene Dinge (wie beispielsweise Steine, Muscheln, Schneckenhäuser etc.) gibt, aber auch von *Menschenhand* geschaffene Dinge (z. B. Briefmarken, Fotos, Legosteine etc.); beiderlei Dinge können in Kindern Sammelleidenschaft wecken (vgl. z. B. Fatke/Flitner 1984). Dass Kinder angesichts bestimmter Dinge zu Sammlern, angesichts anderer Dinge zu Spielern oder Sportlern oder Baumeistern werden, führt uns vor Augen, was in der phänomenologischen Pädagogik als »*Aufforderungscharakter* der Dinge« (z. B. Langeveld 1968, S. 142 ff) oder auch als »*Appell* der Dinge« (z. B. Stieve 2008, S. 151 ff.) beschrieben wird; in der Pädagogik als Kunstlehre (beispielsweise bei den Philanthropen) und in der pädagogischen Praxis (insbesondere bei Friedrich Fröbel und bei Maria Montessori) spielen Dinge eine zentrale Rolle; allerdings handelt es sich bei Fröbel und Montessori nicht um beliebige, sondern um systematisch ausgedachte, ausgewählte und als pädagogisch wertvoll und wirksam erachtete Dinge (bei Fröbel die so genannten Spielgaben, bei Montessori die so genannten Materialien); die zugrunde liegende Vorstellung besagt, dass Kinder, indem sie sich selbsttätig (zur »Selbsttätigkeit« vgl. z. B. Stieve 2008, S. 49 ff.) in eine aktive Beziehung zu den (arrangierten) Dingen ihrer (pädagogisch inszenierten) Umwelt setzen, zu einer Vielfalt von Lernprozessen angeregt werden; aus den Bezügen zu Menschen und Dingen, in welchen sich das Kind bewegt, gewinnt das Kind nach dieser Vorstellung Identität (ebd., S. 313).

Ähnlich wie im Hinblick auf die interpersonell bestimmten Prozesse der Erziehung und des Lernens in Familien und Schulen wird in jüngster Zeit auch im Hinblick auf den Umgang von Erzieherinnen und Kindern (hier am Beispiel von Kinderkrippen in Luxemburg) versucht, das Zustandekommen bzw. das Hervorbringen von Erziehungs- und Lernprozessen in der Perspektive von Performativität zu rekonstruieren (z. B. Neumann 2013); der Anspruch des Neuartigen, der hier erhoben wird, scheint mir allerdings nur partiell berechtigt. Denn über die Art und Weise, in der Kinder die (dingliche) Welt konstruieren und in diesem Zusammenhang die ihnen präsentierte Erwachsenenkultur re-produzieren (im Sinne von Neuschaffung und eigenwilliger Deutung), erfahren die Leser in der Projektskizze von Neumann (2013) nicht mehr und nichts systematisch anderes als in der bereits besprochenen, vor 34 Jahren publizierten Studie von Parmentier (1979) oder in den Untersuchungen von Corsaro (1997 und 2003) in Kindertgseseinrichtungen verschiedener europäischer Länder. Ein etwas anderes Bild ergibt sich mit Blick auf die Inszenierung von Erziehungsprozessen; hier lässt die rekonstruktive Analyse im Ansatz von Neumann (2013) die im pädagogisch Feld eingesetzten Deutungs- und Handlungsmuster der professionellen Erzieherinnen deutlicher hervortreten als in den früheren Studien; dieser Zugewinn hat indes nach meiner Auffassung nicht mit einer fruchtbareren theoretischen Fundierung oder einer größeren methodischen Raffinesse zu tun; er kommt insbesondere durch ein unterschiedliches Forschungsinteresse zustande: Die älteren Studien waren in erster Linie daran interessiert, die eigenwillige Konstruktionstätigkeit der Kinder zu dokumentieren und zu interpretieren; das Forschungsinteresse von Neumann (2013) scheint mir demgegenüber in erster Linie der Konstruktion von Erziehung bzw. der Konstruktionstätigkeit der Erzieherinnen zu gelten. In der Perspektive der Beziehungspädagogik, die ich stark machen möchte, käme es darauf an, die beiden genannten Forschungsinteressen miteinander zu verbinden, und zwar im Sinne der »interprozessualen Beziehungen« (▶ Kap. II/12); damit ist gemeint, dass die wechselseitige Beziehung zwischen den Prozessen der (Konstruktion von) Erziehung und den kindlichen Konstruktionsprozessen des Lernens rekonstruiert und entschlüsselt wird.

Eine zweite Seite der »Anzüglichkeit« von Dingen liegt darin, dass Kinder mit bestimmten Dingen ihrer Wahl eine emotionale Beziehung aufnehmen und die Neigung und den Willen entwickeln können, diese Dinge für eine gewisse Zeit zu behalten bzw. zu besitzen und nicht mehr loszulassen (vgl. z. B. Eggers 1984). Man kann in diesem Zusammenhang, parallel zum Bindungsgeschehen zwischen (Klein-)Kind und nächsten Bezugspersonen (▶ Kap. I/3), von einem Beziehungsgeschehen zwischen Kind und (gewählten) Dingen sprechen (vgl. z. B. Papousek 1984). Das häufig beobachtete Phänomen, dass Kinder in einer individuell unterschiedlichen Altersspanne innerhalb der ersten sechs Lebensjahre von einem bestimmten Ding, z. B. einem Teddybär oder einer Kuscheldecke, nicht mehr lassen wollen, hat Winnicott (1951/1983a) mithilfe des Konzepts des »*Übergangsobjektes*« beschrieben; damit ist gemeint, dass dieses »Objekt« in einem »*Zwischen*«-Bereich angesiedelt ist, in welchem es bei dem betreffenden Kind (noch) keine klare Trennung zwischen Ich und Welt oder, mit anderen Worten, zwischen Innenwelt und Außenwelt gibt; ein besonders merkwürdiges »*Übergangs*«-Phänomen ergibt sich in den relativ selten beobachteten Fällen, in welchen die »Innenwelt« in Gestalt von bedürfnisorientierter *Phantasie*tätigkeit gleichsam die Führung gegenüber der »realen« Außenwelt übernimmt, indem sich ein Kind ein Geschwister erschafft; dieses gilt, da es – kontrafaktisch – nur in der Vorstellung des betreffenden Kindes existiert, als »*Phantasiegeschwister*«; je nachdem, ob und wie weit sich die Eltern dieses Kindes auf das Bedürfnis und die Phantasietätigkeit ihres Kindes einlassen und einstellen, hat dieses Phantasiegeschwister einen bestimmten Namen, einen bestimmten Platz am Esstisch und nimmt in je unterschiedlichen Formen am Alltag des Familienlebens teil. Dieses Beispiel dokumentiert die offenbar im Menschen angelegte Lust an einer frei und selbständig gewählten Beziehungspraxis; und selbstverständlich wird aus dieser *alltäglichen* auch eine *pädagogische*

Beziehungspraxis; denn dieses Geschwister muss sich natürlich – jedenfalls im Rollenspiel – nach den Regeln der Person richten, die es erschaffen hat, ganz so, wie das ein Geschwister erschaffende Kind sehr gut weiß, was es bedeutet, den Alltag mit Personen zu teilen, die es »erschaffen« haben. Mit diesem Beispiel eines »Übergangsobjektes« wird mit »*Objekt*« nicht mehr, wie in den ersten Beispielen sowie im ersten Teil der Überschrift dieses Kapitels, ein Ding angesprochen; vielmehr geht es hierbei um jene auf Personen bezogenen »*Objektbeziehungen*«, welchen in der für Winnicott maßgeblichen psychoanalytischen Theorie eine zentrale Rolle für die ontogenetische Entwicklung des Menschen zugeschrieben wird

4 Erfahrungen mit und Beziehungen zu kulturellen Artefakten. Beziehungen als Thema von kulturellen Artefakten

Im Sinne des schon einmal zitierten Satzes von Faust: »Was du ererbt von deinen Vätern hast, erwirb es, um es zu besitzen«, lässt sich die zentrale Aufgabe von Erziehung und Lernen dahingehend bestimmen, dass die je hervorgebrachten Artefakte der Kultur in der Abfolge der Generationen erhalten und weiterentwickelt werden; das beginnt mit der Sprache und umfasst im Übrigen alle Hervorbringungen und Errungenschaften der Kultur; dabei meint »Kultur« zunächst einmal die Kulturgemeinschaft, in welche eine Person hineingeboren wird, in einem umfassenderen Sinne, aber auch die globale Menschheits- bzw. Weltkultur. Eine je bestimmte Auswahl des kulturellen Erbes wird im Pflichtschulsystem aller Staaten zum Inhalt des Lehrplans und des Unterrichts; das gilt auch für die im vorliegenden Kapitel beispielhaft ausgewählten Artefakte der Kultur; insofern kann man argumentieren, dass der Schulunterricht die Gelegenheit und Anregung dafür schafft, dass sich die heranwachsende Generation in Beziehung setzt zu den kulturellen Artefakten der Musik, der Kunst (am Beispiel der Malerei) und der Literatur. Dieses Sich-in-Beziehung-Setzen ist – in der ganzen Bandbreite der sozio-kulturellen Stratifikation einer Gesellschaft – auch ein Thema der familialen Beziehungs- und Erziehungspraxis; beispielsweise hat ein Kind, das in einer Familie aufwächst, in welcher Musikinstrumente vorhanden sind und wo ein Elternteil oder beide Eltern regelmäßig Musik hören oder auch ausüben, gute Chancen, von klein auf mehr oder weniger selbstverständlich in die Welt (oder wenigstens einen bestimmten Teil der Welt) der Musik hineinzuwachsen. Dies wiederum kann mancherlei Folgen haben: dass sich Beziehungen des Kindes oder Jugendlichen zu bestimmter Musik (beispielsweise, wie in meinem Fall, zur »Kunstmusik« im Sinne der »klassischen« Musik zwischen Renaissance und Moderne), zu bestimmten Komponisten, zu einem Lieblingskomponisten, zu bestimmten Genres der Musik und zu bestimmten (Lieblings-)Kompositionen entwickeln; dass das Kind ein Instrument erlernt und zu seinem Instrument eine besondere Beziehung aufbaut; dass ein Kind in ein soziales Beziehungsnetz von Musikfreunden oder auch in größere oder kleinere Musikensembles (z.B. Streichquartett) hineinwächst; dass aus solchen Netzwerken Freundschaften, Liebschaften und Ehen hervorgehen. Am Beispiel der Musik lässt sich die potentiell breite und komplexe Beziehungspraxis deshalb besser als an der Kunst und der Literatur aufzeigen, weil es bei der Musik nicht allein um eine rezeptive, sondern auch um eine produktive Praxis (z.B. Hausmusik, etwa Streichquaerett) geht. Im Übrigen gilt auch für Kunst und Literatur, dass die Anregungen zum Sich-in-Beziehung-Setzen mit den entsprechenden Artefakten nicht nur vom Schulunterricht, sondern in noch stärkerem Maße von der Herkunfsfamilie ausgehen; und auch im Hinblick auf Kunst und Literatur kann es zur

Gründung und sozialen Praxis von Beziehungsnetzen kommen (z. B. Lektürezirkel).

In der Perspektive meines Konzeptes einer Beziehungspädagogik gewinnt noch ein weiterer Aspekt der Beziehung zu Artefakten der Kultur Bedeutung: In den ästhetischen Artefakten der Musik, der Kunst (am Beispiel der Malerei) und der Literatur gelangen zwischenmenschliche Beziehungen und weitere Beziehungskonstellationen zur Darstellung; in diesem Sinne werde ich in den folgenden Teikapiteln von »Beziehungs*klängen*«, »Beziehungs*bildern*« und »Beziehungs*geschichten*« sprechen; wenn man davon ausgeht, dass die ästhetischen Erfahrungen mit Musik, Malerei und Literatur zum Selbstwerden und Selbstsein einer Person beitragen, kann man weiter vermuten, dass die Begegnung mit ästhetischen Darstellungen von Formen der Beziehungspraxis zu denjenigen Faktoren gehören, welche die eigene Beziehungspraxis beeinflussen; Überzeugungen dieser Art haben jedenfalls Pate gestanden, wenn man in früheren Zeiten jungen Menschen die Lektüre von (Liebes-) Romanen verboten hat oder als lasziv beurteilte Tänze inquisitorisch verfolgt hat.

4.1 Beziehungen zur Kunst und Beziehungsbilder in der Kunst

Für die Beziehungen zur Kunst (am Beispiel der Malerei) gilt entsprechend, was ich im vorausgegangenen Absatz zur Musik gesagt habe: Anregungen zum Sich-in-Beziehung-Setzen kommen aus dem Unterricht in der Pflichtschule, insbesondere aber aus der Herkunftsfamilie (z. B. gemeinsame Ausstellungsbesuche); wie in der Musik kann sich auch in der Malerei eine besonders ausgeprägte Beziehung zu einem bestimmten Genre (z. B. Selbstporträt) oder zu einem bestimmten Künstler entwickeln. Am Beispiel des Naturphänomens der Landschaft habe ich schon darauf hingewiesen, dass möglicherweise die Begegnung mit ästhetischen Darstellungen in der Malerei das eigene Erleben der Landschaft beeinflussen kann.

Was die Thematisierung von Beziehungen in der Kunst betrifft, so nenne ich als erstes beispielhaftes Feld das *Selbstporträt;* seit der Renaissance ist das Selbstporträt zu einem verbreiteten Genre der Malerei geworden; es steht für die Beziehung der Person des Künstlers zu sich selber (s. Teil VI); viele Maler, insbesondere Rembrandt, Max Beckmann und Horst Jannsen, haben eine große Anzahl von Selbstporträts gefertigt und dabei auch die Vielfalt ihrer Ich-Möglichkeiten und Beziehungserfahrungen ins Spiel gebracht. Als zweites Beispiel nenne ich das weite Feld der *pädagogischen Metaphorik* (z. B. Herzog 2002, S. 13–103; Bilstein 2011); es betrifft die Darstellung des Kindes in der Kunst (z. B. Bilstein/Straka/Winzer 1999; Parmentier 1999), die durch Aries' »Geschichte der Kindheit«, die sich im Wesentlichen auf die Analyse ikonographischen Materials stützt, sehr bekannt geworden ist (Aries 1975), die Darstellung des Vaters (z. B. Bilstein/Straka/Winzen 2000) oder Darstellungen von spielenden oder lernenden Kindern. Als drittes Beispiel nenne ich das Feld der *religiösen (christlichen) Kunst*; die zahlreichen

Darstellungen der »heiligen Familie« anlässlich der Geburt Jesu sowie die Darsrtellungen der Kreuzigung und der »Pieta« (Maria mit ihrem toten Sohn auf dem Schoß) gehören für uns zu unserer tief verankerten ästhetischen Vorstellungswelt; dank ihrer häufig sehr hohen künstlerischen Qualität sind sie auch dazu angetan, bei denjenigen, die nicht in eine christlich geprägte Umwelt hineingeboren worden sind, »ungläubiges Staunen« zu erwecken (Kermani 2015). Unter anderem anhand ausgewählter Bilder hat Mollenhauer (1983) die geschichtliche Herausbildung und Wandlung der Beziehung zwischen erziehenden Erwachsenen und lernenden Kindern aufgezeigt und interpretiert. Bilder, so merkt Mollenhauer an, sind Sichtweisen bzw. *Wirklichkeitskonstruktionen* aus verschiedenen Jahrhunderten (ebd., S. 41), eine Feststellung, die gut geeignet ist, um zu begründen, warum es sinnvoll und fruchtbar sein kann, den Aspekt der ästhetischen Darstellung von Beziehungen in die Beschreibung der Perspektiven einer »Beziehungspädagogik« aufzunehmen.

In gewisser Annäherung an die Musik gilt auch für die Kunst, dass sie in Erziehung und Unterricht nicht allein im Sinne der Rezeption, sondern auch im Sinne der Produktion, des Selbermachens Eingang gefunden hat; diese Entwicklung hat in den ersten Jahrzehnten des 20. Jahrhunderts, unter anderem mit einer groß angelegten Untersuchung von Georg Kerschensteiner über die Entwicklung der zeichnerischen Begabung von Kindern begonnen und hat mittlerweile einige Phasen durchlaufen (z. B. Flitner 1999, S. 54–76). Die Erfahrungen, denen zufolge Kinder im Zeichnen und Malen ihrer Kreativität Ausdruck geben können und auf diesem Wege auch ein gesteigertes Selbstwertgefühl erfahren können, haben dazu beigetragen, dass das Zeichnen und Malen, ähnlich wie das Musik-Machen, sonderpädagogisch und therapeutisch eingesetzt werden (z. B. Gruber/Wichelhaus 2011).

4.2 Beziehungen zur Literatur und Beziehungsgeschichten in der Literatur

Anregungen zur Begegnung mit Literatur kommen, wie im Falle der Kunst und der Musik, aus dem Schulunterricht, insbesondere aber aus dem Elternhaus und den Medien. Lektüre kann schon in der Kindheit zu einer besonderen Beziehung des Lesers/der Leserin zu einem bestimmten Autor und der von ihm geschilderten Welt führen.

Eine interessante Kennzeichnung der (unterschiedlichen) Erfahrungsmöglichkeiten von *Verbundenheit* in den ästhetischen Medien der Kunst, der Musik und der Literatur findet sich bei dem französischen Schriftsteller Houellebecq:

> »Die *Musik* kann im selben Maß wie die Literatur erschüttern, eine gefühlsmäßige Umkehr, Traurigkeit oder absolute Extase bewirken; die *Malerei* kann im selben Maße wie die Literatur verzücken, einen neuen Blick auf die Welt eröffnen. Aber Literatur allein vermittelt uns das Gefühl von Verbundenheit mit einem anderen menschlichen Geist, mit allem, was diesen Geist ausmacht, mit seinen Schwächen und seiner Größe, seinen Grenzen, seinen Engstirnigkeiten, seinen fixen Ideen, seinen Überzeugungen; mit allem, was ihn

berührt, interessiert, erregt oder abstößt. Allein die Literatur erlaubt uns, mit dem Geist eines Toten in Verbindung zu treten, auf direkte, umfassendere und tiefere Weise, als das selbst in einem Gespräch mit einem Freund möglich wäre – denn so tief und dauerhaft eine Freundschaft sein mag, niemals liefert man sich in einem Gespräch so restlos aus, wie man sich einem leeren Blatt ausliefert, das sich an einen unbekannten Empfänger richtet« (Houellebecq 2015, S. 9 f.; Hervorh. v. Verf.).

Einen ganz andersartigen, ironisch und gesellschaftskritisch gefärbten Blick hat Heinrich Böll in einem Sammelband unter dem Titel »Mein Lesebuch« auf die möglichen Beziehungen zwischen LeserInnen und Autor und deren mögliche Wirkungen bzw. Folgen geworfen:

»Wo das Lesen über den technischen Vorgang und übers bloße Pauken hinaus anfängt, wird es gefährlich. Lesen macht nachdenklich ..., es kann frei und rebellisch machen, wenn einer die Klischees der Erbaulichkeit hinter sich gelassen hat. Das wissen die Zensoren in den Ländern mit strenger Zensur genau, das wussten noch unsere Großeltern (meine jedenfalls, für die das Romanlesen ziemlich nah an Sünde herankam). Die Politiker in den Ländern ohne Zensur ahnen die Gefahren, aber sie führen nun einmal das Wort Freiheit ständig im Mund ... Danken wir denen, die Schulen eingerichtet und Lesen obligatorisch gemacht haben. Sie wussten nicht immer, was sie anrichteten« (Böll 1978, S. 13).

Was die Thematisierung von Beziehungen in der Literatur, also »Beziehungsgeschichten« betrifft, so beginne ich auch hier, wie bei der Kunst bzw. Malerei, mit der Thematisierung der Beziehung des Künstlers, hier: des Schriftstellers zu sich selber (s. Teil VI): Wie in der Malerei bildet die Renaissance (hier mit Benvenuto Cellini) die Epoche der Entstehung und ersten Verbreitung des Genres der Autobiographie, das mit Goethes »Dichtung und Wahrheit« einen ersten Höhepunkt erlangt hat; Goethes Autobiographie ist zugleich der erste und einer der bedeutendsten Bildungsromane, indem diese Autobiographie den Prozess des Selbstwerdens einer Person (der Person des Autors) in den Kontexten der Familie, weiterer sozialer Beziehungen sowie der historischen Zeit und Gesellschaft schildert.

4.3 Beziehungen zu Musik und Beziehungsklänge in der Musik

Einige Facetten der Erfahrung von Verbundenheit mit Musik habe ich bereits in den einleitenden Bemerkungen zu diesem Kapitel skizziert; außerdem habe ich darauf hingewiesen, dass die Erfahrungen mit Musik in meinem Fall die »Kunstmusik« im Sinne der »klassischen« Musik zwischen Renaissance und Moderne betreffen. Die starke gefühlsmäßige Kraft und Wirkung von Musik (und Literatur) hat Houellebecq in seinen oben zitierten Sätzen zum Ausdruck gebracht, wo er schreibt, sie könne erschüttern, eine gefühlsmäßige Umkehr, Traurigkeit oder absolute Exstase bewirken. Die Facetten der Beziehungserfahrung von Musik werden noch deutlicher und sind noch vielfältiger, wenn Musik beruflich ausgeübt wird. Zur Veranschaulichung zitiere ich ein paar Sätze aus einem Gespräch des SPIEGEL mit der französischen Pianistin Helene Grimaud: Ihr Klavier sei ihr »bester Freund«; viele Leute glaubten zwar, »ein Klavier ist ein Klavier ist ein Klavier«; aber in Wirklichkeit seien keine zwei Klaviere gleich, »jedes hat seine Persönlichkeit, und jedes reagiert anders auf dein Tempo, deine Artikulation, deinen Pedaleinsatz«; die Beziehung des Pianisten zum Piano sei »mysteriös und persönlich« (Grimaud 2014, S. 106); als ebenso persönlich beschreibt Grimaud ihr Verhältnis zu bestimmten Komponisten und zu bestimmten Dirigenten (ebd.).

Angesichts ihrer gefühlsmäßigen Wirkungskraft stellt die Musik das beste Beispiel für diejenige Beziehungserfahrung dar, die Rosa (2012) *Resonanzerfahrung* nennt. Im Laufe der Geschichte der Musik, insbesondere in der Epoche des Barock, haben Komponisten ein ganzes Arsenal von Ausdrucksformen geschaffen und tradiert, welche geeignet sind, menschliche Gefühle zu beschreiben und »*Beziehungsklänge*« vorzuführen, beispielsweise mittels der unterschiedlichen Länge bzw. Dauer der Töne, mittels der »hellen« oder »dunklen« Tonarten (Dur und Moll), mittels Harmonie oder Dissonanz sowie mittels unterschiedlicher Tempi und Rhythmen. Auf diese Weise können Hörer auch ohne vertieftes musikbezogenes Wissen beispielsweise die Totenklage eines Requiems oder eines »Stabat mater«, den Freuden- und Lobgesang eines Magnificat, die Schreckensklänge des Weltgerichts in einem »Dies irae« eines Requiems oder Sehnsucht und Traurigkeit in den Liedern des einsamen und von der Liebe enttäuschten Wanderers in Franz Schuberts Liederkreis »Die Winterreise« nachvollziehen und davon berührt werden.

Darauf, dass Musik seit alters als das ideale Medium des Gotteslobs gilt, werde ich im nächsten Kapitel eingehen.

Abschließend weise ich darauf hin, dass Musik – in noch stärkerem Ausmaß, als dies für die Kunst gilt) – als geeignetes Medium der Sonderpädagogik und der *Therapie* erkannt und genutzt worden ist (vgl. z. B. Orff 1976; Thomas 1976; Decker-Voigt/Weymann 1996). Die Überzeugung von der heilenden Kraft der Musik ist schon im Alten Testament überliefert, und zwar in Gestalt der Szene des vor Saul Harfe spielenden David, die auch in einem großformatigen eindrucksvollen Gemälde von Rembrandt festgehalten worden ist. Im 1. Buch Samuel wird dazu in Kapitel 16 gesagt: »So oft nun der böse Geist von Gott über Saul kam, nahm David die Harfe und spielte darauf mit seiner Hand. So wurde es Saul leichter und es ward besser mit ihm und der böse Geist wich von ihm.« Als vermeintlicher Verfasser von Psalmen (oft wird verallgemeinernd von allen Psalmen als »Psalmen Davids« gesprochen) und über weitere Motive ist *König David* zur zentralen Musikgestalt der Bibel geworden; auf einer Unzahl von Skulpturen, Bildern, Illustrationen, Miniaturen und Kirchenfenstern ist der Harfe spielende David dargestellt worden.

5 Person und Transzendenz

Ich bin selber zu stark und zu positiv christlich-religiös geprägt, um religiöse Vorstellungen und Symbole – parallel zu den ästhetischen Welten der Kunst, der Literatur und der Musik – schlichtweg als »kulturelle Artefakte« zu beschreiben. Indes kann ich mich identifizieren mit der Definition von Religion, die Geertz (1973, S. 90) vorgeschlagen hat: Religion sei ein »kulturellesSystem«, und zwar ein »System von Symbolen« (*a system of symbols*), welches, wenn es von Menschen in Kraft gesetzt wird, »machtvolle, überzeugende und dauerhafte Einstellungen und Motivationen schafft, die Sinn hervorbringen in der Perspektive einer Idee einer allgemeinen Ordnung der Existenz« (*powerful, pervasive, and long-lasting moods and motivations that make sense in terms of an idea of a general order of existence*)« (ebd.). Wenn das Konzept »System von Symbolen« als Sammelbegriff genutzt wird, dann lassen sich neben der Religion auch die im vorausgehenden Kapitel beschriebenen kulturellen Artefakte als Systeme von ikonischen (auf Kunst bzw. Malerei bezogene), von poetischen (auf Literatur bezogene) und von klanglichen Symbolen interpretieren; auf dieser Grundlage kann man dann argumentieren, dass sich Menschen in die unterschiedlichen Sphären bzw. Welten von Symbolsystemen begeben und sich dort für Augenblicke oder auch für eine längere Zeitdauer aufhalten und dort »*Beziehungserfahrungen*« machen können; und zwar entweder in einer dieser Sphären je für sich oder in einer Kombination von Symbolsystemen, zum Beispiel beim Anhören von geistlicher Musik, die dadurch gekennzeichnet ist, dass sie musikalische, religiöse und poetische bzw. sprachliche Symbole miteinander verbindet; auf solche »Konfigurationen von Beziehungskonstellationen« werde ich im folgenden Kapitel noch ausführlicher eingehen.

Fragen religiöser Art, wie die nach dem Ursprung und Sinn des Lebens, nach dem Übergang vom Leben zum Tod, nach der Endlichkeit des Lebens und der Zeit danach, haben die Menschen wahrscheinlich seit eh und je, jedenfalls bereits vor der Erfindung der Schrift (freilich nach der Entwicklung der Sprache) gestellt und darauf ihre je spezifischen Antworten gefunden; diese haben ihrerseits die Institutionalisierung bestimmter *Rituale* begründet, beispielsweise im Rahmen von Totenkulten und Begräbniszeremonien. Parzinger (2015) hat in seiner »Geschichte der Menschheit vor der Erfindung der Schrift« das evolutionäre Stadium des Neandertalers gekennzeichnet als »die Emanzipation von der Natur und die Entdeckung des Jenseits« (ebd.). Dieses evolutionäre Stadium baut nach Parzinger auf den Voraussetzungen der Evolution des menschlichen Gehirns, auf der Evolution der Fähigkeiten der frühen Hominiden in Afrika, mit Greifhänden und Geröllgeräten tätig zu sein, sowie auf der Entwicklung vom Aasfresser zum spezialisierten Jäger auf dem langen Weg des Homo erectus auf (Parzinger 2015, Teil I, Kapitel 1 und 2).

Das Standardwerk von Robert N. Bellah (2011) über *Religion in der menschlichen Evolution* macht sich die bereits zitierte Definition von Religion durch Clifford Geertz zu eigen; gleichermaßen betrachtet Bellah, wie Geertz, *Rituale* als wichtigste Ausdrucksform religiöser Vorstellungen; Ritualen wird auch deshalb zentrale Bedeutung zugeschrieben, weil sie nicht nur religiöse *Vorstellungen* (z. B. Glaubensinhalte), sondern auch religiöse *Praxis* beinhalten, eine Praxis, die die Gemeinschaft der Menschen zum Ausdruck bringt und diese ihrerseits verdichtet; sie gewinnt eine je spezifische ästhetisch-sybolische Gestalt und wird auf diesem Wege in ihrem religiösen Gehalt erweitert und verstärkt durch Ausdrucksformen der *ähsetischen* Kultur, insbesondere durch Gesang und Tanz (zur ikonischen, musikalischen und poetischen Symbolisierung von Religion vgl. z. B. Bellah 2011, S. 21 ff.).

Die Verfasstheit der Religionen hat sich während der Jahrhunderttausende dauernden Geschiche der Menschheit im Gefolge von Wandlungen der Kultur stark verändert. Im Hinblick auf diese Veränderungen bezieht sich Bellah (2011) auf das Kulturstufenmodell von Merlin Dalton; dieses konstruiert die kulturelle Evolution als Entwicklung von der »mimetischen« zur »mythischen« und von dieser zur »theoretischen« Kultur; allerdings versteht Dalton sein Modell nicht so, dass sich die genannten Stufen ablösen, vielmehr gelten die frühen Stufen als dauerhafte Organisationsformen religiöser Praxis, mit der Folge, dass »mimetische« und »mythische« Dimensionen und Elemente in der Struktur und Praxis des religiösen Symbolsystems bis auf den heutigen Tag zu entdecken sind. »Mimetisch« wird eine Kultur genannt, die von vorsprachlicher, insbesondere gestischer Kommunikation sowie von anfänglicher Vokalisation, Gesang und Tanz geprägt ist; »mythisch« wird eine Kultur genannt, die Verständigung sprachlich organisiert und sich auf eine umfassende und verbindliche »Erzählung« (*narrative*) beruft; »theoretisch« wird eine Kultur genannt, die sich mehr und mehr an rationalen und überregionalen Perspektiven orientiert und Anfänge wissenschaftlichen Denkens und Forschens einschließt (vgl. z. B. Bellah 2011, S. XVIII ff.). Innerhalb, aber auch jenseits der genannten, auf Dalton zurückgehenden Kulturstufen lassen sich zwei folgenreiche Veränderungen in der Verfasstheit von Religion feststellen: die Entwicklung von der lokal bzw. regional bzw. ethnisch begrenzten zur *universalistischen* Religion und die Entwicklung vom Polytheismus zum *Monotheismus*; diese Entwicklungen gehören nicht mehr zu den Forschungsgegenständen von Bellah (2011), da er sein Werk auf die ca. 2 Millionen Jahre umfassende Zeitspanne vom Paleolithikum bis zur »Achsenzeit« begrenzt hat – ein Begriff, den Karl Jaspers geprägt hat, um damit die Kulturentwicklungen zwischen etwa 800 und 200 vor Christus als eine »Achse der Weltgeschichte« zu beschreiben, deren Einfluss bis in die wissenschaftliche, technische und zivilisatorische »Moderne« reiche; schon vor über 40 Jahren hat Bellah eine Sammlung von Essays vorgelegt, in welcher er sein religionssoziologisches Konzept erörtert und dieses im Hinblick auf Religion in einer, wie er es nennt, »*post- traditionalistischen* Welt überprüft (Bellah 1970).

Der *Monotheismus* hat eine tiefgreifende Veränderung und Intensivierung der Beziehung des Menschen zur Transzendenz herbeigeführt: Der Schöpfergott ist auf der einen Seite zwar ein Wesen, das über alles menschliche Begreifen hinausgeht; auf der anderen Seite hat der Schöpfergott gemäß der biblischen Überlieferung den

Menschen »nach seinem Bilde« geschaffen. Die *Gottesebenbildlichkeit* des Menschen – eine Idee, welche die Kirchenväter zur »*Imago-Dei*-Lehre« ausgebaut haben – ist insbesondere dann als eine revolutionäre Idee zu betrachten, wenn sie zum Maßstab privaten und öffentlichen Handelns erhoben und dementsprechend praktisch umgesetzt wird; dann nämlich steht diese Idee für die Gleichheit aller Menschen, denn Gottesebenbildlichkeit gilt für jeden, für alle Menschen, und damit ist diese Idee zu einer der wichtigsten Quellen für die Forderung nach und die Kodifizierung von *allgemeinen Menschenrechten* geworden. Aus einer distanzierten Beobachterperspektive könnte man argumentieren: Der Gottesebenbildlichkeit der vom Schöpfergott geschaffenen Menschen entspricht eine Menschenebenbildlichkeit des von Menschen vorgestellten Gottes; denn wie sollte das Gottesbild der Menschen anders ausfallen als – wenn überhaupt konkret gefasst – in Gestalt des Menschlichen oder besser: des *Zwischen*menschlichen (vgl. Boyer 2001). Jedenfalls läuft der Monotheismus, abgesehen von dieser Spekulation, auf die Vorstellung hinaus, dass es zwischen Gott und Mensch eine Möglichkeit der Verständigung gibt; dass der Mensch von Gott angesprochen werden kann und der Mensch seinerseits Gott ansprechen kann. Insbesondere im Judentum ist diese Vorstellung stark verankert, zunächst im Glauben an einen kollektiven Bund zwischen dem Schöpfergott und dem jüdischen Volk, sodann aber auch in der individuellen Glaubenspraxis, zu welcher der Dialog zwischen dem/der Gläubigen und Gott (auch ohne Vermittlung eines Geistlichen) gehört. Dass Gott die Menschen anspricht, gehört zu den häufigen Szenen im Alten Testament, beispielsweise mit Blick auf Moses und dessen Verkündigung der zehn Gebote oder im Falle der letzlich nicht vollzogenen Opferung Isaaks durch seinen Vater Abraham (eine Szene, zu welcher Rembrandt ein dramatisches Gemälde geschaffen hat und die auch einige Male vertont worden ist, z. B. von Igor Strawinski). Ebenso gehört die Ansprache und Anrufung des Schöpfergottes durch den Menschen zu den häufigen Szenen in der jüdisch-christlichen Bibel, beispielsweise in den Psalmen oder im Falle des Hiob; gemäß der Überlieferung im Neuen Testament gehören zu den »sieben letzten Worte(n) des Erlösers am Kreuz« die Worte »Mein Gott, mein Gott, warum hast Du mich verlassen?«; diese Worte bilden den Anfang von Psalm 21; die erwähnten »sieben Worte« sind in der geistlichen Musik zwischen Heinrich Schütz und Felix Mendelssohn-Bartholdy immer wieder vertont worden.

Auch in der jüdischen *religiösen Praxis* gehört der Dialog mit dem Schöpfergott zu den traditionellen Elementen; dies hat insbesondere im osteuropäischen jüdischen »Shtetl« gegolten, wie beispielsweise das Musical »Anatevka« zeigt, wo Tewje der Milchmann immer wieder mit Gott in ein Gespräch eintritt.

Auf jüdisch-*religionsphilosophischer* Ebene wird der Dialog zwischen Mensch und Gott von Martin Buber ins Zentrum gerückt, indem er das Urbild der Beziehung zwischen ICH und DU an der Beziehung zwischen ICH und dem »ewigen Du« Gottes festmacht (vgl. Buber 1979a). Emmanuel Levinas entfaltet die gleiche Überzeugung von einer dialogischen Gottesbeziehung stärker als Buber von der Seite des Angesprochenwerdens des Menschen vom Schöpfergott her (z. B. Levinas 1983). Dieser Topos (oder Mythos) vom Angesprochenwerden von Gott findet sich auch – was zunächst überraschend wirkt – in der Vorlesung von Immanuel Kant über Pädagogik:

> »Die Vorsehung hat gewollt, dass der Mensch das Gute aus sich selbst herausbringen soll und spricht sozusagen zum Menschen: ›Gehe in die Welt‹ – so etwa könnte der Schöpfer den Menschen anreden –, ›ich habe dich ausgerüstet mit allen Anlagen zum Guten. Dir kommt es zu, sie zu entwickeln, und so hängt dein eigenes Glück und Unglück von dir selbst ab‹« (Kant 1803/1922, S. 197 f.).

Diese Formulierung des großen Aufklärers, der kein bekennender Christ und gewiss kein Kirchgänger war, macht deutlich, wie stark die Vorstellung von einer bedeutsamen »persönlichen« Beziehung zwischen Mensch und Schöpfergott in unserer Kultur verankert ist. Das gilt auch für den Gedanken der Gottesebenbildlichkeit des Menschen; dafür rufe ich als Zeugen Goethe auf, auch er, wie Kant, kein bekennender Christ und schon gar nicht ein Kirchgänger. Das folgende Zitat stammt aus Goethes poetischer Symbolwelt:

> »Wär nicht das Auge sonnenhaft,
> Wie könnten wir das Licht erblicken?
> Lebt nicht in uns des Gottes eigne Kraft,
> Wie könnt uns Göttliches entzücken?« (Goethe, Werke XIII, S. 324)

Und auch zur Beziehung zwischen Schöpfer und Mensch, vermittelt vor allem durch die Erfahrung der Großartigkeit der Natur, lasse ich noch einmal Goethe sprechen (das Textstück stammt aus Goethes Autobiographie »Dichtung und Wahrheit«):

> »Der Gott, der mit der Natur in unmittelbarer Verbindung stehe, sie als sein Werk anerkenne und liebe, dieser schien ihm der eigentliche Gott, der ja wohl auch mit dem Menschen wie mit allem übrigen in *ein genaueres Verhältnis* treten könne, und für denselben eben so wie für die Bewegung der Sterne, für Tages- und Jahreszeiten, für Pflanzen und Tiere *Sorge tragen* werde« (Goethe, Werke IX, S. 43 f.; Hervorh. v. Verf.).

Die Beziehung zwischen Person und Schöpfergott ist im Laufe der Geschichte und bei Einzelnen und Gruppen immer wieder so stark – persönlich und emotional – ausgeprägt (gewesen), dass Religionspsychologen diese Beziehung auch in der Perspektive des Konzepts der »*Bindung*« (▶ Kap. I/3) analysiert haben (z. B. Kirkpatrick 2004). Die damit umschriebene, in hohem Maße emotional gefärbte Gottesbeziehung kommt noch stärker zum Ausdruck in der Verbreitung von erotischen Metaphern; diese prägen ganz besonders das König Salomo zugeschriebene »Lied der Lieder« bzw. »*Hohe Lied der Liebe*«; auch diese biblische Poesie, in welcher geistige Gottesliebe und sinnliche Menschenliebe miteinander verbunden werden, ist ebenso wie viele der Psalmen durch die Jahrhunderte immer wieder vertont worden. Erotische Metaphern zur Beschreibung der Beziehung des Menschen zu Gott sind auch im kirchlichen Liedgut sowie in den Kirchenkantaten von Bach (insbesondere in den von Bach selber verfassten Textpassagen in Chorälen, Arien und Rezitativen) stark verbreitet; diese Metaphern beziehen sich freilich nicht auf den Schöpfergott, sondern auf Jesus Christus (z. B. als Geliebten und Bräutigam der Seele).

Wie ich schon im Zusammenhang mit der Beschreibung des musikalischen Symbolsystems angedeutet habe, hat in der religiösen Praxis Musik schon immer, d. h. bereits in der »mimetischen« Kultur der Stammesgesellschaften, eine zentrale Rolle gespielt, und zwar insbesondere in Gestalt von Gesang und Tanz. Diese ästhetische Tradition ist auch in den monotheistischen Religionen fortgesetzt und neu belebt worden: Im *Judentum* beginnt dies mit der gesanglichen Rezitation der Psalmen, die bis in die Gegenwart erhalten geblieben und durch vom jeweiligen ästhetischen »Zeitgeist« geprägte Synagogalgesänge ergänzt worden ist. Im *Islam* kommt der kunstvollen Rezitation des *Koran* große Bedeutung zu, allerdings war und ist diese Rezitation nicht immer, nicht überall und nicht in allen Gruppierungen des Islam mit Musik (Gesang) verbunden. Im *Christentum* setzt die musikbezogene Tradition und deren Erneuerung mit den durch Einstimmigkeit gekennzeichneten Gesängen der Mönche im Rahmen der »*Gregorianik*« ein; hier spielen die Psalmen eine zentrale Rolle, es wurden aber auch die feststehenden Elemente des Gottesdienstes musikalisch ausgeschmückt und begleitet, eine Form, die seit der Musikepoche der Renaissance zur »Messe« weiterentwickelt worden ist (vgl. z. B. die sechs späten Messen von Joseph Haydn sowie die große, unvollendete c-moll-Messe und die »Krönungsmesse« von Mozart). Die Requiem-Kompositionen (z. B. Mozart, Verdi, Belioz, Benjamin Britten und Krzysztov Penderecki sowie die Kompositionen zum »Stabat mater« z. B. Pergolesi und Dvorak) und zum »Magnificat« (z. B. J. S. Bach und Pergolesi) habe ich bereits erwähnt. Die großartigste, weltweit gepflegte musikalische Symbolisierung der christlichen Religion hat zweifellos Johann Sebastian Bach geschaffen, in erster Linie durch seine großen Passionen und Oratorien, sodann durch die h-moll-Messe sowie durch die mehr als 200 Kirchenkantaten, die Bach für jeden Sonn- und Festtag des Kirchenjahrs in einer langen Reihe von (Kirchen-)Jahren komponiert hat. Als letztes Beispiel für das Verständnis sowie die Würdigung und Nutzung der Musik als Medium des Gotteslobs verweise ich auf die mit »Lobgesang« betitelte Symphonie Nr. 2 des zum (protestantischen) Christentum konvertierten jüdischen Komponisten Felix Mendelssohn-Bartholdy, eines Enkels des großen jüdischen Aufklärers Moses Mendelssohn; der letzte Satz dieser Symphonie stützt sich auf biblische Texte, insbesondere auf Worte des letzten der 150 Psalmen; in den letzten Versen dieses Psalms werden viele der in Alt-Israel üblichen Instrumente gleichsam zu einem instrumentalen Oratorium verbunden:

»Lobet den Herrn an seiner heiligen Stätte, lobet ihn in seiner erhabenen Feste ...
Lobet ihn mit dem Klang der Posaunen, lobet ihn mit Harfe und Zither.
Lobet ihn mit Pauken und Reigen, lobet ihn mit Saiten- und Blasinstrumenten.Lobet ihn mit klingenden Zymbeln, lobet ihn mit rasselnden Zymbeln!
Alles, was Odem hat, lobe den Herrn!« (Psalm 150 in der Übersetzung von Martin Luther)

Wenn man die große Zahl der großartigen Werke der geistlichen Musik zwischen Monteverdi und Penderecki überschaut, kann man den Eindruck gewinnen, dass der Schöpfergott an ausgewählte Menschen etwas von seiner Schöpfungskraft abgegeben hat; es hat mich zunächst überrascht, dass religiöse Assoziationen dieser Art auch bei Stars des heutigen Musikbetriebs auftauchen können. So hat sich der lettische Dirigent Andris Nelsons in einem Gespräch mit der Wochenzeitung DER SPIEGEL an seine Kindheit erinnert und erzählt, dass er sehr religiös aufgewachsen ist und sich als Kind ausgedacht habe, dass ihm ein Engel oder die Jungfrau erscheine, wenn er sich gut benehme; wenn man älter werde, komme man darauf, dass niemand erscheinen wird, jedenfalls nicht in der Art, wie man sich das als Kind vorgestellt hat. Nach diesem Ausflug in seine religiös geprägte Kindheit kommt Nelsons wieder auf seine Musikpraxis und seine Lieblingskomponisten zu sprechen; in diesem Zusammenhang sagt er zu Mozart, dass dieser »sicher nicht der netteste Mensch« gewesen sei, »aber er war ein Genie«, und: »*Ich glaube, Mozart hat den Engel gesehen*« (Nelsons 2016, S. 119). Der Vorstellung einer Art Gottesnähe so genialer Komponisten wie Bach und Mozart lässt sich die Erfahrungstatsache gegenüberstellen, dass wir das Hören der Musik beispielsweise von Bach oder Mozart als Wegbahnung in die Transzendenz in eine lebhaft empfundene Beziehung zum Schöpfergott erfahren können. Dass diese Erfahrung von Gottesnähe im Medium der Musik nicht auf Akte des Hörens seitens musikalischer Laien beschränkt ist, sondern auch bei Berufsmusikern auftreten kann, bezeugt das Gespräch des SPIEGEL mit der Pianistin Helene Grimaud, aus welchem ich bereits einige Sätze zitiert habe. In diesem Gespräch sagt Grimaud:

»Bach ist der Gründervater. Mein Herz spürt ihn, ich lebe und atme Bach. Und die Matthäuspassion bewegt mich mehr als alles andere: *Bachs niemals endender Wunsch, das Jenseits, diese andere Gegenwart, zu zeigen und zu ehren*« (Grimaud 2014, S. 106; Hervorh. v. Verf.).

Gotteslob mit Mitteln ästhetischer Symbolisierung ist nicht auf die *Musik* beschränkt; viele Beispiele lassen sich in der *Malerei* finden, insbesondere aber in der *Architektur* der bewundernswerten Gotteshäuser des Christentums (z. B. die gotischen Kathedralen und Dome etwa in Chartres und in Köln) und des Islam (z. B. die Mezquita in Cordoba/Andalusien und die Blaue Moschee in Istambul); die ästhetische Schönheit dieser Sakralbauten bleibt von der historischen Tatsache unberührt, dass diese Bauten nicht allein den Lobpreis Gottes bzw. der Beziehung zu Gott dokumentieren, sondern häufig auch der Ausdruck einer engen Verbindung von geistlicher und weltlicher Macht gewesen sind. Am Beispiel der *Literatur* lässt sich zeigen, dass die Inhalte derjenigen Dokumente, welche Religionen im Sinne der Definition von Geertz als »kulturelle Systeme« begründen und innerhalb dieser Religionen als Offenbarung und als Glaubensinhalte gelten – im Judentum und im Christentum die Erzählungen der Bibel, im Islam der Koran – zur Quelle ästhetischer, in diesem Falle literarischer Artefakte gemacht werden, und zwar häufig von Autoren, die sich selber nicht ausdrücklich zu der entsprechenden Religion bekennen oder gar religiöse Praxis üben; sie nutzen diese Dokumente in einer Art und Weise, wie man die Mythen fremder Kulturen nutzen kann. Ich denke in diesem Zusammenhang an Romane, die biblische Themen und Geschichten aufgreifen und neu erzählen; das gilt beispielsweise für Thomas Manns großen Roman »Joseph und seine Brüder« oder für Joseph Roths Roman »Hiob«.

Als letzten Aspekt der Beziehung zur Transzendenz will ich – ebenso wie das im Hinblick auf die ästhetischen Artefakte der Kultur der Fall gewesen ist – die Frage ansprechen, ob und gegebenenfalls wie Erfahrungen in Feldern der pädagogischen Beziehungspraxis die Beziehungen des heranwachsenden Menschen zur Transzendenz beeinflussen. Es liegt auf der Hand, dass hierbei den Eltern – ihrem Vorbild und den Formen und Inhalten ihrer auf Religion bezogenen Erziehung – eine entscheidende Rolle zukommt; denn jedes Kind wird in eine bestimmte Familie und in ein bestimmtes Gemeinwesen hineingeboren, und diese bekennen sich häufig zu einer bestimmten Religion; außerdem gehört in vielen Staaten einschließlich des vereinigten Deutschland Religion (oder ein Äquivalent) zu den Unterrichtsfächern der Pflichtschule; im Grunde hat dies, allerdings unter anderen Vorzeichen, Inhalten und Zielen auch für die DDR gegolten; hier ist an die Stelle einer christlichen Denomination der Marxismus-Leninismus und an die Stelle religiöser Unterweisung und Erziehung die atheistische Unterweisung und Erziehung getreten.

Wie die vorliegende religionspsychologische Forschung (z. B. Smoliak 1999) sowie Untersuchungen zur Spiritualität im Leben von Kindern (z. B. Loebell/Buck 2015) zeigen, gilt für die Beziehung zur Transzendenz entsprechend, was mit Blick auf die Beziehungen zu den ästhetischen Artefakten der Kultur festgestellt wurde: der schulische Unterricht, insbesondere aber Vorbild und Erziehung im Elternhaus sowie die Erfahrungen mit Gleichaltrigen werden von den Kindern als wichtige Einflussfaktoren genannt. Die entscheidende Bedeutung der *Eltern* für die Entstehung einer religiösen Bindung und für die Art des Gottesbildes kommt besonders stark in *autobiographischen* Dokumenten zum Ausdruck: *Positive* Erinnerungen an das Hineinwachsen in religiöse Vorstellungen haben wir oben an den Beispielen von Goethes »Dichtung und Wahrheit« und an dem SPIEGEL-Gespräch mit Andris Nelsons kennengelernt; ausgesprochen *negative* Erinnerungen finden sich bei Franz Kafka in seinem »Brief an den Vater« (Kafka 1919/1975), in welchem Kafka seinen Vater im Hinblick auf dessen »Nichts an Judentum« sowie die äußerliche Einhaltung von Riten, die er auch dem Sohn abverlangt hat, anklagt; außerdem die Abrechnung des Psychoanalytikers Tilman Moser mit seiner Erfahrung einer in der Familienkindheit aufgezwungenen religiösen Praxis, die geprägt war von der Forderung blinden Gehorsams gegenüber den engherzig ausgelegten Geboten eines Angst erzeugenden und strafenden Gottes, einer Erfahrung, welche Moser (1976) in seinem ersten diesbezüglichen Buch als Quelle der *»Gottesvergiftung«* beschrieben hat; in einer späteren Buchveröffentlichung hat Moser (2003) seine eigene Erfahrung in einem größeren, auch wissenschaftlichen Zusammenhang erörtert und die Bedingungen und Möglichkeiten eines *»erträglichen«* Gottes bzw. Gottesbildes aufgezeigt. Dass eine niederdrückende und Angst machende Erfahrung mit Religion in der Kindheit auch andersartig verarbeitet werden kann als dies bei Kafka und Tilman Moser der Fall gewesen ist, zeigt beispielsweise das folgende Gedicht von Robert Gernhardt, dem der Autor den Titel *»Gebet«* gegeben hat:

»Lieber Gott, nimm es hin,
dass ich was Besondres bin.
Und gib ruhig einmal zu,
dass ich klüger bin als du.
Preise künftig meinen Namen,
denn sonst setzt es etwas. Amen
(zit. in: Schnabel 2010, S. 517)

Eine Vielzahl von Aspekten, Fragen und Problemen des Verhältnisses zwischen Pädagogik und Religion hat Schweitzer (2003) in seinem Einführungswerk erörtert.

6 Beziehungen zur Lebenswelt des Alltags im privaten und im öffentlichen Raum

Die Welten der ästhetischen Artefakte der Kultur und auch die Welt des kulturellen Systems religiöser Symbole kann man im Sinne der Analysen von Schütz und Luckmann als Formen der Transzendierung der alltäglichen Lebenswelt kennzeichnen, die uns unmittelbar umgibt; diese alltägliche Lebenswelt wird von den Autoren als jene Wirklichkeit definiert, »die der wache, normale Erwachsene in der natürlichen Einstellung als schlicht gegeben vorfindet« (Schütz/Luckmann 2003, S. 53). Da dieses Zitat fast naiv und reifizierend wirkt, füge ich jene Sätze von Edmund Husserl hinzu, die Schütz/Luckmann zitieren, um ihre erkenntnistheoretische Position klar zu machen:

> »In gewisser Art und mit einiger Vorsicht kann man auch sagen: *Alle realen Einheiten sind Einheiten des Sinnes ... eine absolute Realität gilt genau so viel wie ein rundes Viereck.* Realität und Welt sind eben hier Titel für gewisse *Sinneseinheiten*, nämlich Einheiten des ›Sinnes‹, bezogen auf gewisse ihrem Wesen nach gerade so und nicht anders sinngebende und Sinnesgültigkeit aufweisende Zusammenhänge des absoluten reinen Bewusstseins« (Husserl 1950, zit. in: Schütz/Luckmann 2003, S. 55; Hervorh. i.O.).

Der Mensch vermag, so Schütz/Luckmann (ebd., S. 53), »den Alltrag mittels Symbolen zu transzendieren«; dies würde also zutreffen, wenn sich Menschen in die ästhetischen oder religiösen Symbolwelten hineinbegeben, die ich in den beiden vorausgehenden Kapiteln beschrieben habe; dies könnten gleichsam Fluchtwege aus dem Alltag sein; es könnte aber auch sein, dass die Symbolwelten als Quellen der Sinngebung und Bereicherung aufgesucht und genutzt werden. Jedenfalls sollte man die *Lebenswelt des Alltags* als eine komplexe, eigenständige soziale und kulturelle Wirklichkeit betrachten, die sowohl die allgemeine als auch die pädagogische Beziehungspraxis beeinflusst und mit welcher sich das heranwachsende Individuum nolens volens in Beziehung setzen und auseinandersetzen muss.

Es handelt sich dabei gleichermaßen um eine private wie um eine öffentliche Lebenswelt des Alltags; und vielleicht sollte man eine weitere Dimension der Lebenswelt des Alltags hinzufügen, der heutzutage und zumal in Zukunft sehr viel mehr Bedeutung zukommt als es in der Zeit der ursprünglichen Konzeption der vorliegenden Publikation von Schütz und Luckmann der Fall gewesen ist: die globale Welt mit allen ihren Errungenschaften sowie mit all ihrem Elend, ihren Katastrophen und Kriegen, die uns über die Printmedien, die visuellen und die interaktiven Medien ins Haus geliefert wird; auch mit dieser Welt müssen wir uns nolens volens auseinandersetzen; sie bildet im Übrigen ein in Umfang und Bedeutung wachsendes Forum insbesondere der *intra*generationalen Beziehungspraxis von Kindern und Jugendlichen.

Die Lebenswelt, insbesondere die öffentliche Lebenswelt des Alltags, ist ein derart komplexes, von Faktoren der Politik, der Wirtschaft, der Kultur und weiteren Faktoren bestimmtes Konglomerat von Phänomenen, dass ich dazu an dieser Stelle lediglich einige Randnotizen liefern kann. Eine dieser Notizen bezieht sich auf die Reflexion der *geschichtlichen Zeitumstände*, in welche ein Mensch hineingeboren wird, eine Reflexion, welche Goethe in seiner Selbstbiographie »Dichtung und Wahrheit« angestellt hat; sie lautet:

> »Denn dieses scheint die Hauptaufgabe der Biographie zu sein, den Menschen in seinen *Zeitverhältnissen* darzustellen, und zu zeigen, inwiefern ihm das ganze widerstrebt, inwiefern es ihn begünstigt, wie er sich eine Welt- und Menschenansicht daraus gebildet, und wie er sie, wenn er Künstler, Dichter, Schriftsteller ist, wieder nach außen abgespiegelt. Hierzu wird aber ein kaum Erreichbares gefordert, dass nämlich das Individuum sich und sein Jahrhundert kenne, sich, inwiefern es unter allen Umständen dasselbe geblieben, das Jahrhundert, als welches sowohl den Willigen als Unwilligen mit sich fortreißt, bestimmt und bildet, dergestalt, dass man wohl sagen kann, *ein jeder, nur zehn Jahre früher oder später geboren, dürfte, was seine eigene Bildung und die Wirkung nach außen betrifft, ein ganz anderer geworden sein*« (Goethe, Werke IX, S. 9; Hervorh. v. Verf.).

Meine zweite Randnotiz betrifft ebenfalls Zeitverhältnisse, jetzt aber im Sinne von *Zeitgenossenschaft* und *Generationenzugehörigkeit*. Nach Wilhelm Diltheys Definition machen »diejenigen, welche in den Jahren der Empfänglichkeit dieselben leitenden Einwirkungen erfahren«, eine *Generation* aus (Dilthey 1875, zit. in: Lüscher/Liegle 2003, S. 106). Karl Mannheim spricht in diesem Zusammenhang in seinem wegweisenden Beitrag zur Frage der Generationen von »*Generationenzusammenhang*«, worunter er eine »durch Partizipation an den gemeinsamen Schicksalen« zustande kommende Verbundenheit versteht (Mannheim 1928, zit. in: Lüscher/Liegle, S. 243). Dass Zeitgenossenschaft nicht bedeuten muss, dass es gleiche oder ähnliche Erfahrungen von Menschen gibt, die der gleichen Generation angehören, erläutern Schütz und Luckmann mit den folgenden Sätzen:

> »Es ist klar, dass sich die Welt von Zeitgenossen, die eine andere Sprache sprechen als ich, die in ganz andere Schulen gegangen sind oder in gar keine Schulen, die andere Märchen gehört oder andere Bücher gelesen haben, deren Leben von anderen örtlichen Geschehnissen geprägt worden war (eine eingedämmte Seuche, ein kleiner, begrenzter Krieg), deren Eltern einer anderen gesellschaftlichen Schicht angehören wie die meinen usw., von meiner Welt immer weiter entfernt. Dennoch, wir sind Zeitgenossen, die gleichen historischen Ereignisse haben in unser Leben eingegriffen (z. B. haben wir einen Weltkrieg von entgegengesetzten Seiten erlebt)« (Schütz/Luckmann 2003, S. 612).

Meine dritte und letzte Randnotiz betrifft die Verfasstheit des *politischen System*s und deren mögliche Auswirkungen auf die zwischenmenschlichen Beziehungserfahrungen einschließlich der Erfahrungen in der pädagogischen Beziehungspraxis. Die diesbezügliche Skizze verdankt sich meiner jahrelangen wissenschaftlichen Beschäftigung mit Strukturen und Prozessen in den sozialen Systemen der Gesellschaft, der Schule und der Familie in der Sowjetunion (vgl. Liegle 1975). Es scheint mir, dass sich gerade an extremen Fällen, hier am Beispiel des einstmals totalitären politischen Systems in der ehemaligenSowjetunion, potentielle Zusammenhänge zwischen makrostrukturellen (Ebene des politischen Systems) und mikrostrukturellen Gegebenheiten (Ebenen der Schulen und Familien) aufzeigen lassen. Die folgende Skizze versteht sich als Beitrag zur Aufklärung der Bedeutung von Faktoren der *Lebenswelt des öffentlichen Alltags* auf die zwischenmenschlichen Beziehungserfahrungen und die pädagogische Beziehungspraxis.

Für totalitäre politische Systeme ist es kennzeichnend, dass die staatlichen Instanzen und die herrschende politische Partei von allen Bürgern unbefragte Loyalität einfordern. Der jeweilige »Führer«, beispielsweise Stalin oder Hitler, versteht sich als Repräsentant einer Art säkularisierten Messianismus, dem alle eine unbedingte Gefolgschaft schulden, die gegenüber sämtlichen anderen Bindungen Vorrang hat.

Wie auch immer sich Individuen, Gruppen oder intime Beziehungssysteme in der Gestaltung ihrer Beziehungen gegenüber dem Loyalitätsanspruch eines totalitären Staates verhalten, sie müssen ihre alltägliche Lebensführung im Zusammenhang mit diesem Anspruch bedenken, planen und realisieren. Unter diesen Bedingungen werden – so auch im Falle der Sowjetunion – Familien dann in ihrem Zusammenhalt gestärkt, wenn sich alle Familienmitglieder dem »neuen« System verbunden fühlen, aber auch dann, wenn sich die Familienmitglieder in ihrem Bedürfnis nach Schutz der Privatsphäre gegenüber dem totalen Staat einig sind oder wenn alle durch gemeinsame abweichende Einstellungen (z. B. religiöse Bindung oder durch die gemeinsame Erfahrung von Ausgrenzung und Verfolgung) zusammengeschweißt werden. Demgegenüber wird der Zusammenhalt von Familien gefährdet oder auch zerstört, wenn einzelne Familienmitglieder der »neuen« Ideologie verpflichtet sind, andere jedoch nicht. In solchen Fällen kann und ist es geschehen, dass die gegensätzlichen Einstellungen von Familienmitgliedern zur verordneten Ideologie beispielsweise zum Verrat des illoyalen Vaters durch den loyalen Sohn an den Geheimdienst führen; ein Beispiel dieser Art will ich auch deshalb kurz schildern, weil es durch seine parteipolitische Instrumentalisierung Berühmtheit erlangt hat:

Pawlik Morozow war der Sohn eines Großbauern (und damit eines »Klassenfeindes«) und wuchs als Musterschüler in die Rolle des Anführers eines lokalen Ablegers der kommunistischen Kinderorganisation »Junge Pioniere« in seinem Heimatdorf hinein. 1932, als 13-Jähriger, denunzierte er seinen Vater, weil dieser sich dem Programm der Zwangskollektivierung widersetzte und einen Teil der Ernte heimlich zur privaten Verwendung einbehielt. In einem daraufhin anberaumten Gerichtsverfahren sagte er gegen seinen Vater aus und beteiligte sich an öffentlichen Versammlungen der Partei, in welchen die »Kulaken« aufgefordert wurden, die Kollektivierung durchzuführen und ihre Ernte an die staatlichen Sammelstellen abzuliefern. Empörte Kulaken brachten den Jungen um. In der Folge wurde Pawel Morozow von Staat und Partei zum Symbol höchster Treue und zum leuchtenden Vorbild für die junge Generation erklärt; zahlreiche Paionierhäuser, Bibliotheken und Kolchosen wurden nach Pawel Morozow benannt (vgl. Lüscher/ Liegle 2003, S. 114 f.).

In der Ära Chruschtschow wurde, im Zusammenhang mit der kritischen Auseinandersetzung mit den Verbrechen im Zeichen des Stalinismus, die Hochstilisierung des jugendlichen Denunzianten zum Helden und die Instrumentalisierung seines Falles für die Zwrcke der Partei scharf verurteilt. Dieser Wandel verweist auf das allgemeine Phänomen, dass die öffentliche Beschreibung (»Rhetorik«) und Bewertung der privaten Lebenswelt und ihrer Beziehungssysteme in starkem Maße von politischen Systembedingungen beeinflusst wird.

Wenn man einen lebendigen Eindruck davon gewinnen möchte, welche Mechanismen am Werk sind, um zu bewirken, dass ein politisches System die gesamte private Lebenswelt durchdringt, muss man Autobiographien und Biographien lesen, beispielsweise die Autobiographie der mit dem russischen Cellisten Mstislaw Rostropowitsch verheirateten Sängerin Galina Wischnewskaja (Wischnewskaja 1993), oder Romane, beispielsweise die acht Generationen umfassende Familiensaga »Das achte Leben« von Nino Haratischwili, deren hauptsächlicher Handlungsort die Hauptstadt der ehemaligen Sowjerepublik Georgien, Tblissi (Tiflis), ist (Haratischwili 2014).

7 Zwischenresümee: Konfigurationen von Beziehungskonstellationen

Mit Ausnahme der in Teil VI erörterten Beziehung des Menschen zu sich selber könnten alle sozialen Felder, die ich unter dem Sammelbegriff »Beziehungskonstellationen« zusammengefasst und beschrieben habe, auch mit dem Begriff der »*Figuration*« erfasst und gekennzeichnet werden. Den Begriff »*Figuration*« hat Norbert Elias eingeführt, weil er, wie er argumentiert, »klarer und unzweideutiger als die vorhandenen begrifflichen Werkzeuge zum Ausdruck bringt, dass das, was wir ›Gesellschaft‹ nennen, weder eine Abstraktion von Eigentümlichkeiten gesellschaftslos existierender Individuen noch ein ›System‹ oder eine ›Ganzheit‹ jenseits der Individuen ist, sondern vielmehr das von Individuen gebildete Interdependenzgeflecht selbst« (Elias 1978, S. 70 f.). Wenn man hinzunimmt, dass Elias von »Figuration aufeinander ausgerichteter, voneinander abhängiger Menschen« (ebd.) spricht, so sind als Beispiele für »Figurationen« an erster Stelle die wechselseitigen Beziehungen im Kontext des *Verwandtschaftssystems* (▶ Teil I) sowie die wechselseitigen Beziehungen im Kontext des *Schulsystems* (▶ Teil III) zu nennen; die in diesen angelegte »Wechselseitigkeit« oder, in der Begrifflichkeit von Elias: deren *Interdependenz*, lässt sich daran veranschaulichen, dass Eltern durch ihre Kinder und Lehrer durch ihre Schüler zu Eltern bzw. zu Lehrern »gemacht« werden, ebenso wie umgekehrt Kinder durch ihre Eltern und Schüler durch ihre Lehrer zu Kindern bzw. Schülern »gemacht« werden. Mit gewissen Einschränkungen (denn es geht dabei nicht mehr um interpersonelle Beziehungen, wie dies bei Elias der Fall ist) könnte man den Begriff »Figuration« auch auf die wechselseitigen Beziehungen zwischen den geschilderten ästhetischen Symbolsystemen (z. B. Liederzyklen wie Schuberts »Winterreise« als »Figuration« von sprachlichem und musikbezogenem Symbolsystem) sowie zwischen diesen ästhetischen Symbolsystemen und dem geschilderten kulturellen System religiöser Symbole (z. B. Psalmvertonungen als »Figurationen« von sprachlichen, musikbezogenen und religiösen Symbolsystemen) anwenden. Dafür, dass ich im Folgenden (wie schon in der Überschrift dieses Kapitels) nicht von »*Figuration*«, sondern von »*Konfiguration*« spreche, gibt es insbesondere die folgende Begründung: Die Analysen und Interpretationen in der Perspektive meines Konzepts einer Beziehungspädagogik erfordern ein Begriffssystem, mit dessen Hilfe nicht nur Beziehungen *innerhalb* von sozialen Feldern der pädagogischen Beziehungspraxis (z. B. Beziehungen im Kontext von Familien oder im Kontext von Schulen), sondern auch Beziehungen *zwischen* sozialen Feldern der pädagogischen Beziehungspraxis (z. B. Beziehungen zwischen Familien und Schulen bzw. zwischen familialen und schulischen Beziehungen). Insofern werden nicht nur »Figurationen«, sondern gewissermaßen »*Figurationen von Figurationen*« zu Gegenständen beziehungspädagogischer

Reflexion, Forschung und Praxis. In dieser Hinsicht kann man zwar bei Elias fündig werden, denn er spricht neben den je spezifischen Beziehungen (»Figurationen«) zwischen Menschen auch das Phänomen einer »*Verflechtungsordnung*« an (Elias 1978, S. 390), ein Begriff, der gesellschaftliche, also makrostrukturelle Zusammenhänge beschreibt. Diesen Begriff der Verflechtungsordnung habe ich dann doch nicht übernommen, weil ich in der Erziehungswissenschaft einen Begriff gefunden habe, der mir für beziehungspädagogische Analysen noch passender und fruchtbarer erschien; diesen Begriff – »*Konfiguration*« – hat der US-amerikanische Erziehungswissenschaftler Lawrence Cremin (1925-1990), Professor am *Institute for Philosophy and Polity of Education am Teachers College* der *Columbia University* in den 1970er Jahren in seinen »Anmerkungen zu einer Theorie der Erziehung« (Cremin 1974) eingeführt und begründet.

Den Ausgangspunkt für den Vorschlag des Begriffs »Konfiguration« bildet für Cremin die Feststellung, dass der Prozess der Erziehung nicht nur von der Institution Schule, sondern von einer Vielzahl von Personen und Institutionen getragen werde; die Liste der benannten Erziehungsfaktoren – Eltern, Peers, Geschwister und Freunde sowie Familien, Kirchengemeinden, Bibliotheken, Museen, Ferienlager, Schulen und Colleges – wäre heutzutage insbesondere durch den Hinweis auf die Allgegenwart der elektronischen und interaktiven Medien zu ergänzen. Für die Einführung des Konzepts der »Konfiguration« waren für Cremin vor allem zwei Hypothesen ausschlaggebend: erstens die Hypothese, dass die verschiedenen Erziehungsfaktoren nicht einfach neben einander existieren und je für sich wirksam werden können, sondern dass sie in regelhaften Beziehungen (»Konfigurationen«) und damit auch in einem Verhältnis der Wechselwirkung zu einander stehen; diese Beziehungen können einen »dissonanten« oder »konsonanten«, gegensätzlichen oder sich ergänzenden Charakter haben; zweitens die Hypothese, dass Konfigurationen der Erziehung in allen historischen Epochen und in allen Gesellschaften zu beobachten sind, dass jedoch deren konkrete Gestalt und Regelhaftigkeit eine *historisch-gesellschaftliche Variabilität bzw. Kontingenz* aufweisen. Dies zeige sich, so Cremin, insbesondere an *Prozessen des sozialen Wandels*:

> »*Periods of social change often entail fundamental shifts in the character of educational configurations and in the relation of the various components to one another.* At such times, questions about the allocation of educational functions, among the family and other institutions, are likely to rise to the level of explicit *policy concerns*« (Cremin 1973, S. 4 f.; Hervorh. LL).

Diese Überlegungen enthalten auch den Hinweis darauf, dass Konfigurationen der Erziehung als Gegenstand bzw. Ergebnis *politischer Steuerungsprozesse* zu interpretieren sind, ein Phänomen, welches seinerseits einen relevanten Gegenstand beziehungspädagogischer Reflexion und Forschung darstellt; dafür bietet der gezielte, auch gesetzlich verankerte Ausbau einer Infrastruktur von Betreuungs- und Bildungseinrichtungen für Kinder unter drei Jahren in Deutschland ein anschauliches Beispiel; denn auf diesem Wege ist – nach Jahrzehnten des Stillstands in Sachen der öffentlichen, familienergänzenden frühkindlichen Erziehung – ein Wandel in der Konfiguration der pädagogischen Beziehungspraxis eingeleitet worden (vgl. Honig 2012 und 2013).

7 Zwischenresümee: Konfigurationen von Beziehungskonstellationen

Wenn man »*Konfigurationen*« als einen Begriff zur Umschreibung der Summe und der Wechselbeziehungen von Beziehungskonstellationen versteht, an welchen ein Individuum partizipiert und innerhalb welcher es sich bewegt, kann man daraus weiter folgern: Für jedes Individuum stellt die Konfiguration von – mit einander verflochtenen – sozialen Welten (z. B. Familie, Schule, Peergroup) sowie von Symbolwelten (z. B. ästhetische kulturelle Artefakte und religiöse Symbolwelt) ein einmaliges, unverwechselbares Ensemble dar; oder umgekehrt: Die je individuelle Partizipation an und Bewegung in Konfigurationen von Beziehungskonstellationen bildet eine wichtige Grundlage des Selbstwerdens und des Selbstseins einer Person.

Im Anschluss an Lawrence Cremin könnte man argumentieren:

> »The process of education is indeed a transaction between an individual with his particular life history and one or more institutions of education that tend to relate to one another in configurations« (Cremin 1974).

Wie bereits erwähnt, ist Cremins Verständnis von Erziehungsfaktoren bzw. Erziehungsinstitutionen breit angelegt und umfasst beispielsweise Bibliotheken, Museen etc.; darüber hinausgehend schließe ich in mein Konzept der Beziehungspädagogik nicht nur, wie in den Teilen I und II dieses Buches, die explitit erzieherischen Beziehungskonstellationen von Familie und Schule ein, sondern alle weiteren, insbesondere die in Teil V erörterten Beziehungskonstellationen wie beispielsweise die Beziehungen zur Natur, zu Dingen, zu kulturellen Artefakten, zur alltäglichen Lebenswelt und zur Transzendenz; alle diese Beziehungskonstellationen schließe ich in der Überzeugung ein, dass sie in ihrer Summe und ihrer je auch personabhängigen Konfiguration zur unverwechselbaren Gestalt des Selbstwerdens und Selbstseins einer Person beitragen; es wäre lohnenswert zu prüfen, ob die in seiner Abhandlung über die »Kreuzung sozialer Kreise« vorgetragene These Georg Simmels, die »Individualisierung«, verstanden auch im Sinne der Ausprägung von Individualität, nehme in dem Maße zu, in dem dieselbe Person »in den verschiedenen Kreisen, denen sie gleichzeitig angehört, ganz verschiedene relative Stellungen einnehmen kann« (Simmel 1908, S. 319), im Hinblick auf die Vielfältigkeit von Konfigurationen bestätigt werden kann.

Gleichermaßen liegt es nahe, an dieser Stelle auf die Anschlussfähigkeit meiner beziehungspädagogischen Begriffsbildung und Argumentation an *das »klassische«, hier: neuhumanistische Konzept der »Bildung«* hinzuweisen; in der Einleitung habe ich kurz begründet, weshalb ich im Großen und Ganzen den Bildungsbegriff vermeide und eher von »Lernen« spreche; allerdings werde ich anlässlich der Erörterung bestimmter Theoriebezüge zur Frage des Umgangs mit dem (personell und sachlich bestimmten) Fremden auch auf Bildungstheorien eingehen (▶ Kap. VII/2). Im jetzt angesprochenen Zusammenhang der Konfiguration von Beziehungen zwischen Menschen und einer Vielfalt von Phänomenen der Welten der Natur und der Kultur drängt sich der Brückenschlag zu Wilhelm von Humboldts Konzept der Bildung auf. In dem berühmten Bruchstück unter dem Titel »Theorie der Bildung des Menschen« stehen die Sätze:

> »Die letzte Aufgabe unsres Daseins: dem Begriff der Menschheit in unsrer Person, sowohl während der Zeit unsres Lebens, als auch noch über dasselbe hinaus, durch die Spuren des lebendigen Wirkens, die wir zurücklassen, einen so großen Inhalt als möglich zu ver-

schaffen, diese Aufgabe löst sich allein durch die *Verknüpfung unsres Ichs mit der Welt zu der allgemeinsten, regesten und freiesten Wechselwirkung* (Humboldt 1794/1960, S. 235 f. ... Beschränken sich indes auch alle diese Forderungen nur auf das innere Wesen des Menschen, so dringt ihn doch seine Natur von sich aus *zu den Gegenständen außer ihm überzugehen*, und hier kommt es nun darauf an, dass er in dieser *Entfremdung* nicht sich selbst verliere, sondern vielmehr *von allem, was er außer sich vornimmt, immer das erhellende Licht und die wohltätige Wärme in sein Innres zurückstrahle* (ebd., S. 237) .... Zu dieser Absicht aber muss er die Masse der *Gegenstände sich selbst näher bringen*, diesem Stoff *die Gestalt seines Geistes aufdrücken* und *beide einander ähnlicher machen* (ebd.); um sich nicht auf eine leere und unfruchtbare Weise ins Unendliche hin zu verlieren, bildet man einen, in jedem Punkt *leicht übersehbaren Kreis*; um an jeden Schritt, den man vorrückt, auch die Vorstellung des letzten Zwecks anzuknüpfen, sucht man das zerstreute Wissen und Handeln in ein geschlossenes, *die bloße Gelehrsamkeit in eine gelehrte Bildung*, das bloß unruhige Streben in eine weise Tätigkeit *zu verwandeln* (ebd., S. 238); das Bild unsrer Tätigkeit, die wir sonst nur stückweise und in ihren äußern Erfolgen erblicken, zeigte sich uns hier, wie in einem zugleich erhellenden und versammelnden Spiegel, *in unmittelbarer Beziehung auf unsre innere Bildung*« (ebd.; Hervorh. LL).

Das Subjekt – so könnte man in anderer Begrifflichkeit argumentieren – erscheint in dieser beziehungspädagogischen Perspektive gleichermaßen als Produkt und als Produzent der je spezifischen Konfiguration von sozialen und symbolischen Welten, an welchen es partizipiert und in welchen es sich bewegt; es gibt soziale Welten, in welche ein Individuum hineingeboren wird und die es daher nicht wählen konnte (die Familie, die Sprache, die Natur und die Lebenswelt, in gewisser Hinsicht auch die Religion); und es gibt andere Welten, die gewählt werden (z. B. die Bevorzugung bestimmter Genres und Produkte bei kulturellen Artefakten); aber selbst diejenigen Welten, in welche ein Individuum hineingeboren wird, sind Gegenstände der Auseinandersetzung und können gegebenenfalls auch aufgegeben bzw. verlassen werden. Um diese Überlegungen noch einmal mit anderen Worten zusammenzufassen: Die in einem weiten Sinne aufgefasste *pädagogische Beziehungspraxis* kann im Rahmen des Konzeptes der Beziehungspädagogik aufgefasst werden als eine *Bewegung in den und durch die verschiedenen sozialen Felder* – Lave/Wenger (1991) sprechen von *communities of practice*, Nohl (1933) hat von »*Bildungsgemeinschaften*« und Rogoff (1998) von *communities of learners* gesprochen – sowie den verschiedenen Symbolwelten. Diese Bewegung (zur Konstruktion von *Erziehung als »Bewegung im Raum«*, vgl. Herzog 2002, S. 22 ff.) – immer neu in Gang gesetzt und immer in ihrem Ausgang offen bzw. kontingent – begleitet den gesamten Lebenslauf eines Individuums vom Geborenwerden bis zum Sterbenmüssen. Wenn die genannten Begriffe der »*communities of practice*« etc. herangezogen werden, ist es wichtig zu betonen, dass damit – ganz entsprechend dem von mir vorgeschlagenen Konzept der Beziehungspädagogik –, beides: Erziehung/Lehren und Lernen, Vermittlungstätigkeit und Aneignungstätigkeit in einem Verhältnis der Wechselwirkung und gegenseitigen Abhängigkeit erfasst wird (▶ Kap. II/12); dazu zitiere ich abschließend noch einmal Lawrence Cremin:

> »...An *educational biography* is a portrayal of the *experience of education* – the experience resulting from the deliberate, systematic, and sustained *efforts of others to transmit* or evoke knowledge, attitudes, values, skills, and sensibilities, as well as the experience involved in *the subject's own deliberate*, systematic, and sustained *efforts to acquire knowledge, attitudes, values, skills, and sensibilities*« (Cremin 1974; Hervorh. LL.).

Teil VI: Die Beziehung des Menschen zu sich selber

Die Schwierigkeiten, die es in der Begegnung des Menschen mit sich selber geben kann, hat Nietzsche mit dem für ihn für ihn typischen Sarkasmus in dem Satz zusammengefasst: »Jeder ist sich selbst der Fernste« (zit. in Waldenfels 2015, S. 236). Die damit behauptete Selbstferne kann zuweilen entlastend, sie kann aber auch belastend sein. In letzterer Perspektive hat Butler (2007) in ihrer »Kritik der ethischen Gewalt« dafür plädiert, das grundsätzlich berechtigte Bestreben nach Rechtfertigung vor sich selbst und nach kritischer Selbstreflexion nicht rigoros zu handhaben. Goethe, dem ein Mangel an Selbstbeobachtung sicher nicht zuzuschreiben ist, hat sich dazu in heiterer Altersweisheit ähnlich geäußert:

> »Muß ich mich denn nicht selbst zugeben und voraussetzen, ohne jemals zu wissen, wie es eigentlich mit mir beschaffen sei, studiere ich mich nicht immer fort, ohne mich jemals zu begreifen, mich und andere, und doch kommt man fröhlich immer weiter und weiter« (Goethe, XIII, S. 34).

1 Vorreflexives Selbstempfinden in den Anfängen des Lebenslaufs

Die Frage, ob das Selbstbewusstsein des menschlichen Individuums ein ursprüngliches, gewissermaßen »mitgebrachtes«, ansatzweise angelegtes Phänomen sei, ist immer wieder gestellt und ebenso häufig verneint worden (z. B. Prinz 2012; Singer 2002). Wenn dies zutrifft, bedeutet es freilich nicht, dass der Mensch in der frühen nachgeburtlichen Lebenszeit nicht in der Lage und dazu geneigt wäre, seine Existenz zu empfinden, zu spüren, mit seinen Sinnen wahrzunehmen. In dieser Perspektive sprechen Entwicklungsneurologen und Pädiater von einem frühkindlichen Selbstempfinden (Michaelis u. a. 2013); spätestens bei der Geburt verfüge das Kind über ein »*Ich-Gefühl* aufgrund der Selbstwahrnehmung des eigenen Körpers« (ebd., S. 906); etwa ab dem 18. Monat gelange ein Kind zum »*Sichselbsterkennen*« in einem Spiegel (ebd.); zwischen dem 2. und 4. Lebensjahr gelange ein Kind in der Regel zur Kenntnis der eigenen Wünsche und Überzeugungen sowie zu einem Wissen, dass solche auch andere Menschen besitzen, eine Fähigkeit, die häufig mithilfe des Begriffs »*theory of mind*« umschrieben wird (ebd.). Im Rahmen der psychoanalytisch orientierten Entwicklungstheorie hat Rene Spitz (1982, S. 27–65) diejenigen Phänomene, welche Michaelis u. a. (2013) mit Begriffen wie »Körperbewusstsein« und »Ich-Gefühl« beschreiben, als Ausdrucksformen des »*Autoerotismus*« erörtert.

2 »Identität« als Prozess des Selbst- und Anderswerdens

Die den Menschen (als Gattungswesen) auszeichnende Fähigkeit, sich zu sich selbst in Beziehung zu setzen und damit ein Selbstverhältnis einzugehen, ist häufig mithilfe des Konzepts der »Identität« umschrieben worden (vgl. z. B. Erikson 1966; Schweitzer 1985).

Es scheint – so hat Klaus Mollenhauer zu Recht argumentiert, »als liefe ein großer Teil der Orientierungsprobleme, mit denen Menschen heute zu tun haben, in diesem Wort (Identität) zusammen; was Religion, Weltanschauung, Nationalität, Gruppenzugehörigkeit nicht mehr hergeben, soll nun Identitätsfindung und Selbsterfahrung leisten. Da liegt es nahe, dass der Gebrauch dieses Schlüsselwortes inflationär wird« (Mollenhauer 1983, S. 155 f.).

Gegenüber einem derart inflationären Gebrauch eines schillernden Identitätsbegriffs will ich ein neues, jedenfalls anderes Denken über »Identität« vorstellen, welches viel mit dem Profil des von mir vorgeschlagenen Konzepts einer »Beziehungspädagogik« zu tun hat und das sich in der Formel zusammenfassen lässt: »*Selbstwerden als Anderswerden begreifen und anregen*«.

Wenn man – und das scheint mir fruchtbar zu sein – »*Beziehungspädagogik*« akzentuiert als »*Erfahrungspädagogik*« und »*Kontingenzpädagogik*«, kann dies folgenreich sein für die Konstruktion von »Identität«: Identität erscheint dann nicht mehr als ein *statisches*, mit Gleichgestaltigkeit und Dauerhaftigkeit assoziiertes, sondern als ein *dynamisches*, mit ständigem Neu-Entstehen assoziiertes Konstrukt; nicht mehr als eine beobachtbare *Wirklichkeit*, sondern als eine offene (kontingente) *Möglichkeit*. Auf diesem Wege wird ein *Perspektivenwechsel* vollzogen, den ich auch in dem von Dewey eingeführten Konzept der »*Erfahrung*« entdecke und in diesem Zusammenhang beschreibe; dieser Perspektivenwechsel ist dadurch gekennzeichnet, dass Theorien der Erziehung die traditionsreichen Wege sowohl normativer als auch technologischer Begründungsmuster verlassen; an die Stelle von Normativität tritt gewissermaßen »*Kontingenz*« und an die Stelle von Technologie »*Erfahrung*«; insofern könnte man versuchsweise von »*Kontingenzpädagogik*« (Ricken 1999) bzw. von »*Erfahrungspädagogik*« (Dewey 1986) sprechen.

Um diesen Perspektivenwechsel in einer ästhetischen Dimension zu illustrieren: Als Parallele zur Ablösung normativer (oder auch technologischer) Pädagogiken durch »Kontingenzpädagogik« bietet sich die Ablösung des klassischen Bildungsromans durch einen Roman an, der einen »Mann ohne Eigenschaften« (es könnte bei Robert Musil durchaus auch eine »Frau ohne Eigenschaften« sein) zum Helden hat. Der Mann ohne Eigenschaften repräsentiert gleichsam den Menschen in »posttradionaler« Situation (vgl. z. B. Edelstein1983), der sich, ohne festes Ziel vor

2 »Identität« als Prozess des Selbst- und Anderswerdens

Augen, entlang der erfahrungsbedingten Möglichkeiten bewegt; jede neue, nicht absehbare Erfahrung, kann eine neue Möglichkeit der Beziehungen der Person zu sich selber und zu ihrer Mit- und Umwelt hervorbringen.

Die meines Wissens bislang gründlichste und und überzeugendste Diskussion und Begründung des genannten Perspektivenwechsels hat Norbert Ricken vorgelegt; schon der Titel des Buches, »Subjektivität und Kontingenz« (Ricken 1999), verrät das Programm; und zu diesem Programm gehört unter anderem auch die Vermeidung des Identitätsbegriffs zugunsten des Begriffs »*Subjektivität*« – eines Begriff bzw. Konzepts, der bzw. das ganz im Sinne meiner »beziehungspädagogischen« Überlegungen, in der Perspektive der *Erfahrungen von* »*Intersubjektivität*« entfaltet wird. Rickens Analysen münden in den Entwurf einer »*Kontingenzpädagogik*« (Ricken 1999, S. 401 ff.); und in diesem, als »Neubeschreibung eines pädagogischen Selbstverständnisses« gedachten Versuch spielt – fast klingt das doch normativ – die »*Ermöglichung von Anderswerden*« eine zentrale Rolle.

Mollenhauer (1983), den ich schon in einem anderen, zur Frage der »Identität« hinführenden Kapitel erwähnt und zitiert habe, hat manche der Überlegungen von Ricken vorweggenommen (und hat sich dabei ebenso wenig wie Ricken auf den noch älteren diesbezüglichen Vordenker, JohnDewey, bezogen). Einige Zitate aus Mollenhauers Buch »Vergessene Zusammenhänge« (Mollenhauer 1983; Hervorh. LL.) mögen dies belegen:

> »Das Charakteristische eines Bildungsprozesses besteht ja gerade in seiner *Dynamik* ...; das ›*Mögliche*‹ ist mehr als das ›*Wirkliche*«; oder das aus der Wirlichkeit Ausgelesene ist weniger als die Wirklichkeit« (S. 157 f.).
> »*Identität* gibt es nur als *Fiktion*, nicht aber als empirisch zu sichernden Sachverhalt. Diese Fiktion aber ist eine notwendige Bedingung des Bildungsprozesses, denn nur durch sie bleibt er in Gang. Identität ist eine Fiktion, weil mein Verhältnis zu meinem Selbstbild *in die Zukunft hinein offen*, weil das Selbstbild *ein riskanter Entwurf meiner selbst* ist. Wenn ich das anerkenne, dann verliert die Rede, ich sei mit meinem Entwurf identisch, ihren Sinn, weil ich nämlich dann auch anerkennen müsste, *dass ich dauernd ein anderer sein könnte.*« (S. 158 f.).
> »Der Satz ›ich bin mit mir identisch‹ ist nur noch als Ideologie sinnvoll. Richtig wäre beispielsweise die Formulierung: ›Der *Entwurf*, den ich mir von mir mache – und den ich mir unter dem Eindruck der Entwürfe, die andere sich von mir machen, mache – und mein Verhältnis zu ihm, im Hinblick auf das, was ich sein könnte, ist mir *ein Problem*« (S. 159).
> »Wenn irgendwo, dann zeigt sich die *Nicht-Planbarkeit* von Bildungsprozessen an dieser Stelle. Die Konsequenz daraus ist nicht der Verzicht auf Absichten, sondern: Aufmerksamkeit für die *Spuren von Selbstverhältnissen*. Und weil wir Kinder nur in Analogie zu uns selbst ›verstehen‹ können, liegt es nahe, zunächst über uns, über ›Erwachsene‹ nachzudenken« (S. 160).

Die Überlegungen und Formulierungen von Mollenhauer sind nicht zuletzt deshalb so inspirierend, weil sie »*vergessene Zusammenhänge*«, nämlich die Zusammenhänge zwischen Erziehung und *Kultur*, in Erinnerung rufen und diese Zusammenhänge, weit abseits des mainstreams wissenschaftlichen Recherchierens und Argumentierens, auch in ihren ästhetischen Ausdrucksformen, z. B. an Selbstporträts und Autobiographien, zur »Sprache« bringen.

3 Zur Ontogenese bzw. Soziogenese des (Selbst-)Bewusstseins und der Moralität

Während es in Kap. VI/1 um die Frage nach vorreflexiven Formen der Selbstbezüglichkeit in den ersten Lebensjahren ging, steht in diesem Abschnitt die Frage im Zentrum, wie sich die Entwicklung der Fähigkeit des menschlichen Individuums erklären lässt, sich selber zum Objekt der Reflexion/des Denkens zu machen; am Schluss dieses Kapitels will ich außerdem die Frage nach der Ontogenese von Moralität erörtern. Das Konzept des »*social self*«, welches George Herbert Mead schon in seinen frühen Schriften entwickelt hat, habe ich in Teil II als eine der für meine »Beziehungspädagogik« grundlegenden Positionen erörtert; zu diesen Positionen gehören auch das Konzept des *Dialog*s bei Martin Buber, das ganz andersartige *Dialog*konzept des Hirnforschers Wolf Singer und das Konzept des »*Ur-Wirgefühl*s« bei Lev Vygotsky (▶ Teil II). In die gleiche Richtung weisen Jerome Bruners Konzept des »transactional self« (Bruner 1997), Sigmund Freuds Konzept des Ich mit seiner Bezogenheit auf die Naturgewalten des »Es« und die kulturelle bzw. gesellschaftliche Kontrollmacht des »*Über-Ich*« oder die an Freuds Psychoanalyse orientierte Konstruktion der psychischen Geburt des Menschen als Entwicklungsgeschehen, welches das neugeborene Individuum über *Symbiose* zur *Individuation* gelangen lässt, bei Margret Mahler (Mahler 1979).

Die theoretische Konstruktion einer Soziogenese des menschlichen Bewusstseins bezieht sich nicht nur auf das Phänomen der Selbsterkenntnis, sondern auch auf das Phänomen der *moralischen Verhaltensorientierung*; in den Konzepten des »*generalized other*« bei Mead und des »*Über-Ich*« bei Freud ist dies bereits angelegt und angesprochen; dennoch erscheint es mir gerechtfertigt, diesem Aspekt der Soziogenese einen kurzen Exkurs zu widmen:

Es ist immer wieder die Frage erörtert worden, ob es im Menschen eine innere Instanz gibt, die sein Verhalten steuert und kontrolliert und, wenn dies der Fall ist, wie diese Instanz zustande kommt. Im Rahmen des abschließenden Teils VIII werde ich diese Frage in der Perspektive einer beziehungspädagogischen Ethik differenzierter erörtern; vorausgreifend verweise ich auf das Konzept der inneren »*Zensur*« bei Herbart, einem der Gründungsväter der wissenschaftlichen Pädagogik und Psychologie, sowie auf das Konzept des inneren »*Beobachters*« (*spectator*) bei Adam Smith, einem der Gründungsväter nicht nur der Wirtschaftstheorie, sondern auch der Moraltheorie. Wenn wir zu diesen Konzepten die bereits genannten Konzepte des (verinnerlichten) ›generalized other‹ bei Mead und des (verinnerlichten) ›Über-Ich‹ bei Freud hinzunehmen, so kommt in allen diesen Positionen die Überzeugung zum Ausdruck, es sei fruchtbar, davon auszugehen, dass das menschliche Individuum eine innere moralische Instanz ausbildet, die zumindest in einem ersten Schritt durch die Verinnerlichung der Konventionen und Normen desjenigen Gemeinwesens zustande kommt, in welchem das Individuum lebt und aufwächst; in einem zweiten Schritt wäre im Sinne der Moralentwicklungstheorie von Lawrence Kohlberg die Möglichkeit zu bedenken, dass ein Individuum gegenüber den jeweils vorgegebenen und vorgefundenen Konventionen und Normen Distanz gewinnt, indem es diese an den Prinzipien einer »post-konventionellen« Moral misst (vgl. z. B. Kohlberg/Mayer 1972).

Teil VII: Umrisse einer beziehungspädagogischen Ethik für Theorie, Forschung und Praxis – am Beispiel der Beziehung zum Fremden

Für manche mag es überraschend oder auch befremdlich sein, dass ich in meinen Versuch, das Konzept einer »Beziehungspädagogik« zu entwickeln und vorzustellen, Überlegungen zur Ethik einbeziehe; denn das Verhältnis zwischen Pädagogik und Ethik ist nicht nur traditionell sehr eng, beispielsweise mit Blick auf die Verbindung zwischen Theologie und Pädagogik in der Entstehungszeit der wissenschaftlichen Pädagogik (z. B. Schleiermacher); das Verhältnis zwischen Pädagogik und Ethik ist außerdem hochkomplex und auch problematisch, beispielsweise mit Blick auf die in der Pädagogik sehr weit verbreiteten normativen Argumentationsmuster (vgl. kritisch z. B. Treml 2010, S. 201 ff.). Wenn ich ungeachtet solcher Probleme die Umrisse einer beziehungspädagogischen Ethik vorstellen möchte, so geschieht dies aus der Überzeugung heraus, dass eine Pädagogik, welche die Reflexion von Erziehung und Lernen in der Perspektive eines Beziehungsgeschehens anlegt, gar nicht anders kann, als die Gestaltung des pädagogischen Beziehungsgeschehens – die sozial und kulturell geprägte beziehungspädagogische Praxis – zu ihrem Thema zu machen. Dabei werden, wie mir scheint, die normativen Maßstäbe, um welche es bei der Reflexion dieses Theorie-Praxis-Verhältnisses gehen muss, keineswegs allein oder auch nur primär in der oder von der (Beziehungs-)Pädagogik selbst erzeugt und definiert und propagiert; vielmehr entstehen und entwickeln sich normative Maßstäbe für die Gestaltung zwischenmenschlicher Beziehungen im Kontext des jeweiligen Gemeinwesens oder, in historischer Perspektive betrachtet, im Rahmen des von Norbert Elias beschriebenen »*Prozesses der Zivilisation*« (Elias 1978), der selbstverständlich in verschiedenen Gesellschaften unterschiedlich verlaufen ist und weiter verläuft; eine der zentralen Thesen, die Elias aus seinen Recherchen ableitet, lautet: Im Prozess der Zivilisation lässt sich eine Entwicklungstendenz beobachten, die vom schieren Zwang zum »*Zwang zum Selbstzwang*«

verläuft. Dass diese Wandlungstendenz zu je »neuen« Maßstäben für die Gestaltung zwischenmenschlicher Beziehungen im Allgemeinen und pädagogischer Beziehungen im Besonderen führen können und geführt haben, lässt sich in unserer Gesellschaft an einer Reihe von Beispielen belegen: In allen öffentlichen und privaten Handlungssphären ist seit dem Bestehen der Bundesrepublik Gewalt gegen Personen (auch und besonders gegen abhängige Personen) in das Strafrecht aufgenommen worden; das betrifft die Beziehungen an jeder Art von Arbeitsplatz im ökonomischen System ebenso wie die Beziehungen in Schulen und Familien; damit ist also das uralte und bis ins 20. Jahrhundert hinein geltende Züchtigungsrecht der erziehenden Erwachsenen gegenüber den ihnen anvertrauten Kindern und Jugendlichen außer Kraft gesetzt worden; in die gleiche Richtung weist die 1989 verabschiedete UN-Konvention über die Rechte des Kindes. Über die Respektierung und Anwendung der genannten Rechtsnormen hinaus erscheint es mir angebracht, dass sich die Pädagogik ebenso, wie die anderen Professionen, die es mit der Betreuung, Beratung, Gesundheitsversorgung und Therapie von Menschen zu tun haben, auf eine *Professionsethik* verpflichtet. Im Hinblick auf die empirische Wirklichkeit zeigt eine Vielzahl von Untersuchungen, dass sich die Gestaltung der Beziehungen zwischen Lehrenden und Lernen an unseren Schulen in einer großen Bandbreite bewegen, die sich von Achtung, Anerkennung, Vertrauen und Wohlwollen auf der einen Seite bis zu Beschämung, Missbrauch und Verletzung auf der anderen Seite erstreckt. Auf diesen praxisbezogenen Aspekt einer beziehungspädagogischen Ethik werde ich in den beiden letzten Kapiteln zu sprechen kommen. Obgleich dies manchen zunächst als abwegig erscheinen mag, will ich über den Aspekt der pädagogischen Beziehungspraxis hinaus meine Überlegungen zu einer beziehungspädagogischen Ethik auch auf die Theoriebildung und auf die Forschung ausdehnen. Dass auch für *Theorien der Erziehung und des Lernens* eine beziehungspädagogische Ethik relevant und fruchtbar sein kann, werde ich im folgenden Kapitel am Beispiel der erziehungsphilosophischen Reflexion von Meyer-Drawe und Waldenfels (1988) über das Kind als Fremden, insbesondere am Plädoyer der Autoren für den Verstehensmodus der »Verflechtung«, aufzeigen. Um schon an dieser Stelle auch die Relevanz und Fruchtbarkeit einer beziehungspädagogischen Ethik für die *Forschungspraxis* anzudeuten, verweise ich auf die Argumente von Karl-Otto Apel im Zusammenhang mit bzw. im Anschluss an die Erklären-Verstehens-Kontroverse in den Soziawissenschaften; Apel führt hier ins Feld, dass es ein spezifisches Erkenntnisinteresse gibt für »Objekte«, die man »nicht nur von außen *beobachten* und eventuell durch Handlungen manipulieren kann, sondern mit denen als virtuellen *Ko-Subjekten* der Erkenntnis und des Handelns man sich über gute und schlechte Gründe des Handelns *verständigen* kann, ja verständigen muss« (Apel 1979, S. 170 f.; Hervorh. v. Verf.). Ein weiterer Hinweis ergibt sich aus der ethnomethodologischen Praxis: die Beziehung (zwischen Forscher/In und Beforschten) als »Kontext der Datengewinnung« (Weiss 1994). Die folgenden Umrisse einer beziehungspädagogischen Ethik werde ich am Beispiel der *Beziehung zum Fremden* entwickeln.

1 Der/das Fremde und der/das Andere sind Kategorien der Beziehungspädagogik

1.1 Anregung und Aneignung eines »Sinnes für das Fremde« – Aufgaben der Erziehung, der Bildung und des Lernens

Wer kennt nicht den Kalauer von Karl Valentin: »Der Fremde ist fremd nur in der Fremde« oder die Losung »Alle sind Ausländer – fast überall«, die sich an Autoheckscheiben oder sonstwo als Aufkleber kundtut. Dies sind Appelle an Toleranz, die wir auch anspruchsvoller formulieren können: Wir sollen uns begreifen (und handeln) in der Perspektive der Menschheit, sollen verstehen, dass das Fremdsein zum Menschen gehört, dass die eigene Nation Grenzen setzt gegenüber Fremden und immer in Gefahr ist, als Maßstab zu dienen. In seiner Preisschrift zur Frage: »Was ist Aufklärung?« hat Moses Mendelssohn, der jüdische Aufklärer, Freund Lessings, Verkörperung des Nathan des Weisen in Lessings Schauspiel, wie folgt argumentiert:

> »Eine gebildete Nation kennt in sich keine andere Gefahr als das Übermaß ihrer Nationalglückseligkeit, welches, wie die vollkinnenste Gesundheit des menschlichen Körpers, schon an und für sich eine Krankheit genannt werden kann. Eine Nation, die durch die Bildung auf den höchsten Gipfel der Nationalglückseligkeit gekommen, ist eben dadurch in Gefahr zu stürzen, weil sie nicht höher steigen kann« (Mendelssohn 1843, Band 3, S. 403).

Mendelssohn kritisiert die »Nationalglückseligkeit« aus der Sicht des Weltbürgers. Wir könnten aber auch sagen: Mendelssohn argumentiert als Jude, als Prototyp des Fremden also, den – 125 Jahre nach der Veröffentlichung von Mendelssohns Schrift – Georg Simmel glänzend analysiert hat; des Fremden, dessen Fremdsein sich ausdrückt in einer spannungsreichen Verbindung von Distanz und Nähe, im Wandern und in der Beweglichkeit, im Nicht-Besitzen mancher Güter und Privilegien, aber auch in einer Objektivität, die ihn das je Gegebene gleichsam mit *fremden Augen* sehen lässt. Juden eignet, so hat es der bekannter Soziologe Rene König einmal gesagt, aufgrund ihrer geschichtlichen Erfahrung der soziologische Blick, also eine objektiv-kritische Haltung gegenüber der Gesellschaft, in der sie als Gäste leben (König 1961), eine Haltung, die ansonsten der Wissenschaft von der Gesellschaft vorbehalten wird.

Die Kritik der »Nationalglückseligkeit« als Zeugnis des Fremdseins des deutschen Juden Moses Mendelssohn – das wäre eine unzulässige Verkürzung: Mendelssohn schreibt zwar als deutscher Jude, er schreibt aber auch in der Tradition und im Bewusstsein der Tradition, in welcher die Juden selber Nation im eigenen

Land gewesen sind. Und aus dieser Tradition Alt-Israels bezieht Mendelssohn den Maßstab seiner Kritik; in dieser Tradition liegen nämlich die Wurzeln einer Ethik des Umgangs mit Fremden. In der Thora, im Dritten Buch Mose ist als eines der wesentlichen Gebote formuliert: »Wie ein Einheimischer soll euch der Fremdling gelten, der bei euch wohnt. Du sollst ihn lieben wie dich selbst« (3. Mose 19,34); und die pragmatische Begründung dieser sittlichen Forderung wird sogleich nachgeliefert: »Denn ihr seid ja auch Fremdlinge gewesen im Ägypterland.«

»Du sollst« – der rechte Umgang mit den Fremden wird als sittliches Gebot formuliert. Offenbar entspringt das Verstehen und die Achtung und Behandlung des Fremden als Menschen seinesgleichen nicht einem spontanen *Bedürfnis*. Vielmehr bedarf es eines *Gebot*es, einer eigenen Rechtsmoral und rechtlicher Regelungen, wie sie in Alt-Israel im Gastrecht und im römischen »ius gentium« als Grundlegung allgemeiner Menschenrechte gefunden worden sind. Der Umgang mit Fremden ist demnach nicht nur ein spontanes Geschehen, sondern eine *Aufgabe*. Und beides ist nicht neu, sondern uralt; die »*multikulturelle*« Gesellschaft stammt nicht von heute, es hat sie in der Antike ebenso gegeben wie im Mittelalter. Die Aufgabe gilt für alle, für alle Nationen und Staaten, und alle sind in Gefahr, der Aufgabe nicht gerecht zu werden, wenn öffentliche und private Moral unzureichend entwickelt sind. Aufgabe und Gefahr gelten auch für die Juden als Nation, für Alt-Israel – die Bibel ist voll von Zeugnissen der Verletzung des Gebots – ebenso wie für den modernen Staat Israel (vgl. Baeck 1952).

Der Rabbiner Leo Baeck, ein Erbe der Aufklärung, der noch im Konzentrationslager Theresienstadt Vorträge über Kant gehalten hat, hat in einer großartigen Rede – 4 Jahre nach der Gründung des Staates Israel und im Zusammenhang mit den ersten Verhandlungen über Deutschlands sogenannte Wiedergutmachung – diese Gefahr und diese Aufgabe beschworen:

> »In unseren Tagen hat das jüdische Volk altes Land wiedergewonnen, Land seiner Gemeinschaft. Als Besitz wurde es wieder erlangt, aber vor allem als Aufgabe und als Hoffnung. Großes wird von ihm auch dort erwartet, aber groß kann auch die Gefährdung sein ... Wesen, die anderswo ihr Sterben ahnen: Nationalismus, Staatsvergötzung und mit ihnen ihr Alliierter von langen Tagen her, der Klerikalismus, möchten auch nach diesem Volk in seinem Land greifen, um ... sich hier ein neues Dasein zu geben« (Baeck 1952, S. 909 f.).

Die Achtung des Fremden als sittliches Gebot, das »Du sollst« der mosaischen Gesetzgebung – diese Forderung scheint notwendig, weil die Achtung des Fremden, wie alles sittliche Urteilen und Handeln, dem Menschen nicht angeboren ist; weil ihm zunächst möglicherweise ein *Revierverhalten* naheliegt, weil er zunächst einmal »nationalglückselig« ist und nicht in Kategorien der Menschheit empfindet; weil das Freund-Feind-Schema jederzeit mobilisierbar ist, wie die Erfahrungen von Geschichte und Gegenwart vielfältig belegen. Wie aber können Bereitschaft und Fähigkeit zur Achtung des Fremden entstehen? Forderung, Gebot und Gesetz sind Faktoren der Außenwelt; sie können die Achtung des Fremden weder erzeugen noch erzwingen, allenfalls können sie die Nicht-Achtung sanktionieren. Sittliches Urteilen und Handeln sind letzlich – in der Tradition des Aufklärungsdenkens gefasst – nur denkbar als Ausdruck von Überzeugung und Entscheidung. Es muss sich also in der Innenwelt des Menschen, und zwar bereits in den Anfängen des

1 Der/das Fremde und der/das Andere sind Kategorien der Beziehungspädagogik

Lebenslaufs, etwas entwickeln, was zwar nicht mitgebracht, aber möglich ist; es muss also ein Lernprozess stattfinden. Entwicklung und Lernen bedürfen aber der Anregung und Unterstützung; diejenigen Handlungen, die sich die Anregung und Unterstützung von Entwicklung und Lernen zur Aufgabe machen, werden üblicherweise mit den Begriffen »Erziehung« und »Bildung« umschrieben.

Das Verstehen und die Achtung des Fremden als Lernprozess – damit ist also gemeint: Erziehung und Bildung stehen vor der Aufgabe, die Prozesse der Entwicklung und des Lernens so anzuregen und zu unterstützen, dass die Bereitschaft und Fähigkeit zum Verstehen und zur Achtung des Fremden entstehen.

Dass die Pädagogik, wie zu zeigen sein wird, die Achtung des Fremden als zentrale Aufgabe betrachtet, kann kaum überraschen. Denn die Achtung des Fremden gehört zu den grundlegenden Postulaten der Ethik und des Rechts. Aus der Ethik, aus dem Recht und aus der Politik wachsen aber der Pädagogik ganz allgemein ihre wichtigsten Aufgaben zu. Überraschender ist vielleicht die Tatsache, dass die Pädagogik das Problem des Fremden noch radikaler gedacht hat im Hinblick auf die Konstituierung ihres Gegenstandes, ihrer angestammten Sache: Erziehung, Bildung und Lernen; diese werden nämlich als Prozesse im Lebenslauf bestimmt, deren Wesentliches gerade in der Entwicklung des Verstehens und der Achtung des Fremden liegt. Die Kategorie des Fremden wird zu einer Grundkategorie einer allgemeinen Theorie der Erziehung und Bildung erhoben.

Die Kategorie des Fremden – hier tut sich allerdings eine terminologische Schwierigkeit auf, die für die Verhandlung des Themas folgenreich ist: Nicht mehr allein der Fremde, der Fremdling im Sinne des mosaischen Gebots, der Gast oder der Angehörige einer fremden Nation im Sinne des römischen »ius gentium« kommen hier in den Blick, sondern – in der sächlichen Form – das Fremde, die fremde Kultur. Mehr noch: Die Kategorie des Fremden geht über in die Kategorie des Anderen schlechthin in seiner personalen und sächlichen Form: Jeder Andere und jedes Andere ist, zunächst, der Fremde und das Fremde; der und das Andere sind ebenso wie der und das Fremde erst einmal das noch nicht Bekannte, noch nicht Erkannte. Anderssein und Fremdsein gehen in einander über. Der ethnisch Fremde wäre dann lediglich eine Steigerungsform des Anderen schlechthin.

Tatsächlich liegen zahlreiche Analysen zur Sozialphilosophie und Ethik sowie zur politischen Theorie und zur Theorie der (moralischen) Erziehung vor, welche die Kategorien des »Anderen«, der »Andersheit« bzw. der »Alterität« in gleicher Weise verwenden wie ich die Kategorien des Fremden bzw. der Fremdheit verwende. Im Bereich der Sozialphilosophie ist in diesem Zusammenhang beispielsweise an Buber (1979), an Levinas (1983), an Meyer-Drawe (1990) und Waldenfels (2015) zu denken. Habermas (1996) hat seine Studien zur politischen Theorie unter das Motto »Einbeziehung des Anderen« gestellt; der Respekt für jedermann, so Habermas im Vorwort zu diesen Studien, »erstreckt sich nicht auf Gleichartige, sondern auf die Person des Anderen in ihrer Andersartigkeit«; das solidarische Einstehen für den Anderen als einen von uns beziehe sich »auf das flexible ›Wir‹ einer Ge-meinschaft, die allem Substantiellen widerstrebt und ihre porösen Grenzen immer weiter hinausschiebt« (Habermas 1996, S. 7). In das Gebiet der politischen Theorie gehört auch der berühmte Satz von Rosa Luxemburg: »Freiheit ist immer Freiheit der Andersdenkenden«, der in der 1918 geschriebenen, unvollendeten kritischen Schrift zur Russischen Revolution von 1917 steht. Auf dem Gebiet der Erziehungstheorie kommt die Problematik der Beziehung zum Anderen entweder in der Perspektive des Umgangs mit Differenz, Diversität und Vielfalt (vgl. z. B. Prengel 1993; Masschelein/Wimmer 1996) oder ganz allgemein in der Perspektive des »Zwischenmenschlichen« (z. B. Benner/Peukert 1983) oder der »pädagogischen Beziehungen« (Prengel 2013) zur Sprache; die Universalität der Moralitätsproblematik liegt entsprechend der erziehungstheoretischen Konzeption von Benner und Peukert darin, dass »Moralität nicht nur eine Beschaffenheit individueller Moralität ausmacht, sondern sich auf ein *zwischenmenschliches Handeln* bezieht, das sie unter den doppelten Anspruch einer *gegenseitigen Achtung der handelnden Personen* sowie einer gemeinsamen Anerkennung des menschlicher Willkür unverfügbaren Sinnes von Wirklichkeit stellt« (Benner/Peukert 1983, S. 401; Hervorh. LL).

Außerdem: Die Achtung des Fremden ist nur eine Variation der Achtung des Anderen schlechthin. Und schließlich: In der Perspektive des sich entwickelnden Ich kann die gesamte Außenwelt – sächlich und personal – als das zunächst Fremde und Andere begriffen werden, das dem Ich entgegentritt. Lernen, Bildung und Erziehung erscheinen dann als Bewegungen der Wechselwirkung zwischen Innenwelt und Außenwelt. Die Außenwelt bietet gleichsam den Stoff, das Material des Selbstwerdens. Die Entwicklung der Innenwelt der heranwachsenden Person, des Ich und seiner je kontingenten Gestalt, hängt davon ab, dass und in welcher Weise sich das Individuum in Beziehung zu setzen weiß zu dem zunächst Fremden der Außenwelt. Und es entsteht das Problem, was am Ende fremd, was eigen ist:

»Die letzte Aufgabe unseres Daseyns«, so Wilhelm von Humboldt in dem Bruchstück »Theorie der Bildung des Menschen« aus dem Jahre 1794/1795 »dem Begriff der Menschheit in unserer Person … einen so großen Inhalt, als möglich, zu verschaffen, diese Aufgabe löst sich allein durch die *Verknüpfung unsres Ichs mit der Welt* zu der allgemeinsten, regesten und freiesten Wechselwirkung … Beschränken sich indes auch alle diese Forderungen nur auf das *innere* Wesen des Menschen, so dringt ihn doch seine Natur beständig von sich aus zu den Gegenständen außer ihm überzugehen, und hier kommt es nun darauf an, daß er in dieser Entfremdung sich nicht selbst verliere« (Humboldt 1960, Band 1, S. 235 ff.; Hervorh. LL).

1.2 Das Verstehen des Fremden als grundlegender Lern- und Bildungsprozess

Johann Friedrich Herbart – mit ihm will ich beginnen – setzt in seiner »Allgemeinen Pädagogik« aus dem Jahre 1806 die Aufgabe der Bildung eines »Gedankenkreises« in Verbindung mit der Aufgabe der Entwicklung eines »vielseitigen Interesses«; dies sei notwendig für das Handeln in einer Gesellschaft, die nicht mehr von einer ständischen Ordnung und von festgefügten Traditionen bestimmt wird. Der »Gedankenkreis« umfasst, wie »Bildung« bei Wilhelm von Humboldt, das gesamte

1 Der/das Fremde und der/das Andere sind Kategorien der Beziehungspädagogik

Erbe der Menschheit: »Die Menschheit selbst erzieht sich fortdauernd durch den Gedankenkreis, den sie erzeugt« (Herbart 1806/1997, Band 1, S. 63). Die Bildung des »Gedankenkreises« soll dazu verhelfen, »die nahe Wirklichkeit als Fragment des großen Ganzen anzuschauen und darzustellen« (ebd., S. 62). Bildung darf sich daher in ihrem Stoff, ihrem Material nicht auf das Nahe, Vertraute, Bekannte begrenzen, und sie kann sich in ihrer Form nicht auf die Anregungen der alltäglichen Lebenswelt, auf Umgang und Erfahrung verlassen. Vielmehr bedarf es der organisierten, im Wesentlichen beruflich wahrgenommenen, durch Theorie und Kunst angeleiteten Bildung – bei Herbart heißt sie »*erziehender Unterricht*« – und diese, den Umgang und die Erfahrung ergänzende Bildung, findet ihr Material nicht im Nahen, sondern im Fernen, nicht im Vertrauten, sondern im Neuen, nicht im Bekannten, sondern im Fremden. Ohne eine solche Weitung des Gedankenkreises käme es nach Herbart nicht zur Bildung des Menschen, zur Entwicklung des »vielseitigen Interesses«; es bliebe bei territorial, zeitlich und inhaltlich begrenzter »Erfahrung«:

> » ... am Ende, wenn wir uns wieder an unseren Zweck, an Vielseitigkeit des Interesses erinnern, so fällt es leicht auf, wie weit der wahrhaft gebildete Geist darüber hinausgeht. Auch das vorteilhafteste Lokal hat so enge Grenzen, wie man sie der Bildung eines jungen Menschen, den nicht die Not einengt, zu stecken nimmermehr verantworten. Hat er Muße und einen Lehrer, so dispensiert nichts den Lehrer, sich im Raume durch Beschreibungen auszudehnen, aus der Zeit das *Licht der Vergangenheit* zu holen und den Begriffen *das unsinnliche Reich* zu eröffnen« (ebd., S. 83; Hervorh. LL.).

Das »*unsinnliche Reich*« – das ist das zunächst Fremde, das nicht durch sinnliche Erfahrung, sondern nur durch die Vorstellungskraft und das Denken erfasst werden kann. Und diese Grenzüberschreitung des Vertrauten und Nahen gilt Herbart als konstitutiv für Bildung: Organisierte Bildung, »erziehender Unterricht« – das meint »Darstellung *fremder Gefühle* unbekannter Personen aus *entfernten* Ländern und Zeiten«, und dies erscheint als das einzige geeignete Mittel, um »den *Umgangskreis* zu erweitern« (ebd.).

Der bei Herbart entwickelte Gedanke, dass das Fremde den Stoff für die Bildung des Gedankenkreises liefern muss, erfährt eine Vertiefung bei Friedrich Schleiermacher in der für ihn eigentümlichen dialektischen Gedankenführung, zunächst beim jungen, romantischen Schleiermacher, der sich, zeitlich nach Herbarts »Allgemeiner Pädagogik«, den Fragen einer neuen »*Geselligkeit*« widmet, wie er sie in den geistvollen Salons jüdischer Frauen in Berlin erlebt hat: Die *Entgrenzung* soll zur Erweiterung der eigenen Welt, das Fremde zum Vertrauten werden; Bildung bedeutet für Schleiermacher wechselseitige Überschreitung der eigenen Grenzen, wechselseitiges *Heimischwerden des Fremden*. In dem »Versuch einer Theorie des geselligen Betragens«, 1799 anonym veröffentlicht als Auseinandersetzung mit dem Bestseller »Umgang mit Menschen« des Grafen von Knigge, heißt es:

> »Es muss einen Zustand geben, der ... die Sphäre eines Individui in die Lage bringt, dass sie von den Sphären Anderer so mannigfaltig als möglich durchschnitten werde, und jeder seiner eigenen Grenzpunkte ihm die Aussicht in eine andere und *fremde Welt* gewähre, so dass alle Erscheinungen der Menschheit ihm nach und nach bekannt, und auch die *fremdesten* Gemüter und Verhältnisse ihm befreundet und gleichsam nachbarlich werden können. Diese Aufgabe wird *durch den freien Umgang vernünftiger sich untereinander bildender Menschen* gelöst« (Schleiermacher 1799/1996, S. 65; Hervorh. LL.)

In den Vorlesungen von 1813/14 wird dieser Gedanke – eine frühe Dokumentation *beziehungspädagogischen* Denkens – weitergeführt: Bildung als Durchschneidung der eigenen Grenzen durch das Heimischmachen des Fremden – das meint auch: Bildung zur Zugehörigkeit zu einer Nation durch das *Verstehen fremder Nation*, beide begreifen lernen als je verschiedene und doch prinzipiell gleiche Elemente der Menschheit; die Entwicklung des Verstehens fremder Nation als Aufgabe der Bildung:

> »Die nationale Eigentümlichkeit entsteht aus der Indifferenz, wie die persönliche. Sie entsteht als Gegensatz, aber sie darf kein absoluter werden, und damit nicht in ihr das allgemein Menschliche aufgehe, muss sich mit ihr zugleich entwickeln *ein Sinn für das Fremde*. Ist sie also am höchsten entwickelt, so muss auch dieser Sinn am höchsten entwickelt sein und ist ein wesentliches Element der Nationalbildung gefühlt werden. Also die Zeit der höchsten Entwicklung ist da, *wenn im pädagogischen System Veranstaltungen sind, um den Sinn für das Fremde auszubilden* und zu unterhalten« (Schleiermacher 1957, Band 1, S. 387; Hervorh. LL).

»Der *Sinn für das Fremde*« – das ist das genaue Gegenteil der »Nationalglückseligkeit«, von welcher in kritischer Absicht Moses Mendeldsohn gesprochen hat, und es entspricht dem, was Herbart mit der Eröffnung des »*unsinnlichen Reichs*« gemeint hat. Denn der »Sinn« für das Fremde verdankt sich eben nicht unmittelbar sinnlicher Wahrnehmung und Erfahrung; er ist vielmehr ein Organ und eine Tätigkeit, die der Ausbildung bedürfen, die nicht allein auf *Spontaneität*, sondern vielmehr auf *Rezeptivität* aufbauen. Der »*Sinn für das Fremde*« muss entwickelt werden bzw. sich entwickeln, ausgebildet werden bzw. sich bilden, und die Bedingung der Möglichkeit seiner Entwicklung liegt, wie Schleiermacher sagt, in »*Veranstaltungen im pädagogischen System*«, in den Lernangeboten einer organisierten Erziehung, in Maßnahmen eines – mit Herbart gesprochen – »erziehenden Unterrichts«, die für die Entwicklung des Sinns für das Fremde geeignet sind.

Das Fremde als Grundkategorie einer Theorie der Bildung – am radikalsten ist dies von Hegel gedacht worden: Die Begegnung mit dem Fremden, das *Fremdwerden des Vertrauten*, unmittelbar Gegebenen gelten ihm schlechthin als die Voraussetzung für *Distanz*, und Distanz ist nach Hegel schlechthin die Voraussetzung für menschliches Bewusstsein und Denken; *Distanz* gegenüber der Welt und gegenüber dem Ich. Im Durchgang durch die *Distanz-Erfahrung im Fremden* vollzieht sich, wie Hegel in einer seiner Gymnasialreden ausgeführt hat, der Prozess der Bildung.

> »Um aber zum Gegenstand zu werden, muss die *Substanz der Natur und des Geistes* uns gegenübergetreten sein, sie muss *die Gestalt von etwas Fremdartigem* erhalten haben. Unglücklich der, dem seine unmittelbare Welt der Gefühle entfremdet wird; denn dies heißt nichts anderes, als dass die individuellen Bande, die das Gemüt und den Gedanken heilig mit dem Leben befreunden, … ihm zerrissen wird! Für die *Entfremdung, welche die Bedingung der theoretischen Bildung ist*, fordert diese nicht diesen sittlichen Schmerz, nicht das Leiden des Herzens, sondern den leichteren *Schmerz und Anstrengung* der Vorstellung, sich mit einem Nicht-Unmittelbaren, einem Fremdartigen, mit etwas der Erinnerung, dem Gedächtnis und dem Denken Angehörigen zu beschäftigen« (zit. in: Heydorn 1994, Band 1, S. 271; Hervorh. LL).

Entfremdung als Bedingung der Bildung – das erinnert an Herbarts Postulat, »*den Begriffen das unsinnliche Reich zu eröffnen*« und Schleiermachers »*Sinn für das Fremde*«. Von Hegel aus wird auch verständlicher, was Humboldt meint, wenn er

1 Der/das Fremde und der/das Andere sind Kategorien der Beziehungspädagogik

sagt, es komme darauf an, dass sich der Mensch »in dieser Entfremdung«, die durch die Wechselwirkung von Ich und Welt im Bildungsprozess erzeugt wird, »nicht selbst verliere«. Hegel geht darüber hinaus: Entfremdung ist konstitutiv für Bildung; Bildung bewirkt *Schmerz*, weil sie den *Verlust von Unmittelbarkeit* nach sich zieht; aber nur im Durchgang durch das schmerzhafte Fremdwerden des Eigenen kann das sich entwickelnde Ich zu vollem menschlichen Bewusstsein gelangen; das Kind muss lernen, mit fremdem Blick zu schauen:

> »Allenhalben treffen wir auf etwas, das zu selbstverständlich ist, als dass wir uns bemühen müssten, es zu verstehen. Was sie miteinander erleben, scheint den Menschen das gegebene menschliche Erleben. *Das Kind, lebend in der Welt der Greise, lernt, wie es dort zugeht. Wie die Dinge eben laufen, so werden sie ihm geläufig.* Damit all dies viele Gegebene ihm als ebenso viel Zweifelhaftes erscheinen könnte, müsste er jenen *fremden Blick* entwickeln, mit dem der große Galilei einen ins Pendeln gekommenen Kronleuchter betrachtete« (ebd., S. 272; Hervorh. LL.).

Hegel denkt radikal, und doch liegen die Parallelen wieder nahe: Der »*fremde Blick*« kann nur in erzieherisch angeregten Lernprozessen geschärft werden, im Gymnasium zum Beispiel; der »*Gedankenkreis*« (bei Herbart) kann sich nur im Medium des »erziehenden Unterrichts« ausbilden; zur Entwicklung des »*Sinns für das Fremde*« (bei Schleiermacher) bedarf es der »*Veranstaltungen im pädagogischen System*«.

Das Verstehen des Fremden erweist sich demnach als zentrale Aufgabe und grundlegender Lern- bzw. Bildungsprozess sowie als Brennpunkt einer allgemeinen Theorie der Bildung und der Erziehung. Es bleibt der Hinweis darauf, dass die hier skizzierten Positionen, sämtlich angesiedelt am Beginn des 19. Jahrhunderts, eine starke Wirkungsgeschichte aufweisen bis in unsere Zeit; und der Hinweis darauf, dass die zeitgenössische »*interkulturelle Pädagogik*« (z. B. Auernheimer 1990) ähnliche Gedanken denkt, freilich ohne Reflexion dieser Tradition.

Den bedeutendsten Erben und Fortsetzer der Hegelschen Bildungstheorie will ich noch kurz zu Wort kommen lassen: Heinz-Joachim Heydorn, Querdenker sein Leben lang, hat an das schon in der Antike gefundene Prinzip der Distanz angeknüpft und es im Sinne von Hegels Begriffen des Fremden und der Entfremdung weitergedacht. Keiner hat wie er die Dialektik der Bildung – im Spannungsfeld zwischen Zurichtung auf das Gegebene und Potential der Befreiung – analysiert. In seiner Gymnasialrede von 1965 sagt Heydorn im Anschluss an die oben auch von mir zitierten Sätze von Hegel:

> »Das Prinzip der Distanz enthält den Zweifel am jeweils Gegebenen und an der gegebenen Herrschaft; über Distanz wird auch der Schwindel jeder Unvermitteltheit und Ideologiefreiheit erkannt … . Das didaktische *Prinzip der Distanz* bereitet das Vorfeld sinnbezogenen und freien menschlichen Handelns, es hilft Geschichte als humane Möglichkeit offen zu halten. Die klassische Bildung vermag die Möglichkeit, die das *Prinzip der Fremdheit* an die Hand gibt, vielfältig zu nutzen. Sie nutzt sie vor allem dadurch, dass sie die Abstraktionsfähigkeit des heranwachsenden Menschen entwickelt. Loslösung von der verwirrenden Vielfalt bedeutet, den Menschen, ohne Verlust seiner Individualität, … unter den Begriff zu stellen und damit Zuordnungen möglich zu machen. *Abstraktionsvermögen* und *Verbindlichkeit gegenüber dem Ganzen* sind eng aufeinander bezogen; an jedem Rechtsbegriff, vornehmlich aber an der Entwicklung des römischen Rechtes als einer ersten umfassenden *Sicherung des Menschen durch rationale Rechtsordnung*, kann dies verdeutlicht werden« (Heydorn 1994, Band 1, S. 272 f.; Hervorh. LL.).

Die These von der wechselseitigen Bezogenheit von entwickeltem Denken (»Abstraktionsvermögen«) und entschiedener Sittlichkeit (»*humane Verbindlichkeit gegenüber dem Ganzen*«) bildet eine tragfähige Brücke zwischen einer allgemeinen Theorie der Bildung (im Sinne eines weitgefassten Lern- bzw. Aneignungsbegriffs) und einer allgemeinen Theorie der Erziehung (Erziehung verstanden als Anregung und Selbsttätigkeit zum Aufbau einer moralischen Instanz im heranwachsenden Menschen).

1.3 Achtung des Fremden als zentrales Erziehungs- und Unterrichtsziel

*Sittlichkei*t gilt seit je als das vornehmste Ziel der Erziehung. Durch Sittlichkeit wird das neugeborene Einzelwesen zum Mitmenschen, zum Mitglied eines sozialen Ganzen, seien dies Familie, Gruppen, Korporationen, Gemeinwesen, Staat oder – schließlich – das ideelle Ganze der Menschheit. Der Einzelne wächst hinein in die »Rolle des Mitmenschen« (Löwith 1928) durch die *Erfahrung der Zugehörigkeit und Verbundenheit* sowie durch das Erlernen von Verbindlichkeit von *Regeln*, die für den Umgang unter prinzipiell Gleichen gelten; sein Ich entwickelt sich in Relation zu den Anderen und zum Ganzen. Heydorn spricht von der »*humanen Verbindlichkeit gegenüber dem Ganzen*«, Otfried Höffe bestimmt Sittlichkeit als »die *uneingeschränkte Verbindlichkeit*, unter der der Mensch in seinem *Verhalten zu den Mitmenschen, aber auch zur Natur und zu sich selbst* steht« (Höffe 1997, S. 269 f.). Verbindlichkeit meint *Gegenseitigkeit in der Anerkennung von Rechten und Pflichten*, so schon in der »*goldenen Regel*«: »Was du nicht willst, das man dir tu‹, das füg' auch keinem andern zu«, die bereits in Alt-Israel formuliert worden ist (Tobias 4,15). *Gegenseitigkeit* wird aber umso mehr zu einer anspruchsvollen und dementsprechend sittlich gebotenen Forderung, je weniger die Anderen, denen gegenüber Gegenseitigkeit geübt werden soll, vertraut und nahe sind – daher das mosaische Gebot, den Fremdling wie einen Einheimischen gelten zu lassen, den Fremden zu lieben wie sich selbst, das christliche Gebot der Feindesliebe, die Grundlegung allgemeiner Menschenrechte im römischen »ius gentium«.

Auf diesem Hintergrund kann es nicht überraschen, dass Theorien der Erziehung im Kern als Theorien der sittlichen Erziehung ausgestaltet sind und dass, zweitens, Theorien der sittlichen Erziehung die Kategorie des Anderen, des Fremden ins Zentrum rücken.

Ebenso wie *Bildung* als die Bedingung der Möglichkeit gelten kann, dass sich der Einzelne in Beziehung zu setzen lernt zu dem gedanklichen Ganzen, so kann *Erziehung* verstanden werden als Bedingung der Möglichkeit, dass sich der Einzelne in Beziehung zu setzen lernt zu dem sozialen und sittlichen Ganzen. Wie durch *Bildung* (bzw. *Lernen*) die zunächst fremde Außenwelt der Gedanken in eine Innenwelt des Denkens (»Abstraktionsvermögen« sagt Heydorn) transformiert wird, so wird durch Erziehung die zunächst fremde Außenwelt sittlicher Forderungen transformiert in eine Innenwelt der Sittlichkeit (»humane Verbindlichkeit gegenüber dem Ganzen«, sagt Heydorn). Beides ist, wenn wir einmal die analytische Trennung beiseite lassen, aufeinander bezogen, und zwar durch den gemeinsamen Bezug auf Vernunft. *Sittlichkeit* hat, wie der Psychologe Jean Piaget auch empirisch gezeigt hat, ein *entwickeltes Denken* zur Voraussetzung; Piaget spricht aber auch von einer »Moral des Denkens«:

> »Wir haben ... von ›intuitiven‹ moralischen Gefühlen gesprochen. Die Organisierung der moralischen Werte, die die fortgeschrittene Kindheit kennzeichnet, ist dagegen mit der Logik selbst vergleichbar. Sie ist eine *Logik der Werte oder der interindividuellen Handlungen*, wie *die Logik eine Art Moral des Denkens* darstellt« (Piaget 1940/1972, S. 245; Hervorh. LL).

Neben die Bildung des »Gedankenkreises« stellt Herbart – mit ihm beginne ich wieder meine Sichtung von Positionen – die Entwicklung der »*Charakterstärke der Sittlichkeit*« als wichtigstes Ziel der Erziehung: »Man kann die eine und ganze Aufgabe der Erziehung in den Begriff der *Moralität* fassen« (Herbart 1997, Band 1, S. 47). Von Moralität und Sittlichkeit spricht Herbart nur dann, wenn Verbindlichkeit auf *Einsicht* und *Entscheidung* aufbaut; aus der äußeren muss eine innere Forderung geworden sein, und eben diese *Transformation* soll Erziehung anregen:

> »Da die Sittlichkeit einzig und allein in dem *eigenen Wollen* nach richtiger Einsicht ihren Sitz hat, so versteht sich zuvörderst von selbst, die sittliche Erziehung habe nicht etwa eine gewisse Äußerlichkeit der Handlungen, sondern die *Einsicht* samt dem ihr angemessenen *Wollen* im Gemüt des Zöglings hervorzubringen« (Herbart 1806/1997, Band 1, S. 70; Hervorh.: LL).

Die Einsicht in die Notwendigkeit sittlichen Handelns sieht Herbart begründet in der Rücksicht auf das Wohl aller Anderen, die in einem sozialen Ganzen leben (wieder also: humane Verbindlichkeit gegenüber dem Ganzen):

> »Und endlich zeige man ... auf *das gemeinschaftliche Beste* als auf dasjenige, welchem das Seine und das Verdiente freiwillig zu opfern sich gebühre und welches für alle auf die Zukunft zu treffende Verabredungen der wesentliche Maßstab sei ... Ist die Zucht über die ersten Anfänge hinaus, so darf sie überhaupt nicht zulassen, dass der Zögling sich gewöhne, sein Recht zum bestimmenden Grunde seines Handelns zu machen; *nur das Recht anderer muss ihm ein strenges Gesetz sein*« (ebd., S. 154 f.; Hervorh. LL).

Die *Achtung der Rechte der anderen* wird vom neugeborenen Menschen nicht als Erbe mitgegeben und sie wird, nach Herbart, auch nicht allein durch Erfahrung und Umgang erworben. Die Achtung der Anderen beruht vielmehr auf einem bewussten Maßstab des eigenen Handelns, der durch Erziehung vermittelt werden und sich in einem mühsamen Lernprozess entwickeln muss, einem Lernprozess, der nach Herbart auch »*Kampf*« bedeutet, weil der Achtung der Anderen allzu häufig spontane Bedürfnisse und Interessen der einzelnen Person entgegenstehen. Dieser Lernprozess muss dazu führen, dass im Inneren des Menschen ein Organ der *Selbstbeobachtung und Selbstkontrolle* entsteht, welches das eigene Handeln an der *Verbindlichkeit gegenüber einer Sozialität* misst und auszurichten hilft:

> »Der Mensch muss *mit sittlichem Auge* seine ganze Stellung in der Welt betrachten, er muss sich sagen, wie sein höchstes Interesse von den Umständen verletzt und begünstigt werden

könne. Er muss *den praktischen Blick mit dem theoretischen bewaffnen.* Er muss demgemäß handeln« (ebd., S. 122; Hervorh. LL).

Das »sittliche Auge«, der »theoretische Blick« – bei Hegel, in der Theorie der Bildung hieß es der »*fremde Blick*«. Dies ist das erste Bild des Organs der Selbstbeobachtung und Selbstkontrolle. Es gibt ein zweites:

> »Man gesteht also ein, dass der Sittlichkeit gewisse Ansprüche zugrunde liegen gegen den etwa vorhandenen Charakter; Ansprüche, welche ... mit dem Wirklichen, dem *Natürlichen*, ja in jedem Sinn mit dem, *w*as ist, gar nichts gemein haben, sondern als *etwas ganz Fremdes* zu demselben hinzukommen und auf dasselbe treffen, um es zu *zensieren*. Und eine *Zensur* wird nicht handgemein mit dem, worüber sie spricht« (ebd., S. 120: Hervorh. LL).

Der Prozess der sittlichen Erziehung und Entwicklung impliziert also – ganz ähnlich wie auch der oben beschriebene Lern- bzw. Bildungsprozess – die Erfahrung von »Entfremdung«: Fremdes muss zu Eigenem werden, ja der sich bildende und der seine Sittlichkeit entwickelnde Mensch muss sich selber fremd werden:

> »Die Ausübung des Sittlichen (wäre) nur eine Schwäche, wenn sie nur Nachgiebigkeit wäre gegen Ansprüche von außen. Vielmehr sprechen wir selbst in jenen Ansprüchen; *wir selbst sprechen gegen uns selbst*, indem wir unseren Charakter *zensieren* und zum Gehorsam auffordern. Es ist *das betrachtende Subjekt in uns*, welches für dasmal sich erhoben hat über das bloße Sich-Aussprechen, wie man sich findet« (ebd., S. 121).

Auch für die sittliche Erziehung scheint – so könnten wir vorläufig resümieren – jenes didaktische (oder vielleicht besser: Lern-) Prinzip zu gelten, welches Heydorn im Anschluss an Hegel für die Bildung reklamiert hat: das Prinzip der »Distanz«.

Bei Herbart sind, wie gezeigt, Elemente einer Theorie der sittlichen Erziehung zu finden – und zwar einer Theorie, die das Fremde als wichtige Kategorie der Analyse gebraucht –, die in der Geschichte des Denkens vielfältig weitergedacht worden sind. Einige wenige Linien will ich skizzieren.

Zum »*Selbstzwang*« zunächst: Hier ist von Herbart vorgedacht, was in umfassender theoretischer und empirischer Analyse Norbert Elias als eine charakteristische Erscheinung im »*Prozess der Zivilisation*« beschrieben hat:

> »Was den Zivilisationsprozess des Abendlandes zu einer besonderen und einzigartigen Erscheinung macht, ist die Tatsache, dass sich hier eine Funktionsteilung so hohen Ausmaßes, Gewalt- und Steuermonopole von solcher Stabilität, *Interdependenzen* und Konkurrenzen über so weite Räume und so große Menschenmassen hin hergestellt haben wie noch nie in der Erdgeschichte ... . Dem entspricht die Notwendigkeit einer Abstimmng des Verhaltens von Menschen über so weite Räume hin und eine Voraussicht über so weite *Handlungsketten* wie noch nie zuvor. Und entsprechend stark ist auch die *Selbstbeherrschung*, entsprechend beständig der Zwang, die *Affektdämpfung* und *Triebregelung*, die das Leben in den Zentren dieses Verflechtungsnetzes notwendig macht« (Elias 1969, Band 2, S. 336 f.; Hervorh. LL).

Was Elias in diesem Zusammenhang die »*Ausbreitung des Selbstzwangs*« nennt (ebd.), hat seine Wurzeln in einem Prozess der Zivilisation, der sich zuerst auf der Ebene der *Phylogenese*, der *kulturellen Evolution* abspielt; dieser historische Prozess ist jedoch auch folgenreich für die *Ontogenese*, für den lebensgeschichtlichen Entwicklungsprozess des Individuums. Zwar ist das Hineinwachsen in Kultur und Gesellschaft schon immer mit der Erfahrung von Zwang verbunden gewesen; der

1 Der/das Fremde und der/das Andere sind Kategorien der Beziehungspädagogik

Unterschied liegt aber darin, dass aus dem Fremdzwang immer mehr ein *Zwang zum Selbstzwang*, zur einsichtsvollen und freiwilligen Selbstbeherrschung und Affektregulierung geworden ist.

Es ist kein Zufall, dass beides: der zivilisatorische Umbruch und die erste umfassende Ausgestaltung von Theorien der Bildung und Erziehung unter dem Motto der Entfremdung in ein und dieselbe Zeitperiode fallen, in das 19. Jahrhundert; es ist das Jahrhundert großer Umbrüche ebenso wie der Affektregulierung, der Innerlichkeit (z. B. Gay 1977).

Vom Selbstzwang, zweitens, zur *Selbstbeobachtung*, zum »*betrachtenden Subjekt in uns*«, zum »*theoretischen Blick*«: Hier ist zunächst an einen Denker vor Herbart zu erinnern, an den Meisterdenker der Wirtschaftsethik, der die Steuerung der Wirtschaft nicht allein im Staat und nicht allein im Markt, sondern in der »*Solidarität*« verankert sehen wollte. In seiner »*Theorie ethischer Gefühle*« (1759) bestimmt Adam Smith Sittlichkeit als Ergebnis einer Selbstbeobachtung des Subjekts mit den Augen der Anderen; im Beobachter (*spectator*) ist *das Individuum in der Rolle des Mitmenschen* verkörpert (vgl. dazu Löwith 1928):

> »Wir bemühen uns, unser Verhalten so zu prüfen, wie es unserer Ansicht nach irgenein anderer gerechter und unparteiischer Zuschauer (spectator) prüfen würde ... Wir stellen uns selbst als Zuschauer (*spectators*) unseres eigenen Verhaltens vor und trachten nun, uns auszudenken, welche Wirkung es in diesem Lichte auf uns machen würde. Dies ist der einzige *Spiegel*, der es uns ermöglicht, die Schicklichkeit unseres eigenen Verhaltens mit den Augen anderer Leute zuz untersuchen« (Smith 1759, zit in: Kaufmann/Krüsselberg 1984, S. 175 f.; Hervorh. LL).

Von Adam Smith bzw. von Herbart führt eine Linie zu George Herbert Mead und zum Symbolischen Interaktionismus: Identität als Balance von sozialer Identität und Ich-Identität, von ›Me‹ und ›I‹; der in eine Gesellschaft hineinwachsende Mensch muss sich mit den Augen der anderen sehen lernen (›Me‹), der »verallgemeinerte Andere« steht für die Verbindlichkeit gegenüber dem Ganzen, die dem Handeln Orientierung gibt (Mead 1934/1968).

Und schließlich: die »*innere Zensur*« als Organ der Selbstkontrolle. Hier hat Herbart vorgedacht, was in der Psychoanalyse zum Kern einer Entwicklungstheorie gemacht worden ist: Der neugeborene Mensch erwirbt Kulturfähigkeit, indem er in seiner Psyche eine Instanz aufbaut, welche die Ansprüche der Anderen, der Sozialität, des Ganzen vertritt. Diese »Über-Ich« genannte Instanz wird nicht mitgebracht bzw. ererbt, sondern muss sich entwickeln im Prozess der Wechselwirkung zwischen Ich und Welt, im Prozess der Identifizierung zunächst mit den Eltern als Repräsentanten der Ansprüche der Kultur:

> »Als Niederschlag der langen Kindheitsperiode, während der der werdende Mensch in Abhängigkeit von seinen Eltern lebt, bildet sich in seinem Ich eine besondere Instanz heraus, in der sich dieser elterliche Einfluss fortsetzt. Sie hat den Namen des Über-Ichs erhalten« (Freud 1938/1953, S. 10).

Der Prozess der Identifizierung, in dem die Instanz des Über-Ich gebildet wird, bewirkt, dass aus der äußeren Forderung eine innere wird. Er muss vom »werdenden Menschen« geleistet werden, aber diese Leistung ist, wie alles Lernen, auf Anregung und Unterstützung, gelegentlich auch Gegenwirkung angewiesen, auf Erziehung also:

»Der kleine Wilde soll in wenigen Jahren ein zivilisiertes Menschenkind geworden sein, ein ungeheuer langes Stück der menschlichen Kulturentwicklung in fast unheimlicher Verkürzung durchgemacht haben. Dies wird durch *hereditäre Disposition* ermöglicht, kann aber fast niemals der *Nachhilfe der Erziehung*, des Elterneinflusses entbehren, die als Vorläufer des Über-Ichs die Aktivität des Ichs durch Verbote und Strafen einschränkt und die Vornahme von Verdrängung begünstigt oder erzwingt« (ebd., S. 42; Hervorh. LL).

Der Prozess der Identifizierung und des Aufbaus der Instanz des Über-Ich bringt die Erfahrung einer schmerzhaften Entfremdung mit sich, ganz so wie – bei Humboldt und Hegel – der Prozess der Bildung: Er bedeutet die Erfahrung von *Distanz* und auch – wie bei Herbart – von »*Kampf*« im Vorfeld des »Selbstzwangs«. Denn Identifizierung hat zwar zur Voraussetzung die Erfahrung von *Verbundenheit*, aber sie ist eben nicht gleichbedeutend mit dieser primären unmittelbaren Bindung an die Eltern, baut vielmehr auf der *Ablösung* auf; der Trennung von Subjekt und Objekt, dem *Fremdwerden* der Eltern. Identifizierung meint eben nicht einen *primären* Prozess, sondern einen *sekundären* Prozess, der Lernen (z. B. im Sinne von Verinnerlichung) beinhaltet: Die »*innere Zensur*«, das »*Über-Ich*« – nicht die berührbaren Personen, die die Eltern *auch* sind und bleiben, begründen sie, sondern die Eltern im Ich des Kindes, die Ansprüche und Forderungen der Eltern im Inneren des Kindes; nur in diesem vermittelten Sinne, im Durchgang durch das Fremdwerden, wird das, wofür die Eltern stehen, zum Über-Ich, zur Grundlage einer dann auch von den Personen der Eltern unabhängigen Sittlichkeit, so wie Bildung zum »*Abstraktionsvermögen*« (Heydorn) führt. Die »innere Zensur« vertritt Ansprüche, die – so Herbart – »gar nichts gemein haben« mit dem »Natürlichen« (mit dem Trieb-Natürlichen, würde Freud sagen), sondern »als etwa ganz Fremdes dazukommt«; aus der »natürlichen« Verbundenheit muss sittliche »Verbindlichkeit gegenüber dem Ganzen« werden. Diese Erfahrung der Entfremdung betrifft nicht nur die Beziehung zu den geliebten Personen, sondern auch das eigene Ich; der sich entwickelnde, gebildete, erzogene Mensch wird sich selber fremd, weil er Anteile in sich entdeckt – das Unbewusste, das Es, die Triebnatur (in der Sicht der Psychoanalyse) –, die den verinnerlichten Ansprüchen der Sittlichkeit widerstreiten. Deshalb kommt es, wiederum in den Begriffen von Herbart, zum »Kampf« im Inneren des Menschen, zu einem Kampf, der auch misslingen und krank machen kann.

Herbart, Adam Smith und die Folgen – *Theorie der Erziehung* erweist sich im Kern als Theorie der *sittlichen* Erziehung; und der Kerngedanke aller Theorien sittlicher Entwicklung und Erziehung betrifft die *Achtung des Fremden*. Die Verbindlichkeit gegenüber dem Ganzen muss gelernt werden, und dies geschieht, indem die Ansprüche der Sittlichkeit, die dem sich entwickelnden Ich als zunächst Fremdes gegenübertreten, zu inneren Ansprüchen transformiert werden. Es bleibt hier aber ein Mangel in der Argumentation: Das Fremde, von welchen die Rede gewesen ist, meint das Fremde/den Fremden in seinem allgemeinsten Sinne als das Andere/den Anderen schlechthin, es meint nicht den Fremdling, den ethnisch Fremden, den wir doch zu allererst vor Augen haben, wenn wir von der Achtung des Fremden als Ziel von Erziehung und Lernen sprechen. Ich verweise deshalb noch einmal auf eine zweite Theorieposition: Friedrich Schleiermacher bedenkt Beides, die Achtung des Fremden als des Anderen schlechthin und die Achtung des Fremden als des national, ethnisch Anderen.

1 Der/das Fremde und der/das Andere sind Kategorien der Beziehungspädagogik

Der eine Gedanke, in Gestalt eines Fragments aus der romantischen Zeitschrift »Athenäum«, bringt auf den Begriff, was schon in vielen Variationen formuliert wurde: »*Echtes Wohlwollen geht auf Beförderung fremder Freiheit*« (zit. in: Mollenhauer 1985, S. 22). Den anderen Gedanken entwickelt Schleiermacher in seinen Vorlesungen von 1826 über Pädagogik: Zunächst, zur Erinnerung: Der »*Sinn für das Fremde*« – das Fremde ausdrücklich gemeint als fremde Nationalität – ,in den Vorlesungen von 1813/14 stand er für humane Geselligkeit, für Bildung in weltbürgerlicher Absicht; im Begriff des »Sinns« schwingt mit das aesthetische, aber auch das moralische Empfinden (»ethische Gefühle« würde Adam Smith sagen), denn der »Sinn für das Fremde« verweist auf Gegenseitigkeit, die allein humane Geselligkeit möglich macht. Folgerichtig wird in der Vorlesung von 1826 das mit dem »Sinn für das Fremde« Gemeinte weitergedacht als Ausdruck von Verbindlichkeit und »allgemeinem Menschengefühl«, als Aufgabe sittlicher Erziehung:

> »Betrachten wir das menschliche Leben im großen in Rücksicht auf die verschiedenen Gebiete der Nationalitäten, so finden wir einen beständigen Wechsel. Auf niederer Stufe sind die Völker mehr in sich abgeschlossen, anfangs in kleinen Massen, dann in größeren; aber immer so, dass sie alles, was ihrer Nationalität nicht eignet, von sich fernhalten und ausstoßen. Einen solchen Zustand in unsere Theorie aufzunehmen, würden wir uns doch wohl schwerlich entschließen können. Es müsste dann jedenfalls in unserer Erziehungskunst liegen, die künftige Generation so zu bilden, dass die *Anhänglichkeit an die Nationalität* nicht zugleich Feindschaftlichkeit gegen alles außer derselben wäre. Dann würde aber eben die Theorie über die in sich abgeschlossene Nationalität hinausgehen ...; bei reiferer Entwicklung bildet das Nationale allerdings noch einen Kreis, aber *das allgemeine Menschengefühl* erwacht, und es tritt das engherzige Festhalten zurück, indem das Fremde nicht mehr unmittelbar Feindschaft hervorruft. (...). Eine allgemein anerkannte Ethik könnte uns sagen, *eine Nationalität, die alles Fremde als feindselig hasst, ist fehlerhaft*, also in einem Zustand, in dem sie nicht bleiben darf ... Es entsteht uns hier also eine neue Aufgabe« (Schleiermacher 1806/1957, Band 1, S. 23 f.; Hervorh. LL).

»*Nationalglückseligkeit*« war für Moses Mendelssohn Ausdruck einer verkehrten Bildung; in der Feindschaftlichkeit gegen alles außer der eigenen Nationalität, in *Fremdenfeindlichkeit* spricht sich für Schleiermacher ein Mangel an sittlicher Bildung und Erziehung aus. Sie steht im Gegensatz zu einer »allgemein anerkannten« Ethik, die das »*allgemeine Menschengefühl*« ins Zentrum rückt. Sie ist Ausdruck einer »niederen Stufe« der Entwicklung; »reifere Entwicklung«, der »Prozeß der Zivilisation« (Elias) verlangt Achtung des Fremden, fremder Nationalität; sie anzuregen, ist zu einer »neuen Aufgabe« der Erziehung geworden.

Die Achtung des Fremden erweist sich demnach als zentrale Erziehungsaufgabe und grundlegender Lernprozess sowie als Brennpunkt einer allgemeinen Theorie der (sittlichen) Erziehung.

Die herangezogenen Theorien der Erziehung bzw. der Moral können insofern als »modern« gelten, als sie nicht mehr von einem Kanon absoluter Werte oder Tugenden ausgehen. Vielmehr nehmen sie ihren Ausgang vom Gedanken der Gegenseitigkeit und binden die »humane Verbindlichkeit gegenüber dem Ganzen« (Heydorn) an die Bedingung, dass über dasjenige, was als verbindlich gelten soll, in der je geschichtlichen Situation eine Verständigung gesucht und gefunden werden muss. Dies hat schon für Adam Smith, Herbart und Schleiermacher gegolten, die ihr Denken im vollen Bewusstsein der Tatsache der Auflösung verbindlicher Traditionsbestände in ihrer Zeit und Gesellschaft entwickelt haben. Diese Theorien sind daher zumindest annäherungsweise kompatibel mit »modernen« Ansätzen, z. B. einer »*Sozialontologie der Gegenwart*« (Theunissen 1965), einer »*Diskursethik*« (Habermas 1981) oder einer *Moral der* »*Toleranz*« (Walzer 1998).

Es bleibt die Frage, was dies alles, alle diese alten Gedanken zwischen Alt-Israel und dem 19. Jahrhundert mit uns zu tun haben, mit der so genannten multikulturellen Gesellschaft und mit der Fremdenfeindlichkeit einer derzeit wachsenden Zahl von Menschen: Womit sich Theologen, Philosophen und Pädagogen des 19. Jahrhunderts unter dem Titel »Bildung und Erziehung in weltbürgerlicher Absicht« befasst haben, das wird heute unter dem Titel »*Interkulturelle Pädagogik*« verhandelt.

1.4 Interkulturelle Erziehung und interkulturelles Lernen

»Interkulturelle Pädagogik« findet ihren Ausgangspunkt in der Tatsache der ethnisch, kulturell und religiös heterogenen Zusammensetzung der Gesellschaft, in Deutschland und anderswo (ausländische Arbeitnehmer, Asylanten, Aussiedler). Sie sucht nach Zielen einer interkulturellen Erziehung, nach angemessenen Handlungsformen, nach Aufklärung über Voraussetzungen eines zieladäquaten oder zielverfehlenden Verhaltens (z. B. Auernheimer 1990): Theorie, Didaktik, empirische Forschung – auf allen drei Ebenen ist die hier entwickelte geschichtliche Gedankenwelt – dies ist meine These – nach wie vor relevant.

Zuerst zur *Theorie*: Die »interkulturelle Pädagogik« hat keine anderen Ziele, kann keine anderen Ziele haben als jene allgemein anerkannten, die zwischen Alt-Israel und dem 19. Jahrhundert formuliert worden sind: das Verstehen und die Achtung des Fremden, Gegenseitigkeit, humane Verbindlichkeit gegenüber dem Ganzen, Sicherung des Menschen durch eine rationale Rechtsordnung.

Sodann zur Didaktik: Die »interkulturelle Pädagogik« muss, sicher in weiter ausdifferenzierter Form als dies etwa bei Herbart und Schleiermacher geschehen ist, Handlungsformen, »Veranstaltungen im pädagogischen System« finden, die geeignet sind, einen Gedankenkreis zu bilden, Distanz zu erzeugen, Denken zu lernen, den »Sinn für das Fremde« zu entwickeln.

Und schließlich zur *empirischen Forschung*: Im Blick auf eine Analyse fremdenfeindlicher Einstellungen und Verhaltensweisen, z. B. von Jugendlichen im heutigen Deutschland, liegt die Kritik nahe, die hier erörterten Ansätze zu Theorien der Erziehung und der Bildung bzw. des Lernens aus Dokumenten des 19. Jahrhunderts seien belanglos, sei es wegen ihrer Abstraktheit oder deshalb, weil der Begriff des Fremden hier nur ausnahmsweise auf den uns zunächst einfallenden Fremdling, auf den ethnisch oder religiös Fremden ausgelegt ist. Dabei würde aber ein wichtiger – empirisch belegter – Tatbestand übersehen: dass nämlich Fremdenfeindlichkeit gerade dadurch gekennzeichnet ist, dass Einstellungen und Verhaltensweisen häufig nicht aus der konkreten Erfahrung des konkreten Fremden sich speisen, sondern selber sich abstrakten Konstruktionen verdanken. Ganz so, wie schon Georg Simmel die Einstellung zum Fremden gekennzeichnet hat: als Wahrnehmung des Fremden nicht als einer Individualität oder Person, sondern als kollektives Wesen (Simmel 1908, S. 509 ff.). Für den Fremdenfeindlichen ist der konkrete Fremde weder Gegenstand seines Gedankenkreises noch seiner sinnlichen Erfahrung, sondern Projektion eines Vorurteils. Gerade das Fehlen des entgrenzenden Umgangs mit Fremden ist denn auch zum Ansatzpunkt geworden für einen der verbreitetsten Ansätze interkultureller Theoriebildung und Praxis: der Kontaktthese und der Strategie der Begegnung (z. B. zwischen Palästinensern und Juden in Israel; vgl. z. B. Winter 1995).

Die Gedankenwelt des 19. Jahrhunderts kann uns auch dabei helfen, das zu verstehen, was empirische Untersuchungen an Befunden hervorgebracht haben über den Gang der Erziehung und des Lernens bei denjenigen jungen Menschen, die zu Fremdenfeinden werden (z. B. Heitmeyer 1992): Die Jugendlichen, die fremdenfeindliches Verhalten zeigen, haben ein relativ geringes Maß an Schulbildung erfahren, und sie haben zumeist unzureichend Achtung ihrer Person, Zugehörigkeit, Gegenseitigkeit und Verbindlichkeit in Familie und Gemeinwesen erlebt. Diese Nachteile ziehen andere Benachteiligungen nach sich oder stehen mit ihnen in Zusammenhang: geringere Chancen, einen Arbeitsplatz zu finden, geringere Chancen, einen respektablen sozialen und ökonomischen Status zu erwerben. Diese Jugendlichen empfinden sich – ohne davon ein Bewusstsein zu haben – als Fremde im eigenen Land. Und dies lässt diejenigen zur Zielscheibe ihrer Aggression werden, denen sozialer und ökonomischer Status, Arbeitsplatz und Wohnung vermeintlich ohne eigene Anstrengung vermeintlich einfach zugesprochen werden: die Nicht-Einheimischen, die ethnisch Fremden. Fremdenfeindlichkeit kann daher – zusammen mit gesamtgesellschaftlichen Bedingungsfaktoren – als Ergebnis einer negativen Dialektik von Erziehung und Lernen aufgefasst werden: Junge Menschen, die zu Fremdenfeinden werden, haben nicht die Chancen gehabt oder wahrgenommen, in ihren Lebenslauf Lernprozesse zu integrieren, die sie befähigt hätten zum Verstehen und zur Achtung des Fremden, zur Bildung eines »Gedankenkreises«, zum »Sinn für das Fremde«, zum »fremden Blick«, zu »Abstraktionsvermögen und humaner Verbindlichkeit gegenüber dem Ganzen«, zum Aufbau einer »inneren Zensur«, eines »spectators«. Sie haben eben nicht, in einem konstruktiven Sinn, Bildung und Lernen als »Entfremdung« durchlebt. Dieser Entwicklungsgang im Zeichen einer missratenen Bildung und Erziehung lässt sie – zumeist diesseits freier Entscheidung – zugleich zu Fremden und zu Fremdenfeinden werden.

Theorie, Didaktik, Empirie – ich meine, die Gedankenwelt zwischen Alt-Israel und dem 19. Jahrhundert sei, nach wie vor, geeignet, eine rationale Grundlegung zu bieten für eine zeitgenössische und zukunftsfähige »interkulturelle Pädagogik«. Die Befunde über biographische und soziale Voraussetzungen fremdenfeindlicher Einstellungen und Verhaltensweisen bestätigen ex negativo die alten Gedanken: Verstehen und Achtung des Fremden – und zwar gerade auch des Fremden als des Anderen schlechthin – sind *die* Aufgabe von Bildung und Erziehung, *der* Zielpunkt des Lernens. Es kann als *die* Aufgabe der *Schulbildung* gelten, Lernprozesse anzuregen, die zum *Verstehen* des Fremden als des Anderen befähigen; Verstehen wird möglich durch die Entwicklung des Denkens, des Abstraktionsvermögens. Entsprechend kann es als *die* Aufgabe der *Erziehung* gelten, Lernprozesse anzuregen, die zur *Achtung* des Fremden als des Anderen befähigen; Achtung wird möglich durch die Entwicklung einer moralischen Instanz im Inneren des Menschen, durch die Entwicklung humaner Verbindlichkeit gegenüber dem Ganzen. Verstehen und Achtung des Fremden als des Anderen schlechthin bilden aber ihrerseits die Grundlage und Voraussetzung für das Verstehen und die Achtung des Fremden als des Fremdlings: »Wie ein Einheimischer soll euch der Fremdling gelten, der bei euch wohnt« – von Moses über Adam Smith, Herbart, Schleiermacher, Hegel und Heydorn zur »interkulturellen Pädagogik«. Diese Aufgabe und dieser Lernprozess werden immer wieder verfehlt, übrigens nicht nur individuell, sondern auch kollektiv.

1.5 Das Kind als Fremder – die im engeren Sinne beziehungspädagogische Perspektive

In den vorangehenden Abschnitten sind beziehungspädagogische Aspekte insofern erörtert worden, als es im Sinne von Wilhelm von Humboldts Bestimmung von »Bildung« darum ging, dass und wie sich die Heranwachsenden in Beziehung zur Welt (im Sinne von vordem fremden Personen und Dingen) setzen. Im Folgenden ist von der beziehungspädagogischen Perspektive im engeren Sinne insofern die Rede, als es um die Beziehungen zwischen den Heranwachsenden und ihren (erwachsenen) Erziehern und Erzieherinnen gehen soll; insbesondere aber um die Konstruktionen, mit deren Hilfe die erziehenden Erwachsenen ihre Auffassung von dem zu erziehenden Kind festlegen und auf deren Grundlage sie bewusst oder unbewusst Handlungsstrategien gegenüber dem Kind aufbauen.

Wenn wir im Sinne von Maria Montessori sagen: »*Kinder sind anders*« (Montessori 1933/1980), bewegen wir uns im Horizont einer *rationalen Erkenntnistheorie*: Wir machen uns einen Begriff davon, was ein Kind ist, ordnen es ein in vertraute Schemata, z. B. das *Differenz-Schema*, das die Andersheit des Kindes festmacht an seiner Unterschiedenheit vom Erwachsenen und – in Übereinstimmung mit gesellschaftlichen Konventionen – sind wir der Überzeugung, dass wir auf diese Weise Realität, die Realität des Kindes begreifen, so, als sei es eine in sich geschlossene Einheit, ein psychisches System, das sich von außen beobachten und beschreiben lässt und jedem Beobachter als identisch erscheinen muss. Was bedeutet das für den erzieherischen Umgang? Wenn wir zum Beispiel sagen: Kinder sind in dem Sinne anders, dass sie einen rasanten Aufbau ihrer Gehirnzellen leisten, kann sich daraus die pädagogische Folgerung ergeben, dem Kind möglichst viele Gelegenheiten und Herausforderungen zur Synapsenbildung zu bieten; etwas dieser Art hat Maria Montessori vor Augen gehabt, wenn sie den Kindern in einer

1 Der/das Fremde und der/das Andere sind Kategorien der Beziehungspädagogik

»vorbereiteten Umgebung« vielfältige Materialien zur Verfügung gestellt hat. Wenn wir zum Beispiel sagen: Kinder sind in dem Sinne anders, dass sie von Trieben beherrscht werden, kann sich daraus die Folgerung ergeben, Kindern Gelegenheit zur Triebabfuhr zu bieten oder ihnen Zwänge zur Triebregulierung und Herausforderungen zur Triebsublimierung zuzumuten; damit bewegten wir uns im Gedankenkreis einer *psychoanalytischen Pädagogik*. Die Bestimmung der Andersheit von Kindern auf dem Weg der rationalen Erkenntnistheorie kann also zum Entwurf von Erziehungs*technologien* führen.

Die Gegenposition zu dieser Auffassung vertritt der radikale *Konstruktivismus*: Die Aussage »Kinder sind anders« ist in dieser Perspektive unsinnig, sie macht Sinn allenfalls, wenn damit gemeint ist: Wir Erwachsenen machen uns ein je bestimmtes Bild von der Andersheit der Kinder; denn es gibt keine objektive Erkenntnismöglichkeit von Wirklichkeit, es gibt nur je konstruierte Bilder der Wirklichkeit. Für den erzieherischen Umgang kann dies bedeuten: Ich versuche, mich und die Kinder von den kulturell vorgegebenen Bildern des Kindes und den daraus abgeleiteten Erziehungsansprüchen zu befreien und entweder auf Erziehung weitgehend zu verzichten oder doch eine Erziehung »vom Kinde aus« zu praktizieren, die sich an den Lebensäußerungen der Kinder orientiert.

Neben diesem radikalen gibt es einen gemäßigten sozialen Konstruktivismus, dem zumindest partiell auch Jean Piaget verpflichtet gewesen ist und dem wir in jener erziehungs- und sozialwissenschaftlichen Kinderforschung begegnen, die man als phänomenologisch kennzeichnen kann; sie erkundet mit verschiedenen qualitativen Methoden Ausdrucksformen der Wahrnehmung, Deutung und Aneignung der Welt durch Kinder und beschreibt auf diese Weise, was häufig die »Perspektive« der Kinder oder auch dieses einen Kindes genannt wird. Diese qualitative Kinderforschung (vgl. z. B. Fatke/Flitner 1984; Meyer-Drawe 1984) nimmt einen bestimmten erkenntnistheoretischen Standpunkt ein, der besagt: Die Wahrnehmung und Aneignung der Welt kann nur in Prozessen der Deutung und Sinngebung bewerkstelligt werden, insofern gehört »Perspektivik« zu den Akten der Erkenntnis (vgl. Lüscher 1995 und 2001). Im Mittelpunkt steht hier der Versuch, die Lebensäußerungen der Kinder – was und wie sie zeichnen und gestalten, was sie sammeln, welche Phantasiegeschichten sie erzählen, wie sie Raum und Zeit erleben – in ihrer Bedeutsamkeit für die Kinder selber zu verstehen.

Zwischen rationaler Erkenntnistheorie und Konstruktivismus liegt eine dritte Auffassung von der Andersheit des Kindes, die ich *dialogisch* nennen möchte. Sie besagt: Die Andersheit des Kindes entwickelt sich und erschließt sich uns im Umgang sowie im *gemeinsamen Bezug auf die Erfahrungswelt der Dinge*. Meyer-Drawe und Waldenfels (1988) haben in ihrem anregenden Beitrag »*Das Kind als Fremder*« diesen Modus des Verstehens »Verflechtung« genannt und ihn von zwei anderen Modi des Verstehens bzw. des Nicht-Verstehens abgegrenzt: dem Verstehen als *Aneignung* und dem Verstehen als *Enteignung*.

Verstehen als »Aneignung«, das meint – in Übereinstimmung mit dem Verstehen (oder auch: Missverstehen) im Horizont der rationalen Erkenntnistheorie, von dem bereits die Rede war – Einordnung des Kindes in uns vertraute Ordnungsschemata, Maßnehmen der Andersheit, der Fremdheit des Kindes an dem eigenen Maßstab des Erwachsenseins; das Kind also mit seinem unglaublichen Aufbau von

Gehirnzellen und Nervenbahnverschaltungen, mit seinem magischen Denken, mit seinem unstillbaren Bedürfnis nach Bindung oder auch nach Selbstwirksamkeit, mit seinem merkwürdig gegenwartsbezogenen Zeitverständnis und erfahrungsbezogenen Raumverständnis. Dieses aneignende Verstehen ist ein Nicht-Verstehen insofern, als es die Andersheit durch die Eigenheit des Erwachsenen, die Fremdheit durch vermeintliche Vertrautheit übertönt, das Kind also seiner Andersheit und Fremdheit beraubt, und dieser die unvoreingenommene Anerkennung versagt. Am Beispiel des Zeit- und Raumerlebens des Kindes bezeugen dies die folgenden, von Meyer-Drawe/Waldenfels (1988) zitierten Sätze des Philosophen Merlau-Ponty:

> »Haben wir das Recht, die Zeit und die Geschwindigkeit des Kindes als Undifferenziertheit unserer Zeit und unseres Raumes etc. zu verstehen? Dadurch reduziert man gerade in dem Augenblick, in dem man die Phänomene zu berücksichtigen versucht, die Erfahrung des Kindes auf unsere eigene. Denn dadurch denkt man sie als *Negation* unserer Differenzierungen. Man müsste so weit gehen, sie *positiv* zu denken.«

Damit wird eine Alternative zum aneignenden Verstehen angedeutet.

Verstehen als »Enteignung« meint: Sich faszinieren lassen von der Andersheit der Kinder, von ihrer Ursprünglichkeit, Natürlichkeit, Neugier, Phantasie, Selbstvergessenheit, Sinnestätigkeit, von allem, was wir Erwachsenen im Verlaufe unserer Lebens- und Erziehungsgeschichte weithin dem zweckrationalen Verhalten geopfert haben; Kindheit – das verlorene Paradies, das wir in unseren Kindern neu entdecken; das Kind als der edle Wilde, der ich auch gerne wieder sein würde. Verstehen als »Enteignung« führt zu einer Überhöhung des Kindes und des Kindseins und einer Entwertung des mühsamen Erwachsenseins; es geht einher mit dem Verzicht auf Erziehung, zumindest mit einem schlechten Gewissen dafür, die gute Natur des Kindes durch Kultivierung zu verformen, bis hin zur *Antipädagogik* als Programm (vgl. z. B. Flitner 2004, S. 47 ff.).

Zurück zum dritten Weg des Verstehens im Modus der *»Verflechtung«*. Er konstituiert sich in der Erfahrung der durchlässigen Grenze zwischen Nähe und Ferne, Vertrautheit und Fremdheit. Diese Erfahrung betrifft zunächst die innere Beziehung zum Kind, denn das Kind »begegnet mir nicht nur in der Gegenwärtigkeit eines konkreten Anderen, sondern auch in der Vergangenheit als Kind, das ich einmal war« (Meyer-Drawe/Waldenfels 1988, S. 284).

Der erziehende Erwachsene hat es, wie Siegfried Bernfeld gesagt hat, immer mit zwei Kindern zu tun: dem Kind vor sich und dem (verdrängten) Kind in sich. Sodann geht es um die gelebte Beziehung zwischen Erwachsenem und Kind, um die mit einander gemachten Erfahrungen:

> »Von den ersten Augenblicken seines Lebens an proviziert uns das Kleinkind zum Verstehen, zum gemeinsamen Agieren. Es bedeutet eine höchst artifizielle Geste, enthaltsam zu sein und sich nicht verwickeln zu lassen in eine Welt voller Ausdruck und Vitalität. Und schließlich: Die gemeinsam gemachte, aber unterschiedlich gedeutete Erfahrung der Dinge, der ›sinngeladenen‹ Welt. Zum Beispiel: Koffka berichtet von einem 18 Monate alten Mädchen, das sich über das Versteckspiel amüsiert, ›wenn seine Mutter oder seine Pflegerin sich hinter einer Tür verstecken und *coucou* sagen. Eines Abends sagt nun das Kind, als es von der Terrasse sieht, wie die Sonne hinter dem Hügel verschwindet: a bule coucou‹« (Meyer-Drawe/Waldenfels 1988, S. 285 f.).

1 Der/das Fremde und der/das Andere sind Kategorien der Beziehungspädagogik

Der Versuch, Kinder im Modus der »Verflechtung« zu verstehen, vermeidet die schematische Einordnung des Kindes und seiner Lebensäußerungen in konventionelle Schemata ebenso wie die Resignation vor der Unbegreiflichkeit der Andersheit. Es bewegt sich auf der akzeptierten Grenze zwischen Vertrautheit und Fremdheit und lässt sich auf die Grenzüberschreitungen in der einen und der anderen Richtung ein, die sich aus der gelebten Beziehung und aus geteilter Welterfahrung ergeben. Er verzichtet auf den Anspruch selbstgewissen Verstehens der Andersheit des Kindes:

> »Die authentische Erfahrung des Kindes bei sich selbst und für uns ist versagte Erfahrung, aber als solche eine ständige Herausforderung, gestützt durch Vertrautheit und bestärkt durch Beunruhigung. Kinder sind uns fremd und nah in eins. Nur weil sie Fremde in der Nähe sind, ist ihre Andersheit für uns eine besondere, beunruhigende. Die Mehrdeutigkeit von Vertrautheit im Verstehen ihrer Gesten und ihrer Sprache und der Fremdheit ihrer Abweichungen kann unsere Verstehensarbeit in Bewegung halten, wenn wir diese Unbestimmtheiten, diese Risse in Subjektivität und Intersubjektivität, als positiv betrachten und nicht durch Aneignung zum Schweigen bringen oder durch Enteignung gar nicht erst zur Sprache kommen lassen« (Ebenda).

Von drei Wegen des Verstehens bzw. Nicht-Verstehens der Andersheit war also die Rede: Im ersten Fall, dem Verstehen als *Aneignung*, geht unser Umgang mit Kindern davon aus, dass wir Kinder in ihrer Andersheit angemessen verstehen können, indem wir sie an den uns vertrauten und für uns gültigen Kriterien, insbesondere am Differenz-Schema messen. Kinder sind anders, weil sie (noch) nicht erwachsen sind.

Im zweiten Fall, dem Verstehen als *Enteignung*, verzichten wir auf das Verstehen von Andersheit, weil jedes Verstehen unter dem Verdacht steht, sich ein vorgefertigtes Bild vom Kind zu machen, und dem Kind Gewalt anzutun. Kinder sind anders, weil sie – Gott sei Dank – nicht wie wir Erwachsene sind.

Im dritten Fall, dem Verstehen als *Verflechtung* bzw. dem *dialogischen* Verstehen, wird das Verstehen aufgehoben im unabschließbaren Prozess verantwortungsvoller Verständigung. Wenn wir Verstehen dialogisch oder, wie ich jetzt gerne sagen würde: beziehungspädagogisch fassen, verliert Andersheit ihren gleichsam dinglichen, in bestimmten begrifflichen Schemata beschreibbaren Charakter. Für den Umgang, auch den erzieherischen Umgang mit Andersheit, bedeutet dialogisches Verstehen, dem *Bildnisverbot* Folge zu leisten. »Du sollst dir kein Bildnis machen von Gott Deinem Herrn« – dieses biblische Bildnisverbot würde dabei, unter mancherlei Vorbehalten freilich, übertragen auf den zwischenmenschlichen Bereich, insbesondere aber auf die pädagogische Beziehungspraxis, wie dies mehr als jeder andere Erzieher Janusz Korczak vorgelebt hat: Du sollst Dir kein Bild machen vom Anderen, auch nicht von dem Kind vor Dir! Denn Sich-ein-Bild-Machen impliziert nicht allein den Anspruch zu verstehen, es kann für den erzieherischen Umgang auch den Willen implizieren, das Kind nach diesem einmal gefassten Bild zu formen. Und wie leicht nimmt dieser von einem bestimmten Bild geprägte Wille die Gestalt an, gegen welche Ellen Key mit den Worten gekämpft hat, man dürfe das Kind nicht dadurch zu beeinflussen suchen, »dass man das fordert, was man selbst möchte, dass das Kind es sei« (Key 1902/1978). Dem gegenüber entdeckt das *dialogische* Verstehen in der *»Spur« des Anderen* – so drückt dies der jüdische Philosoph Emmanuel Levinas (1983) aus – die immer unbegreifliche

Transzendenz, die Ebenbildlichkeit Gottes, die in jedem Menschen angelegt ist. Für das dialogische Verstehen gilt – noch einmal im Gedankenkreis von Levinas – nicht der Mythos von Odysseus, sondern der Mythos von Abraham, nicht Rückkehr in die angestammte Heimat, sondern Verbleiben in der vertraut gewordenen Fremde.

In dieser Hinsicht sollte ich vielleicht die Kennzeichnung des Denkmusters von Maria Montessori als Beispiel für rationale Erkenntnistheorie sowie als Typus des (Nicht-)Verstehens im Modus der »Aneignung« relativieren: Die wörtliche Übersetzung des italienischen Titels des Buches, das wir unter dem Titel »Kinder sind anders« kennen, lautet »Das Geheimnis der Kindheit«, nicht »Das Geheimnis des Kindes«. Der Anspruch Maria Montessoris, Kinder zu verstehen, betrifft daher das Allgemeine, das sich über Kinder wissen und sagen lässt, nicht die unverwechselbare Individualität des Kindes. Ein mehrere Jahre vor dem Erscheinen des Buches »Il segreto dell'infancia« veröffentlichter Beitrag ist ganz in diesem Sinne dem Spannungsverhältnis zwischen »*Zentrum*« und »*Peripherie*« gewidmet. Das Zentrum, das wahre Wesen, die Seele des Kindes, so heißt es dort, sei letztlich nicht zu ergründen: »Wir sagen nicht nur, dass dieses Geheimnis schwer zu durchdringen ist, sondern wir sagen auch, dass wir es gar nicht verstehen wollen. Was im Kinde vor sich geht, das müssen wir achten« (Montessori 1932/1990, S. 42). Der wissenschaftlich begründete Versuch und Anspruch, Kinder zu verstehen, bezieht sich demnach bei Montessori nicht auf das »Zentrum«, sondern auf die »Peripherie«, auf jenes Allgemeine also, was in der Gestalt von biologischen und psychischen Grundlagen der Sinnestätigkeit in Erscheinung tritt.

2 Beziehungspädagogische Theorie

Eine Reihe von Grundfragen und Grundlagen beziehungspädagogischer Theoriebildung habe ich schon in verschiedenen Teilen und Kapiteln dieses Buches angesprochen, insbesondere in TEIL II. Der wohl umfassendste Vorschlag besteht darin, die theoretische Reflexion von Erziehen und Lernen nicht nur in der Perspektive eines inter-*personalen* Beziehungsgeschehens, sondern darüber hinaus auch in der Perspektive eines inter*prozessualen* Beziehungsgeschehens vorzunehemen; dieser Vorschlag, den ich in Anlehnung an Treml (2000, S.130 ff.) erläutert habe, läuft darauf hinaus, dass theoretische Analysen sich nicht getrennt der Vermittlungstätigkeit (»Erziehung«, Unterricht, Lehren) bzw. der Aneignungstätigkeit (Lernen, »Bildung«), sondern prinzipiell der Wechselwirkungsbeziehung zwischen Vermittlungs- und Aneignungstätigkeit widmen. In einem Großteil der bis heute publizierten Hand- und Lehrbücher der Pädagogischen Psychologie ist das getrennte Verfahren – zum Beispiel Teil I: *Lernen*, Teil II: *Lehren* (vgl. z. B. Hasselhorn/Gold 2013) – das übliche. Der *Wechselwirkungsansatz*, den man beispielsweise in einem zentralen Kapitel der berühmten Hattie-Studie unter dem Titel »*Reciprocal teaching and learning*« findet (Hattie 2014), bildet bislang eher die Ausnahme.

2.1 Elemente einer (sozialen) Logik der pädagogischen Beziehungspraxis

Für die Rekonstruktion der Prozesse des Erziehens und des Lernens in der Perspektive einer sozialen und kulturellen Beziehungspraxis habe ich in Kapitel VII/3 einige Elemente einer beziehungspädagogischen Theorie vorgeschlagen, die geeignet sein könnten, eine Art »Logik« des Erziehens/des Lehrens und des Lernens aufzudecken; dass es sich dabei um eine »*soziale Logik*« handeln muss, ergibt sich aus dem beziehungsthoretischen Ansatz im Allgemeinen sowie aus der bereits erwähnten Auffassung, dass dieser Ansatz nicht nur die inter*personellen*, sondern auch die inter*prozessualen* Beziehungen in den Blick nimmt. Der Begriff *Beziehungslogik* verweist auf allgemeine Regeln, die konkreten Erwartungen (z. B. im Sinne der an »Rollen« geknüpften Erwartungen) und Normen zugrunde liegen. Es geht also, wenn ich von einer *Logik der pädagogischen Beziehungspraxis* spreche, um »Prinzipien, auf deren Grundlage in Soziatäten (Gesellschaften, Organisationen, Institutionen, Gruppen) Sinngebungen und Bedeutungen für soziale Beziehungen konstituiert werden können« (Lüscher/Liegle 2003, S. 270). Diese Sinngebungen finden im Falle der pädagogischen Beziehungspraxis ihren empirischen Ausdruck in der Art und Weise, wie die Akteure in den verschiedenen sozialen Feldern (z. B. Familie und Schule) mieinander handeln, wie sie über dieses Handeln denken und welche Handlungsweisen sie entwickeln. Im Übrigen könnte man sagen, die Frage nach einer »Logik« der pädagogischen Beziehungspraxis sei gleichbedeutend mit der Frage nach *Prinzipien der Konstruktion der Wirklichkeit* der pädagogischen Beziehungspraxis, also des Erziehens/Unterrichtens und des Lernens (vgl. z. B. Herzog 2002).

Das *erste* Element der angepeilten sozialen Logik des Erziehens/Lehrens und Lernens umschreibt das Konzept der »*Wechselwirkung*«; es geht zurück auf Georg Simmel; Schlüter (2013) hat dieses Konzept in seiner Habilitationsschrift im Hinblick auf eine Reihe von Pädagogiken zwischen Herbart und Dewey analysiert; mit Dewey und dem anglo-amerikanischen Sprachraum kommt als Parallelkonzept zur »Wechselwirkung« das Konzept der »*Interaktion*« ins Spiel (freilich unter der Bedingung, dass man diesen Begriff der Inter-Aktion wörtlich und ernst nimmt). »*Erziehung als Interaktion*« bzw. »*Wechselwirkung und Erziehung*« sind in der deutschsprachigen Erziehungswissenschaft immer wieder zum Thema gemacht worden (z. B. Stendenbach 1963; Ulich 1967; Aßmann 2012; Schlüter 2013). Ein weiteres Parallelkonzept – »*Reziprozität*« bzw. »*reziprokes Lehren und Lernen*« – habe ich mit dem Hinweis auf die Hattie-Studie schon zur Sprache gebracht (zur »*Reziprozität*« vgl. Herzog 2002, S. 389 ff.).

Als *zweites* Element der angepeilten sozialen Logik des Lehrens und Lernens habe ich die *asymmetrische Struktur* der pädagogischen Beziehungen (Eltern – Kinder in der Familie, Lehrer – Schüler in der Schule) ins Spiel gebracht; besonders deutlich wird sie in der Erziehungssoziologie von Karl Mannheim besprochen; das Macht- und Ressourcengefälle zwischen Erziehenden und Lernenden (d. h. in der Regel: zwischen Erwachsenen und Noch-nicht-Erwachsenen) ist zweifellos als ein Grundelement der pädagogischen Beziehungen während der gesamten Menschheitsgeschichte zu betrachten, andererseits zeigt das Konzept der Wechselwirkung (auch in dessen Begründung durch Simmel), dass es auch hinsichtlich dieses Elements einen sozialen Wandel im Sinne des von Elias beschriebenen Prozesses der »Zivilisation« gegeben hat. Auf dem Hintergrund dieser letzlich vom Aufklärungsdenken angestoßenen Transformationen können Theoriepositionen Boden gewinnen, die zumindest im pädagogischen Denken – mit weitem Abstand zur pädagogischen Praxis – das Kind nicht mehr (nur) als Nicht-Erwachsenen und zwangsläufig Lernenden konstruieren, sondern als »Ko-Subjekt« (Apel 1979) im Kontext einer *Lerngemeinschaft* (bei Nohl hieß sie »*Bildungsgemeinschaft*«); oder als »Fremden«, mit welchem sich die Erziehenden im Modus der »*Verflechtung*« zu verständigen suchen (Meyer-Drawe/Waldenfels 1988).

Ein *drittes* Element der angepeilten sozialen Logik des Lehrens und Lernens betrifft die *triadische Struktur* der pädagogischen Beziehungen, die ich bereits in Kapitel I/7 durch das Schema des »didaktischen Dreiecks« illustriert habe; damit ist gemeint, dass beides: Lehren und Lernen auf ein Drittes, d. h. auf Phänomene und Themen der Welt der Natur und der Welt der Kultur bezogen ist.

Ein *viertes* Element der angepeilten Logik der pädagogischen Beziehungspraxis, stellt eine Ergänzung bzw. Konkretisierung des Elements der Wechselwirkung/ Interaktion dar: die *Sprachlichkeit* des pädagogischen Beziehungsgeschehens. Die wohl bekannteste Analyse der Sprachlichkeit von Interaktionsprozessen hat George Herbert Mead vorgelegt; was Mead mithilfe seines Konzepts der »*symbolischen Interaktion*« beschrieben hat, ist in der deutschsprachigen Pädagogik und Soziologie in Konzepten der »*Kommunikation*« aufgegriffen und weitergeführt worden (z. B. Habermas 1981; Schaller 1973; Müller-Rolli 2013). Wie stark die innere Dynamik des pädagogischen Beziehungsgeschehens von konventioneller, aber auch von innovativer und kreativer *Sprachlichkeit* geprägt wird, haben nicht zuletzt die ethnographisch orientierten Studien über Freundschaft und Gleichaltrigengruppen gezeigt (z. B. Corsaro 2003; Krinninger 2009).

Ein *fünftes* Element der angepeilten Logik der pädagogischen Beziehungspraxis betrifft die Grundspannungen und *Ambivalenzen*. Deren Reflexion beginnt geschichtlich mit der berühmten, von Immanuel Kant in seiner Vorlesung über Pädagogik gestellten Frage: »Wie kultiviere ich die *Freiheit* bei dem *Zwange*?« (Kant 1803/1922). Diese Frage sowie weitere Fragen zu Grundspannungen im pädagogischen Beziehungsgeschen sind beispielsweise von Georg Simmel und Herman Nohl, im 20. Jahrhundert beispielsweise von Xochellis (1974), von Seichter (2007 und 2014) und von Herrmann (2012a und 2012b) analysiert worden.

Als ein *sechstes* Element kann die in der pädagogischen Beziehungspraxis angelegte *Kontingenz* gelten; mit diesem Begriff soll die prinzipielle Unentscheidbarkeit der Wirkungen absichtsvollen Erziehens bzw. Lehrens/Unterrichtens umschrieben werden, ein Phänomen, das nicht zuletzt dadurch zustande kommt, dass »erfolgreiches« Lernen nur von den Lernenden selbst »geleistet« werden kann. Das Konzept der Kontingenz spielt zuerst in John Deweys Philosophie der Erziehung, sodann in systemtheoretischen und evolutionstheoretischen Ansätzen des Erziehens und des Lernens eine zentrale Rolle.

Als ein *siebentes* und *letztes* Element der angepeilten Logik der pädagogischen Beziehungspraxis erwähne ich die *Kulturalität*. Das Eingebettetsein aller Prozesse des Lernens, der Erziehung und der Entwicklung des Menschen in einen je spezifischen soziokulturellen Kontext bildet einen Grundtenor meines Versuchs, ein Konzept der »Beziehungspädagogik« zu entwickeln und zu begründen; das Thema Kulturalität durchzieht meine gesamte Argumentation von der Einleitung bis zum gegenwärtigen Schlussteil. Dies gilt übrigens auch für das Element der *Sozialität*, welches ich nicht mehr eigens herausgreife, weil es in einer Reihe von Elementen, die ich zum Zweck der Skizzierung einer (sozialen) Logik der pädagogischen Beziehungspraxis erläutert habe, enthalten ist; man denke nur an Wechselwirkung bzw. Interaktion oder an Sprachlichkeit und Ambivalenz. Von Beziehungen (jedenfalls von zwischenmenschlichen Beziehungen) zu sprechen, wie ich dies durchgängig in dieser Schrift tue, kann gar nicht anders geschehen als in der Perspektive von Sozialität. Demgegenüber bringt das Element der *Kulturalität* eine zusätzliche Perspektive ins Spiel: Alle Formen der Sozialität – als Beispiele sei auf das Bindungsverhalten in früher Kindheit, die Sprache bzw. Sprachlichkeit und auf Kinderspiele hingewiesen – treten uns in je spezifischer kultureller Gestalt entgegen; jede Form der Sozialität erfährt also – kurz gesagt – eine kulturelle, kulturspezifische Brechung. Die vorläufig abgeschlossene Aufzählung und Erläuterung von Elementen einer (sozialen) Logik der pädagogischen Beziehungspraxis erfasst die relevanten Elemente beileibe nicht vollständig; vielmehr habe ich nach erneuter Lektüre den Eindruck gewonnen, dass wesentliche Elemente fehlen. Das gilt insbesondere für das Element der *Zeitlichkeit* bzw. *Temporalität* sowie für das Element der *Räumlichkeit* bzw. *(Sozial-)Ökologie*. Ich habe das Element der Zeitlichkeit bzw. Temporalität zwar immer wieder ins Spiel gebracht – schon dadurch, dass ich vom »Beziehungs*geschehen*« oder auch von Erziehungs- und Lern*prozessen* spreche und damit einen Zeitablauf bezeichne, oder dadurch, dass ich in differenzierter Weise Lebenszeit oder Lebensphasen als Bestimmungsmerkmale für die relative Bedeutung pädagogischer Umwelten für das Aufwachsen verwende (z. B. als Argument für die Erörterung familialer Generationenbeziehungen an erster und schulischer Generationenbeziehungen erst an zweiter Stelle). Entsprechend habe ich auch das Element der Räumlichkeit bzw. (Sozial-)Ökologie immer wieder ins Spiel gebracht – dadurch beispielsweise, dass ich vom »sozialen Erfahrungsraum« oder vom (sozialen) Kontext oder vom »sozialen Ort« gesprochen und dieses Buch nach Kriterien einer weit gefassten Räumlichkeit – Familie auf der einen und Schule auf der anderen Seite – aufgeteilt habe.

Dennoch bedürfen die zuletzt genannten zusätzlichen Elemente der angepeilten Logik der pädagogischen Beziehungspraxis einer je eigenen kurzen Erläuterung:

Die Frage nach der *Zeitlichkeit* gehört seit langem in den Fragenkreis der Pädagogischen Anthropologie und der Philosophie der Erziehung (z. B. Zirfas 2004, S. 61 ff.; Treml 2000, S. 30 ff.). Dabei geht es um sehr unterschiedliche Aspekte von Zeit: die bereits genannte Lebenszeit bzw. der Lebenslauf der Individuen; die geschichtliche Zeit als Kontext des Erziehungsdenkens und der Erziehungspraxis, die bei Georg Simmel, insbesondere aber in der Wissenssoziologie von Karl Mannheim einen wichtigen Platz einnimmt; die zeitliche Einteilung bzw. Ordnung des Erziehungsalltags, die bestimmte Zäsuren im Hinblick auf bestimmte Aktivitäten (z. B. Familienmahlzeiten), zeitliche Begrenzungen (z. B. Beginn und Ende von Unterrichtsstunden) und Rituale (z. B. Zubettgehrituale) beinhaltet; die punktuelle, vorübergehende Zeit im Sinne des »Augenblicks«, den beispielsweise Kurt Lewin zur Kennzeichnung der Verhaltenwirksamkeit eines sozialen »Feldes« heranzieht (vgl. Lewin 1942/1982, S. 207 ff.) oder von dem Janusz Korczak sagt, wir Erwachsenen sollten »Achtung haben vor jedem einzelnen Augenblick, denn er verlöscht und wird sich nie mehr wiederholen« (Korczak 1930/2002, S. 33), ebenso wie er vom Recht des Kindes auf die »gegenwärtige Stunde« und den »heutigen Tag« sprach (ebd.); schließlich der Zeithorizont – Zukunft oder Gegenwart –, unter welchen die Erziehung der Kinder gestellt wird – die Entscheidung von Korczak für die Orientierung an der Gegenwart des Kindes ist gerade belegt worden; bei Schleiermacher (1826/2000) finden wir diesbezüglich, wie auch im Blick auf weitere Spannungsfelder in der Erziehung, eine Sowohl-als-auch-Position.

Auch das Element des *Räumlichen* wird traditionell in der Pädagogischen Anthropologie und in der Philosophie der Erziehung reflektiert (z. B. Herzog 2002; Treml 2000, S. 32 ff.). Ein prominentes Beispiel haben wir im Konzept des »*Erfahrungsraum*s« in der Erziehungsphilosophie von John Dewey kennengelernt. Weite Verbreitung haben in der Pädagogik *raumbezogene Metaphern* gefunden (vgl. Herzog 2002, S. 13–103); dies gilt beispielsweise für die »pädagogische Provinz« in Goethes Roman »Wilhelm Meisters Wanderjahre«, den von Friedrich Fröbel geschaffenen Begriff des »Kindergartens« und Maria Montessoris »Kinderhaus« sowie für den Begriff »Kinderrepubliken«. Der Begriff des »*Feldes*« ist von Kurt Lewin eingeführt worden (vgl. zur Anwendung auf die Pädagogik Lewin 1942/1982) und ist in der sozial-, verhaltens- und erziehungswissenschaftlichen *Feld*forschung international verbreitet. Ein guter Überblick über Untersuchungen zur räumlichen bzw. sozialräumlichen Dimension des Erziehungs- und Lerngeschehens bietet der Beitrag von Löw/Geier (2014, S. 127 ff.).

Den kurz erwähnten *feldtheoretischen* Ansatz, ergänzt durch Ansätze der *ökologischen Psychologie*, hat Bronfenbrenner weiterentwickelt zu seiner »*Ökologie der menschlichen Entwicklung*« (Bronfenbrenner 1981). In seinem Ansatz geht Bronfenbrenner (1981) davon aus, dass die Entwicklung der Person vom Erleben und von der Gestaltung dauerhafter und emotional bedeutsamer Beziehungen in der sozialen Lebenswelt bestimmt wird. Die angesichts ihrer Beziehungsdichte unmittelbar entwicklungsrelevanten Lebensbereiche werden als »*Mikrosysteme*« bezeichnet, allen voran die Familie, aber beispielsweise auch die Tageseinrichtung für Kinder oder die peer group. Im Weiteren zielt der sozialökologische Ansatz darauf ab, die Beziehungen zwischen jenen Mikrosystemen, welche das Aufwachsen der (heutigen) Kinder prägen, systematisch zu beschreiben und zu untersuchen. Zu diesem Zweck wird das Konzept des »*Mesosystem*s« eingeführt: »Das Mesosystem (umfasst) die Wechselbeziehungen zwischen zwei oder mehreren Lebensbereichen, an welchen die sich entwickelnde Person beteiligt ist« (Bronfenbrenner 1981, S. 199). Die im »*Mesosystem*« per definitionem angelegte Verbindung bzw. Wechselwirkung zwischen »Mikrosystemen« (z. B. zwischen Familie und Tageseinrichtung) kann nach Bronfenbrenner ihr entwicklungsförderndes Potential nicht schon dadurch entfalten, dass Kinder an beiden Lebensbereichen beteiligt sind, sondern nur unter der zusätzlichen Voraussetzung, dass es zwischen den Lebensbereichen zu einer bewussten Abstimmung und Zusammenarbeit kommt; zum Beispiel in dem Sinne, dass »die Rollen, Tätigkeiten und Dyaden, die die verbindende Person (d. h. das Kind) in beiden Lebensbereichen aufnimmt, gegenseitiges Vertrauen, positive Orientierung und Zielübereinstimmung in den Lebensbereichen fördern und Kräfteverhältnisse entstehen lassen, die sich zugunsten der sich entwickelnden Person auswirken« (S. 205). Im Umkehrschluss geht Bronfenbrenner davon aus, dass der »Zusammenbruch der Verbindungen zwischen den verschiedenen Segmenten im Leben unserer Kinder« – als Folge der Vernachlässigung des Potentials des »Mesosystems« – zu den wichtigsten Ursachen der »Entfremdung« von Kindern und Jugendlichen gehört (Bronfenbrenner 1981, S. 220).

Die konkrete Ausgestaltung des »Mesosystems« wird im sozialökologischen Ansatz – ähnlich wie beim Konzept der »Konfiguration« (s. oben) – in ihrer Abhängigkeit nicht nur von den beteiligten Lebensbereichen, sondern von den übergreifenden historisch-gesellschaftlichen Rahmenbedingungen betrachtet. Diese werden mit den Begriffen des »Exosystems« (z. B. die Arbeitsbedingungen der Eltern«) und des »Makrosystems« umschrieben. Das Makrosystem enthält »die Konstruktionsanweisungen nicht nur für die Umwelt, wie sie ist, sondern auch diejenigen für eine Umwelt, wie sie sein könnte, wenn die gegenwärtige soziale Ordnung verändert würde« (Bronfenbrenner 1981, S. 266).

2.2 Eine soziale Theorie der Erziehung/ des Lehrens, des Lernens und des Wechselwirkungszusammenhangs zwischen Lehren und Lernen

Die in den voraufgehenden Teilen und Kapiteln entwickelte beziehungspädagogische Theorie konstruiert Formen der Vermittlungstätigkeit (Erziehung bzw. Unterricht/Lehren) und Formen der Aneignungstätigkeit (Lernen bzw. Bildung) als intersubjektive und reziproke Prozesse, die sich im Kontext verschiedener, miteinander verflochtener sozialer Felder abspielen; diese Felder, die ihrerseits von je spezifischen historisch-gesellschaftlichen und (sub-)kulturellen Umwelten geprägt werden, lassen sich als »Bildungsgemeinschaften« (so bei Nohl) oder »Lerngemeinschaft« (*community of learners*; vgl. Rogoff u. a. 1998) umschreiben, an welchen sowohl Lehrende wie Lernende als Akteure partizipieren, in welchen Lehrende immer auch als Lernende begriffen und beide, Lehrende und Lernende, als Akteure verstanden werden, die die betreffenden Gemeinschaften konstituieren, in Gang halten und verändern. Man kann diese sozialen Prozesse der Wechselwirkung, der Vermittlung und Aneignung im Sinne von Georg Simmel mit dem Begriff »*Vergesellschaftung*« oder, mit dem neueren, bei Simmel nur selten auftauchenden, von Emil Durkheim eingeführten Begriff der »*Sozialisierung*« bzw. »*Sozialisation*« umschreiben; dabei wird, jedenfalls bei Simmel und im Rahmen meines Konzepts der Beziehungspädagogik, Vergesellschaftung so verstanden, dass die Partizipation an den Prozessen der interpersonellen *Wechselwirkung*, welche Vergesellschaftung bewerkstelligen, zugleich die Bedingung der Möglichkeit bezeichnet, *Individualität* bzw. *Identität* auszubilden; diese *Verschränkung von gesellschaftlicher und individueller Existenz* hat in derselben Zeit wie Simmel insbesondere G. H. Mead zum zentralen Thema seiner Sozialphilosophie und seiner Philosophie der Erziehung gemacht. Von hier aus lassen sich weitere Theoriepositionen benennen, die geeignet sind, eine soziale Theorie der Vermittlungs- und Aneignungsprozesse sowie deren Wechselwirkungszusammenhang zu begründen. Als erstes Beispiel nenne ich Helmuth Plessners Sozialphilosophie. Auf deren Grundlage kann man argumentieren: »Am anderen Menschen wird der Mensch seiner habhaft« (Plessner 1974, S. 20); der zwischenmenschliche Kontakt verläuft auf dem Umweg über die *Rolle*, die der eine und der andere spielt (ebd.); das *Rollenspiel* vermittelt also »als Gelenk den zwischenmenschlichen Kontakt, soweit er sozial relevant ist und dem Austausch von Leistungen dient« (ebd.); Beispiele für zwischenmenschliche Kontakte in der Perspektive des *Rollenspiel*s sind etwa die Beziehungen zwischen *Eltern und Kinder*n im sozialen Feld der Familie oder die Beziehungen zwischen *Lehrkräften* *und Schüler/Innen* im sozialen Feld der Schulklasse. Wenn man von solchen Partialrollen zu einer verallgemeinerten Rolle übergeht, kann man mit Karl Löwith argumentieren: Was in den Rollenspielen im Kontext der sozialen Beziehungspraxis – einschließlich der pädagogischen Beziehungspraxis – in Gang gesetzt wird, lässt sich umschreiben als Prozesse des Hineinwachsens des Individuums in die »*Rolle des Mitmenschen*« (Löwith 1928). Als Ergebnis seiner Analysen bezeichnet es Löwith, »dass das menschliche Individuum ein Individuum in der Seinsart ›persona‹ ist, das soll heißen wesentlich in bestimmten mitweltlichen »Rollen« (z. B. als *Sohn*, nämlich seiner Eltern; als *Mann*, nämlich seiner Frau; als *Vater*, nämlich von Kindern; aber auch als *Schüler*, nämlich seiner Lehrer) existiert, d. h. von Grund auf an ihm selbst durch entsprechende Andere und formal fixiert: als Ich eines Du, als Individuum in erster »Person«, nämlich einer möglichen zweiten Person und somit als *Mitmensch* – durch diese *prinzipielle Rolle* – bestimmt ist. Im Hinblick darauf bedeutet auch schon Welt primär »*Mitwelt*« (Löwith 1928, S. XIV; Hervorh. v. Verf.). Die sozialphilosophische Position von Karl Löwith gewinnt für mein Konzept der Beziehungspädagogik dadurch zusätzlich an Gewicht, dass sie eine *relationale Ethik* einschließt und damit für diesen Teil des Buches ein philosophisches Fundament liefert: Nach Löwith bildet sich die Struktur der menschlichen Lebens*verhältnisse* dadurch aus, »dass sich die Menschen zueinander *verhalten*, und dieses Verhalten impliziert eine menschliche *Grund-Haltung*, d.i. ein ›Ethos‹, welches das ursprüngliche Thema der Ethik ist und das seinerseits dadurch zur Geltung kommt, dass sich der Mensch *verhält*, nämlich als *Mitmensch* zu seinem Mitmenschen« (ebd., S. XV; Hervorh. v. Verf.).

2.3 Die Konstruktion des Kindes als Ko-Subjekt in der pädagogischen Beziehungspraxis

Wenn man, wie ich dies, beginnend mit Georg Simmels Position, mehrfach begründet habe, *Kinder als Akteure* in den durch Wechselwirkung erschaffenen sozialen Feldern der pädagogischen Beziehungspraxis begreift, die aktiv und produktiv an Bildungs- bzw. Lerngemeinschaften partizipieren und diese mitgestalten, ergibt sich daraus die Folgerung, dass Kinder *nicht* als *Objekte* der Vermittlungstätigkeit von Eltern oder von Lehrpersonen konstruiert, betrachtet und behandelt werden können. Dieselbe Folgerung ergibt sich auch aus den Schlussüberlegungen des vorausgegangenen Kapitels: Kinder spielen als Kinder zwar eine spezifische Partialrolle, beispielsweise als Kind ihrer Eltern oder als Schüler(in) ihrer Lehrpersonen; gleichzeitig bewegen sich die Kinder jedoch in der verallgemeinerten, prinzipiellen Rolle des Mitmenschen; und sie haben, in der Perspektive einer relationalen Ethik, den Anspruch darauf, in dieser zuletzt genannten Rolle anerkannt zu werden und Achtung zu erfahren. Diese Überlegungen führen zurück zu dem in anderem Zusammenhang bereits angesprochenen

Beitrag von Apel (1979) zur Verstehen-Erklären-Debatte, in welchem Apel von einem Typus der Erkenntnis spricht, die sich auf »Objekte« bezieht, »die man nicht nur von außen *beobachten* und eventuell durch Handlungen *manipulieren* kann, sondern mit denen als virtuellen *Ko-Subjekten* der Erkenntnis und des Handelns man sich über gute und schlechte Gründe des Handelns *verständigen* kann, ja verständigen muss« (ebd., S. 170 f.; Hervorh. i.O.). Ein Erkenntnisinteresse dieser Art kann auf der Grundlage der vorgetragenen Überlegungen zu einem Konzept der Beziehungspädagogik zweifellos für die Analyse der pädagogischen Beziehungspraxis Geltung beanspruchen.

3 Beziehungspädagogische Forschung

Was ich im vorausgegangenen Kapitel über Aspekte einer beziehungspädagogischen Theorie ausgeführt habe, gilt entsprechend auch für beziehungspädagogische Forschung: Ihr Gegenstand ist die komplexe beziehungspädagogische Praxis innerhalb der verschiedenen sozialen Felder (z. B. Familien und Schulen), in den Konfigurationen dieser miteinander verflochtenen sozialen Felder sowie im Spannungsfeld zwischen den sozialen Feldern und ihren historisch-gesellschaftlichen sowie ihren kulturellen bzw. subkulturellen bzw. interkulturellen Umwelten.

3.1 Interesse am Sozialen und an sozialer Wechselwirkung

Aus den einleitenden Bemerkungen ergibt sich, dass das Interesse am Sozialen, das für die Beziehungspädagogik sowohl in theoretischer Perspektive als auch in der Perspektive von Forschung als konstitutiv gelten kann, auf verschiedenen Ebenen zu lokalisieren ist; es liegt nahe, diese Varianten der Lokalisierung des Interesses am Sozialen in Anlehnung an Bronfenbrenners *Sozialökologie der menschlichen Entwicklung* vorzunehmen und zu erläutern: Das Soziale verkörpert sich primär in den »Mikrosystemen« der durch interpersonelle Kommunikation konstituierten sozialen Felder, insbesondere der Familie, der Freundschaft bzw. Gleichaltrigengruppe und der Schulklasse. Sodann tritt das Soziale in der Verbindung und Wechselbeziehung von Mikrosystemen in Erscheinung, sei es im Sinne von Bronfenbrenners »Mesosystem« oder im Sinne von Cremins »Konfiguration«. Schließlich zeigt sich das Soziale in Gestalt übergreifender soziokultureller, geschichtlich geprägter und wandelbarer Umwelten, die mit Begriffen wie »Exosystem« oder »Makrosystem« bezeichnet werden können. In allen genannten Hinsichten kennzeichnet »das Soziale« verschiedene Formen und Grade der interpersonellen Wechselwirkung sowie der institutionellen Verflechtung, welche relevante Kontexte für die beziehungspädagogisache Praxis bilden.

3.2 Interesse am Performativen

Das Interesse am Performativen, das vor einigen Jahrzehnten innerhalb der Sprechakttheorie erstmals artikuliert worden ist, bildet mittlerweile auch in den Sozialwissenschaften und in der Erziehungswissenschaft (z. B. Koch 1999; Wulf/ Zirfas 2006 und 2007; Göhlich 2007) einen neuen Fokus. Das Performative ist insofern eng mit dem Sozialen verbunden, als es gewissermassen das Soziale »*in Aktion*« bzw. »*im Vollzug*« kennzeichnet. Im Verlaufe meiner Erörterung der Grundlagen und Ausdrucksformen der »Beziehungspädsagogik« habe ich an drei Stellen die Perspektive der Performativität ausdrücklich ins Spiel gebracht: bei der Beschreibung der pädagogischen Beziehungspraxis im sozialen Feld der Familie (▶ Kap. I/3), bei der Beschreibung der pädagogischen Beziehungspraxis in Schulen (▶ Kap. III/2 und III/3) und bei der Beschreibung der Beziehungsdynamik bei Freundschaftspaaren und in Netzwerken Gleichaltriger (▶ Kap. IV/3). Im Zusammenhang mit dem erstgenannten, das soziale Feld Familie betreffende Beispiel habe ich den englischen Begriff der *performance*, der im Begriff des Performativen steckt, eingedeutscht und von »Aufführungen« gesprochen; dabei habe ich aus dem psychoanalytisch orientierten Beitrag von Schulze (1968) die Unterscheidung von »*äusserer*« und »*innerer Bühne*« übernommen; es liegt auf der Hand, dass nur das »äußere« Verhalten bzw. Handeln beobachtet und dokumentiert werden kann, beispielsweise mit dem Mittel der Videographie; das Geschehen auf der »inneren« Bühne kann aus dem beobachteten Verhalten allenfalls mit großer Vorsicht erschlossen und interpretiert werden, während ein diesbezügliches einigermaßen verlässliches Wissen auf eine direkte Verständigung zwischen Forscher (in) und Untersuchungspersonen im Feld zurückgreifen müsste (siehe das folgende Kapitel).

Es liegt nahe, die Perspektive des Performativen im Rückgriff auf die im voraufgehenden Kapitel angesprochenen sozialphilosophischen Positionen von Helmuth Plessner und Karl Löwith zu illustrieren; in beiden Positionen wird die soziale Wechselwirkung zwischen Personen unter Verwendung des Begriffs der »Rolle« abgehandelt; damit wird auf den aus der Antike stammenden Begriff der *persona* (als *Maske* bzw. *Maskenträger* auf der Theaterbühne) Bezug genommen. Mit Blick auf die pädagogische Beziehungspraxis kann man auf diesem Hintergrund argumentieren: Das Interesse am Performativen richtet sich auf das »*Rollenspiel*« der Akteure im sozialen Feld (z. B. Eltern und Kinder in der Familie, Lehrpersonen und Schüler/Innen in der Schule bzw. Schulklasse, Kinder bzw. Jugendliche in Netzwerken Gleichaltriger); es betrifft die Frage, wie die Akteure ihre jeweilige Rolle in der konkreten Situation konkret »spielen« – gerade so und nicht anders –, sowie die weitergehende, sozusagen hermeneutische Frage, wie sich auf der Grundlage des beobachteten und dokumentierten, häufig auch durch Formen der sprachlichen und nichtsprachlichen Kommunikation begleiteten Rollenspiele Merkmale des Hervorbringens von Lehr- und Lernprozessen entschlüsseln und deuten lassen.

Die fortschreitenden Möglichkeiten der – aufwändigen – Erforschung des Performativen in den sozialen Feldern der pädagogischen Beziehungspraxis geben Anlass zu der Hoffnung, dass eines Tages das Programm einer »*pädagogisch-*

strukturalen Bildungs- und Lerntheorie« sowie einer auf dieser aufbauenden pädagogischen Forschung eingelöst werden kann, das Mollenhauer (1979) skizziert hat: Ausgangspunkt ist »das Interesse an den Regeln der *Konstruktion sozialer (semantischer) Wirklichkeit*« (ebd., S. 7 f.); im Zentrum steht »das intensive *Recherchieren nach den semantischen und syntaktischen Grundoperationen*, die die Basis jedes Bildungsprozesses sind: das *Definieren von Situationen*, die *Konstruktion von Intersubjektivität*, das Etablieren von *Regeln des Wissens und Handelns*, die Tradition und ihre verändernde Aneignung« (ebd., S. 8; Hervorh. v. Verf.). Für mein beziehungspädagogisches Konzept ist Mollemhsauers Ansatz auch deshalb sehr fruchtbar, weil sein »Strukturalismus« davon ausgeht, dass »das Kind, das in eine Kultur eintritt und in der Auseinandersetzung mit dieser seine erste Gestalt gewinnt, zu allererst mit den *Bedeutungsstrukturen des Interaktionsfeldes* konfrontiert (ist), in dem es lebt; diese sind die Basis seines Bildungsprozesses« (ebd., S. 8; Hervorh. v. Verf.). Ebenso wichtig ist mir an Mollenhauers Ansatz, dass der Topos der Konstruktion von »Inter-Subjektivität«, sozusagen beim Wort genommen, einschließt, dass *die Kinder* – in Anlehnung an die im voraufgehenden Kapitel zitierten Überlegungen von Apel – nicht als mögliche Objekte erziehungstechno-logischer Verfügung, sondern vielmehr als »mögliche *Co-Subjekte in einem* – zunächst allerdings vorwiegend vom Erzieher zu verantwortenden – *gemeinsamen und gemeinsam zu gestaltenden Handlungskontext* (auftreten)« (ebd., S. 10; Hervorh. v. Verf.).

Bereits ein halbes Jahrhundert vor Mollenhauer hat John Dewey ein Programm der erziehungswissenschaftlichen Forschung formuliert, welches in einigen Punkten Ähnlichkeiten mit der zitierten Vision von Mollenhauer aufweist. Im Rahmen seiner Überlegungen zur Frage nach den *Quellen einer Wissenschaft von der Erziehung* kommt Dewey (1929/2002, S. 32) zu folgendem Schluss:

> »The final reality of educational science is not found in books, nor in expecience of educational experimental laboratories, nor in the class-rooms where it is taught, but *in the minds of those engaged in directing educational activities*. Results may be scientific, short of their *operative presence* in the attitudes and habits of observation, judgment and planning of those engaged in the educative act. But they are not *educational* science short of this point« (Dewey 1929/2002, S. 32; Hervorh. v. Verf.).

Gemeinsam ist den Ansätzen von Mollenhauer und Dewey, dass sie das, was die Perspektive der *Performativität* ausmacht, als *operative* Ebene der Unterrichts- und Lernprozesse identifizieren – Mollenhauer spricht von (semantischen und syntaktischen) »*Grundoperationen*«, Dewey von »*operative presence*«. Unterschiedliche Akzentsetzungen liegen darin, dass Dewey stärker als Mollenhauer das (für pädagogische Beziehungspraxis allemal kennzeichnende) Element der Asymmetrie in der Lehrer-Schüler-Beziehung hervorhebt und das »Operative« im Kopf (*mind*) des Erziehers ansiedelt, was die von Dewey, wenn ich mich nicht täusche, nicht verhandelte Frage aufwirft, auf welchen Wegen die *operative presence* empirisch beobachtet und beschrieben werden kann.

Die Akzentsetzung, die Dewey, wie gezeigt, auf der »*operativen Präsenz*« im Kopf der Lehrperson vornimmt, bietet einen willkommenen Anlass, auf ein Spannungsverhältnis hinzuweisen, das für das Konstrukt sowie für Phänomene des Performativen als kennzeichnend gelten kann; ein Spannungsverhältnis, welches beispielsweise in den sozialphilosophischen Schriften von Judith Butler anschaulich – etwa am Beispiel der Geschlechterrollen – erörtert worden ist: Die Performativität der Geschlechter resultiert, so Butler (2005), aus dem Zusammenspiel von historisch-gesellschaftlich und politisch geprägten Erwartungen an das Verhalten z. B. von Eltern gegenüber Kindern und Kindern gegenüber Eltern oder von Lehrern gegenüber Schülern und Schülern gegenüber Lehrern einerseits – Butler nennt sie »*performatives*« – und der je individuellen Interpretation und Ausfüllung bzw. Aufführung der jeweiligen Rolle in der je konkreten Situation seitens der jeweiligen Akteure andererseits (»*performances*«).

3.3 Die Beziehungen der Forscher/Innen zu Kindern und anderen Akteuren im pädagogischen Feld als Kontext der Datengewinnung

Die Frage, ob und ggf in welchem Ausmaß und in welcher Weise Forscher/Innen in eine Beziehung zu den Personen im Forschungsfeld eintreten sollen, ist in der Forschungsmethodologie, einschließlich der Ethnomethodologie, häufig und kontrovers diskutiert worden; eine Bejahung dieser Frage findet man beispielsweise in dem Überblickswerk von Dammann (1991), in Bereichen der so genannten *Handlungsforschung* (*action research*), bei der die Aktivierung oder »Bemächtigung« (*empowerment*) der untersuchten Personen zu den Zielen der Forschung gehört, und im Rahmen der *ethnopsychoanalytischen* Forschung. Beispiele für den zuletzt genannten Forschungszweig bieten die Untersuchungen von Florence Weiss am Sepikfluss im Nordosten Papua-Neuguineas, in welchen die Ethnologin vor allem die Lebensformen und Lebensanschauungen, Selbstbilder und sozialen Beziehungs- und Handlungsmuster von Frauen zu verstehen gesucht und einfühlsam dokumentiert und gedeutet hat; auf der Grundlage ihrer langjährigen Forschungserfahrung hat sie die Beziehung zwischen Forscher/In und den Personen im Forschungsfeld als »Kontext der Datengewinnung« gewürdigt (Weiss 1994).

Wenn man – und diese Position habe ich im voraufgehenden Kapitel vertreten und begründet – die Kinder in ihrer Rolle in den sozialen Feldern der pädagogischen Beziehungspraxis als Ko-Subjekte konstruiert, und wenn man außerdem etwas über die Verhaltens- und Deutungsmuster, welche Kinder auf der »inneren Bühne« bewegen, erfahren und etwas davon verstehen will, so gibt es dafür nach meinem Dafürhalten und auf meinem derzeitigen Wissensstand keinen besseren Weg als Versuche der direkten sprachlichen Verständigung; allenfalls wäre noch an gewisse projektive Verfahren zu denken wie etwa die Aufforderung, Beziehungen und Szenen gleichsam ästhetisch darzustellen in Rollenspielen, Tänzen und/oder gemalten Bildern.

4 Beziehungspädagogische Praxis (1): Das Erbe der Schwarzen Pädagogik: Verletzende Beziehungen und gewaltförmige Erziehung.

Der Prozess der Zivilisation, den Elias (1969) analysiert hat, lässt sich in spezifischer Weise gerade auch auf die Beziehungsmuster im Verhältnis der Generationen anwenden; hier zeigt sich beispielsweise in der Tat eine Entwicklungsdynamik vom kruden Zwang hin zum Zwang zum Selbstzwang. Eine vergleichbare Entwicklungsdynamik hat deMause (1977) in seiner psychohistorischen Studie aufgezeigt; von der verbreiteten Kindestötung reicht diese Entwicklung nach deMause bis hin zur verbreiteten Einfühlung (Empathie) in Kinder.

Wie immer man die Wandlungen in den Mustern der Beziehungen zwischen Erwachsenen und Kindern umschreibt – diese Wandlungen reagieren auf eine außerordentlich lange Geschichte der Kindheit, während der verschiedene Spielarten eines gewaltförmigen Umgangs mit Kindern als »normal« gegolten haben. Diese Umgangsformen hat Katharina Rutschky unter dem Titel »Schwarze Pädagogik« exemplarisch an der »bürgerlichen« Erziehung aufgezeigt (Rutschky 1977). Andreas Flitner hat diese »Schwarze Pädagogik« als »Last der Tradition« gewertet, deren »Schwärze« nicht weißgewaschen dürfe; er hat die Dokumente von Rutschky ergänzt, beispielsweise durch Bezugnahme auf Hoffmanns »Struwwelpeter« und die in diesem weit verbreiteten Buch geschilderten drakonischen Strafen für die »Unarten« der Kinder; dieses Buch hat Flitner auch als Anregung für die Titelgebung seines umfassenden und tiefgreifenden Nachdenkens über Erziehung und »Nicht-Erziehung« – ein Begriff, den Theodor Fontane in seinen Kindheitserinnerungen eingeführt hat, um damit Erziehen im Gegensatz zum (Be-)Lehren in der Schule, als Beispiel-Geben und Vorleben zu umschreiben – genutzt (Flitner 1982). Es gibt eine Fülle von literarischen, darunter auch (auto-)biographischen Zeugnissen über die Praxis bzw. die Praktiken einer »schwarzen« Pädagogik; dazu gehören beispielsweise die als »psychologischer Roman« betitelte Autobiographie »Anton Reiser« von Karl Philipp Moritz (Moritz 1785/2014) oder der brühmte »Brief an den Vater« von Franz Kafka (Kafka 1919/1975) sowie ein weniger bekanntes Dokument aus der Feder Franz Kafkas, ein 1923 geschriebener Brief an seine Schwester; Thema war die Frage, ob der Sohn von Kafkas Schwester in einer Internatsschule angemeldet werden sollte, wozu Kafka angesichts seiner Erziehungserfahrung in seiner Familie dringend riet; aus diesem Brief stammen die folgenden Sätze:

> »Der Eigennutz der Eltern – das eigentliche Elterngefühl – kennt ja keine Grenzen. Noch die größte Liebe ist im Erziehungssinn eigennütziger als die kleinste Liebe des bezahlten Erziehers. Es ist nicht anders möglich. Die Eltern stehen ihren Kindern ja nicht frei gegenüber, wie sonst ein Erwachsener dem Kind gegenübersteht, es ist doch das eigene Blut – noch eine schwere Komplikation: das Blut beider Elternteile. Wenn der Vater (bei der

Mutter ist es entsprechend) ›erzieht‹, findet er z. B. in dem Kind Dinge, die er schon in sich gehasst hat und nicht überwinden konnte und die er jetzt bestimmt zu überwinden hofft, denn das schwache Kind scheint ja mehr in seiner Macht als er selbst und so greift er blindwütend, ohne die Entwicklung abzuwarten, in den werdenden Menschen, oder er erkennt z. B. mit Schrecken, dass etwas, was er als eigene Auszeichnung ansieht, und was daher (daher!) in der Familie (in der Familie!) nicht fehlen darf, in dem Kind fehlt, und so fängt er an, es dem Kind einzuhämmern, was ihm auch gelingt, aber gleichzeitig misslingt, denn er zerhämmert dabei das Kind ... er sieht in dem Kind nur das Geliebte, er hängt sich an das Geliebte, er erniedrigt sich zu seinem Sklaven, er verzehrt es aus Liebe« (Kafka 1923, zit. in: Wagenbach 1964, S. 23).

Reichenbach (2011, S. 61–83) hat die deutschsprachige Romanliteratur im Hinblick auf autoritäre und entwürdigende Erziehungsmuster in Familien ausgewertet; Mollenhauer (1979a) hat die – immer noch nachwirkende – Tradition der »schwarzen« Pädagogik unter dem Stichwort des »*pädagogischen Kolonialismus*« resümiert (Mollenhauer 1979a).

Eine unerwartete Wiederkehr schwarzer Pädagogik hat es in Gestalt der zahlreichen Fälle von gewaltförmiger Erziehung und von sexuellem Missbrauch insbesondere in Internatsschulen gegeben (z. B. Herrmann 2012b; Thole u. a. 2012; Strobel-Eisele/Roth 2013; Fegert/Wolff 2015); hier ist es massenweise zur Verletzung der Balance von Nähe und Distanz, zur Verletzung der grundständigen Achtung und Anerkennung der den Lehrpersonen anvertrauten Kinder und Jugendlichen und zur Pervertierung der pädagogischen Beziehung in eine besitzergreifende, die Kinder und Jugendlichen für die Befriedigung eigener erotischer und sexueller Bedürfnisse instrumentalisierende Liebe, also Liebe nicht als *Aufgabe*, sondern als (selbstsüchtige) *Passion* (vgl. Prange 2013).

Wenn man jenseits der zuletzt genannten dramatischen Verstöße gegen Grundsätze der pädagogischen Ethik (s. das folgende Kapitel) nach repräsentativen Forschungsbefunden zur empirisch feststellbaren Qualität der Beziehungsgestaltung in den sozialen Feldern der pädagogischen Beziehungspraxis fragt, so ergibt sich ein recht vielschichtiges und buntes Bild. Einige der einschlägigen Untersuchungen habe ich in den Kapiteln 26 und 27 resümiert; das gilt beispielsweise für die Studie von Prengel (2013) über *pädagogische Beziehungen zwischen Anerkennung, Verletzung und Ambivalenz* und die viele Forschungsbefunde zusammenfassende Studie von Bohnsack (2013) zur Bedeutung der Anerkennung, der Bestätigung und der Akzeptanz von Schwäche, insoweit sich diese im Erleben der Schüler(innen) niederschlagen.

5 Beziehungspädagogische Praxis (2): Ansatzpunkte einer »Fröhlichen Pädagogik«: Normative Kriterien für die Aufgaben der Gestaltung der beziehungspädagogischen Praxis: Von A (Achtung) bis Z (Zwischen)

Bei der Suche nach einem Gegenbegriff zur »schwarzen« Pädagogik bin ich einige Male in die Irre gegangen; zum Beispiel mit der Idee, von einer »weißen« Pädagogik zu sprechen; diese ist mir durch die Erinnerung an Andreas Flitners Mahnung, die schwarze Pädagogik dürfe nicht weißgewaschen werden, sowie durch die Erinnerung an den schrecklichen Film »Das weiße Band«, in dem ein von pietistischer Angstreligion geprägter Vater, von Beruf Pfarrer, seinen Sohn malträtiert, verstellt worden. Die Idee, den Begriff der »fröhlichen« Pädagogik aufzugreifen, den der schon bejahrte Janucz Korcak verwendet hat, um die »Radioplaudereien des Alten Doktors« anzukündigen (Korczak 1939/2002), hat mir insbesondere deshalb gut gefallen, weil er von Janucz Korczak stammt, von demjenigen Pädagogen also, der wie kein zweiter die reziproke, im vollen Wortsinn gleich-berechtigte Beziehung zwischen erziehendem Erwachsenen und lernendem (»erzogenem« passt eigentlich nicht) Kind nicht nur in vielen Variationen wunderbar beschrieben, sondern in einem jahrzehntelangen Leben mit Kindern in einer kreativen, häufig auch mühsamen, aber eben auch grundständig lebensbejahenden und fröhlichen pädagogischen Beziehungspraxis umgesetzt hat.

Dass auf diese Weise Korczaks »fröhliche« Pädagogik als Kontrapunkt zur »schwarzen« Pädagogik auftritt, scheint mir noch aus einem weiteren Grund passend: Korczak hat bereits 1919, also 70 Jahre vor der Verabschiedung der UN-Kinderrechtskonvention, seine Charta der Grundrechte des Kindes veröffentlicht; die Charta nennt das Recht des Kindes auf den *Tod*, das Recht des Kindes auf den *heutigen Tag* und das Recht des Kindes, *das zu sein, was es ist*; 1929 hat Korczak die genannten Rechte auf die gemeinsame Basis des Rechtes des Kindes auf *Achtung* gestellt und als Leitgedanken formuliert: »*Das Kind ist ein ebenso wertvoller Mensch wie wir*« (Korczak 1930/2002, S. 7; Beiner 2008, S. 25; vgl. Kerber-Ganse 2009).

Rechte werden häufig auf dem Hintergrund der konkreten Erfahrung kodifiziert, dass sie massenweise verletzt worden sind oder immer noch verletzt werden. In diesem Sinne kann man argumentieren, dass es kein Zufall gewesen ist, dass der Völkerbund nach der von widerstreitenden nationalen Interessen geprägten Katastrophe des Ersten Weltkriegs und, entsprechend, die Vereinten Nationen nach der noch größeren Katastrophe des Zweiten Weltkriegs und des Holocaust gegründet worden sind. Und eben in diesem Sinne kann man argumentieren, dass die eigenständige Kodifizierung der Menschenrechte der Kinder auf dem Hintergrund der massenweisen Verletzung dieser Rechte und auf dem Hintergrund der fortwirkenden Tradition der »schwarzen« Pädagogik erfolgt ist. In den folgenden Abschnitten dieses Kapitels geht es freilich nicht um weitere Formulierungen von

Rechten der Kinder und auch nicht um Bemerkungen zur Umsetzung bereits kodifizierter Rechte der Kinder. Vielmehr will ich unter Berücksichtigung theoretischer Analysen und empirischer Untersuchungen versuchsweise eine inhaltliche Ausfüllung und Ausdifferenzierung einer beziehungspädagogischen Praxis vorstellen, die zumindest annäherungsweise Züge einer »fröhlichen« Pädagogik im Geiste Korczaks aufweist; diese, der Übersichtlichkeit wegen, alphabethisch angeordnete Skizze könnte für sich genommen ein ganzes Buch füllen und ist, da für diese Skizze nur ein Kapitel übrig bleibt, sehr knapp gehalten; das scheint auch deshalb berechtigt, weil auf Vieles verwiesen werden kann, von dem in den voraufgehenden Teilen und Kapiteln dieses Buches bereits die Rede gewesen ist. Jedenfalls betrachte ich diese Liste als ergänzungsfähiges und ergänzungsbedürftiges Angebot und als Anregung zur Selbstreflexion und Selbstkontrolle der erziehenden und lehrenden Erwachsenen; und ich will sie nicht als Rezeptsammlung verstanden wissen; denn das vorgeschlagene Konzept der Beziehungspädagogik setzt nicht auf Erziehungstechnologie im Horizont der Vorstellung von Machbarkeit, sondern auf eine flexible, ständig in Bewegung bleibende Gestaltung der pädagogischen Beziehungspraxis auf Wegen der wechselseitigen *Verständigung*, der *Kooperation* und der *Partizipation* in dem als *Praxisgemeinschaft (community of practice)* von Lehrpersonen und SchülerInnen konstruierten sozialen Feld der Schule bzw. Schulklasse. (vgl. z. B. Lave/Wenger 1991).

Achtung des Kindes als Person

Die Kategorie der »Achtung« kann in zwei Varianten Bedeutung gewinnen für die beziehungspädagogische Theorie, Forschung und Praxis: In der ersten Variante gewinnt die Kategorie der Achtung ein allgemeines, gewissermaßen menschenrechtliches Profil, in der zweiten Variante gewinnt sie ein lebensphasenspezifisches, kinderrechtliches Profil. Die erste Variante hat am prägnantesten Immanuel Kant formuliert; in seiner 1797 veröffentlichten »Metaphysik der Sitten« schreibt er:

> »Ein jeder Mensch hat rechtmäßigen Anspruch auf Achtung von seinen *Nebenmenschen*, und *wechselseitig* ist er dazu auch gegen jeden anderen verbunden. Die *Menschheit* selbst ist eine *Würde*; denn der Mensch kann von keinem Menschen (weder von anderen noch gar von sich selbst) bloß als *Mittel*, sondern muss jederzeit zugleich als *Zweck* gebraucht werden … er ist verbunden, *die Würde der Menschheit an jedem anderen Menschen praktisch anzuerkennen*, mithin ruht auf ihm die Pflicht, die sich auf *die jedem Menschen notwendig zu erzeigende Achtung* bezieht« (Kant 1797/1922, S. 321; Hervorh. LL.).

Im Nachgang zu Kant hat Margalit (2012) in seiner sozialphilosophischen Studie eine »*Politik der Würde*« mit »*Achtung*« und eine »*Politik der Demütigung*« mit »*Verachtung*« in Verbindung gebracht.

Die zweite Variante, die ich als lebensphasenspezifische bzw. kinderrechtliche Variante der Kategorie der Achtung gekennzeichnet habe, kommt heutzutage in der 1989 verabschiedeten UN-Konvention über die Rechte des Kindes zum Ausdruck. Bereits 60 Jahre zuvor hat der polnische Arzt und Pädagoge Janusz Korczak die Quintessenz dieser Konvention nicht nur in einer »Magna charta« formuliert, sondern auch in der pädagogischen Beziehungspraxis in den von ihm gegründeten und geleiteten Erziehungsinstitutionen für jüdische Kinder in Warschau umgesetzt (vgl. Korczak 1930/2002; Kerber-Ganse 2009). »Als ich einen Zyklus von Vorträgen in einer kleinen Broschüre zusammenfasste«, schreibt Korczak 1929, »gab ich ihr den Titel: Das Recht des Kindes auf Achtung. Der Leitgedanke: Das Kind ist ein ebenso wertvoller Mensch wie wir ... Ohne Pedanterie, wohlwollend und vertrauensvoll den Menschen im Kind sehen. Nicht zu leicht wägen« (Korczak 1930/2002, S. 46).

Die beiden Varianten des Prinzips »Achtung«, die ich mit Verweisen auf Kant und Korczak skizziert habe, lassen sich als Ansatzpunkt einer beziehungspädagogischen Ethik wie folgt zusammenfassen: Es ist angemessen (oder sogar: geboten), Kinder im Rahmen von Theorie, Forschung und Praxis als den Erwachsenen gleichwertige, mit eigener Würde und mit eigenen Rechten ausgestattete Ko-Subjekte zu konstruieren.

Eine umfassende Dokumentation sowie ein Manifest zu einer schulischen Praxis, welche die Achtung der Kinder, insbesondere die Achtung der Rechte der Kinder ins Zentrum ihres institutionellen Ethos rückt, haben Krappmann und Petry vorgelegt (Krappmann/Petry 2016).

Ambivalenzen erkennen und akzeptieren

Die Kategorie der *Ambivalenz* gehört zu den konstitutiven Elementen der sozialen Logik der pädagogischen Beziehungspraxis; ihre theoretische Reflexion beginnt mit Kants berühmter Frage: »*Wie kultiviere ich die Freiheit bei dem Zwange?*« (Kant 1803/1922); die Bedeutung dieser Kategorie zeigt sich beispielsweise in dem Prinzip der »Balance von Nähe und Distanz«; an diesem Beispiel zeigt sich auch, dass es bei der Kategorie der Ambivalenz immer um ein Sowohl-als-Auch und nicht um ein Entweder-Oder von Wahrnehmungen, Empfindungen und Wertungen geht. Die Nichtbeachtung der Wirksamkeit von Ambivalenzen, die sich in allen engen und dauerhaften Beziehungspraxen nachweisen lassen, kann leicht zum Anlass für Illusionen, für Enttäuschungen und für einseitige Haltungen und Verhaltensweisen werden.

Andersheit anerkennen und wertschätzen

Die Kategorie der »Andersheit« (vgl. z. B. Masschelein/Wimmer 1991; Waldenfels 2015) habe ich als wichtige Grundlage der beziehungspädagogischen Ethik ausführlich erörtert; dabei ist auch der pädagogische Umgang mit Andersheit am Beispiel der Andersheit des Kindes als Kindes bzw. in der Konstruktion der Beziehung des Kindes zum Erwachsenen abgehandelt worden.

Anerkennung zum Ausdruck bringen

Die Kategorie der Anerkennung ist nicht zuletzt durch die Analysen von Axel Honneth, die auch international, insbesondere in den USA, stark rezipiert worden sind, zu einem wichtigen Thema der Sozialphilosophie, Soziologie und Ethik geworden (z. B. Honneth 2003; Honneth u. a. 2013). Im Hinblick auf Beziehungen, die eine asymmetrische Struktur aufweisen – und dazu zählen auch die verschiedenen sozialen Felder der pädagogischen Beziehungspraxis – hat Honneth (1992) den Topos vom »*Kampf um Anerkennung*« geprägt; dieser hat die Brücke zur Rezeption von Honneths Anerkennungstheorie in der Erziehungswissenschaft gebildet. Die pädagogische Perspektive ist auf der einen Seite theoretisch entfaltet worden; das gilt beispielsweise für Ricken (2015), der Anerkennung als ein Element pädagogischer Professionalität analysiert, und für Wulf/Zirfas (2014), die die Kategorie der Anerkennung in ihr Konzept der Pädagogischen Anthropologie einordnen. Auf der anderen Seite sind zur Verbreitung und zu Erfahrungen von anerkennendem Lehrerverhalten empirische Untersuchungen durchgeführt oder zusammengetragen und kommentiert worden (z. B. Bohnsack 2013). Eine Verbindung von theoretischer Analyse und eigenen empirischen Erhebungen findet sich in der Studie von Prengel (2013); deren Anlage und Befunde habe ich bereits in Kapitel III/1 resümiert; die Studie von Prengel hat ebenso wie die Untersuchung von Bastian/Combe/Langer (2013) und die Studie von Hattie (2014) ergeben, dass Anerkennung und Lob dazu beitragen können, dass Schüler(innen) Gefühle des *Wohlbefindens* und Lernmotivation entwickeln.

Für das Prinzip »Anerkennung« gilt das für das Prinzip »Achtung« Gesagte entsprechend: Es stellt ein wichtiges Element einer für Theorie, Forschung und Praxis relevanten beziehungspädagogischen Ethik dar; dies gilt insbesondere unter der Voraussetzung, dass »Anerkennung« die Anerkennung der Kinder als *Ko-Subjekte* im Kontext der verschiedenen sozialen Felder der pädagogischen Beziehungspraxis bedeutet. Man könnte in diesem Zusammenhang zwei Facetten einer Anerkennungspraxis auf der Seite der Lehrpersonen unterscheiden: einerseits Formen der »*unbedingten*« Anerkennung jedes Kindes als Person mit eigener Würde und mit eigenen Rechten; hier ergibt sich eine eindeutige Parallele zwischen den Prinzipien der Achtung und der Anerkennung; andererseits Formen der »bedingten« Anerkennung, die damit zu tun haben, dass und wie Lehrpersonen darauf reagieren, ob und wie die Lernenden mit den Lernanforderungen zurechtkommen.

Angstfreiheit gewährleisten

Angst ist der schlimmste zerstörerische Faktor für Beziehungen jeder Art: Formen der *Angstreligion* können die Beziehungen Heranwachsender zur Transzendenz im Sinne einer »*Gottesvergiftung*« zerstören; der Einsatz von Angst, beispielsweise im Sinne der Androhung schwerer Strafen in Fällen von Ungehorsam oder Verfehlungen, gehört zu den zentralen Merkmalen der »*schwarzen*« Pädagogik. Es liegt auf der Hand, dass in einer Erziehung, für welche Achtung und Anerkennung, Dialog und Reziprozität, Respekt und Wohlwollen Kriterien des Verhaltens und Handelns darstellen, Angstfreiheit eine unverzichtbare Voraussetzung bildet.

Antwortendes Verhalten, Erziehung als Antwort

Im Zusammenhang mit dem Konzept der »Bindung« habe ich Erziehung als ein »*auf Angewiesenheit antwortendes Handeln*« gekennzeichnet und darauf hingewiesen, dass das Konzept »*Erziehung als Antwort*« auch in einer allgemeinen, alle Lebensalter einschließenden Perspektive vorgeschlagen und begründet worden ist (z. B: Masschelein 1996; Ricken 1999, S. 314 ff.; anthropologisch vgl. Waldenfels 2015, S. 15–28). In den Lebensphasen im Anschluss an das Säuglingsalter ist angesichts der fortschreitenden Sprachentwicklung davon auszugehen, dass ein grosser Teil der Lehr- und Lernprozesse im Raum der Schule auf dem Wege sprachlicher Kommunikation abläuft; beispielsweise wurde im Rahmen des Kurzresümees der schulpädagogischen Forschung, insbesondere im Zusammenhang mit der Studie von Hattie deutlich, dass die Kommentierung (*feed-back*) erbrachter Lernleistungen der Kinder von seiten der Lehrkraft, aber auch, umgekehrt, deren Wahrnehmung von und angemessene Reaktion auf verbale und anderweitige Rückmeldungen, welche Lehrkräfte von Kindern erhalten, wichtige Einflussfaktoren auf die Qualität der Beziehungen zwischen Lehrkräften und Kindern sowie auf die Qualität der schulischen Leistungen der Kinder darstellen. Das Verständnis von Erziehung als *Antwort* akzentuiert das Verständnis von Erziehung als *Dialog* und als »*Begegnung*« in der Weise, dass im Feld der pädagogischen Beziehungspraxis als Ausgangspunkt nicht das *Ich des erziehenden Erwachsenen*, sondern das *Du des lernenden Kindes* gewählt wird (vgl. z. B. Schorb 1958, insbes. S. 88 ff.); die Ansprüche, Bedürfnisse und Rechte des Kindes geben gleichsam den Anlass für erzieherisches Agieren. Es gibt eine Reihe von empirischen Studien, welche Unterrichten und Lernen in der Perspektive von Intersubjektivität, Reziprozität und Relationalismus untersuchen und wo auf diesem Wege Einsicht in das Antwort-Verhalten sowohl von Lehrpersonen als auch von SchülerInnen gewonnen werden können (z. B. Tillack u. a. 2014).

In der Tat ist zu bedenken, dass man ein antwortendes Verhalten bzw. Handeln nicht nur auf der Seite der Lehrpersonen, sondern auch auf der Seite der Lernenden kontruieren kann; so hat beispielsweise Prange (2005, S. 107) überzeugend dargelegt, dass »erst die poetisch-lernhafte *Reaktion* ... das Zeigen zur Erziehung (macht)«; umgekehrt werde »das Lernen (erst) durch das Zeigen zur Erscheinung gebracht« (ebd.; Hervorh. LL).

Aufforderung als Form der Erziehung

In der Kategorie »*Aufforderung*« (vgl. z. B. Begemann 2001) steckt das Wort *Forderung*; angesichts des gewissermaßen strengen Klangs des Wortes Forderung stellt sich gegenüber dieser Kategorie, wenn auch nicht so stark wie gegenüber der Kategorie »Führen/Führung«, die Frage, ob sie in das Ensemble der Qualitätskriterien hineinpasst, das ich hier als Facetten einer »Fröhlichen Pädagogik« zeichne. Im alltäglichen Sprachgebrauch hat der Begriff Aufforderung einen schillernden Charakter; seine Klangfarbe hängt von dem Kontext ab, auf welche sich der Begriff bezieht: Während es freundlich klingt, wenn es um die Aufforderung zum Tanz geht, stellen sich angedunkelte Empfindungen ein, wenn es um die Aufforderung zur Begleichung einer Rechnung geht. Ich habe schon in anderem Zusammenhang versuchsweise das Verhältnis von »Erziehung« und »Bildung« (bzw. »Lernen«) so bestimmt, dass *Erziehen/Erziehung* verstanden wird als »*Aufforderung zur Bildung (bzw. zum Lernen)*« (Liegle 2013, S. 58). Dieser Versuch lässt sich ein wenig weiterführen und ausdifferenzieren mit dem Hinweis, dass »Aufforderung« – im Sinne der Volksweisheit, dass »der Ton die Musik macht« – auf sehr unterschiedliche Art und Weise zum Ausdruck gebracht werden kann; das könnte beispielsweise bedeuten, dass es um die Wirksamkeit einer Aufforderung zum Lernen besser steht, wenn sie mit pädagogischem »Takt« und mit »Einfühlung« zum Ausdruck gebracht wird. Dass es schulisches Lernen allemal mit Forderungen und auch mit Akten der Aufforderung zu tun hat, ergibt sich schon allein aus der Tatsache, dass der Lehrplan und die Lehrmaterialien, die Unterrichtsdidaktik und die Klassenarbeiten nicht von den Schüler/Innen, sondern von den Lehrpersonen oder auch von Autoritäten und Instanzen jenseits der einzelnen Schule bestimmt werden und es in der Schülerschaft nur wenige geben wird, die an allem interessiert sind und alles, was im Pflictangebot ist, von sich aus lernen wollen.

Einen weiteren Aspekt der Kategorie »Aufforderung« kann man in dem bekannten Phänomen entdecken, dass eine Aufforderung zum Lernen nicht von den Erziehenden bzw. Lehrenden oder anderen Personen ausgehen muss, dass vielmehr auch von Dingen eine Aufforderung zum Lernen ausgehen kann. Der »*Aufforderungscharakter« von Dingen* ist in der pädagogischen *Theorie* häufig bedacht (vgl. z. B. Langefeld 1968; Danner 1991; Meyer-Drawe 1999; Stieve 2008; Neumann 2013), in der pädagogischen *Forschung* häufig untersucht (vgl. z. B. Langeveld 1968; Stieve 2008; Neumann 2013) und in der pädagogischen Praxis häufig genutzt worden. Im Hinblick auf die pädagogische *Praxis* sind wohl die Materialien, die Maria Montessori eingesetzt hat, das bekannteste Beispiel für die systematische Ausnutzung des Aufforderungscharakters der Dinge. Montessoris Rede von der »*vorbereiteten Umgebung*« verweist darauf, dass ein Aufforderungscharakter nicht nur den Dingen zugeschrieben werden kann, sondern, wie beispielsweise bei der Beschreibung der Positionen von Mead und Dewey bereits angedeutet, bewusst geplanten und ausgestatteten »Erfahrungsräumen«; auch in Ritualen, die in sozialen Feldern der pädagogischen Beziehungspraxis, in Familien ebenso wie in Schulen inszeniert werden, kann man Ausdrucksformen der »Aufforderung« erkennen. Die erwähnten Phänomene habe ich als Formen einer »indirekten Erziehung« interpretiert (Liegle 2013, S. 141 ff.).

Autonomie erfahrbar machen

Die Kategorie »*Autonomie*« scheint zunächst einmal nicht dafür geeignet zu sein, das Beziehungsgeschehen in pädagogischen Praxisfeldern zu beschreiben; denn zur »sozialen Logik« der pädagogischen Beziehungspraxis gehört deren asymmetrische Struktur mit ihrem Machtgefälle zwischen Lehrenden und Lernenden; damit treten hier auf seiten der Kinder eher *Heteronomie* als Autonomie (zu diesen Kategorien vgl. z. B. Waldenfels 2015, S. 402 ff.), eher *Abhängigkeit* als Unabhängigkeit hervor. Es bedarf daher einer bewussten und gezielten Konstruktion des jeweiligen sozialen Feldes der pädagogischen Beziehungspraxis sowie der ihr zugrunde liegenden Theorien, um für Kinder bestimmte Ausdrucksformen von Autonomie erfahrbar zu machen; in dieser Perspektive gewinnen beispielsweise die Kategorien des »*Handlungsvermögens (agency) der Kinder*, »Partizipation« und deren »*Bemächtigung (empowerment)*« an Bedeutung.

»*Autonomie*« und – als Gegenpol innerhalb eines spannungsreichen Zusammenhangs – »*Verbundenheit*« sind häufig als grundlegende Bedürfnisse des heranwachsenden Menschen beschrieben worden; Rothbaum/Trommsdorff (2007) sprechen in ihrem diesbezüglichen englischsprachigen Handbuchbeitrag von »*autonomy*« und »*relatedness*« sowie, metaphorisch, von »*roots*« und »*wings*«; sie stellen die Frage, ob diese polaren Orientierungsmuster einander ausschließen oder, wenn auch spannungsreich, zusammengehören. Für die Unvereinbarkeit der polaren Orientierungsmuster spricht die Tatsache, dass es nachweislich bestimmte Kulturen gibt, die eindeutig den einen Pol und andere Kulturen, die eindeutig den anderen Pol betonen (vgl. z. B. Triandis 1995). Nach der Sichtung einer Fülle von Forschungsbefunden kommen demgegenüber Rothbaum/Trommsdorff (2007) zu dem Schluss, dass es gute Gründe dafür gäbe und fruchtbar sei, die beiden genannten Pole – ganz im Sinne des Konzepts der »*Ambivalenz*« – nicht als ein Entweder-Oder, sondern als ein *Sowohl-als-Auch* zu konstruieren; dafür hat auch Liegle (1999) plädiert und vorgeschlagen, relationale Kategorien wie jene einer »autonomen Verbundenheit« und einer » auf Verbundenheit aufbauenden Autonomie« ins Auge zu fassen.

Die Frage, welche Ausdrucksformen Autonomie in Feldern der pädagogischen Beziehungspraxis finden kann, lässt sich zumindest ansatzweise mit Blick auf schulpädagogische Forschungsbefunde, mit Blick auf Beispiele von »Kinderrepubliken« oder mit Blick auf Theorie- und Praxiskonzepte der pädagogischen Ethik, beispielsweise die Bedeutung (der Förderung) des abstrakten Denkvermögens für die Bereitschaft und Fähigkeit von Kindern und Jugendlichen zu autonomen, über Konventionen hinausgehenden Urteilen und Verhaltensweisen, beantworten. Dass derartige Urteile und Verhaltensweisen gelernt und geübt werden müssen und dass sie nur in Feldern der pädagogischen Erziehungspraxis gelernt und geübt werden *können*, die in dieser Perspektive konstruiert werden, habe ich im einleitenden Absatz dieses Teilkapitels bereits angesprochen.

Autorität

Die Frage der *Autorität* gehört zu den zentralen Themen der Theorie und der Philosophie der Erziehung (vgl. z. B. Herzog 2002, S. 508 ff.; Reichenbach 2011); und der Umgang mit Autorität gehört zweifellos zu den zentralen Problemen der professionellen Praxis. Reichenbach (2011) hat den pädagogischen Diskurs über Autorität und die Wandlungen in den Auffassungen über die Rolle und über die (legitimierbare) Gestalt von Autorität zwischen den Anfängen der Pädagogik im 18. und beginnenden 19. Jahrhundert (z. B. Kant) über die Phase der Propagierung von »antiautoritärer« Erziehung bis in die Gegenwart nachgezeichnet, in der, gemäß der Diagnose von Reichenbach, das Thema der pädagogischen Autorität »wieder rehabilitert zu sein scheint«. Reichenbach resümiert neben Phasen und Positionen der theoretischen Autoritätsdiskussion und der Thematisierung von Autorität im Sinne von »Befehlen und Gehorchen« in der Literatur (z. B. Canetti) und in der Philosophie (z. B. Hannah Arendt) auch die empirische Erforschung von Autorität; hier geht er auf die Autoritarismusforschung nach 1945, die Erziehungsstilforschung, die Untersuchungen über Formen der »Klassenführung« und deren mögliche Auswirkungen auf die Lernprozesse und den Lernerfolg der Schüler(innen) sowie auf Studien über die Entwicklung von Autoritätsvorstellungen und von Umgangsformen mit (Lehrer-)Autorität bei Kindern und Jugendlichen (z. B. mit Bezug auf Damons Buch »Die soziale Welt des Kindes«) ein. Die wichtige Rolle, die das Autoritätsthema im Theoriediskurs der Pädagogik sowie in der professionellen Praxis einnimmt, hängt nicht zuletzt damit zusammen, dass zu den konstitutiven Merkmalen der pädagogischen Beziehungspraxis deren *asymmetrische Struktur*, d. h. das *Machtgefälle* zwischen Lehrpersonen und SchülerInnen gehört. Der Umgang – auch im Sinne von (kritischer) Auseinandersetzung – mit Macht und mit der Rolle der Macht habenden Person, nämlich der Lehrperson, stellt zweifellos eine schwierige Aufgabe dar, und zwar sowohl für die Lehrperson selber als auch für die mit weniger (Macht-)Ressourcen ausgestatteten Kinder und Jugendlichen. Es scheint mir unvermeidlich und auch für beide Seiten fruchtbar zu sein, sich bewusst auf das durch ein Machtgefälle gekennzeichnete Rollenspiel einzulassen; wünschenswert erscheint mir in diesem Zusammenhang außerdem eine kommunikative Thematisierung dieses Rollenspiels im Sinne einer *Metakommunikation* über das angesprochene Machtgefälle. Außerdem erscheint es mir naheliegend, dass das angesprochene, von ungleicher Verteilung von Macht geprägte Rollenspiel unter bestimmten Bedingungen die Atmosphäre in Feldern der pädagogischen Beziehungspraxis aufhellen und in Richtung auf Reziprozität verändern kann, dann zum Beispiel, wenn sich im Horizont der kulturell vorgegebenen Rollen die Personen im Sinne der von Plessner (1960/1974) beschriebenen »*vermittelten Unmittelbarkeit*« begegnen. In dieser Perspektive könnte man dann argumentieren, dass Autorität vor ihren immer naheliegenden Pervertierungen bewahrt bleiben kann, wenn das Spiel der *Autoritäts*rolle einhergeht mit der Demonstration von *Verbundenheit*. In dieser Perspektive ergibt sich für die Felder der schulischen Beziehungspraxis eine Parallele zu den durch einschlägige Untersuchungen gestützen Einsichten zur »Qualität« von Eltern-Kind-Beziehungen; sie besagen, dass Formen der Beziehungsgestaltung, welche die Pole des Autoritären und des Laissez-faire vermeiden zugunsten eines dritten Weges, welcher durch die Verbindung von konsequenten Regeln der sozialen Ordnung mit emotionaler Zuwendung, Achtung, Anerkennung und Bestätigung verbinden, bei den befragten Kindern und Jugendlichen die stärkste Zustimmung finden

Zu vermuten ist aber auch, dass selbst bei Bemühungen, das Machtgefälle zwischen Lehrpersonen und Schüler/Innen abzubauen und es zum Thema von »Metakommunikation« gemeinsam zu bedenken und zu besprechen, die Asymmetrie als ein konstitutives Merkmal des »pädagogischen Bezugs« erhalten bleiben wird.

Balance von Nähe und Distanz, von Personbezug und Sachbezug

Angesichts der zahlreichen Fälle von Gewalt und sexuellem Missbrauch in Erziehungseinrichtungen und deren Darstellung und Diskussion in den Medien ist die Frage der Balance von Nähe und Distanz in der pädagogischen Beziehungspraxis in letzter Zeit zu einem weit über die Fachszene hinausreichenden, öffentlichen Thema geworden. Auch unabhängig und lange vor diesen aktuellen Katastrophen haben pädagogische Theorie und pädagogische Forschung das Spannungsverhältnis zwischen Nähe und Distanz – als eine von mehreren Grundspannungen, welche für die pädagogische Beziehungspraxis kennzeichnend sind – zum Thema gemacht (vgl. z. B. Seichter 2007, S. 11–30; Drieschner/Gaus 2011, S. 7–28).

Der Psychologe Friedrich Winnefeld, der in seinen Analysen und Untersuchungen die auf Kurt Lewin zurückgehende Feldtheorie und Feldforschung rezipiert, weitergeführt und auf das soziale Feld der Schule bzw. der Schulklasse übertragen hat, beobachtet und beschreibt das angesprochene Spannungsverhältnis nicht mit den Begriffen der Nähe und der Distanz, sondern stattdessen mit den Begriffen des *Personbezugs* und des *Sachbezugs* im Verhalten der Lehrperson oder, wie ich es im Kontext des von mir vorgeschlagenen Konzepts der Beziehungspädagogik formulieren könnte, im sozialen Kontext der pädagogischen Beziehungspraxis des Unterrichts (Winnefeld spricht vom »*pädagogischen Kontakt*«); auch hier, wie im Falle von Nähe und Distanz, geht es dann um eine »Balance«, z. B. im Sinne eines zeitlichen und situativen Wechsels von Personbezug und Sachbezug (vgl. Winnefeld 1971). In beiden Hinsichten wird daher als ein Qualitätsmerkmal des Erziehens herausgestellt, eine Beziehungspraxis zu vermeiden, die einseitig auf Nähe *oder* auf Distanz, auf Personbezug *oder* Sachbezug setzt und ausgerichtet ist.

Begegnung

Die Kategorie der *Begegnung* ist eher in der Perspektive der Erziehungs- und Sozialphilosophie thematisiert worden (z. B. Gerner 1969; Loch 1969; Buber 1997) als in der Perspektive der Lehr- und Lernforschung; das mag damit zu tun haben, dass sich »Begegnung«, ähnlich wie »Dialog«, nur schwer operationalisieren und beobachten lässt; jedenfalls habe ich zu beiden Kategorien keine empirischen Forschungsbefunde entdecken können. Dennoch wird man davon ausgehen können, dass das subjektive Bewusstsein der Erfahrung von *Begegnung* und *Dialog* oder auch des Fehlens von oder des Mangels an Begegnung und Dialog sowohl bei Lehrpersonen als auch bei Schüler/Innen präsent ist; und zwar deshalb, weil mit beiden Begriffen die – allemal positiv empfundene – *Wechselseitigkeit* in den Feldern der pädagogischen Beziehungspraxis umschrieben wird; die durch das Element der Wechselseitigkeit gekennzeichneten Konzepte der *Intersubjektivität* und der *Relationalität* habe ich in diesem Buch immer wieder als grundlegende Prinzipien der »*Beziehungspädagogik*« angesprochen, beispielsweise auch mit dem Hinweis auf die Habilitationsschrift von Steffen Schlüter, in welcher der Autor eine

Reihe von Pädagogiken zwischen Herbart und John Dewey unter dem Aspekt von »*Wechselseitigkeit*« bzw. *Inter-Aktion* erörtert (Schlüter 2013).

Bemächtigung (*empowerment*) der Kinder

Die Kategorie der »*Bemächtigung*« (im anglo-amerikanischen Sprachraum »*empowerment*«) umschreibt die in der Theorie und in der Praxis der Erziehung (einschließlich des Unterrichts als Form der Erziehung) vollzogene Konstruktion des Kindes oder auch der Kindergemeinschaft als eigenständiger Akteur im jeweiligen sozialen Feld der pädagogischen Beziehungspraxis und als Mitgestalter dieser Praxis (vgl. z. B. Pramling 1998; Oswell 2013). Diese Konstruktion vertraut auf das Handlungsvermögen (*agency*) des Kindes (vgl. Moran-Ellis 2013 und 2014; Oswell 2013) oder, zutreffender formuliert, sie fordert die Schaffung von Rahmenbedingungen in den Feldern der pädagogischen Beziehungspraxis, welche eine Bemächtigung der Kinder nicht nur erlauben, sondern unterstützen und anregen.; die konsequenteste Praxis der Bemächtigung von Kindern hat es in den so genannten »Kinderrepubliken« gegeben, zu welchen auch die von Janusz Korczak begründeten und geleiteten Einrichtungen gehört haben.

Bestätigung zum Ausdruck bringen

Die Kategorie der *Bestätigung*, die beispielsweise in dem Forschungsüberblick von Bohnsack (2013) berücksichtigt und hier mit »*Wertschätzung*« gleichgesetzt wird, verstehe ich als einen wichtigen Aspekt von »*Anerkennung*«, und zwar Anerkennung im Modus der »bedingten« Anerkennung. Der (z. B. sprachliche oder mimische) Ausdruck von Bestätigung kann von Schüler/Innen als wohltuende »Antwort« sei es auf ihre Lernbemühungen, sei es auf ihre faktischen Lernerfolge erfahren werden.

Bildungsgemeinschaft (*community of learners*)

Die Kategorie »*Bildungsgemeinschaft*« ist von Hermann Nohl eingeführt worden (Nohl 1933, S. 20 ff.); sie ist immer wieder aufgegriffen worden, zuweilen auch ohne ausdrücklichen Rückbezug auf Nohl; es gibt aber auch Varianten und Weiterentwicklungen des Nohlschen Konzepts sowie andere Begriffe, beispielsweise Begriffe aus dem anglo-amerikanischen Sprachraum (etwa *community of learners*), die ich hier unter dem Nohlschen Begriff subsumiere; dies geschieht unter der Bedingung, dass mit den betreffenden Begriffen oder Konzepten ein soziales Feld der pädagogischen Beziehungspaxis umschrieben wird, in welchem *reziproke Beziehungen* zwischen lehrenden und lernenden Personen sowie zwischen den Prozessen des Lehrens und Lernens entweder angestrebt werden oder, wie beispielsweise in den »Kinderrepubliken«, institutionalisiert sind; und unter der Bedingung, dass beide Personengruppen, Lehrpersonen und Schüler(innen) als »*Lernende*« gelten, eine Bedingung, welcher der Nohlsche Bildungsbegriff innerhalb seines Konzepts der »Bildungsgemeinschaft« insofern gerecht wird, als Nohl »*Bildung*« als *Aneignungstätigkeit* bestimmt. Nimmt man aus dem anglo-amerikanischen Sprachraum die Rede von der »*community of learners*« (s. z. B. Rogoff u. a 1998) hinzu, so sind zwei weitere Bedingungen und deren sprachliche Bezeichnung zu nennen: bei beiden Personengruppen (Lehrpersonen und SchülerInnen) geht es um die »*Partizipation*« in einem Feld der pädagogischen Beziehungspraxis sowie um Formen der »*Kooperation*« zwischen den beiden Personengruppen bzw. deren einzelne Mitglieder (vgl. z. B. Rogoff u. a. 1998; Tomasello 2014).

Dialog

Für die Kategorie des Dialogs gilt entsprechend, was ich zur Kategorie der Begegnung ausgeführt habe: Es liegen zu dieser Kategorie (Dialog) eine Reihe von erziehungs- und sozialphilosophischen Abhandlungen und Analysen vor (z. B. Buber 1997; Begemann 2001), aber keine empirischen Forschungsbefunde.

Die Philosophie des Dialogs von Buber (1997) habe ich in Kapitel II/3 kurz zusammengefasst und erläutert. Eine interessante Weiterentwicklung der mitteleuropäischen Tradition des dialogischen Denkens in Richtung auf eine kulturhistorische bzw. sozio-kulturelle Theorie des Dialogs lässt sich in den Schriften des russischen Psychologen Lev Vygotskij entdecken (vgl. Wells 1999); dessen wichtigste Grundgedanken habe ich in Kapitel II/8 zitiert und erläutert.

Einfühlung, Empathie praktizieren

Die Fähigkeit (und Bereitschaft), sich in Andere hineinzuversetzen, bildet die erste und wichtigste Voraussetzung dafür, dass Menschen gemeinsam handeln und gemeinsames Handeln antizipieren und planen, dass sie *zusammenarbeiten* (vgl. z. B. Sennett 2014) bzw. *kooperieren* (vgl. z. B. Tomasello 2014) können. Diese Fähigkeit ist mit verschiedenen Begriffen umschrieben worden; diese betonen, wie beispielsweise »*Einfühlung*« (vgl. Herzog 2002, S. 272 ff) und »*Empathie*« (vgl. de Waal 2009; Bischof-Köhler 2011; Metzinger 2011), die emotionalen Aspekte dieser Fähigkeit oder, wie beispielsweise »*gemeinsame Intentionalität*« (vgl. Tomasello 2014), »*theory of mind*« (z. B. Singer 2002) und »*Mentalisierung*« (z. B. Gamble/Gowlett/Dunbar 2014, S. 71 ff.), die mentalen bzw. kognitiven Aspekte der Fähigkeit des Sich-Hineinversetzens in andere Menschen. Diese Fähigkeit wird bislang ausschließlich den menschlichen Primaten zugeschrieben, und die lebensgeschichtlichen Anfänge der *ontogenetischen* Entwicklung dieser Fähigkeit werden von einigen Forschern, wie z. B. Tomasello (2014), in der frühesten Kindheit, d. h. in der vorsprachlichen Lebensphase angesiedelt; diese, durch experimentelle Forschung mit tierischen und menschlichen Primaten gestützte Auffassung könnte dahingehend interpretiert werden, dass die Fähigkeit und Neigung zur Verständigung und Zusammenarbeit mit Mitmenschen – zunächst, wie Tomasello betont – im Zwei-Personen-Modell, d. h. im Kontext der Beziehungen des neugeborenen Kindes mit seinen nächsten dauerhaften Bezugspersonen, wie dies am Beispiel des »*Bindungs*«geschehens beschrieben wurde, zum *phylogentischen* Erbe des Menschen gehören; eine Interpretation, auf welche ich in der Perspektive der Evolution des »sozialen Gehirns« (z. B. Gamble/ Gowlett/Dunbar 2014) im Schlussteil dieses Buches näher eingehen werde. Mentalisierung bzw. Empathie erfüllen bei der Gestaltung von Beziehungen insbesondere dann eine wichtige Aufgabe, wenn die betreffenden Beziehungen, wie es mit Blick auf die Beziehungen in den Feldern der pädagogischen Praxis der Fall ist, prinzipiell vom Strukturmerkmal der Asymmetrie geprägt sind; denn hier liegen die Gefahr des Machtmissbrauchs und die Gefahr der Verletzung der anvertrauten Kinder und Jugendlichen nahe (vgl. z. B. Prengel 2013); daher bedarf es in der pädagogischen Beziehungspraxis einer bewussten Selbstbeobachtung und Selbstkontrolle der erziehenden bzw. unterrichtenden Erwachsenen; diese Aspekte der Professionalität erfahren Unterstützung und Förderung in der sozialen Praxis von E*mpathie* und Mentalisierung; in Martin Bubers Konzept einer »dialogischen Erziehung« ist in diesem Zusammenhang von »Umfassung« die Rede.

Erfahrungen zugänglich machen, Erfahrungsräume schaffen

Die Kategorie »Erfahrung« (vgl. z. B. Prange 1988 und 1989; Herzog 2002, S. 18 ff und 85 ff) begleitet den gesamten Gedankengang bei meinem Versuch, ein Konzept der »Beziehungspädagogik« zu beschreiben und zu begründen; schon in der Einleitung werden zu überprüfende Aussagen über Erziehungs- und Lernprozesse in der Perspektive von »Erfahrung« vorgetragen; die beiden wichtigsten sozialen Felder der pädagogischen Beziehungspraxis, Familie und Schule, werden als »*Erfahrungsräume*« interpretiert; das Gleiche gilt für die Erörterung der weiteren Beziehungskonstellationen, wie beispielsweise Freundschaften und Medienwelten; am Beispiel ästhetischer Artefakte (Kunst, Musik und Literatur) ist zudem deutlich geworden, dass die Gestaltung der pädagogischen Beziehungspraxis die Aufgabe der Schaffung von (ästhetischen) Erfahrungsräumen einschließt. Einen erziehungsphilosophischen Ansatz, in welchem der Erfahrungsbegriff einen zentralen Stellenwert einnimmt, habe ich am Beispiel von Dewey dargestellt; auch für den US-amerikanischen Pragmatismus im Ganzen, zumal für die diesem verpflichtete »pragmatische Pädagogik« (Wilhelm 1975) trifft dies zu. In der Art und Weise, wie Dewey pädagogische Erfahrung konstruiert, gewinnt »Erfahrungspädagogik« dadurch ein besonderes Profil, dass sie sich gegenüber jeder normativen Orientierung abgrenzt und statt dessen die »*Kontingenz*« von Erziehungs- und Lernprozessen hervorhebt; dieser Auffassung zufolge gehört es zur Eigenart von Erfahrungen, dass sie an frühere Erfahrungen anschließen und künftige Erfahrungen vorbereiten oder zumindest möglich machen, ohne dass allerdings solche künftigen Erfahrungen von der betreffenden oder einer anderen Person vorhergesehen oder vorhergesagt werden könnte. Eine zweite Eigenart des am Pragmatismus orientierten Erfahrungskonzepts kann mit dem Hinweis auf ein Parallelphänomen illustriert werden: Wie nicht alles, was einem Menschen *begegnet*, zur »*Begegnung*« wird, so wird auch nicht alles, was einem Menschen widerfährt, zur »*Erfahrung*«; damit aus dem Begegnen »Begegnung« und aus dem Widerfahren »Erfahrung« wird, muss ein Transformationsprozess stattfinden; er besteht darin, dass aus einem Ereignis oder Geschehen, welches in der *Außenwelt* angesiedelt ist und stattfindet, ein Element der *Innenwelt*, der Denk- bzw. Gedankenwelt – Herbart würde »Gedankenkreis« sagen – wird; Vygotsky hat diesen Transformationsprozess »*Verinnerlichung« (interiorisation)* genannt. Bedeutsam ist an dieser Sichtweise, dass »*Erfahrung«* nicht als ein spontanes Geschehen konstruiert wird, sondern als ein Geschehen, das durch Verinnerlichung und Reflexion einen – für das jeweilige Individuum in der jeweiligen Situation und im jeweiligen Augenblick – bestimmten »*Sinn«* erhält; die (Lern-) Aufgabe dessen, der oder die sich auf eine »Erfahrung« einlässt, besteht demzufolge darin, die aktuelle Erfahrung mit früheren Erfahrungen in einen »sinnvollen« Zusammenhang zu bringen; in Goethes Bildungsroman »Wilhelm Meisters Lehrjahre« findet sich diesbezüglich der Satz: »Nachdem ich etwas erfahren hatte, kam es mir vor, als ob ich gar nichts wisse, und ich hatte recht, denn es fehlte mir der *Zusammenhang*, und auf den kommt doch eigentlich alles an« (Goethe VII, S. 19; Hervorh. LL).

Ermutigung zum Ausdruck bringen

Die Kategorie der »*Ermutigung«* (vgl. z. B. Frick 2007) zeigt eine gewisse Nähe zu den Kategorien der (bedingten) Anerkennung und der Bestätigung; dennoch verdient sie eine eigene Berücksichtigung, da sie nicht, wie die genannten Kategorien auf bereits erbrachte, sondern auf zukünftige Leistungen und Lernerfolge bezogen ist; Ermutigung ist dazu angetan, die Lernmotivation und das Selbstvertrauen der Kinder bzw. das Vertrauen der Kinder in ihre Lern- und Leistungsfähigkeit zu stärken. Mit Bezug auf die Rede von Vygotsky von der »*Zone der nächsten Entwicklung«* könnte man argumentieren, dass Ermutigung (insbesondere dann, wenn sie mit Lernanregungen verbunden ist) Situationen verfügbar machen kann, die es Kindern erleichtert, die jeweils nächsten Lernschritte anzugehen.

Freiheit kultivieren

Für die Kategorie »*Freiheit«* gilt entsprechend, was ich zur Kategorie »*Autonomie«* gesagt habe: »Freiheit« kann als der eine Pol innerhalb eines zweipoligen spannungsreichen Zusammenhangs gesehen und es kann die Kantische Frage gestellt werden: »Wie kultiviere ich die Freiheit bei dem Zwange?« (Kant 1803/1922). In dieser Perspektive rückt dann die Aufgabe ins Blickfeld, ein soziales Feld der pädagogischen Beziehungspraxis so zu konstruieren (auch theoretisch), dass das »Handlungsvermögen (*agency* der Kinder) und ihre »*Partizipation«* so unterstützt und gefördert werden, dass Akte der Freiheit möglich werden, obgleich die Schul»erfahrung« unter Bedingungen des Zwangs eingesetzt hat und auch weitergeht.

Führen/Führung als Form der Erziehung

Die Kategorie »Führen« passt auf den ersten Blick noch weniger als die Kategorie »Aufforderung« in das Spektrum der angekündigten »Fröhlichen Pädagogik«.

Dass es aber unabhängig von diesem ersten Eindruck tatsächlich sehr häufig zutrifft, dass erfolgreiches Lernen von erfahrener Führung abhängig ist, zeigt sich noch mehr als beim schulischen Lernen beim Erlernen eines Handwerks, einer Sportdisziplin oder eines Musikinstruments. Um es allgemeiner zu sagen: Wenn es keine Führung von seiten kompetenter Lehrpersonen gäbe, müsste jeder Einzelne und jede neue Generation in allen Bereichen des Wissens und Könnens immer wieder von vorne anfangen, und es gäbe keine Tradition und keinen Fortschritt beispielsweise in Wissenschaft und Technik. Und das gilt auch für das in Schulen vermittelte und gelernte Wissen, auch wenn es immer so gewesen ist und so sein wird, dass wir in der Schule eben doch nicht »fürs Leben«, sondern »für die Schule« lernen. Wenn es aber in der Schule – trotz allem – gelingt, wenigstens ein Stück weit die Fähigkeit zum Lernen und, wenigstens ansatzweise, die Fähigkeit zum Denken zu lernen – und auch der diesbezügliche Lernprozess ist ebenso sehr, wie die erwähnten auf Handwerke etc. bezogenen Lernprozesse, auf Anleitung und »Führung« angewiesen –, so erfüllt sie damit eine von keiner anderen Instanz oder Instituuion zu erfüllende Aufgabe. Es ist daher durchaus realistisch, wenn Forscherteams – und zwar gerade solche, die ansonsten auf die Förderung des »*Handlungsvermögens (agency) der Kinder*« Wert legen – die Schüler/Innen in einem »*Gesellentum im Denken*« (*apprenticeship in thinking*) verorten (vgl. Rogoff u. a. 1998; Rogoff 1990). Weinert (1996, S. 8) spricht im gleichen Zusammenhang von »angeleiterer Partizipation« (apprenticeship)«.

Der Autor der »Fröhlichen Pädagogik« kennt, wie bereits angesprochen, den Begriff »*Führen*« nicht; er kennt und nutzt jedoch einen Parallelbegriff: »Lenken«; allerdings koppelt er diesen Begriff an die Kategorie »Einfühlen«. Gleich nach dem häufig zitierten Satz: »*Kinder werden nicht erst Menschen, sie sind es bereits*«, steht der Satz: »Deshalb muss man diese Keime entwickeln, *ihr Wachstum einfühlsam lenken*« (zit. in Beiner 2015, S. 59; Hervorh. LL).

Der Begriff »Führen« ist in der Pädagogik häufig als Gegensatz zum »*Wachsenlassen*« erörtert worden. Dies scheint auch bei dem viel zitierten Büchlein von Theodor Litt (1927) der Fall gewesen zu sein; denn der Autor hat dem Büchlein den Titel »*Führen oder Wachsenlassen*« gegeben; erst nach der Lektüre wird der Leserschaft offenkundig, dass es Litt nicht um eine Alternative, sondern um einen – wenn auch spannungsreichen – Zusammenhang geht, um ein *Sowohl-als-Auch*; hier kommt demnach eine Denkfigur zum Tragen, wie sie auch bei der »Kultivierung der Freiheit« zu beobachten ist und wie sie ganz allgemein für alle durch *Ambivalenzen* gekennzeichneten sozialen Phänomene zutrifft. Will sagen: Erst wenn eine Lehrperson eine(n) Schüler(in) an die Beherrschung einer Sache heran*geführt* hat, beispielsweise auch durch Vormachen oder »Zeigen«, kann sie realistischer Weise damit rechnen und das Zutrauen haben, dass sich der bzw. die Lernende(n) in diesem Bereich frei und selbsttätig und selbständig bewegen kann bzw. können und man sie daher in diesem Bereich »*wachsen lassen*« kann. Insofern könnte man die auf das Paradox von Zwang und Freiheit bezogene Frage Kants »Wie kultiviere ich die Freiheit bei dem Zwange?« mit Blick auf das Paradox von »Führen« und »Wachsenlassen« umformulieren und fragen: »Wie kultiviere ich das Wachsenlassen bei der Führung?« In dieser Perspektive rückt dann die Aufgabe ins Blickfeld, ein soziales Feld der pädagogischen Beziehungspraxis so zu konstruieren (auch theoretisch), dass das »Wachsenlassen« so unterstützt und gefördert werden kann, dass Akte des selbständigen Handelns möglich werden, obgleich die Schul»erfahrung« unter Bedingungen der »Führung« eingesetzt hat und immer wieder abläuft. In einer vergleichbaren Perspektive hat Weinert (1982) davor gewarnt, die durchaus erstrebenswerte und immer auch schon rudimentär vorhandene Fähigkeit zum »*selbstgesteuerten Lernen*« so zu verstehen, als könne man im didaktischen Handeln im Schulunterricht einfach auf diesen Modus des Lernens setzen; man müsse vielmehr beachten, so Weinert (1982), dass selbstgesteuertes Lernen in drei Perspektiven auftreten könne: als *Voraussetzung*, als *Methode* und als *Ziel* des Unterrichts. In der zuletzt genannten Perspektive, also als *Ziel* des Unterrichts, sollte jedenfalls eine Praxis des »*Wachsenlassen*s« und die »Kultivierung der *Freiheit* bei dem Zwange« verstanden werden; in einer derartigen Zielperspektive kommt nämlich eine Transformation von »Unterricht« zu »Selbstunterweisung«, von »Erziehung« zu »Selbsterziehung« zustande; es findet damit eine Annäherung an eine Möglichkeit des Selbst- bzw. Anderswerden statt, die Unterricht und Erziehung an ihr Ende kommen und überflüssig werden lässt.

Fürsorge, Fürsorglichkeit (siehe Sorge)

Der Begriff »*Fürsorglichkeit*« taucht in der (erziehungs-)wissenschaftlichen Literatur nur selten auf; er beschreibt eine Haltung und Einstellung, welche als Motivation und Voraussetzung für ein Verhalten bzw. Handeln in der Perspektive von »Verantwortung« oder »Sorge« gelten kann. Prange (2010) ordnet in seiner »Ethik der Pädagogik« die Kategorie »*Ethik der Fürsorge*« dem pädagogischen Praxisfeld der Familie zu, während die Kategorie *Ethik der Führung*« dem Praxisfeld der *Schule* bzw. der »öffentlichen Erziehung« zugeordnet wird; damit rückt die Kategorie »Führsorge« bzw. »Fürsorglichkeit« in die Nähe der Kategorie »Sorge«, aber auch in die Nähe der Kategorie »*Antwortendes Verhalten/Handeln; Erziehung als Antwort*«.

Grenzen (z. B. Grenzen der Erziehung, des Verstehens und der Lernfähigkeit einzelner Kinder) erkennen und anerkennen

Die Kategorie der *Grenze* spielt im theoretischen Diskurs der Pädagogik eine zentrale Rolle (vgl. z. B. Bernfeld 1925/1967); es geht dabei darum, wie man einseitige Vorstellungen entweder von der Allmacht oder von der Ohnmacht der Erziehung vermeiden und statt dessen eine realistische Einschätzung finden kann, die auch für die Selbstreflexion und das Verhalten und Handeln der Lehrpersonen hilfreich sein könnte. In neueren Theorieangeboten wird statt des Begriffs der Grenze häufig die Kategorie der »*Kontingenz*« herangezogen; damit wird zum Ausdruck gebracht, dass in der pädagogischen Beziehungspraxis eine bestimmte Unbestimmbarkeit angelegt ist; das Ergebnis bzw. die Wirkung von absichtlichem Handeln bleibt unentscheidbar. In dieser Perspektive spricht Hezog (2002, S. 411 ff.) von »doppelter Kontingenz«; Ricken (1999, S. 401 ff.) entwirft »Kontingenzpädagogik« als Ansatz für ein »verändertes pädagogisches Selbstverständnis«, ein Ansatz, der von John Dewey, den Ricken allerdings nicht rezipiert hat, vorgedacht worden ist.

Handlungsvermögen der Kinder (*agency*) unterstützen und fördern

Die Kategorie des »*Handlungsvermögens (agency)*« der Kinder (vgl. z. B. Moran-Ellis 2013 und 2014; Oswell 2013) gehört zu den Schwerpunkten der neueren Kinder- und Kindheitsforschung und hat auch Eingang gefunden in die erziehungswissenschaftliche Theoriebildung und Forschung. In dem von mir vorgestellten Konzept der Beziehungspädagogik nimmt diese Kategorie – ebenso wie und im Zusammenhang mit den Kategorien der »*Bemächtigung*«, der »*Partizipation*« und der »*Teilhabe an Verantwortung*« – eine zentrale Stellung ein; denn in der Perspektive dieses Konzepts werden Kinder als mit eigenen Rechten ausgestattete Akteure in einem als Praxis- und »Bildungsgemeinschaft« definierten sozialen Feld konstruiert (zu den rechtlichen Aspekten vgl. Krappmann 2016).

Humor

Die Kategorie des *Humors* hat in der pädagogischen Fachliteratur Seltenheitswert; eine der ganz wenigen Publikationen, das 1967 im Kösel-Verlag München erschienene Buch von Fritz März »Humor in der Erziehung«, ist derzeit nicht verfügbar. Am häufigsten und in der größten Vielfalt von Ausdrucksformen kann man dem Humor in den pädagogischen Schriften (z. B. in dem bereits erwähnten Buch »Fröhliche Pädagogik« sowie insbesondere in den erzählenden Schriften (z. B. in der Erzählung »König Hänschen«) von Janusz Korczak begegnen; auf ihn und seine Einrichtungen und seine Kinder trifft angesichts des mörderischen Antisemitismus im von den Nationalsozialisten besetzten Warschau in tragischem Ausmaß das »Trotzdem« zu, welches Wilhelm Busch in seiner berühmten Definition, der gemäß »*Humor ist, wenn man trotzdem lacht*«, angesprochen hat.

Identität neu denken

Es scheint – so hat Klaus Mollenhauer zu Recht argumentiert – »als liefe ein großer Teil der Orientierungsprobleme, mit denen Menschen heute zu tun haben, in diesem Wort (Identität) zusammen; was Religion, Weltanschauung, Nationalität, Gruppenzugehörigkeit nicht mehr hergeben, soll nun Identitätsfindung und Selbsterfahrung leisten. Da liegt es nahe, dass der Gebrauch dieses Schlüsselwortes inflationär wird« (Mollenhauer 1983, S. 155 f.).

Gegenüber einem derart inflationären Gebrauch eines schillernden Identitätsbegriffs will ich ein neues, jedenfalls anderes Denken über »Identität« vorstellen, welches viel mit dem Profil des von mir vorgeschlagenen Konzepts einer »Beziehungspädagogik« zu tun hat und das sich in der Formel zusammenfassen lässt: »*Selbstwerden als Anderswerden begreifen und anregen*« (▶ Kap. VI/2).

Kommunikation als Medium von Erziehungs- und Lernprozessen

Die Kategorie der »*Kommunikation*« (vgl. z. B. Bock 1978; Müller-Rolli 2013) beschreibt den – großenteils *sprachlich* vermittelten – Prozess der interpersonellen Interaktion in den sozialen Feldern der pädagogischen Beziehungspraxis. Zu den fruchtbarsten und bekanntesten theoretischen Ansätzen zur Analyse von (pädagogischen) Kommunikationsprozessen gehört der »Sozialbehaviorismus« von *George Herbert Mead*. Sprachlich vermittelte Kommunikationsprozesse und deren Entschlüsselung spielen auch eine zentrale Rolle, wenn es darum geht, die »*semantischen Konventionen*« (Mollenhauer 1979) und Prozesse in Praxisgemeinschaften, beispielsweise auch in Freundschaftspaaren und -gruppen, zu entschlüsseln. Zu Recht hat Müller-Rolli (2013) darauf hingewiesen, dass das Habermassche Modell des herrschaftsfreien Diskurses auf die Analyse schulischer Kommunikationsprozesse im Allgemeinen nicht anwendbar ist, weil diese Prozesse, wie ich mit Blick auf die »soziale Logik« der pädagogischebn Beziehungspraxis ausgeführt habe, durch das Strukturmerkmal der Asymmetrie geprägt werden.

Dem – nicht nur in den Feldern der pädagogischen Erziehungspraxis relevanten – Zusammenhang zwischen Kommunikation und »*Beeinflussung*« ist Luthe (1968) nachgegangen. Csibra/Gergely (2011) sprechen im Hinblick auf das Phänomen, dass Erziehung und Lernen im Medium von (sprachlicher) Kommunikation geschehen, von »*natural pedagogy*«; sie meinen damit, dass das durch Kommunikation vermittelte Erziehungs- und Lerngeschehen für den Menschen – und nur für die Spezies Mensch – »natürlich« und für seine Überlebens- und Anpassungsfähigkeit entscheidend gewesen sei: »By providing a qualitatively new type of social learning mechanism, natural pedagogy is not only the product but also one of the sources of the rich cultural heritage of our species« (Csibra/Gergely 2011).

Welche *Form* Kommunikation annimmt – z. B. neben der verbalen Kommunikation, Formen der mimischen und gestischen Kommunikation – hängt in ontogenetischer Perspektive vom Lebensalter ab; es liegt beispielsweise auf der Hand, dass Kinder bereits vor dem Erlernen ihrer Muttersprache intensiv mit ihresgleichen und mit ihren erwachsenen Bezugspersonen kommunizieren, aber eben nicht sprachlich, sondern mimisch und gestisch; in phylogenetischer Perspektive habe ich in Kapitel V/5 auf die Kulturstufentheorie von Merlin Dalton hingewiesen, in welcher »mimetische«, »mythische« und »theoretische« Kulturen unterschieden werden.

Kontingenz kennen und akzeptieren

Die Kategorie der »*Kontingenz*« (z. B. Ricken 1999) ist für mein Konzept der Beziehungspädagogik schon deshalb besonders wichtig, weil damit die »*Grenzen*« der Erziehung, insbesondere die Unverfügbarkeit des Kindes und die Unentscheidbarkeit der Erfolge von Erziehungsbemühungen beschrieben werden; die »*Kontingenzpädagogik*«, die Ricken (1999, S. 401 ff.) in dieser Perspektive konstruiert, ist demensprechend dadurch gekennzeichnet, dass sie weder normativ noch technologisch argumentiert. Abgesehen von der genannten Skizze von Ricken liegt meines Wissens nur eine einzige ausgearbeitete Konzeption einer »Kontingenzpädagogik« vor: die Erziehungstheorie von John Dewey; gleichermaßen kennzeichnend für Deweys Theoriekonzept ist der zentrale Stellenwert des *Erfahrungs*begriffs.

Kooperation, Zusammenarbeit pflegen

Die Kategorie der »*Kooperation*« (vgl. z. B. Tomasello 2010) bzw. der »Zusammenarbeit« (vgl. z. B. Sennett 2015) ist auf den ersten Blick ebenso wenig wie der englischsprachige Begriff »*collaboration*« (vgl. z. B. Rogoff u. a. 1998) dazu angetan, soziale Felder der pädagogischen Beziehungspraxis zu konstruieren; denn diese Kategorie ist mit der Assoziation verbunden, dass es sich um Beziehungen zwischen Gleichrangigen, um symmetrische Beziehungen handelt; eine Assoziation, die im Hinblick auf Felder der pädagogischen Beziehungspraxis, wie schon mehrfach mit Verweis auf deren asymmetrische Struktur betont, fehl am Platze sind. Erst unter der Voraussetzung, dass pädagogische Beziehungspraxis als Praxisgemeinschaft (community of practice) bzw. als »Bildungsgemeinschaft«, wie bei Nohl oder als »community of learners« (z. B. Rogoff u. a. 1998), konstruiert wird und demzufolge das Handlungsvermögen (*agency*) der Kinder, ihre *Partizipation* sowie Beziehungen der *Reziprozität* und Wechselwirkung ins Auge gefasst werden, erhalten die Kategorien der Kooperation, Kollaboration und Zusammenarbeit einen konstruktiven Sinn. Demgegenüber hat es in der Pädagogischen Psychologie eine lange Zeit tradierte und bis in die Gegenwart weit verbreitete Trennung zwischen Unterrichtspsychologie auf der einen und Lernpsychologie auf der anderen Seite gegeben; zu den diesbezüglichen Ausnahmen gehört die Enzyklopädie Psychologie, insbesondere der Beitrag von Weinert (1996). Eine Annäherung an das Konzept der Kooperation, verstanden als Kooperation zwischen Lehrenden und Lernenden, findet sich in dem handlungsorientierten Lehrbuch von Wahl/Weinert/Huber (1984); hier wird im abschließenden Kapitel die Frage der »Veränderung der pädagogischen Situation durch *gemeinsames Handeln von Lehrern und Schülern*« erörtert (ebd., S. 431 ff.; Hervorh. LL). In derselben Perspektive hat beispielsweise Aspelin (2011) eine zweidimensionale Konzeption von Erziehung beschrieben und dabei die zwei Dimensionen *co-existence* und *co*-operation ins Zentrum gerückt. Die Studie von Hattie (2014) hat gezeigt, dass das Ausmaß von Kooperation zwischen und innerhalb der Mitgliedergruppen einer Schule ein aussagekräftiges Kriterium für Schulqualität abgibt. Tomasello hat in dieser Perspektive und in der Perspektive der von ihm vertretenen evolutionären Psychologie seine Forschungsbefunde, die aus der vergleichenden experimentellen Untersuchung von menschlichen und nichtmenschlichen Primaten hervorgegangen sind, folgendermaßen zusammengefasst:

> »*Die moderne menschliche Kultur ist ... grundlegend kooperativ*, indem Erwachsene auf altruistische Weise Kinder aktiv unterrichten und die Kinder sich aktiv den Erwachsenen anpassen, was ein Mittel darstellt, um sich kooperativ in die Kulturgruppe einzufügen ...
> *Das Lehren entlehnt seine Grundstruktur aus der kooperativen Kommunikation*, bei der wir andere über bestimmte Dinge auf nützliche Weise informieren. Moderne Menschen

fingen nicht ganz von vorne an, sondern bauen auf der Kooperation der Frühmenschen auf. *Die menschliche Kultur ist frühmenschliche Kooperation im großen Stil«* (Tomasello 2014a, S. 126; Hervorh. LL).

Andererseits, wenn die Rede von Kooperation nicht die Beziehungen zwischen Lehrer(in) und Schüler/Innen, sondern die Beziehungen zwischen den Schüler/Innen und damit Beziehungen mit prinzipiell symmetrischer Struktur betrifft, so liegen dazu zahlreiche Analysen und empirische Studien vor, sei es unter dem Titel »Lernen in Gruppen« (z. B. Klafki 1993), sei es unter den Stichworten »Kooperatives Lernen« oder »Gruppenunterricht« (z. B. Johnson/Johnson 1995).

Liebe, pädagogische

Im Zusammenhang mit dem Prinzip der *»Balance von Nähe und Distanz, Personbezug und Sachbezug«* ist die von Prange vorgeschlagene Unterscheidung von »Liebe als Aufgabe« und »Liebe als Passion« bereits erwähnt worden; die pädagogische Liebe, von der hier die Rede sein soll, gehört zum Modus der *»Liebe als Aufgabe«*; das schließt eine immer wieder geübte Praxis des »Personbezugs« im Sinne von Winnefeld, beispielsweise in Gestalt von »*antwortendem Verhalten/ Handeln«* oder *Wohlwollen* selbstverständlich nicht aus. Die heikle Frage nach angemessenen Formen der pädagogischen Liebe in den sozialen Feldern der professionellen pädagogischen Beziehungspraxis ist in differenzierter Art und Weise und, soweit möglich, mit Berücksichtigung empirischer Forschungsbefunde in den Sammelbänden von Seichter (2007), Drieschner/Gaus (2011) und Strobel-Eisele/ Roth (2013) analysiert worden. Schilderungen dessen, was, wie ich vermute, allseits als förderliche Ausdrucksformen pädagogischer Liebe gelten kann, finden sich in den Schriften von Janusz Korczak, zu welchen auch das Buch »Wie man ein Kind lieben soll« (Korczak 1967) gehört. Konsensfähig erscheint mir auch die Abhandlung der Kategorie »*Liebe«* im Zusammenhang der übergeordneten Kategorie der *»ethischen Gefühle«*, die Brumlik (2010) vorgelegt hat; in dieser Abhandlung werden des weiteren die Kategorien der *»Sorge«* und der *»Achtung«* analysiert.

Metakommunikation anregen und organisieren

Wie beispielsweise an der Kategorie *»Autorität«* mit Blick auf das durch ein Machtgefälle geprägte Rollenspiel von Lehrperson und Schüler/Innen aufgezeigt, kann die Praxis von »*Metakommunikation«* als ein Phänomen verstanden werden, welches der Selbstvergewisserung der Mitglieder einer Praxisgemeinschaft über die jeweils vorgegebene (z. B. durch Traditionen und Konventionen bestimmte) oder ausdrücklich vereinbarte *Regelpraxis* sowie der rückblickenden Bilanzierung und der vorausschauenden Planung des an diesen Regeln orientierten Praxisalltags dient; in kulturellen Gemeinschaften (vgl. z. B. Geertz 1973), in Religionsgemeinschaften oder auch in »Kinderrepubliken« werden zum Zwecke der Metakommunikation im gekennzeichneten Sinne eigene Institutionen geschaffen (z. B. das Kindergericht in Korczaks Waisenhäusern) oder eigens Rituale inszeniert. Im Alltag der pädagogischen Beziehungspraxis in der Regelschule können zu diesem Zweck

Unterrichtsgespräche oder, auf einer höheren Organisationsebene, Schulversammlungen (*assemblies*) vorgesehen und genutzt werden.

Man könnte argumentieren, dass Akte und Prozesse der Metakommunikation nach innen diejenige Funktion erfüllen, die bei einer Beobachtung von außen die ethnographische Dokumentation und Entschlüsselung der »*semantischen Konventionen*« (Mollenhauer 1979) in der Perspektive von »Performativität« erfüllt. Diesbezüglich hat Müller-Rolli (2013) zu Recht festgestellt, der familiären, schulischen und außerschulischen Kommunikation sei gemeinsam,

> »dass Kinder, Eltern, Lehrer usw. die Regeln der *Handlungsgrammatik* nicht kennen, denen sie in ihren Interaktionen folgen. Sie sind gebunden an eine Praxis gleich derjenigen, in der Muttersprache zu sprechen, ohne ihre Grammatik zu kennen. Die Regeln dieser Praxis werden nicht thematisiert. Ihre Thematisierung setzt die Fähigkeit bei jedem Sprecher voraus, mit der logischen Unterscheidung zwischen Kommunikation und Kommunikation über Kommunikation, d. h. Metakommunikation, umgehen zu können. Diese Fähigkeit wird aber erst ausgebildet, wenn die kognitive Reife des Kindes hinreichend fortgeschritten ist und wenn die Eltern und Lehrer wissen, welchen sozialen und sprachlichen Regeln sie selbst folgen. Angesichts der Unkenntnis dieser Regeln mussten Rousseau, Trapp und Herbart in ihren pädagogischen Aktionen zwangsläufig verzweifeln. Erst wenn die Akteure pädagogischer Aktionen die Regeln des eigenen sozialen Handelns und des eigenen Sprechens kennen, können sie entscheiden, welchen Regeln sie folgen wollen. Bis dahin haben sie die ihnen vorgegebenen Regeln allerdings schon habitualisiert« (Müller-Rolli 2013, S. 167).

In ihrer an »Performativität« interessierten Studie haben Bastian/Combe/Langer (2013) aufgezeigt, dass dialogische Prozesse wechselseitiger Rückmeldungen von Lehrpersonen und Schüler/Innen über das Unterrichtsgeschehen und über Lernprozesse im Sinne von »Metakommunikation« zur Verbesserung der pädagogischen Qualität einer Schule beitragen können.

Partizipation praktizieren

Die Kategorie der *Partizipation* (vgl. z. B. Schwarz 2013; Rogoff 1990 und 1998; Rogoff u. a. 2007) bildet in dem von mir vorgeschlagenen Konzept der Beziehungspädagogik insofern eine der Schlüsselkategorien, als sie ein zentrales Strukturmerkmal eines als »*Bildungsgemeinschaft*« bzw. »community of learners« konstruierten sozialen Feldes der pädagogischen Beziehungspraxis darstellt.

Um Partizipation im Alltag der pädagogischen Beziehungspraxis umsetzen zu können, bedarf es bestimmter, dafür förderlicher institutioneller Bedingungen; außerdem bedarf es einer pädagogischen Einstellung des Personals, die auf Unterstützung und Förderung des eigenständigen *Handlungsvermögens der Kinder* ausgerichtet ist und Kindern, wie dies vor allem in Korczaks Waisenhäusern und anderen »Kinderrepubliken« praktiziert worden ist, Formen der »Selbstregierung« erproben lässt. Lave/Wenger (1991) haben die Frage diskutiert, inwieweit es sich legitimieren lässt, die Partizipation der Kinder zunächt einmal, d. h. in einer Phase des Einlebens und der Eingewöhnung in eine Praxisgemeinschaft, »peripher« zu gestalten; diese Diskussion bewegt sich unter anderem im Horizont einer kulturhistorischen Variante des Konzepts des »situierten Lernens«, die von Vygotsky entwickelt worden ist.

Rechte des Kindes achten und zur Geltung bringen

Der Autor der »Fröhlichen Pädagogik« hat bereits im Jahre 1929 eine Magna Charta der Rechte des Kindes verfasst, und er hat wie kein zweiter Pädagoge eine auf der vollen Gleichberechtigung der Kinder gegründete pädagogische Beziehungspraxis realisiert; auch innerhalb des Ensembles der »Kinderrepubliken«, zu welchem seine Waisenhäuser zu zählen sind, ist Janusz Korczak der profilierteste Pädagoge; insofern könnte man ihn als Gründungsvater nicht nur der *Kinderrechtsbewegung*, sondern der an Rechten der Kinder orientierten »*konstitutionellen Pädagogik*« (vgl. Bartosch u. a. 2015) betrachten. Nachdem im Jahre 1989 die Vereinten Nationen ihre Konvention über die Rechte des Kindes verabschiedet hatten, wurde einerseits die Rolle von Janucz Korczak im historischen Prozess der Kodifizierung von Kinderrechten gewürdigt (vgl. z. B. Kerber-Ganse 2009); andererseits sind – nicht zuletzt durch die zahlreichen Initiativen und Publikationen von Lothar Krappmann, der als Repräsentant für Deutschland an der Arbeit der Kinderkommission der Vereinten Nationen in Genf mitgewirkt hat – die Kinderrechte zu einem zentralen Thema der pädagogischen und der allgemeinen (Medien-)Öffentlichkeit geworden (vgl. z. B. Krappmann/Petry 2016; Prengel/Winklhofer 2014). Mit Blick auf die in diesem Kapitel aufgelisteten Kriterien einer »Fröhlichen Pädagogik« können insbesondere zwei Kriterien stellvertretend für schon heute weithin anerkannte Rechtsansprüche von Kindern im Bildungssystem stehen: das Recht auf »Achtung« und das Recht auf »Partizipation«; dem Recht auf Achtung kommt ohnehin im Denken und in der Erziehungspraxis von Korczak eine Sonderstellung zu (vgl. z. B. Beiner 2015); denn damit wird die tradierte asymmetrische Struktur der pädagogischen Beziehungspraxis grundsätzlich in Frage gestellt und in der Perspektive einer konkreten Utopie einer gleichberechtigten Beziehungspraxis aufgehoben

Regelpraxis institutionalisieren und reflektieren

Das Alltagsleben einer Gemeinschaft weist eine je bestimmte, durch Regeln und Rituale geprägte zeitliche, soziale und inhaltliche (z. B. semantische oder curriculare) Ordnung auf.

Eine Ordnung dieser Art – Geertz (1973, S. 113 f.) spricht mit Blick auf kulturelle Gemeinschaften von »*cultural performances*«, Mollenhauer (1979, S. 7 f.) spricht von den *Regeln der Konstruktion sozialer (semantischer) Wirklichkeit*«, von der »*Konstruktion von Intersubjektivität*« sowie vom »*Etablieren von Regeln des Wissens und Handels*« – muss den Mitgliedern der jeweiligen Gemeinschaft nicht unbedingt bewusst sein; sie kann, sozusagen von innen her, offengelegt werden durch Reflexion bzw. »Metakommunikation« von außen. Aus der »*distanzierten Perspektive*« (Mollenhauer 1979, S. 7 f.) eines Beobachters bzw. Forschers kann eine derartige Ordnung mithilfe eines »ethno-methodologischen Blicks« (Ebd., S. 10) entschlüsselt, rekonstruiert und interpretiert werden. Versuche der Aufdeckung von Aspekten der Regelpraxis in sozialen Feldern der pädagogischen Beziehungspraxis sind in früheren Kapiteln sowohl im Hinblick auf Familien als auch im Hinblick auf

Schulklassen bzw. Schulen in der Perspektive von »Performativität« erörtert worden. Eine ästhetisch »verpackte« Offenlegung der häufig unbewussten Regelpraxis geschieht in *Ritualen*; in Feldern bzw. Institutionen der pädagogischen Beziehungspraxis gibt es auch Beispiele dafür, dass Rituale ausdrücklich zum Zweck der Vergewisserung und Metakommunikation der vereinbarten Regelpraxis inszeniert werden; dies gilt etwa für die Institution des »*Kindergerichts*« in Korczaks Waisenhäusern und für die Schulversammlungen (*assemblies*) in Kohlbergs Praxisprojekten einer »gerechten Gemeinschaft« (*just community*).

In welchem Ausmaß die Regelpraxis in einem sozialen Feld der pädagogischen Beziehungspraxis nicht nur von der (Erwachsenen-)Gesellschaft im Ganzen und von den (erwachsenen) Lehrpersonen festgelegt, sondern von allen Mitgliedern bzw. Beteiligten unter ausdrücklicher Beteiligung der Kinder vereinbart wird, das hängt davon ab, wie es in der betreffenden Institution mit der »Bemächtigung« der Kinder, mit der Modellierung von »Partizipation« sowie mit der Unterstützung und Förderung des »Handlungsvermögens (agency) der Kinder« bestellt ist; die beispielhaft erwähnten »Kinderrepubliken« jedenfalls stellen in dieser Hinsicht sicher Ausnahmen dar.

Respekt (z. B. gegenüber der Andersheit, Einzigartigkeit und Unverfügbarkeit des Kindes) zum Ausdruck bringen

Die Kategorie des *Respekt*s (vgl. z. B. Kästli 2014) zeigt eine Nähe zu den Kategorien der *Achtung*, der *Anerkennung* und der *Wertschätzung*. Die Entscheidung dafür, trotz gewisser Überschneidungen mit anderen Kategorien die Kategorie des Respekts gesondert zu erörtern, ist durch zwei Forschungsbeiträge befördert worden; Kästli (2014) hat in ihrer empirisch-ethnographischen Studie »Respekt« im Zusammenhang mit weiteren »*reziproken Erwartungsstrukturen*« bei SchülerInnen untersucht, und Biesta (2010) hat in seiner theoretischen Analyse »*respect*« als zentrale Kategorie einer »*relational pedagogy*« begründet und diese Kategorie konkretisiert am Respekt der Lehrpersonen gegenüber der Einzigartigkeit, der Andersheit und der Nichtverfügbarkeit jedes Kindes.

Responsivität pflegen

Die Kategorie »Responsivität« ist inhaltlich identisch mit der Kategorie »Antwortendes Verhalten/Handeln«. Der Begriff wird von Rempsperger (2011 und 2013) in der Perspektive pädagogischer Beziehungsqualität in vorschulischen Einrichtungen und von Waldenfels (2010) in der Perspektive einer sozialphilosophisch begründeten Ethik verwendet.

Reziprozität praktizieren

Die Kategorie »*Reziprozität*« (vgl. z. B. Herzog 2002, S. 476–486) überschneidet sich mit der Kategorie »*Wechselwirkung*« (vgl. z. B. Schlüter 2013); beide

5 Beziehungspädagogische Praxis (2): Ansatzpunkte einer »Fröhlichen Pädagogik«

Kategorien konstruieren im Sinne meines Konzepts der »Beziehungspädagogik« die pädagogische Beziehungspraxis als ein sozial und kulturell geprägtes Geschehen, in welchem sowohl die lehrenden und lernenden Personen als auch die Prozesse des Lehrens/der Vermittlung und des Lernens/der Aneignung auf einander bezogen und angewiesen sind; dieses Geschehen setzt nach Auffassung einer Reihe von Autoren aus unterschiedlichen Disziplinen, um in Gang kommen und soziale Wirklichkeit werden zu können, »*geteilte Intentionalität*« (vgl. Tomasello 2016, S. 50 ff.) sowie »*Kooperation*« bzw. *collaboration* (vgl. z. B. Rogoff 1998) voraus.

Risiko eingehen

Angesichts der *Grenzen* der Erziehung, insbesondere der Grenzen des Wissens sowie des starken Gewichts des Nicht-Wissens auf seiten der Lehrpersonen, ist das Engagement in sozialen Feldern der pädagogischen Beziehungspraxis immer verbunden mit der Bereitschaft, ein Risiko einzugehen; dies ergibt sich auch aus dem für die »soziale Logik« der pädagogischen Beziehungspraxis grundlegenden Spannungsverhältnis zwischen der Intentionalität des erzieherischen Handelns und der Unbestimmtheit bzw. Unbestimmbarkeit der Folgen, Wirkungen und Ergebnisse dieses Handelns, ein Spannungsverhältnis, das ich mit dem Konzept der *Kontingenz* umschrieben habe.

Rituale inszenieren und reflektieren

Wie bereits am Beispiel der Familie und dann am Beispiel religiöser Erfahrungen aufgezeigt, lässt sich in allen Praxisgemeinschaften die Existenz von Ritualen beobachten; Geertz (1973, S. 113 f) nennt sie, wie bereits im Zusammenhang mit der Kategorie »Regelpraxis« erwähnt, »*cultural performances*«; man könnte Rituale auch als soziale und ästhetische Ausdrucksformen der *Zusammengehörigkeit* einer Gemeinschaft sowie als eine soziale und ästhetische Praxis zur Festigung und Förderung der Zusammengehörigkeit beschreiben; eine Praxis von Ritualen, die, wie ebenfalls bereits erwähnt, in Institutionen der pädagogischen Beziehungspraxis im Zeichen der Vergewisserung und der *Metakommunikation* über die vereinbarten Regeln eingesetzt und geübt werden kann.

Schwächen akzeptieren

Dem Umgang mit bzw. der *Akzeptanz von Schwäche* bei einzelnen Kindern wird im Forschungsüberblick von Bohnsack (2013, S. 217 ff.) ein eigenes Kapitel gewidmet. Man kann diese Kategorie als eine Sonderform der Kategorien der »Achtung« sowie der (unbedingten) »Anerkennung« interpretieren; im Übrigen erscheint es mir diskussionswürdig, ob die Akzeptanz von Schwäche, statt sie isoliert zu betrachten, nicht besser in Verbindung mit Praktiken der Ermutigung und Förderung erörtert und untersucht werden sollte.

Selbstregierung, self-government erfahrbar machen

Die Kategorie »Selbstregierung« geht in der englischsprachigen Variante des *self-government* auf den frühen Piaget und seine Untersuchungen über die Entwicklung des moralischen Urteils bei Kindern zurück (Piaget 1932/1973). *Selbstregierung* stellt eine konsequente Umsetzung des Prinzips der *Partizipation* dar; diese findet sich zuvörderst in den so genannten »Kinderrepubliken« einschließlich der Waisenhäuser von Janusz Korczak; schwächere Ausdrucksformen dieses Prinzips finden sich in institutionellen Regelungen der Schülermitbestimmung.

»Situiertes« Lernen inszenieren

Das Konzept des »*situierten*« *Lernens* ist sehr unterschiedlich begründet und beschrieben worden (vgl. z. B. Gerstenmaier/Mandl 2001; Weinert 1997 und 1998; Edelstein/de Haan 2004, S. 145 ff.). Ich stütze mich in den folgenden Bemerkungen auf Konzepte, die an den kulturhistorischen Ansatz von Vygotsky anknüpfen, insbesondere an das von Lave/Wenger (1991) entwickelte Konzept des »*situierten Lernens*« in »Praxisgemeinschaften« (*communities of practice*); dieses Konzept geht davon aus, dass Lehr- und Lernprozesse »*situiert*«, das heißt eingebettet in einen jeweils sozial und kulturell geprägten Kontext stattfinden; mit Bezug auf diesen Kontext geschieht die – theoretische wie praktische – Konstruktion der Beziehungen zwischen Lehrenden und sowie die Modellierung der Prozesse des Lehrens und Lernens einschließlich der Beziehungen zwischen den Prozessen des Lehrens und Lernens.

Eine Orientierung an dem so bestimmten Konzept des situierten Lernens stellt die Lehrpersonen vor die Aufgabe, das soziale Feld der pädagogischen Beziehungspraxis, in welchem sie Verantwortung übernommem haben, bewusst als einen sozialen Kontext so zu gestalten, dass die in diesem Kapitel beschriebenen Kategorien und Kriterien einer »Fröhlichen Pädagogik« zum Tragen kommen können.

Sorge (*Care*) (siehe auch Fürsorge, Fürsorglichkeit)

Die Kategorie der »*Sorge*« (im Englischen *care*; vgl. z. B. Noddings 1984) zeigt eine gewisse Nähe zu den Kategorien des »antwortenden Verhaltens/Handelns« bzw. »*Verantwortung*« und der »*Liebe als Aufgabe*«. Innerhalb der in der deutschsprachigen Frühpädagogik häufig verwendeten Trias von »Erziehung«, »Bildung« und »*Betreuung*« steht die zuletzt genannte Kategorie am ehesten für den im angloamerikanischen (und mittlerweile auch im deutschen) Sprachbereich heimischen Begriff »*care*«; andererseits kann man »Sorge« bzw. »*care*« auch als elementarste Form der »Erziehung« verstehen, der – ähnlich wie bei den nicht-menschlichen Primaten der »*Brutpflege*« – die stark leiblich-körperlich orientierte Aufgabe zugeschrieben wird, das Überleben, die umfassende Versorgung, die Befriedigung der grundlegenden Bedürfnisse und das allgemeine Wohlbefinden der neugeborener Kinder zu gewährleisten; in diesem Sinne gehört die Kategorie der Sorge auch in

5 Beziehungspädagogische Praxis (2): Ansatzpunkte einer »Fröhlichen Pädagogik«

den Zusammenhang des in Teil I erörterten *Bindung*sgeschehens im Rahmen der intensiven und intimen Beziehungen zwischen dem neugeborenen Kind und seinen wichtigsten Bezugspersonen. Zusammen mit den Kategorien der *Achtung* und der *Liebe* hat Brumlik (2010) die Kategorie der *Sorge* der übergeordneten Kategorie der »*ethischen Gefühle*« zugeordnet und diese drei Kategorien als wichtige Orientierungspunkte einer pädagogischen *Ethik* beschrieben. Bei Noddings (1984) wird die Kategorie der Sorge (*care*) nicht nur auf interpersonelle Beziehungen angewandt; sie analysiert in ihrer Perspektive einer feministischen Ethik auch die Sorge für Pflanzen und Tiere, für Dinge und für Ideen; dadurch ergibt sich eine Brücke zwischen Fragen einer pädagogischen Ethik und die in früheren Kapiteln erörterten Erfahrungen in »weiteren Beziehungskonstellationen« (▶ Teil V).

Takt, pädagogischer

Die Kategorie des »*Takt*s« gehört zu den zentralen Kategorien in der Pädagogik von Herbart (vgl. z. B. Manen 1995). »Takt« beschreibt das Gespür einer Erziehungs- bzw. Lehrperson, im »richtigen« Augenblick in der geeigneten Situation einem bestimmten Kind »das Richtige« zu sagen oder zu zeigen oder anzubieten oder zu verbieten, ihm gegenüber etwas zu tun oder gerade nicht zu tun, und die Bereitschaft und Fähigkeit, dieses Gespür auch dann in Verhalten bzw. Handeln anzuwenden und einzusetzen bzw. zu vermeiden, wenn dieses Verhalten bzw. Handeln unter der Bedingung eines gewissen Ausmaßes von *Nichtwissen* und *Nichtverstehen* geschehen muss und daher ein gewisss *Risiko* (des Scheiterns) enthält. Als Voraussetzung für eine gelingende Praxis dieses Gespürs kann, ergänzend zu einer grundlegenden *Sensibilität*, eine Reihe von hier behandelten Kategorien gelten, wie zum Beispiel »*Einfühlung, Empathie*«, »*Responsivität*« und die »*Balance von Nähe und Distanz, Personbezug und Sachbezug*«.

Üben, Übung als Form der Erziehung und als Form des Lernens

Die Kategorie der »*Übung*« (vgl. z. B. Bollnow 1978; Brinkmann 2012) spielt in der Erziehungswissenschaft eine merkwürdige Rolle; es haftet ihr etwas Altmodisches und, wenn man die Überschrift dieses Kapitels bedenkt, etwas Unfröhliches an; andererseits ist jedem, der mit Kindern gelebt, Kinder beobachtet oder sich mit ihnen in pädagogischen Praxisfeldern bewegt hat, völlig klar, dass dem Üben eine ganz elementare Rolle im Leben und in Lernprozessen zukommt; und auch, dass Üben durchaus Hand in Hand mit Freude und Fröhlichkeit gehen kann; man denke nur an die aus Erwachsenensicht unendliche *Wiederholung*slust, die kleine Kinder beim Erlernen des Gehens (nach ebenso häufig geschehenem Hinfallen) und beim Erlernen der Muttersprache antreibt. Auch die Volksweisheit weiß Bescheid über die grundlegende Bedeutung des Übens; das zeigen Sprüche wie »*Übung macht den Meister*« und »*Früh übt sich, wer ein Meister werden will*«.

Die Frage der Übung steht für eine Mangelerscheinung, die in der Erziehungswissenschaft – häufiger als in der vor-erziehungswissenschaftlichen »Pädagogik« – immer wieder zu beobachten ist: dass Phänomene, deren zentrale Bedeutung im

Alltagsleben und im Alltagsbewusstsein ganz außer Frage stehen, in der Theorie und in der Forschung nicht vorkommen, also gewissermaßen die Weihen der wissenschaftlichen Thematisierung nicht erlangen; in dieser Hinsicht hat die neuere Forschung, die der »*Performativität*« von Erziehung und Lernen auf die Spur kommen will, eine Wandlung herbeigeführt; plötzlich ist von Interesse, in welcher Anordnung Familienmitglieder zu Tisch sitzen und wie Gutenachtrituale ablaufen; in diesem Zusammenhang könnten auch Praktiken und Rituale der Übung (solche aus Eigeninitiative ebenso wie solche, die auf Aufforderung reagieren) wissenschaftlich wieder salonfähig werden.

Die zitierten Volksweisheiten weisen darauf hin, dass schon immer ein enger Zusammenhang zwischen *Üben* und *Können* konstruiert worden ist (vgl. Bollnow 1978; Brinkmann 2012); in dieser Perspektive erscheint Üben als Voraussetzung für die Meisterschaft in einer Tätigkeit, für das Meistern und Beherrschen einer Technik, einer Disziplin, eines Instruments etc.; und als antizipierter »Lohn« für die Mühsal des Übens erscheint die »*Freude am Können*« (Bollnow 1978, S. 37); Übungen können auch die Gestalt von »geistigen« und von »geistlichen« Übungen annehmen, im ersten Fall beispielsweise beim Erlernen einer Fremdsprache oder beim Auswendiglernen von Gedichten, im zweiten Fall beispielsweise in Gestalt von »Exerzitien« in der religiösen Praxis (vgl. Brinkmann 2012).

Die Vielgestaltigkeit und Vieldimensionalität der »Übung«, ihre Traditionen (z. B. in den antiken Hochlkulturen) und Wandlungen werden von Brinkmann (2012) in einem breiten Panorama entfaltet und nach bestimmten systematischen Kategorien und Kriterien geordnet. Sowohl Bollnow (1978) als auch Brinkmann (2012) erörtern Leitlinien für eine »Didaktik der Übung« im Feld der Schule.

»Umfassung« (Einfühlung, Empathie)

Den Begriff »Umfassung« verwendet Buber in seiner Dialogphilosophie (vgl. Buber 1979) sowie in seiner dialogisch angelegten Erziehungslehre (vgl. Buber 1953 a), um die Fähigkeit und Bereitschaft der erwachsenen Erziehungs- bzw. Lehrperson zu beschreiben, ihr Verhalten, z. B. eine Strafe, von der »Gegenseite«, also in der Perspektive des dieses Verhalten erfahrenden Kindes her zu erfahren; insofern berührt sich diese Kategorie eng mit der Kategorie »Einfühlung, Empathie« und verweist auf die allgemeine menschliche Fähikeit zur »Mentalisierung«.

Verantwortung übernehmen und mit den Kindern teilen

Die Übernahme von Verantwortung habe ich im Zusammenhang mit dem »Antwortenden Verhalten/Handeln« und Konzepten der »Erziehung als Antwort« besprochen; außerdem hängt die Kategorie »Verantwortung übernehmen« eng mit den Kategorien der Sorge, der »Fürsorge« und der »Fürsorglichkeit« zusammen. Demgegenüber ruft die Kategorie »Verantwortung mit den Kindern teilen« andere Assoziationen auf den Plan, und zwar solche, die von der Konstruktion der Kinder als eigenständige und mit eigenen Rechten ausgestattete Akteure ausgehen, eine Perspektive, die in diesem Kapitel beispielsweise in den Kategorien der »*Bemäch-*

tigung (empowerment) der Kinder«, ihres *»Handlungsvermögens (ageny)«* und der *»Partizipation«* zur Sprache kommt. In der Studie von Rutter (2014) erscheint die Praxis von *»Mitverantwortung«* der Schüler(innen) im Hinblick auf die Lernkultur an ihrer Schule und auf die Gestaltung des Schullebens als ein wichtiger Indikator für die pädagogische Qualität einer Schule. Thies (2014) hat aufgezeigt, dass »Teilhabe an Verantwortung« Lerngelegenheiten für emotionale, soziale und komnmunikative Bildung bereitstellen kann.

Verbundenheit erfahrbar machen

Die Kategorie *»Verbundenheit«* ist bereits als Gegenpol zur Kategorie »Autonomie« in dem spannungsreichen (ambivalenten) bipolaren Zusammenhang zwischen diesen beiden Kategorien beschrieben worden. Eine starke inhaltliche Übereinstimmung lässt sich zwischen den Kategorien der Verbundenheit und der *»Zugehörigkeit«* feststellen; insofern gilt das zur *»Zugehörigkeit«* Gesagte für die Kategorie *»Verbundenheit«* entsprechend.

Verstehen versuchen

Der Frage des Verstehens, insbesondere des Verstehens der Kinder in den Feldern der pädagogischen Beziehungspraxis bin ich ausführlich im Rahmen der Überlegungen zu einer beziehungspädagogischen Ethik nachgegangen. Dass jetzt vom *Versuch* zu verstehen die Rede ist, hängt mit der Überzeugung zusammen, dass das Verstehen – ebenso wie das Wissen – auf enge *Grenzen* stößt; und dass erzieherisches Handeln sehr häufig unter Bedingungen des *Nicht-Wissen*s und des *Nicht-Verstehen*s einsetzt und abläuft. In jedem Fall setzt Verstehen die Bereitschaft und Fähigkeit zur *»Einfühlung«* bzw. *Mentalisierung* voraus; dieser Einsicht folgend hat Herzog (2002) »Verstehen« in Verbindung mit der Kategorie *»Einfühlung«* erörtert; im Übrigen hat er ausdrücklich vom *»pädagogischen Verstehen«* gesprochen.

Vertrauen entgegenbringen

Die Kategorie *»Vertrauen«* (vgl. z. B. Thies 2002; Bartmann u. a. 2013) hat Berührungspunkte zu weiteren hier vorgeschlagenen Kategorien, beispielsweise zu Verbundenheit, Wertschätzung, Wohlwollen sowie »Balance von Nähe und Distanz«. Eine Sonderstellung nimmt Vertrauen im Begriff des »Urvertrauens« ein; dieser Begriff stammt aus der Bindungstheorie sowie aus der Bindungs- und Deprivationsforschung; er beinhaltet die – für den Nachwuchs aller Primaten einschließlich der Menschen lebensnotewendige – Erfahrung einer engen und zuverlässigen Verbundenheit der Neugeborenen mit ihren nächststehenden Bezugspersonen. Dass der Erfahrung von Vertrauen auch in späteren Lebensphasen und auch im Hinblick auf Lern- und Leistungsmotivation sowie auf faktischen Schulerfolg positive Bedeutung zukommen kannt, hat Thies in einer empirischen Studie nachweisen können; insbesondere konnte sie zeigen, dass sich die Interaktionsqualität im Lehrer(in)-Schüler(in)-Verhältnis durch *Vertrauen* und *classroom management* steigern lässt (Thies 2014a).

Eine fruchtbare Ergänzung hinsichtlich der pädagogischen Bedeutung von »Vertrauen« hat bereits Nohl (1933) ins Spiel gebracht: Vertrauen kann, wie weitere Phänomene in der pädagogischen Beziehungspraxis, unter dem Aspekt der Wechselbeziehung und der Wechselwirkung betrachtet werden: Es geht in der Nohlschen »Bildungsgemeinschaft« um wechselseitiges Vertrauen, also nicht nur um das Vetrauen der Lehrperson zu den Lernenden, sondern auch um das Vertrauen der Lernenden zur Lehrperson; das Vertrauen des »Zöglings« bildet nach Nohl die Voraussetzung für seinen Lernwillen; und die Lehrperson muss sich vor aller inhaltlichrn Arbeit darum bemühen, das Vertrauen der Kinder zu gewinnen (vgl. Klika 2013).

Wechselwirkung

Die Kategorie »Wechselwirkung« stimmt inhaltlich überein mit der Kategorie »Reziprozität«; wie aus der Habilitationsschrift von Schlüter (2013) hervorgeht, stimmt der deutschsprachige Begriff in seiner Bedeutung überein mit dem angloamerikanischen Begriff der »*Interaktion*«, der die erziehungsphilosophischen Ansätze von Dewey und von Mead bestimmt; »Interaktion« taucht aber auch in der deutschsprachigen Forschungsliteratur auf (vgl. z. B. Aßmann 2012).

Wertschätzung zum Ausdruck bringen

Die Kategorie »*Wertschätzung*« (vgl. z. B. Wulf u. a. 2012) berührt sich mit den Kategorien »*Anerkennung*« und »*Vertrauen*«. In der an »Performativität« interessierten Studie von Wulf u. a. (2012), die im Rahmen der Berliner Ritual- und Gestenstudie an einer Berliner Schule durchgefürrt wurde, stand die Verbindung zwischen »*Wertschätzung (esteem)*« und »*Anerkennung (recognition)*« im Zentrum der Aufmerksamkeit, und zwar unter der Fragestellung, in welcher Weise diese Einstellungen und Handlungsorientierungen die pädagogische Beziehungspraxis hervorbringen und modellieren und ob und wie diese Praxis in der Interaktionsqualität sowie in der Lernmotivation und im Lernerfolg der Kinder zum Ausdruck kommt.

Wohlbefinden, Wohlergehen den Kindern erfahrbar machen

Die Kategorien »Wohlbefinden« bzw. »Wohlergehen« enthalten, sprachlich betrachtet, den Begriff »*Wohl*«; dieser spielt, insbesondere in seiner zum »Wohl des Kindes« bzw. »Kindeswohl« erweiterten Form als unbestimmter Rechtsbegriff eine zentrale Rolle im Familienrecht und in der familienrechtlichen Praxis, vor allem bei Entscheidungen des Jugendamts über Hilfen zur Erziehung (z. B. Einweisung eines Kindes in ein Heim oder seine Unterbringung in einer Pflegefamilie; vgl. Wolf 2015). In die sozial- und erziehungswissenschaftliche Kinderforschung hat die Kategorie des Wohlbefindes vor allem durch die Schriften von Hans

Bertram Eingang gefunden; dies trifft auch für den von Bertram besorgten UNICEF-Bericht über die Lage der Kinder in Deutschland zu (Bertram 2008); hier kommt der Kategorie Wohlbefinden insofern eine Sonderstellung zu, als sie im Unterschied zu den üblichen »objektiven«, aus repräsentativen bzw. statistischen Daten gewonnenen Indikatoren einen »subjektiven«, aus Selbstaussagen von Kindern gewonnenen Indikator darstellt; auf diesem Wege wird in der Sozialberichterstattung über Kinder ein kleiner, aber wichtiger Schritt in Richtung auf das Ernstnehmen der Stimmen und der Perspektive der Kinder getan. Im angelsächsischen Wissenschaftsraum ist das Konzept des »*Wolbefindens*« *(well-being)* schon seit einigen Jahrzehnten etabliert (vgl. z. B. Griffin 1986).

Einige empirische Studien, wie beispielsweise diejenige von Bastian/Combe/Langer (2013) und diejenige von Prengel (2013), haben gezeigt, dass *Anerkennung* und Lob dazu beitragen können, dass Schüler(innen) Gefühle des *Wohlbefinden*s sowie, auf der Basis des Wohlbefindens, *Lernmotivation* entwickeln.

Wohlwollen zum Ausdruck bringen

Der Begriff »*Wohlwollen*« enthält ebenso wie die Kategorie »Wohlbefinden« das Wort »Wohl«. Es handelt sich bei »Wohlwollen« um einen sozusagen altmodischen, nur noch selten gebrauchten, nach meiner Auffassung jedoch schönen und aussagekräftigen Begriff; er ist mir begegnet in dem Buch von Prange/Strobel-Eisele (2014, S. 87); und ich habe diesbezüglich in anderem Zusammenhang bereits die in den Athenäum-Fragmenten dokumentierte Sentenz von Schleiermacher zitiert, die lautet: »Echtes Wohlwollen geht auf die Förderung fremder Freiheit«.

Zeigen als Form der Erziehung

Das »Zeigen« ist, insbesondere durch die diesbezügliche Schrift von Prange (2005), als eine Grundkategorie der Systematischen Pädagogik und als grundlegende Form des Erziehens bzw. der Erziehung und des Unterrichts bestimmt worden. Am Beispiel des Zeigens rekonstruiert Prange den »Operationsmodus« pädagogischen Handelns, und am Beispiel dieses Phänomens konstruiert er überzeugend eine »Operative Pädagogik«; damit führt er weiter, was John Dewey in seinen Erörterungen zu der Frage, welches denn die Quellen im Sinne von empirischen Daten für eine Wissenschaft der Erziehung seien; Deweys Antwort zu dieser Frage lässt sich verkürzend in dem Satz zusammenfassen, entscheidend sei die »*operative presence* in the attitudes and habits of observation, judgment and planning of those engaged in the educative act« (Dewey 1929/2013, S. 26); außerdem kann man die Konstruktion einer Operativen Pädagogik und den Vorschlag, die Frage nach der »Form« ins Zentrum der erziehungswissenschaftlichen Theoriebildung sowie ins Zentrum der pädagogischen – sowohl theoretischen als auch praxisbezogenen – Reflexion zu rücken, als eine Variante zu den Bemühungen um die Rekonstruktion von »Performativität« interpretieren; denn »Form ist dasjenige, wodurch Themen zu Lernaufgaben, andere Menschen zu Lernenden und wir selber zu Erziehenden werden« (Prange 2005, S. 55); Prange sucht nach Antworten auf die Frage: »Was tun wir und wie verhalten wir uns, wenn wir erziehen?« (ebd., S. 7); das Zeigen interpretiert Prange als »*Grundgebärde des Erziehens*« (ebd., S. 57), und er spricht damit die leibliche und ästhetische Dimension des Erziehens an, Dimensionen, die auch bei der Frage nach Performativität sich als fruchtbar erwiesen haben (vgl. z. B. Wulf u. a. 2014).

Am »Zeigen« lässt sich gut aufzeigen, dass und warum es sich bei der pädagogischen Praxis um eine »*beziehungspädagogische*« Praxis handelt; denn, wie Prange darlegt, ist es erst die *Reaktion der Lernenden*, welche das Zeigen zur »Erziehung« macht; und das Zeigen macht dies »mehr als die Intention der Erziehenden, die wollen, dass dies oder jenes gelernt werden soll« (ebd., S. 107).

»Zeigen« ist keine einfache, es ist eine komplexe Form des pädagogischen Handelns; ohne die Differenzierungen hier nachzuzeichnen, lässt sich zur Erläuterung sagen, dass es Formen des Zeigens gibt, die der Kategorie »*Aufforderung*«, solche, die der Kategorie »*Erziehung als Antwort*« und solche, die der Kategorie »*Führung*« nahe kommen.

Zugehörigkeit erfahrbar machen (siehe auch Verbundenheit erfahrbar machen)

Die Kategorie »*Zugehörigkeit*« (vgl. z. B. Begemann 2001) berührt sich inhaltlich stark mit der Kategorie »Verbundenheit«; vielleicht könnte man argumentieren, dass die Kategorie »Verbundenheit« schwerpunkmäßig auf interpersonelle Beziehungen, insbesondere auf das, was Tomasello (2016, S. 39 ff.) *second-personal agency* und *joint intentionality* nennt, abzielt, während die Kategorie »Zugehörigkeit« schwerpunktmäßig die Beziehungen zwischen Einzelperson und einer Gruppe, Gemeinschaft oder Institution, welchen die Einzelperson als Mitglied angehört, betrifft, also das, was Tomasello (ebd., S. 85 ff.) *collective intentionality* und *cultural agency* nennt. Jedenfalls scheint mir der spannungsreiche Zusammemhang zwischen »Verbundenheit« und »Autonomie« unter anderen Vorzeichen auch für die Kategorie Zugehörigkeit zuzutreffen, und zwar in dem Sinne, dass es häufig ein ambivalentes Sowohl-als-Auch im Bedürfnis nach Nähe *und* Distanz, nach Verbundenheit *und* Getrenntheit, nach Zugehörigkeit *und* Fürsichsein gibt. Die auf dieses ambivalente Phänomen der *Ambivalenz* bezogene Formel Kants von der »*ungeselligen Geselligkeit*« hat schon Georg Simmel in seinen Überlegungen zu den Widersprüchen in den Prozessen der Vergesellschaftung aufgegriffen und variiert; auch in der neueren sozialphilosophischen Theoriediskussion spielt die genannte Kantische Formel immer wieder eine Rolle (vgl. z. B. Plessner 2003; Waldenfels 2015, S. 29 ff.). Die Erfahrung von Zugehörigkeit im Feld der Schule hat für alle Kinder Bedeutung, insbesondere aber für diejenigen, die neu an eine Schule und in eine Schulklasse kommen, sowie für diejenigen, die als Fremde gelten, beispielsweise aufgrund ihrer ethnischen und religiösen Zugehörigkeit. Die zunehmende Verbreitung von interkulturell zusammengesetzten Wohnvierteln und Institutionen trägt dazu bei, dass es für immer mehr Menschen nicht mehr nur eine einzige Zugehörigkeit, sondern eine je spezifische Konfiguration von Zugehörigkeiten gibt.

Zusammenarbeit praktizieren und fördern (siehe Kooperation, Zusammenarbeit)

»Zwischen« beachten und pflegen

Die Kategorie des »*Zwischen*«, die im Teilkapitel »Dialog« bereits ausführlich angesprochen wird, vereinigt in sich, wie ein Prisma, die Brennpunkte meiner Konzeption der Beziehungspädagogik: Sie beschreibt die Prozesse der Erziehung und Bildung als *Beziehungsgeschehen*, und zwar eines, das auf *Gegenseitigkeit* bzw. *Wechselseitigkeit* beruht und auf ein Drittes (ein Thema, einen Gegenstand) ausgerichtet ist; eines, das jede direkte Übertragung, Vermittlung, Belehrung oder anderweitige direkte und nur in einer Richtung – vom Erwachsenen zum Kind – verlaufende Beeinflussung ausschließt; und eines, das – wie alle soziale Praxis intensiver und dauerhafter Beziehungen – auf Ambivalenzen bzw. *Mehrdeutigkeit* angelegt ist.

Teil VIII: Ein riskanter Rück- und Ausblick zwischen Spekulation und Evidenz: Beziehungspädagogik und Evolutionsforschung

Teil VIII: ...

1 Evolutionsforschung und Pädagogik – Vorbemerkungen

Im Verlaufe meiner Argumentation, beginnend mit der Erörterung des Konzepts der Generation bzw. der Generationenbeziehungen im spannungsreichen Zusammenhang von biologischen und kulturellen Grundlagen und Aufgaben (▶ Kap. I/1), sodann bei der Darstellung derjenigen sozial- und verhaltenswissenschaftlichen Theorien, welche sich für die Begründung des Konzepts der Beziehungspädagogik am fruchtbarsten erwiesen haben (s. Teil II), bin ich immer wieder auf die Frage der *Evolution* zu sprechen gekommen. Für die deutsche Erziehungswissenschaft hat, wenn man von einigen Schriften von Alfred K. Treml (Treml 2000; Treml 2004) und vom ersten Band von Heinrich Roths »Pädagogischer Anthropologie« (Roth 1966) absieht, die Rezeption der Evolutionstheorie – ebenso wie die Rezeption der Biologie im Ganzen – Seltenheitswert; dies ist ein im Vergleich zu anderen europäischen Ländern oder zu den USA auffälliges Phänomen, das nicht zuletzt aus einer gelegentlich überzogenen Reaktion auf die zeitgeschichtliche Erfahrung der Pervertierung des Darwinismus und der Biologie im »Dritten Reich« hervorgegangen ist (vgl. z. B. Liegle 2002); insofern kann es kaum überraschen, dass die Auseinandersetzung mit Darwins Schriften und mit der Evolutionstheorie in ganz Europa einschließlich Deutschland und in den USA – dort insbesondere im so genannten Pragmatismus (Mead und Dewey ▶ Kap. II/5 und II/6) – um die Jahrhundertwende vom 19. zum 20. Jahrhundert wesentlich stärker ausgeprägt gewesen ist als dies in Deutschland nach 1945 der Fall war (vgl. Bernstorff/Langewand 2012). Das pädagogische bzw. erziehungswissenschaftliche Interesse an der Evolutionstheorie hängt sehr eng mit dem Interesse an Fragen der pädagogischen Anthropologie zusammen; dementsprechend gehört zu den Ausnahmen im Hinblick auf die erziehungswissenschaftliche Rezeption Darwins und der Biologie in Deutschland nach dem Zweiten Weltkrieg die »Pädagogische Anthropologie« von Heinrich Roth (Roth 1971); im Übrigen gilt für die Anthropologie als Wissenschaftsdisziplin Ähnliches wie für Darwins Schriften und die Evolutionstheorie: sie hat sich nach ihrer Pervertierung im Dritten Reich in Deutschland nicht neu etablieren können; undenkbar, dass hier die Anthropologie und ihre Vertreter so viel Prominenz gewinnen wie etwa der Anthropologe Robin Dunbar an der Oxford University in England (s. das folgende Kapitel). Anderseits ist festzustellen, dass in den letzten Jahrzehnten eine Reihe von deutschen Übersetzungen namhafter Anthropologen erschienen sind (vgl. z. B. Hrdy 2010; Gamble/Gowlett/Dunbar 2014) und dass bestimmte Forschungsbereiche der Biowissenschaften, die Berührungspunkte mit der Evolutionstheorie aufweisen, wie z. B. die Soziobiologie, in der deutschsprachigen Wissenschaftsszene an Boden gewinnen (vgl. z. B. Voland 2000); in diesem Sinne wirkt sich auch die Tätigkeit von Wissenschaftler/Innen aus dem anglo-amerikanischen Sprachraum in deutschen Forschungeeinrichtungen aus; dies gilt etwa für Michael Tomasello und seine Studien im Feld der Evolutionären Psychologie und Anthropologie, die in der Erziehungswissenschaft vielfach rezipiert worden sind (vgl. z. B. Winkler 2011; Liegle 2013).

Im Zusammenhang mit der Begründung meines Konzepts der Beziehungspädagogik hat das Evolutionsdenken dadurch an Gewicht gewonnen, dass es für einige der herangezogenen Theoriepositionen – insbesondere für Georg Simmel, George Herbert Mead und John Dewey – als Quelle der Inspiration bedeutsam gewesen ist (s. das folgende Kapitel); und dadurch, dass die jüngsten evolutionstheoretisch orientierten Forschungsbeiträge Anhaltspunkte für die Erkenntnis liefern, dass es neben der zunehmenden Größe und Komplexität der Gemeinschaften insbesondere die notwendige Zusammenarbeit in der aufwändigen Aufzucht des Nachwuchses gewesen ist, welche zur Evolution der biologischen Voraussetzungen für den Prozess der Menschwerdung auf der Basis der vorausgegangenen allgemeinen Primatenentwicklung beigetragen hat. Insofern erscheint das pädagogische Interesse am Evolutionsdenken als eine Ergänzung und Erweiterung des allgemeinen Interesses an der Geschichte des Menschen und der Menschheit; ein Interesse an den Ursprüngen und Anfängen des Menschseins, das sich, wie etwa das Buch von Parzinger (2015) zeigt, nicht unbedingt an den Traditionen und an den Begriffen der Evolutionstheorie abarbeiten muss.

2 Spekulative Anfänge des Evolutionsdenkens: Georg Simmel, G. H. Mead und John Dewey

Für diejenigen Wissenschaftler, die sich kurz vor und kurz nach 1900 auf Fragen der Evolution eingelassen haben, sind insbesondere die Hauptwerke von Charles Darwin maßgeblich gewesen. Besondere Bedeutung kam in diesen Rezeptionsprozessen dem dritten Hauptwerk von Darwin zu, das 1872 unter dem Titel »The expression of emotions in man and animal« erschienen und 1877 ins Deutsche übersetzt worden war. Die Rezeption dieses Werks im amerikanischen Pragmatismus verlief auf dem Umweg über Wilhelm Wundt, dessen Vorlesungen über Physiologische Psychologie und über Völkerpsychologie George Herbert Mead während seines Deutschlandaufenthaltes in Leipzig gehört und in den USA bekannt gemacht hatte; Wundt hatte Darwins Befunde und Thesen in dem genannten Werk dahingehend interpretiert, dass *Gebärden* aus den Reizen und Reflexen des Nervensystems entstanden und als Ursprung der Sprache sowie als Mittel der Kommunikation und des Verstehens zu verstehen seien (vgl. Schlüter 2012).

Zu den gelegentlichen Bemerkungen von Georg Simmel zu Fragen der Evolution gehören die folgenden Sätze:

> »Mag man sich die primitiven Ehe- oder Uneheverhältnisse denken wie man will; unzweifelhaft scheint mir allerdings, dass *der feste Kern, um den die Familie herumgewachsen ist*, nicht das Verhältnis zwischen Mann und Weib, sondern zwischen *Mutter und Kind* ist. Dies ist der ruhende Pol in der Flucht der Erscheinungen des Ehelebens, die im wesentlichen überall gleiche Beziehung, während die zwischen den Gatten unendlicher Wandlungen fähig ist ... (Simmel 1895/1985, S. 126; Hervorh. LL).

Dem selben Thema, nämlich der Bedeutung der Herausbildung der Familie als Institution zur Sicherung des Überlebens und der Sozialisierung des Nachwuchses, ist auch die folgende Bemerkung aus einem frühen Aufsatz von George Herbert Mead gewidmet:

> »Wir wissen, dass der vagabundierende Mensch durch die Notwendigkeiten des Familienlebens gebunden und sesshaft geworden ist. Im Mittelpunkt dieser *(Familien-)Beziehung* steht nicht die sexuelle Bindung, sondern vielmehr das Kind, die *Notwendigkeit von Dauerhaftigkeit, Schutz, Fürsorge, Zusammenarbeit* – und aus diesen Notwendigkeiten heraus ist die Gesellschaft entstanden«(Mead 1987 a, S. 20 f.).

Am ausführlichsten und interessantesten hat sich John Dewey zu Fragen der Evolution geäußert, und zwar im Rahmen seiner Philosophie der Erziehung, die unter ihrem Haupt-Titel »*Demokratie und Erziehung*« (*Democracy and Education*) bekannt geworden ist.

Den Ausgangspunkt seiner Überlegungen zum Prozess der Evolution beim Menschen bildet die doppelte Bestimmung des Phänomens der »*Unreife*«, welche das neugeborene Menschenkind stärker und langfristiger kennzeichnet als den Nachwuchs der anderen Lebewesen einschließlich der tierischen Primaten: einerseits als *Unselbständigkeit bzw. Hilflosigkeit*, andererseits als *Bildsamkeit bzw. Lernfähigkeit*. Dieser Ausgangspunkt seiner Reflexion über den Evolutionsprozess führt Dewey zu Überlegungen, die trotz bzw. gerade wegen ihres spekulativen Charalters eine verblüffende Ähnlichkeitr zu aktuellen empirischen Befunden und evolutionstheoretischen Thesen wie denjenigen von Tomasello (2016) aufweisen:

> »Nicht vergleichsweise, sondern an *sich* betrachtet, bedeutet *Unreife eine positive Kraft* oder Fähigkeit, nämlich die Kraft zu wachsen« (S. 74). »Wir brauchen keine positiven Betätigungen aus den Kindern herauszuziehen, wie manche pädagogischen Theorien wollen. Wo Leben ist, da ist stets eifrige und leidenschaftliche Aktivität. Wachstum ist nicht etwas, was man an ihnen tut, sondern was sie tun. Die positive und aufbauende Seite der Fähigkeiten gibt den Schlüssel zum Verständnis der beiden wichtigsten Züge im Bilde der ›Unreife‹: *Unselbständigkeit* und *Bildsamkeit* (…) (Dewey 1930, S. 74 f.; Hervorh. LL).

Gerade das Ausmaß dieser Hilflosigkeit lege jedoch, so Dewey, den Gedanken an eine ausgleichende Kraft nahe. Die relativ große Fähigkeit des jungen Tieres, sich schon früh der Umwelt gut anzupassen, lasse darauf schließen, dass sein Leben mit dem der anderen nicht sehr innig verbunden sei. Die jungen Tiere müssten sozusagen eine *physische* Mitgift haben, weil ihnen die *soziale* Mitgift abgehe; »*menschliche Junge dagegen können trotz physischer Unfähigkeit existieren, weil sie soziale Fähigkeiten besitzen*« (ebd., S. 75). Die Feststellung, dass die Kinder in geradezu wunderbarem Umfange mit der *Fähigkeit* begabt seien, *die helfende Aufmerksamkeit anderer auf sich zu ziehen*, werde oft als eine Art begriffsspielerische Umkehrung der Tatsache angesehen, dass andere den Bedürfnissen der Kinder in wunderbarem Umfange Beachtung schenken. Die Beobachtung zeige jedoch, »*dass die Kinder mit einer Ausstattung erster Ordnung für sozialen Wechselverkehr ausgerüstet sind*« (ebd.). Nur wenige Erwachsene bewahren nach Deweys Auffassung die große Biegsamkeit und sinnliche Empfänglichkeit des Kindes, können wie dieses mit den Haltungen und Handlungen der Menschen in ihrer Umgebung anteilnehmend mitschwingen. Der fehlenden Aufmerksamkeit gegenüber äußeren Dingen, die mit der Unfähigkeit ihrer Beherrschung Hand in Hand geht, entspreche »*ein verstärktes Interesse für die Handlungen der Menschen*« (ebd., S. 75 f.; Hervorh. LL).

In diesen Überlegungen tritt meines Wissens erstmals in der Geistesgeschichte bzw. in der (Natur-)Geschichte des menschlichen Geistes die – mittlerweile ansatzweise empirisch belegte – Vorstellung auf, der Mensch sei phylogentisch dafür ausgestattet, Beziehungen zu seinesgleichen einzugehen und (kooperativ) zu gestalten.

In der Perspektive einer biologisch verankerten und sozial aktivierbaren Beziehungspraxis erscheint demnach, wie uns Dewey belehrt, die ursprüngliche Angewiesenheit des menschlichen Nachwuchses auf Lebens- bzw. Überlebenshilfe, auf Fürsorge, Hilfe, Unterstützung und Erziehung nicht oder jedenfalls nicht allein als Schwäche, sondern auch oder sogar eher als Kraft bzw. Stärke.

> »*Vom sozialen Standpunkt erscheint Unselbständigkeit eher als Kraft denn als Schwäche*; sie schließt *gegenseitige Abhängigkeit* ein. Indem man den Menschen selbständiger macht,

macht man ihn zugleich selbstgenügsamer, was zu Überhebung und Gleichgültigkeit gegen andere führen kann. Ein Individuum wird dadurch oft so unempfindlich in seinen Beziehungen zu anderen, dass bei ihm die *Illusion* entsteht, *es sei tatsächlich imstande, allein zu stehen und zu handeln* (S. 76) – *eine Krankheit, die keinen Namen hat, auf die jedoch ein großer Teil des unstillbaren Leidens der Welt zurückzuführen ist*« (ebd., S. 76 f.; Hervorh. LL).

Mit dem letzten Satz wird ein weiteres Phänomen und Problem angesprochen, welches die Sozialwissenschaften sowie die praktische Politik bis heute und vielleicht in der aktuellen Gegenwart besonders stark beschäftigt: Die Angewiesenheit auf soziale Beziehungen sowie die – möglicherweise phylogenetisch ererbte, aber doch allemal auch von Lernprozessen abhängige – Beziehungsfähigkeit des Menschen können als eine wichtige Ressorce, als wichtiges Potenzial für die Gestaltung des privaten und öffentlichen Lebens bzw. das individuelle und gesellschaftliche Wohlergehen gelten. Wenn diese Ressource bzw. dieses Potenzial nicht in die soziale Praxis eingeht, sondern verdrängt oder durch anderweitige Interessen und Tendenzen überspielt wird, besteht, mit Dewey und geringfügig über seine Aussage hinausgehend, die Gefahr des »unstillbaren Leidens der Welt« bzw. des Leidens an der Welt. Es handelt sich hierbei um jene Gefahr, die Martin Buber als »*Atomisierung*« *der Gesellschaft* umschrieben hat. Immer wieder, wenn ein Mangel an sozialer Beziehungsfähigkeit bzw. ein Übermaß von Individualismus und Egoismus wahrgenommen, diagnosztiziert und öffentlich diskutiert werden, entstehen praxisorientierte Initiativen und theoretisch begründete Anregungen zur Mobilisierung der Ressource und des Potenzials der menschlichen Beziehungsfähigkeit; dies hat neben den Versuchen mit »postmodernen« Lebensformen beispielsweise für Jürgen Habermas' »Theorie *kommunikativen Handelns*« (Habermas 1981) gegolten; aktuell gilt dies beispielsweise für das Buch von Richard Sennett (2014) über die Frage, »was unsere Gesellschaft zusammenhält«, nämlich: *Zusammenarbeit* (im Original cooperation), wie der Haupttitel des Buches lautet.

Vielfältige Formen der aus der allgemeinen Beziehungsfähigkeit des Menschen hervorgehenden Kooperation sind notwendig nicht nur für die private Lebensführung, sondern auch für die produktive Bearbeitung der Probleme, die sich aus der zunehmenden internationalen bzw. globalen Verflechtung von Politik, Wirtschaft, Technik, Wissenschaft und Kultur ergeben. Lernen bedeutet heutzutage und zumal in der Zukunft, ob dies gewollt und geplant wird oder nicht, »interkulturelles Lernen in der Weltgesellschaft« (Liegle 2007).

3 Die Hypothese vom »sozialen Gehirn«. Das Gehirn als »Beziehungsorgan«

Auf dem Hintergrund von Darwins Forschungsbefunden und seinen theoretischen Folgerungen hat die humanwissenschaftliche Forschung in aller Welt und in einer Vielzahl von Fachdisziplinen immer wieder versucht, die Frage zu klären, wo die Gemeinsamkeiten und Unterschiede zwischen der Spezies des Homo sapiens und den hoch entwickelten Spezies der Tiere – insbesondere den Primaten –, liegen könnten, aus welchen wir Menschen hervorgegangen sind.

Zu den am häufigsten untersuchten Aspekten von Gemeinsamkeiten und Unterschieden gehört die Evolution sozialer Lebensformen; sie bildet das zentrale Thema der *Soziobiologie* (vgl. z. B. Voland 2000). Als wichtige Aspekte haben sich in diesem Zusammenhang die Formen und die Verbreitung von *Kooperation und Konflikt* erwiesen (Voland 2000, S. 29–134); einen Schwerpunkt innerhalb dieser Formen von Sozialität bilden die Befunde über »*Eusozialität*, d. h. Formen prosozialen Verhaltens (z. B. Voland 2000, S. 73 ff.); diese kommen zum Ausdruck in kooperativer Brutpflege, der gemeinsamen Beschaffung und Verteilung von Nahrung, im Zusammenleben mehrerer Generationen und in Formen der »Staatenbildung« (z. B. bei den Bienen); einen weiteren Schwerpunkt bildet die Untersuchung des »*Elterninvestment*« bzw. des »Elternaufwands« bei der Aufzucht des Nachwuchses (ebd., S. 230 ff.).

Einen breit angelegten Forschungsansatz, der neben der *Soziobiologie* auch *Archäologie*, *Anthropologie* und *Evolutionäre Psychologie* einbezieht, hat das Standardwerk von Gamble/Gowlett/Dunbar (2014) gewählt; auch hier, wie in Studien im Rahmen der Soziobiologie, liegt der Schwerpunkt in der Untersuchung der Evolution sozialer Lebensformen, allerdings unter besonderer Berücksichtigung der Evolution des »*sozialen Gehirns*« als Grundlage der »Entstehung des Menschlichen«. Von zentraler Bedeutung ist in diesem Zusammenhang die von Robin Dunbar entwickelte »*Hypothese des sozialen Gehirns*« (*social brain hypothesis*); diese Hypothese liefert eine Erklärung für die Beobachtung, dass Primaten im Allgemeinen viel größere Gehirne entwickelt haben als andere Gruppen von Tieren. Das zugrundeliegende Argument lautet, »dass die gesuchte Erklärung in der Tatsache steckt, dass Primaten über *komplexere soziale Systeme* verfügen als andere Tierspezies und dass diese Komplexität hohe kognitive Anforderungen stellt« (Dunbar 2010, S. 247); ein relevanter Hinweis zur Unterstützung dieser Ansicht findet sich in dem »Tatbestand, dass die Größe von sozialen Gruppen mit dem relativen *Volumen des Neokortex* korreliert ist, und zwar über alle Primaten hinweg« (ebd.; Hervorh. LL.). In diesem Zusammenhang geht Dunbar auch auf die Frage ein, warum die Menschen sich daran machten, ihrem Leben eine (mehr oder weniger) stabile *Familienstruktur* zu geben, bei der Paare für einen langen Zeitraum und manchmal für ihr ganzes Leben zusammenbleiben; diese Frage könne, so Dunbar, auf dem gegenwärtigen Wissensstand noch nicht mit letzter Gewissheit beantwortet werden, es herrsche indes derzeit die Ansicht vor, »dass die Evolution von *paarweisen Bindungen die Kosten* wiederspiegelt, *die für Nachkommen mit großen Gehirnen aufzubringen sind*« (ebd., S. 254: Hervorh. LL.).

Das bereits erwähnte Standardwerk von Gamble/Gowlett/ Dunbar (2014) baut auf den Befunden aus den Untersuchungen von Dunbar auf und setzt dessen Überlegungen zu einer Theorie des »sozialen Gehirns« fort; ihre Kernaussage formulieren die Autoren wie folgt:

> »Unsere Kernaussage lautet: Während der letzten 11.000 Jahre haben die Menschen in einer schönen neuen Welt der großen Zahlen gelebt, aber ausgerüstet waren sie nur mit den sozialen Fähigkeiten und den Strukturen, die ihr viel älterer biologischer Zustand möglich machte. Kernstück der Theorie des sozialen Gehirns ist die *Gruppengröße*. Soziale Kognition ist aufwändig. Wo die *Ökologie größere Gruppen* begünstigt, ergibt sich eine Belastung des Gehirns; die wir als *kognitive Last* bezeichnen. Im Laufe der letzten 2 Millionen Jahre begünstigte die Evolution bei der Gattung Homo ein immer größeres Gehirn. Der Wandel war eine allmähliche Antwort auf die *Erfordernisse der Evolution*. Als den Menschen dann ganz plötzlich kulturelle und technologische Umwälzungen gelangen, aus denen sich ungeheure Neuerungen wie die Landwirtschaft ergaben, war die Lage eine andere, und jetzt konnten sie auf das Wachstum der Gesellschaften nicht mehr mit einem weiteren Wachstum des Gehirnvolumens reagieren. Stattdessen wurde das Leben nun zur Kunst des Möglichen« (ebd., S. 319 f.; Hervorh. LL.).

Diese Kernaussage des Autorenteams von Gamble, Gowlett und Dunbar zeigt eine große Nähe zu den Aussagen von Dunbar in seinem bereits erwähnten Aufsatz von 2010; hier hatte Dunbar wie folgt argumentiert: die Tatsache, dass die menschliche Gruppengröße unabweisbar nach oben getrieben wurde, müsse unweigerlich enormen Druck auf die Fähigkeiten unserer Vorfahren ausgeübt haben, »die Gruppe beieinander zu halten und den natürlichen Kräften zu widerstehen, die zum Auflösen von Gemeinschaften führen; es waren höchst raffinierte Formen der Kognition, die uns die Entwicklung einer Kultur ermöglicht haben, mit denen wir diesem Problem begegnet sind« (Dunbar 2010, S. 266 f.).

Die Rede vom »sozialen Gehirn« beinhaltet demnach die Überzeugung, dass die Evolution unter dem Anpassungsdruck komplexer werdender Sozialstrukturen durch Vergrößerung des Gehirnvolumens zur Entstehung und Entwicklung der neuronalen Grundlagen der Gestaltung der komplexer werdenden Beziehungspraxis geführt hat. Die konstruktive Gestaltung dieser Beziehungspraxis umfasst, wie bereits am Beispiel der soziobiologischen Befunde zur »Eusozialität« skizziert, Elemente wie Kooperation und das Zusammenleben mehrerer Generationen sowie die grundlegende Fähigkeit, sich in die Gefühle und Absichten anderer Mitglieder der eigenen Gruppe hineinzuversetzen (»*Mentalisierung*« bzw. »*theory of mind*«) und mit anderen Gruppen zusammenzuarbeiten.

Ein weiteres material- und anregungsreiches Werk, das Buch der Anthropologin und Primatenforscherin Sarah Blaffer Hrdy unter dem Titel »*Mothers and Others*« (Hrdy 2009; deutsch: »Mütter und andere« 2010), ist neben dem Werk von Gamble, Gowlett und Dunbar (2014) im Zusammenhang mit meinem Versuch, ein Konzept der Beziehungspädagogik zu begründen, erwähnenswert. Hrdy schließt an die Hypothese bzw Theorie des »sozialen Gehirns« und weitere anthropologische sowie soziobiologische Befunde und Theorieangebote an und untersucht, ähnlich wie das erwähnte Standardwerk, die im Untertitel formulierte Frage, »wie die Evolution uns zu sozialen Wesen gemacht hat«; sie verfolgt aber, wie bereits in ihrem im Jahre 2000 veröffentlichten Buch »Mutter Natur. Die weibliche Seite der Evolution« (Hrdy 2000) schwerpunktmäßig die Entwicklung der Formen der *Sorge für den Nachwuchs*. Schon im Resümee des Beitrags von Dunbar (2010) ist von den hohen »Kosten« (Zeit- und Kraftaufwand) der Sorge für Nachkommen mit großen Gehirnen und der dafür geeigneten »paarweisen Bindungen« die Rede gewesen; bei Hrdy (2010) bildet diese Frage das Zentrum ihres wissenschaftlichen Interesses. Hrdy erörtert und belegt ihre zentrale These, dass die »kooperative Aufzucht« von Kindern sich als vorteilhaft erwiesen hat und während vieler Jahrtausende in der Epoche des homo habilis (vor Erfindung der Sprache) dazu geführt hat, dass sich die Menschen für die Gedanken und Gefühle ihrer Artgenossen zu interessieren begannen, eine Entwicklung, die über einen langen Zeitraum zur Evolution der Fähigkeit beigetragen hat, sich in andere hineinzuversetzen (*mind reading*, sonst auch »Mentalisierung« oder »theory of mind« genannt) und auf dieser Basis kooperative Handlungsstrategien aufzubauen. Die »Notwendigkeit« von Kooperation sieht Hrdy in erster Linie in der Tatsache begründet, dass die Aufzucht mehrerer Kinder nicht von einer einzelnen Mutter, die ja auch subsistenzwirtschaftliche Arbeit leisten musste, zu bewältigen war (ebd., S. 50 ff); im Hinblick auf diese Tatsache und die ihr geschuldeten Formen kooperativer Aufzucht spricht Hrdy immer wieder, auch in einem eigenen Kapitel »Lernen Sie die Alloeltern kennen« (ebd., S. 243–288), von »*Alloeltern*«, gelegentlich auch von »*Ko-Müttern*« (ebd., S. 282 und S. 328).

Für mein Konzept der Beziehungspädagogik ist Hrdys Ansatz insofern besonders relevant und fruchtbar, als hier nicht allein die Gestaltung der sozialen und kulturellen Beziehungspraxis im Allgemeinen angesprochen wird, sondern ausdrücklich und schwerpunktmäßig Erziehung in Gestalt von Sorge als *pädagogische Beziehungspraxis* ins Zentrum der Aufmerksamkeit rückt. Insofern eignet sich die Untersuchung von Hrdy (2010) dazu, die in der Überschrift zum vorliegenden Teil VIII formulierte Hypothese zu bestätigen, die Evolution des »sozialen Gehirns« könne als langfristige *Anpassung an die aufwändigen Aufgaben der beziehungspädagogischen Praxis* verstanden werden.

Die Rede vom »sozialen Gehirn« und die von Robin Dunbar und anderen Anthropologen und Evolutionspsychologen vertretene Überzeugung, dass dieses den Menschen als Gattung auszeichnet, kann man auch so variieren, dass man das menschliche Gehirn als ein Sozialität vermittelndes, als »Beziehungsorgan« konstruiert und insofern das Gehirn stellvertretend – im Sinne der neuronalen Ermöglichung und Grundlegung – für die »soziale Natur« des Menschen, für den Menschen als »Beziehungswesen« bzw. als »relational being« (Gergen 1999) setzt. Diese Auffassung hat der Psychiater Thomas Fuchs ausführlich erläutert und begründet und seinem Buch dementsprechend den Titel »Das Gehirn – ein Beziehungsorgan« (Fuchs 2010) gegeben.

Wenn Fuchs (2010) das menschliche Gehirn – das evolvierte »soziale Gehirn« – als Beziehungsorgan kennzeichnet, so richtet sich dabei der Blick auf mehrere

Aspekte oder auch Konstellationen oder Konfigurationen von Beziehungen: Erstens richtet sich der Blick auf die zahllosen Beziehungen und Verknüpfungen zwischen Nervensträngen *innerhalb* des Gehirns und auf die Beziehungen zwischen verschiedenen Gehirnregionen; zweitens richtet sich der Blick auf die Beziehungen zwischen dem Gehirn (bzw. bestimmten Gehirnregionen) und dem Körper bzw. bestimmten Organen des Körpers; drittens richtet sich der Blick auf die Beziehungen zwischen dem Gehirn und der »Person«, und zwar im Sinne der Überzeugung, dass wir als individuelle Menschen nicht Gehirn »sind«, sondern ein Gehirn »haben« (ähnlich wie dies im Hinblick auf den Körper und seine Organe der Fall ist); viertens richtet sich der Blick auf die Beziehungen zwischen einem einzelnen Gehirn und einem anderen bzw. mehreren anderen Gehirnen, und zwar in dem Sinne, wie oben bereits vom »Lesen« der Gedanken und Absichten anderer Personen, von »Mentalisierung« oder »theory of mind« die Rede gewesen ist; schließlich richtet sich der Blick auf die Beziehungen zwischen dem Gehirn und der komplexen, über die Mitmenschen hinausgehenden dinglichen und kulturellen Umwelt, in welcher eine Person lebt, beispielsweise in dem Sinne, dass das Gehirn die sinnlichen Wahrnehmungen steuert und die Erfahrungen einer Person in und mit ihrer Umwelt abspeichert und auf diesem Wege für weitere Erfahrungen den Boden bereitet.

Fuchs (2010, S. 93) spricht von »Wechselbeziehungen und Kreisprozesse(n)«, in denen das Gehirn steht. Das Gehirn lasse sich nur als »Organ eines Lebewesens in seiner Umwelt« adäquat begreifen (ebd.); das Gehirn sei »zum einen in den Organismus selbst eingebunden, zum anderen über dessen vielfältige, insbesondere sensomotorische Interaktionen eingebettet in die natürliche und soziale Umwelt« (ebd.); eine Sichtweise, die den Autor veranlasst, eine »*phänomenologisch-ökologische* Konzeption des menschlichen Gehirns« (so lautet der Untertitel des Buches) vorzuschlagen.

Fuchs (2010) konstruiert den Menschen als ein Lebewesen, das sich, wie alle Lebewesen und wie in spezifischer Weise das menschliche Gehirn, »als *autopoietische Systeme* von ihrer Umgebung ebenso ab(setzen) wie sie zu ihr in Wechselbeziehung stehen« (ebd., S. 131; Hervorh. LL); ihre Grenzen »erzeugen damit eine grundlegende *Diskontinuität* von Innen und Außen«, an welchen sich die physikalische Kausalität bricht und sich nicht linear innerhalb des Organismus fortsetzen kann« (ebd.); vielmehr »erzeugen Lebewesen aufgrund ihrer inneren Struktur selbst erst den Ausschnitt der Umgebung, der für sie als Umwelt bedeutsam und wirksam wird« (ebd.). An die Stelle linearer Kausalität tritt in dieser Sichtweise »die spezifische Verknüpfung von Reiz und Reaktion, von Wahrnehmung und Antwort«.

Aus diesen Argumenten leitet der Autor die Überzeugung ab, dass »Lebewesen nicht von physikalischen Einwirkungen aus der Umgebung determiniert« werden, vielmehr antworten sie auf wahrgenommene Reize aus ihrem Zentrum heraus, durch eine »*Rekonfiguration ihres Gesamtsystems*« (ebd., S. 131; Hervorh. LL); eine Überzeugung, die auch für Analysen der pädagogischen Beziehungspraxis Relevanz beanspruchen kann; sie wird innerhalb der pädagogischen Theorie insbesondere unter Bezugnahme auf das Konzept der »Kontingenz« erörtert (vgl. z. B. Ricken 1999).

Um die Wechselbeziehung zwischen Gehirn und Umwelt begrifflich angemessen zu erfassen, benutzt Fuchs das in jüngster Zeit auch in der Soziologie verwendete Konzept der »*Resonanz*« (vgl. Rosa 2016); will man das Entsprechungsverhältnis von Gehirn und Umwelt mit einem Begriff bezeichnen, »der die Fallstricke des Repräsentationsbegriffs umgeht«, so bietet sich, so Fuchs (2010, S. 178), der Begriff der Resonanz an: Neuronale Netzwerke »repräsentieren nicht statisch Objekte oder Situationen der Außenwelt, sondern sie schwingen koordiniert mit Umweltreizen mit, insofern diese in Entsprechung zu bestimmten, schon vorgebahnten neuronalen Mustern angeordnet sind« (ebd.). In dieser Perspektive rückt die Konstruktion der Beziehung zwischen Gehirn und Umwelt in die Nähe der Beschreibung der ästhetischen, insbesondere der musikalischen Erfahrung, wie ich sie in Kapitel V/5 vorgenommen habe.

Wenngleich *Prozesse der Erziehung und des Lernens* nicht zu den zentralen Themen der Studie von Fuchs (2010) gehören, geht der Autor doch immer wieder auf Fragen der pädagogischen Beziehungspraxis ein, da er diese Praxis im Schnittfeld von Gehirn, Leib und Person (diese Trias bestimmt Überschrift und Inhalt von Teil B, S. 95 ff. seines Buches) als wesentlichen Teil der menschlichen Gesamtpraxis interpretiert. In dieser Perspektive wird die menschliche *Sozialisation* als eine »wesentlich *verkörperte Sozialisation*« (ebd. S. 219; Hervorh. i.O.) beschrieben:

> »In ihrem Verlauf werden Kulturtechniken und Lebensformen einerseits durch *implizites, zwischenleibliches Lernen*, andererseits durch explizite Identifikation, Nachahmung und *verbales Lernen* angeeignet. Diese Lernprozesse lassen sich auch als ›soziale Inkorporation‹ auffassen, insofern sich die spezifisch menschlichen Vermögen nur im Rahmen der gemeinsamen, verkörperten Praxis entwickeln und dabei den organischen Reifungsprozessen des Gehirns aufgeprägt werden. Kultur in diesem umfassenden Sinn ist nicht nur ein kognitives System von Zeichen und Bedeutungen, sondern umfasst alle Aspekte der ›Bildung‹ des Individuums und seiner Vermögen, die in seinem Organismus bzw. seinem Gehirn verankert werden. Dazu gehört als humanspezifische Besonderheit, dass menschliche Individuen imstande sind, durch ihre spontanen Aktivitäten *an der Formung dessen, was sie selbst sind, mitzuwirken*, dass sie also nicht nur implizit und nebenbei, sondern *explizit und gezielt lernen*« (Fuchs 2010, S. 219; Hervorh. i. O. und LL).

Menschenbabies sind viel mehr angewiesen auf und abhängig von Beziehungen als Tierbabies, sie sind aber auch viel mehr beziehungsbegabt und beziehungsfähig.

Die im Kapitel VIII/3 resümierten Untersuchungen von Dunbar (2010), von Gamble/Gowlett/Dunbar (2014) und von Hrdy (2010) können, wie gesagt, als Bestätigung der ersten Hypothese dieses Teils gelesen werden: Vieles spricht dafür, dass die beziehungspädagogische Praxis im Hinblick auf die Sorge für den menschlichen Nachwuchs mit seinem großen Gehirn so aufwändig gewesen ist, dass sich Kooperation zunächst im Rahmen einer auf Dauer gestellten Paarbindung und dann auch im Rahmen größerer und komplexerer und immer größer und komplexer werdender Gruppen und Gemeinschaften als überlebensnotwendig erwiesen und zu einem langfristigen evolutionären Anpassungsprozess geführt hat; als dessen Ergebnis kann man die Ausbildung des für die Gattung des *Homo sapiens* kennzeichnenden »sozialen Gehirns« betrachten. Zwar ist, wie bereits in den Kapiteln I.1 und I.2 angesprochen, auch der Nachwuchs der tierischen Primaten auf die Erfahrung von engen Mutter-Kind-Beziehungen, also auf

»*Bindung*«serfahrungen angewiesen, aber diese Angewiesenheit auf Beziehungen ist angesichts der reicheren Ausstattung des tierischen Nachwuchses mit verhaltenssichernden Instinkten nicht so stark ausgeprägt wie beim menschlichen Nachwuchs und ist von kürzerer lebensgeschichtlicher Dauer.

Im Zusammenhang mit der Erörterung der spekulativen Anfänge des Evolutionsdenkens habe ich auf die These von John Dewey verwiesen, dass die soziale Angewiesenheit und Abhängigkeit des menschlichen Nachwuchses auch als eine die physische Hilflosigkeit insofern »ausgleichende« Kraft betrachtet werden könnte, und zwar in dem Sinne, »*dass die Kinder mit einer Ausstattung erster Ordnung für sozialen Wechselverkehr ausgerüstet sind*« (Dewey 1930, S. 75).

Wenn man den derzeitigen Forschungsstand, insbesondere die Befunde der experimentellen, menschlichen und tierischen Primatennachwuchs vergleichenden Evolutionären Psychologie in Betracht zieht, kann man den Eindruck gewinnen, dass die Thesen von John Dewey eine reiche und offenbar weiter zunehmende empirische Verifizierung erfahren haben. Bereits im Zusammenhang mit meiner ersten Annäherung an die Konzepte der Intersubjektivität und Relationalität ist davon die Rede gewesen, dass Jürgen Habermas unter dem Titel »Bohrungen an der Quelle des objektiven Geistes« (Habermas 2013b) eine Laudatio auf Michael Tomasello als Träger des Hegelpreises der Stadt Stuttgart 2009 gehalten und aus diesem Anlass hervorgehoben hat, dass Tomasello mit seinen Untersuchungen aufgezeigt habe, dass schon das vorsprachliche Kind eine »triadische Beziehung« eingehe, »wenn es in der Kommunikation mit einem Anderen lernt, dasselbe Objekt aus einer Wir-Perspektive wahrzunehmen« (Habermas 2013b, S. 171 f.); diese Triade sei »ein Fingerzeig darauf, dass sich die Intentionalität des menschlichen Bewusstseins gleichzeitig auf der sozialen Achse einer reziproken Beziehung zueinander und im gemeinsamen Bezug zu etwas in einer unabhängig existierenden Welt ausdifferenziert« (ebd.).

Bereits in seiner Studie über die kulturelle Entwicklung des menschlichen Denkens hat Tomasello aufgezeigt, dass Säuglinge schon ab dem 9. Lebensmonat Verhaltensweisen entwickeln, mit deren Hilfe sie sich auf Erwachsene einstellen und andererseits Erwachsene dazu bringen, sich auf sie einzustellen (Tomasello 2002, S. 79); ein Phänomen, von welchem im Zusammenhang mit der reziproken Struktur des »Bindungs«geschehens bereits die Rede gewesen ist. In der Abhandlung zu der Frage, »warum wir kooperieren«, hat Tomasello (2010, S.19) die bis zu diesem Zeitpunkt vorliegenden Befunde dahingehend zusammengefasst, dass wir Menschen »*zum Helfen geboren (und erzogen)*« werden; wenn dieses Resümee den künftigen Forschungsbefunden standhält, kann man die zitierte spekulative Überzeugung von John Dewey als empirisch bestätigt betrachten.

Seit der Verleihung des Hegelpreises im Jahre 2009 hat Tomasello teils als Allein-, teils als Ko-Autor zahlreiche weitere Untersuchungsbefunde mitgeteilt und in einem weit gespannten Theorierahmen der Evolutionären Psychologie interpretiert und diskutiert: Die »Naturgeschichte des menschlichen Denkens« (Tomasello 2014a, S. 21 ff.) erschließt in den Perspektiven von »individueller Intentionalität« und »gemeinsamer (auf den sozialen Kontext einer Zweierbeziehung bezogenen) Intentionalität« die lebensgeschichtlichen Anfänge des den Menschen auszeichnenden Denkens, welches Tomasello als »Kooperation« (ebd., S. 185–217) begreift; entsprechend erschließt die »Natural history of human morality« (Tomasello 2016) die lebensgeschichtlichen Anfänge der Moralität, die als »evolution of cooperation« (ebd., S. 9 ff.) sowie als »second-personal morality« (ebd., S. 39 ff.) beschrieben werden.

In weiteren Studien (vgl. z. B. Tomasello 2014b; Vaish/Tomasello 2014) werden die bereits erwähnten, aus experimentellen Untersuchungen gewonnenen Erkenntnisse über die nur für menschliche Primaten kennzeichnende Beziehungsfähigkeiten von Kleinkindern (im Alter von etwa zwei Jahren) bestätigt und vertieft. In dieselbe Richtung weist die Studie von Haun/Rekers/Tomasello (2014); sie zeigt, dass zweijährige Kinder kraft Beobachtung und Nachahmung von und mit Gleichaltrigen je Neues lernen, während »other great apes stick with what they know«; dieser Befund besagt, dass eine Gruppe von Zweijährigen als sozialer Ort einer pädagogischen Beziehungspraxis begriffen und von den partizipierenden Kindern genutzt werden kann, eine Erkenntnis, die in der Zeit, als Jean Piaget seine Untersuchungen durchgeführt hat, und von dem ansonsten genialen Autor dieser Untersuchungen noch nicht für denkbar gehalten worden ist.

In diesem Kapitel habe ich sowohl von der *Fähigkeit* zu als auch von der *Begabung* für Beziehungen gesprochen. Mit dieser Differenzierung will ich einer Auffassung Ausdruck geben, die besagt, dass Kompetenzen nicht allein auf Fähigkeiten verweisen, die von Anfang (Geburt) an oder zu einem je bestimmten Zeitpunkt in der Lebensgeschichte von Individuen gegeben sind und beobachtet werden können, sondern auf Fähigkeiten, die sich in Abhängigkeit von der Anzahl und Qualität der Gelegenheiten zur Partizipation von Individuen an Aktivitäten in verschiedenen Feldern einer sozialen und kulturellen Beziehungspraxis entwickeln und zeigen, d. h. als Ergebnis je bestimmter Erfahrungen und erfahrungsbedingter Lernprozesse; ein differenzierter Zugang dieser Art ist nach meinem Wissen in den experimentellen Untersuchungen von Tomasello und seinen Ko-Autor/Innen noch nicht erprobt worden.

Ebenso aufschlussreich wie die Untersuchung von Unterschieden im Niveau und inhaltlichen Profil von Fähigkeiten in Abhängigkeit von unterschiedlichen Lerngelegenheiten in ein und derselben Gesellschaft könnte die Untersuchung von entsprechenden Unterschieden in Abhängigkeit von der pädagogischen Beziehungspraxis im Rahmen verschiedener gesellschaftlicher bzw. kultureller Systeme sein.

4 Kulturelles Lernen und Erlernen von Kultur: Implizite und explizite Lernprozesse und Erziehung als Antriebskräfte der kulturellen Evolution

Lernprozesse hat es schon immer bei bzw. zwischen allen Lebewesen gegeben. Die Frage richtet sich demnach nicht auf die Existenz von Lernprozessen, sondern auf deren Eigenart beim Menschen. Die Überschrift dieses Kapitels deutet an, dass man die Lernprozesse des Menschen als »kulturelles Lernen« bezeichnen kann. Mit dieser Kennzeichnung wird gleichzeitig unterstellt, dass es neben dem »kulturellen« Lernen auch andere Formen des Lernens gibt. Die andere, vom »kulturellen« Lernen unterschiedene Form des Lernens nenne ich versuchsweise »*biologisches Lernen*«; für diese Form des Lernens ist kennzeichnend, dass die Lernprozesse nicht im Kontext individueller Entwicklungsverläufe, sondern im Kontext der Generationenfolge stattfinden und wirksam werden. Es erscheint zunächst als Widerspruch zu meinem Definitionsversuch, dass Jablonka/Lamb (2005) innerhalb ihrer Ausdifferenzierung des Evolutionsgeschehens in vier Ebenen – genetische, epigenetische, kulturelle und symbolische Ebene – die von mir ins Auge gefassten Prozesse von »biologischem Lernen« auf der Ebene der »kulturellen Evolution« ansiedeln; eines der Beispiele, welches die Autorinnen für die »kulturelle Ebene der Evolution« anführen – und als kulturelle Evolution bezeichnen sie Veränderungen von Verhaltensmustern, Vorlieben oder gelernten Fähigkeiten über einen längeren Zeitraum hinweg, ohne dass dazu eine genetische Veränderung nötig ist –, lautet wie folgt:

> »Junge Kaninchen, deren Mütter mit Wacholderbeeren gefüttert werden, erben eine Vorliebe für diese Beeren. Sie lernen im Uterus, und später durch die Muttermilch, dass Wacholderbeeren gut für sie sind. Und dies, obwohl sie nur drei Wochen lang und jeweils nur fünf Minuten pro Tag gesäugt werden. Die kurze Zeit reicht, um sie sozusagen auf den Geschmack der Wacholderbeeren zu bringen« (Jablonka/Lamb 2005).

Die Forschergruppe, sagt Eva Jablonka, habe nur Wacholderbeeren untersucht, aber es sei anzunehmen, dass die jungen Kaninchen die ganze Palette der mütterlichen Nahrung bereits in Uterus und Muttermilch kennen lernen. Auf sich selber gestellt, seien sie mit diesem Wissen gut ausgerüstet und müssten nicht jede Pflanze neu auf ihre Tauglichkeit hin testen (ebd.). Das Beispiel zeige, so Jablonka, »dass die kulturelle Evolution nicht blind ist«; die Kaninchen erbten Informationen, die ihre Mütter erworben und ausprobiert hatten; »was gelernt und was weiter gegeben wird, hängt also von einzelnen Individuen ab und nicht vom Zufall« (ebd.).

Dass die Autorinnen mit Blick auf das zitierte Beispiel von Evolution auf der »kulturellen« Ebene sprechen, scheint mir damit zusammenzuhängen, dass sie die Lebens- bzw. Ernährungsweise von Tieren – in Parallelsetzung zu Menschen – als eine Art von »Kultur« betrachten. Insofern könnte man argumentieren, dass bereits in der Tierwelt biologische Lernprozesse mit kulturellen Lernprozessen zusammenwirken, ein Phänomen, das uns für menschliches Lernen als selbstverständlich erscheint: »Ebenso wie sie *Gene* erben, die sich in der Vergangenheit angepasst haben«, stellt Tomasello (2010, S. 10; Hervorh. LL) fest, »erben Individuen auf *kulturellem* Wege *Artefakte* und *Vorgehensweisen,* die die gesammelte Weisheit ihrer Vorfahren beinhalten.« Allerdings machen es erst intensive und auf Dauer angelegte Lernprozesse möglich, dass, wie beim Menschen, das Ererbte, wie es in Goethes »Faust« heißt, »erworben« werden kann und erworben werden muss, damit im Rahmen dieser Weitergabe und Aneignung auch Neues im Sinne eines »*kulturellen Wagenhebereffekt*s« (ebd., S. 49 ff.) entstehen kann.

Bei einer differenzierten Kennzeichnung derjenigen Lernprozesse, welche als »kulturelle« Lernprozesse gelten können, bietet sich einerseits eine Unterscheidung zwischen »implizitem« und »explizitem« bzw. »intentionalem« Lernen an, Lernformen, denen auch bestimmte Formen der Erziehung entsprechen: *Implizites Lernen* verweist auf unbewusste, zum Teil vor- bzw. außersprachliche Lernprozesse, die aus gelebten Beziehungen, aus der *Partizipation* in *Praxisgemeinschaften* und deren Symbolen (z. B. Sprache), Institutionen, Regeln und Ritualen (z. B. religiöse Rituale und Initiationsriten) hervorgehen; als Beispiele haben wir das Bindungsgeschehen in der *Mutter-Kind-Beziehung* und die Phantasie- und Rollenspiele in *Gruppen von Kindern gleichen oder ähnlichen Alters* kennengelernt; auch der für die lebenslangen Lernprozesse grundlegende Erwerb der Muttersprache geschieht im Modus des impliziten Lernens und im Medium der Partizipation der Kinder in Praxisgemeinschaften; die dieser Lernform entsprechende bzw. sie ermöglichende Form der Erziehung kann man »implizite« Erziehung nennen; sie kommt dadurch zustande, dass Erwachsene ebenso wie Kinder an der Praxisgemeinschaft partizipieren, wie beispielsweise beim Bindungsgeschehen, oder die Praxisgemeinschaft der Kinder durch Bereitstellung geeigneter Räumlichkeiten etc. ermöglichen, wie dies bei den *Spielgruppen* der Fall ist.

*Explizites Lerne*n bzw. *intentionales Lernen* verweist – im Unterschied zum impliziten Lernen – auf Prozesse des bewussten und strategischen, großenteils sprachlich vermittelten Lernens; diese werden durch gezielte Maßnahmen der Erziehung (z. B. Zeigen, Aufforderung, Übung) oder durch die Eigeninitiative von Kindern angeregt. Der Modus des intentionalen Lernens weist seinerseits verschiedene Formen auf; beispielsweise unterscheiden Kruger/Tomasello (1998, S. 377) die drei Typen des »expected learning«, des »guided learning« und des »designed learning«. Auch die Formen der intentionalen Erziehung, die innerhalb des Schulsystems vorherrschen, weisen eine Vielfalt von Beziehungsformen und Beziehungsqualitäten auf, die nicht zuletzt vom jeweiligen »Geist der Zeit« geprägt werden; beispielsweise gehört zum Formwandel der intentionalen Erziehung die schon von Georg Simmel diagnostizierte Ablösung der Konstruktion des Unterrichts als einseitiges, von der Lehrperson auf die Schülerschaft gerichtetes Geschehen in der »alten« und der Konstruktion des Unterrichts als wechselseitiges Geschehen in der »neuen« Pädagogik – und zwar auf den Ebenen sowohl der pädagogischen Theorie als auch der pädagogischen Beziehungspraxis.

Eine dritte Form des Lernens – das »*indirekte*« *Lernen* – verbindet Elemente des impliziten mit Elementen des expliziten bzw. intentionalen Lernens; indirektes

4 Kulturelles Lernen und Erlernen von Kultur

Lernen betrifft überwiegend unbewusste Lernprozesse, welche durch die intentionale Gestaltung des jeweiligen sozialen Feldes der pädagogischen Beziehungspraxis angeregt werden, beispielsweise durch die Gestaltung der Schule als sozialen Erfahrungsraum oder die Ausstattung des pädagogischen Feldes mit Materialien (wie z. B. in Montessori-Einrichtungen) und mit Dingen (z. B. Bauklötze oder Legosteine oder Naturmaterialien oder Puppen), die für Kinder einen Aufforderungscharakter besitzen. Die dem indirekten Lernen entsprechende Form der Erziehung kann man »*indirekte Erziehung*« nennen (vgl. z. B. Liegle 2013, S. 141 ff.); als Vertreter dieser Form der Erziehung ist neben der bereits erwähnten Maria Montessori mit ihrem Prinzip der »vorbereiteten Umgebung« vor allem John Dewey zu nennen; in seinem Entwurf einer Philosophie der Erziehung schreibt Dewey:

> »*Wir erziehen niemals unmittelbar, sondern mittelbar*, und zwar durch das *Mittel der Umgebung*. Worauf es ankommt, ist, ob wir einer zufälligen Umgebung das Werk überlassen oder *eine besondere Umgebung für diesen Zweck schaffen*« (Dewey 1930, S. 39 f.; Hervorh. LL).

Dass das kulturelle Lernen geeignet ist, das Wissen, die Fähigkeiten und die Werte einer Gemeinschaft in der Abfolge der Generationen zu tradieren und sogar Neues im Sinne des »kulturellen Wagenhebereffekts« hervorzubringen, hat seine Ursachen im langfristigen Evolutionsprozess der Spezies des Homo sapiens und dessen Folgen: der langen, durch die Abhängigkeit von Erwachsenen geprägten *Kindheit* als einer *Lernzeit* und einer Zeit des Aufbaus eines komplexen und großen *sozialen Gehirns* sowie der durch diese Tatsachen ermöglichten *lebenslangen Lernfähigkeit*.

Die im Vergleich zum »langsamen«, generationenünergreifenden »*biologischen*« bzw. »*genetischen*« Lernen rasante Dynamik und kurzfristige Auswirkung *kultureller* Lernprozesse kommt dadurch zustande, dass die Menschen im Rahmen der »kulturellen Evolution« (vgl. z. B. Tomasello 2002) immer neue technische und soziale Entdeckungen und Erfindungen gemacht haben, die zur Schaffung neuer, immer komplexerer und immer weiter verbreiteten Medien der Erziehung und des Lernens geführt haben: Die ersten und wichtigsten Erfindungen waren die Erfindung der Sprache und die Erfindung der Schrift; in einem immer rascheren Zeitrhythmus sind diesen grundlegenden weitere folgenreiche Erfindungen gefolgt; dies gilt insbesondere für den Buchdruck, für die Erfindung und tendenziell weltweite Verbreitung der Schule als der wichtigsten Form der gesellschaftlichen Institutionalisierung der Erziehungs- und Lernprozesse sowie der Kindheit als Lebensphase und sozialer Status der Lernenden sowie für die Medien des Rundfunks und des Fernsehens und für die digitalen und interaktiven Medien.

5 Homines rationales et relationales: Der Beitrag der Evolutionsforschung zur Historischen und Pädagogischen Anthropologie

Die in den voraufgegangenen Kapiteln erörterten Theorieangebote und empirischen Befunde sind dazu angetan, fruchtbare Beiträge zur Historischen und Pädagogischen Anthropologie zu leisten und damit die Erkenntnisse zu ergänzen und zu vertiefen, die in früheren Jahrzehnten beispielsweise in dem Herausgeberband von Nitschke (1985) sowie in der zweibändigen »Pädagogischen Anthropologie« von Roth (1966 und 1971) dokumentiert worden sind; dies gilt unter der Voraussetzung, dass sich die Theorie bzw. Hypothese von Dunbar, Hrdy und anderen Forscher/Innen über die Evolution des »*sozialen Gehirn*s« im evolutionären Prozess der Menschwerdung in der künftigen Forschung bewähren und dass sich die experimentell-empirischen Befunde von Tomasello und anderen Forscher/Innen über die Anfänge des Denkens und der Moralität in der frühesten, vorsprachlichen Lebensphase des menschlichen Nachwuchses in der zukünftigen Forschung bestätigen lassen.

In der Perspektive der Historischen Anthropologie führen die Theorieangebote und Befunde, die in den voraufgegangenen Kapiteln resümiert worden sind, zu der Erkenntnis, dass die Evolution des Denkvermögens (einschließlich des Vermögens, sich in Andere hineinzudenken) in enger Verflechtung mit der Evolution der Beziehungsfähigkeit abgelaufen ist; die Evolution des »sozialen Gehirns« oder, mit Fuchs (2010) gesprochen, die Evolution des Gehirns als »Beziehungsorgan«, kann als Anpassungsvorgang im Hinblick auf die zunehmende Verbreitung immer komplexerer Formen der sozialen Beziehungspraxis sowie im Hinblick auf die aufwändige Sorge für den Nachwuchs interpretiert werden.

Was die Perspektive der Pädagogischen Anthropologie angeht, so scheinen mir die Theorieangebote und empirischen Befunde, die in den voraufgegangenen Kapiteln erörtert worden sind, durchaus geeignet, die Erkenntnisse zu bestätigen und zu ergänzen, die Heinrich Roth auf dem Wissensstand seiner Zeit resümiert hat (vgl. Roth 1966 und 1971).

Eine der wichtigen Erkenntnisse, die aus der Evolutionsforschung hervorgehen und für die Pädagogische Anthropologie relevant sind, ist die Erkenntnis, dass die erste und grundlegende Form der Erziehung die Sorge für das leibliche Wohlergehen des Nachwuchses betrifft. Die wissenschaftliche Beschäftigung mit der Leibbezogenheit der Erziehungs- und Lernprozesse hat seit den Tagen von Heinrich Roth stark zugenommen; sie zeigt sich in zahlreichen Studien einer Reihe von Fachvertreter/Innen der Pädagogik bzw. der Pädagogischen Anthropologie, zum Beispiel in Publikationen von Käte Meyer-Drawe, Bernhard Waldenfels und Christoph Wulf; sie zeigt sich am Interesse für leibliche Ausdrucksformen (z. B. Gebärden und Gesten) in den sozialen Feldern der pädagogischen Beziehungspraxis, nicht zuletzt im Hinblick auf die Prozesse des Zustandekommens von Akten des Erziehens und Lernens im Sinne von »Performativität« (vgl. z. B. Wulf u. a. 2012); und sie kommt auch zum Ausdruck in der von Bourdieu übernommenen Rede von der »Verkörperung« oder auch »sozialen Verkörperung«, mit welcher Fuchs (2010) die Praxis des als »Beziehungsorgan« konstruierten Gehirns charakterisiert.

Eine weitere wichtige Erkenntnis, die von der Evolutionsforschung zwar nicht neu hervorgebracht, aber doch auf neuartige Art und Weise bekräftigt worden ist, betrifft die Fruchtbarkeit der *Konstruktion von Entwicklungs- und Lernprozessen in der Perspektive eines Beziehungsgeschehens*, einer Perspektive, die für meinen Versuch, ein Konzept der Beziehungspädagogik zu entwerfen, konstitutiv ist.

Die Konstruktion von Entwicklungs-, Erziehungs- und Lernprozessen in der Perspektive eines Beziehungsgeschehens ist, wie ich in Teil II in meiner subjektiven Auswahl von Theoriepositionen aufgezeigt habe, auf der Grundlage einer Vielzahl von Konzepten erfolgt; diese Konzepte sind zwar nicht alle vollständig kompatibel; sie spiegeln jedoch, jedes in seiner Art, eine Facette des ins Auge gefassten Beziehungsgeschehens. Zum Beispiel: Nohl spricht von *»pädagogischem Bezug«* und *»Bildungsgemeinschaft«*, Buber von *»Dialog«*; Simmel spricht von *»Wechselwirkung«* und *»Vergesellschaftung«*, Mead von *»Kommunikation«* und vom *Erschaffen von »Bedeutung«*; Dewey spricht von *»sozialer Erfahrung«*, Mannheim von *»Berührung«* (Kontagion) und *»konjunktiver Erfahrung«*; Vygotsky spricht von *»Dialog«*, Bourdieu von *»Relationen«* und *»Inkorporation«* und Tomasello von *»Kooperation«* sowie von *»gemeinsamer«* und *»kollektiver Intentionalität*.

Der jüngste Vorschlag eines Konzepts zur Konstruktion der menschlichen Entwicklungs-, Erziehungs- und Lernprozesse in der Perspektive eines Beziehungsgeschehens stammt von Hartmut Rosa und beinhaltet *»Resonanz«* als Grundkategorie einer »Soziologie der *Weltbeziehung«* (Rosa 2016). Der Titel der Studie von Rosa (2016) bietet einen willkommenen Anlass zu der klärenden Anmerkung, dass in allen genannten Konzepten der Begriff *»Beziehung«* innerhalb des Konzeptes *»Beziehungs*geschehen« nicht allein auf die *zwischenmenschlichen* Beziehungen gemünzt ist; vielmehr schließt er die Beziehungen zwischen Mensch und Phänomenen der naturbezogenen sowie der kulturellen *»Welt«* ein; eine Betrachtungsweise, die sich auch in der Erörterung »weiterer Beziehungskonstellationen« in Teil VI spiegelt. Leicht nachvollziehbar erscheint das Konzept der »Resonanz« insbesondere bei der Thematisierung ästhetischer Erfahrungen: Die Begegnung mit der im Kosmos angelegten, erstmals von Kepler beschriebenen Harmonie (vgl. Heisenberg 2015a), die Begegnung mit der Harmonie (oder auch Disharmonie) der Klänge in der Musik; die Entdeckung der mathematischen Struktur, d. h. der rationalen Zahlenrelation (bezogen auf die in einem einfachen rationalen Zahlenverhältnis stehenden gleichgespannten schwingenden Saiten) hat Heisenberg (ebd., S. 95) als »eine der folgenschwersten Entdeckungen, die in der Geschichte der Menschheit überhaupt gemacht worden sind«, bezeichnet (ebd., S. 95); oder die Begegnung mit den harmonischen Proportionen (z. B. im Sinne des »goldenen Schnitts«) in der Architektur – alle diese und weitere Begegnungen sind dazu angetan, in unserer Innenwelt, d. h. in unserer Wahrnehmung und in unserem

Empfinden einen »Resonanzboden« zum Schwingen oder zum Klingen zu bringen. Entsprechendes ist nicht nur am Beispiel von kulturellen Artefakten, sondern auch am Beispiel von Phänomenen der Natur bedacht worden. Die Konstruktion von Entwicklungs-, Erziehungs- und Lernprozessen in der Perspektive eines *Beziehungsgeschehens* wird auch durch die Theorieangebote und empirischen Befunde der Evolutionsforschung nahegelegt; dafür spricht die These bzw. Theorie des »sozialen Gehirns« ebenso wie der diese Hypothese bzw. Theorie stützende Befund über die Ko-Variation von Gehirngröße und Größe sowie Komplexität der sozialen Lebensräume und Netzwerke.

In der Überschrift dieses Kapitels wird signalisiert, dass die Spezies des Homo sapiens auch als Homo rationalis sowie als Homo relationalis konstruiert werden kann. In der Tat scheint beides – die Konstruktion des Menschen als Vernunftwesen und seine Konstruktion als Beziehungswesen – je für sich, aber auch im wechselseitigen Zusammenhang zu gelten: Im Zuge der theoretischen Begründung des Konzepts der Beziehungspädagogik habe ich die übergreifenden Konzepte der »Intersubjektivität« und des »Relationalismus« eingeführt; in diesem Zusammenhang wurde auch Habermas mit seiner an Hegels »Phänomenologie des Geistes« orientierte Rede von der »*intersubjektiven Verfassung des Geistes*« zitiert; diese Position wird in meiner Konzeption der »Beziehungspädagogik« (▶ Kap. VI/3) auch im Hinblick auf die Genese bzw., genauer gefasst, die Soziogenese des Bewusstseins und der Moralität vertreten.

Mit Blick auf die Konstruktion der Menschen als Vernunft- und als Beziehungswesen kann man argumentieren, dass diese durch die Evolutionsforschung unterstützt wird; eine ähnliche Folgerung hat seinerzeit Heinrich Roth aus den ihm verfügbaren Theorien und Daten gezogen: Der Mensch sei zu betrachten »als *erziehungsbedürftigstes* und erziehungs*fähigstes* Wesen« (Roth 1966, S. 109 ff.); komplementär dazu spricht Roth von der »unendlichen (will sagen: lebenslangen) *Lernbedürftigkeit*« und der »unendlichen Lern*fähigkeit* (ebd., S. 115)

Wiederum ist es die Hypothese bzw. Theorie vom »sozialen Gehirn«, die zur Klärung dieser Frage heranzuziehen ist; dieses große und komplexe Gehirn bildet die neuronale Grundlage sowohl der besonderen menschlichen Beziehungsfähigkeit als auch der menschlichen Vernunftfähigkeit. Was Heinrich Roth mit den Begriffen der Erziehungsbedürftigkeit und Erziehungsfähigkeit anspricht, kann ich für das Rahmenkonzept »Beziehungspädagogik« widerspruchsfrei übernehmen, würde allerdings zu bedenken geben, ob es nicht ohne Verfälschung der Rothschen Argumentation erlaubt und fruchtbar sein könnte, die Rede von »Erziehungsbedürftigkeit und »Erziehungsfähigkeit« zu ergänzen und von *Beziehungs- und Erziehungs*bedürftigkeit sowie von *Beziehungs- und Erziehungsfähigkeit* zu sprechen.

Abschließend will ich auf eine Frage zurückkommen, die schon in der Einleitung eine Rolle gespielt hat: Die Verwendung des Beziehungsbegriffs, insbesondere dessen Kombination mit oder Kennzeichnung als Dialog, Kommunikation, Kooperation usw. könnte den Eindruck erwecken, das Beziehungskonzept stehe schlechthin für positive, prosoziale Einstellungen und Verhaltensweisen. Es trifft zwar zu, dass ich in der Perspektive einer Ethik der (beziehungs)pädagogischen Theorie, Forschung und Praxis am Beispiel der Beziehung zum (personal und sächlich) Fremden normativ argumentiere und im Anschluss an Schleiermacher für die Entwicklung eines »*Sinnes für das Fremde*« plädiere; und es trifft auch zu, dass ich ebenso wie Gergen (1999) die Verbreitung von »*relationalem*« Denken und Handeln und ebenso wie Sennett (2015) die Verbreitung von »kooperativem« Denken und Handeln für notwendig halte, wenn es gelingen soll, die gegenwärtigen und zukünftigen Probleme im privaten und im öffentlichen Raum, im nationalen ebenso wie im globalen Rahmen einer Lösung zuzuführen. Es wäre jedoch ein Missverständnis meiner Argumentation, wenn diese in die Ecke einer idealistischen und utopischen Beschreibung gestellt würde. Wie ich bereits in der Einleitung betont habe, gehe ich davon aus, dass Beziehungen, zumal zwischenmenschliche Beziehungen – und diese sind nicht die einzigen, die in meinem Konzept der Beziehungspädagogik thematisiert werden – vielfältige und immer auch in sich widersprüchliche bzw. ambivalente Potentiale aufweisen; sie können auf gegenseitiger Achtung und Anerkennung, auf Wohlwollen und Zusammenarbeit, sie können aber auch auf einseitige, auf Kinder und Jugendliche gerichtete Beherrschung, Beschämung und Demütigung sowie auf körperliche und seelische Gewalttätigkeit und, wie gerade in den letzten Jahren zahlreiche Fälle in vielen Erziehungsinstitutionen gezeigt haben, auf Formen der besitzergreifenden Liebe und des sexuellen Missbrauchs hinauslaufen. In einer solchen differenzieren und nüchternen Perspektive habe ich die pädagogische Beziehungspraxis in einem breiten Spektrum von Beziehungsqualitäten im Spannungsfeld zwischen »schwarzer Pädagogik« und »fröhlicher Pädagogik« beschrieben. Wie es mit der Qualität in den Feldern der pädagogischen Beziehungspraxis bestellt ist, das hängt von den in diesen Feldern agierenden und an deren Praxis partizipierenden Personen ab, wird aber auch von den politischen, ökonomischen, sozialen und kulturellen Rahmenbedingungen in den Lebenswelten dieser Personen beeinflusst. Gewalt in Familien und Schulen spiegelt insofern die inneren Beziehungsstrukturen und die innere Dynamik in den betreffenden Feldern, sie spiegelt aber auch gesamtgesellschaftliche und kulturelle Beziehungsstrukturen und Dynamiken und, darüber hinaus, spiegelt es möglicherweise das im Menschen ebenso wie sein Beziehungspotential angelegtes und von ihm gelerntes Gewaltpotential (vgl. z. B. Welzer 2010). Jedenfalls reichen Formen der Gewaltausübung und auch Formen des Nachdenkens über Gewalt und der Gegenwirkung gegen Gewalt vermutlich so weit zurück wie die Anfänge der Menschheit. In den antiken Hochkulturen jedenfalls sind Gewalthandeln und Gewaltvermeidung Themen, denen auch in der Öffentlichkeit bzw. in den öffentlichen Medien (z. B. auf der Theaterbühne) Aufmerksamkeit geschenkt worden ist; das folgende Beispiel ist einem Chorlied in Sophokles' Trauerspiel »Antigone« entnommen:

»Ungeheuer ist viel, und nichts
Ungeheurer als der Mensch...
Die Rede auch und den luft'gen Gedanken und
die Gefühle, auf denen gründet die Stadt,
lehrt er sich selbst, und Zuflucht zu finden vor
unwirtlicher Höhen Glut und des Regens Geschossen.
Allbewandert er, auf kein Künftiges

geht er unbewandert zu. Nur den Tod
ist ihm zu fliehen versagt.
Doch von einst ratlosen Krankheiten
Hat er Entrinnen erdacht.
So über Verhoffen begabt mit der Klugheit
Erfindender Kunst,
geht zum Schlimmen er bald und bald zum
Guten hin.
Ehrt des Landes Gesetze er und der Götter
Beschworenes Recht –
Hoch steht dann seine Stadt. Stadtlos ist er,
der verwegen das Schändliche tut«
(Sophokles, Antigone, zit. in Jonas 1979, S. 17 f.).

Dieses Chorlied, wie auch die gesamte Tragödie »Antigone«, in welcher der Konflikt zwischen der (asymmetrischen) Tochter-Vater-Beziehung und der (symmetrischen) Schwester-Bruder-Beziehung von Antigone das zentrale Thema bildet, gehört oder sollte nach meiner Auffassung zum Kanon der beziehungspädagogischen Praxis im Pflichtschulsystem gehören; denn diese Tragödie kann auf eindringliche, sozusagen resonanzfähige Art und Weise das Nachdenken über Fragen der zwischenmenschlichen Beziehungen und deren Eingebettetsein in ein je bestimmtes kulturelles Regelsystem in Gang bringen; dann jedenfalls, wenn es der Lehrperson gelingt, die Schule bzw. Schulklasse als »Resonanzraum« zu gestalten (vgl. Rosa 2016, S. 411).

Literatur

Gesamtliteraturverzeichnis

Abels, Heinz/König, Alexandra (2010): *Sozialisation. Soziologische Antworten auf die Frage, wie wir werden, was wir sind, wie gesellschaftliche Ordnung möglich ist und wie Theorien der Gesellschaft und der Identität ineinanderspielen.* Wiesbaden: VS Verlag.
Acklin, J. (1996): »Eingeschliffene Konstellationen wirken nach«. Interview mit Jürg Acklin. In: *Pro Juventute, 77. Jg., Nr: 2*, S. 25–27.
Ahnert, Lieselotte (2014): *Frühe Bindung: Entstehung und Entwicklung.* 3. Auflage. München: Reinhardt
Aichhorn, August (1925): *Verwahrloste Jugend. Die Psychoanalyse in der Fürsorgeerziehung.* Mit einem Geleitwort von Sigmund Freud. Leipzig/Wien/Zürich: Internationaler Psychoanalytischer Verlag
Aken, A. G. van u. a. (1996): Das soziale Unterstützungsnetzwerk von Kindern: Strukturelle Merkmale, Grad der Unterstützung, Konflikt und Beziehungen zum Selbstwertgefühl. In:
Allmendinger, Jutta/Lorenzo, Giovanni di/Smid, Enno (2016): Das Vermächtnis: Die Welt, die wir erleben wollen. Die große Studie von DIE ZEIT, INFAS und WZB (Wissenschaftszentrum Berlin für Sozialforschung). In: *DIE ZEIT*, Nrn. 2 ff.
Alberti, Bettina (2005): *Die Seele fühlt von Anfang an: Wie pränatale Erfahrungen unsere Beziehungsfähigkeit prägen.* München: Kösel.
Aldous, J. (1996): *Family careers. Rethinking the developmental perspective.* Thousand Oaks, CA: Sage.
Andresen, Sabine (2013): Erziehung, Macht und Gewalt. In: Andresen/Hunner-Kreisel/Fries, S. 291–295.
Andresen, Sabine/Heitmeyer, Wilhelm (2012): *Zerstörerische Vorgänge: Missachtung und sexuelle Gewalt gegen Kinder nund Jugendliche in Institutionen.* Weinheim/Basel: BeltzJuventa.
Andresen, Sabine/Hunner-Kreisel, Christine/Fries, Stefan (Hrsg.) (2013): *Erziehung. Ein interdisziplinäres Handbuch.* Stuttgart/Weimar: Metzler.
Apel, Karl Otto (1973): Wissenschaft als Emanzipation? Eine kritische Würdigung der Wissenschaftskonzeption der »Kritischen Theorie«. In: Ders.: *Transformation der Philosophie*, Band 2. Frankfurt am Main: Suhrkamp, S. 128–154.
Ders. (1979): *Neue Beiträge zur Erlären- Verstehens-Kontroverse.* Frankfurt am Main: Suhrkamp.
Aries, Philippe (1975): *Geschichte der Kindheit.* München: Hanser.
Asendorpf, Jens/Banse, Rainer (2000): *Psychologie der Beziehung.* Bern: Huber.
Aßmann, Alex (2012): *Erziehung als Interaktion. Theoriegrundlagen zur Komplexität pädagogischer Prozesse.* Weinheim/Basel: BeltzJuventa.
Aspelin, J. (2011): Co-Existence and co-operation: The two-dimensional conception of education. In: *Education*, vol. 1, nr. 1, S. 6–11.
Attias-Donfut, C./Segalen, M. (Hrsg.) (1998): *Grans-parents, La famille a travers les generations.* Paris: Edition Odile Jacob.
Auernheimer, G. (1990): *Einführung in die interkulturelle Erziehung.* Darmstadt: Wissenschaftliche Buchgesellschaft.
Aufenager, Stefan (1991): Kindheit als Medienkindheit am Ausgang unseres Jahrhunderts. Konformität in der Individuierung. In: Ullrich/Hamburger, S. 11–21.
Auhagen, A. E./Salisch (Hrsg.) (1993): *Zwischenmenschliche Beziehungen.* Göttingen: Hogrefe.
Azmitia, Margarita (1996): Peer interactive minds: developmental, theoretical, and methodological issues. In: Baltes/Staudinger, S. 133–162.

Baeck, Leo (1952): Israel und das deutsche Volk. In: *Merkur*, 6. Jg., S. 901–911.
Baltes, P.B./Staudinger, U.M. (Hrsg.) (1996): *Interactive minds. Life-Span perspectives on the social foundations of cognition*. Cambridge/New York: Cambridge University Press
Bangert, Kurt (2013): Spiritualität. In: Anfresen/Hunner-Kreisel/Fries, S. 155–161.
Bank, S. P./Kahn, M. D. (1989): *Geschwister-Bindung*. Paderborn: Junfermann.
Barker, R. G./Gump, P. V. (1964): *Big school, small school*. Stanford, CA: Stanford University Press.
Barrelmeyer, Uwe (1992): Wozu Klassiker? Eine Zitationsanalyse zur soziologischen Rezeption Georg Simmels. In: *Zeitschrift für Soziologie*, 21. Jg., Heft 4, S. 296–306.
Barth, Paul (1916): *Die Geschichte der Erziehung in soziologischer und geistesgeschichtlicher Beleuchtung*. Leipzig: Reisland.
Bartmann, Sylke/Fabel-Lamla, Melanie/Welter, Nicole/Pfaff, Nicole (Hrsg.) (2013): *Vertrauen in der erziehungswissenschaftlichen Forschung*. Leverkusen: Budrich.
Bartosch, Ulrich u. a. (Hrsg.): *Konstitutionelle Pädagogik als Grundlage demokratischer Entwicklung. Annäherungen an ein Gespräch mit Janusz Korczak*. Bad Heilbrunn: Klinkhardt.
Bastian, Johannes/Combe, Arno/Langer, Roman (2003): Auf dem Weg zur kooperativen Gestaltung von Unterricht und Lernen. In: Dies: *Feedback-Methoden: Erprobte Konzepte, evaluierte Verfahren*. Weinheim: Beltz, S. 165–172.
Bauer, Joachim (2011): *Warum ich fühle, was du fühlst. Intuitive Kommunikation und das Ge-heimnis der Spiegelneurone*. München: Wilhelm Heyne
Baumann, Zygmunt (2003): *Flüchtige Moderne*. Frankfurt am Main: Suhrkamp.
Baumrind, Diana (1971): Current patterns of parental authority. In: *Developmental Psychology, vol. 4, no. 1*, S. 1–103.
Baumrind, Diana (1996): Parenting. The discipline controvewrsy revisited. In: *Family Relations*, vol. 45, S. 405–414.
Beck, Erwin/Guldimann, Titus/Zutavern, Michael (Hrsg.) (1997): *Lernkultur im Wandel*. St. Gallen: UVK.
Beekmann, T. (1984): Hand in Hand mit Sascha. In: Lippitz/Meyer-Drawe, S. 11–25.
Beelmann, W./Schmidt-Denter, U. (1991): Kindliches Erleben sozial-emotionaler Beziehungen und Unterstützungssysteme in Ein-Eltern-Familien. In: *Psychologie in Erziehung und Unterricht, 38. Jg.*, S. 180–189.
Begemann, Ernst (2001): *Wirklichkeit als Dialog. Beobachtungen von Pädagogen, Psychologen, Philosophen und Physikern*. Weinheim/Basel: Beltz.
Beiner, Friedhelm (2015): Janusz Korczaks Weg zur »Pädagogik der Achtung« und Maria Falskas Beispiel einer »konstitutionellen Erziehung«: In: Bartosch u. a., S. 59–81.
Belke, Felicitas (1973): Dialogischer und pädagogischer Bezug in Martin Bubers Konzeption des Relationalen. In: Kluge, S. 284–329.
Bellah, Robert N. (1970): *Beyond belief. Essays on religion in a post-traditionalist world*. London: University of California Press.
Ders. (2011): *Religion in human evolution: From the paleolithic to the axial age*. Cambridge, MA: President and Fellows of Harvard College.
Belsky, Jay (1984): The determinants of parenting. In: *Child Development*, vol. 55, S. 83–96.
Benner, Dietrich/Peukert, Helmut (1983): Moralische Erziehung. In: *Enzyklopädie Erziehungswissenschaft*. Hrsg. von Dieter Lenzen. Band 1: Theorien und Grundbegriffe der Erziehung und Bildung. Stuttgart: Klett-Cotta, S. 394–402.
Benoit, D./Parker, K. C. H. (1994): Stability and transmission of attachment across three generations. In: *Child Development*, vol. 65, S. 1444–1456.
Bensel, Joachim/Haug-Schnabel, Gabriele (2010): Soziale Kompetenz von Kleinkindern in der Gruppe. In: Hammes- Di Bernardo/Speck-Hamden, S. 86–99.
Berger, P.L./Luckmann, T. (1966): *The social construction of reality*. New York: Doubleday.
Berman, W. H./Sperling, M. B. (1994): The structure and function of adult attachment. In: Sperling/Berman, S. 3–28.
Bernfeld, Siegfried (1921): *Kinderheim Baumgarten. Bericht über einen ernsthaften Versuch mit neuer Erziehung*. Berlin: Jüdischer Verlag. Abgedr. in: ders. (2012): Sozialpädagogik. Schriften 1921-1933 (= Werke, Band 4). Giessen: Psychosozial, S. 9-154.

Ders. (1925/1967): *Sisyphos oder Die Grenzen der Erziehung* (1925). Frankfurt am Main: Internationaler Psychoanalytischer Verlag.
Bernstorff, Florian/Langewand, Alfred (Hrsg.) (2012): *Darwinismus, Bildung, Erziehung. Historische Perspektiven auf das Verhältnis von Evolution und Pädagogik.* Münster: LIT.
Bertram, Hans (Hrsg.) (2008): *Der UNICEF-Bericht zur Lage der Kinder in Deutschland.* München: Beck
Bettelheim, Bruno (1993): »Wildkinder« und autistische Kinder. In: Ders.: *Themen meines Lebens. Essays über Psychoanalyse, Kindererziehung und das jüdische Schicksal.* München: dtv, S. 204–229.
Bick, J., Zhu, T., Stamoulis, C., Fox, N.A., Zeanah, C.H., Nelson, C.A. (2015): Effect on early institutionalization and foster care on long-term white matter development: A randomized clinical trial. In: *Jama Pediatrics,* 169 (3), S. 211–219.
Biesta, Gert (2005): George Herbert Mead und die Theorie der schulischen Bildung. In: Tröhler/Oelkers, S. 139-158.
Ders. (2010): »Mind the gap!« Communication and the educational relation. In: Bingham/Sidorkin, S. 11–22.
Ders. (2013): *The beautiful risk of education.* Boulder/London: Paradigm Publishers.
Bilstein, Johannes (2003): Symbol – Metapher – Bild. In: Fröhlich, Volker/Stenger, Ursula (Hrsg.): *Das Unsichtbare sichtbar machen. Bildungsprozesse und Subjektgenese.* Weinheim/München: Juventa, S. 23–43.
Ders. (Hrsg.) (2011): *Die Künste als Metaphern.* Oberhausen: Athena.
Ders. (2011a): Zur metaphorischen Kraft der Kunst. In: Ders., S. 13–41.
Bilstein, J./Straka, B./Winzen, M. (Hrsg.) (2000): *Dein Wille geschehe Das Bild des Vaters in zeitgenössischer Kunst und Wissenschaft.* Köln: Oktagon.
Bilstein, J./Trübenbach, U./Winzen, M. (Hrsg.) (1999): *Macht und Fürsorge. Das Bild der Mutter in zeitgenössischer Kunst und Wissenschaft.* Köln: Oktagon.
Bingham, C./Sidorkin, A. M. (Hrsg.) (2010): No education without relation. New York: Lang.
Bischof-Köhler, Doris (2011): *Soziale Entwicklung in Kindheit und Jugend. Bindung, Empathie, Theory of mind.* Stuttgart: Kohlhammer.
Bischoff, Sandra u. a. (Hrsg.) (2012): *Familie 2020. Aufwachsen in der digitalen Welt.* Leverkusen: Budrich.
Bittner, Günther/Schmid-Cords, Edda (Hrsg.) (1968): *Erziehung in früher Kindheit.* München: Piper.
Bittner, Stefan (2001): *Learning by Dewey? John Dewey und die deutsche Pädagogik 1900-2000.* Bad Heilbrunn: Klinkhardt.
Blos, Peter (1967): *The second individuation process of adolescence.* New York: International Universities Press (= Psychoanalytic Study of the Child, vol. 22).
Ders. (2015): *Adoleszenz: Eine psychoanalytische Interpretation.* Stuttgart: Klett-Cotta.
Blumenthal, P. J. (2003): *Kaspar Hausers Geschwister. Auf der Suche nach dem wilden Menschen.* München: Piper.
Blumer, Herbert (2003): *Symbolischer Interaktionismus. Aufsätze zu einer Wissenschaft der Interpretation.* Frankfurt am Main: Suhrkamp.
Bock, Irmgard (1978): *Kommunikation und Erziehung. Grundzüge ihrer Beziehungen.* Darmstadt: Wissenschaftliche Buchgesellschaft.
Bock, Wolfgang (2015): Neue Medien als Erzieher? Zur Kritik der digitalisierten Pädagogik. In: Gruschka/Lastoria, S. 181–198.
Bodrova, E./Leong, D. J. (1996): *Tools of mind. The Vygotskian approach to early childhood education.* Upper Saddle Rive: Prentice Hall.
Böhm, Winfried/Schiefelbein, Ernesto/Seichter, Sabine (2015): *Projekt Erziehung. Ein Lehr- und Lernbuch.* 4. überar. u. erw. Auflage. Paderborn: Schöningh.
Böll, Heinrich (1978): *Mein Lesebuch.* Frankfurt am Main: Fischer
Bohl, Hilde/Dauber, Heinrich (2013): *Achtsamkeitspraxis und Führungskompetenz – von und mit Pferden lernen.* Kassel: Typoskript/Internetseite
Bohm, D. (Hrsg.) (2002): *Der Dialog.* Hrsg. von Lee Nicol. 3. Auflage. Stuttgart: Klett-Cotta.
Bohnsack, Fritz (2013): *Wie Schüler die Schule erleben. Zur Bedeutung der Anerkennung, der Bestätigung und der Akzeptanz von Schwäche.* Opladen etc.: Budrich.

Bollig, S. (2004): Zeigepraktiken: How to do quality with things. In: Honig M.-S./Joos, M./ Schneider, N. (Hrsg.): *Was ist ein guter Kindergarten? Theoretische und empirische Analysen zum Qualitätsbegriff in der Pädagogik*. Weinheim/München: Juventa, S. 193–226.
Bollig, Sabine/Honig, Michael-Sebastian/Neumann, Sascha/Seele, Claudia (Hrsg.) (2015): *MultiPluriTrans in educational ethnography. Approaching the multimodality, plurality and translocality of educational realities*. Bielefeld: transcript.
Dies. (2015a): Who are the actors? Multiple actors of education: From humans to networks, technologies oreganisations, and states. In: Dies., S: 119–210.
Bollmann, Vera (2012): *Schwestern: Interaktion und Ambivalenz in lebenslangen Beziehungen*. Wiesbaden: VS.
Bollnow, Otto Friedrich (1978): *Vom Geist des Übens. Eine Rückbesinung auf elementare didaktische Erfahrungen*. Freiburg: Herder.
Ders. (1981): Der Begriff des pädagogischen Bezugs bei Herman Nohl. In: *Zeitschrift für Pädagogik*, 27. Jg., Nr. 1, S. 31–37.
Bonn, Helmut/Rohsmanit, Kurt (Hrsg.) (1977): *Eltern-Kind-Beziehung*. Darmstadt: Wissenschaftliche Buchgesellschaft.
Bornstein, M. H. (Hrsg.) (1995): *Handbook of parenting*. Mahwah, N.J: Erlbaum.
Bott, E. (1957): *Family and social networks*. London: Tavistock.
Bourdieu, Pierre/ Passeron, Jean-Claude (1971): *Die Illusion der Chancengleichheit. Untersuchungen zur Soziologie des Bildungswesens am Beispiel Frankreichs*. Stuttgart: Klett-Cotta.
Boyd, Ray/MacNeill, Neil/Sullivan, Greg (2006): Relational pedagogy: putting balance back into students' learning. In: *Curriculum & Leadership*, vol. 4, no. 13
Boyd, R./Richerson, P. J. (2006): Culture and the evolution of human social instincts. In: Enfield/Levinson, S. 453–477.
Boyer, Pascal (2001): *Religion explained: The evolutionary origins of religuous thought*. New York: Baic Books.
Braches-Chyrek, Rita/Röhner, Charlotte/Sünker, Heinz/Hopf, Michaela (Hrsg.) (2013): *Handbuch Frühe Kindheit*. Wiesbaden: Budrich.
Braches-Chyrek, Rita/Röhner, Charlotte (Hrsg.) (2015): *Kindheit und Raum*. Leverkusen: Barbara Budrich (= Kindheiten, Gesellschaften, Band 2).
Brandes, Holger (2010): Entwicklungspotentiale von Kindergruppen – Gruppenprozesse und ihre Förderung im Kindergarten. In: Hammes- Di Bernardo/Speck-Hamden, S. 16–24.
Braun, L. (1901): Die Wirtschaftsgenossenschaft. In: *Die Gleichheit* (31. 07. 1901), S. 140–142.
Brendgen, Mara/Bukowski, William M./Wanner, Brigitte (2002): Problematische Gleichaltrigenbeziehungen und Selbstwahrnehmungen während Kindheit und Adoleszenz. In: Uhlendorff/Oswald, S. 117-134.
Brendgen, Mara/Vitaro, Frank/Lamarche, V. (2005): In schlechter Gesellschaft – Beziehungen mit antisozialen Freunden und ihre Folgen. In: Schuster/Kuhn/Uhlendorff, S. 109–128.
Brinkmann, Malte (2012): *Pädagogische Übung. Praxis und Theorie einer elementaren Lernform*. Paderborn: Schöningh
Bröcher, Joachim (2007): *Anders unterrichten, anders Schule machen: Beiträge zur Schul- und Unterrichtsentwicklung im Förderschwerpunkt Lernen*. Heidelberg: Winter.
Brody, G. H. (1996): *Sibling relationships. Their causes and consequences*. Norwood, NJ: Ablex
Bronfenbrenner, Urie (1981): *Die Ökologie der menschlichen Entwicklung. Natürliche und geplante Experimente*. Stuttgart: Klett-Cotta.
Brücher, Bodo (2006): Die Selbstverwaltung im Erleben und Handeln der Kinderfreunde. In: Gröschel, S. 121–135.
Ders. (2008): Modelle der Selbstverwaltung und der Partizipation von Kindern: die Kinderrepubliken der »Falken«. In: Eppe, Heinrich/Herrmann, Ulrich (Hrsg.): *Sozialistische Jugend im 20. Jahrhundert. Studien zur Entwicklung und politischen Praxis der Arbeiterjugendbewegung in Deutschland*. Weinheim/München: Juventa, S. 189–200.

Brügelmann, Hans (2016): Kinderrechte und Schulqualität. Plädoyer für eine pädagogische Lern- und Leistungskultur. In: Krappmann, L./Petry, Christian (Hrsg.): *Worauf Kinder und Jugendliche ein Recht haben*. Schwalbach, Ts.: Debus, S. 136–148.
Brumlik, Micha (1973): *Der symbolische Interaktionismus und seine pädagogische Bedeutung*. Mit einem Vorwort von Klaus Mollenhauer. Frankfurt: Fischer Athenäum Taschenbuch.
Ders. (1983): Symbolischer Interaktionismus. In: Lenzen, Dieter/Mollenhauer, Klaus (Hrsg.): *Enzyklopädie Erziehungswissenschaft*. Band 1. Stuttgart: Klett-Cotta, S. 232–245.
Ders. (2008): Erziehungsromane der Jahrtausendwende. In: Marotzki/Wigger, S. 221–238
Ders. (2010): Ethische Gefühle: Liebe – Sorge – Achtung. In: Moser/ Pinhard, S. 20–23.
Ders. (2014): Interaktion und Kommunikation. In: Wulf/Zirfas, S. 215–225.
Bruner, Jerome (1966): *Toward a theory of instruction*. Cambridge, MA: The Belknap Press of Harvard University Press.
Bruner, Jerome S. (1972): Nature and uses of immaturity. In: *American Psychologist*, vol. 27, S. 687–708.
Ders. (1997): The transactional self. In: Bruner, J./Haste, H. (Hrsg.): *Making sense. The child's construction of the world*. London: Methuen, S. 81–94.
Bryant, B.K.: Sibling Relationships in middle childhood. In: Lamb/Sutton-Smith 1982, S. 87–121.
Buber, Martin (1923): *Ich und Du*. Leipzig: Insel.
Ders. (1926/1962): Über das Erzieherische (1926). In: Ders. (1962): *Werke*. Erster Band: Schriften zur Philosophie. München/Heidelberg: Kösel/Lambert Schneider, S. 787–808.
Ders. (1950/1962): Pfade in Utopia (1950). In: Ders. (1962): *Werke*. Erster Band: Schriften zur Philosophie. München/Heidelberg: Kösel/Lambert Schneider, S. 833–1002.
Ders. (1953): *Reden über Erziehung*. Heidelberg: Lambert Schneider.
Ders. (1953a/1962): *Über das Erzieherische* (1926). In: Ders. (1962): *Werke*. Erster Band: Schriften zur Philosophie. München/Heidelberg: Kösel/Lambert Schneider, S. 787–808.
Ders. (1979): *Das dialogische Prinzip*. Heidelberg: Lambert Schneider.
Ders. (1979a*): Ich und Du* (1923). In: Ders. (1979), S. 7–136.
Bukowski, William M./Brendgen, Mara/Vitaro, Frank (2007): Peers and socialization: Effects on externalizing and internalizing problems. In: Grusec/Hastings, S. 355–381.
Burkhardt, A. (1987): Der Dialogbegriff bei Wilhelm von Humboldt. In: Hoberg, R. (Hrsg.): *Sprache und Bildung. Beiträge zum 150. Todestag Wilhelm von Humboldts*. Darmstadt: Technische Hochschule, S. 141–173.
Butler, Judith (2005): Den Blick des Anderen einnehmen: Ambivalente Implikationen. In: Honneth, S. 107–135.
Butler, Judith (2007): *Kritik der ethischen Gewalt*. Frankfurt am Main: Suhrkamp.

Cabot, Mateu (2015): Abschied von der Schule? Von der alphabetisierenden Schule zur diffusen Audio-Visualität. In: Gruschka/Lastoria, S. 235–249.
Carter, B./McGoldrick, M. (Hrsg.): *The changing family life cycle*. New York: Gardner 1988.
Cherlin, A. J./Furstenberg, F. F. (1986): *The new American grandparent. A place in the family, a life apart*. New YPORK. Basic Books.
Cicerelli, V. G. (1982): Sibling influence throughout the life span. In: Lamb/Sutton-Smith, S. 267–284.
Cierpka, M. (1999): Unterschiede und Gemeinsamkeiten bei Geschwistern. In: Sohni, H. (Hrsg.): *Geschwisterlichkeit: Horizontale Beziehungen in Psychotherapie und Gesellschaft*. Göttingen: Vandenhoeck S. 10–31.
Claessens, Dieter (1962*): Familie und Wertsystem. Eine Studie zur »zweiten, soziokulturellen Geburt« und der Belastbarkeit der »Kernfamilie«*. Berlin: Duncker & Humblot.
Claessens, Dieter/Menne, F. W. (1973): Zur Dynamik der bürgerlichen Familie und ihrer möglichen Alternativen. In: D. Claessens und Petra Milhoefer (Hrsg.): *Familiensoziologie*. Frankfurt am Main: Athenäum, S. 313–346.
Coleman, James S. (1961): *The adolescent society. The social life of the teenager and its impact on education*. New York: Free Press.

Ders. (1986): *Die asymmetrische Gesellschaft. Vom Aufwachsen mit unpersönlichen Systemen*. Weinheim/Basel: Beltz.
Collins, W. Andrew/Laursen, Brett (Hrsg.) (1999): *Relationships as developmental contexts*. Mahwah, N.J.: Erlbaum.
Comenius, Jan Amos (1657/1910*): Orbis sensualium pictus. Die Welt in Bildern* (1657). Leipzig: Klinkharth.
Ders. (1658/1993): *Große Didaktik. Die vollständige Kunst, alle Menschen alles zu lehren* (1658). Stuttgart: Klett-Cotta
Corsaro, W. A. (1997): *The sociology of childhood*. Thousand Oaks: Pine Forge Press.
Ders. (2003): *We're friends, right? Inside kids' culture*. Washington, DC: Joseph Henry Press.
Cozolino, L./Pott, A. (2007): *Die Neurobiologie menschlicher Beziehungen*. Kirchzarten: VAK- Verlag.
Cremin, Lawrence A. (1974): Notes toward a theory of education. In: *Notes on Education*, no. 1, S. 4 f. Columbia: Teachers College, Institute of Philosophy and Politics of Education
Csibra, Gergely/Gergely, Gyöegy (2011): Natural pedagogy as an evolutionary adaptation. In: *Philosophical transactions of the Royal Society* B, vol. 366, S. 1149–1157.
Cyprian, Gudrun (1977): *Sozialisation in Wohngemeinschaften*. Stuttgart: Enke.

Dahme, H.-J./Rammstedt, O. (Hrsg.) (1984): *Georg Simmel und die Moderne*. Frankfurt: Suhrkamp.
Dammann, R. (1991): *Die dialogische Praxis der Feldforschung. Der ethnographische Blick als Paradigma der Erkenntnisgewinnung*. Frankfurt/New York: Campus.
Dammer, Karl-Heinz (2015): *Begründung, Entwicklung und Zukunftsaussichten der Kritischen Erziehungswissenschaft*. In: Gruschka/Lastoria, S. 29–46.
Danby, S./Baker, C. (1998): »What's the problem?« Restoring school orders in a preschool classroom. In: Hutchby, I./Moran-Ellis, J.: *Children and social competence: arenas of action*. London: Falmer.
Daniels, Harry/Cole, Michael/Wertsch, James V. (Hrsg.) (2007): *The Cambridge Companion to Vygotsky*. Cambridge: Cambridge University Press.
De Haan, Erik/Stewart, Sue (2008): *Relational coaching: Journeys to mastering one to one learning*. Chichester: Wiley.
deMause, L. (1977): *Hört ihr die Kinder weinen. Eine psychogenetische Geschichte der Kindheit*. Frankfurt am Main: Suhrkamp.
Decker-Voigt, Hans/Weymann, Eckard (1996): *Aus der Seele gespielt. Einführung in die Musiktherapie*. München: Goldmann
Dennis, W. (1972): Gründe für Retardierung bei Heimkindern: Iran. In: Otto, S. 235–243.
Dewey, John (1897): My pedagogic creed. In: *School Journal*, vol. 54, S. 77–80.
Ders. (1929/2011): *The sources of a science of education* (1929). Mansfield Centre, CT: Martino Publishing.
Dewey, John (1930): *Demokratie und Erziehung. Eine Einleitung in die philosophische Pädagogik*. Deutsch von Erich Hylla. Breslau: Ferdinand Hirt.
Ders. (1986): *Erziehung durch und für Erfahrung*. Eingel., ausgew. und kommentiert von Helmut Schreier. Stuttgart: Klett-Cotta.
Ders. (1993): *Demokratie und Erziehung. Eine Einleitung in die philosophische Pädagogik*. Aus dem Amerikanischen von Erich Hylla. Herausgegeben und mit einem Nachwort von Jürgen Oelkers. Weinheim/Basel: Beltz.
Dilthey, Wilhelm (1890/1973): Deskription des Erziehers in seinem Verhältnis zum Zögling (1890). Abgedr. in: Kluge 1973, S. 1–18.
Dippelhofer-Stiem, Barbara/Wolf, Bernhard (Hrsg.) (1997): *Ökologie des Kindergartens. Theoretische und empirische Befunde zu Sozialisations- und Entwicklungsbedingungen*. Weinheim/München: Juventa
Doehlemann, Martin (1979): *Von Kindern lernen. Zur Position der Kinder in der Welt der Erwachsenen*. München: Juventa.
Ders. (1985): *Die Phantasie der Kinder und was Erwachsene daraus lernen können*. Frankfurt am Main: Fischer.

Dollase, Rainer (2007): *Erziehung ist Beziehung*. Vortrag beim Präventionsrat Steinfeld am 28. November 2007. Internetdatei.
Dörpinghaus, Andreas/Nießeler, Andreas (Hrsg.) (2012): *Dinge in der Welt der Bildung – Bildung in der Welt der Dinge*. Würzburg: Königshausen & Neumann.
Dörr, Margret/Müller, Burkhard (Hrsg.) (2006): *Nähe und Distanz. Ein Spannungsfeld pädagogischer Professionalität*. Weinheim/München: Juventa.
Drieschner, Elmar/Gaus, Detlef (Hrsg.) (2011): *Liebe in Zeiten pädagogischer Professionalisierung*. Wiesbaden: Springer Fachmedien.
Dies. (2013): Grenzen im Erziehungsprozess: Nähe und Distanzregulationen an Übergängen im Bildungssystem. In: Strobel-Eisele/Roth, S. 131–146.
Du Bois-Reymond, M. u. a. (1994): *Kinderleben. Modernisierung von Kindheit im interkulturellen Vergleich*. Opladen: Westdeutscher Verlag.
Dubow, E. F./Huesman, L. R./Greenwood, Dara (2007): Media and youth socialization: Underlying processes and moderators of effects. In: Grusec/Hastings, S. 404–432.
Dunbar, Robin (1996): *Groming, gossip, and the evolution of language*. London: Faber & Faber.
Ders. (2010): Warum die Menschen völlig anders wurden. In: Fischer/Wiegandt, S. 244–269.
Ders. (2014): *Human evolution. A Pelican introduction*. London: Penguin Books.
Dunn, Judy (2007): Siblings and socialization. In: Grusec/Hastings, S. 309–327.
Dunn, J./Plomin, R. (1996): *Warum Geschwister so verschieden sind*. Stuttgart: Klett-Cotta.

Eberhard, Otto (1930): *Welterziehungsbewegung. Kräfte und Gegenkräfte in der Völkerpädagogik*. Berlin: Furche.
Ecarius, J. (2002): *Familienerziehung im historischen Wandel. Erziehung und Erziehungserfahrungen von drei Generationen*. Opladen: Leske und Budrich.
Edelstein, Wolfgang (1983): Cultural constraints on development and the vicissitudes of progress. In: Kessel/Siegel, S. 48–81.
Ders. (2000): Verantwortung – Initiative – Selbstwirksamkeit: Skizze eines Programms zur Förderung situierten Lernens und nachhaltiger Lernmotivation Jugendlicher. In: Achtenhagen, Frank/Lempert, Wolfgang (Hrsg.): *Lebenslanges Lernen im Beruf – seine Grundlegung im Kindes- und Jugendalter*. Opladen: Leske+Budrich, S. 91–100.
Ders. (2014): *Demokratiepädagogik und Schulreform*. Schwalbach: Wochenschau Verlag.
Edelstein, Wolfgang/de Haan, G. (2004): Empfehlung 5: Lernkonzepte für eine zukunftsfähige Schule. In: Heinrich-Böll-Stiftung (Hrsg.): *Selbständig lernen. Bildung stärkt Zivilgesellschaft. Sechs Empfehlungen der Bildungskommission der Heinrich-Böll-Stiftung*. Weinheim/Basel: Beltz, S. 130–188.
Ders. /Kreppner, Kurt/Sturzbecher, Dietmar (Hrsg.) (1996): *Familie und Kindheit im Wandel*. Potsdam: Verlag für Berlin-Brandenburg.
Eggers, Christian (Hrsg.) (1984): *Bindungen und Besitzdenken beim Kleinkind*. München: Urban& Schwarzenberg.
Elias, Norbert (1969): *Der Prozess der Zivilisation. Soziogenetische und psychogenetische Studien*. 2 Bände. Bern: Francke.
Enfield, N. J./Levinson, Stephen C.: (Hrsg.) (2006): *Roots of human sociality: Culture, cognition, and interaction* (Wenner-Gren International Symposium). Oxford/New York: Berg.
Diess. (2006a): Introduction: Human sociality As a new interdisciplinary field. In: Diess. /Levinson, Stephen C., S. 1–38.
Erikson, E.H. (1950): *Kindheit und Gesellschaft*. Stuttgart: Klett.
Ders. (1966): *Identität und Lebenszyklus*. Stuttgart: Klett-Cotta.

Fatke, Reinhard/Flitner, Andreas (1984): Was Kinder sammeln. In: Eggers, S. 233–254.
Fegert, Jörg M./Wolff, Mechthild (Hrsg.) (2015): *Kompendium »Sexueller Missbrauch in Institutionen«. Entstehungsbedingungen, Prävention und Intervention*. Weinheim/Basel: BeltzJuventa.
Feltmann, Gudrun (2003): *Die Kunst, mit dem Hund zu reden. Ein erfolgreicher Weg für Erziehung und Beschäftigung*. Stuttgart: Kosmos.

Fend, Helmut (2006): *Neue Theorie der Schule. Einführung in das Verstehen von Bildungssystemen.* Wiesbaden: VS.
Finney, Ross L. (1937): *A Sociological Philosophy of Education.* New York: The Macmillan Company.
Fischer, Ernst Peter/Wiegandt, Klaus (Hrsg.) (2010): *Evolution und Kultur des Menschen.* Frankfurt am Main: Fischer Taschenbuch.
Flitner, Andreas (1982/2004): *»Konrad, sprach die Frau Mama...«. Über Erziehung und Nicht-Erziehung.* München: Piper.
Flitner, Andreas u. a. (1976): *Der Mensch und das Spiel in der verplanten Welt.* München: dtv
Flitner, Andreas (1999): *Reform der Erziehung. Impulse des 20. Jahrhunderts.* Erweiterte Neuausgabe. München: Piper.
Flitner, Wilhelm (1941): Die pädagogische Provinz und die Pädagogik Goethes in den »Wanderjahren«. In: *Die Erziehung* 16. Jg., S. 185 ff. und 206 ff.
Fontane, Theodor (1893/1973): Meine Kinderjahre (1893). In: Ders. (1973): *Sämtliche Werke.* Hrsg. von W. Keitel, Band 4. Dinslaken: Asklepiosmedia.
Freud, Anna/Dann, Sophie (1951): An experiment in group upbringing. In: *Psychoanalytical study of the child*, vol. 6, S. 127–168.
Freud, Sigmund (1938/1953): *Abriss der Psychoanalyse* (1938). Frankfurt am Main: Fischer.
Frick, Jürg (2007): *Die Kraft der Ermutigung. Grundlagen und Beispiele zur Hilfe und Selbsthilfe.* Bern: Huber.
Fröbel, Karl. und Johanna (1849): *Hochschulen für Mädchen und Kindergärten als Glieder einer vollständigen Bildungsanstalt, welche Erziehung in der Familie und Unterricht der Schule verbindet.* Harnburg: Niemeyer.
Fuchs, Thomas (2010): *Das Gehirn – ein Beziehungsorgan. Eine phänomenologisch-ökologische Konzeption.* 3., aktual. und erw. Auflage. Stuttgart: Kohlhammer.

Gamble, Clive/Gowlett, John/Dunbar, Robin (2014): *Thinking big. How the evolution of social life shaped the human mind.* London: Thames & Hudson.
Diess. (2015): *Evolution, Denken, Kultur. Das soziale Gehirn und die Entstehung des Menschlichen.* Berlin/Heidelberg: Springer Spektrum
Garms-Homolova, V./Hoerning, E. M./ Schaeffer, D. (Hrsg.): *Intergenerational relationships.* Lewinston: Hogrefe.
Gayk, Andreas (1929): *Die rote Kinderrepublik. Ein Buch von Arbeiterkindern für Arbeiterkinder.* Berlin: Arbeiterjugend-Verlag
Gaus, Detlef/Drieschner, Elmar (2011): Pädagogische Liebe. Anspruch oder Widerspruch von professioneller Erziehung. In: Drieschner/Gaus, S. 7 ff.
Gay, Peter (1977): *Die Macht des Herzens. Das 19. Jahrhundert und die Erfahrung des Ich.* München: Beck.
Geertz, Clifford (1973): *The interpretation of cultures.* New York: Basic Books.
Geertz, Clifford (1987): *Dichte Beschreibung. Beiträge zum Verstehen kultureller Systeme.* Frankfurt am Main: Suhrkamp.
Gergely, György/Csibra, Gergely (2006): The role of imitation and pedagogy in the treansmission of cultural knowledge. In: Enfield/Levinson, S. 229–258.
Gergen, K.(2009): *Relational being. Beyond self and community.* Oxford: Oxford university press.
Gerner, Berthold (Hrsg.) (1969): *Begegnung. Ein anthropologisch-pädagogisches Grundereignis.* Darmstadt: Wissenschaftliche Buchgesellschaft.
Gerstenmaier, J./Mandl, Heinz (2001): *Methodologie und Empirie zum Situierten Lernen.* München: LMU. (Forschungsberichte, 137)
Giesecke, Hermann: Ist der Begriff »Pädagogische Beziehung« noch sinnvoll? In: Strobel-Eisele/Roth, S. 67–78.
Göhlich, Michael (2007): Kindliche Mimesis und pädagogische Muster. Zum Performativen als Ebene der Praxis pädagogischer Institutionen. In: Wulf/Zirfas, S. 137–148.
Goethe, J. W. von (1949 ff.): *Werke* (»Hamburger Ausgabe«), Band I- XIV. Hamburg: Wegner/München: dtv

Gößling, Hans Jürgen (2010): Subjektivität und Intersubjektivität. In: Benner, D./Oelkers, Jürgen (Hrsg.): *Historisches Wörterbuch der Pädagogik:* Weinheim/Basel: Beltz, S. 971–987.
Gößling, Jürgen (2008): *Selbstverhältnisse als Gegenstand der Erziehungswissenschaft. Zur Logik pädagogischen Handelns.* Berlin: LIT- Verlag Dr. Hopf.
Ders, (2008a): Anderswerden oder Selbstwerden? Grundfragen einer pädagogischen Ethik. In: Ders., S. 33–58.
Goetting, A.(1986): The developmental tasks of siblingship over the life cycle. In: *Journal of Marriage and the Family*, Vol. 48, S. 703–714.
Goldin-Meadow, Susan (2006): Meeting other minds through gesture: How children use their hands to reinvent language and distribute cognition. In: Enfield/Levinson, S. 353 ff.
Golding, William (1954/2010): *Lord of the flies.* Stuttgart: Reclam.
Graf, Peter/Carstensen, Laura L./Weinert, Franz E./Shweder, Richard A. (1996): Epilogue: Reflections and future perspectives. In: Baltes/Staudinger, S. 413–440.
Greiffenhagen, Sylvia/Buck-Werner, Oliver N. (2007): *Tiere als Therapie. Neue Wege in Erziehung und Heilung.* Mürlenbach: Kynos.
Griffin, James (1986): *Well-Being. Its meaning, measurement, and moral importance.* Oxford etc.: Oxford University Press.
Grimaux, Helene (2014): »Du musst dich ergeben«. In: *DER SPIEGEL*, Nr. 52/2014, S. 104–107.
Grimm, Jakob (1860/1956): Rede auf Wilhelm Grimm (1860). In: Ders.: *Sprache, Wissenschaft, Leben.* Stuttgart: Reclam 1956.
Gritzner-Altgayer, E. (1997): *Geschwisterbeziehungen. Loyale Akzeptanz unter Geschwistern als Erziehungsziel.* Dissertation Universität Wien.
Groos, Karl (1896): *Die Spiele der Tiere.* Jena: Fischer.
Ders. (1899): *Die Spiele der Menschen.* Jena: Fischer.
Grossmann, Klaus E. (1984): Die Ontogenese kindlicher Zuwendung gegenüber Bezugspersonen und gegenüber Dingen. In: Eggers, S. 121–154.
Grossmann, K.E./Grossmann, K. (2001): Das eingeschränkte Leben. Folgen mangelnder oder traumatischer Bindungserfahrungen. In: Gebauer, K./Hüther, G. (Hrsg.): *Kinder brauchen Wurzeln.* Düsseldorf: Patmos, S. 35–63.
Diess. (2003): *Bindung und menschliche Entwicklung. John Bowlby, Mary Ainsworth und die Grundlagen der Bindungstheorie und Forschung.* Stuttgart: Klett-Cotta.
Diess. (2006): Bindung und Bildung. In: *Frühe Kindheit*, Jg. 71, H. 6, S. 10–17.
Grossmann, Klaus. E. u. a. (2003): Der förderliche Einfluss psychischer Sicherheit auf das spielerische Explorieren kleiner Trobriand-Kinder. In: Papousek, M./Gontard, A. (Hrsg.): *Spiel und Kreativität in der frühen Kindheit.* Stuttgart: Pfeiffer/Klett-Cotta, S. 112–137.
Gruber, Harald/Wichelhaus, Barbara (2011) (2011): *Kunsttherapie mit Kindern und Jugendlichen: Aktuelle Bezüge aus klinischen und sozialen Anwendungsfeldern.* Berlin: EB-Verlag.
Grundmann, Matthias (2015): Das Modell von Sozialisation als Beziehungspraxis. In: Hurrelmann/Bauer/Grundmann/Walper, S.162–179.
Gruntz-Stoll, Johannes (1989): *Kinder erziehen Kinder. Sozialisationsprozesse in Kindergruppen.* München: Ehrenwirth.
Ders. (2013): *Unterrichten – eine pädagogische Theorie auf empirischer Basis.* Opladen etc.: Budrich.
Gruschka, Andreas (2013): *Unterrichten – eine pädagogische Theorie auf empirischer Basis.* Wiesbaden: Budrich.
Gruschka, Andreas/Lastoria, Luiz Nabuco (Hrsg.) (2015): *Zur Lage der Bildung. Kritische Diagnosen aus Deutschland und Brasilien.* Opladen etc.: Budrich.
Grusec, J. E./Hastings, P. D. (2007): *Handbook of Socialization. Theory and research.* New York/London: The Guilford Press.

Haas, Werner (1992): *Der tägliche Erziehungskampf. Wie Kinder Erziehung erleben.* Reinbek: Rowohlt.
Habermann, Friederike (2009): *Halbinseln gegen den Strom. Anders leben und wirtschaften im Alltag.* Sulzbach, Ts.: Helmer Verlag.

Habermas, Jürgen (1971): *Theorie und Praxis*. Frankfurt am Main: Suhrkamp
Ders. (1981): *Theorie des kommunikativen Handelns*. Band 1: *Handlungsrationalität und gesellschaftliche Rationalisierung*. Band 2: *Zur Kritik der funktionalistischen Vernunft*. Frankfurt am Main: Suhrkamp.
Ders. (1992): *Nachmetaphysisches Denken: Philosophische Aufsätze*. Frankfurt am Main: Suhrkamp.
Ders. (1997): *Die Einbeziehung des Anderen. Studien zur politischen Theorie*. Frankfurt am Main: Suhrkamp.
Ders. (2009): *Zwischen Naturalismus und Religion. Philosophische Aufsätze*. Frankfurt am Main: Suhrkamp.
Ders. (2009a): Anerkennungskämpfe im demokratischen Rechtsstaat. In: Taylor, S. 123–163.
Ders. (2013): *Im Sog der Technokratie*. Kleine Politische Schriften XII. Frankfurt am Main: Suhrkamp.
Ders. (2013b): Bohrungen an der Quelle des objektiven Geistes. Hegel-Preis für Michael Tomasello. In: Ders., S. 166–173.
Häcker, Thomas/Rihm, Thomas (2007): Erziehung als kooperative Beziehung. Autonomie fördern und Integrität des Subjektes bewahren. In: *Pädagogische Führung*, 18. Jg., Nr. 1, S. 23–26.
Hagestad, G. O. (1984): *Multi-generational families. Socialization, support, and strain*. In: Garms-Homolova u. a., S. 105–114.
Hall, Erik/Hall, Carol: *Human relations in education*. London/New York: Routledge.
Hammerstein, Peter (1996): The evolution of cooperation within and between generations. In: Baltes/Staudinger, S. 1–34.
Hammes-Di Bernardo, Eva/Speck-Hamden, Angelika (Hrsg.) (2010): *Kinder brauchen Kinder. Gleichaltrige – Gruppe – Gemeinschaft*. Berlin/Weimar: verlag das netz.
Hanika, A. u. a. (Hrsg.) (1989): *Kinder - (k)ein Wert*. Wien.
Haratischwili, Nino (2014): *Das achte Leben (Für Brilka)*. Roman. Frankfurt am Main: Frankfurter Verlagsanstalt.
Hargreaves, David H. (1972): *Interpersonal relations and education*. London: Routledge & Kegan Paul.
Ders. (1979): Strategies, decisions and control: Interaction in a niddle school classroom. In: Egglestone, J. (Hrsg.): *Teacher decision making in thge classroom*. London: Routledge + Kegan Paul
Ders. (1980): Synthesis and the study of strategies: A project for the sociological imagination. In: Woods, Peter (Hrsg.): *Pupil strategies*. London: Croom Helm.
Harlow, H. F. (1961): *The development of affectional patterns in infant monkeys*. London: Methuen.
Ders. (1972): Das Wesen der Liebe. In: Ewert, Otto (Hrsg.): *Entwicklungspsychologie*. Band I. Köln: Kiepenheuer & Witsch, S. 128–138.
Harlow, Harry F./Harlow, Margaret (1972): Das Wesen der Liebe. In: Ewert, Otto (Hrsg.): *Entwicklungspsychologie*. Band I. Köln: Kiepenheuer & Witsch, S. 128–138.
Diess. (1977): Das Erlernen der Liebe. In: Bonn/Rohsmanit, S. 179–204.
Hartup, W.W./Laursen, B. (1999): Relationships as developmental contexts: Retrospective themes and contemporary issues. In: Collins/Laursen, S. 13–36.
Hasselhorn, Marcus/Gold, Andreas (2013): *Pädagogische Psychologie. Erfolgreiches Lernen und Lehren*. 3. Auflage. Stuttgart: Kohlhammer.
Hattie, John A.C. (2014*): Visible learning. A synthesis of over 800 meta-analyses relating to achievement*. New York: Routledge.
Ders. (2014a): *Lernen sichtbar machen*. Überarbeitete deutschsprachige Ausgabe von Visible Learning. Baltmannsweiler: Schneider Verlag Hohengehren.
Haun, Daniel B./Rekers, Yvonne/Tomasello, Michael (2014): Children conform to the behavior of peers; other great apes stick with what they know. In: *Psychological Science*, vol. 25, no. 12, S. 2160–2167.
Hegel, Georg Wilhelm Friedrich (1807/1964): *Phänomenologie des Geistes* (1807). Berlin: Akademie-Verlag.

Heisenberg, Werner (2015): *Quantentheorie und Philosophie. Vorlesungen und Aufsätze.* Stuttgart: Reclam
Ders. (2015a): Das Schöne in den exakten Naturwissenschaften. In: Ders., S. 91–114.
Heitmeyer, W. u. a. (1992): *Die Bielefelder Rechtsextremismus-Studie. Erste Langzeituntersuchung zur politischen Sozialisation männlicher Jugendlicher.* Weinheim: Juventa
Helsper, Werner/Hummrich, Merle (2014): Die Lehrer-Schüler-Beziehung. In: Tillack u. a., S. 32–59.
Hentig, Hartmut von (1980): *Vorwort.* In: Rutter, S. 9–24.
Hepp, Andreas/Berg, Matthias/Roitsch, Cindy (2014): *Mediatisierte Welten der Vergemeinschaftung. Kommunikative Vernetzung und das Gemeinschaftsleben junger Menschen.* Wiesbaden: Springer.
Herbart, Johann Friedrich (1806/1997): Allgemeine Pädagogik aus dem Zweck der Erziehung abgeleitet (1806). In: Ders. (1997): *Systematische Pädagogik.* Hrsg. von Dietrich Benner. Weinheim: Beltz, Band 1, S. 57–158.
Hering, Sabine/Schröer, Wolfgang (Hrsg.) (2008): *Sorge um Kinder. Beiträge zur Geschichte von Kindheit, Kindergarten und Kinderfürsorge.* Weinheim/München: Juventa.
Herlth, Alois (1993): Die Bedeutung von Partnerbeziehungen für die Qualität der Familienerziehung. In: *Aus Politik und Zeitgeschichte,* B17, S. 23–29.
Ders. u. a. (1995): Ehebeziehungen und Kompetenzentwicklung von Kindern. In: Nauck, B./Onnen-Isemann, C. (Hrsg.): *Familie im Brennpunkt von Wissenschaft und Forschung.* Neuwied: Luchterhand, S. 221–235.
Herlyn, I./Lehmann, B. (1998): Großmutterschaft im Mehrgenerationenzusammenhang. In: *Zeitschrift für Familienforschung,* 10. Jg., S. 27–45.
Herrmann, Ulrich (2012): Sexualisierte Gewalt im Landerziehungsheim. In: Thole, W./Baader, M. (Hrsg.): *Sexualisierte Gewalt, Macht und Pädagogik.* Opladen: Budrich, S. 45–57.
Ders. (2012b): Missbrauch pädagogischer Beziehungen durch sexuelle Gewalt. Die Differenz von Straftatbestand und ambivalenter Grundstruktur pädagogischen Handelns. In: Herrmann, U./Schlüter, Steffen (Hrsg.): *Reformpädagogik – eine kritisch-konstruktive Vergegenwärtigung.* Bad Heilbrunn: Klinkhardt, S. 231–260.
Herve, Varenne (2007): Difficult collective deliberations: Anthropological notes toward a theory of education. In: *Teachers College Record,* vol. 109, No. 7, S. 1559–1588.
Herzog, Walter (2001): In Beziehung zu sich selbst. Relationales Denken in der Pädagogik. In: *Schweizerische Zeitschrift für Bildungswissenschaften,* 23. Jg., Nr. 3, S. 529–545.
Ders. (2002): *Zeitgemäße Erziehung. Die Konstruktion pädagogischer Wirklichkeit.* Weilerswist: Velbrück Wissenschaft.
Hetherington, E. M. (1988): Parents, children, and siblings: six years after divorce. In: Hinde, R. A./Stevenson-Hinde, J. (Hrsg.): *Relationships within families.* Oxford: Oxford University Press, S. 311–331.
Heydorn, H.-J. (1989): *Über den Widerspruch zwischen Bildung und Herrschaft.* Frankfurt: Europäische Verlagsanstalt.
Ders. (1994): Realer Humanismus und humanistisches Gymnasium. In: Ders.: *Werke,* Band 1, Vaduz: Topos, S. 259–281.
Hinde, R.A. (1979): *Towards understanding relationships.* London: Academic Press.
Ders. (1993): Auf dem Wege zu einer Wissenschaft zwischenmenschlicher Beziehungen. In: Auhagen/Salisch, S. 7–36.
Ders. (1997): *Relationships. A dialectical Perspective.* Hove: Psychology Press.
Hirblinger, Heiner (2014): »In Beziehung sein«: Über die Entwicklung des Selbst in unterrichtlichen Beziehungsfeldern. In: Tillack u. a., S. 91–110.
Höffe, Otfried (1997): *Lexikon der Ethik.* München: Beck.
Ders. (2015): *Kritik der Freiheit. Das Grundproblem der Moderne.* München: Beck.
Hoffmann, Cordula (2010): *Kooperatives Lernen – kooperativer Unterricht.* Mülheim: Verlag an der Ruhr.
Hondrich, Karl Otto (2004³): *Liebe in den Zeiten der Weltgesellschaft.* Frankfurt am Main: suhrkamp.
Ders. (2004a): Fremdenliebe. In: Ders., S. 112–123.

Honig, Michael-Sebatian (1999): *Entwurf einer Theorie der Kindheit*. Frankfurt am Main: Suhrkamp.
Ders. (2002): Childcare policies – Einführung in den Themenschwerpunkt. In: *Zeitschrift für Soziologie der Erziehung und Sozialisation* (ZSE), 22. Jg., S. 227–230.
Ders. (2012): Frühpädagogische Einrichtungen. In: Fried, L./Dippelhofer-Stiem, B./Honig, M.-S./Liegle, L. (Hrsg.): *Pädagogik der frühen Kindheit*. Weinheim/Basel: Beltz, S. 92–128.
Ders. (2013): *Frühe Kindheit*. In: Andresen/Hunner-Kreisel/Fries, S. 27–33.
Ders. (2015): Vorüberlegungen zu einer Theorie institutioneller Kleinkinderziehung. In: Cloos, Peter/Koch, Katja/Mähler, Claudia (Hrsg.): *Entwicklung und Förderung in der Frühen Kindheit*. Weinheim: BeltzJuventa
Honig, M.-S./Joos, M./Sreiber, N. (Hrsg.) (2004): *Was ist ein guter Kindergarten? Theoretische und empirische Analysen zum Qualitätsbegriff in der Pädagogik*. Weinheim: Juventa.
Honneth, Axel (1992*)*: *Kampf um Anerkennung. Zur moralischen Grammatik von Konflikten*. Frankfurt am Main: Suhrkamp.
Ders. (2003): *Unsichtbarkeit. Stationen einer Theorie der Intersubjektivität*. Frankfurt am Main: Suhrkamp.
Hopf, Sigrid (1984): Bindung an Sozialpartner und unbelebte Objekte bei Primaten. Einige neuere Befunde. In: Eggers, S. 15–28.
Horst, E. (1975): *Friedrich der Staufer. Eine Biographie*. Stuttgart: Deutscher Bücher Bund.
Horstkemper, Marianne/Tillmann, Klaus-Jürgen (2008): Sozialisation in Schule und Hochschule. In: Hurrelmann/Grundmann/Walper, S. 290–305.
Diess. (2015): Sozialisation in der Schule. In: Hurrelmann/Bauer/Grundmann/Walper, S. 437–452.
Houellebecq, Michel (2015): *Unterwerfung*. Köln: Dumont.
Hrdy, Sarah Blaffer (2000): *Mutter Natur. Die weibliche Seite der Evolution*. Berlin: Berlin Verlag.
Dies. (2009): *Mothers and others. The evolutionary origins of mutual understanding*. Cambridge, Mass. Etc.: Harvard University Press.
Dies. (2010): *Mütter und Andere. Wie die Evolution uns zu sozialen Wesen gemacht hat*. Berlin: Berlin Verlag.
Humboldt, Wilhelm von (1794/1960): Theorie der Bildung des Menschen (1794/95). In: Ders.: *Werke in fünf Bänden*. Band 1, S. 234–240.
Ders. (1960 ff.): *Werke in fünf Bänden*. Hrsg. von Klaus Giel und Andreas Flitner. Darmstadt: Wissenschsaftliche Buchgesellschaft.
Hurrelmann, Klaus/Ulich, Dieter (Hrsg.) (1991): *Neues Handbuch der Sozialisationsforschung*. Weinheim: Beltz.
Hurrelmann, K./Bauer, U./Grundmann, M./Walper, S. (Hrsg.) (2015): *Handbuch Sozialisationsforschung*. 8. Auflage. Weinheim/Basel: Beltz.
Hutchby, I./Moran-Ellis, J. (1998): *Children and social competence: arenas of action*. London: The Falmer Press.

Itard, Jean (1972): *Victor, das Wolfskind von Aveyron*. Stuttgart: Rotapfel.

Jablonka, Eva/Lamb, M. J. (2005): *Evolution in four dimensions. Genetic, epigenetic, behavioral, and symbolic variation in the history of life*. Cambridge, MA: MIT Press.
Jackson, P. W. (1968): *Life in classroom*. New York: Holt, Rinehart & Winston.
Jenkins, Jennifer/Dunn, Judy (2009): Siblings within families: Levels of analysis and patterns of influence. In: Kramer/Conger, S. 79–94.
Jens, Walter/Thiersch, Hans (1987): *Deutsche Lebensläufe in Autobiographien und Briefen*. Weinheim/München: Juventa.
Joas, Hans (1985): *Das Problem der Intersubjektivität. Neuere Beiträge zum Werk von George Herbert Mead*. Frankfurt am Main: Suhrkamp.
Ders. (1989): *Praktische Intersubjektivität. Die Entwicklung des Werkes von G. H. Mead*. Frankfurt am Main: Suhrkamp.
Jörissen, Benjamin (2014): Digitale Medialität. In: Wulf/Zirfas, S. 503–514.

Johnson, David W./Johnson, Roger T. (Hrsg.) (1999): *Learning together and alone. Cooperative, competitive, and individualistic learning.* Boston: Allyn & Bacon.
Jonas, Hans (1979): *Das Prinzip Verantwortung.* Frankfurt am Main: Suhrkamp.
Jornitz, Sieglinde (2015): Informationstechnologien und ihre Wirkungen auf die Schule in Deutschland. In: Gruschka/Lastoria, S. 147–164.
Julius, Henri/Beetz, Andrea/Kotrschal, Kurt (2014): *Bindung zu Tieren: Psychologische und neurobiologische Grundlagen.* Göttingen: Hogrefe.
Diess. (2014a): Die rätselhafte Beziehung zwischen Menschen und Tieren. In: Diess., S. 13–19.
Junge, Matthias (2000): *Ambivalente Gesellschaftlichkeit. Die Modernisierung der Vergesellschaftung und die Ordnungen der Ambivalenzbewältigung.* Opladen: Leske & Budrich.

Kafka, Franz (1919/1975): *Brief an den Vater* (1919). Frankfurt am Main: Suhrkamp.
Kagan, S. (1985): Dimensions of cooperative classroom structures. In: Slavin, S./Sharan, S. u. a. (Hrsg.): *Learning to cooperate, cooperating to learn.* New York: Plenum, S. 277–312
Kaminska, Monika (2010): *Dialogische Pädagogik und die Beziehung zum Anderen. Martin Buber und Janucz Korczak im Lichte der Philosophie von Emmanuel Levinas.* Münster etc.: Waxmann.
Kamp, Johannes-Martin (1995): *Kinderrepubliken. Geschichte, Praxis und Theorie radikaler Selbstregierung in Kinder- und Jugendheimen.* Wiesbaden: Springer Fachmedien.
Kant, Immanuel (1797/1922): Metaphysik der Sitten (1797). In: Ders.: *Sämtliche Werke.* Band III. Leipzig: Meiner.
Ders. (1803/1922): Über Pädagogik (1803). In: Ders. (1922): *Sämtliche Werke.* Band VIII. Hrsg. von K. Vorländer. Leipzig: Felix Meiner, S. 189–251.
Kasten, H. (1993): *Die Geschwisterbeziehung.* 2 Bände. Göttingen: Hogrefe.
Kästli, Mike (2014): Respekt und andere reziproke Erwartungsstrukturen bei Schüler/Innen. In: Leonhard/Schlickun, S. 143–162.
Kaufmann, Franz-Xaver (1980): Kinder als Außenseiter der Gesellschaft. In: *Merkur,* 34. Jg., Heft 8, S. 761–771.
Ders. (Hrsg.) (1982): *Staatliche Sozialpolitik und Familie.* Oldenbourg: De Gruyter.
Kaufmann, F.-X./Krüsselberg, H.-G. (Hrsg.) (1984): *Markt, Staat und Solidarität bei Adam Smith.* Frankfurt am Main: Campus.
Keiler, P. (2002*)*: *Lev Vygotskij – Ein Leben für die Psychologie.* Weinheim/Basel: Beltz.
Keiser, S. (1992): Lebensbedingungen und Lebenssituation von Kindern und Jugendlichen. In: Bertram, Hans (Hrsg.): *Die Familie in den neuen Bundesländern. Stabilität uund Wandel in der gesellschaftlichen Umbruchsituation.* Opladen: Leske + Budrich, S. 151–186.
Keller, Heidi (2011): *Kinderalltag. Kulturen der Kindheit und ihre Bedeutung für Bindung, Bildung und Erziehung.* Berlin/Heidelberg: Springer.
Keller, Heidi/Poortinga, Ype H./Schölmerich, Axel (Hrsg.) (2002): *Between culture and biology. Perspectives on ontogenetic development.* Cambridge etc.: Cambridge University Press.
Kellog, W. M. (1931): Humanizing the ape. In: *Psychological Review,* vol. 38, S. 160–176.
Kellog, W. M./Kellog, L.A. (1933): *The ape and the child.* New York: Whittlesey House.
Ders. (1967): *The ape and the child. A study of environmental influence upon early behaviour.* New York: Hafner.
Kemper, H. (1990): *Erziehung als Dialog. Anfragen an Janusz Korczak und Platon/Sokrates.* Weinheim/München: Juventa.
Kerber-Ganse, Waltraud (2009): *Die Menschenrechte des Kindes. Die UN-Kinderrechtskonvention und die Pädagogik von Janusz Korczak.* Opladen etc.: Budrich.
Kermani, Navid (2015): *Ungläubiges Staunen. Über das Christentum.* München: Beck.
Kessel, Frank S./Siegel, Alexander W. (Hrsg.) (1983*)*: *The child and other cultural inventions.* New York: Praeger.
Kessels, Ursula/Hannover, Bettina (2015): Gleichaltrige. In: Wild/Möller, S. 283–299.
Kessen, William (1979): The American child and other cultural inventions. In: *American Anthropologist,* vol. 34, no. 10, S. 815–820.
Ders. (1983): The child and other cultural inventions. In: Kessel/Siegel, S. 26–39.

Key, Ellen (1902/1978): Die Seelenmorde in den Schulen. In: Dies.: *Das Jahrhundert des Kindes.* Königstein: Athenäum, S. 95–108.
Kirkpatrick, Lee A. (2004): *Attachment, evolution, and the psychology of religion.* New York: Guilford Press.
Klafki, Wolfgang (1993): Lernen in Gruppen. Ein Prinzip demokratischer und humaner Bildung. In: Gudjons, Herbert (Hrsg.): *Handbuch Gruppenunterricht.* Weinheim: Beltz, S. 54–71.
Klagsbrun, Francine (1997): *Der Geschwisterkomplex. Ein Leben lang Liebe, Hass, Rivalität und Versöhnung.* Frankfurt: Eichborn.
Klein, D./White, J. M. (1996): *Family theories.* Thousand Oaks, CA: Sage.
Klika, Dorle (2000): *Herman Nohl. Sein »Pädagogischer Bezug« in Theorie, Biographie und Handlungspraxis.* Köln: Böhlau.
Dies. (2001): Der pädagogische Bezug zwischen Intimität und Beziehungslosigkeit. Nohls komplexe Komposition als komplexe Struktur intergenerarioneller Beziehungen. In: Winterhager-Schmid, L. (Hrsg.): *Erfahrungen mit der Generationendifferenz. Zur Neubestimmung des Erwachsenen-Kind-Verhältnisses.* Weinheim/Basel: Beltz, S. 134–150.
Dies. (2013): Herman Nohls »Pädagogischer Bezug«: Analyse und Rekonstruktion. In: Strobel-Eisele/Roth, S. 37-49.
Klosinski, Gunther (Hrsg.) (2008): *Großeltern heute – Hilfe oder Hemmnis? Analysen und Perspektiven für die pädagogisch-psychologische Praxis.* Tübingen: Narr Francke Attempto Verlag GmbH.
Koch, Martina (1999): *Performative Pädagogik. Über die welterzeugende Wirksamkeit pädagogischer Reflexivität.* Münster: Waxmann.
Kohlberg, Laurence (1980): High School Democracy and Education for a Just Society. In: Ders.: *Moral Education. A first generation of research.* New York: R. Mosher, S. 20–27.
Ders. (2000): *Die Psychologie der Lebensspanne.* Frankfurt am Main: Suhrkamp.
Ders. (2000a): Strukturelle Stufen und der Prozess der Erziehung. In: Ders. (2000), S. 109 f.
Kohlberg, L./Mayer, R. (1972): Development as the aim of education. In: *Harvard Educational Review,* vol. 42, S. 449–496.
Koller, Hans-Christoph (2014): *Grundbegriffe, Theorien und Methoden der Erziehungswissenschaft.* 7. Auflage. Stuttgart: Kohlhammer
Koluchova, Elena (1972): Severe deprivation in twins: a case study. In: *Journal of Child Psychology and Psychiatry, vol. 13, no. 2,* S. 107–114.
Köngeter, Stefan (2009): *Relationale Professionalität: Eine empirische Studie zu Arbeitsbeziehungen mit Eltern in Erziehungshilfen.* Baltmannsweiler: Schneider Hohengehren
König, Anke. (2009): *Interaktionsprozesse zwischen ErzieherInnen und Kindern. Eine Videostudie aus dem Kindergartenalltag.* Wiesbaden: VS Verlag für Sozialwissenschaften.
Dies. (2010): *Interaktion als didaktisches Prinzip.* Berlin: Bildungsverlag EINS.
König, Rene (1961): Die Soziologie. In: Reinisch, L. (Hrsg.): *Die Juden und die Kultur. Eine Vortragsreihe des Bayerischen Rundfunks.* Stuttgart, S. 61–77.
Ders. (1965): *Soziologische Orientierungen.* Köln: Kiepenheuer& Witsch.
Korczak, Janusz (1930/2002): Das Recht des Kindes auf Achtung (1930). In: Ders. (2002), S. 9–44.
Ders. (1939/2002): Fröhliche Pädagogik. Meine Ferien. Radioplaudereien des Alten Doktors (1939). In: Ders. (2002), S. 45–142.
Ders. (1967): *Wie man ein Kind lieben soll.* Göttingen: Vandenhoeck & Ruprecht.
Ders. (1979): *Von Kindern und anderen Vorbildern.* Gütersloh: Gütersloher Verlagshaus.
Ders. (2002): *Das Recht des Kindes auf Achtung. Fröhliche Pädagogik.* Gütersloh: Gütersloher Verlagsanstalt.
Ders. (2004): Theorie und Praxis der Erziehung. Pädagogische Essays 1898-1942. (= Ders.: *Sämtliche Werke.* Band 9) Gütersloh: Gütersloher Verlagshaus.
Kraft, Volker (1996): *Pestalozzi oder Das pädagogische Selbst.* Bad Heilbrunn: Klinkhardt.
Kramer, Edith (1975): *Kunst als Therapie mit Kindern.* München/Basel: Reinhardt.
Krappmann, Lothar (1976): Neuere Rollenmodelle als Erklärungsmöglichkeit für Sozialisationsprozesse. In: Auwärter/Kisch/Schröter, S. 307–331.

Ders. (1991): Sozialisation in der Gruppe der Gleichaltrigen. In: Hurrelmann, Klaus/Ulich Dieter (Hrsg.): *Neues Handbuch der Sozialisationsforschung*. Weinheim: Beltz, S. 355–375.
Ders. (1996): Amicitia, drujba, shin-yu, philia, Freundschaft, friendship: On the cultural diversity of a human relationship. In Bukowski/Newcomb/Hartup (Hrsg.): *The company they keep: Friendship in childhood and adolescence*. New York: Cambridge University Press, S. 19–40.
Ders. (1997a): Großeltern und Enkel. Eine Beziehung mit neuen Chancen. In: Lepenies, Annette (Hrsg.): *Das Abenteuer der Generationen*. Basel: Stroemfeld, S. 112–117.
Ders. (2013): Bindung in Kinderbeziehungen? In: *Zeitschrift für Pädagogik*, 59. Jg., Heft 6 (Themenheft Bindung und Bildung), S. 837–847.
Ders. (2014): Vorwort: Die Qualität pädagogischer Beziehungen, gegründet in den Rechten der Kinder. In: Prengel/Winklhofer, S. 11–15.
Krappmann, Lothar/Oswald, Hans (1995): Alltag der Schulkinder. Beobachtungen und Analysen von Interaktionen und Sozialbeziehungen. Weinheim/München: Juventa.
Krappmann, Lothar/Petry, Christian (Hrsg.) (2016): *Worauf Kinder ein Recht haben: Kinderrechte, Demokratie und Schule: Ein Manifest*. Bielefeld: transcript.
Kreppner, Kurt (1981): Familiale Dynamik und sozialisatorische Interaktion nach der Geburt des zweiten Kindes. In: *Zeitschrift für Sozialisationsforschung und Erziehungssoziologie*, 1. Jg., S. 291–297.
Ders. (1993): Eltern-Kind-Beziehungen: Kindes- und Jugendalter. In: Auhagen/Salisch, S. 81–98.
Kreppner, K./Paulsen, S./Schütze, Y. (1982): Kindliche Entwicklung und Familienstruktur - Zur Erforschung der frühkindlichen Sozialisation in der Familie. In: *Zeitschrift für Pädagogik*, 28. Jg., Nr. 2, S. 221–244.
Kreppner, Kurt (1996): Beziehungsqualitäten und Kommunikation in der Familie: Drei Facetten der Dynamik im Inneren der Familie. In: Edelstein, W./Kreppner, K./Sturzbecher, D. (Hrsg.): *Familie und Kindheit im Wandel*. Potsdam: Verlag für Berlin-Brandenburg, S. 209–225.
Kreppner, Kurt/Lerner, R. M. (1989): Family systems and life-span development: issues and perspectives. In: Dies. (Hrsg.): *Family systems and life-span development*. Hillsdale, NJ: Erlbaum.
Krinninger, Dominik (2009): *Freundschaft, Intersubjektivität und Erfahrung. Empirische und begriffliche Untersuchungen zu einer sozialen Theorie der Bildung*. Bielefeld: transkript.
Ders. (2015): Family life as education. Ethnographic perspectives on how familial education emerges in families and in educational family research. In: Bollig u. a., S. 297–314.
Kropotkin, Peter (1910): *Gegenseitige Hilfe in der Tier- und Menschenwelt*. Autorisierte deutsche Ausgabe, besorgt von Gustav Landauer. Leipzig: Thomas.
Kruger, Ann C./Tomasello, Michael (1998): Cultural learning and learning culture. In: Olson/Torrance, S. 369–387.
Kuczynski, L.&/Parkin, C. M. (2007): Agency and bidirectionality. In: Grusec/Hastings, S. 259–283.
Künkler, Tobias (2011): *Lernen in Beziehung. Zum Verhältnis von Subjektivität und Relationalität in Lernprozessen*. Bielefeld: transcript.
Ders. (2014): Relationalität und relationale Subjektivität. Ein grundlagentheoretischer Beitrag zur Beziehungsforschung. In: Prengel/Winklhofer, S. 25–44.

Lamb, M. E./Sutton-Smith, B. (Hrsg.) (1982): *Sibling relationships. Their nature and significance*. Hillsdale, NJ: Erlbaum.
Lamm, Bettina/Keller, Heidi (2010): Kinder erziehen Kinder – die Rolle von Peers im Kulturvergleich. In: Hammes-Di Bernardo/Speck-Hamden, S. 36–44.
Langer, Fred/Weiss, Bertram (2015): Freunde. Warum sie wichtiger sind denn je. In: *GEO*, Juni 2015, S. 88–104.
Langeveld, Martinus J. (1968): Das Ding in der Welt des Kindes. In: Ders.: *Studien zur Anthropologie des Kindes*. 3. Auflage. Tübingen: Niemeyer, S. 142–156.

Langmeier, Josef/Matejcek, Z. (1977): Psychische Störungen im Kindesalter. Kinder ohne Liebe. München: Urban & Schwarzenberg.
Lantermann, Ernst D. (1982): Wechselwirkungen. Psyhologische Analysen der Mensch-Umwelt Beziehung. Göttingen: Hogrefe.
Lave, Jean/Wenger, Etienne (1991): *Situated Learning. Legitimate Peripheral Participation.* New York: Cambridge University Press.
Lebovici, Serge (1962/1977): Der Begriff der mütterlichen Deprivation. Eine Übersicht über die Forschung. In: Bonn/Rohsmanith, S. 382–411.
Lehmann, Siegfried (1926): Von der Straßenhorde zur Gemeinschaft. Aus dem Leben des »Jüdischen Kinderhauses« in Kowno. In: *Der Jude* (Sonderheft Erziehung), S. 23–26.
Ders. (1930): Eine jüdische Kinderrepublik in Palästina. In: *Palästina*, 13. Jg., Nr. 3, S. 73–79.
Leichter, H. P. (Hrsg.): *The family as educator*. New York/London: Teachsers College Press 1974.
Lenzen, Dieter (Hrsg.) (1994): *Erziehungswissenschaft. Ein Grundkurs*. Reinbek: Rowohlt.
Leonhard, Tobias/Schlickum, Christine (Hrsg.) (2014): *Wie Lehrer/innen und Schüler/innen im Unterricht miteinander umgehen. Wiederentdeckungen jenseits von Bildungsstandards und Kompetenzorientierung*. Bielefeld: transcript.
Levinas, Emmanuel (1983): *Die Spur des Anderen. Untersuchungen zur Phänomenologie und Sozialphilosophie*. Freiburg i. Br.: Alber
Levine, Donald N. (1988): Das Problem der Vieldeutigkeit in der Begründung der Soziologie bei Emile Durkheim, Max Weber und Georg Simmel. In : Rammstedt, S. 181–195.
Levinson Stephen C. (2006): On the human »Interaction engine«. In: Enfield/Levinson, S. 39–69.
Lewin, Kurt (1917): Kriegslandschaft. In: *Zeitschrift für angewandte Psychologie*, Band 12, Heft 12, S. 440–447.
Ders. (1942/1982): Feldtheorie des Lernens (1942). In: Ders. (1982): *Werkausgabe*. Band 4. Bern/Stuttgart: Huber/Klett-Cotta.
Lewin, Kurt (1953): *Die Lösung sozialer Konflikte*. Bad Nauheim: Christian-Verlag.
Ders. (1982): Psychologie der Entwicklung und Erziehung. In: Ders. (1982): *Werkausgabe*. Band 6. Bern/Stuttgart: Huber/Klett-Cotta.
Lewin, K./Lippitt, R./White, R. K. (1939): Patterns of aggressive behavior in experimentally created social climates. In: *Journal of Social Psychology, vol. 10*, S. 271–301.
Liebau, Eckart (2014): Habitus. In: Wulf/Zirfas, S. 155–163.
Liegle, Ludwig (1975): *The family's role in Soviet Education*. New York: Springer.
Ders. (1977): Der Kibbutz als Sozialisationsumwelt. In: Ders.: *Familie und Kollektiv im Kibbutz. Eine Studie über die Funktionen der Familie in einem kollektiven Erziehungssystem*. 4. ergänzte Auflage. Weinheim: Beltz, S. 169–234.
Ders. (1987): *Welten der Kindheit und Familie. Beiträge zu einer pädagogischen und kulturvergleichenden Sozialisationsforschung*. Weinheim: Juventa.
Ders. (1988): Freie Assoziationen von Familie: Geschichte und Zukunft einer »postmodernen« familialen Lebensform. In: Lüscher, Kurt/Schulteis, Franz/Wehrspaun, Michael (Hrsg.): *Die »postmoderne« Familie: Familiale Strategien und Familienpolitik in einer Übergangszeit*. Konstanz: Universitätsverlag Konstanz, S. 98–115.
Ders. (1989): Kinderrepubliken. Dokumentation und Deutung einer »modernen« Erziehungsform. In: *Zeitschrift für Pädagogik*, 35. Jg., 1989, Heft 3, S. 399–416.
Ders. (1998): Das Verstehen und die Achtung des Fremden als Aufgabe von Bildung und Erziehung und als Lernprozess. In: *Neue Sammlung*, 38. Jg., S. 343–360.
Ders. (1999): Erziehung als Reaktion auf die Entwicklung des Kindes und als Entwicklungshilfe. In: *Neue Sammlung*, 39. Jg., 1999, 199–212.
Ders. (2000): Geschwisterbeziehungen und ihre erzieherische Bedeutung. In: Lange, A./Lauterbach, W. (Hrsg.): *Kinder in Familie und Gesellschaft zu Beginn des 21. Jahrhunderts*. Stuttgart: Lucius & Lucius, S. 105–130.
Ders. (2002): Ein neuer Meilenstein auf dem Weg zu einer »Biopädagogik«? Zwei Bücher von Annette Scheunpflug im Kontext der Geschichte der Rezeption biowissenschaftlicher Erkenntnisse in der Pädagogik. In: *Sozialwissenschaftliche Literatur- Rundschau*, Nr. 44, Heft 1/2002, S. 5–27

Ders. (2006): *Bildung und Erziehung in früher Kindheit*. Stuttgart: Kohlhammer.
Ders. (2007): Interkulturelles Lernen in der Weltgesellschaft. In: Johler, R./Thiel, A./Schmid, J./Treptow, R. (Hrsg.): *Europa und seine Fremden. Die Gestaltung kultureller Vielfalt als Herausforderung*. Bielefeld: transcript, S. 59–70.
Ders. (2011): Generationen. In: Otto/Thiersch, S. 510–516.
Ders. (2013): *Frühpädagogik. Bildung und Erziehung kleiner Kinder. Ein dialogischer Ansatz*. Stuttgart: Kohlhammer.
Liegle, L./Konrad, F.-M. (1989): *Reformpädagogik in Palästina. Dokumente und Deutungen zu den Versuchen einer »neuen« Erziehung im jüdischen Gemeinwesen Palästinas (1918-1948)*. Frankfurt: dipa.
Liegle, Ludwig/Liegle, Adelindis (2008): Wie lernen Kinder Verantwortung? In: Elsenbast, V./ Schweitzer, F./Ziener, G. (Hrsg.): *Werte – Erziehung – Religion*. Münster: Waxmann.
Liegle, Ludwig/Lüscher, Kurt (2004): Das Konzept des Generationenlernens. In: *Zeitschrift für Pädagogik*, 50. Jg., Heft 1, S. 38–55.
Diess. (2008): Generative Sozialisation. In: Hurrelmann/Grundmann/Walper, S. 141–156.
Lind, G./Raschert, J. (Hrsg.) (1987): *Moralische Urteilsfähigkeit. Eine Auseinandersetzung mit Laurence Kohlberg*. Weinheim: Beltz.
Lippitz, Werner/Meyer-Drawe, Käte (Hrsg.) (1984): *Kind und Welt. Phänomenologische Studien zur Pädagogik*. Frankfurt: Forum Academicum.
Litt, Theodor (1927/1976): *Führen oder Wachsenlassen. Eine Erörterung des pädagogischen Grundproblems*. Stuttgart: Klett.
Ders. (1995): *Pädagogische Schriften. Eine Auswahl ab 1927*. Besorgt von A. Reble. Bad Heilbrunn: Klinkhardt.
Loch, Werner (1969a): Der Begriff der Begegnung in der Pädagogik des 20. Jahrhunderts. In: Gerner, S. 197–294.
Ders. (1969b): Die Struktur der Begegnung im Horizont der Erziehung. In: Gerner, S. 295–405.
Loebell, Peter/Buck, Peter (Hrsg.) (2015): *Spiritualität in den Lebensbereichen der Pädagogik: Diskussionsbeiträge zur Bedeutung spiritueller Erfahrungen in den Lebenswelten von Kindern und Jugendlichen*. Opladen: Budrich.
Löw, Martina/Geier, Thomas (2014): *Einführung in die Soziologie der Bildung und Erziehung*. 3. Auflage. Opladen: Budrich.
Diess. (2014a): Die Raumdimension der Bildung. In: Diess., S. 127–138.
Löwith, Karl (1928): *Das Individuum in der Rolle des Mitmenschen*. München: Drei Masken.
Luhmann, Niklas (1988): Sozialsystem Familie. In: *System Familie – Forschung und Therapie*, 1. Jg., Heft 1, S. 75–91.
Lüscher, Kurt (1985): Moderne familiale Lebensformen als Herausforderung der Soziologie. In: Lutz, B. (Hrsg.): *Soziologie und gesellschaftliche Entwicklung*. Frankfurt am Main: Campus.
Ders. (2008): Großelternschaft – eine soziologische Annäherung. In: Klosinski, S. 33–58.
Lüscher, Kurt (1995): Homo Interpretans: On the relevance of perspectives, knowledge and beliefs in the ecology of human development. In: Moen, P. et al. (Hrsg.): *Examining lives in context. Perspectives on the ecology of human development*. Washington, DC: American Psychological Association, S. 563–579.
Lüscher, Kurt (2011): Ambivalenz weiterdenken. In: *Forum der Psychoanalyse*, 27. Jg., Heft 4, S. 373–393.
Lüscher, Kurt/Liegle, L. (2003): *Generationenbeziehungen in Familie und Gesellschaft*. Konstanz: Universitätsverlag Konstanz/UTB.
Diess. (2015): Das Modell »Generative Sozialisation«. In: Hurrelmann/Bauer/Grundmann/ Walper, S. 281–301.
Lüscher, Kurt/Schultheis, Frank (Hrsg.) (1993): *Generationenbeziehungen in postmodernen Gesellschaften*. Konstanz: Universitätsverlag.
Lüscher, Kurt/Schultheis/Wehrspaun, Michael (Hrsg.) (1988): *Die »postmoderne« Familie*. Konstanz: Universitätsverlag.
Luthe, Heinz Otto (1968): *Interpersonale Kommunikation und Beeinflussung. Ein Beitrag zu einer soziologischen Theorie der Kommunikation*. Stuttgart: Enke.

Maasen, Sabine (2009): *Wissenssoziologie*. Bielefeld: transcript.
Macha, H./Mauermann, L. (Hrsg.) (1997): *Brennpunkte der Familienerziehung*. Weinheim/ Basel: Beltz.
Mahler, M. S. (1979): *Symbiose und Individuation*. Stuttgart: Klett-Cotta.
Maia, A. F./Cesar, B./da Costa, C.G. (2015): Digitalkultur und Bildung: Überlegungen zu Technologie, Sprache und Ästhetik. In: Gruschka/Lastoria, S. 131–146.
Maier, Robert E. (1992): *Pädagogik des Dialoges. Ein historisch-systematischer Beitrag zur Klärung des pädagogischen Verhältnisses bei Nohl, Buber, Rosenzweig und Grisebach.* Frankfurt am Main: Lang.
Malson, Lucien/Itard Jean/Mannoni, Octave (1972): *Die wilden Kinder*. Frankfurt am Main: Suhrkamp.
Manen, Max van (1995): Herbart und der Takt im Unterricht. In: Hopmann, Stefan/Riquarts, Kurt (Hrsg.): *Didaktik und/oder Curriculum. Grundprobleme einer international vergleichenden Didaktik* (= Zeitschrift für Pädagogik, Beiheft 33). Weinheim/Basel: Beltz, S. 61–80.
Mannheim, Karl (1922/1980): *Strukturen des Denkens* (**1922**). In: Ders. (1980): *Strukturen des Denkens. Schriften zur Kultursoziologie*. Hrsg. von David Kettler, Volker Meja und Nico Stehr. Frankfurt am Main: Suhrkamp.
Ders. (1922a/1980a): Eine soziologische Theorie der Kultur und ihrer Erkennbarkeit (Konjunktives und kommunikatives Denken). In: Ders. (1980), S. 155–322.
Ders. (1928/1964): Das Problem der Generationen (1928). In: Ders. (1964), S. 509–565.
Ders. (1931/1982): Wissenssoziologie. In: Vierkandt, Alfred (Hrsg.): *Handwörterbuch der Soziologie*. Stuttgart: Enke, S. 625–687.
Ders. (1943/1987): Der Prozess der sozialen Integration zwischen individueller Anpassung und kollektiven Forderungen (1943). Abgedr. in: Plake, Klaus (Hrsg.) (1987): *Klassiker der Erziehungssoziologie*. Düsseldorf: Schwann, S. 217–232.
Ders. (1958): *Mensch und Gesellschaft im Zeitalter des Umbaus*. Darmstadt: Wissenschaftliche Buchgesellschaft.
Ders. (1964): *Wissenssoziologie*. Auswahl aus dem Werk. Eingeleitet und hrsg. von K. H. Wolff. Berlin: Luchterhand.
Mannheim, Karl/Stewart, W. A. C. (1973): *Einführung in die Soziologie der Erziehung*. Düsseldorf: Schwann
Mannoni, O. (1972): Itard und sein »Wilder«. In: Malson/Itard/Mannoni, S. 221–244.
Margalit, Avishai (2012): *Politik der Würde. Über Achtung und Verachtung*. Frankfurt: Suhrkamp.
Marotzki, Winfried/Wigger, Lothar (Hrsg.) (2008): *Erziehungsdiskurse*. Bad Heilbrunn: Klinkhardt.
Martin, Peter/Olsen, Susanne (1996): Die Übertragung von Interaktionsmustern zwischen Generationen. In: Edelstein, W./Kreppner, K./Sturzbecher, D. (Hrsg.): *Familie und Kindheit im Wandel*. Potsdam: Verlag für Berlin-Brandenburg, S. 287–295.
Masschelein, Jan (1996): Pädagogisches Handeln und Verantwortung. Erziehung als Antwort. In: Masschelein, Jan/Wimmer, Michael: *Alterität – Pluralität – Gerechtigkeit*. Sankt Augustin/Leuven: Academia, S.163-186.
Matejka, Susanne (2014): Anerkennung in Abhängigkeitsverhältnissen. In: Leonhard/Schlickum, S. 25–36.
Mchitarjan, Irina (2000): John Dewey und die pädagogische Entwicklung in Russland vor 1930. Bericht über eine vergessene Rezeption. In: *Zeitsdchrift für Pädagogik*, 46. Jg., H. 6, S. 881–903.
Mead, G. H. (1913): The social self. In: *Journal of Philosophy, Psychology, and Scientific Methods*, vol. 10, S. 374–380.
Ders. (1932/2002): *The philosophy of the present*. Chicago: Open Court Publ./New York: Prometheus Books
Ders. (1932a/2002a): The objective reality of perspectives. In: Ders. (2002), S. 171–182.
Ders. (1932 b/2002b): The genesis of the self and social control. In: Ders. (2002), S. 183–198.
Ders. (1934/1973): *Geist, Identität und Gesellschaft aus der Sicht des Sozialbehaviorismus*. Mit einer Einleitung herausgegeben von Charles W. Morris. Frankfurt am Main: Suhrkamp.

Ders. (1968): *Essays on his social philosophy*, ed. by John W. Peters. New York: Teachers' College Press.
Ders. (1968a): The psychology of social consciousness implied in instruction. In: Ders. (1968), S. 35- 41.
Ders. (1969): *Philosophie der Sozialität. Aufsätze zur Erkenntnisanthropologie.* Frankfurt am Main: Suhrkamp.
Ders. (1969a): Die Genesis des sozialen Selbst und die soziale Kontrolle. In: Ders. (1969), S. 69- 101.
Ders. (1987): *Gesammelte Aufsätze.* Hrsg. von Hans Joas. Frankfurt am Main: Suhrkamp.
Ders. (1903/1987a): Die Definition des Psychischen (1903). In: Ders. (1987), S. 83–148.
Ders. (1987 b): *Der Unterricht und seine psychologischen Implikationen im Hinblick auf einen sozialen Begriff des Bewusstseins.* In: Ders. (1987), S. 462–472.
Ders. (1987c): *Gesammelte Aufsätze.* Hrsg. Von Hans Joas. Frankfurt am Main: Suhrkamp.
Ders. (2008): *Philosophie der Erziehung.* Hrsg. und eingel. von Daniel Tröhler und Gert Biesta. Bad Heilbrunn: Klinkhardt.
Mendelssohn, Moses (1843): Gesammelte Werke. Hrsg. von G. B. Mendelssohn. Leipzig: Brockhaus.
Metzinger, Thomas (2011): *Der EGO Tunnel. Eine neue Philosophie des Selbst: Von der Hirnforschung zur Bewusstseinsethik.* München: Piper.
Meyer-Drawe, Käte (1984): *Leiblichkeit und Sozialität. Phänomenologische Beiträge zu einer pädagogischen Theorie der Inter-Subjektivität.* München: Fink.
Dies. (1990): *Illusionen von Autonomie. Diesseits von Ohnmacht und Allmacht des Ich.* München: Kirchheim Verlag.
Dies. (1999): Herausforderung durch die Dinge. Das Andere im Bildungsprozess. In: *Zeitschrift für Pädagogik*, 45. Jg., H. 3, S. 329–336.
Dies. (2000): Die Not der Lebenskunst. Phänomenologische Überlegungen zur Bildung als Gestaltung exzentrischer Lebensverhältnisse. Fünf Überlegungen. In: Dietrich/Müller, S. 147–154.
Meyer-Drawe, Käte/Waldenfels, Bernhard (1988): Das Kind als Fremder. In: *Zeitschrift für Pädagogik*, 34. Jg., S. 271–288.
Michaelis, Richard u. a. (2013): Validierte und teilvalidierte Grenzsteine der Entwicklung. Ein Entwicklungsscreening für die ersten 6 Lebensjahre. In: Kinderheilkunde. *Zeitschrift für Kinder- und Jugendmedizin, 161. Jg.*, S. 898–910.
Michl, Werner (1986*): Der Beitrag der Kinderspielgruppen zu Erziehung und Sozialisation in afrikanischen Stammesgesellschaften.* München: Minerva.
Ders. (2002): Die Kinderspielgruppe in afrikanischen Stammesgesellschaften. In: Müller/Treml, S. 239–256.
Milinski, Manfred (2010): Egoismus schafft Gemeinsinn. Das Problem des Altruismus. In: Fischer/Wiegandt, S. 270–291.
Ders. (1993): Epilog: Ausgewählte Anmerkungen zur Beziehungsforschung. In: Auhagen/von Salisch, S. 301–307.
Miller, Alice (1983): *Im Anfang war Erziehung.* Frankfurt am Main: Suhrkamp.
Miller, Reinhold (1997): *Beziehungsdidaktik.* Weinheim und Basel: Beltz.
Mistler, Jean (1971): *Gaspard Hauser, un drame de la personalite.* Paris: Fayard.
Möbius, Eberhard (1973): *Die Kinderrepublik. Bemposta und die Muchachos.* Reinbek: Rowohlt.
Mollenhauer, Klaus (1968): *Erziehung und Emanzipation. Polemische Skizzen.* München: Juventa.
Ders. (1973): Vorwort. In: Brumlik, S. 7–9.
Ders. (1976): Was ist Erziehung? In: Weber, S. 116–121.
Ders. (1977): Interaktion und Organisation in pädagogischen Feldern. In: Blankertz, S. 39–55.
Ders. (1979): Zur Einführung. In: Parmentier, S. 7–12.
Ders. (1979a): Kinder und ihre Erwachsenen. Anmerkungen zur Tradition des pädagogischen »Kolonialismus«. In: *Die Deutsche Schule*, 71. Jg., S. 338–344.
Ders. (1983): *Vergessene Zusammenhänge. Über Kultur und Erziehung.* München: Juventa.

Ders. (1983a): Familie – Familienerziehung. In: *Enzyklopädie Erziehungswissenschaft*. Band 1. Stuttgart: Klett-Cotta, S. 412–419.
Ders. (1985*)*: Zwischen Geselligkeit, Scham und Zweifel: Bildungstheoretische Notizen zum frühromantischen Schleiermacher. In: *neue sammlung*, 25. Jg., Heft 1, S. 16–32.
Ders. (1986): *Umwege. Über Bildung, Kunst und Interaktion*. Weinheim und München: Juventa.
Ders. (2000a): »Über die Schwierigkeit, von Leuten zu erzählen, die nicht recht wissen, wer sie sind«. Einige bildungstheoretische Motive in Romanen von Thomas Mann. In: Dietrich/Müller, S. 49–72.
Ders. (2000b): *Fiktionen von Individualität und Autonomie. Bildungstheoretische Belehrungen durch Kunst*. In: Dietrich/Müller, S. 127–146.
Mollenhauer, Klaus/Brumlik, Micha/Wudtke, H. (1975): *Die Familienerziehung*. München: Juventa.
Dies. (1932/1990): *Das Zentrum und die Peripherie* (1932). In: Böhm, Winfried (Hrsg.) (1990*)*: *Maria Montessori. Texte und Gegenwartsdiskussuion*. Bad Heilbrunn: Klinkhardt, S. 41–44.
Dies. (1933/1980): Kinder sind anders (1933). In: Dies. (1980): *Kinder sind anders*. Stuttgart: Klett-Cotta.
Montessori, Maria (1932/1990): Das Zentrum und die Peripherie (1932). In: Böhm, Winfried (Hrsg.) (1990): *Maria Montessori. Texte und Gegenwartsdiskussion*. Bad Heilbrunn: Klinkhardt, S. 41–44.
Moran-Ellis, Jo (2013): Kinder als soziale Akteure: Agency und soziale Kompetenz. Soziologische Reflektionen zur Frühen Kindheit. In: *Neue Praxis*, 9. Jg., Heft 4, S. 303–321.
Dies. (2014): Agency und soziale Kompetenz in früher Kindheit. In: Braches-Chyrek/Röhner/Sünker/Hopf, S. 171–183.
Moritz, Karl Philipp (1785/2014): *Anton Reiser. Ein psychologischer Roman* (1785). Berlin: Reclam.
Moser, Tilman (1976): *Gottesvergiftung*. Frankfurt: Suhrkamp.
Ders. (2003): *Von der Gottesvergiftung zu einem erträglichen Gott. Psychoanalytische Überlegungen zur Religion*. Stuttgart: Kreuz Verlag.
Miller, Reinhold (1998): *Beziehungsdidaktik*. 2. Auflage. Weinheim/Basel: Juventa
Moser, Vera/Pinhard, Inga (Hrsg.) (2010): *Care – Wer sorgt für wen?* Opladen etc.: Budrich.
Moskowitz, Sarah (1987): Love despite hate: Child survivors of the holocaust and their adult lives. New York: Schocken.
Muchow, Martha/Muchow, Hans Heinrich (1935/1980): *Der Lebensraum des Großstadtkindes* (1935). Bensheim: päd. extra buchverlag.
Müller, B. (2006): *Nähe, Distanz, Professionalität. Zur Handlungslogik von Heimerziehung*. In: Dörr/Müller, S. 141–157.
Müller, D. (2002): *Herman Nohls »Theorie« des pädagogischen Bezugs. Eine Werkanalyse*. Bern etc.: Lang.
Müller, Wilhelm (2010): *Die Winterreise* (1824). Frankfurt am Main: Suhrkamp/Insel
Müller-Rolli, Sebastian (2013): *Erziehung und Kommunikation. Von Rousseeau bis heute*. Opladen etc.: Budrich.
Musil, Robert (1952): *Der Mann ohne Eigenschaften*. Roman. Hamburg: Rowohlt.
Mutschler, Susanne (1985): *Ländliche Kindheit in Lebenserinnerungen*. Tübingen: Tübinger Vereinigung für Volkskunde e.V.

Nadelmann, L./Begun, A. (1982): *The effects of the newborn on the older sibling*. In: Lamb/Sutton-Smith, S. 13–37.
Natorp, Paul (1899): Sozialpädagogik. In: Rein, Wilhelm (Hrsg.): *Encyklopädisches Handbuch der Pädagogik*. Langensalza: Beltz.
Ders. (1910): Über eine mögliche Umbildung der Familienerziehung in den arbeitenden Klassen. In: *Zeitschrift für Jugendwohlfahrt/Der Sämann*, S. 257–268.
Ders. (1911): *Volkskultur und Persönlichkeitskultur*. Leipzig: Quelle & Meyer
Ders: (1920): *Sozial-Idealismus. Neue Richtlinien sozialer Erziehung*. Berlin: Springer.

Dies. (1992): Ambivalenz als vergesellschaftendes Prinzip. In: *Simmel Newsletter*, 2, 1, Summer, S. 36–47.
Nedelmann, Birgitta (1984): *Georg Simmel als Klassiker soziologischer Prozessanalysen*. In: Dahme/Rammstedt, S. 91–115.
Nedelmann, Birgitta (2013): Typen soziologischer Ambivalenz und Interaktionskonsequenz. In: Luthe, H. O./Wiedenmann, Rainer (Hrsg.): *Ambivalenz: Studien zum kulturtheoretischen und empirischen Gehalt einer Kategorie der Erschließung des Unbestimmten.* Wiesbaden: Springer Fachmedien, S. 149–164.
Neidhardt, F. (1970): *Die Familie in Deutschland. Deutsche Gesellschaft im Wandel.* Bd. 2. Opladen: Leske.
Ders. (1975): *Die Familie in Deutschland: Gesellschaftliche Stellung, Struktur und Funktion.* Opladen: Leske.
Nelsons, Andris (2016): »Das Pferd laufen lassen«. SPIEGEL-Gespräch. Der Dirigent Andris Nelsons über die Kunst, ein Orchester zu leiten... In: *DER SPIEGEL*, Nr. 2 vom 9. 1. 2016, S. 116–119.
Nelson, Charles (2007): Cognitive recovery in socially deprived young children: The Bucharest Early InterventionProject. In: *Science*, vol. 318, S. 1937–1940.
Nelson, C.A./, Fox, N.A./ Zeanah, C.H. (2013): Anguish of the abandoned child: The plight of orphaned Romanian children reveals the psychic and physical scars from first years spent without a loving, responsive caregiver. In: *Scientific American*, April, 62–67.
Nelson, Leonard (1931/2002): *Die sokratische Methode.* Göttingen: Verlag »Öffentliches Leben«. Abgedr. In: Birnbacher, Dieter/Krohn, Dieter (Hrsg.) (2002): *Das sokratische Gespräch.* Stuttgart: Reclam, S. 21-72.
Neumann, Sascha (2013): Die sozialen Bedingungen der Bildung. Beobachtungen im Feld der Frühpädagogik. In: Thompson, Chr./Jergus, K./Breidenstein, G. (Hrsg.): *Interferenzen. Perspektiven kulturwissenschaftlicher Bildungsforschung.* Weilerswist: Velbrück Wissenschaft, S. 243–267.
Ders. (2013a): Die anderen Dinge der Pädagogik. Zum Umgang mit alltäglichen Gegenständen in Kinderkrippen. In: *Zeitschrift für Erziehungswissenschaft*, Sonderheft 25, S. 107–121.
Niemeyer, Christian (2011): Pädagogischer Bezug. In: Otto/Thiersch, S. 1060–1069.
Nitschke, August (1985): *Die Bedeutung der Biologie für eine historische Anthropologie.* Freiburg: Alber.
Noddings, Nel (1984): *Caring – A feminine approach to to ethics and moral education.* Berkeley: University of California Press.
Dies. (2015): Warum sollten wir uns ums Sorgen sorgen? In: Böhm/Schiefelbein/Seichter, S. 182–184.
Nohl, H. (1918): *Pädagogische Aufsätze.* Langensalza: Beltz.
Ders. (1927): *Jugendwohlfahrt. Sozialpädagogische Vorträge.* Leipzig: Quelle & Meyer.
Ders. (1929): *Pädagogische Aufsätze.* Zweite vermehrte Auflage. Langensalza: Beltz.
Nohl, Herman (1933): Theorie der Bildung. In: Nohl, Herman/Pallat, Ludwig (Hrsg.): *Handbuch der Pädagogik.* Band 1, Langensalza: Julius Beltz, S. 3–80.
Ders. (1933a): Der pädagogische Bezug und die Bildungsgemeinschaft. In: Ders., S. 20–26.
Novotny, Rudolf/Blickle, Paul/Stahnke, J./Venohr, Sascha (2016): Generation Gibtsnicht. In: In: *DIE ZEIT*, Nr 3 vom 14. Januar 2016.
Nsamenang, A. Bame (1992): *Human development in cultural context.* Newbury Park: Sage.

Oelkers, Jürgen (1993): Nachwort. Dewey in Deutschland – ein Missverständnis. In: Dewey, S. 489–509.
Ders. (2000): John Deweys Philosophie der Erziehung: Eine theoriegeschichtliche Analyse. In: Joas, Hans (Hrsg.): *Philosophie der Demokratie.* Frankfurt am Main: Suhrkamp, S. 280–315.
Oelkers, Jürgen (2005): George Herbert Meads Theorie der Erziehung und die deutsche Pädagogik. In: Tröhler/Oelkers, S. 195–226.
Offe, C./Heinze, R. G. (1984): Am Arbeitsmarktvorbei. Überlegungen zur Neubestimmung haushaltlicher Wohlfahrtsproduktion. In: *Leviathan*, 12. Jg., S. 421–495.

Oevermann, Ulrich (1996): Die mögliche Struktur eines pädagogischen Arbeitsbündnisses. In: Combe, Arno/Helsper, Werner (Hrsg.): *Pädagogische Professionalität. Untersuchungen zum Typus pädagogischen Handelns.* Frankfurt am Main: Suhrkamp, S. 70–182.
Olbrich, Erhard /Otterstedt, Carola (2003): *Menschen brauchen Tiere. Grundlagen nund Praxis der tiergestützten Pädagogik und Therapie.* Stuttgart: Franckh-Kosmos
Olson, David R./Torrance, Nancy (Hrsg.) (1998): *The handbook of education and human development.* Malden, Mass.: Blackwell.
Opoczynski, Michael (2015): *Krieg der Generationen. Und warum unsere Jugend ihn bald verloren hat.* Gütersloh: Gütersloher Verlagshaus.
Orff, Gertrud (1976): Spielgeschehen als Heilfaktor – Musiktherapeuthische Erfahrungen. In: Flitner u. a., S. 110–29.
Otterstedt, Carola (2003): Der Dialog zwischen Mensch und Tier. In: Olbrich/Ottenstedt, S. 90–105.
Oswald, Hans (2008): Sozialisation in Netzwerken Gleichaltriger. In: Hurrelmann/Grundmann/Walper, S. 321–332.
Oswell, David (2013): *The agency of children. From family to global human rights.* Cambridge: Cambridge University Press.
Otto, Hans-Uwe/Thiersch, Hans (Hrsg): *Handbuch Soziale Arbeit.* München/Basel: Ernst Reinhardt.
Otto, Hiltrud (2011): Bindung. In: Keller, Heidi (Hrsg.): *Handbuch der Kleinkindforschung.* Bern: Huber, S. 390–428.
Otto, Hiltrud/Keller, Heidi (2012): Bindung und Kultur. In: *nifbe-Themenheft Nr. 1*, S. 1–15. Hannover: Niedersächsisches Institut für frühkindliche Bildung und Entwicklung (nifbe).
Diess. (2014): *Different faces of attachment: Cultural variations on a universal human need.* Cambridge: Cambridge University Press.

Paetzold, B./Fried, L. (1989): *Einführung in die Familienpädagogik.* Weinheim: Beltz.
Papousek, Hanus/Papousek, Mechthild (1978): Interdisciplinary parallels in studies of early human behaviour: From physical to cognitive needs, from attachement to dyadic education. In: *International Journal of behavioral Development*, Vol 1, No. 1, S. 37-49.
Papousek, Mechthild (1984): Wurzeln der kindlichen Bindung an Personen und Dinge: Die Rolle der integrativen Prozesse. In: Eggers, S. 155–184.
Papousek, M./Gontard, A. (Hrsg.): *Spiel und Kreativität in der frühen Kindheit.* Stuttgart: Pfeiffer/Klett-Cotta.
Parmentier, Michael (1979): *Frühe Bildungsprozesse. Zur Struktur der kindlichen Interaktion.* München: Juventa.
Parmentier, M. (1999): Ursprungsnähe und Zukunftsbezug. Anmerkungen zur Geschichte des Kinderporträts. In: Ders./Liebau, E./Unterdörfer, M./Winzen, M. (Hrsg.): *Vergiss den Ball und spiel weiter. Das Bild des Kindes in zeitgenössischer Kunst und Wissenschaft.* Köln: Oktagon, S. 83–90.
Parsons, T./Bales, R. F. (1955): *Family, socialization and interaction process.* Glencoe, Ill.: Free Press.
Parzinger, Hermann (2015): *Die Kinder des Prometheus. Eine Geschichte der Menschheit vor der Erfindung der Schrift.* München: Beck.
Pasquale, Judith/Behnken, Imbke/Zinnecker, Jürgen (1995): Pädagogisierte Kindheit in Familien – Ethnografische Fallstudien. In: Renner, E. (Hrsg.): *Kinderwelten.* Weinheim: Beltz, S. 65–94.
Petri, Horst (1994): *Geschwister - Liebe und Rivalität. Die längste Beziehung unseres Lebens.* Zürich: Kreuz.
Peukert, Helmut (1984): Die Zukunft von Bildung. In: *Frankfurter Hefte*, XXXIX Jg., Heft 11/12 (= FH-extra 6), S. 129–137.
Piaget, Jean (1932/1973): *Das moralische Urteil beim Kinde* (1932). Frankfurt am Main: Suhrkamp.
Ders. (1972): *Theorien und Methoden der modernen Erziehung.* München/Wien: Molden.
Ders. (1940/1972): Die geistige Entwicklung des Kindes (1940). In: Ders. (1972), S. 187–258.
Ders. (1978): *Das Weltbild des Kindes.* Stuttgart: Klett.

Picht, Georg (1965): Aus dem Tagebuch eines Schulleiters. In: Ders.: *Verantwortung des Geistes*. Stuttgart: Klett, S. 40–57.
Plahl, Christine/Koch-Temming, Hedwig (Hrsg.) (2008): *Musiktherapie mit Kindern. Grundlagen – Methoden – Praxisfelder*. 2. Auflage. Bern: Huber, Hogrefe AG.
Plake, Klaus (Hrsg.) (1987): *Klassiker der Erziehungssoziologie*. Düsseldorf: Schwann.
Plaut, Paul (1924): *Der psychologische Raum. Ein Beitrag zur Beziehungslehre* (= Kleine Schriften zur Seelenforschung, hrsg. von Arthur Kronfeld, Heft 8). Stuttgart: Püttmann.
Plessner, Helmuth (1924/2002): *Grenzen der Gemeinschaft* (1924). Frankfurt am Main: Suhrkamp.
Ders. (1925/1953): Die Deutung des mimischen Ausdrucks. Ein Beitrag zur Lehre vom Bewusstsein des anderen Ichs (1925). In: Ders. (1953), S. 132–179.
Ders. (1953): *Zwischen Philosophie und Gesellschaft. Ausgewählte Abhandlungen und Vorträge*. Bern: Francke
Ders. (1960/1974): Soziale Rolle und menschliche Natur. In: Ders. (1974), S. 23–35.
Ders. (1960a/1974): Das Problem der Öffentlichkeit und die Idee der Entfremdung (1960a). In: Ders. (1974), S. 9–22.
Ders. (1974): *Diesseits der Utopie. Ausgewählte Beiträge zur Kultursoziologie*. Frankfurt am Main: Suhrkamp.
Ders. (1982): *Mit Anderen Augen. Aspekte einer philosophischen Anthropologie*. Stuttgart: Reclam.
Pollmanns, Marion (2010): Von den Schwierigkeiten, unterrichtliche Aneignungsprozesse zu rekonstruieren. Eingeständnisse einer empirischen Didaktik. In: *Pädagogische Korrespondenz*, 42. Jg., Nr. 1, S. 52–78.
Dies. (2015): Wie die unterrichtliche Praxis auf Bildung bezogen ist. Bildung als notwendig unterbotene Idee. In: Gruschka/Lastoria, S. 217–234.
Pramling, Ingrid (1998): Understanding and empowering the child as learner. In: Olson/Torrance, S. 565–592.
Prange, Klaus (1988): *Pädagogik als Erfahrungsprozess*. 3 Bände. Stuttgart: Klett-Cotta.
Ders. (2005): *Die Zeigestruktur der Erziehung. Grundris der Operativen Pädagogik*. Paderborn: Schöningh.
Ders. (2010): *Die Ethik der Pädagogik. Zur Normativität erzieherischen Handelns*. Paderborn etc.: Schöningh.
Ders. (2013): *Liebe als Passion und Liebe als Aufgabe – mit Anmerkungen zum platonisch-pädagogischen Eros*. In: Strobel-Eisele/Roth, S. 25–36.
Prange, Klaus/Strobel-Eisele (2015): *Formen des pädagogischen Handelns*. 2. Auflage. Stuttgart: Kohlhammer.
Prengel, Annedore (1993): *Pädagogik der Vielfalt. Verschiedenheit und Gleichberechtigung in Interkultureller, Feministischer und Integrativer Pädagogik*. Wiesbaden: VS Verlag.
Dies. (2013): *Pädagogische Beziehungen zwischen Anerkennung, Verletzung und Ambivalenz*. Leverkusen: Budrich UniPress.
Dies. (2016): Pädagogische Beziehungen im Lichte der Kinderrechte. In: Krappmann/Petry, S. 149–161.
Prengel, Annedore/Winklhofer, Ursula (Hrsg.) (2014): *Kinderrechte in der Praxis pädagogischer Beziehungen*. 2 Bände. Leverkusen: Budrich
Prinz, Wolfgang (2012): *Open minds: The social making of agency and intentionality*. Massachusetts: Institue of Technology.
Ders. (2013): *Selbst im Spiegel. Die soziale Konstruktion von Subjektivität*. Frankfurt am Main: Suhrkamp.
Prior, Bertram (1984): *Selbst-Sein und Selbst-Werden in Beziehungen. Zugänge zum Problem von Selbstverwirklichung und Erziehung*. Frankfurt: Haag-Herchen.

Raufelder, Diana (2010): Erfolgreich lernen: eine Frage der Beziehung. In: *Geist & Gehirn*, 9. Jg., Heft 11, S. 24–25.
Dies. (2014): *Sozio-emotionale Aspekte im Schulkontext – Eine empirische Studie zu den Prädiktoren und zur Minimierung von Stress, Einsamkeit und Depression bei Jugendlichen*. In: Prengel/Winklhofer, S. 211–224.

Reich, Kersten (2010): *Systemisch-konstruktivistische Pädagogik. Einführung in die Grundlagen einer interaktionistisch-konstruktivistischen Pädagogik*. 6. Auflage. Weinheim/Basel: Beltz.
Reichenbach, Roland (2000): Die Zumutung des Erziehens und die Scham des Erziehenden. In: Bucher, Anton A./Donnenberg, R./Seitz, R. (Hesg.): *Was kommt auf uns zu? Erziehen zwischen Sorge und Zuversicht*. Wien: öbv, S. 104–119.
Ders. (2007): *Philosophie der Bildung und Erziehung. Eine Einführung*. Stuttgart: Kohlhammer.
Ders. (2011): *Pädagogische Autorität. Macht und Vertrauen in der Erziehung*. Stuttgart: Kohlhammer.
Reimann, Brigitte (1974): *Franziska Linkerhand*. Roman. Berlin: Aufbau.
Reinders, Heinz (2015): Sozialisation in der Gleichaltrigengruppe. In: Hurrelmann/Bauer/ Grundmann/Walper, S. 393–413.
Reinders, Heinz/Youniss, James (2005): Die Entwicklung sozialer Orientierungen im Kontext von Freundschaften und Eltern-Kind-Beziehungen. In: Schuster/Kuhn/Uhlendorff, S. 259–278.
Remsperger, Regina (2011): *Sensitive Responsitivität. Zur Qualität pädagogischen Handelns im Kindergarten*. Wiesbaden: VS Verlag.
Reutlinger, Christian (2015): Sozialräumliche Sozialisation. In: Hurrelmann/Bauer/ Grundmann/Walper, S. 606–629.
Reyer, J. (1983): *Wenn die Mütter arbeiten gingen ... Eine sozialhistorische Studie zur Entstehung der öffentlichen Kleinkindererziehung im 19. Jahrhundert in Deutschland*. Köln: Pahl-Rugenstein.
Rheingold, H. H. (1969): The social and socializing child. In: Goslin, D. (Hrsg,): *Handbook of socialization theory and research*. Chicago: Rand McNally, S. 779–790.
Ricken, Norbert (1999): *Subjektivität und Kontingenz. Markierungen im pädagogischen Diskurs*. Würzburg: Königshausen & Neumann.
Ders. (2015): Pädagogische Professionalität – revisited. Eine anerkennungstheoretische Skizze. In: Böhme, J./Hummrich, M./Kramer, R.-T. (Hrsg.): *Schulkultur. Theoriebildung im Diskurs*. Wiesbaden: Springer Fachmedien, S. 137–160.
Riedl, K./Jensen, K./Call, J./Tomasello, M. (2015): Restorative justce in children. In: *Current Biology, vol. 25*, S. 1731–1735.
Rogoff, Barbara (1990): *Apprenticeship in thinking. Cognitive development in social context*. New York: Oxford University Press.
Dies. (1998): Cognition as a collaborative process. In: Damon, William/Kuhn, D./Siegler, R. S. (Hrsg.): *Handbook of child psychology, vol. 2: Cognition, perception, and language*. New York: Wiley, S. 679–744.
Dies. (2003): *The cultural nature of human development*. Oxford: Oxford University Press.
Rogoff, Barbara/Turkanis, Carolyn G./Bartlett, Leslee (Hrsg.) (2001): *Learning together. Children and adults in a school community*. Oxford: Oxford University Press.
Rogoff, Barbara/Matusov, Eugene/White, Cynthia (1998): Models of teaching and learning: Participation in a community of learners. In: Olson/Torrance, S. 388–414.
Rogoff, Barbara u. a. (2007): Children's development of cultural repertoires through participation in everyday routines and practices. In: Grusec/Hastings, S. 490–515.
Rogoff, Barbara/Turkanis, Carolyn G./Bartlett, Leslee (Hrsg.) (2001): *Learning together. Children and adults in a school community*. Oxford etc.: Oxford University Press.
Rohlfs, Carsten/Palentien, Christian/Harring, Marius (Hrsg.) (2014): *Kompetenz-Bildung: Soziale, emotionale und kommunikative Kompetenzen von Kindern und Jugendlichen*. 2. Auflage. Wiesbaden: VS, Springer
Röhrs, H. (2001): *Die Reformpädagogik: Ursprung und Verlauf unter internationalem Aspekt*. Weinheim/Basel: Beltz.
Romano, M.C./Cappadozzi, T. (2002): Generazini esremi. Nonni e nipoti. In: Scritta, G. (Hrsg.): *Il gioco delle generazioni*. Milano: Francoangelli, S.179–207.
Rosa, Hartmut (2016): *Resonanz. Eine Soziologie der Weltbeziehung*. Berlin: Suhrkamp
Ders. (2016a): Schule als Resonanzraum. In: Ders., S. 402–420.

Rosemann, Bernhard/Bielski, Sven (2001): Pädagogische Interaktion. In: Diess: *Einführung in die Pädagogische Psychologie*. Weinheim/Basel: Beltz, S. 158–168.
Rosenbaum, Heidi (1978): *Familie als Gegenstruktur zur Gesellschaft*. Stuttgart: Lucius & Lucius.
Rosenthal, Hugo (1932): Versuche mit Neuer Erziehung in Palästina. In: *Pädagogisches Zentralblatt* 12. Jg., S. 73–85.
Rosa, Hartmut (2016): Resonanz. Eine Soziologie der Weltbeziehung. Berlin: Suhrkamp.
Roth, Heinrich (1966): *Pädagogische Anthropologie. Band I: Bildsamkeit und Bestimmung*. Hannover: Schrödel.
Ders. (1971): *Pädagogische Anthropologie. Band II: Entwicklung und Erziehung. Grundlagen einer Entwicklungspädagogik*. Hannover: Schrödel.
Rothbaum, F./Trommsdorff, G. (2007): Do roots and wings complement or oppose one another? The socialization of relatedness and autonomy in cultural context. In: Grusec, J./Hastings, P. (Hrsg.): *Handbook of socialization*. New York: Guilford, S. 461–489.
Rowe, D.C./Plomin, R. (1979): A multivariate twin analysis of within family environmental influences. In: *Behavioral Genetics*, vol. 9, S. 519–525.
Rubin, Zick (1981): *Kinderfreundschaften*. Stuttgart: Klett-Cotta.
Rutschky, Katharina (1977): *Schwarze Pädagogik. Quellen zur Naturgeschichte der bürgerlichen Erziehung*. Frankfurt am Main: Suhrkamp.
Rutter, Michael (1979): *Fifteen thousand hours. Secondary schools and their effects on children*. London: Open Books.
Ders. (1980): *Fünfzehntausend Stunden. Schulen und ihre Wirkung auf die Kinder*. Weinheim/Basel: Beltz.

Salisch, Maria von (1991): *Kinderfreundschaften. Emotionale Kommunikation im Konflikt*. Göttingen: Hogrefe.
Salisch, Maria von (1993): Kind-Kind-Beziehungen: Symmetrie und Asymmetrie unter Peers, Freunden und Geschwistern. In: Auhagen/Salisch, S. 59–80.
Salisch, Maria von/Oppl, Caroline/Vogelsang, Jens (2002): Am selbstwertdienlichsten ist es, über das zu reden, was ist. Ärger in der Freundschaft und Selbstwert-Entwicklung im Jugendalter. In: Uhlendorff/Oswald, Hans, S. 135–156.
Sanders, Robert E./Freeman, Kurt E. (1998): Children's neo-rhetorical participation in peer interactions. In: Hutchby/Moran-Ellis, S. 87–114.
Sarason, S. B. (1971): *The school culture and the problem of change*. Boston: Allwyn.
Schaller, Franz (2012): *Eine relationale Perspektive auf Lernen: Ontologische Hintergrundsannahmen in lerntheoretischen Konzeptionalisierungen des Menschen und von Sozialität*. Leverkusen: Budrich UniPress.
Schäfer, Alfred (1999): *Unbestimmte Transzendenz. Bildungsethnologische Betrachtungen zum Anderen des Selbst*. Wiesbaden: VS Verlag.
Schäffter, Ortfried (2000): Grenzüberschreitendes Lernen. Innen das Eigene – Außen das Fremde? In: Holzamer, H.-H. (Hrsg.): *Bildung für Ausländer. Wenn die Menschen wandern, darf die Bildung nicht stehen bleiben*. München: Süddeutsche Zeitung, S. 29–37.
Schäffter, Ortfried (2013): *Die Kategorie der Relationalität: Der paradigmatische Kern und Felder einzelwissenschaftlicher Forschung*. Internet-Datei (version 14, 212 seiten).
Schäffter, Ortfried (Hrsg.) (1991): *Das Fremde. Erfahrungsmöglichkeiten zwischen Faszination und Bedrohung*. Opladen: Westdeutscher Verlag.
Ders. (1991a): Einführung: Modi des Fremderlebens. Deutungsmuster im Umgang mit Fremdheit. In: Ders., S. 11–44.
Schaller, Franz (2012): *Eine relationale Perspektive auf Lernen: Ontologische Hintergrundsannahmen in lerntheoretischen Konzeptualisierungen des Menschen und von Sozialität*. Barkelsby: Budrich UniPress.
Schaller, Klaus (1973): Kommunikative Didaktik. In: Schäfer, K.- H./Schaller, K.: *Kritische Erziehungswissenschaft und kommunikative Didaktik*. 2. Auflage. Heidelberg: Quelle & Meyer.

Schegloff, Emanuel A. (2006): Interaction: The infrastructure for social institutions, the natural ecological niche for language, and the arena in which culture is enacted. In: Enfield/Levinson, S. 70–96.
Scheler, Max (1923): *Wesen und Formen der Sympathie*. Bonn: Cohen.
Scheuerl, Hans (1966/1984): Der Dialog in Erziehung und Unterricht (1966). Abgedr. in: Flitner/Scheuerl 2000, S. 183–195.
Schirrmacher, Frank (2005): *Das Methusalem-Komplott*. München: Heyne.
Schleiermacher, Friedrich (1800/1984): Idee zu einem Katechismus der Vernunft für edle Frauen (1800). In: Ders. (1984): *Kritische Gesamtausgabe*. Erste Abt., Band 2. Berlin: de Gruyter, S. 153–154.
Ders. (1826/1957): *Pädagogische Schriften*. Hrsg. von Erich Weniger. Band 1: Die Vorlesungen aus dem Jahre 1826. Düsseldorf: Küpper.
Ders. (1826/2000): Die Vorlesungen aus dem Jahre 1826. In: Ders. (2000): *Texte zur Pädagogik*. Hrsg. von M. Winkler und J. Brachmann. Band 2. Frankfurt am Main: Suhrkamp.
Schlüter, Steffen (2013): *Wechselwirkung und Erziehung. Von Johann Friedrich Herbart bis John Dewey*. Bad Heilbrunn: Klinkhardt.
Schmidt-Denter, U. (1993): Eltern-Kind- und Geschwisterbeziehungen. In: Markefka, M./Nauck, B. (Hrsg.): *Handbuch der Kindheitsforschung*. Neuwied: Luchterhand, S. 337–352.
Schmid, Miriam/Antes, Wolfgang/Schiffers, Birgit (2015): *Jugendstudie Baden-Württemberg 2015. Die Ergebnisse von 2011 bis 2015 im Vergleich und die Stellungnahme des 11. Landesschülerbeirats*. Baltmannsweiler: Schneider.
Schmidt, Jan Hinrik (2013): *Social Media*. Wiesbaden: Springer Fachmedien.
Schmidt-Kolmer, Eva (1972): *Die Auswirkung des Kindergartens, Wochen- und Vollheimmilieus (in der DDR) auf die psychische Entwicklung im Vorschulalter*. In: Ewert, S. 143–153.
Schnabel, Peter-Ernst (1974): *Die soziologische Gesamtkonzeption Georg Simmels*. Stuttgart: Fischer.
Schnabel, Ulrich (2010): *Die Vermessung des Glaubens. Forscher ergründen, wie der Glaube entsteht und warum er Berge versetzt*. München: Random House/Pantheon.
Schneewind, Klaus (2005): *Familienpsychologie*. Stuttgart: Kohlhammer.
Ders. (2008): Sozialisation in der Familie. In: Hurrelmann/Grundmann/Walper, S. 256–273.
Schorb, Alfons Otto (1958): *Erzogenes Ich – erziehendes Du*. Stuttgart: Klett.
Schreier, Helmut (1986a): Pragmatismus: Der geistesgeschichtliche Zusammenhang. In: Dewey, S. 21–46.
Ders. (1986b): Erziehung als Instrument fortschreitender Erfahrung. In: Dewey, S. 47–88.
Schubarth, Wilfried (2014): Lehrerhandeln und Gewalt. Zum Zusammenhang von »Lehrer«- und »Schülergewalt«. In: Prengel/Winklhofer, S. 103–112.
Schülein, J. A. (1983): Konstruktion und Dynamik »offener« Primärgruppen. In: Neidhardt, F. (Hrsg.): *Gruppensoziologie* (= Sonderheft 25 der Kölner Zeitschrift für Soziologie und Sozisalpsychologie).
Schütze, Yvonne (1989): Geschwisterbeziehungen. In: Nave-Herz, R./Markefka, M. (Hrsg.): *Handbuch der Familien- und Jugendforschung*. Band I: Familienforschung. Neuwied: Luchterhand, S. 311–324.
Schütz, Alfred/Luckmann (2003): *Strukturen der Lebenswelt*. Konstanz: Universitätsverlag.
Schulze, Theodor (1968): Häusliche Szenen und seelische Entwicklung. Überlegungen zu einer Theorie der Familienerziehung bei der Durchsicht von Elternbüchern. In: Bittner/Schmid-Cords, S. 291–322.
Ders. (2008): Erziehung`und Lernen. Plädoyer für eine mathetische Erziehungswissenschaft. In: Marotzki/Wigger, S. 29–50.
Schuster, Beate (1998): *Interaktionen zwischen Müttern und Kindern. Die Konstruktion sozialer Wirklichkeit in Autoritätsbeziehungen*. Weinheim/München: Juventa.
Dies. (2005): Theoretische Ansätze zur Transformation der Eltern-Kind- Beziehung und zur Autonomieentwicklung bei Heranwachsenden. In: Schuster/Kuhn/Uhlendorff, S. 13–42.
Dies. (2005a): *Der Beginn des Individuationsprozesses: Wechselseitige Einflüsse zwischen Müttern und Kindern in Aushandlungsgesprächen*. In: Schuster/Kuhn/Uhlendorff, S. 43–64.

Schuster, B. H./Kuhn, Hans-Peter/Uhlendorff, Harald (Hrsg.) (2005): *Entwicklung in sozialen Beziehungen. Heranwachsende in ihrer Auseinandersetzung mit Familie, Freunden und Gesellschaft*. Stuttgart: Lucius & Lucius (= Der Mensch als soziales und personales Wesen, Band 21).

Schwarz, Barbara (2013): Vorstellungen von Partizipation des Kindes in Recht und Pädagogik. In: Strobel-Eisele, G./Roth, G. (Hrsg.*): Grenzen beim Erziehen. Nähe und Distanz in pädagogischen Beziehungen*. Stuttgart: Kohlhammer, S. 117–128.

Schwarz, Karl (1995): In welchen Familien wachsen die Kinder und Jugendlichen in Deutschland auf? In: *Zeitschrift für Bevölkerungswissenschaft*, 20. Jg., S. 271–292.

Schweitzer, Friedrich (1985): *Identität und Erziehung: Was kann der Identitätsbegriff für die Pädagogik leisten?* Weinheim/Basel: Beltz.

Ders. (2003): *Pädagogik und Religion. Eine Einführung*. Stuttgart: Kohlhammer.

Seichter, Sabine (2007): *Pädagogische Liebe. Erfindung, Blütezeit, Verschwinden eines pädagogischen Deutungsmusters*. Paderborn: Schöningh.

Sennett, Richard (2000): *Der flexible Mensch. Die Kultur des neuen Kapitalismus*. Berlin: Siedler.

Ders. (2014): *Zusammenarbeit. Was unsere Gesellschaft zusammenhält*. München: dtv.

Shorter, E. (1977): *Die Geburt der modernen Familie*. Reinbek: Rowohlt.

Sichtermann, Barbara (1982): *Vorsicht Kind. Eine Arbeitsplatzbeschreibung für Mütter, Väter und andere*. Berlin: Wagenbach.

Sidorkin, A. (1999): Beyond discourse: Education, the Self, and Dialogue. Albany: State of New York Press.

Ders. (2000): *Toward a Pedagogy of Relation*. Rhode Island: Rhode Island College (Faculty Publications, paper 17).

Simmel, Georg (1892/1983): *Einleitung in die Moralwissenschaft*. 2 Bände (1892/1893). Aalen: Scientia.

Ders. (1908): *Soziologie. Untersuchungen über die Formen der Vergesellschaftung*. Berlin: Duncker & Humblot.

Ders. (1911): *Philosophische Kultur. Gesammelte Essais*. Leipzig: Klinkhardt.

Ders. (1913): Philosophie der Landschaft. In: *Die Goldkammer. Eime bremische Monatsschrift*, 3. Jg., Heft II, S. 635–644.

Ders. (1917/1984): *Grundfragen der Soziologie*. Berlin: de Gruyter.

Ders. (1967): *Fragmente und Aufsätze. Aus dem Nachlass und Veröffentlichungen der letzten Jahre*. Herausgegeben mit einem Vorwort von Gertrud Kantorowicz. Hildesheim: Olms.

Ders. (1983): *Schriften zur Soziologie. Eine Auswahl*. Frankfurt am Main: Suhrkamp.

Ders. (1987): *Das individuelle Gesetz. Philosophische Exkurse*. Herausgegeben und eingeleitet von Michael Landmann. Frankfurt am Main: Suhrkamp.

Ders. (1989): *Aufsätze 1887-1890* (= Gesamtausgabe Band 2). Frankfurt am Main: Suhrkamp.

Simmel, Georg (1921/2004): *Schulpädagogik* (1921). Frankfurt: Suhrkamp. Gesamtausgabe Band 20.

Singer, Kurt (1977): Die Übertragung in der wechselseitigen Beziehung zwischen Schüler und Lehrer. Unbewusste Konflikte als Störung des pädagogischen Bezugs. In: Pflüger, P. M. (Hrsg.): *Tiefenpsychologie und Pädagogik. Über die emotionalen Grundlagen des Erziehens*. Stuttgart: Klett, S. 63–75.

Singer, Wolf (2002): *Der Beobachter im Gehirn. Essays zur Hirnforschung*. Frankfurt am Main: Suhrkamp.

Ders. (2003): *Ein neues Menschenbild? Gespräche über Hirnforschung*. Frankfurt am Main: Suhrkamp.

Ders. (2006): *Vom Gehirn zum Bewusstsein*. Frankfurt am Main: Suhrkamp.

Ders. (2010): »Sich mit sich selbst versöhnen«. Ein Gespräch mit dem Hirnforscher Wolf Singer. In: Schnabel, S. 266–282.

Skeels, H. M. (1966): Adult status of children with contrasting early life experiences. In: *Monographs of the Society for Research in Child Development, vol. 31, Serial 105*.

Skiera, Ehrenhard (2003): *Reformpädagogik in Geschichte und Gegenwart: Eine kritische Einführung*. München: Oldenbourg.

Smith, Adam (1759/2010): *Theorie der sittlichen Gefühle* (1759). Hamburg: Meiner.
Snarey, J./Reimer, J./Kohlberg, L. (1985): The Kibbutz as a model for moral education: A longitudinal cross-cultural study. In: *Journal of Applied Developmental Psychology*, vol. 6, S. 151–172.
Sohni, H. (1995): Horizontale und Vertikale. Die Bedeutung der Geschwisterbeziehung für Individuation und Familie. In: Ley, K. (Hrsg.): *Geschwisterliches. Jenseits der Rivalität.* Tübingen: Edition Discord, S. 19-44.
Spanhel, Dieter (Hrsg.) (1988): *Curriculum vitae. Beiträge zu einer biographischen Erziehungstheorie. Werner Loch zum 60. Geburtstag gewidmet.* Essen: Neue Deutsche Schule.
Sperling, Michael B./Berman, William H. (Hrsg.) (1994): *Attachment in adults.: Clinical and developmental perspectives.* New York/London: The Guilford Press.
Spitz, R.A. (1945): Hospitalism – An Inquiry into the Genesis of Psychiatric Conditions in Early Childhood. In: *Psychoanalytic Study of the Child*, 1, 53-74.
Ders. (1973): *Vom Säugling zum Kleinkind. Naturgeschichte der Mutter-Kind-Beziehungen im ersten Lebensjahr.* Stuttgart: Klett.
Ders. (1982): *Vom Dialog. Studien über den Ursprung der menschlichen Kommunikation und ihre Rolle in der Persönlichkeitsbildung.* Frankfurt etc.: Ullstein.
Spitzer, Manfred (2015): Digitale Demenz. In: *3sat TV- & Kulturmagazin*, Heft 4, S. 21–22.
Spretnak, Charlene (2011): *Relational reality. New discoveries of interrelatedness that are transforming the modern world.* Topsham, ME: Green Horizon Foundation, S. 21–60.
Ders. (1913): Philosophie der Landschaft. In: *Die Goldkammer. Eime bremische Monatsschrift*, 3. Jg., Heft II, S. 635–644.
Steinmetz, S. K. /Sussman, M. B. (Hrsg.) (1987): *Handbook of marriage and the family.* New York: Plenum Press.
Stendenbach, Franz Josef (1963): *Soziale Interaktion und Lernprozesse.* Köln/Berlin: Kiepenheuer & Witsch.
Stern, William (1923): *Die menschliche Persönlichkeit.* Leipzig: Johann Ambrosius Barth.
Stieve, Claus (2008): *Von den Dingen lernen. Die Gegenstände unserer Kindheit* (= Phänomenologische Untersuchungen). München: Wilhelm Fink.
Strauss, Anselm (1968): *Spiegel und Masken. Die Suche nach Identität.* Frankfuret: Suhrkamp.
Strobel-Eisele (2013): Schulisches Handeln zwischen Nähe und Distanz. In: Strobel-Eisele/Roth, S. 182–200.
Strobel-Eisele, Gabriele/Roth, Gabriele (Hrsg.) (2013): *Grenzen beim Erziehen. Nähe und Distanz in pädagogischen Beziehungen.* Stuttgart: Kohlhammer.
Diess. (2013a): Einleitung: Koordinaten pädagogischer Beziehungen. In: Dies., S. 9–22.
Struntz, Inge A. (2011): *Pädagogik mit Tieren. Praxisfelder der tiergestützten Pädagogik.* Baltmannsweiler: Schneider.
Dies. (2012): *Tiergestützte Pädagogik in Theorie und Praxis.* Baltmannsweiler: Schneider.
Sulloway, F. (1997): *Der Rebell der Familie. Geschwisterrivalität, kreatives Denken und Geschichte.* Berlin: Siedler.
Sutton-Smith, B./Rosenberg, B. (1970): *The sibling.* New York: Holt, Rinehart and Winston.

Taylor, Charles (1989): *Sources of the self. The making of modern identity.* Cambridge, MA: Harvard University Press.
Ders. (2002): *Wieviel Gemeinschaft braucht die Demokratie? Aufsätze zur politischen Philosophie.* Frankfurt am Main: Suhrkamp.
Ders. (2002a): Wieviel Gemeinschaft braucht die Demokratie? In: Ders., S. 11–29.
Ders. (2002b): Ursprünge des neuzeitlichen Selbst. In: Ders., S. 271–283.
Ders. (2009): *Multikulturalismus und die Politik der Anerkennung.* Mit Kommentaren von Amy Gutmann, Steven C. Rockefeller, Michael Walzer und Susan Wolf. Mit einem Beitrag von Jürgen Habermas. Frankfurt am Main: Suhrkamp.
Ders. (2009a): Die Politik der Anerkennung. In: Ders., S. 11–68.
Tenbruck, Friedrich H. (1985): George Herbert Mead und die Ursprünge der Soziologie in Deutschland und Amerika. Ein Kapitel über die Gültigkeit und Vergleichbarkeit soziologischer Theorien. In: Joas, S. 179–243.

Thayer-Bacon, Barbara (2003): *Relational (e) pistomologies*. New York: Lang.
Dies. (2010): Personal and social relations in education. In: Bingham/Sidorkin, S. 165–180.
t'Hart, Maarten/Csollany, Maria (2002): *Bach und ich*. Mit CD, zusammengestellt von Maarten t'Hart. München: Piper.
Theunissen, Michael (1965): *Der Andere. Studien zur Sozialontologie der Gegenwart*. Berlin: de Gruyter & Co.
Thiemann, Friedrich (1993): *Angriffe – Kinder erleben Erziehung*. Reinbek: Rowohlt.
Thiersch, Hans (1992): *Lebensweltorientierte Soziale Arbeit*. Weinheim/München: Juventa.
Ders. (2006): *Nähe und Distanz in der Sozialen Arbeit*. In: Dörr/Müller, S. 29–45.
Thiersch, Hans/Böhnisch, Lothar (2014): *Spiegelungen. Lebensweltorientierung und Lebensbewältigung: Gespräche zur Sozialpädagogik*. Weinheim/München: Beltz Juventa.
Thurn, Susanne (2008): *Soziale, emotionale und kommunikative Bildung durch Teilhabe an Verantwortung*. In: Rohlfs/Harring, S. 191–208.
Thies, Barbara (2002): *Vertrauen zwischen Lehrern und Schülern*. Münster: Waxmann.
Dies. (2012): Vertrauen. Über eine Voraussetzung für pädagogisch förderliches Handeln, gelingendes Lernen und erfolgreiche Schulentwicklung. In: Herrmann/Schlüter, S. 280–299.
Dies. (2014): Emotionale, soziale und kommunikative Bildung durch Teilhabe an Verantwortung. In: Rohlfs u. a., S. 225–41.
Dies. (2014a): Beziehungsgestaltung in der Schulklasse: Steigerung der Interaktionsqualität durch Vertrauen und Classroom Management. In: Tillack u. a., S. 188–209.
Thole, Werner u. a. (Hrsg.) (2012): *Sexualisierte Gewalt, Macht und Pädagogik*. Opladen etc.: Budrich.
Thomas, Claus (1976): Wirken und Heilen durch Musik. In: Flitner u. a., S. 93–109.
Tietze, W./Rossbach, H.-G. (1991): Die Betreuung von Kindern im vorschulischen Alter. In: *Zeitschrift für Pädagogik*, 37. Jg., S. 555–579.
Tillack, Carina/Fischer, Natalie/Raufelder, Diana/Fetzer, Janina (Hrsg.) (2014): *Beziehungen in Schule und Unterricht. Teil 1: Theoretische Grundlagen und praktische Gestaltungen pädagogischer Beziehungen*. Immenhausen bei Kassel: Prolog.
Tippelt, Rudolf (2013): Bildung und Bindung – eine ambivalente, unsicher-vermeidende oder sichere Beziehung? In: *Zeitschrift für Pädagogik*, 59. Jg., Heft 6, S. 858–867.
Toman, W.: *Familienkonstellationen. Ihr Einfluß auf den Menschen*. München: Beck 1996.
Tomasello, Michael (2002): *Die kulturelle Entwicklung des menschlichen Denkens*. Frankfurt am Main: Suhrkamp.
Ders. (2006): Why don't apes point? In: Enfield/Levinson, S. 506–524.
Ders. (2009): *Die Ursprünge der menschlichen Kommunikation*. Frankfurt am Main: Suhrkamp.
Ders. (2010): *Warum wir kooperieren*. Berlin: Suhrkamp.
Ders. (2014): *A natural history of human thinking*. Cambridge, MA: Harvard University Press
Ders. (2014a): *Eine Naturgeschichte des menschlichen Denkens*. Frankfurt am Main: Suhrkamp.
Ders. (2014b): Kooperation und Kommunikation im zweiten Lebensjahr. In: Braches-Chyrek/Röhner/Sünker, S. 153–160.
Tomasello, Michael (2016): *A natural history of human morality*. Cambridge: Harvard University Press.
Treml, Alfred (1982): *Theorie struktureller Erziehung. Grundlagen einer pädagogischen Sozialisationstheorie*. Weinheim/Basel: Beltz.
Ders. (2000): *Allgemeine Pädagogik. Grundlagen, Handlungsfelder und Perspektiven der Erziehung*. Stuttgart: Kohlhammer.
Ders. (2004): *Evolutionäre Pädagogik. Eine Einführung*. Stuttgart: Kohlhammer.
Ders. (2010): *Philosophische Pädagogik. Die theoretischen Grundlagen der Erziehungswissenschaft*. Stuttgart: Kohlhammer.
Triandis, H. C. (1995): *Individualism and collectivism*. Boulder: Westview.
Tröhler, Daniel/Biesta, Gert (2008): Einleitung: George Herbert Mead und die Entwicklung einer sozialen Erziehungskonzeption. In: Mead, S. 7–26.
Tröhler, Daniel/Oelkers, Jürgen (Hrsg.) (2005): *Pragmatismus und Pädagogik*. Zürich: Verlag Pestalozzianum.

Uhlendorff, Harald (2005): Können enge Freundschaften im frühen Jugendalter die Auswirkungen problematischer Eltern-Kind-Beziehungen auf abweichendes Verhalten auffangen? In: Schuster/Kuhn/Uhlendorff, S. 91–108.
Ders. (2005a): Soziale Integration von Jugendlichen in ihren engen Freundeskreis: Zusammenhänge mit abweichendem Verhalten und sozio-emotionaler Befindlichkeit. In: Schuster/Kuhn/Uhlendorff, S. 129–150.
Uhlendorff, Harald/Oswald, Hans (Hrsg.) (2002): *Wege zum Selbst. Soziale Herausforderungen für Kinder und Jugendliche.* Stuttgart: Lucius & Lucius.
Ulich, Dieter (1976): *Pädagogische Interaktion. Theorien erzieherischen Handelns und sozialen Lernens.* Weinheim/Basel: Beltz.

Vaish, A./Tomasello, M. (2014): The early ontogeny of human cooperation and morality. In: Killen, M./Smetana, J.G. (Hrsg.): *Handbook of moral development.* 2. Auflage. New York: Psychology Press, S. 279–298.
Valsiner, Jaan (1989) (1995): *Human development and culture. The social nature of personality and its study.* Lexington: Lexington Books.
Varenne, Herve (2007): Difficult collective deliberations: Anthropological notes toward a theory of education. In: *Teachers College Record,* vol. 109, no. 7, July 2007, S. 1559–1588.
Veer, Rene van der/Valsiner, Jaan (1994): *The Vygotsky Reader.* Oxford: Blackwell.
Voland, Eckart (2000): *Grundriss der Soziobiologie.* 2. überarb. Aufl. Berlin/Heidelberg: Spektrum.
Vygotsky, L. (1978): *Mind in society. The development of higher psychological processes.* Edited by Michael Cole et al. Cambridge, Mass.: Harvard University Press.
Ders. (1994): *The Vygotsky reader.* Edited by Rene van der Veer & Jaan Valsiner. Oxford: Blackwell.

Wagenbach, Klaus (1964): *Franz Kafka* (Bildmonographie). Reinbek: Rowohlt.
Wagner, Jürgen (1991): *Freundschaften und Freundschaftsverständnis bei drei- bis zwölfjährigen Kindern.* Berlin/Heidelberg: Springer.
Ders. (1994): *Kinderfreundschaften. Wie sie entstehen. Was sie bedeuten.* Berlin/Heidelberg: Springer.
Wahl, Diethelm/Weinert, Franz E./Huber, Günter L. (1984): *Psychologie für die Schulpraxis. Ein handlungsorientiertes Handbuch für Lehrer.* München: Kösel.
Waldenfels, Bernhard (1997): *Topographie des Fremden. Studien zur Phänomenologie des Fremden.* Frankfurt am Main: Suhrkamp.
Ders. (2010): Responsive Ethik. In: *Deutsche Zeitschrift für Philosophie,* vol. 58, S. 71–81.
Ders. (2015): *Sozialität und Alterität. Modi sozialer Erfahrung.* Frankfurt am Main: Suhrkamp.
Waller, Willard. (1932/2014): *The sociology of teaching* (1932). MansfieldCentre, CT: Martino Publishing.
Walper, S./Thönissen, C./Wendt, E.-V./Bergau, B. (2009): *Geschwisterbeziehungen in riskanten Familienkonstellationen. Ergebnisse aus entwicklungs- und familienpsychologischen Studien.* München: SOS- Kindewrdorf e.V. Eigenverlag.
Walser, Martin (2010/2015): Heines Größe. In: *Die Zeit,* Nr. 12, 18. März 2010.
Walzer, M. (1998): *Über Toleranz.* Hamburg: Rotbuch.
Wartofsky, Marx (1983): *The child's construction of the world and the world's construction of the child: From historical epistemology to historical psychology.* In: Kessel/Riegel, S. 188–215.
Watzlawick, Paul (1976): *Wie wirklich ist die Wirklichkeit? Wahn – Täuschung – Verstehen.* München: Piper.
Weber, Max (1921/2006): *Wirtschaft und Gesellschaft. Grundriss der Sozialökonomik.* Tübingen: Mohr (Siebeck)/ Paderborn: Voltmedia.
Weinert, Franz (Hrsg.) (1967): *Pädagogische Psychologie.* Köln/Berlin: Kiepenheuer & Witsch.
Ders. (1982): Selbstgesteuertes Lernen als Voraussetzung, Methode und Ziel des Unterrichts. In: *Unterrichtswissenschaft,* 2. Jg., S. 99–110.

Ders. (1996): Lerntheorien und Instruktionsmodelle. In: *Enzyklopädie der Psychologie*, Themenbereich D 3; Praxisgebiete Serie 1: Pädagogische Psychologie, Band 2: Psychologie des Lernens und der Instruktion. Göttingen: Hogrefe, S. 1–47.
Ders. (1997): Lernkultur im Wandel. In: Beck/Guldimann/Zutavern, S. 11–30.
Ders. (1998): Neue Unterrichtskonzepte zwischen gesellschaftlichen Notwendigkeiten, pädagogischen Visionen und psychologischen Möglichkeiten. In: Bayerisches Staatsministerium für Unterricht, Kultus, Wissenschaft und Kunst (Hrsg.): *Wissen und Werte für die Welt von morgen. Dokumentation zum Bildungskongress 29./30. April 1998 in der Ludwig-Maximilian-Universitä.* München, S. 101–125.
Weinert, Franz E./Grundlach, Heinz (1982): Zur Einführung in diesen Band. In: Ders. (1994): *Kinderfreundschaften. Wie sie entstehen. Was sie bedeuten.* Berlin/Heidelberg: Springer.
Weisner, T. S. (1982): Sibling interdependence and child care-taking: A cross-cultural view. In: Lamb/Sutton-Smith, S. 305–328.
Weiss, Florence (1994): Die Beziehung als Kontext der Datengewinnung. In: Spuhler, G. u. a. (Hrsg.): *Vielstimmiges Gedächtnis. Beiträge zur Oral History.* Zürich: Chronos.
Wellendorf, Franz (1979): *Schulische Sozialisation und Identität. Zur Sozialpsychologie der Schule als Institution.* Weinheim/Basel: Beltz.
Wells, Gordon (1999): *Dialogic Inquiry. Toward a sociocultural practice and theory of education.* Cambridge: Cambridge University Press.
Welzer, Harald (2010): Alles ist möglich. Über menschliche Gewalt und Gewaltbereitschaft. In: Fischer/Wiegandt, S. 340–373.
Wensauer, Mirjam/Grossmann, K. (1998): Bindungstheoretische Grundlagen subjektiver Lebnszufriedenheit und positiver Zukunftserwartung im frühen Erwachsenenalter. In: *Zeitschrift für Gerontologie und Geriatrie*, 31. Jg., Heft 5, S. 362–370.
Wiese, Leopold von (1924/1929): *Allgemeine Soziologie als Lehre von den Beziehungsbedingungen des Menschen.* 2 Bände. Band 1 (1924): Beziehungslehre. München/Leipzig: Duncker & Humblot.
Ders. (1964): *Der Mensch als Mitmensch.* Bern: Francke.
Wild, Elke/Möller, Jens (Hrsg.) (2015): *Pädagogische Psychologie.* 2., vollständig überarbeitete und aktualisierte Aufl. Heidelberg etc.: Springer.
Wilk, L./Bacher, J. (Hrsg.) (1994): *Kindliche Lebenswelten.* Opladen: Westdeutscher Verlag.
Winkler, Michael (2011): Michael Tomasello über Kultur und Zeigesituationen – oder noch etwas über die Ignoranz der Erziehungswissenschaft. In: *Sozialwissenschaftliche Literatur-Rundschau*, 34. Jg., Nr. 1, S. 5–14.
Winnefeld, Friedrich (1967): Psychologische Analyse des pädagogischen Lernvorganges. In: Weinert, S. 51–69.
Ders. (1971): *Pädagogischer Kontakt und pädagogisches Feld. Beiträge zur Pädagogischen Psychologie.* 5. Auflage. München/Basel: Reinhardt:
Winnicott, D. W. (1969): *Kind, Familie und Umwelt.* München/Basel: Reinhardt.
Ders. (1971): *Vom Spiel zur Kreativität.* Stuttgart: Klett-Cotta.
Ders. (1983): *Von der Kinderheilkunde zur Psychoanalyse. Aus den »collected papers«.* Frankfurt am Main: Fischer Taschenbuch.
Ders. (1983a): *Übergangsobjekte und Übergangsphänomene* (1951). In: Ders. (1983), S. 300-319.
Ders. (1991): *The child, the family, and the outside world. Studies in developing relationships.* London: Penguin Books.
Wentzel, K. R. (2007): Socialization in school settings. In: Grusec/Hastings, S. 382–403
Wronsky, Siddy (1945/1989): Soziale Pionier-Arbeit in Palästina. In: Liegle/Konrad, S. 152–155.
Wilhelm, Theodor (1975): Pragmatische Pädagogik. In: *Erziehungswissenschaftliches Handbuch.* Hrsg. von Thomas Ellwein u. a. Band IV. Berlin: Rembrandt, S. 147–204.
Winnefeld, Friedrich (1957): *Pädagogischer Kontakt und pädagogisches Feld.* München/Basel: Reinhardt.
Winnicott, D. W. (1971): *Vom Spiel zur Kreativität.* Stuttgart: Klett-Cotta.
Ders. (1983): *Von der Kinderheilkunde zur Psychoanalyse. Aus den »collected papers«.* Frankfurt: Fischer Taschenbuch.

Winter, G. (1995): Stereotypisierung und Diskriminierung von Fremden. In: Müller, Siegfried (Hrsg.): *Fremde und Andere in Deutschland*. Opladen: Leske & Budrich, S. 193–216.
Winterhager-Schmid, L. (2001): Der pädagogische Generationenvertrag: Wandlungen in den pädagogischen Generationenbeziehungen in Schule und Familie. In: Kramer, R.-T./Helsper, W./Busse, S. (Hrsg.): *Generationenbeziehungen. Jugendliche im Spannungsfeld von Schule und Familie*. Opladen: Leske& Budrich. S. 15–31.
Wischnewskaja, Galina (1993): *Galina: Erinnerungen einer Primadonna*. München: Piper.
Wissenschaftlicher Beirat für Familienfragen (1998): *Kinder und ihre Kindheit in Deutschland*. Stuttgart: Kohlhammer.
Witsch, Monika (2008*): Kultur und Bildung. Ein Beitrag für eine kulturwissenschaftliche Grundlegung von Bildung im Anschluss an Georg Simmel, Ernst Cassirer und Richard Hönigswald*. Würzburg: Königshausen & Neumann.
Wolf, Klaus (Hrsg.) (2015): *Sozialpädagogische Pflegekinderforschung*. Bad Heilbrunn: Klinkhardt.
Wolf, Maria A. u. a. (Hrsg.) (2013): *Child Care: Kulturen, Konzepte und Politiken der Fremdbetreuung von Kindern*. Weinheim/Basel: BeltzJuventa.
Woods, Peter (1986): *Inside schools. Ethnography in educational research*. London/New York: Routledge.
Ders. (1986a*): Ethnography and the teacher*. In: Ders., S. 1–15.
Wulf, Christoph (1977): *Theorien und Konzepte der Erziehungswissenschaft*. München: Juventa.
Wulf, Christoph/Zirfas, Jörg (2006): Bildung als performativer Prozess – ein neuer Fokus erziehungswissenschaftlicher Forschung. In: Fatke, Reinhard/Merkens, Hans (Hrsg.): *Bildung über die Lebenszeit*. Wiesbaden: VS Verlag, S. 291–302.
Diess. (Hrsg.) (2007): *Pädagogik des Performativen. Theorien, Methoden, Perspektiven*. Weinheim/Basel: Beltz.
Diess. (2007a): Performative Pädagogik und performative Bildungstheorien. Ein neuer Fokus erziehungswissenschaftlicher Forschung. In: Dies., S. 7–41.
Diess. (Hrsg.) (2014): *Handbuch Pädagogische Anthropologie*. Wiesbaden: Springer VS.
Wulf, Christoph u. a. (2012): Unpacking recognition and esteem in school pedagogies. In: *Ethnography of Education*, vol. 7, no. 1, S. 59–75.
Wygotski, Lew S. (1969): *Denken und Sprechen*. Frankfurt am Main: Fischer.
Ders. (2003): *Ausgewählte Schriften*. Hrsg. von Joachim Lompscher. Band I: Arbeiten zu theoretischen und methodologischen Problemen der Psychologie. Band II: Arbeiten zur psychischen Entwicklung der Persönlichkeit. Berlin: Lehmanns Media.

Xochellis, Panos (1974): *Erziehung am Wendepunkt? Grundstrukturen des »pädagogischen Bezuges« in heutiger Sicht*. München: Ehrenwirth.
Xyländer, Margret (2015): *Die Familie als Bildungsgemeinschaft. Abendrituale in rekonstruktiver Analyse*. Opladen: Budrich UniPress.

Yarrow, Leon J. (1964/1977): *Separation from parents during early childhood* (1964). Abgedruckt in deutscher Übersetzung in: Bonn/Rohsmanith 1977, S. 179–204.
Youniss, James (1994): *Soziale Konstruktion und psychische Entwicklung. Beiträge zur Soziogenese der Handlungsfähigkeit*. Frankfurt am Main: Suhrkamp.

Zinnecker, Jürgen (1975): *Der heimliche Lehrplan. Untersuchungen zum Schulunterricht*. Weinheim: Beltz.
Zirfas, Jörg (2004): *Pädagogik und Anthropologie. Eine Einführung*. Stuttgart: Kohlhammer.
Zuin, Antonio A. S. (2015): Die neuen Medien und die Veränderung der Beziehung zwischen Lehrer und Schüler. In: Gruschka/Lastoria, S. 165–180.
Zukow-Goldring, P. (1995): Sibling caregiving. In: Bornstein, Band 3, S. 177–208.